WILD UND JAGD

Herausgegeben von
Romedio Graf von Thun-Hohenstein

Fachberater Bild und Text
Carl Albrecht von Treuenfels

Hoffmann und Campe

INHALT

Herausgeber und Redaktion Vorwort	6	Gerhard Könnecke Sikawild	58
Kurt Lindner Geschichte der deutschen Jagd	25	Friedrich Türcke Schwarzwild	60
Heinz Brüll Landschaft und Jagdrevier	32	Wolfgang Schröder Gamswild	63
Karl Meunier Hirsche und Hohlhörner	50	Wolfgang Schröder Steinwild	65
Rüdiger Schwarz Rotwild	52	Friedrich Türcke Muffelwild	66
Günter Heidemann Damwild	56	Friedrich Türcke Wisente	68

Hans Kramer Elche	70
Karl Meunier Wildren	72
Karl Meunier Rehwild	94
Ulrich Brüll Hasen, Schneehasen, Wildkaninchen	99
Emil Schulz Federwild	101
Heinrich Hoerschelmann Wasserwild	107
Karl Meunier Rabenvögel	111
Heinz Brüll Beutegreifer	113
Heinz Brüll Rauhfußhühner und Großtrappen	133
Ulrich Brüll Die Hege	138
Carl Albrecht von Treuenfels Jagd und Naturschutz	145
Werner Knapp Pirsch, Drück- und Treibjagd	165
Günter Claußen Ansitz und andere Jagdarten	169
Wolfgang Schröder Hochgebirgsjagd	175
Heinz Brüll Beizjagd	176
Carl Albrecht von Treuenfels Jagd mit der Kamera	178
Günter Claußen Hilfsmittel der Jagd seit alters her	197
Günter Claußen Bewährte Ansitzeinrichtungen	200
Günter Claußen Fallen und Eisen	202
Romedio Graf von Thun-Hohenstein Jagdhunde	209
Hans-Hermann Prützel Jagd- und Waffenrecht	225
Karl Grund Jagdwaffen, Jagdoptik, Munition	230
Rüdiger Schwarz Trophäen	234
Werner Trense Der jagende Mensch einst und heute	245
Joachim Graf Schönburg Der Förster	249
Joachim Graf Schönburg Der Berufsjäger	251
Joachim Graf Schönburg Der Jäger als Sachwalter	252
Joachim Graf Schönburg Der Jagdgast	255
Karl Sälzle Kulturgeschichte der höfischen Jagd	261
Iwan Sergejewitsch Turgenjew Aus den »Aufzeichnungen eines Jägers«	289
Zeichnungen	292
Die Autoren	300
Register	302
Nachweise	304

VORWORT

Zum Thema Wild und Jagd liegt eine vielfältige, zum Teil hochspezialisierte Literatur vor. Nur relativ wenige Werke haben den Versuch unternommen, den umfangreichen und vielgestaltigen Stoff zusammenzufassen und adäquat zu illustrieren. Das vorliegende Buch hat sich die anspruchsvolle Aufgabe gestellt, sowohl dem Fachmann als auch dem interessierten Laien den vielschichtigen Beziehungskomplex des westeuropäischen, insbesondere des deutschen Jagdwesens in allgemeinverständlicher Sprache nahezubringen, dessen aktuelle Problematik zu vermitteln und die Jäger ebenso wie die Freunde freilebenden Wildes mit einem ungewöhnlichen Bildteil anzusprechen.

Die Auswahl der Autoren und Fotografen soll dafür bürgen, daß dieser Anspruch eingelöst werden kann. Bei den Texten – ausschließlich Originalbeiträge –, ergeben sich zuweilen inhaltliche Überschneidungen, weil bestimmte Teilbereiche des Gesamtthemas nicht immer scharf voneinander abzugrenzen sind. Die Behandlung gleicher oder verwandter Themen unter verschiedenen Aspekten und Standpunkten soll dem Leser die Vielschichtigkeit zentraler Fragestellungen deutlich machen und gleichzeitig ihr Verständnis erleichtern. Die kontroverse Diskussion grundsätzlicher Fragen des Landschafts- und Naturschutzes sowie der Jagd und der Hege wurde vom Herausgeber beabsichtigt und gefördert. Die Vielfalt der Auffassungen und ihre Darstellung vermeidet jede starre Dogmatik, soll der konstruktiven Kritik dienen und damit eine in die Zukunft weisende Diskussion fördern.

Den Auftakt bildet der Beitrag »Geschichte der deutschen Jagd« von Kurt Lindner. Der bedeutende deutsche Jagdhistoriker vermittelt und erläutert die Entwicklung der Jagd im Ablauf von Jahrtausenden in einem prägnanten Essay. Heinz Brüll, einer der Vorreiter der praxisbezogenen Landschaftsbiologie, baut in seinem Beitrag »Landschaft und Jagdrevier« sein »Offenes Funktionssystem der belebten Landschaft« für den Leser logisch und übersichtlich auf.

Für das Thema Rotwild zeichnet Rüdiger Schwarz, ein international anerkannter Schalenwild-Kenner mit großer jagdlicher Erfahrung, und für das Thema Damwild Günter Heidemann verantwortlich, ein Wissenschaftler, der seine Arbeit über Jahre auf das Damwild konzentriert hat. Das Sikawild, ein Neubürger in unseren Breitengraden, beschreibt der Praktiker Gerhard Könnecke, der in den ihm anvertrauten Revieren die stärksten Sikahirsche dieses Landes hegt und jagt.

Gams- und Steinwild, die Bewohner unserer Hochgebirge, bringt uns Wolfgang Schröder nahe, der als spezialisierter Wildbiologe mit Lebensraum und Bejagung dieser beiden charakteristischen Wildarten eng vertraut ist. Aus der Feder von Friedrich Türcke stammen die Beiträge über Muffelwild, Wisente und Schwarzwild. Als verantwortlicher Leiter des traditionsreichen Sauparks Springe schöpft er aus einem großen Erfahrungsreservoir. Die Erhaltung des Wisents, des letzten europäischen Wildrindes, wäre ohne Springe in diesem Umfang nicht möglich gewesen.

Mit dem Kapitel über Elche von Hans Kramer, dem letzten Elchjägermeister im größten und besten Einstandsgebiet dieser Wildart in Ostpreußen, soll diesem Urhirsch, dem unsere Reviere keine Heimat mehr bieten können, ein Denkmal gesetzt werden. Die Beiträge von Karl Meunier können nur einen Ausschnitt aus dem umfassenden Wissen dieses Wissenschaftlers und Praktikers darstellen. Sein Grundsatzbeitrag über »Hirsche und Hohlhörner« gibt jedem Naturfreund, ob Jäger oder nicht, interessante Anregungen. Sein Kapitel über das »Rehwild« vermittelt auf der Grundlage neuester Forschungsergebnisse und systematischer eigener Beobachtungen Erkenntnisse über eine Wildart, die man bisher bestens zu kennen glaubte. In weiteren Beiträgen desselben Verfassers erfahren das Wildren und die Rabenvögel adäquate Charakteristiken.

Der hegedankbare Fasan, das vom Biotop stark abhängige Rebhuhn, die mancherorts zur Plage gewordene Ringeltaube, die sich immer weiter ausbreitende Türkentaube und die in der letzten Zeit viel diskutierten Schnepfen werden im Beitrag »Federwild« von Emil Schulz fachmännisch vorgestellt. Das Kapitel »Hasen, Schneehasen, Wildkaninchen« von Ulrich Brüll macht die Abhängigkeit des Hasen von Nahrungsangebot, Klimaschwankungen und dem damit verbundenen erhöhten Parasitenbefall deutlich. Das Wasserwild, in unseren Revieren ursprünglich von großer Vielfalt, aber durch die fortlaufende Einengung seines Lebensraumes in dieser Vielfalt viel stärker gefährdet, als der Laie ahnt, ist das Gebiet des Ornithologen Heinrich Hoerschelmann. Im Beitrag „Beutegreifer" faßt Heinz Brüll Greifvögel und Raubwild zusammen.

Im folgenden Abschnitt setzt Heinz Brüll in seinem Beitrag »Rauhfußhühner und Großtrappen« unsere in ihrem Bestand stark gefährdeten Rauhfußhühner in Beziehung zu den immer noch eine Bejagung ermöglichenden Lebensbedingungen des skandinavischen Raums. Daß der Jagd stets die Hege vorangeht, zeigt das Kapital »Die Hege« von Ulrich Brüll. Es gelingt ihm, dieses für den Jäger so wichtige Thema überzeugend zu vermitteln. Carl Albrecht von Treuenfels schrieb die Beiträge »Jagd und Naturschutz« und »Jagd mit der Kamera«. Der erste ist ein um Ausgewogenheit bemühter, die Interessen beider Seiten berücksichtigender Appell an Naturschützer und Jäger, das, was sie letzten Endes beide wollen, auch gemeinsam zu tun. Der zweite enthält Anregungen sowohl für den Jäger, der sich fotografisch in seinem Revier betätigen will, als auch für den Naturfreund, der nur mit der Kamera jagt.

In den weiteren Kapiteln erhalten ebenfalls die Praktiker das Wort. Sie versuchen, den Leser mit der Vielfalt der Jagdarten, ihren Methoden und Hilfsmitteln vertraut zu machen. Werner Knapp erläutert die drei großen Jagdarten – die Pirsch, die Treibjagd und die hohes jagdliches Können und perfekte Organisation erfordernde Walddrückjagd. Die Jagd im Hochgebirge wird von Wolfgang Schröder geschildert, die Beizjagd, eine der nobelsten und ritterlichsten Formen der Jagd überhaupt, von Heinz Brüll. Die weiteren Jagdarten erfahren eine informative Darstellung durch Günter Claußen, der es ebenfalls übernommen hat, das umfangreiche Gebiet der jagdlichen Einrichtungen auf das Wesentliche konzentriert zu behandeln.

Im Kapitel »Jagdhunde« versucht der Herausgeber, dem Jäger ebenso wie dem Hundefreund einen Überblick über die Vielfalt der Hunderassen, ihre Ausbildung und ihre jagdliche Verwendbarkeit zu geben.

Das Jagdrecht und das Waffenrecht, diese beiden einander ergänzenden Themen, bedurften des Wissens eines erfahrenen Fachjuristen, der in Hans-Hermann Prützel gewonnen werden konnte. Das zumindest für den Laien komplizierte Gebiet der Jagdwaffen, Jagdoptik und Munition wird von Karl Grund übersichtlich geordnet dargestellt. Rüdiger Schwarz, anerkannter Fachmann auf dem Gebiet der Trophäe, beschreibt ihren Weg vom Weihegeschenk über das Symbol fragwürdiger Rekordsucht bis hin zur Erlebniserinnerung. Werner Trense, Generalsekretär des Conseil International de la Chasse, zeichnet die Entwicklung nach, die der jagende Mensch im Verlauf von Jahrtausenden genommen hat. Joachim Graf Schönburg, Geschäftsführer des Deutschen Jagdschutzverbandes, entwirft einprägsame Skizzen des Jägers als Reviersachwalter, des Försters, des Berufsjägers und des Jagdgastes. Im abschließenden Beitrag schildert Karl Sälzle wissensreich, belegt mit anschaulichen Beispielen, die »Kulturgeschichte der höfischen Jagd«.

Der Bildteil des Buches zeigt ausschließlich Aufnahmen freilebenden Wildes. Wohl nur der Fachmann vermag die Mühe und Geduld, die Sachkenntnis und Liebe zum Tier zu ermessen, die Voraussetzung für Freilandaufnahmen dieser Art sind. Die Texte zu den Bildern stammen von Carl Albrecht von Treuenfels, der als engagierter Naturschützer und -kenner mit jagdlicher Ausbildung und als erfahrener Tierfotograf dafür die richtigen Voraussetzungen mitbrachte. Die Bilder sind in der linken unteren Ecke fortlaufend numeriert, auf diese von den Seitenzahlen unabhängigen Ziffern wird in den Legenden Bezug genommen. Sie sind auch im Register berücksichtigt.

Ein Werk dieser Art kann nur das Ergebnis einer Gemeinschaftsarbeit sein. Unser Dank gilt deshalb den Autoren, Fotografen und dem Fachberater. Unsere Hoffnung ist, daß dieses Buch dazu beiträgt, die Jäger und die nichtjagenden Freunde freilebenden Wildes einander näherzubringen und der Jagd sowie dem Naturschutz den ihnen gebührenden Raum und die ihnen zukommende Bedeutung zu erhalten.

Herausgeber und Redaktion

Lob der edlen Jägerey

Auf! Brüder, singt mit mir das Lob
Der edlen Jägerey!
Reich ist der Stoff, und wohl bekannt
Im ganzen deutschen Vaterland
Die schöne Melodey.

Des Weidmann's Ursprung liegt entfernt,
Dem Paradiese nah:
Da war kein Kaufmann, kein Soldat,
Kein Arzt, kein Pfaff, kein Advocat;
Doch Jäger waren da!

Mit seinem Stand ist Ruhm und Lust,
Und Ehr' und Glück gepaart.
Ihn quält nicht ew'ges Einerley,
Die Arbeit ist ihm täglich neu,
Und täglich andrer Art.

Ergötzlichkeit ist sein Beruf,
Vergnügen seine Pflicht.
Drum pfuscht auch alt und jung so gern
Ins Handwerk ihm; selbst große Herrn
Erröthen drüber nicht.

1

Balz und Brunft sind nicht nur Höhepunkte im Jahreszyklus der freilebenden Tierwelt, sondern bedeuten auch für den Jäger eine besonders intensive Zeit für Ansitze und Pirschgänge im Revier. Zwar wird die Jagd auf den balzenden Auerhahn (1) in der Bundesrepublik Deutschland derzeit nicht ausgeübt, da die großen Waldhühner auch an den wenigen Orten, an denen sie noch vorkommen, im Bestand stark gefährdet sind, doch ist es selbst ohne jagdliche Ambitionen ein besonderes Erlebnis, den balzenden Hahn »anzuspringen«. Dort, wo Auerwild heimisch ist, verraten im Frühjahr die eigenwilligen Stimmlaute die Balzplätze, auf denen die Hähne noch vor dem ersten Licht einfallen. Das »Knappen, Schleifen und Schlagen« wird anfangs hoch in den Bäumen zum besten gegeben. Später wird die Brautwerbung auf dem Boden fortgesetzt, nicht selten mitten im Schnee. Auch der Rothirsch (2) ist während der frühherbstlichen Brunft mehr zu hören als zu sehen, denn ein Großteil der Paarungsspiele findet während der Dunkelheit statt. Nur in ruhigen Revierteilen umkreist der Platzhirsch sein Kahlwildrudel auch mal im Sonnenschein auf einer Lichtung oder zieht gar auf Rübenschläge und Kartoffeläcker. Während der Reihzeit sind Stockente und -erpel vielbeschäftigt (3). Sowohl auf dem Wasser als auch in der Luft gibt es eine Vielzahl von bestimmten Verhaltensweisen, die zum Balzzeremoniell gehören. Am auffälligsten sind die Verfolgungsflüge, an denen häufig mehrere Erpel und eine Ente teilnehmen. Bei der Landung im Wasser trachtet jeder Erpel, so dicht wie möglich hinter der Ente aufzusetzen, bis schließlich der ausdauerndste und beste Flieger die Konkurrenz ausgestochen hat.

Oft liegt schon der erste Schnee, wenn das Elchwild in seiner nordischen Heimat mit der Brunft beginnt. Jüngere Hirsche ziehen dann über weite Entfernungen durch Kiefernwälder, Moore und über die mit Zwergbirke und Kriechweide bestandenen Hochflächen (4). Die gewaltigen Tiere können an einem Tag mühelos 50 und mehr Kilometer zurücklegen. Wer zum ersten Mal einen Elch in der freien Landschaft sieht, ist überrascht, mit welcher Geschwindigkeit das mächtige Wild scheinbar gelassen seinen Wechsel zieht. So gut wie die Elche trotz ihrer Größe dank der hervorragenden Tarnfarbe mit der Landschaft verschmelzen, so schützend wirkt das Gefieder des Alpenschneehuhns (5). Der jeweiligen Jahreszeit entsprechend ist es in seinem Aussehen immer der Umgebung angepaßt. Im Sommer überwiegend braun gesprenkelt, so daß beim Abstreichen nur die hellen Flügel leuchten, im Winter schneeweiß. Dort, wo das Alpenschneehuhn zu Hause ist, kann man auch in einigen Gebieten den Alpensteinbock antreffen (6). Die langen, schön mit unregelmäßigen Vorsprüngen versehenen Hörner wachsen bis ins hohe Alter und können bis knapp einen Meter messen. Sie dienen nicht nur als Waffe bei den Brunftkämpfen, sondern sind – wie man sieht – auch hervorragend zur Körperpflege geeignet.

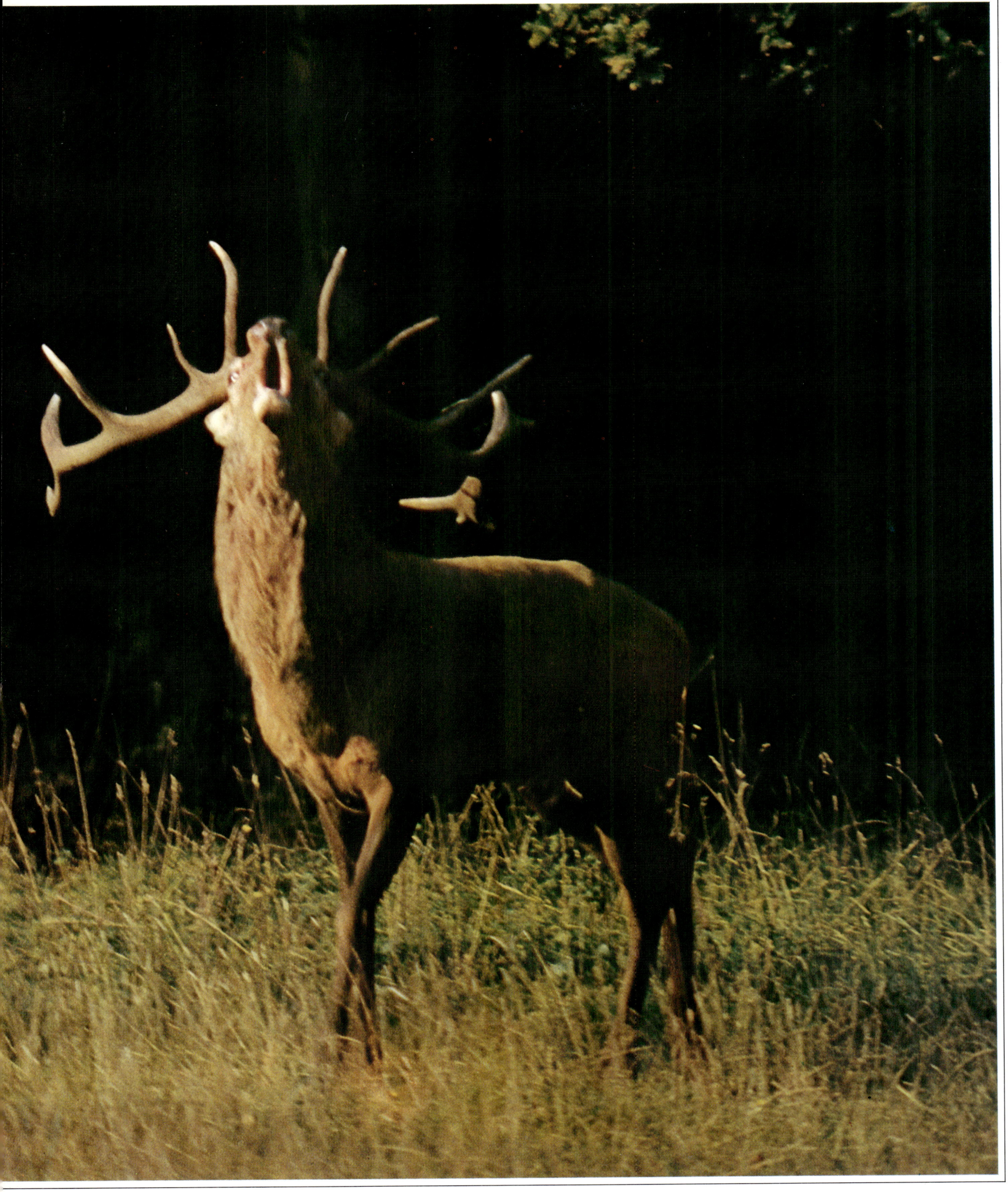

3

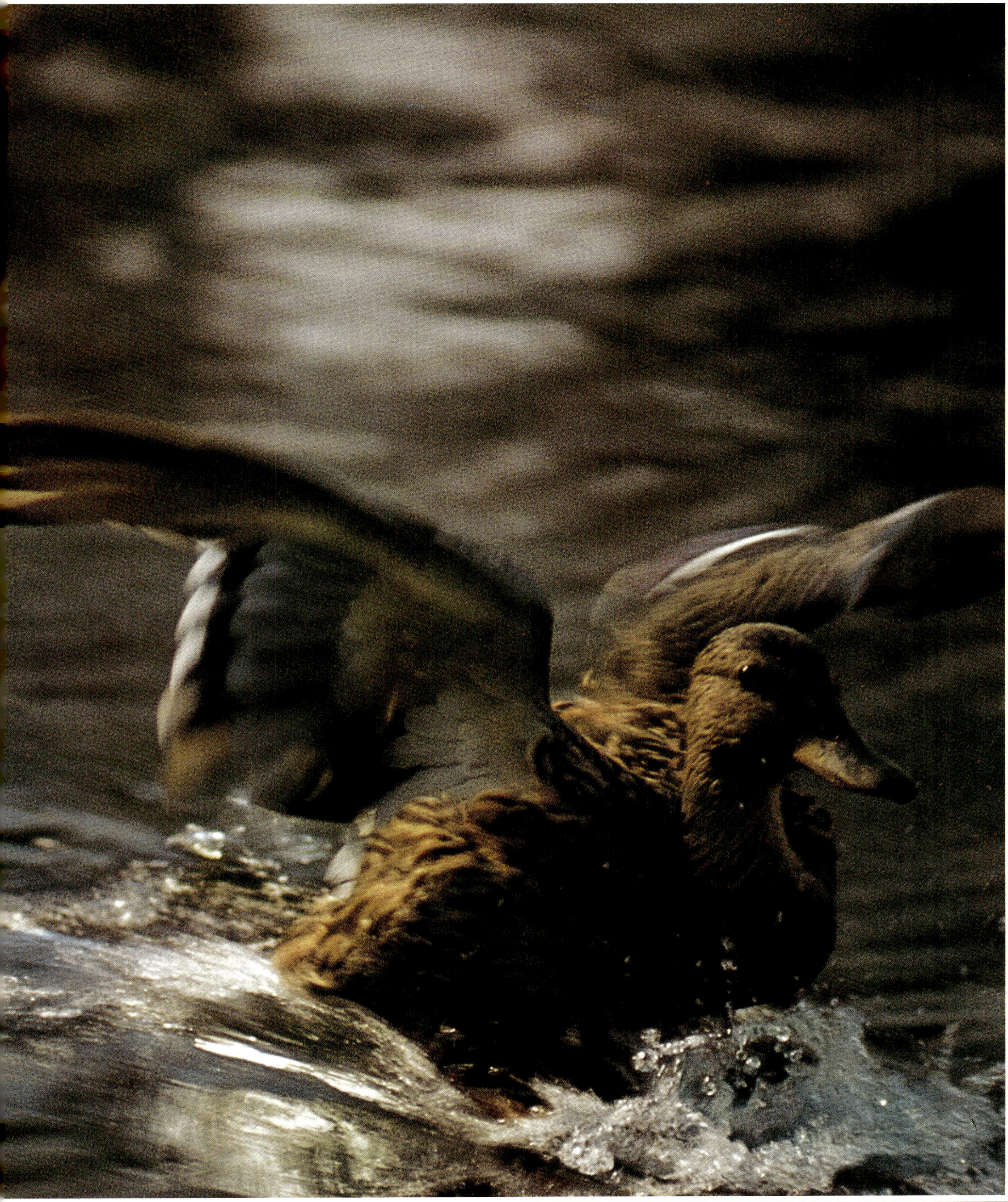

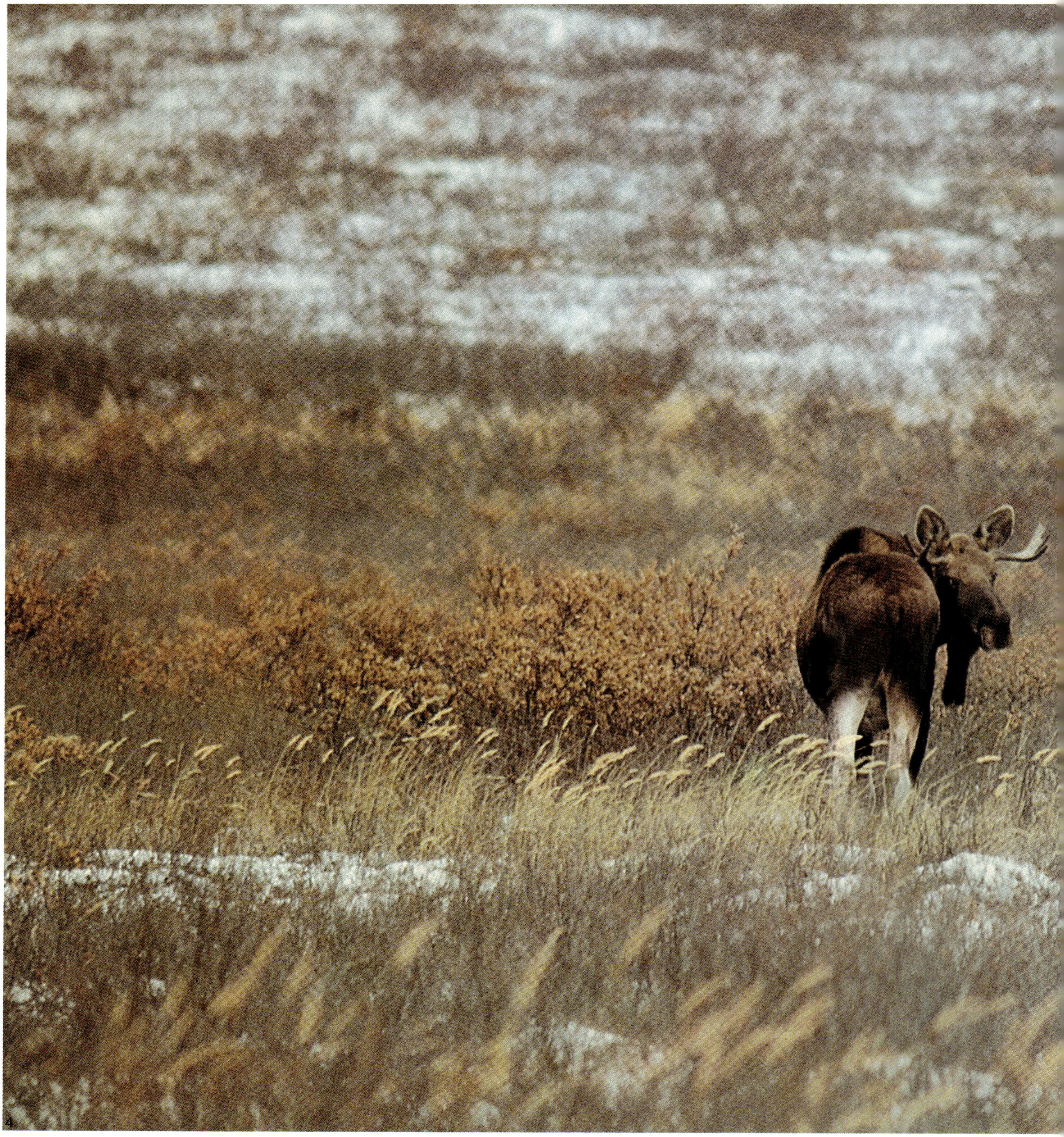

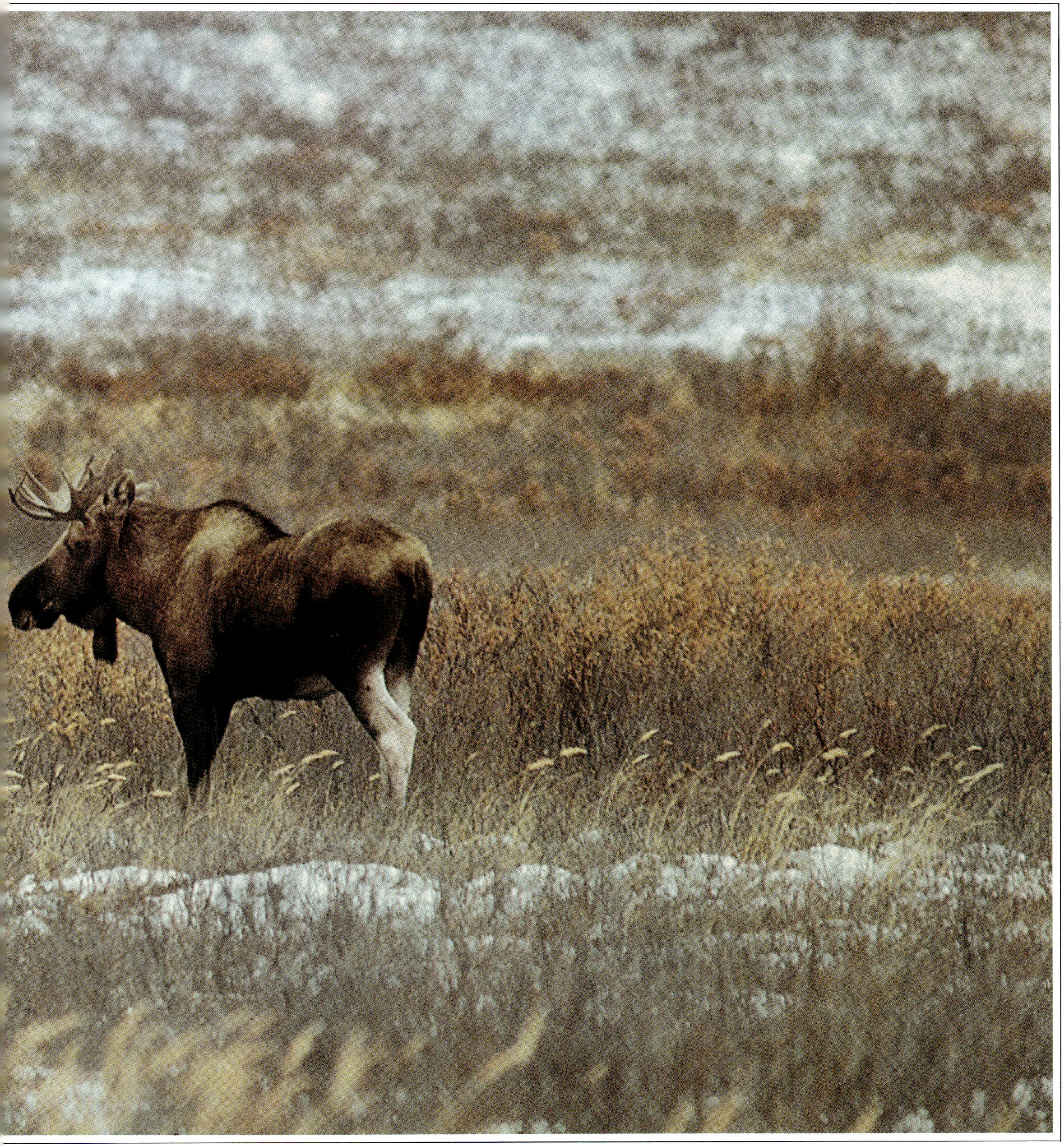

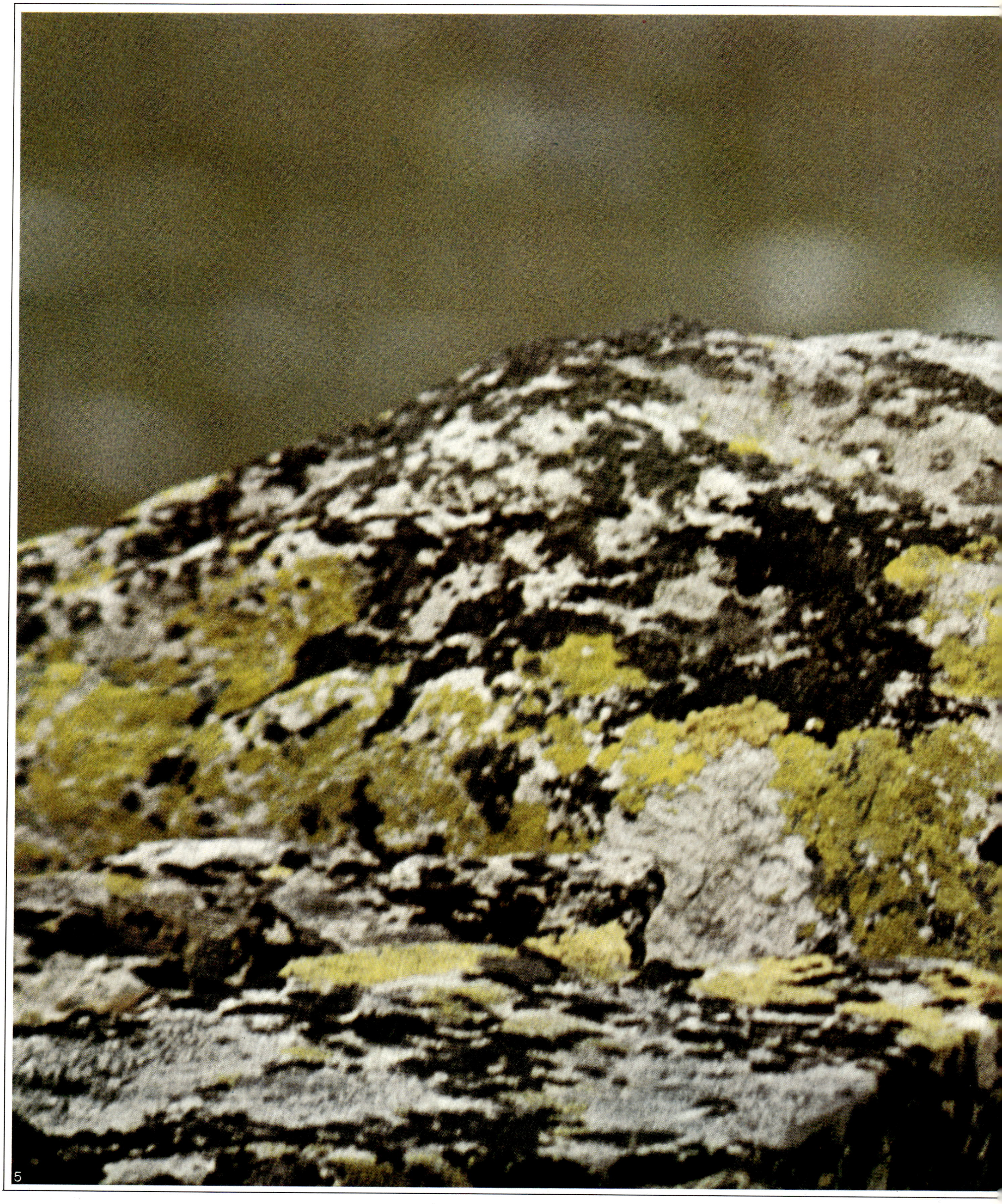
5

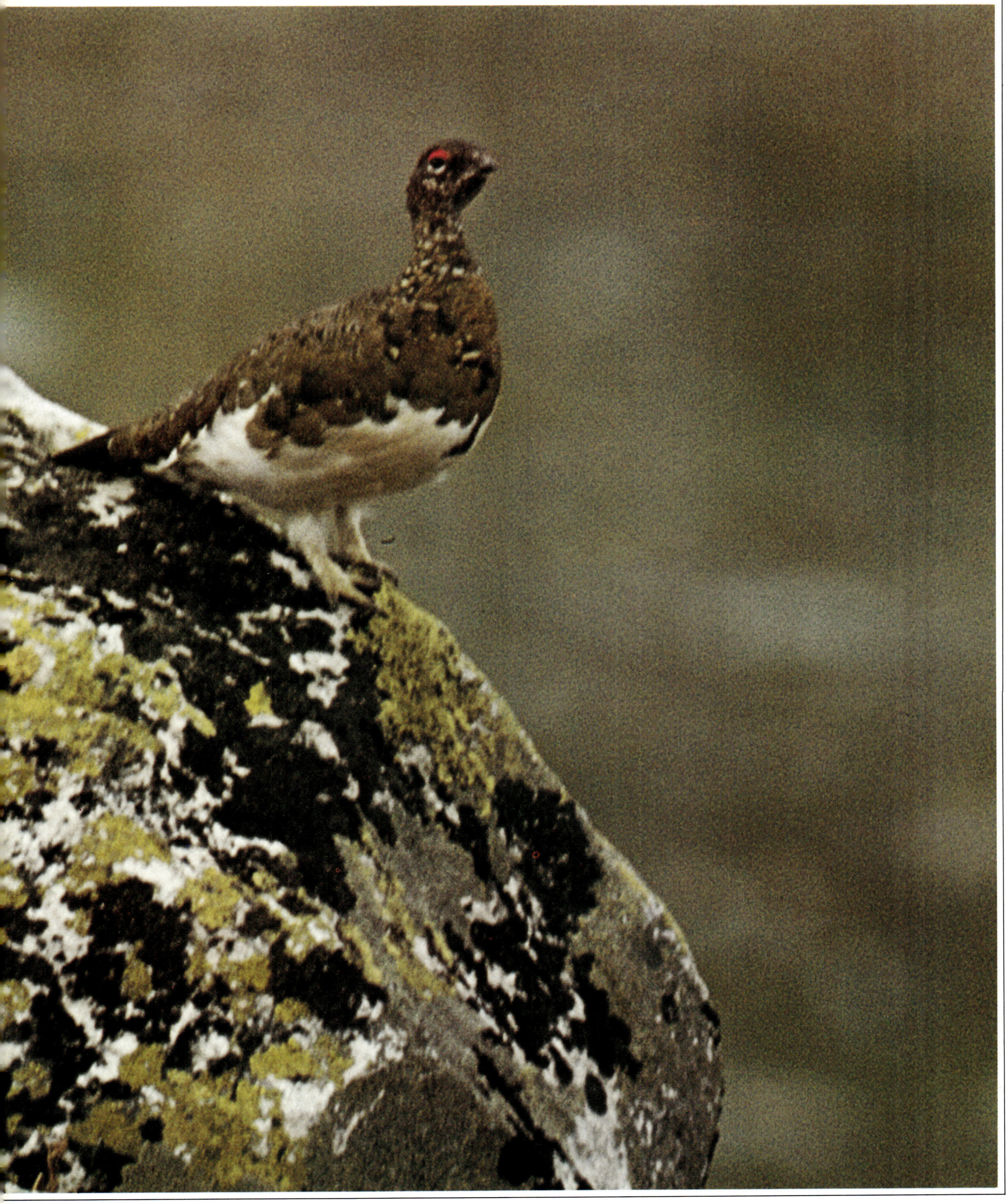

6

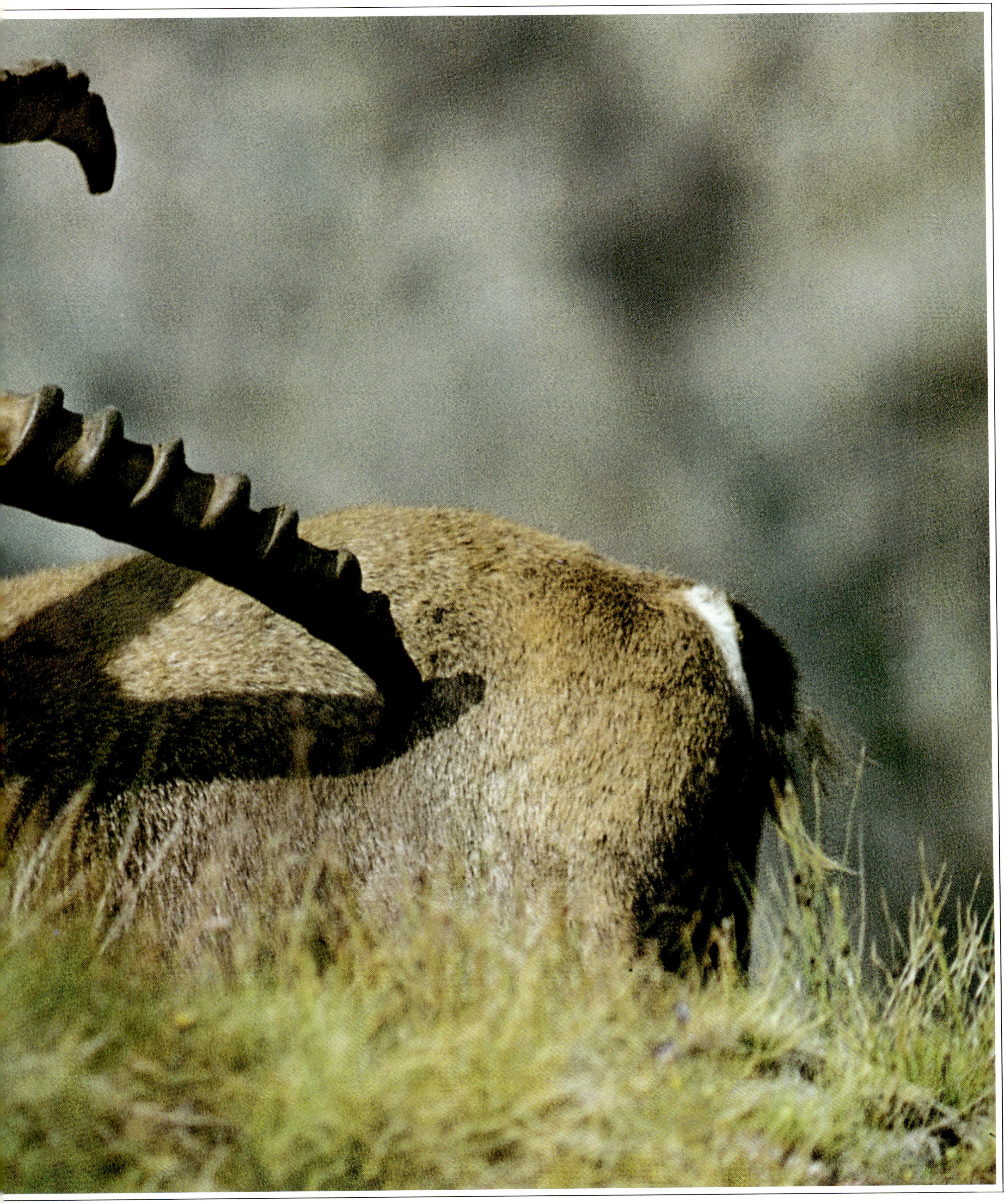

Das Spiel von Licht und Schatten zu beobachten, gehört zu den reizvollen Begleiterscheinungen eines Aufenthaltes im Wald. Die Tiere kennen sehr genau die Wirkungen von hell und dunkel. Einerseits immer darauf bedacht, so wenig sichtbar wie möglich zu bleiben, andererseits aber auch sehr wohl am Genuß der wärmenden Sonnenstrahlen interessiert, halten sie sich mit Vorliebe im Halbschatten auf. Für den Jäger mit der Kamera bedeutet es immer ein besonderes Problem, eine solche Stimmung im Bild festzuhalten.

Welche Wirkung Licht und Schatten für das Beobachterauge haben können, wird besonders bei den beiden Jungfüchsen deutlich (7). Auch der genüßlich an einigen Waldpflanzen mümmelnde Hase wäre, säße er wenige Zentimeter näher oder weiter entfernt, kaum zu sehen (9). Selbst die Konturen einer so »groben Sau« werden noch durch das vom Erlenblätterdach zerstreute Sonnenlicht zu einem Gutteil aufgelöst (8), während Ricke und Kitz mitten im Windwurf nahezu mit ihrer Umgebung verwachsen erscheinen (10). Daß der Wald immer wieder voller neuer Geheimnisse zu stecken scheint, dazu trägt das sich im Wind bewegende Laub bei. Es sorgt so für ein unaufhörliches Wechselspiel von Licht und Schatten.

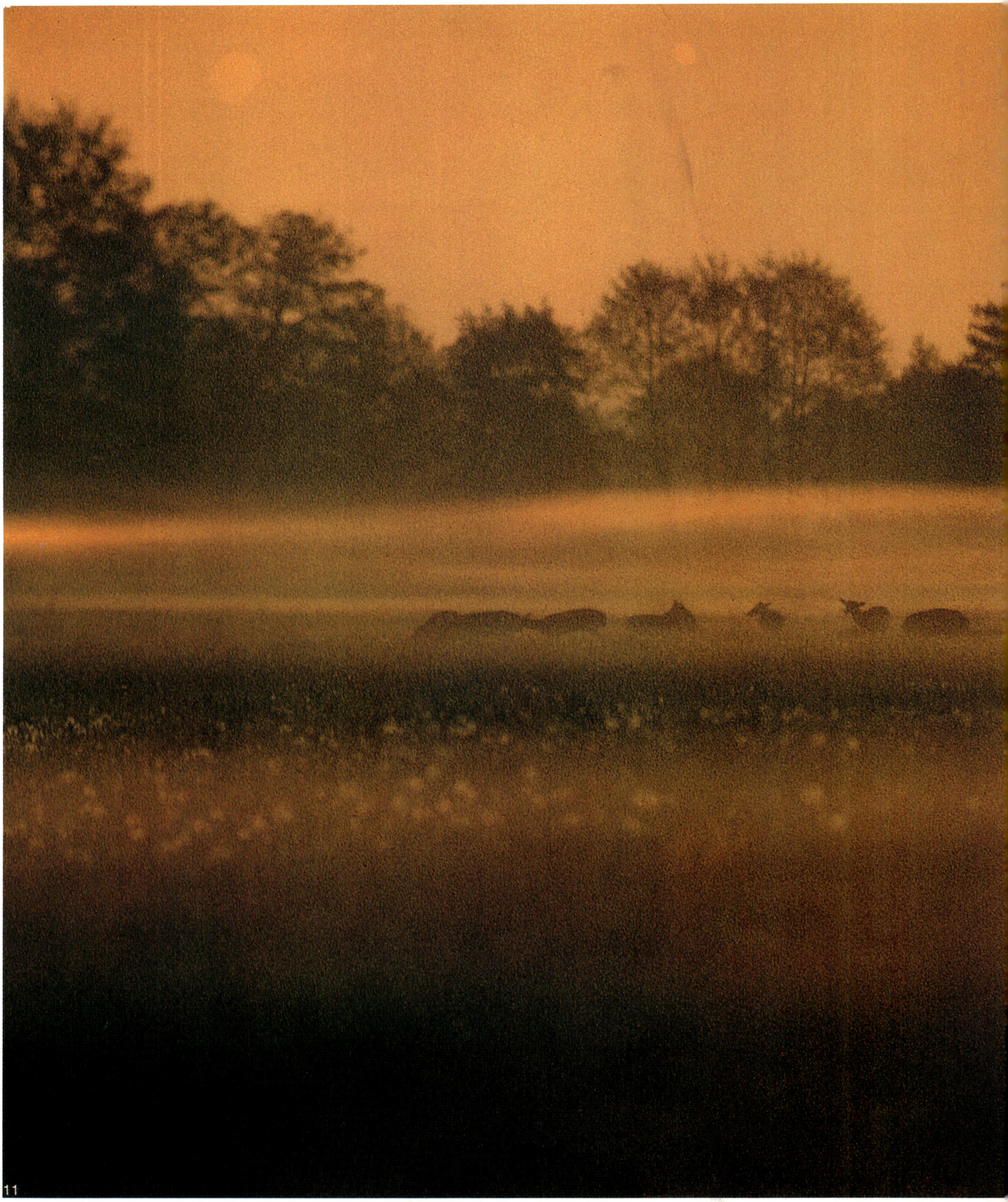

Auf den ersten Blick mag das Bild unwirklich und farbstichig erscheinen, doch wer die heraufziehende Morgensonne über einer nebelverschleierten Wiese erlebt hat, wer beobachtet hat, wie sich die Landschaft mit einem roten Hauch überzieht und langsam die Konturen von Wildkörpern über dem feuchten Gras herausschälen, der weiß, daß es solche herrlichen Anblicke gibt. Keinem ist besser bekannt als einem Jäger, wie empfindungs- und erlebnisreich die ersten Stunden des Tages sein können. Es gibt keine andere Zeit, in der sich das Wild besser und ungestörter beobachten läßt. Und wer sich an die richtige Stelle setzt, kann sogar das Glück haben, gleich mehrere Wildarten auf einmal zu sehen. So wie hier, wo rechts vorne die Ricke sichert, während im Hintergrund ein Rudel Damwild noch mit dem Äsen beschäftigt ist (11). Auch wenn das gefleckte Kinderkleid zum Herbst einer durchgehend braunen Decke gewichen ist, haben Rehkitze nichts von ihrem liebenswerten Ausdruck verloren (12). Dunkle Lichter, glänzender Windfang und hochgestellte Lauscher – alle Sinne sind auf feinfühligen Empfang gestellt, um im richtigen Augenblick den Aufbruch zur Flucht aus dem hohen Wiesengras zu signalisieren.

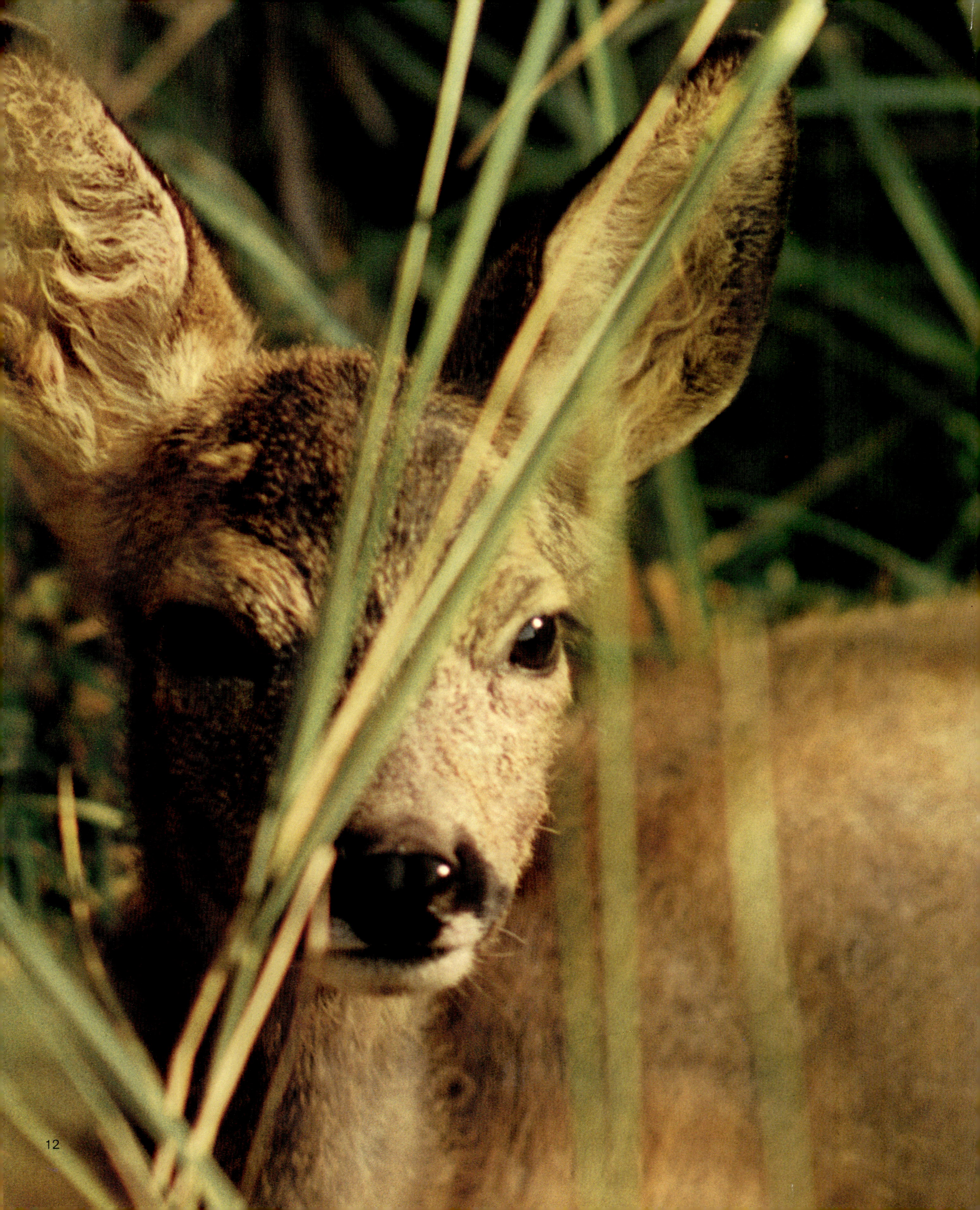

GESCHICHTE DER DEUTSCHEN JAGD

So wenig wir in Anbetracht des ungleichen Gewichts der historischen Überlieferung im Vergleich zu Ägyptern, Assyrern, Babyloniern, Hethitern, Griechen und Römern von den Germanen im allgemeinen wissen, so unzulänglich sind auch unsere Kenntnisse vom germanischen Jagdwesen. Ein zuverlässiges Bild von der antiken Jagdtechnik – selbst bis in die Anfänge der ältesten Hochkulturen zurück – läßt sich weitaus leichter zeichnen als eine Skizze vom Jagdbetrieb der germanischen Bevölkerung, bei der wir die Anfänge jener nationalen Entwicklung suchen, für die das ohnehin zeitlich nur schwer zuzuordnende Epitheton »deutsch« wenigstens bedingt Geltung hat. Trotz dieses unerläßlichen Vorbehaltes hinsichtlich der engen Grenzen, die uns gezogen sind, läßt sich allerdings mit einer gewissen Genugtuung sagen, daß wir dank des mühevollen Zusammentragens kleinster Mosaiksteinchen über das germanische Jagdwesen heute etwas mehr aussagen können, als wir vor wenigen Jahrzehnten noch zu hoffen wagten. Freilich werden wir hierüber niemals so eindeutig unterrichtet sein wie über die Jagd der benachbarten Kelten, über die uns Arrians ›Kynegetikon‹ Aufschluß gibt, aber wir vermögen doch aus dem Fundmaterial und aufgrund sprachwissenschaftlicher Rückschlüsse im Zusammenhang mit den Traditionslinien der nachfolgenden Zeit heute eine Anzahl zuverlässiger Angaben zu machen, die einige Lichter auf das ursprünglich so blasse Bild setzen.

Reduziert man die Geschichte der Jagd auf ihre drei entscheidenden Faktoren, die Gesellschaftsordnung, das Recht und die Technik, so kann nicht nachdrücklich genug auf die ganz unmittelbare Wechselwirkung der beiden letzteren hingewiesen werden. Mit anderen Worten: Die jeweilige Technik der Jagd ist eine Funktion des geltenden Rechts. Diese Feststellung trifft für die germanische Zeit ebenso zu wie für alle nachfolgenden Perioden der inner- oder außerdeutschen jagdgeschichtlichen Entwicklung.

Bei allen germanischen Stämmen herrschte das Recht des freien Tierfangs. Es mag nach dem Territorialprinzip an der Stammesgrenze seine natürliche Beschränkung gefunden haben, aber nichts deutet auf eine Beeinträchtigung dieses Grundsatzes innerhalb des Hoheitsgebietes einer Stammesgemeinschaft hin. Da die Jagd anfänglich mehr von einer Gruppe als vom einzelnen betrieben worden sein dürfte, lassen ethnologische Vergleiche die Existenz fester Regeln für die Verteilung der Beute vermuten, doch fehlt es hierüber an verläßlichen Hinweisen. Die Individualisierung des jagdlichen Vorganges ist ein mit dem Fortschritt der Jagdtechnik parallel laufender, jedoch in germanischer Zeit schon deutlich erkennbarer Prozeß. Gesellschaftsjagden scheinen erhebliche wirtschaftliche Bedeutung gehabt zu haben. Weitverbreitet, möglicherweise sogar dominierend, waren große, auf ein tiefgestaffeltes System von Fallgruben ausgerichtete Treibjagden, bei denen je nach den landschaftlichen Gegebenheiten Elch, Ren oder Rothirsch die wichtigsten Beutetiere gewesen sein müssen. Auch der schon in vorgeschichtlicher Zeit belegte Absturz von zusammengetriebenem Wild über Felsabhänge ist nachweisbar. In der Zeit der spätsommerlichen Mauser fanden Gemeinschaftsjagden auf flugunfähiges Federwild statt. Dies alles deutet darauf hin, daß gelegentlich sehr erhebliche Wildmengen anfielen und Methoden zur Konservierung des Wildbrets über einen längeren Zeitraum hinweg bekannt waren.

Am besten wird das germanische Jagdwesen jedoch durch diejenigen jagdtechnischen Elemente gekennzeichnet, die ihm fehlten. Nicht nachweisbar sind bei den Germanen die flüchtige Hetzjagd zu Pferd, die sich bei den Kelten Galliens besonderer Beliebtheit erfreute, und das weiträumige Stellen von Netzen, das in der römischen Jagdtechnik eine große Rolle spielte. Das soll nicht heißen, daß die Germanen bei ihrem Jagdbetrieb auf das Pferd vollständig verzichteten. Seine frühzeitige Verwendung als Treib- oder Schießpferd ist ebenso denkbar wie der gelegentliche Gebrauch kleinerer, ohnedies durch den Fischfang bekannter Netze, beispielsweise bei der Erdjagd, für die schon frühzeitig ein kurzläufiger, kriechender Hund zur Verfügung stand, oder bei der wahrscheinlich mit Nachdruck betriebenen Biber- und Otterjagd, für die in den Volksrechten bereits eine spezialisierte Hunderasse erscheint.

Wo das Gelände zur Anlage von Fallgrubenfeldern ungeeignet war, dürfte sich die ihr verwandte Heckenjagd entwickelt haben. Sie kann vielleicht als das erste charakteristische Merkmal der »deutschen« Jagd aufgefaßt werden, da sie, obgleich bis in die germanische Zeit zurückreichend, ihre jagdliche Bedeutung bis zum Ende des Mittelalters ungeschmälert beibehielt und deshalb bei ihr der mit Vorsicht verwendete Zusatz »deutsch« seine Berechtigung hat. Während man in den Mittelmeerländern das Wild in Netze trieb, errichtete man in Mitteleuropa lebende Hecken aus dichtem Unterholz, in denen Durchlässe vorgesehen waren, an deren vertrautes Passieren sich das Wild rasch gewöhnte. Diese Zwangswechsel wurden bei den großen Treibjagden, die auf die oft kilometerlangen Hecken hin ausgerichtet waren, »verstrickt«, das heißt, mit großen Schlingen, in denen sich Rot- oder Schwarzwild verfing, später auch mit entsprechenden Netzen verstellt. Das vor den Treibern flüchtende Wild suchte am Jagdtag durch die ihm vertrauten Passagen zu entkommen und fiel, durch Schlingen und Netze behindert, den hinter den Hecken »auf der Warte« stehenden Jägern zum Opfer.

Diese Jagdart übernahmen auch die benachbarten Kelten nach der Eroberung ihres Landes durch die Germanen. Orts- und Flurnamen mit -hag oder -haie erinnern noch heute daran. Als Jagdwaffen standen Lanzen und Bogen zur Verfügung. Dem »schwarzen« Wild – Auerochse, Bär und Wildschwein – traten die Jäger, sobald es von den Hunden gestellt war, unmittelbar gegenüber. In dem reichen Angebot jagdlich verwendbarer Hunde vom schweren Hetzhund über den Laika-ähnlichen Spitz bis zum Vogelhund und zum Teckel fehlte im Norden der schnelläufige Vertragus. Darüber hinaus stand den germanischen Völkern eine ganze Anzahl von Fallen zur Verfügung, die sich in der Mehrzahl von den mediterranen und nahöstlichen Typen deutlich unterschieden. Unbekannt waren anscheinend die schon im alten Ägypten nachweisbaren Torsions- und die bereits von Xenophon beschriebenen, mit Spitzen versehenen runden Tretfallen. Statt dessen bediente man sich einer weitverbreiteten hölzernen Klappfalle, neben der Konstruktionen nach dem Prinzip der Gewichts- und Schwippgalgenfallen gestanden haben müssen.

Die Fallentechnik führt uns unmittelbar zum Vogelfang, dessen Bedeutung für die Geschichte der Jagd in wirtschaftlicher und technischer Hinsicht meist unterschätzt wird. Aber jeder jagdhistorische Abriß müßte in seiner Substanz als ganz wesentlich beeinträchtigt angesehen werden, würde dieser Hinweis auf die geschichtliche Stellung des Vogelfangs nicht mit dem gebührenden Nachdruck gegeben – eine Feststellung, die keineswegs nur für die hier abgehandelte germanische Zeit, sondern für den gesamten Verlauf der deutschen Jagdgeschichte bis in die erste Hälfte des 19. Jahrhunderts gilt. Die Bedeutung des Vogelfangs steht in der deutschen Wirtschaftsgeschichte nicht hinter der der Binnenfischerei zurück. Unsere heutigen Perspektiven trüben hier das rechte Bild, nicht zuletzt, weil vieles früher Fang war, was heute in den generalisierenden Begriff Jagd einbezogen ist. Daß es einen germanischen Vogelfang gab, zeigte schon der Hinweis auf den Massenfang von Wasservögeln. Und daß dieser weitgehend ein eigenes Gepräge hatte und nicht unbesehen mit dem antiken Vogelfang der Mittelmeerländer gleichgestellt werden darf, ist ebenfalls erkennbar. Auch bei ihm scheinen Netze aller Art nur eine untergeordnete Rolle gespielt zu haben. Dagegen dürften ruhende und unter Spannung stehende Schlingen charakteristische technische Mittel gewesen sein. Vermutlich ist auch der mit hoher Wahrscheinlichkeit bis in die germanische Zeit zurückreichende und im wesentlichen auf die germanischen Völker beschränkt gebliebene Kloben – zwei durch eine Zugschnur handbetätigte, gut aufeinanderpassende schmale Holzbretter zum Kleinvogelfang – ein charakteristisches Element der Vogelfangtechnik dieser Frühzeit gewesen.

Ein jagdgeschichtlich wichtiges Ereignis in germanischer Zeit war die Rezeption der Beizjagd, die innerhalb kürzester Zeit zu einem Nationalsport wurde. Die Ostgoten übernahmen diese Jagdart von den Sarmaten bei ihrer Begegnung mit diesen im pontischen Raum und vermittelten sie ihrerseits den westlich von ihnen siedelnden Germanenstämmen. Diese brachten sie den benachbarten Kelten und trugen sie während der Völkerwanderungszeit durch ganz Europa bis nach Spanien und Nordafrika. Dank raschem Ortswechsel und verminderter Seßhaftigkeit, die in der Periode der großen Bewegungen auch Auswirkungen auf die praktizierbaren Jagdmethoden haben mußten, wurde im 5. nachchristlichen Jahrhundert germanische Jagd im wesentlichen mit Falknerei gleichgesetzt.

Zeitlich sind wir damit am ersten großen Wendepunkt in der Geschichte der deutschen Jagd angekommen, denn von merowingischer Zeit an wird nun die rechtlich und technisch auf dem Prinzip des freien Tierfangs beruhende Volksjagd von einer auf dem Grundsatz der Exklusivität beruhenden neuen Jagdform, der Herrenjagd, überlagert. Die Geschichte des deutschen Jagdwesens ist bis ins 19. Jahrhundert ein Spiegelbild der ständigen Grenzverschiebung zwischen diesen beiden Sektoren zu Gunsten der Herrenjagd und zum Nachteil der Volksjagd. Seit merowingischer, vor allem aber seit karolingischer Zeit wandelte sich durch die von nun an vorgenommenen und sich rasch mehrenden Inforestationen das Bild der deutschen Jagd grundlegend. Durch Inforestation wurde ein bestimmter räumlicher Bereich zu Gunsten eines einzelnen, anfangs allein des Königs, sehr bald aber auch zu Gunsten aller Großen des Reiches, auf deren Wohlwollen die Krone angewiesen war, gebannt, das heißt, der Nutzung Dritter entzogen. Der Katalog der mit dem Bann verknüpften Vorzugsrechte variiert. Meist gehörte zu ihnen die hohe Gerichtsbarkeit, stets aber war mit ihnen das ausschließliche Jagdrecht für eine Anzahl namentlich genannter Wildarten verknüpft. Es scheint, daß oftmals in erster Linie jagdliche Interessen der Anlaß zur Errichtung eines Bannforstes waren. Im Bannbezirk war der Grundsatz des freien Tierfangs außer Kraft gesetzt. Zu den gebannten Tieren gehörten von Anfang an immer der Rothirsch und das Wildschwein, bei deutlicher Tendenz zur Erweiterung der einbezogenen Wildarten. Gleichzeitig erfolgten Schutzbestimmungen für das gebannte Wild, beispielsweise durch Untersagung beunruhigender Eingriffe in den Wald oder durch das Verbot herkömmlicher Nutzungen wie der weitverbreiteten Waldweide. Mit der Teilung der bejagten Tierarten in gebannte und freie wurde der Grundstein für die Begriffe »hohe« und »niedere« Jagd gelegt, die – wenn auch inzwischen inhaltslos geworden – bis in die Gegenwart fortwirken. Der Vorgang der Inforestation war im 12. Jahrhundert im wesentlichen abgeschlossen. Bis zu diesem Zeitpunkt kamen nahezu sämtliche weltlichen und geistlichen Herren des Reiches in den Genuß der mit einem gebannten Bereich verknüpften Vorzugsstellung.

Der Wandel zur Herrenjagd führte zwangsläufig zu einer Veränderung der Jagdtechnik. Entscheidend für die Inforestation waren letztlich keineswegs wirtschaftliche Überlegungen, die zur Beschränkung der Nutzungsrechte Dritter führen sollten, sondern der Wunsch nach einem ungestörten jagdlichen Vergnügen. Sportliches Denken, durch die Liebe zur ertragsarmen Falknerei seit geraumer Zeit gestärkt, gewann an Bedeutung und bereitete eine bislang viel zu wenig beachtete Neuorientierung im Mensch-Tier-Verhältnis vor. Die in der hochmittelalterlichen Dichtung deutlich werdende jagdliche Ethik hat hier ihre Wurzeln. In der Jagdtechnik begegnen uns erstmalig die großen prunkvollen Gesellschaftsjagden. Einen der ältesten Berichte hierüber aus der Zeit Karls des Großen verdanken wir Einhard. Die persönliche Mobilität scheint zu dieser Zeit gewachsen zu sein. Daß die Hetzjagd zu Pferd an Bedeutung gewann, haben wir sicherlich gallischem Einfluß im fränkischen Reich zu danken. Wenn diese Jagdart nicht zur gleichen Blüte wie bei unseren westlichen Nachbarn kam, ist dies nicht zuletzt aus der unterschiedlichen Entwicklung der Landeshoheit zu erklären. Viele der zum Deutschen Reich gehörigen Territorien waren und blieben kleinräumig. Sie eigneten sich nur beschränkt zu weit ausgreifenden Überlandjagden, deren Richtung innerhalb der oftmals eng gesteckten Grenzen nicht immer vorher bestimmt werden konnte. Hier boten sich die Heckenjagd und später das daraus hervorgegangene »eingestellte deutsche Jagen« als die erfolgversprechendere Technik im grenzgebundenen Raum an. Ganz anders verlief die Entwicklung in Frankreich mit seiner ständig wachsenden Zentralgewalt und dem daraus resultierenden Denken in anderen Dimensionen. Hier kam die durch keinerlei Grenzen eingeschränkte und zugleich auf langer Tradition beruhende freie Hetze zu ihrer höchsten Blüte.

Die mittelalterliche deutsche Dichtung vermittelt uns, nicht zuletzt durch die zahlreichen Jagdallegorien, ein umfassendes Bild dieser Herrenjagd. Von den daneben noch immer praktizierten volksjagdlichen Methoden erfahren wir dagegen aus diesen Quellen verhältnismäßig wenig. Wo französische Vorbilder Pate standen, sind Rückschlüsse auf die deutsche Entwicklung mitunter nur mit Vorbehalt zulässig. Daß französisches Brauchtum jedoch vielfach Eingang fand, wird an den Regeln für das Aufbrechen und Zerwirken des erlegten Rotwildes deutlich. Die beim geschlachteten Vieh übliche und anfänglich auch beim Wild gehandhabte Vierteilung der Beute wurde durch die bis in die Gegenwart geltende Form des Aufbruchs abgelöst. Im ›Parzival‹ wird sie im 13. Jahrhundert als französisches Vorbild der deutschen Gewohnheit gegenübergestellt. Hundert Jahre später muß sich diese Sitte nach einer uns erhaltenen lateinischen Jägerpredigt bereits weitgehend durchgesetzt haben. Der Rothirsch war neben dem Wildschwein das wichtigste Jagdtier. Das Reh spielte kaum eine Rolle. Hasen wurden in niedrigen Netzen gefangen. Die Beizjagd erfuhr eine neue Blütezeit in ganz Europa, nicht zuletzt durch die Begegnung mit der arabischen Welt während der Kreuzzüge. In der ersten Hälfte des 13. Jahrhunderts entstand die monumentale Monographie Friedrichs II. von Hohenstaufen, ›De arte venandi cum avibus‹, ein jagdliches Werk von unvergleichlicher Größe, das leider ohne jeglichen Einfluß auf die nachfolgende Zeit blieb. In diese Periode fallen auch die Anfänge des jagdlichen Fachschrifttums. Der einem deutschen Ritter namens Guicennans zugeschriebene, noch ins 13. Jahrhundert gehörige Traktat ›De arte bersandi‹ behandelt die Pirschjagd, worunter man eine Treibjagd zu Pferd und zu Fuß auf eine bogenbewaffnete Linie von Schützen hin verstand. Jagdliche Texte in den Nationalsprachen setzten bei den meisten europäischen Völkern nahezu gleichzeitig um die Wende des 13. zum 14. Jahrhundert ein. Im deutschen Sprachraum entstanden als erste didaktische Arbeiten die ›Deutsche Habichtslehre‹ und die ›Lehre von den Zeichen des Hirsches‹, zwei aus der jagdlichen Praxis geborene, mehrfach überarbeitete und über lange Zeit hin fortwirkende Texte.

Soziologisch wichtig ist die wachsende Bedeutung des Berufsjägertums als Folge der sich immer stärker durchsetzenden Herrenjagd. Der feudale Jagdbetrieb erforderte in zunehmendem Maße spezialisierte Hilfskräfte in unterschiedlichen Dienststellungen. Dieses aus der Geschichte der deutschen Jagd nicht wegzudenkende Berufsjägerkorps, das zur Erfüllung seiner beruflichen Pflichten eines delegierten Hoheitsrechtes bedurfte, mußte früher oder später in einen Gegensatz zum Kreis all derer geraten, die sich in Erinnerung an volksjagdliche Zeiten eines alten Rechtes beraubt sahen und nun, statt mitjagen zu dürfen, Frondienste zu leisten hatten. Wenn bei dieser vielfach nur widerwillig ertragenen veränderten Rechtsstellung der Dienstverpflichteten dem zur Aufsicht eingesetzen Berufsjägerkorps die notwendigen Qualitäten zur Menschenführung fehlten, könnten Ärger und Verdruß nicht ausbleiben. Mißhelligkeiten haben Jahrhunderte hindurch zur Verstärkung sozialer Spannungen beigetragen und die Kritik an der Jagd und an dem sich ständig einengenden Kreis der zu ihrer Ausübung Berechtigten herausgefordert. Die elitäre Stellung des Berufsjägerkorps fand spätestens seit der Zeit um 1400 ihren Niederschlag in der Ausbildung Hunderter von Weidsprüchen, die, vornehmlich in Frage und Antwort gekleidet, als Nachweis der fachlichen Qualifikation dienten. Sie wurden seit dem 16. Jahrhundert von einer bis in die Gegenwart fortwirkenden jagdlichen Standessprache mit stark esoterischem Charakter abgelöst.

Die Sprache der Jäger ist eines der interessantesten Phänomene der deutschen Jagdgeschichte. Ihr fachsprachlicher Sektor wurde von den Veränderungen der jagdlichen Technik bestimmt, ihr standessprachlicher Anteil dagegen ist eine Folge der Rechtsentwicklung. Jagdliche Sonderrechte waren die unerläßliche Voraussetzung für die Entstehung und Ausbreitung von Wörtern wie beispielsweise Licht, Lecker, Lauscher, Träger, Spiegel oder Blume für Körperteile einer Wildart. Die mit diesen Rechten Begabten, die Standesverbundenen, die ihre elitäre Stellung zu betonen wünschten, waren die Schöpfer und Träger dieses Vokabulars. Sie ahndeten Verstöße gegen die Sprache durch die oft spaßhaft verhängte Strafe des Pfundgebens, die in drei Schlägen auf das entblößte Hinterteil bestand. Die jagdliche Standessprache setzte an, wo Exklusivität vorhanden war, das heißt vor allem bei den Wildarten der hohen Jagd und bei dem zu ihrer Bejagung unerläßlichen Leithund, und entfiel, wo volksjagdliche Technik erhalten blieb, wie beim Vogelfang oder in Territorien mit anderer Rechtsentwicklung wie der Schweiz.

Die Vielfältigkeit der jagdlichen Technik vergangener Jahrhunderte wird aus heutiger Sicht leicht unterschätzt. Wir stehen allzusehr unter dem Eindruck einer durch die mehr oder minder ausschließliche Verwendung von Handfeuerwaffen gekennzeichneten Monokultur, um beurteilen zu können, welch großes Fachwissen auf jagdtechnischem Gebiet nötig war, um als Berufsjäger zu bestehen. Feuerwaffen wurden auf der Jagd seit der Zeit um 1500 eingesetzt, zunächst nur auf stehendes oder ruhendes, seit dem Anfang des 18. Jahrhunderts auch auf flüchtiges Wild. Rebhühner im Flug zu schießen, galt in der zweiten Hälfte des 18., gebietsweise sogar noch zu Anfang des 19. Jahrhunderts als besondere Kunst.

Wenn wir die Zeit des freien Tierfangs als den ersten und die Periode der Inforestationen als den zweiten Abschnitt in der Geschichte des deutschen Jagdrechtes ansehen, schließt sich als dritter die Zeit der Regalität an. Im Zuge des Erstarkens der Landesherrschaft gelang es, das Jagdrecht in den Kreis der Regalien einzubeziehen und damit in seinem gesamten Umfang allein dem Landesherrn vorzubehalten. Ebenso wie der Vorgang der Inforestation sich über Jahrhunderte erstreckt hatte, bedurfte es auch für die Durchsetzung des Prinzips der Regalität der Jagd einer ähnlich langen Zeit, zumal die Entwicklung unterschiedlich verlief, nicht überall mit gleichem Nachdruck betrieben wurde und auch nicht allenthalben auf gleich harten Widerstand stieß. Viele der kleinen Landesherrschaften deckten sich räumlich weitgehend mit den inforestierten Bezirken. Dort stand dem Träger der Banngewalt schon seit langem die hohe Jagd allein zu. Dank dem durch dienstfertige Hofjuristen entwickelten und verteidigten Prinzip der jagdlichen Regalität behielt sich nun die Krone im Grundsatz die Jagd in voller Totalität vor, das heißt in jeder Form und innerhalb der Grenzen der gesamten Landesherrschaft, gleichgültig ob inner- oder außerhalb eines bereits gebannten Bezirks.

Die Durchsetzung dieser Rechtsauffassung gelang im Reichsgebiet weder gleichzeitig noch gleichmäßig und hing entscheidend von Stärke und Stellung des landsässigen Adels als der am nachhaltigsten betroffenen Gruppe ab. Der größte Teil der deutschen Jagdliteratur vom 16. bis zum 18. Jahrhundert ist den damit zusammenhängenden Rechtsfragen und den aus ihnen erwachsenen Streitigkeiten gewidmet. In der Regel wurde der landsässige Adel im Rahmen des hochentwickelten, oftmals komplizierten Lehnssystems auf seinen Gütern mit der niederen Jagd oder dem Reisgejaid wieder belehnt, aber er übte die Jagd nicht aus eigenem Recht, sondern als Lehensträger aus. Am wenigsten erforscht ist bislang die verwickelte Geschichte der jagdrechtlichen Verhältnisse in Deutschland zwischen 1500 und 1848. Wenn eines Tages ihre Darstellung möglich ist, wird sich ein sehr viel bunteres Bild ergeben, als die hier generalisierend vorgetragene Rechtsentwicklung vermuten läßt. Es gab weit mehr Sondererscheinungen, die nicht in den hier gezogenen Rahmen passen, als allgemein angenommen wird. Reichsstädte konnten alte Rechte behaupten oder wieder erkaufen, Bezirke der Freien Pirsch verstanden es, sich der allgemeinen Entwicklung zu entziehen. Selbst Einzelfälle bäuerlicher Freiheiten sind nachweisbar, und manches verlief im Süden und Westen des Reiches anders als im Norden und Osten. In den sächsischen Ländern glaubte man durch eine Aufteilung der Wildarten in Tiere der hohen, mittleren und niederen Jagd eine bessere Ausgangsbasis für die Durchsetzung des Regali-tätsprinzips zu schaffen. Zur Zeit des Absolutismus im 18. Jahrhundert gab es jedoch kaum einen bedeutenden deutschen Staatsrechtler, der das Prinzip der Regalität der Jagd ernsthaft in Frage stellte.

Jagdtechnisch führte diese Entwicklung des Rechts zu einer Dreiteilung. Neben Volksjagd und Herrenjagd trat nun die höfische Jagd. Von der Volksjagd waren keine nennenswerten Reste geblieben. Sie begegnet uns am ehesten auf dem Gebiet des Vogelfangs, der in einem gewissen Ausmaß bürgerlichen und bäuerlichen Kreisen zugänglich blieb. Der landsässige Adel war dank der ihm belassenen, wenn auch durch Vor- und Mitjagd häufig beeinträchtigten Exklusivität in der Ausübung der Jagd auf seinen Lehnsgütern der eigentliche Träger der Herrenjagd und stellte zusammen mit seinem bescheidenen Hilfspersonal auch die größte Zahl der praktizierenden Jäger. Die Jagd auf Rot- und Schwarzwild war ihm versagt. Rehe, Füchse und Hasen wurden in niederen Netzen gefangen, geschossen oder auf hinlänglich großen Gütern auch mit Windhunden gehetzt. Rebhühner, Wachteln und Lerchen fing man vornehmlich in Netzen. Außerdem wurde bis zum Ende des 17. Jahrhunderts, da man das Flugschießen noch nicht beherrschte, vielfach die Beize im niederen Flug mit dem Habicht betrieben, zumal sie keine hohen Aufwendungen erforderte und die Küche hinlänglich mit Rebhühnern versorgte.

Neben diesen beiden Kategorien trat nun die mit großem Aufwand ausgeübte höfische Jagd, die wegen der mit ihr verbundenen Kosten nur von den über die Mittel der Staatskasse verfügenden Landesfürsten betrieben werden konnte. Die für sie charakteristische Technik ist das »eingestellte deutsche Jagen«, das um die Wende des 16. zum 17. Jahrhundert in seiner ganzen Vollkommenheit entwickelt war und, von wenigen Ausnahmen abgesehen, auf Deutschland beschränkt blieb. Bei dieser Jagdart trieben Hunderte frondienstpflichtiger Bauern unter Anleitung des Berufsjägerkorps in tagelangen Vorbereitungen das gesamte Rot- und Schwarzwild eines großen Bezirks in einen engen, von hohen Tüchern umstellten Raum zusammen und hinderten es am Ausbrechen. Am eigentlichen Jagdtag wurde das massierte Wild durch Aufziehen von Rolltüchern dem Landesfürsten und seiner Begleitung im sogenannten Lauf vorgejagt und dort aus einem als kleines Jagdhaus aufgemachten Stand heraus im Vorbeiflüchten aus nächster Nähe abgeschossen. Höfisch war auch die im 17. und in der ersten Hälfte des 18. Jahrhunderts noch einmal zu höchster Blüte gekommene Beize im hohen Flug, der sich, vom Kaiser in Wien angefangen, alle deutschen Landesfürsten widmeten, die sich diesen Luxus leisten zu können glaubten, auch wenn sie, wie Brandenburg-Ansbach, dieserhalb bis an den Rand des Staatsbankrotts gerieten. Abgelöst wurde die Falkenbeize in der zweiten Hälfte des 18. Jahrhunderts von der nicht minder aufwendigen französischen Form der Parforcejagd, in der sich der kulturelle Einfluß Frankreichs zu jener Zeit widerspiegelt.

Im Rahmen der höfischen Jagd wurden die höchsten Streckenergebnisse erzielt. Da man über sie teils zum Lob der jagdlichen Leistungen des Souveräns, teils aus Gründen der hauswirtschaftlichen Rechnungslegung besonders sorgfältig Buch führte und vergleichbare Zahlen aus dem Kreis derer, die die niedere Jagd oder den Vogelfang betrieben, kaum vorliegen, ist vielfach der Eindruck entstanden, der Wildbestand sei im 17. und 18. Jahrhundert allenthalben weit überhöht gewesen. Zweifellos war dies bereichsweise bei Rot- und Schwarzwild der Fall. Wo leidenschaftliche Jäger als Landesfürsten regierten, wurde häufig ohne Rücksicht auf land- und forstwirtschaftliche Schäden ein viel zu starker Wildbestand erhalten, dessen Nachteile immer wieder beklagt wurden und oft genug zu politischen Spannungen und harten Auseinandersetzungen mit den Geschädigten führten, ganz abgesehen davon, daß er weiten Kreisen der Bevölkerung Anlaß gab, die Jagd im allgemeinen zu verurteilen. Dieses Bild der generell überhöhten Wildbestände, das auf Grund der Dokumentationen der streitenden Parteien verhältnismäßig leicht gezeichnet werden kann, ist jedoch wegen seiner Einseitigkeit unzutreffend, denn dort, wo keine höfische Jagd existierte, waren die Wildbestände zwar artenreicher, aber zahlenmäßig eher schwächer als heute. Wir verfügen über Zahlen aus dem 18. und frühen 19. Jahrhundert – die allerdings auch nicht verallgemeinert werden dürfen –, aus denen hervorgeht, daß der Bestand an Rehen und Hasen gebietsweise nur ein Zehntel des heutigen betrug, während das kleine Raubwild und die Greifvögel erheblich stärker vertreten gewesen sein müssen. Deutschland bot im ganzen durchaus kein gleichmäßiges Bild. Neben punktuell weit überhöhten Rot- und Schwarzwildbeständen existierte im allgemeinen ein artenreicher Wildbestand in ökologisch wünschenswerter Zusammensetzung. In ihm waren Reh und Fasan allerdings weit geringer vertreten, als es heute der Fall ist.

Zur europäischen Jagdliteratur hat Deutschland einen bedeutenden Beitrag geleistet. Unstreitig gebührt, wenn man zu vergleichen und zu werten versucht, Frankreich die Krone. Diese Spitzenstellung errangen die Franzosen schon im 14. Jahrhundert mit dem ›Livre du Roy Modus‹ des Henri de Ferrières und den ›Deduiz de la chasse‹ des Grafen Gaston Phoebus von Foix. Sie behaupteten diese führende Rolle bis ins 18. Jahrhundert, wobei es ein ganz entscheidendes Merkmal ihres Schrifttums ist, daß die besten Abhandlungen von jagdliebenden Persönlichkeiten des hohen und höchsten Adels abgefaßt wurden.

Die deutsche Jagdliteratur ist anders strukturiert: Auf die bereits erwähnten ältesten Texte folgte eine verhältnismäßig breite Reihe kulturhistorisch aufschlußreicher Traktate, die durchweg anonym sind und deshalb mitunter farblos wirken. Im späten 16. und zu Beginn des 17. Jahrhunderts ist der Einfluß des französischen Fachschrifttums durch Übersetzungen der Werke von Du Fouilloux, Clamorgan, Estienne und Liébault oder Arcussia unverkennbar. Zu Beginn des 17. Jahrhunderts zeichnen sich die ersten großen eigenständigen Leistungen auf dem Gebiet des deutschen didaktischen Schrifttums ab, aber sie sind vom Glück nicht begünstigt gewesen. Das 1626 vollendete ›Buch von allerlei Jägerei und Waidmannschaften‹ des in Salzburg und Kärnten beheimateten Martin Strasser von Kollnitz – das vielleicht bedeutendste Jagdbuch, das je in deutscher Sprache geschrieben wurde – kam überhaupt nicht zum Druck und wurde erst in unserer Zeit wiederentdeckt. Hans Peter von Firdenheims im Badischen entstandene kleine Studie vom Jahre 1622 blieb ebenfalls ungedruckt. Nur Johann Conrad Aitingers originelles Buch vom Vogelstellen erschien nach jahrelangen Vorbereitungen 1631, doch kamen Autor und Auflage kurz darauf in den Wirren des Dreißigjährigen Krieges kläglich um. Die inneren Unruhen des Reiches und ihre Folgen riefen bis zum letzten Viertel des 17. Jahrhunderts ein nahezu völliges Vakuum hervor. Wolf Helmhard von Hohberg (1682) ist noch im Anschluß an die Hausväter-Literatur zu sehen. Im selben Jahr erschien der erste Band der in drei Teile zerfallenden Monographie Johann Täntzers ›Der Dianen Hohe und Niedere Jagtgeheimnüß‹. Ihm folgten (1710) der häufig aufgelegte Hermann Friedrich von Göchhausen mit seinen ›Notabilia Venatoris‹, dann (1719/24) Hans Friedrich von Flemming mit dem ›Vollkommenen Teutschen Jäger‹, (1746) Heinrich Döbel mit seiner ›Eröffneten Jäger-Practica‹ und (1751) Carl von Heppe mit seinem ›Leithund‹. Eberhard Pacius legte 1756 die mühsam erarbeitete Übersetzung des Falkenbuchs Friedrichs II. vor, und Johann August Grosskopf (1759) und Christian Wilhelm von Heppe (1763) gaben die ersten Wörterbücher der Weidmannssprache heraus. Durch diese und zahlreiche neben ihnen wirkende Autoren hatte die deutsche Jagdliteratur ihr Profil gewonnen. Im Gegensatz zu Frankreich waren ihre Verfasser in der größeren Mehrzahl Berufsjäger in höheren oder mittleren Dienststellungen oder Persönlichkeiten, die – wie der Systematiker Johann Matthäus Bechstein (1801 ff.) – diesem Personenkreis nahestanden.

Der Übergang zur vierten, bis in die Gegenwart wirkenden Phase der Rechtsentwicklung, die durch die Bindung des Jagdrechtes an das Grundeigentum gekennzeichnet ist, wurde mit der Französischen Revolution, den staatsrechtlichen Auswirkungen des Reichsdeputationshauptschlusses (1803) und der Einführung des Code Napoléon in weiten Teilen Deutschlands eingeleitet und durch die veränderte innenpolitische Situation nach den Freiheitskriegen begünstigt. Was 1848 so rasch und widerstandslos in allen deutschen Landesparlamenten beschlossen und durch die Nationalversammlung abgesegnet wurde, war nur der Schlußstrich unter einen Entwicklungsvorgang, über dessen Folgen sich allerdings die wenigsten aus dem Kreis seiner Befürworter Gedanken gemacht hatten. Der kleine Grundeigentümer, der unerwartet ein unbeschränktes Jagdrecht auf dem eigenen Grund und Boden erhielt, war auf die veränderte Rechtslage nicht vorbereitet. In seinen Reaktionen drückte sich weniger Freude am Neuerworbenen als bittere Abrechnung mit einem verhaßten Prinzip aus. Der durch jahrhundertelange Plagen jagd- und wildfeindlich gewordene Landmann vernichtete in der ersten Aufwallung der Gefühle alles, was sich auf seinem Grund und Boden zeigte. In den Jahren 1848 und 1849 erfolgte der nachhaltigste Eingriff in die deutschen Wildbestände, der jemals geschah. Innerhalb kürzester Zeit mußten alle Regierungen einsehen, daß die Aufrechterhaltung dieses Rechtszustandes die Gefahr einer völligen Ausrottung der meisten Wildarten und einer nicht wieder gutzumachenden Zerstörung der Landschaft in sich barg.

So kam es ab 1850 in kurzer Aufeinanderfolge allenthalben zu einer Neuregelung, bei der die Bindung des Jagdrechtes an Grund und Boden anerkannt, die Ausübung aber von einer gewissen Mindestgröße des Jagdbezirkes abhängig gemacht wurde. Die genossenschaftliche Nutzung des kleinen bäuerlichen Grundbesitzes neben eigenen Jagdbezirken von angemessener Größe erlaubte die Wiederherstellung geordneter Verhältnisse. Immerhin vergingen trotz der Schutzfunktion, die während der zwei jagdgeschichtlich dramatischen Jahre die Reviere des Staates und des Großgrundbesitzes erfüllten, bis zur Normalisierung des Wildstandes mehr als zwei Jahrzehnte. Die entscheidende Veränderung, die durch die Revolution von 1848 hervorgerufen wurde, drückte sich in der sozialen Struktur der Jägerschaft aus. Jäger zu sein war nicht länger ein Vorrecht einiger weniger. Jedermann durfte zur Jagd gehen, dem sich als Grundeigentümer, Jagdpächter oder Jagdgast hierzu Gelegenheit bot. Auch führte die rechtliche Neuordnung zu keinem trennenden Graben in der jagdlichen Entwicklung. Die neuen Jäger verschmolzen mit denen, die von jeher zu jagen gewohnt waren, – stark vom gemeinsamen Erleben getragen – sozial und organisatorisch zu einer großen Gemeinschaft. Die jagdliche Standessprache wurde von den Neulingen übernommen. Das aufgezogene Rehgehörn an der bürgerlichen oder bäuerlichen Wohnzimmerwand wurde zum neuen Statussymbol.

Auf diesen Entwicklungsprozeß wirkte begünstigend die uniforme Technik, die, von wenigen Ausnahmen abgesehen, neben einem in der Regel vielseitigen Gebrauchshund nur noch die Verwendung von Schußwaffen als jagdliches Hilfsmittel kennt. Netze und Fallen sind, nicht zuletzt durch gesetzliche Beschränkungen, nahezu bedeutungslos. Der Vogelfang ist seit der Jahrhundertwende vollständig verboten und, soweit er nicht zu wissenschaftlichen Zwecken betrieben wird, auch erloschen. Bemerkenswert sind seit den zwanziger Jahren dieses Jahrhunderts das auf deutsche Initiative zurückgehende weltweite Wiederaufleben der Beizjagd und das damit verknüpfte Interesse an der Erhaltung gefährdeter Greifvogelbestände, nachdem die Falknerei im 19. Jahrhundert in Europa bis auf einige Einzelfälle praktisch erloschen und seitdem auf Teile Asiens und Nordafrikas beschränkt war. Nicht wegzudenken aus der deutschen Jagdgeschichte ist das Reichsjagdgesetz von 1934, mit dem, nachdem Sachsen und Thüringen bahnbrechend vorangegangen waren, neue, bis in die Gegenwart wirkende Maßstäbe gesetzt wurden. Sie leben im Bundesjagdgesetz fort, wenn auch, föderalistischen Verfassungsgrundsätzen entsprechend, die Länder ein stärkeres Mitspracherecht erhielten. Zur Stunde befindet sich die deutsche Jagd – wie oft schon im Verlauf ihrer Geschichte – erneut auf dem Prüfstand. Ihre Zukunft wird vom Ergebnis der Auseinandersetzung zwischen Traditionalismus und moderner Naturwissenschaft in den engen Grenzen unserer hochentwickelten Industriegesellschaft bestimmt werden. Der damit verknüpfte Prozeß ist im Gang.

Kurt Lindner

LANDSCHAFT UND JAGDREVIER

Verfolgen wir den Weg der Jagd in unseren Breiten von vor 20 000 Jahren – den Tagen der Rentierjäger – bis in unsere heutige Zeit, so müssen wir erkennen, daß der jagende Mensch ursprünglich ganz und gar eingebettet war in die große Lebensordnung der »Wildnis« als »Landschaft« im eigentlichen Sinne. Diese, die Wildnis, weicht im Zuge eines sorglosen Verbrauchs an Lebensräumen insbesondere innerhalb der Zivilisationsgesellschaften immer deutlicher erkennbar auf ständig enger werdende »Rückzugsinseln« zurück, deren »Unterentwicklung« im Sinne eines chemo-physikalisch gesteuerten Fortschrittsglaubens unbedingt »entwickelt« werden muß.

Mit der kritiklosen Anerkennung derartiger, von der Überzeugung einer Menschheitsbeglückung gesteuerter Entwicklungen laufen wir Gefahr, die Orientierungsgrundlage aus den Augen zu verlieren, von der aus nicht nur die Bestrebungen der Jagd, sondern darüber hinaus auch die des heute so viel zitierten Umweltschutzes, des Landschaftsschutzes und des Naturschutzes auszugehen haben, um effektiv zu werden. Wir werden darum zunächst zu der Frage Stellung nehmen müssen: Was ist unter dem Begriff »Landschaft«, insbesondere »belebte Landschaft« zu verstehen?

Allgemein anerkannt ist die These, daß die Landschaft ein Komplex physikalischer, chemischer und biologischer Vorgänge von hoher Mannigfaltigkeit ist, Klima, Wetter, Wasser, Boden, Pflanzen und Tiere, die die Landschaft bilden, sind Vorgänge, nicht Zustände, die der Mensch mit bestimmten Erkenntnisbereichen umfaßt. In dem der Obhut des Jägers besonders anvertrauten biologischen Bereich sind wir beispielsweise in einem »Denken in Arten« geschult. Diese Denkweise führte zu einer in ihrer Tragweite inzwischen erkannten Vernachlässigung des »Denkens in Lebensräumen«, in Biotopen, den funktionellen Beziehungen von Boden – Wasser – Pflanze – Tier.

Das »Denken in Arten«, das sich gut in das seit der Jahrhundertwende ständig wachsende »kommerzielle« Denken einfügte, brachte die »Patenteinteilungen« der Lebewesen in »Nützlinge«, das sind solche, die schmecken und sich darum verkaufen lassen, und »Schädlinge«, das sind solche, die nicht schmecken und obendrein fressen, was uns schmeckt, mit sich. In die zweite Gruppe werden noch immer die Beute greifenden Tiere, kurz »Raubtiere« genannt, eingeordnet. Begriffe wie »Unkräuter«, »Ungräser«, »Ödland« u. a. runden dieses Bild ab. Es ist nicht zu leugnen, daß die belebte Landschaft, in die das Jagdrevier voll eingebettet ist, nach wie vor unter Zugrundelegung solcher höchst kritisch zu bewertenden Begriffe und Gesichtspunkte »in Ordnung gebracht« wird.

Betrachtet man die besorgniserregende Verarmung der belebten Landschaften, den Lebensraum der Zivilisationsgesellschaften, so hat sich solche Patentlösung der Probleme als im Ansatz falsch erwiesen. In der Bundesrepublik Deutschland verlieren wir beispielsweise täglich mehr als 110 ha Naturland an Straßen, Städte, Industrie und »Zivilisationssteppen« – gleich Intensiväcker –, Mähtod und Verkehrstod gehen um – und nicht nur unter dem Wild –, und trotz aller Bagatellisierungsversuche tragen die »persistenten Pestizide«, als chemotherapeutischer Versuch Schäden abzuwenden, entscheidend zur Verarmung der Landschaft bei.

Der mit dem 1. April 1977 in Kraft getretene novellierte Paragraph 1 des Bundesjagdgesetzes ist als eine zu großen Hoffnungen berechtigende Besinnung auf notwendiges Handeln, das eine solch verhängnisvolle Entwicklung herausfordert, anzusehen. Er fordert in Absatz 1: »Mit dem Jagdrecht ist die Pflicht der Hege verbunden.« Absatz 2 Halbsatz 1 definiert die Hege wie folgt: »Die Hege hat zum Ziel die Erhaltung eines den landschaftlichen und landeskulturellen Verhältnissen angepaßten artenreichen und gesunden Wildbestandes sowie die Pflege und Sicherung seiner Lebensgrundlagen.«

Diese Forderung stellt den hegenden Jäger vor Aufgaben, die mit den bisher angebotenen Rezepten keineswegs zu lösen sein werden. Ihre weitere Anwendung im Rahmen der derzeit weitgehend manipulierten Landschaften beschwöre die Gefahr herauf, daß letztlich von dem ursprünglich »artenreichen Wildbestand« nur noch die Zivilisationsfolger Kaninchen, Ringeltaube und Fasan sowie die Alles- und Abfallverwerter Möwe, Krähe und Ratte auf den Strecken der die Bestände regulierenden Jäger lägen.

Angesichts des Spannungsfeldes, das sich seit der Zeit der Rentierjäger bis heute zwischen Landschaftsnutzung und Jagd entwickelte – siehe Skizze –, täte es not, sich wieder auf die Funktionsregeln der Wildnis als vom Menschen unbeeinflußter belebter Landschaft zu besinnen, sie zu erkennen und sie in Zukunft zur Maxime unseres Handelns zu machen.

Um unsere These: Die belebte Landschaft – ein »offenes Funktionssystem« zu stützen, orientieren wir uns an den Faktoren Klima (Wetter) – Wasser – Boden – Pflanze – Tier und an deren Wechselwirkungen, die sich in der unendlichen Funktionsreihe »Aufbau – Kreislauf – Abbau – Kreislauf – Aufbau ...« offenbaren. Wir beginnen demgemäß bei der Beurteilung der Landschaft als Lebensraum mit den Lebewesen, die den »Aufbau« repräsentieren, also den grünen Pflanzen, die aus den Elementarstoffen Kohlensäure und Wasser unter Zuhilfenahme der Sonnenenergie Stärke, den Grundnährstoff für die Repräsentanten des »Abbaus«, die Tiere sowie die parasitischen und saprophytischen Pilze, aufbauen. Pflanzen vergesellschaften sich je nach Wasserhaltung und Mineralkraft der Böden in mehr oder weniger artenreichen Pflanzengesellschaften. Diese wiederum bestimmen Artenreichtum oder auch Artenarmut der Tierpopulationen in den entsprechenden Lebensräumen – »Ökosystemen«. Es bietet sich der Merksatz an: »Eine artenreiche – artenarme Tierwelt entspricht einer artenreichen – artenarmen Pflanzenwelt.« Darum können die Lebensräume von Tierpopulationen nur von deren Pflanzengesellschaften her richtig beurteilt werden. Sie bestimmen, auf welche Art von Artenreichtum der Naturschützer und auf welche Art von Ernte der Jäger hoffen darf, ein Tatbestand, dem wir weiterhin Beachtung schenken wollen.

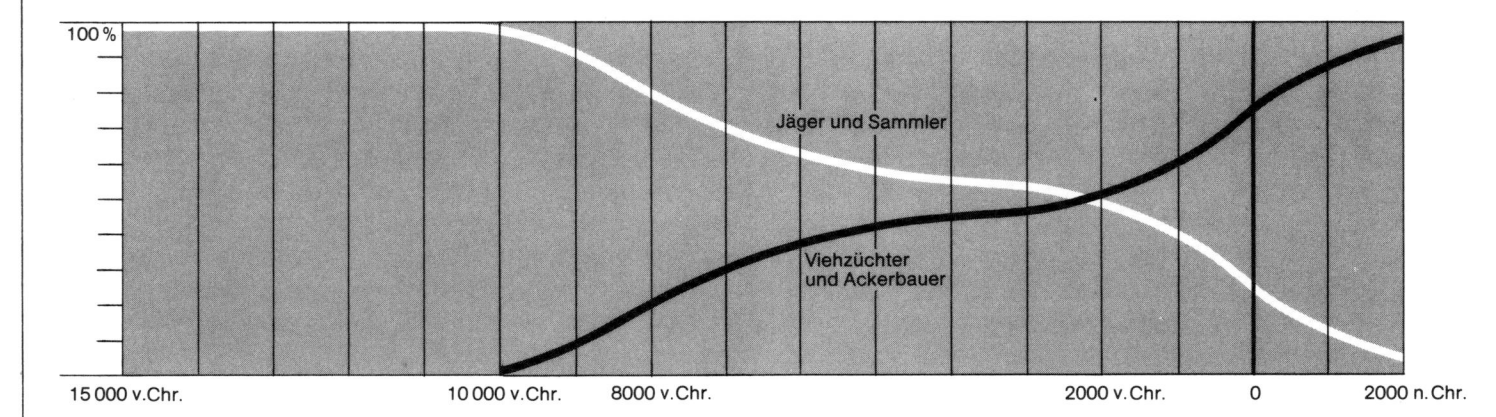

Auf dem breiten Unterbau der Pflanzengesellschaften bauen die »Pflanzenverwerter« unter den Tieren auf. Nach der Art der Nahrungsaneignung können wir eine erste Gruppe als »Rupfer« bezeichnen. Ihre Mundwerkzeuge – der »Rupfhaken-Seihschnabel« der Enten, Gänse und Schwäne, das »Rupfergebiß« unserer Schalenwildarten, aber auch der »Rupfhaken-Pick-Schnappschnabel« der Hühnervögel und Tauben – ermöglichen ihnen, Pflanzenteile so aufzunehmen, daß die Pflanze nicht vernichtet, sondern wie Gräser kurzgeschnitten wird. Darauf gründet sich der sogenannte »goldene Verbiß«, das Kurzschneiden der vegetativen Sprosse fördert die Bestockung des Halmes.

Eine zweite Gruppe unter den Pflanzenverwertern sind die »Raspler«, die Holz, Blatt und Früchte – auch hartschalige – raspelnden Kerbtiere, als Beispiel also Mäuse, Eichhörnchen, Kaninchen und Hasen.

Eine dritte große Gruppe mit breiter Leistungsamplitude sind die »Schnapper«. Typische Vertreter dieser

Lebenspyramide

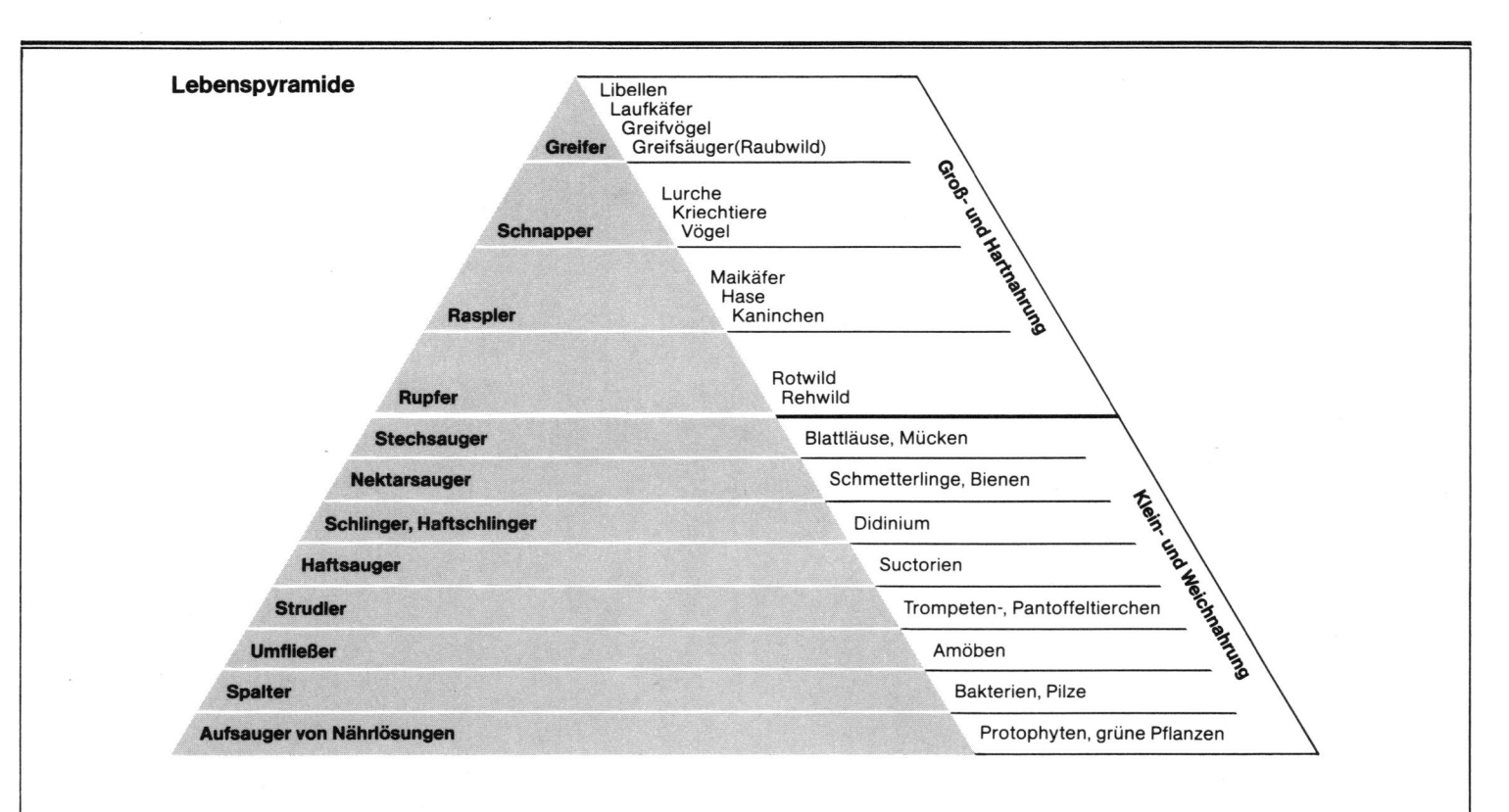

Leistungsgruppe	Vertreter	Nahrungstyp
Greifer	Libellen, Laufkäfer, Greifvögel, Greifsäuger (Raubwild)	Groß- und Hartnahrung
Schnapper	Lurche, Kriechtiere, Vögel	
Raspler	Maikäfer, Hase, Kaninchen	
Rupfer	Rotwild, Rehwild	
Stechsauger	Blattläuse, Mücken	Klein- und Weichnahrung
Nektarsauger	Schmetterlinge, Bienen	
Schlinger, Haftschlinger	Didinium	
Haftsauger	Suctorien	
Strudler	Trompeten-, Pantoffeltierchen	
Umfließer	Amöben	
Spalter	Bakterien, Pilze	
Aufsauger von Nährlösungen	Protophyten, grüne Pflanzen	

Leistungsgruppe sind Lurche und Kriechtiere, Beute schnappende Fische, Fische schnappende Vögel, wie Graureiher und Taucher, Kerbtiere und Früchte schnappende Vögel, zum Teil mit Schnäbeln ausgerüstet, die ihnen das Knacken hartschaliger Früchte ermöglichen.

Schon diese drei Leistungsgruppen, deren Vertreter in der Lage sind, Groß- und Hartnahrung zu meistern, weisen auf den Tatbestand hin, daß jeder Repräsentant mit seiner Nahrungsaneignung in die Bestände – Populationen – derjenigen Lebewesen eingreift, die ihm zu seiner Ernährung dienen. Das trifft also keineswegs nur auf die Gruppe der »Beutegreifer« zu, obwohl durch ihre Ernährungsweise dieser Eindruck beim Menschen entstanden ist. In der Spitzengruppe der »Greifer« stehen ebenfalls Beute greifende Kerbtiere, wie Libellen, Laufkäfer mit ihren Greifmandibeln, Greifvögel und Beute greifende Säuger.

Fraglos repräsentiert das Zusammenspiel dieser Leistungsgruppen, denen noch die »Meisterer von Klein- und Weichnahrung« zuzuordnen sind, eine »funktionelle Ordnung«, eine »Funktionshierarchie«. Diese stellt sich plausibel in Gestalt einer Pyramide dar (siehe Skizze). Auf dieser Grundlage können wir die Auffassung vertreten, daß die belebte Landschaft mit ihren Lebensräumen als Ökosystemen ein »offenes Funktionssystem« ist. Alle Mitspieler in einem solchen Funktionssystem stellen mit der Art ihrer Nahrungsaufnahme Glieder in Stoffwechselketten dar; mit ihrem Eingriff in die Bestände – Populationen – ihnen als Nahrung dienender Lebewesen verwirklichen sie das Prinzip der »Regulation«, mit ihren jährlichen Fortpflanzungsraten repräsentieren sie das Prinzip der »Regeneration«. Diese drei Prinzipien – Stoffwechsel, Regulation und Regeneration – halten auch die Gesamtleistung eines »geschlossenen Funktionssystems« wie unseres menschlichen Organismus aufrecht.

Diese Überlegungen weisen darauf hin, daß jedem Mitspieler in einem solchen offenen Funktionssystem eine festumrissene Stellung zugewiesen ist und daß seine Mitwirkung von entscheidender Bedeutung für das Ganze ist. Zur Beurteilung von Stellung und Bedeutung der Lebewesen in den Ökosystemen bieten sich zwei Zahlenwerte an, die ich in der »Landschaftsbiologischen Ordnungszahl« zusammengefaßt habe. Sie gründet sich auf den Tatbestand, daß jedes Lebewesen, einzeln wie auch paarweise, eine bestimmte Lebensraumfläche in Anspruch nimmt, die seine für seine Existenz notwendigen »Bedeutungsträger«, nämlich Nahrung, Geschlechtspartner und Feind – letzteren als übergeordneten Regulator –, beherbergen muß. Die zweite Zahl ist mit den jährlich erzeugten Nachkommen gegeben. Die Ordnungszahl ergibt sich aus Lebensraumflächenanspruch und Nachkommenzahl.

Bei der Beurteilung dieses Sachverhaltes in seiner Bedeutung für das Verständnis eines Lebensraumes – »Ökosystems« – als offenem Funktionssystem ist davon auszugehen, daß sich Lebensräume in Größen von 2,0 mm³ für 18 Thekamöben – sie sind am Abbau von Nährstoffbeständen zu Grundnährstoffen in den oberen Bodenschichten der Auenwälder beteiligt – bis zu 8 000 bis 14 000 (auch 25 000) ha für ein Steinadlerpaar bewegen.

Die landschaftsbiologischen Ordnungszahlen Pflanzen und Kerbtiere verwertender, höher organisierter Tiere ergeben nach dem derzeitigen Stand unserer Kenntnis folgendes Bild:

Feldmaus	1 : 5 – 100 m²	3 – 7 × 4 – 12
Maulwurf	1 : 50 – 100 m²	2 × 4 – 5 (2 – 7)
Kaninchen	1 : 100 m² – 2 ha	4 – 5 (6) × 5 – 12
Rebhuhn	2 : 10 – 30 ha:	10 – 20 (22)
Hase	1 : 10 – 30 ha:	3 – 4 × 2 – 4 (1 – 5)
Fasan	1 : 10 – 40 ha:	10 – 12 (16 – 18)

Die Ordnungszahl besagt beispielsweise für die Feldmaus: 1 ♀ auf 5 bis 100 m² Lebensraumfläche bringt jährlich 3- bis 7mal 4 bis 12 Nachkommen hervor. Kleine Beutegreifer, die auf die hohen Regenerationskräfte der Kleinsäuger abgestimmt sind, zeigen folgende Ordnungszahlen:

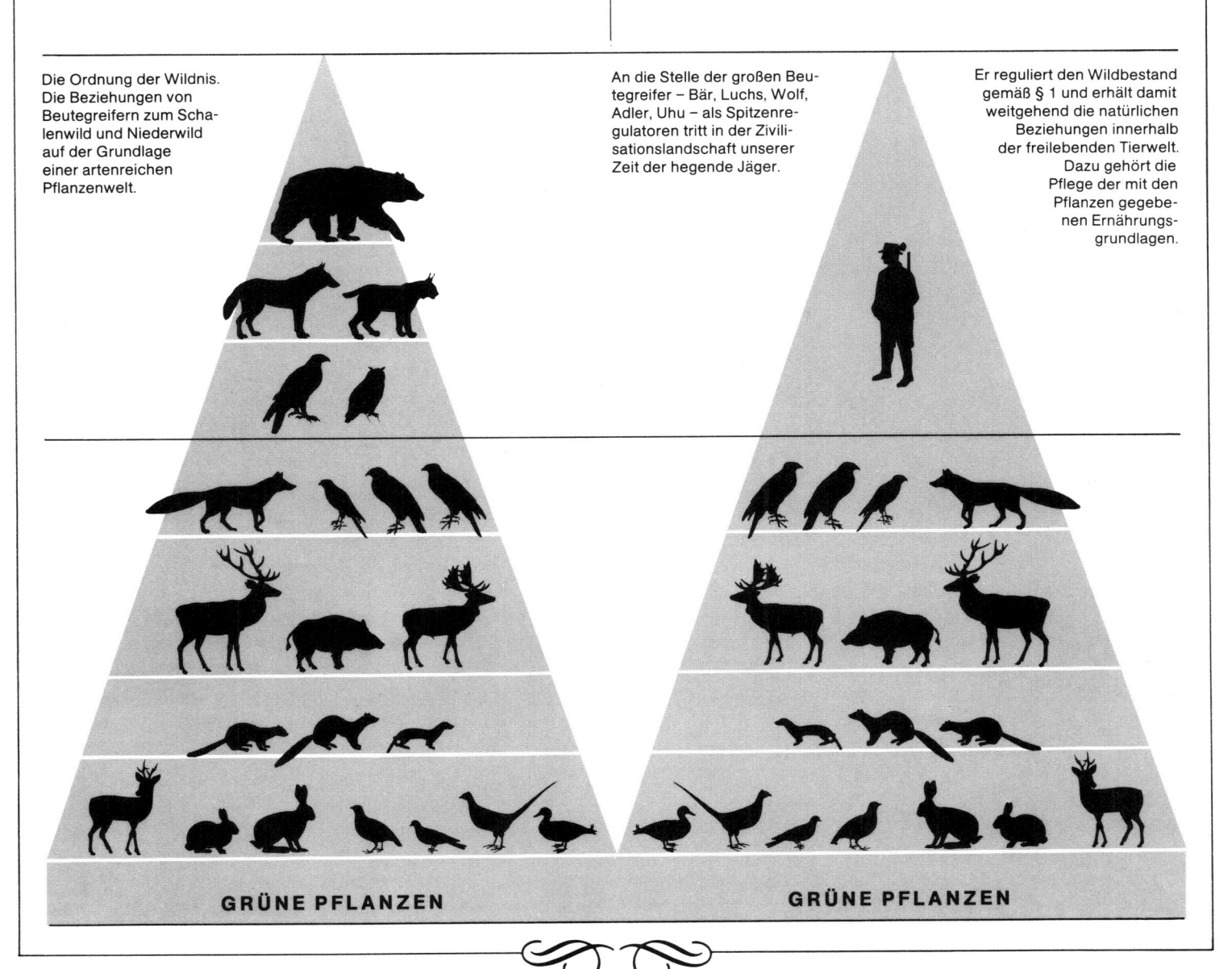

Die Ordnung der Wildnis. Die Beziehungen von Beutegreifern zum Schalenwild und Niederwild auf der Grundlage einer artenreichen Pflanzenwelt.

An die Stelle der großen Beutegreifer – Bär, Luchs, Wolf, Adler, Uhu – als Spitzenregulatoren tritt in der Zivilisationslandschaft unserer Zeit der hegende Jäger.

Er reguliert den Wildbestand gemäß § 1 und erhält damit weitgehend die natürlichen Beziehungen innerhalb der freilebenden Tierwelt. Dazu gehört die Pflege der mit den Pflanzen gegebenen Ernährungsgrundlagen.

GRÜNE PFLANZEN

GRÜNE PFLANZEN

Mauswiesel	1 : 4 – 6 ha	5 – 7 (10)
Hermelin	1 : 8 – 12 ha	4 – 7

In Jahren mit hohen Feldmausbeständen heckt das Mauswiesel auch zweimal.

Beutegreifer, deren Leistungsamplitude sich auf Tiere kleinerer bis größerer Körperdimension erstreckt, bewegen sich in folgenden Bereichen:

Steinmarder	1 : 100 – 300 ha	3 – 5 (2 – 7)
Baummarder	1 : 100 – 300 ha	3 – 5 (2 – 7)
Bussard	2 : 80 – 130 – 200 ha	1 – 3
Fuchs	1 : 500 – 1 500 ha	3 – 8 (12)
Sperber	2 : 700 – 1 200 ha	3 – 6
Habicht	2 : 3 000 – 5 000 ha	3 – 4
Uhu	2 : 6 000 – 8 000 ha	2 – 3 (4)
Steinadler	2 : 8 000 – 12 000 ha	1 – 2

Es ist zu bedenken, daß die großen Beutegreifer in Jahren mit schlechten Ernährungsbedingungen keine Nachkommen hervorbringen.

Erste Rückschlüsse bieten sich bereits mit dem Vergleich der Ordnungszahlen der Feldmaus mit denen der kleinen Beutegreifer und des Bussards sowie der des Kaninchens mit der des Habichts an. Es ist ersichtlich, daß die Regenerationsrate um so höher liegt, je geringer der Lebensraumflächenanspruch ist. Für den Habicht ist seine Ordnungszahl mit den eingehenden Untersuchungen von Brüll (1964; 1977), Kramer (1955) und Sulkava (brfl.) weitgehend gesichert.

Zwei Zahlenwerte bieten sich für eine Projektion in ein Koordinatensystem an. Die Zeichnung auf Seite 292 im Anhang veranschaulicht die Eintragung von Lebensraumflächen vor allem jagdlich bedeutsamer Tiere auf der Ordinate, die Zahlen der jährlichen Nachkommen – gestrichelt eines Paares oder doch Muttertieres – auf der Abszisse. Die Pfeile beziehen sich auf die Nachkommen von Kleinsäugern auf einem Hektar, von den anderen Bewohnern unserer Reviere auf ganze, halbe Lebensräume des Habichts sowie Lebensräume von Uhu und Steinadler. Die linke Seite zeigt die Verhältnisse normaler Niederwildreviere, die rechte die der Wasserwildreviere.

Aufbauend auf dem breiten Sockel der Pflanzengesellschaften, den Bereitern von Nährstoffbeständen aus Elementarnährstoffen, denen sich mit ähnlichen Ansprüchen an Lebensraum und hohen Vermehrungsziffern die Kerbtiere zuordnen, bildet von den Pflanzen- und Kerbtierverwertern bis hin zu den Beutegreifern eine hierarchische Ordnung die Grundlage der Leistungsbeziehungen aller Mitspieler in einem Ökosystem. Darum steht es dem hegenden Jäger der Zukunft wohl an – und dies besonders unter Berücksichtigung des Paragraphen 1 Absatz 2 Halbsatz 1 des novellierten Bundesjagdgesetzes –, sich an solcher Ordnung zu orientieren. Seine »ökologische Orientierung« ist eine Forderung der Zeit, sein Auftrag in den weitgehend gestörten Lebensräumen der Zivilisationslandschaften kann nur ein »regulatorischer« sein. Er wird sich vor allem an den Leistungen der »Spitzenregulatoren«, als die die Beutegreifer heute grundsätzlich anerkannt sind, zu orientieren haben. Die Skizze auf Seite 35 will diesen zukunftsträchtigen Auftrag des hegenden Jägers einprägsam verdeutlichen. Es soll nun die Bedeutung der Landschaftsnutzung für die Niederwildbestände am Beispiel des Rebhuhns dargelegt werden.

Bis in unsere Zeit hat der hegende Jäger noch immer die Vorstellung, er könne seine Niederwildbestände heben, wenn er deren natürliche Feinde weitgehend ausschaltet. Es ist an der Zeit, unserem ersten Merksatz – Seite 33 – einen weiteren hinzuzufügen: »Jedem Pflanzenrupfer und Pflanzenraspler sind Beuteschnapper und Beutegreifer zugeordnet.« Mit dem Eingreifen in die Bestände aller Lebewesen durch die ihnen jeweils zugeordneten Verwerter ist das Prinzip der Regulation in den Ökosystemen verwirklicht. Besonders deutlich wird dieser Satz am Wirken der Beutegreifer als »selektive Regulatoren« und dem der Viren, parasitischen Protozoen und Würmer als »Massenregulatoren«. Für die Erfüllung des Paragraphen 1 des Bundesjagdgesetzes ist es eine Grundforderung, diesen Zusammenhang zu beachten.

Die Lebensraumflächenansprüche der in einem Ökosystem zusammenwirkenden Mitspieler (siehe Zeichnung Seite 292) sind aus dem Grunde mit einem »Minimum-Maximum-Bereich« angegeben, weil der niedrige bis hohe Bestand von auch der Jagd zugeteilten Wildtieren von dem Reichtum wie der Armut ihrer Ernährungsgrundlagen bestimmt wird. Da unsere Hauptwildarten »Pflanzenverwerter« sind, werden wir den zu erfüllenden Voraussetzungen für ihre Ernährung besondere Aufmerksamkeit widmen müssen.

Die ehemalige »Forschungsstation Wild, Wald und Flur« in Schleswig-Holstein untersuchte die Ernährung des Flugwildes – Birkwild, Rebhuhn und Fasan. Subtile Analysen der Kropfinhalte im Ablauf eines Jahres geben uns wertvolle Einblicke in die Lebensvoraussetzungen dieser Wildarten. Wir stellen das Rebhuhn aus dem Grund in den Mittelpunkt dieser Betrachtung, weil es ein »Kulturfolger«, aber »Zivilisationsflüchter« ist.

Demgegenüber ist das Birkwild ein »Kulturflüchter«, der Fasan hingegen ein ausgesprochener »Zivilisationsfolger«.

Wie schon oben erwähnt, hat die Patenteinteilung »Nützling« – »Schädling« ihre Gültigkeit auch im Rahmen der Wechselbeziehungen »Pflanzengesellschaften – Pflanzenverwerter«. Das »kommerzielle Denken« trennt »Unkräuter« und »Ungräser« von den »Kulturpflanzen«. Man bezeichnet alles, was unverkäuflich ist, als »Unkraut«, ohne die Frage eines symbiotischen Zusammenspiels der in einer Halmbeziehungsweise Hackfruchtgesellschaft mitwirkenden Pflanzen, wie beispielsweise die Steuerung der Bodennährlösung, über erste bescheidene Ansätze hinaus geklärt zu haben. Um derartige Werturteile zu vermeiden, die, wie noch darzulegen ist, dem hegenden Jäger in keiner Weise dienlich sind, schlagen wir den Begriff »Wildkraut« vor. Wildkrautgesellschaften sind eindeutig zu beschreibende, in das System der Pflanzensoziologie einordbare, mit Klima und Boden ausgewogene offene Funktionssysteme.

Die heute nicht mehr zu überhörende Forderung nach einer »ökologischen« Orientierung des hegenden Jägers gestatte einen kurzen Rückblick auf die Entwicklung, die das Verhältnis der Menschen zu ihrem Lebensraum in unseren Breiten genommen hat. Bereits die ersten Eingriffe der Bauern und Viehzüchter in die ursprüngliche Wildnis bedeuteten Störungen in deren ausgewogenem Funktionssystem; sie waren jedoch zunächst so geringfügig, daß die Regenerationskräfte des Lebens stets schnell wieder einen Ausgleich fanden. Mit der zunehmenden zivilisatorischen Entwicklung der menschlichen Bevölkerung wurden diese Eingriffe in unserem Jahrhundert so schwerwiegend, daß die festzustellenden Störungen Anlaß zu höchster Besorgnis geben.

Diese Störungen im ausgewogenen Funktionssystem der Landschaft fordern neue Überlegungen hinsichtlich der »Pflege und Sicherung der Lebensgrundlagen« des Wildes. Die Beurteilungsgrundlage dafür muß heute die Nutzung der Landschaft mit höchst intensivierten Methoden der Land- und Forstwirtschaft sein, nicht aber die Wechselbeziehungen der Beutegreifer zu Nieder- und Wasserwild. Ein solcher notwendiger neuer Denkansatz sei am Beispiel der Rebhuhnpopulation Schleswig-Holsteins, wie sie sich nach den Strecken der Jahre 1965/66 und 1966/67 darstellt, dem weiteren Ausbau empfohlen.

Zur Darstellung von Wildpopulationen sind erfahrungsgemäß genaue Zahlen so gut wie gar nicht erhalten. Zur wissenschaftlich einwandfreien Erfassung würden folgende Daten gehören:
1. Größe der bejagten Fläche
2. Zahl der Schützen
3. Wieviel Wild blieb unbeschossen und kam gesund durch?

In Ermangelung solchen genauen Zahlenmaterials müssen wir uns zur Zeit mit den Streckenmeldungen der einzelnen Reviere begnügen, die jedoch – wie in unserem Beispiel für zwei Jagdperioden – durchaus in der Lage sind, ein ungefähres Bild zu geben.

Die Zeichnung auf Seite 293 im Anhang veranschaulicht die Rebhuhnpopulation, gültig für die beiden nur mäßigen Niederwildjahre 1965/66 und 1966/67. Zur Beurteilung der Populationskarte muß eine weitere Karte des Landesplanungsatlasses von Schleswig-Holstein herangezogen werden, und zwar die »leistungsschwachen Böden«, siehe Zeichnung auf Seite 294 im Anhang.

Die nährstoffarmen, darum »leistungsschwachen« Böden der Geest waren ursprünglich von einem Eichen-Birken-Wald besiedelt, unterbrochen durch Flach- und Hochmoore, ähnlich den atlantischen Heiden. Die Buchenwälder mit Eichen und Hainbuchen stockten ursprünglich auf den Grundmoränenböden des Hügellandes. Der siedelnde Mensch griff schon früh, entscheidend jedoch nach der Christianisierung zur Zeit der »Rodungen«, in das Waldgefüge ein und legte den Wald in Acker. Halm- und Hackfruchtäcker als ursprünglich »extensive« Wirtschaftsflächen unter Einbeziehung der »Grünen Brache« stellen die »Kultursteppe« im eigentlichen Sinne dar, die den Ausgangspunkt für die Beurteilung von Lebensstätten des Niederwildes bildet, denn sowohl Rebhuhn als auch Hase kommen ursprünglich aus Steppengebieten.

Auf Äckern, die aus gerodeten Eichen-Hainbuchen-Wäldern hervorgingen, vergesellschaften sich mit der Halmfrucht 73 Wildkrautarten; auf Äckern, die aus gerodeten Eichen-Birken-Wäldern hervorgingen, 47 Wildkrautarten. Wildkrautgesellschaften der Hackfruchtäcker im Gebiet der Eichen-Hainbuchen-Wälder setzen sich auf feuchten Lagen aus 71 Arten, auf trockenen Lagen aus 60 Arten zusammen.

Es wurde mithin ursprünglich die »Landschaftsnutzung« vorgezeichnet von den Vegetationsverhältnissen des Landes, die ihrerseits wieder als Anzeiger für Bodengüten – Nährstoffgehalt und Wasserhaltung – anzusehen sind. Eine vergleichende Betrachtung der beiden Zeichnungen auf den Seiten 293 und 294 weist aus, daß nennenswerte Bestände des Rebhuhns heute noch an die »leistungsschwachen Böden« gebunden sind.

Zur Erhärtung dieses Tatbestandes sind in der »Forschungsstation Wild, Wald und Flur«, Hartenholm, im Jahr 1969 insgesamt 304 Rebhuhnkropfinhalte untersucht worden. Die Zeichnung auf Seite 295 im Anhang zeigt das Ergebnis auf der Grundlage von 295 Kröpfen. Bedauerlicherweise haben diese Bemühungen in Jägerkreisen nur recht geringe Resonanz gefunden. Nur sehr wenige weidgerechte Jäger fanden sich bereit, diese Forschungen zu unterstützen. Offensichtlich fällt es vielen Jägern schwer, sich von hergebrachten Vorstellungen der Wildhege, insbesondere des Niederwildes, zu trennen und sich gesicherten Grundlagen zuzuwenden.

Ohne präzise Kenntnis der Ernährungsgrundlagen des Wildes gleich welcher Art werden wir nur schwerlich in der Lage sein, gezielte Hegemaßnahmen mit Aussicht auf Erfolg einleiten zu können. Unsere derzeitige Kenntnis der Ernährung des Rebhuhns besagt, daß sich dieses Wild zu 54,1 Prozent von 35 Arten der die Kulturpflanzen begleitenden Wildkräuter auf den Halm- und Hackfruchtäckern ernährt. Bei der Beurteilung der Rebhuhnpopulationen muß darum grundsätzlich die Art und Weise der Landschaftsnutzung, vor allem deren Intensitätsgrad im Vordergrund stehen. Die moderne, intensive Landwirtschaft tendiert zu ausgesprochenen Monokulturen, die man mit der Anwendung von Herbiziden erreicht. Mit ihnen schaltet man jedoch in der »Zivilisationssteppe« fast alle Nährpflanzen für das Rebhuhn aus. Es muß also der Rückgang dieses Wildes grundsätzlich von diesen menschlichen Maßnahmen her beurteilt werden. Als weiterer, die Flugwildpopulationen mindernder Faktor kommt noch die Anwendung von »Insektiziden« hinzu, die vor allem den Jugendformen eine wichtige Nahrungsgrundlage entzieht.

Als ein Beweis für die große Bedeutung der »Grünen Brache« für die Rebhuhnbestände sei die Aufmerksamkeit noch einmal auf die ausgedehnten Brachflächen nach 1945 im Osten und die »Sozialbrachen« im Hessischen gelenkt. In Verbindung mit diesen wurde und wird von einer staunenswerten Erhöhung der Rebhuhnbestände berichtet.

Es empfiehlt sich daher, in Zukunft das Steigen und Fallen der Wildbestände als abhängig vom Vorhandensein der Äsungspflanzen zu sehen. Zugegebenermaßen sind solche Beurteilungsgrundlagen und Betrachtungsweisen Neuland für den hegenden Jäger. Über die subtilen Studien dieser Wechselbeziehungen am Flugwild und dem Hasen hinaus (siehe Ulrich Brüll) sei die Aufmerksamkeit auch auf die sehr gründliche Arbeit von Frank Klötzli ›Qualität und Quantität der Rehäsung in Wald- und Grünlandgesellschaften des nördlichen Schweizer Mittellandes‹ gelenkt. Diese Arbeit stellt entsprechende Untersuchungen für eine Schalenwildart vor. Es erscheint an der Zeit, daß sich die »Wildbiologie« dieses Problems wesentlich mehr als bisher annimmt!

Jüngste Veröffentlichungen in der Jagdpresse zeigen, wie unsicher der praktische Jäger ist, Bestandsentwicklungen zu beurteilen, beispielsweise von Rebhuhn und Fasan. Immer wieder stößt man auf hypothetische Gedankengänge, so etwa soll der Fasan dem Rebhuhn als »Nahrungskonkurrent« gegenüberstehen.

Gründliche Untersuchungen der Ernährungsgrundlagen beider Arten dürften diese Frage klären. Die Zeichnung auf Seite 296 im Anhang gibt einen Überblick über die Äsungsansprüche von Rebhuhn, Fasan und Birkwild auf der Grundlage der verschiedenen, von diesen Arten als Lebensraum herangezogenen Landschaftsteile und ihrer Pflanzengesellschaften. Schon ein erster Blick auf die Ausdehnung der zur Ernährung herangezogenen Pflanzen läßt erkennen, daß dem Fasan weit größere Möglichkeiten zu Gebote stehen als dem Rebhuhn. Der Fasan stützt sich zu 59,2 Prozent auf ausgesprochene Kulturpflanzen, das Rebhuhn ist zu 54,1 Prozent auf die Wildkräuter der Hack- und Halmfruchtäcker angewiesen. Der Fasan verwertet außerdem Waldpflanzenteile und Früchte, wie Eicheln, Knollen des Scharbockskrautes, Holunderbeeren und Früchte des bittersüßen Nachtschattens, ebenso die Früchte des schwarzen Nachtschattens als ein Wildkraut des Ackers. Beide treten in der Äsung des Rebhuhns niemals auf. Über die Getreidearten hinaus nimmt der Fasan Bohnen und Mais, zwei Ackerfrüchte, die das Rebhuhn *nicht* nimmt.

Die breite Äsungsamplitude des Fasans in Verbindung mit den hohen Kulturpflanzenanteilen in seiner Nahrung weisen ihn als einen Vogel mit »weiter biologischer Potenz«, als »euryök« im ökologischen Sinne aus. Er ist darum neben der Ringeltaube das Flugwild, das gut mit den intensiven Nutzungsmaßnahmen des Menschen in den Landschaften fertig wird. Er kann darum mit Fug und Recht als ein »Zivilisationsfolger« angesehen werden. Seine erfolgreiche Vermehrung selbst unter allgemein schwieriger werdenden Bedingungen in den Lebensräumen – Verarmung der Pflanzenwelt – kann demnach nicht als Beweis für einen entscheidenden Hegeerfolg gelten.

Die Äsungsamplitude des Rebhuhns gestaltet sich wesentlich enger. Seine hohe Zeit war die bis in den Beginn unseres Jahrhunderts reichende extensive Nutzung der Landschaft unter Einschaltung der Grünen Brache, da sich dieses Wild vor allem auf die Wildkräuter stützt, die sich mit den Kulturpflanzen vergesellschaften. Die gesetzliche Forderung der »Sicherung der Lebensgrundlagen« des Wildes zeigt, wie wichtig es ist, diese Tatbestände gründlich zu erforschen. Wenn die Äsungsansprüche des Rebhuhns zum Ausgangspunkt der Diskussionen gemacht würden, erübrigt sich die Suche nach Schuldigen für den feststellbaren Rückgang der Rebhuhnbestände. Da wir der chemophysikalisch fortgeschrittenen Landwirtschaft nicht ins Gehege kommen wollen, wird sich der hegende Jäger der alten, dem Rebhuhn bekömmlichen Wirtschaftsmethoden extensiver Art erinnern und Flächen im Revier sicherstellen müssen, auf denen Ackerwirtschaft nach alter Art, eben unter Einschaltung der »Grünen Brache« betrieben wird. Gemeinschaftliche Jagdbezirke, die nach einem angemessenen Pachtpreis streben, wären gut beraten, wenn die Gemeinden von sich aus um die Ausweisung derartiger Flächen bemüht wären. Es gibt bereits etliche Beispiele für diese dem Rebhuhn förderlichen Maßnahmen, die der Nachahmung empfohlen seien, damit die hypothetischen Beurteilungsgrundlagen durch sichere ersetzt werden können.

Das Rebhuhn ist ein »Kulturfolger«, das Birkwild muß als ein »Kulturflüchter« angesehen werden. Wenn im Zuge von Entwässerungsmaßnahmen die Pflanzengesellschaften der Moore verschwinden und die Heiden zu geschlossenen Beständen bewalden, verschwindet damit auch das Birkwild. Im schleswig-holsteinischen Raum finden sich Restvorkommen dieses Wildes in den noch teilweise vorhandenen Heiden, Hoch- und Flachmooren. Für die Erhaltung nennenswerter Bestände dieses Wildes ist es zwingend erforderlich, seine noch vorhandenen Lebensräume zu schützen, eine Notwendigkeit, die die heute nach Fortschritt strebenden Menschen nur schwer einsehen. Werden schon derartige Gebiete dem Zugriff der Weltverbesserer entzogen, so meldet sich sogleich der Tourismus und will sie als »Erholungsgebiete« erschließen. Die damit verbundenen ständigen Beunruhigungen für das Wild tun dann das ihre, um ihm sein Leben unmöglich zu machen.

Der Begriff des »Ökosystems« mit seinen Wechselbeziehungen zwischen Boden – Klima – Pflanze – Tier beginnt, sich in den Diskussionen um Reichtum oder auch Armut einer Landschaft an Pflanzen und Tieren mehr und mehr durchzusetzen. Die vom Menschen angerichteten Störungen werden unübersehbar. Aus den Gegensätzlichkeiten in den Auffassungen der verschiedenen Vereine, die sich diesem Problem verschrieben haben, muß jedoch geschlossen werden, daß die Bereitschaft, den wirtschaftenden Menschen als den wesentlichen Störfaktor anzuerkennen, bis heute noch nicht uneingeschränkt vorhanden ist. Immer wieder werden Schuldige in den eigenen Reihen gesucht, und immer wieder wird das Beute greifende Wild als mindernder Faktor in die Debatte geworfen, obwohl, wie an unseren Beispielen gezeigt, sowohl gründliche Studien über die Lebensgrundlagen des Flugwildes als auch ebenso gründliche Studien über die Bedeutung insbesondere der Greifvögel in dem offenen Funktionssystem der belebten Landschaft vorliegen. Sollte es nicht an der Zeit sein, von solchen gesicherten Grundlagen aus das Problem zu diskutieren und entsprechende Maßnahmen in Angriff zu nehmen?

Die Zeichnung auf Seite 297 im Anhang öffnet einen Einblick in die prozentualen Beuteanteile des Habichts, Sperbers und Bussards, die über ein Jahrzehnt über die Aufsammlung von Beuteresten in dem Lebensraum eines Habichtsstandpaares – Flächengröße 3 000 bis 5 000 ha – sichergestellt wurden. In einem Revier auf der Geest Schleswig-Holsteins wurden die Ergebnisse erarbeitet.

Die 3 876 Beutereste des Habichts setzen sich aus 66 Arten der Mitbewohner seines Lebensraumes zusammen, unter ihnen 48,53 Prozent Kaninchen, Ringeltauben und Haustauben. Dies weist aus, daß sich der Habicht in seiner Nahrung grundsätzlich auf die häufigsten Arten der Mitbewohner seines Lebensraums stützt. Er ist also keineswegs auf der Suche nach »Seltenheiten«, wie dies immer wieder glaubhaft zu machen versucht wird. Schon dieses Beispiel läßt Rückschlüsse auf die Bestandsdichte der Beutetiere zu, desgleichen die für Sperber und Bussard herausgearbeiteten Beuteschwerpunkte. In der Gesamtbeute der Sperber dieses Lebensraumes haben die Sperlinge einen Anteil von 30 Prozent, in der des Bussards die Mäuse einen von rund 60 Prozent.

Das Beispiel Habicht und Bussard sei im Zuge einer vergleichenden Betrachtung der besonderen Aufmerksamkeit empfohlen. Dazu sollte man sich noch einmal genau den Bau der Fangorgane beider Vögel ansehen, denn damit wird noch deutlicher, daß der Bussard ein ausgesprochener »Kleintiergreifer« ist, dessen Siedlungsdichten engstens mit den Bestandesdichten der Feldmäuse verknüpft sind. (Dies hat Mebs [1964] in einer sehr gründlichen Untersuchung nachgewiesen.)

Über Kleinsäuger hinaus meistert er Jugendstadien auch des Niederwildes bis zu einem Gewicht von 600 g sowie stark abgekommene Stücke. Zudem ist er Verwerter von Luder jeder Art, das ihm heute über Mähtod und Verkehrstod in reichem Maße als »Zivilisationsgulasch« angeboten wird. So mancher Jagdscheininhaber sollte sich zudem stets die Frage vorlegen, ob er den Habicht im Jugendkleide sicher vom Bussard unterscheiden kann, bevor er zur Feder greift, um den Spalten der Jagdpresse völlig neue Erkenntnisse anzuvertrauen. Es erweist sich immer wieder, daß die sogenannten »Erfahrungen alter Jäger« überwiegend im Hypothetischen steckenblieben. Sie entbehren in der Regel der gründlichen, kritischen Überprüfung. Es wäre zu begrüßen und wünschenswert, wenn in Zukunft die vorhandenen, sehr sorgfältig erarbeiteten Untersuchungen berücksichtigt würden, wenn es gilt, durchaus wertvolle Beobachtungen darzulegen.

Heute sind wir gewissermaßen in letzter Stunde aufgerufen, uns auf die Urgründe des Lebens in den Landschaften als »offenen Funktionssystemen« zu besinnen und uns die Kenntnisse über solche Tatbestände als Orientierungsgrundlage anzueignen. Diese Notwendigkeit ergibt sich zwingend aus dem gesetzlichen Auftrag »der Erhaltung eines artenreichen Wildbestandes sowie der Pflege und Sicherung seiner Lebensgrundlagen«.

Fassen wir das Wesentliche noch einmal zusammen:

1. Im offenen Funktionssystem der belebten Landschaft gelten die gleichen Prinzipien wie im geschlossenen Funktionssystem, zum Beispiel des menschlichen Körpers, nämlich Stoffwechsel, Regulation und Regeneration.

2. Das Prinzip des Stoffwechsels ist mit der Notwendigkeit der Nahrungsaufnahme der Lebewesen verwirklicht. Diese Notwendigkeit schließt Eingriffe durch übergeordnete Lebewesen in die Bestände ihnen als Nahrung dienender Pflanzen und Tiere ein. Damit verwirklicht sich gleichzeitig das Prinzip der Regulation. Das Prinzip der Regeneration verwirklicht sich mit der Zahl der jährlichen Nachkommen.

3. Die »Landschaftsbiologische Ordnungszahl« (Lebensraumflächenanspruch und Zahl der jährlichen Nachkommen) eröffnet Einblicke in die Ordnung des offenen Funktionssystems der belebten Landschaft.

4. Ausgangspunkt unserer Betrachtung ist die Vegetationskarte Schleswig-Holsteins. Sie ermöglicht Vorstellungen über ursprüngliche Vegetationsverhältnisse.

5. Bodengüte und landwirtschaftliche Nutzung sind die Grundlagen der Rebhuhnpopulation. Möglicher Rückschluß: Das intensive Streben nach Monokulturen führt zur Verarmung der Tierwelt, mithin auch zur Gefährdung des zur Ernährung auf Wildkräuter angewiesenen Rebhuhns.

6. Die vorgestellten Nahrungsansprüche von Rebhuhn, Fasan und Birkwild weisen den Fasan als »Zivilisationsfolger« aus.

7. Pflanzengesellschaften und die ihnen zugeordneten Kerbtierbestände stellen die Ernährungsgrundlage der Pflanzen- und Kerbtierverwerter. Merksatz: »Einer artenreichen Pflanzenwelt entspricht eine artenreiche Tierwelt.«

8. Auf den Beständen der Pflanzenverwerter bauen die Bestände der Beuteschnapper und Beutegreifer auf. Dieser Tatbestand führt zu dem Merksatz: »Jedem Pflanzenrupfer und Pflanzenraspler sind Beuteschnapper und Beutegreifer zugeordnet.«

9. Der mit in der Zeichnung auf Seite 297 im Anhang eröffnete Einblick in Beuteamplituden des Habichts, Sperbers und Bussards im Rahmen eines Lebensraumes der schleswig-holsteinischen Geest gibt einen Beurteilungsansatz für Stellung und Bedeutung dieser Greifvögel im Ökosystem. Kleintiergreifer, die beispielsweise auf die hohe Regenerationskraft der Mäuse abgestimmt sind, zeigen geringere Ansprüche bezüglich ihrer Lebensraumfläche als die Beutegreifer, die größere Beutetiere zu meistern in der Lage sind. Ihre Bevorzugung »behinderter« Beutetiere – zum Beispiel gekäfigte Taube im Habichtskorb – weist sie als »selektive Regulatoren« aus, denen die »Massenregulatoren« – parasitische Protozoen, Würmer und Viren – gegenüberstehen.

Unsere Beispiele haben verdeutlicht, daß die Ernte des Jägers gänzlich abhängig ist von den gesunden Funktionen in der belebten Landschaft. Sie wird um so geringer ausfallen, je intensiver der Mensch die Landschaftsleistungen aus wirtschaftlichen Interessen in bestimmte Bahnen lenkt. Damit wird vielen Wildarten ihre Lebensgrundlage weitgehend eingeschränkt, so daß des Jägers Ernte sich in zunehmend bescheidener werdenden Grenzen halten muß. Der vornehmste Auftrag des hegenden Jägers der Zukunft ist es also, um die Erhaltung beziehungsweise Wiederherstellung eines voll funktionsfähigen Ökosystems besorgt zu sein, womit der noch bestehende Gegensatz von Jagd und Naturschutz auch endgültig verschwinden könnte.

Heinz Brüll

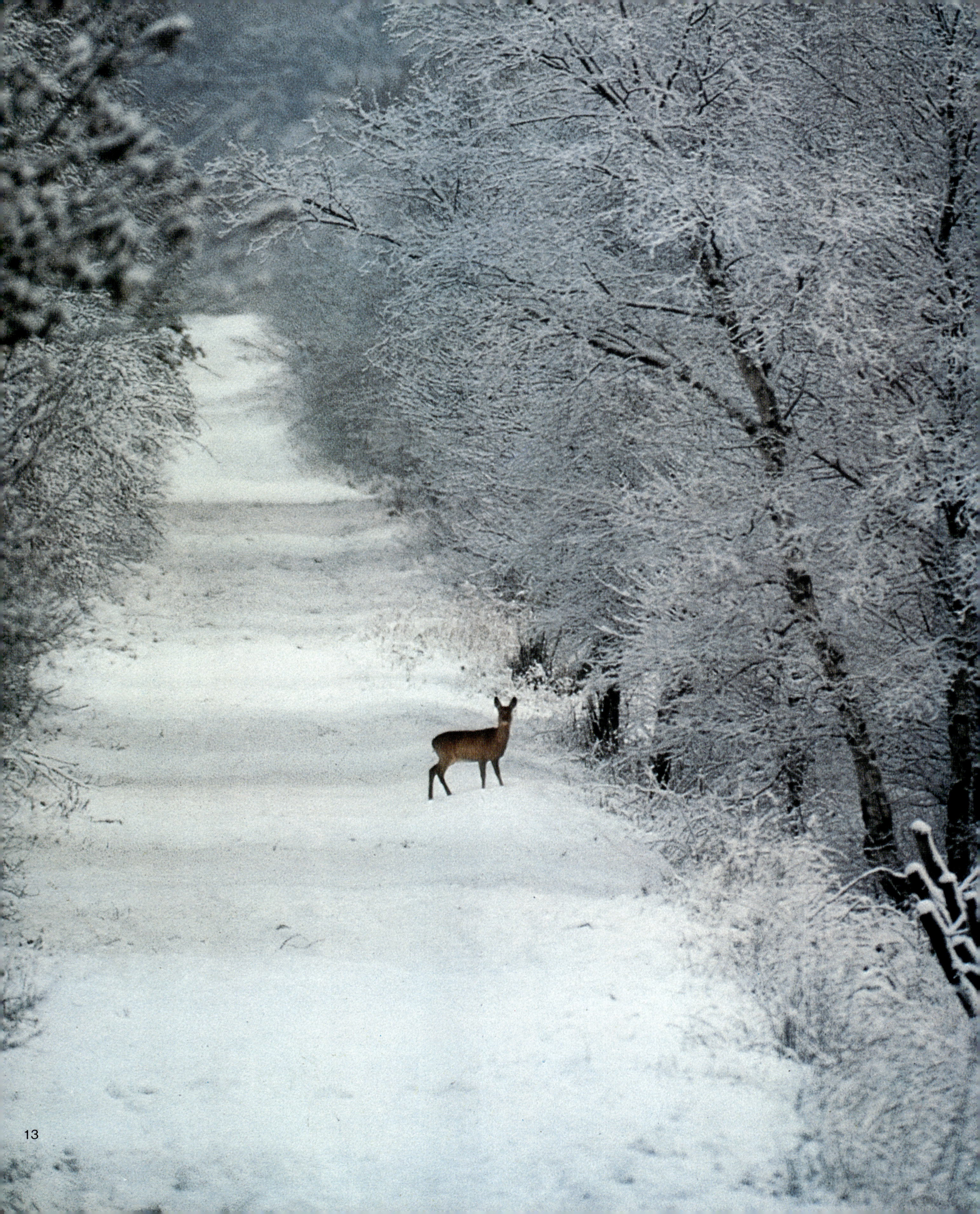

13

Jede Jahreszeit hat ihre eigenen Reize. Doch so schön auch der rauhreifüberzogene Wald und die Ricke in der tiefverschneiten Landschaft erscheinen (13), so bitter kann die Not des Wildes werden, wenn solches Wetter lange anhält. Gerade überfrorener Schnee gehört für die freilebende Tierwelt zu den ungünstigsten Wetterbedingungen, denn einmal behindert er stark und oft schmerzhaft die Bewegungsfreiheit, und außerdem decken Rauhreif und eine verkrustete Schneedecke besonders nachhaltig die Äsung zu.

Besser hat es da dieses Rudel Damhirsche, denn der Herbst wartet mit einem reichhaltigen Nahrungsangebot auf (14). Laubwälder sind für diese nach wie vor südlich anmutende Wildart der bevorzugte Biotop, und wenn sich, wie etwa in Schleswig-Holstein, dazwischen große Felder erstrecken, dann lassen sich die Tiere häufig auch am Tage blicken. Hier hält ein ganzer Trupp von Feisthirschen unterschiedlichen Alters und entsprechender Stärke Nachlese auf einem Stoppelschlag, um sich für die Brunft im Oktober und November zu stärken. In guten Damwildrevieren ziehen sich die Tiere im Winter zu großen Rudeln, die mehrere hundert Köpfe zählen können, zusammen. Wo sie dank ausgedehnter Feldmark genügend Fluchtdistanz einhalten können, verbringen sie dann nicht selten den ganzen Tag auf Rapsschlägen, Saaten oder Grünland.

Auch Rothirsche stehen während der Kolben- und Feistzeit in Herrenclubs zusammen. Für Forstleute ist ein solch massiertes Auftreten von Basthirschen, wie sie sich hier in der weiten Landschaft präsentieren, ein Alptraum. Über das Problem der richtigen Bestandshöhe wird an anderer Stelle des Buches berichtet. Unabhängig von ökologischen Betrachtungen jedoch ist es ein beeindruckendes Bild, den »König des Waldes« in massierter Formation auftreten zu sehen. Vor allem die Tiere in schneller Flucht zu beobachten, ist immer wieder faszinierend. Kein anderes Wildtier unserer Breitengrade bewegt sich mit solcher Eleganz, und der Vergleich mit afrikanischen Kudus ist nicht übertrieben (15).

Selbst wenn ein Revier genügend Muffelwild als Stammgäste beherbergt, ist es nicht immer ganz leicht, die Wildschafe zu Gesicht zu bekommen. Meistens haben die Tiere den Beobachter vorher entdeckt und sind geräuschlos verschwunden. Ihre graubraune Decke tut ein übriges, um sie unauffällig zu halten. Erst um die Jahrhundertwende bei uns wieder heimisch gemacht, haben sich die ursprünglichen Bergbewohner vielfach auch im Flachland gut entwickelt. Dennoch sind die größten und stärksten Vorkommen auf die Mittelgebirge konzentriert. Reinrassiges Muffelwild ist eine gern gesehene Bereicherung der Wildbahn, da es kaum Schaden durch Verbeißen oder Schälen anrichtet (16).

Noch kann die Ricke mit wenigen Fluchten das schützende Halmdickicht, in dem vielleicht ihr Kitz verborgen ist, erreichen (17). Doch schon nach Tagesanbruch setzt der Mähdrescher seine Arbeit fort, und am nächsten Morgen muß sie sich einen anderen Tageseinstand suchen. Rehe können sehr unterschiedliche Angewohnheiten haben: Während die einen bei Helligkeit immer einen größeren Wald aufsuchen, sofern einer vorhanden ist, bleiben andere auch tagsüber auf einem kahlen Acker oder tun sich am Grabenrand, in einer Hecke oder unter einem kleinen Busch nieder. Keine so große Auswahl, um sich zu verbergen, hat der Steinbock (18), denn er verbringt den größten Teil seines Lebens oberhalb der Baumgrenze. Nachdem das Steinwild in den meisten Ländern geschützt ist, hat es allerdings auch kaum einen Feind zu fürchten. Allenfalls der Steinadler schlägt mal ein Kitz.

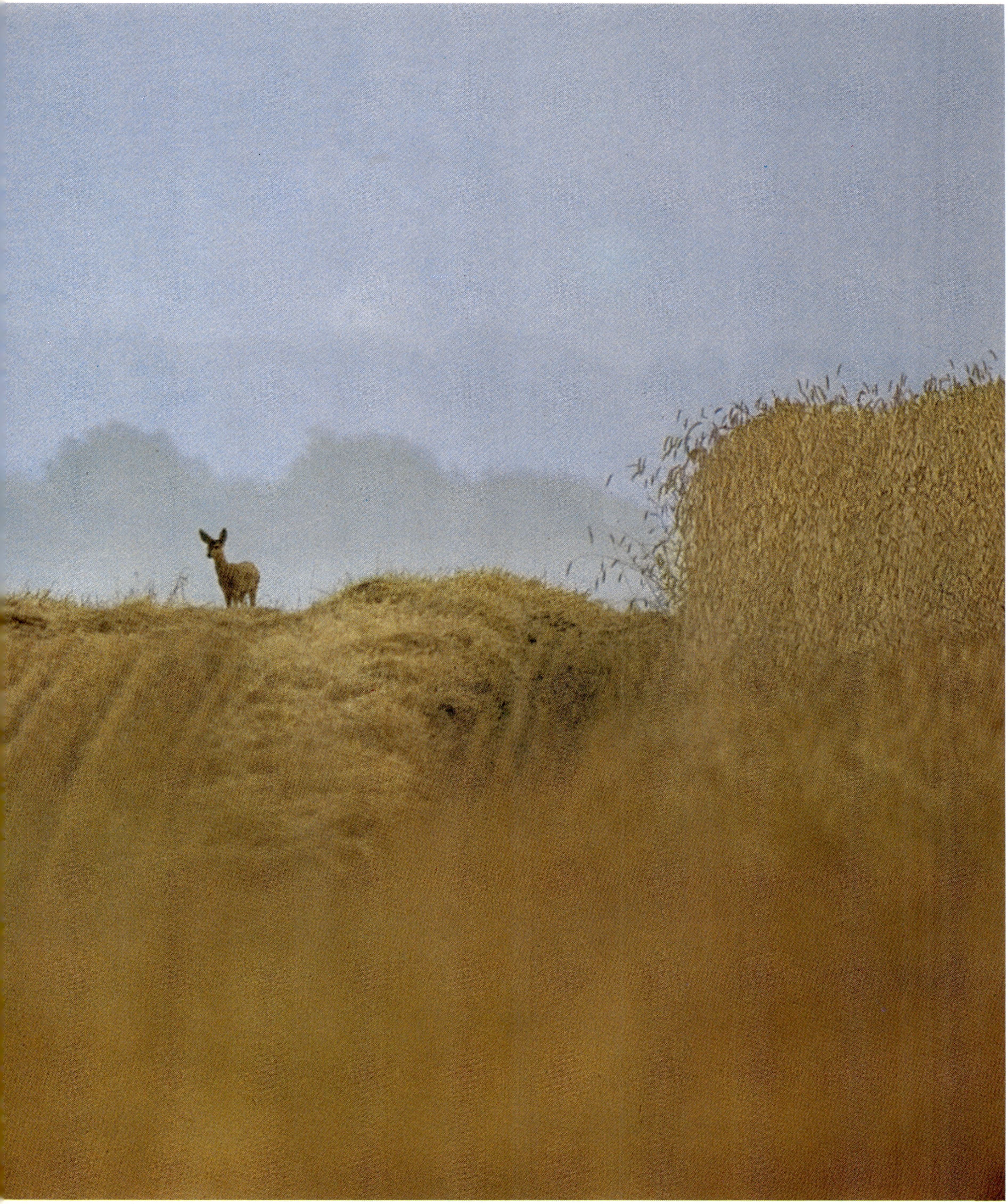

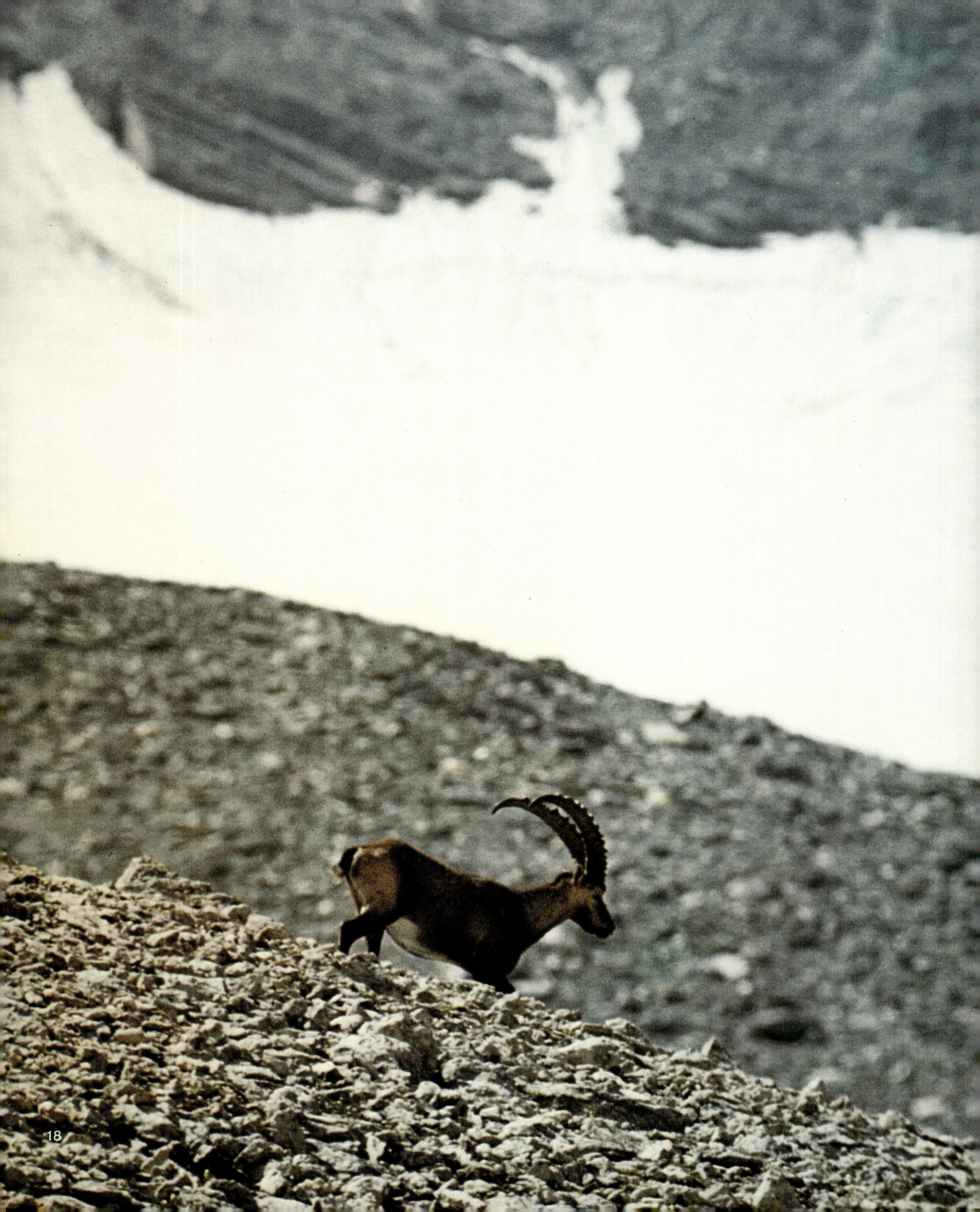

HOCHWILD

HIRSCHE UND HOHLHÖRNER

Die Hirscharten (Cerviden) und die vielfältige Familie der Hohlhörner (Boviden) bilden die beiden Hauptgruppen der Wiederkäuer und auch der Paarhufer überhaupt. Sie sind gemeinsam charakterisiert durch die Eigenschaften, die in ihrer Bezeichnung zum Ausdruck kommen: den Wiederkäuermagen und den Fußbau mit zwei funktionsfähigen Zehen, deren Mittelhand- beziehungsweise Mittelfußknochen zum unteren Laufabschnitt (Kanonenbein) verschmolzen sind.

Ihre Verbreitung erstreckt sich über fast alle Kontinente. Das Schwergewicht der höheren Hirsche liegt auf der Nordhalbkugel, während die primitiveren Hirscharten in den Tropen vorkommen: Muntjak und Sechserhirsche in Südasien, Spieß- und Gabelhirsche in Südamerika. Afrika südlich der Sahara beherbergt keine Hirschart, während gerade dort die Hornträger besonders artenreich auftreten.

Die Abgrenzung beider Familien gegeneinander ist gegeben durch vielerlei anatomisch-physiologische Unterschiede. Genannt seien das Fehlen der Gallenblase bei den Hirschen und das Duftdrüsensystem, das die Hirscharten stärker und etwas andersartig ausgebildet haben. Der Hauptunterschied zwischen beiden Gruppen ist aber die verschiedenartige Ausbildung des Kopfschmuckes.

Die Verschiedenheit zwischen den Hohlhörnern, die ihren Kopfschmuck zeitlebens tragen und kontinuierlich ausbauen, und den Hirscharten, die durch das jährliche Abwerfen wechselvolleren Schicksalen ausgesetzt sind, ist nicht nur zoologisch, sondern auch vom Jagdlichen her wichtig. Das Geweih einerseits und Krucken, Schnecken und Gehörne andererseits können von ihrer Entstehung her nicht in Parallele gesetzt werden. Der Rosenstock ist ein Auswuchs des Stirnbeins, also des Skeletts; der Knochenzapfen, der die Hornscheide der Hohlhörner trägt, ist ein echter Hautknochen, der also eigentlich gar nicht zum Skelett gehört. Die Verschiedenheit dokumentiert sich auch im Wachstum. Eine Gamskrucke wächst *an der Basis* und schiebt die Spitze vor sich her, ein Geweih (einschließlich natürlich des Reh»gehörns«) wächst *an der Spitze*, wodurch die Vereckung ermöglicht wird.

Es ist bemerkenswert und muß in Bezug auf die Kräfte der Evolution nachdenklich stimmen, daß die Hauptmerkmale, nach denen zwei so charakteristische Tiergruppen unterschieden werden, ohne Zweifel nicht im eigentlichen Sinn lebenswichtig sind (wie etwa Herz, Lunge, Darmtraktus, Muskulatur), sondern Luxusbildungen darstellen. Deshalb soll nachstehend die Sonderstellung angesprochen werden, die diese Organe, denen ein Hauptinteresse des Jägers gilt, in der zoologischen Formbildung einnehmen. Ihre artspezifische Gestalt ist offenbar nicht von der Funktion her erklärbar, was gewöhnlich übersehen wird. Die ihnen zugeschriebenen Funktionen (Imponieren, Kampf) können mit allen artlich ganz verschiedenen Formen in gleicher Weise und könnten noch mit ganz anderen ausgeübt werden. Gleich manchen anderen Gestaltbildungen im Tierreich kann daher die artspezifische Gestalt der Geweih- und Hornbildungen nicht von ihrer Funktion her erklärt werden und ist deshalb schlechthin unerklärbar. Die von einigen Zoologen (Portmann, Verfasser) vorgetragene Auffassung, es handele sich um eine Art von »Selbstdarstellung« der jeweiligen Tierart, ist zwar keine Erklärung im naturwissenschaftlichen Sinn, weist aber auf das Geheimnisvolle dieser Erscheinung hin. Der Jäger sollte wissen, daß seine Trophäen in diesen Komplex des Unerklärlichen hineingehören, daß sie vielleicht aus nicht erschließbaren Tiefen biologischen

Geschehens stammen. Daher rührt auch die Ausstrahlungskraft auf den Betrachter.

Zu den Hohlhörnern gehören in unserem Bereich Gams, Steinbock (= Wildziege), Mufflon (= Wildschaf), Wisent. Wildziege und Wildschaf, von denen unsere Wildformen jeweils eine geographische Rasse darstellen, sind frühzeitig und intensiv domestiziert worden, ohne daß die Wildart dadurch vernichtet wurde, wie es beim Ur durch die Domestikation zum Hausrind geschah. Der Gams gehört zwar in die Schaf-Ziegen-Gruppe hinein, bildet aber darin einen besonderen, sehr spezialisierten Stamm, zu dem auch die berühmte Schneeziege der Rocky Mountains zählt.

In der Ausbildung des Jägers wird gewöhnlich nur verlangt, daß er die einheimischen Wildarten einigermaßen kennt. Speziell bei den Hirschen aber vertieft es die Urteilskraft sehr, wenn man ein wenig Bescheid weiß, wie unser Wild sich in die Gesamtheit der Hirscharten der Welt einordnet. Es gibt zwei Hauptgruppen, die sich im Fußbau unterscheiden, die echten Hirsche, bei denen die Rudimente der zweiten und fünften Zehe sich am oberen Ende des Kanonenbeins des Vorderlaufes befinden, und die Hirsche, die etwas unglücklich Trughirsche genannt werden, bei denen sie am unteren Ende direkt über den Afterklauen sitzen. Die echten Hirsche sind altweltlicher Herkunft und sehr einheitlich in Bau und Erscheinungsform. Zu ihnen gehören Rothirsch einschließlich Wapiti, Sikahirsch, Damhirsch, Milu und die asiatischen Sechserhirsche.

Die Trughirsche sind außerordentlich verschieden und nach Auffassung des Verfassers sicherlich nicht einheitlicher Abstammung. Zu ihnen gehören die Neuwelthirsche (Weiß- und Schwarzwedelhirsch, Sumpfhirsch, Pampashirsch, die Gabelhirsche der Anden, die Spießhirsche des tropischen Amerika), das ebenfalls aus der westlichen Hemisphäre stammende Rentier und als Arten altweltlicher Herkunft Elch, Reh und das chinesische Wasserreh. Diese drei Arten haben mit den ebenfalls altweltlichen echten Hirschen Gemeinsamkeiten im Schädelbau (Rachenraum nicht durch das Pflugscharbein geteilt, keine Knickung der Schädelbasis), obwohl das Reh im Erscheinungsbild, zum Beispiel in der Muffelzeichnung, den Neuwelthirschen sehr ähnelt und deshalb meist zu diesen gerechnet wird. Gerade in unserer Zeit, wo so viel auch im weit entfernten Ausland gejagt wird, ist es von hohem Interesse, diese faunengeschichtlichen und erdgeschichtlichen Zusammenhänge zu überblicken.

Das Erstlingsgeweih der Cerviden (Kälbergeweih, vor der Jährlingsstufe) ist wenig bekannt. Es kommt vielleicht bei allen Arten vor. Beim Rehkitz und auch beim Elchkalb ist es häufig, bei Rot- und Damhirsch sehr selten (Vogt, Türcke). Das ausgeprägteste Kälbergeweih hat das Rentier, in schlechten Biotopen meist als Spieß, in besseren gewöhnlich als Sechsergeweih ausgebildet, das auffallend den Geweihen von Reh und Pampashirsch ähnelt und den grundsätzlich dichotomen Verzweigungsmodus widerspiegelt, der den Trughirschen eigen ist. Die echten Hirsche hingegen verwandeln Dichotomie durch Verstärkung des jeweiligen Hinterastes mit entsprechender kompensatorischer Krümmung in monopodiale Stangenbildung.

Das Duftdrüsensystem der Hirscharten – dem Jäger wohlbekannt sind das Stirnorgan des Rehbocks, ferner die Laufbürste und die Zwischenzehendrüsen – sind sicher wesentlich für das Sozialverhalten. Im einzelnen ist ihre Bedeutung nicht soweit analysiert, daß wir sie in jedem Fall mit bestimmten Verhaltensweisen in Verbindung bringen könnten.

So hat der Verfasser beim Wildrentier, das Zwischenzehendrüsen besitzt, wiederholt beobachtet, daß vom Rudel abgekommene einzelne Stücke nicht den Versuch machten, der *Fährte* ihrer hundertköpfigen Herde zu folgen. Sie trollten mit erhobenem Haupt planlos hin und her, offenbar um das Rudel durch *direkte* Witterung oder auch optisch wiederzufinden. An sich ist die Witterungsleistung des Rens groß. Der Verfasser wurde mit entsprechendem Wind meist auf etwa 300 Meter wahrgenommen, eine Distanz, die bei hoher Luftfeuchtigkeit mehrfach größer sein muß (nach Darling beim Rothirsch in Schottland über 1000 Meter). Trotzdem gibt es bei Cerviden das Verfolgen der Fährte. Gelegentlich kann man Rehböcke sehen, die die Fährte einer brünftigen Ricke mit dem Windfang am Boden wie ein Schweißhund ausarbeiten.

Nicht geklärt ist, wie ein angeschossener Elch, der ja auch sonst Finten zum Verbergen der Fährte anwendet (Ziehen in Bächen), die Duftwirkung der Zwischenzehendrüsen auszuschalten vermag, so daß ein Hund die Fährte nicht mehr halten kann, wie von erfahrenen Elchjägern, so von dem schwedischen Elch- und Renforscher Skuncke-Bromée berichtet wird.

Die Jagd auf die hier behandelten Wildarten ist in gewissem Sinn die Krone des Jagens überhaupt. Das mag dadurch bedingt sein, daß es sich um Geschöpfe handelt, die sowohl an das jagdliche Können besondere Anforderungen stellen, wie auch als Tiergestalten so faszinieren, daß niemand sich dem entziehen kann.

Karl Meunier

ROTWILD

Jahr für Jahr können wir beobachten, wie im Herbst zur Hirschbrunft, zum »Hirscheschreien«, eine kleine Völkerwanderung in unsere Wälder einsetzt. Das ist eigentlich erstaunlich, denn es sind viele Menschen darunter, deren Verhältnis zur Natur schon seit langem verflacht ist. Geblieben ist aber doch wohl der Wunsch nach dem Naturerlebnis, und es gibt wohl kaum etwas, was die Ursprünglichkeit des Naturgeschehens so eindrucksvoll aufzeigt wie die Hirschbrunft. Tatsächlich ist es ein besonderes Erlebnis, dem stimmgewaltigen nächtlichen Konzert zu lauschen.

Der Rot- oder Edelhirsch ist die einzige Großwildart, die sich im mitteleuropäischen Raum gehalten hat. Funde führen bis in die Altsteinzeit zurück und geben Aufschluß über den damaligen Rothirsch und seine Entwicklung bis in die Gegenwart. Sicherlich ist unser Rotwild heute insgesamt schwächer, doch hat sich seine Geweihausformung durch die Jahrhunderte hindurch nicht wesentlich verändert. Funde aus den Niederungsgebieten Nordwestdeutschlands – zwei- bis dreitausend Jahre alt – weisen die gleichen Kronenformen aus, die den Hirschen unserer Zeit eigen sind, und die zahlreichen Geweihfragmente aus dem alten Handelsplatz Haithabu bei Schleswig, Abfallprodukte der dort blühenden Kammindustrie, könnten ebenso gut von Abwurfstangen aus unseren Tagen stammen.

Für die Menschen jener vergangenen Zeit bedeutete der Rothirsch, dem Beutezweck entsprechend, Nahrung und Material für Kleidung, Waffen und Gebrauchsgegenstände aller Art. Jagd war lebensnotwendig. Mit dem Wandel der Zielsetzung zur eigentlichen Jagd gewann er zunehmend an Beliebtheit, nicht zuletzt durch sein ins Auge fallendes Geweih, das mehr und mehr zur erstrebenswerten Trophäe wurde. So überrascht es nicht, daß uns aus der ersten Blütezeit der Rotwildjagd im Mittelalter, als der Edelhirsch – das Adelwild – das privilegierte Wild der Fürsten und Feudalherren war und unter deren Schutz stand, die stärksten bekannten Geweihe überliefert sind. Der Rothirsch wurde zum Symbol gerechten Weidwerks (Hubertuslegende), zum bevorzugten Objekt in der Kunst (Johann Elias Ridinger) und darüber hinaus zu einem beliebten Motiv in der Volkskunst schlechthin. Es kommt also nicht von ungefähr, wenn noch heute in weiten Bevölkerungskreisen der Rothirsch eine hervorragende Rolle spielt und viele mit Wild und Wildbahn kaum noch verbundene Menschen in die Tiergehege fahren, um Hirsche zu sehen, oder in die Wälder, um sie bei ihrem Brunfttreiben zu belauschen.

Als Tatsache aber muß festgehalten werden, daß die Jäger, die Freude an der Jagd und der damit verbundene Wille zur Hege es waren, die uns dieses stolze Wild bis heute erhalten haben.

Das Rotwild liebt große geschlossene Waldgebiete, und dort hat es heute auch seine Haupteinstände. Das ist nicht immer so gewesen, und wir können annehmen, daß es in früheren Zeitepochen auch ausgedehnte, nicht bebuschte, mit weiten Mooren und Heiden durchsetzte Räume besiedelt hat. So finden wir es beispielsweise in Schottland heute noch in großen Beständen im überwiegend offenen Bergland. Erst die zunehmende Besiedlung, die Intensivierung der Landwirtschaft, Verstädterung und Industrialisierung und die dichte Verkehrserschließung – eine durch viele Jahrhunderte fortschreitende Entwicklung – haben es bei uns mehr und mehr in die großen Waldgebiete zurückgedrängt.

Heute liegen die Hauptvorkommen des Rotwildes in Deutschland im Alpenraum, in den Mittelgebirgen und in der Lüneburger Heide, hingegen beherbergt die aufgelockerte Landschaft Schleswig-Holsteins nur noch kleinere Bestände. Bekannt sind auch die guten Rotwildvorkommen in Mecklenburg, Pommern, Brandenburg, Sachsen, Schlesien, West- und Ostpreußen sowie in den osteuropäischen Ländern bis hinein nach Rußland. Rotwild lebt in den westeuropäischen Ländern bis hinauf nach Norwegen, es überdeckt also den gesamten mitteleuropäischen Raum. Der Gesamtbestand an Rotwild in der Bundesrepublik kann mit 95 000 Stück angenommen werden, der jährliche Abschuß beträgt etwa 30 000 Stück.

Das Rotwild lebt – im Gegensatz zum Rehwild – gesellig, dabei halten sich die Geschlechter, ausgenommen zur Brunftzeit, getrennt. Die Alttiere mit ihren Kälbern sowie dem vorjährigen Nachwuchs (Schmaltiere und Schmalspießer) schließen sich zu Kahlwildrudeln zusammen, die von einem älteren Leittier geführt werden. Die Hirschrudel stehen für sich und meiden in der Regel die Kahlwildeinstände, da sie die Unruhe scheuen. Ältere Hirsche bilden gern kleinere Trupps und stellen sich in ruhigen Ecken – häufig sind das kleine, mitten in der Feldgemarkung gelegene Gehölze – ein.

Mit Ausgang der »Feistzeit« Ende August lösen sich die Hirschrudel auf. Die Hirsche werden unruhig, führen Scheinkämpfe aus (scherzen) und ziehen zu den bekannten Brunftplätzen. Die Brunft setzt im norddeutschen Flachland Ende August/Anfang September, im Bergland etwas später ein und dauert bis Anfang/Mitte Oktober. Der ältere Hirsch tritt zum Rudel und verteidigt es gegen jeden Konkurrenten. Dabei kommt es zu erbitterten Kämpfen, die tödlich enden können, wenn es einem der Kontrahenten gelingt, den Gegner so schwer zu forkeln, daß die inneren Organe oder das Gescheide verletzt werden. Während der Hochbrunft fangen die Hirsche in ruhigen Revieren häufig schon am frühen Nachmittag an zu schreien (röhren, orgeln) und verschweigen erst am darauffolgenden späten Vormittag. Das sonst so scheue Rotwild verliert seine sprichwörtliche Vorsicht.

Für den Jäger, der einen Hirsch zum Abschuß frei hat, bietet daher die Brunftzeit größte Aussicht, erfolgreich auf ihn zu jagen.

Mit dem Abklingen der Brunft tritt der Platzhirsch vom Rudel ab und zieht sich in einen ruhigen Einstand zurück, um sich von den Strapazen der vergangenen Wochen zu erholen. Ein Hirsch kommt während der Brunft kaum zum Äsen und verliert etwa ein Fünftel seines Gewichts. Er braucht daher Ruhe und reichlich Äsung, um gekräftigt in den Winter zu gehen.

Die tragenden Tiere sondern sich im Mai vom Rudel ab und setzen Ende Mai/Juni ein, sehr selten zwei Kälber. Erst nach etwa zwei Wochen, wenn das Kalb ständig mit der Mutter zieht, schließt sich das Kahlwild wieder zu Rudeln zusammen, die nach Stückzahl und Zusammensetzung wechseln können, doch bleiben die Zellen eines solchen Rudels, die einzelnen Familienverbände (Alttier-Kalb-Schmaltier), stets zusammen.

Inzwischen haben die Hirsche von Februar bis in den April hinein ihre Geweihe abgeworfen. Bekanntlich ist das Geweih im Gegensatz zum Horn von Gams oder Schaf eine Knochenbildung und wird alljährlich abgestoßen. Die Entwicklung des neuen Geweihs beginnt unmittelbar nach dem Abwerfen und ist in gut vier Monaten abgeschlossen. Während des Wachstums ist es mit einer Schutzhaut, dem Bast, überzogen, die nach Abschluß der Neubildung und Verhärtung der Enden eintrocknet. Wir sprechen vom Bast- oder Kolbenhirsch. Um den 10. Juli beginnen die alten Hirsche zu fegen, das heißt, sie reiben und schlagen den Bast an Bäumen und Sträuchern ab. Mitte August sind auch die jungen Hirsche »blank«.

Der Hirsch steht nun in der Feiste. Er hat die äsungsreichen Monate gut genutzt und eine starke Feistschicht angesetzt. Der Feisthirsch gilt als besonders vorsichtig und seine Bejagung als schwierig. Ein alter Jägerspruch lautet:
Der Feisthirsch ist ein Waldgespenst,
das Du nur ahnst und niemals kennst.
Dort wo Du gehst, da steht er nicht
und wo Du stehst, da geht er nicht
und ist nur auf bei Sternenlicht.

Tatsächlich aber ist er einfach satt und faul, und man bekommt ihn in der Regel nur spätabends oder frühmorgens zu Gesicht. Es ist aber auch möglich, daß er am hellen Vormittag oder Nachmittag zur Suhle tritt, um Kühlung zu suchen, oder daß er am Dickungsrand und auf Schneisen äst. Da Feisthirsche sehr beständig ihren Wechsel halten, kann ein aufmerksamer, fährtenkundiger Jäger durchaus mit guter Erfolgsaussicht auf sie jagen.

Das Geweih des Rothirsches hat für den Jäger durch die Zeiten hindurch zunehmend an Wertschätzung gewonnen, es wurde zur begehrtesten Trophäe aus deutschen Wildbahnen. Schon im ersten Lebensjahr bilden sich beim Hirschkalb deutlich Aufwölbungen, aus denen sich die Rosenstöcke entwickeln. Im zweiten Sommer wächst darauf das erste Geweih, das in der Regel im September gefegt wird. Das Hirschkalb ist zum Schmalspießer geworden. Die weiteren Entwicklungsstufen sind Sechser (selten Gabler), Achtender, Zehnender usw. Mit dem vierten »Kopf« soll der gut veranlagte Hirsch als Stangenabschluß eine Krone bilden, doch gibt es Hirsche, die niemals eine solche entwickeln und als Achter oder Einsprossenzehner die Endenausbildung mit einer Gabel abschließen. Sehr endenfreudige Hirsche bringen es auf zwanzig Enden und mehr, je nach der Ausformung der Krone als Becher-, Schaufel-, Fächer- oder Doppelkrone benamst. Stangenlänge und Geweihgewicht nehmen mit dem Alter zu, und erst mit 12 bis 14 Jahren erreicht der Rothirsch seine größte Geweihstärke. Er ist reif. Starke Hirsche erreichen in der Bundesrepublik Geweihgewichte von 6 bis 8, vereinzelt bis zu 10 Kilogramm. Danach setzt relativ schnell die Rückbildung ein, der Hisch »setzt zurück«. Rotwild kann 20 bis 25 Jahre alt werden, doch wird dieses Alter nur in Ausnahmefällen erreicht.

Die Jagd auf den Rothirsch hat im Ablauf der Jahrhunderte erhebliche Wandlungen erfahren. Aus dem lebensnotwendigen Zwang zum Beutemachen entwickelte sich in zunehmendem Maße die Lust am Jagen, die Freude am Weidwerk. In der Auseinandersetzung mit den scharfen Sinnen des Wildes – es äugt, vernimmt und wittert gleich gut – und unter Anwendung noch nicht leistungsfähiger Waffen wurde die Jagdausübung zu einer bis ins einzelne vervollkommneten Kunst, die in einer perfektionierten Fährtenkunde, der Kenntnis der »gerechten Zeichen« und der Züchtung, Ausbildung und Führung bestimmter Hunderassen (Leithund, Schweißhund) ihren Ausdruck fand. Die Jagd auf den Edelhirsch wurde zum »Herrenrecht«, war einer privilegierten Schicht vorbehalten. Selbstgefälligkeit, übersteigerte Lebensfreude und Prunksucht führten letztlich aber auch zu Auswüchsen, die zwar dem damaligen Lebensstil entsprachen, uns heute aber in unserer Einstellung zu Wald und Wild nicht mehr verständlich sind. Die Zahl des erlegten Wildes, die Pracht starker endenreicher Trophäen (66-Ender in Moritzburg, Hirschgalerie im Erbacher Schloß) wurden zum Gradmesser jagdfroher Fürstenhöfe. Kapitalgeweihe waren ebenso beliebte Geschenke an befreundete Häuser wie lebendes Rotwild für die Tierparks, Hirschgärten und Gehege damaliger Zeit.

Daß bei dieser übersteigerten Wertschätzung des Edelhirsches die Wildbestände unnatürlich hoch gehalten, ihnen jeder Schutz und jede Hege gewährt und Wilderei und Selbsthilfe der Ackerbauern aufs schwerste geahndet wurden, liegt auf der Hand. Die Schäden in den Feldgemarkungen stiegen ins Unermeßliche, und der Bauer mußte tatenlos zusehen, wie seine Ernten vernichtet wurden. Die Zeit der Hochblüte standesherrlicher Jagdhoheit hatte also auch ihre Schattenseiten. So ist es nicht verwunderlich, wenn Zorn und Verzweiflung der Bauern, verbunden mit einem wachsenden Freiheitsgefühl in den Revolutionswirren Mitte des 19. Jahrhunderts, vielerorts die Vernichtung der Rotwildbestände zur Folge hatten.

Von Bedeutung aber ist, daß eben in dieser Blütezeit mittelalterlichen Jagens sich ein durch Generationen geschultes Jagdpersonal – vom Jägerburschen bis zum Hofjägermeister – herausbildete, das an Wissen und innerer Einstellung zum Wild nicht zu übertreffen war. Hier schon wurde der Grundstock gelegt zu dem »hirschgerechten Jäger« unserer Tage. Mit der zunehmenden Verflechtung des Jagddienstes mit dem Forstdienst und dem Ineinanderfließen der Aufgaben beider Zweige in einen Arbeitsbereich wurde der Forstbedienstete neben dem Großgrundbesitzer zum berufenen Hüter des Rotwildes, zumal er ja die großen Waldungen, in die es sich zurückgezogen und die Wirren überdauert hatte, betreute. Es ist nicht zuletzt ihnen zu verdanken, daß die Tradition fortgeführt und weiterentwickelt wurde.

Es waren die Forstverwaltungen der deutschen Länder, die die Bejagung der Rotwildbestände einer geregelten Planung unterstellten mit der Zielsetzung, das ihnen anvertraute Wild zu hegen und zu erhalten. Der jährliche Abschuß wurde anhand von »Beschußplänen« festgesetzt und durchgeführt. Wenn dabei nur der Hirsch vom Zehnender aufwärts als jagdbar galt, so mag das heute als stümperhafter Versuch angesehen werden, einen Rotwildbestand artgerecht zu bejagen, aber es fehlten zu jener Zeit die wissenschaftlichen Grundlagen, um die ökologischen und wildbiologischen Voraussetzungen zu erkennen.

Ein entscheidender Wandel trat erst um die Wende zum 20. Jahrhundert ein, und es ist das Verdienst des Freiherrn von Raesfeld – preußischer Forstmeister auf dem Darß – mit seinem Werk ›Das Rotwild‹ wildbiologischen Überlegungen zum Durchbruch verholfen zu haben. Durch ihn wurde der Begriff der »Hege mit der Büchse« in weite Jägerkreise hineingetragen. Raesfeld verstand darunter eine jährliche Abschußplanung, die auf der im Revier ermittelten Bestandhöhe und dem sich daraus ergebenden Zuwachs aufbaute und den Abschuß aller kümmernden und schwachen Stücke zum Ziel hatte. Er glaubte, dadurch den Erbwert eines Rotwildbestandes entscheidend aufbessern zu können, und sah vor allem in der Geweihentwicklung der Hirsche einen

Wertmesser. Daß er dabei das Geweih als Weiser für die Erbanlage überbewertete, ist aus der damaligen Sicht verständlich. Sicherlich ist die Geweihausformung auch erblich bedingt, doch wird das Erbbild durch negative Umwelteinflüsse (Wilddichte, Äsungsgrundlage, Witterung, Entwicklung im ersten Lebensjahr u. ä.) überdeckt und kann nur mit Einschränkung als Maßstab gelten. Das ändert aber nichts daran, daß die Auslese grundsätzlich durch den Abschuß der nach Körper und Geweih schwächsten Stücke erfolgen muß, da ein Wildbestand sich aus gesunden, kräftigen Stücken aufbauen soll.

Die Raesfeld'schen Vorstellungen fanden ihren Niederschlag im Reichsjagdgesetz 1934, das die Bejagung des Rotwildes auf der Grundlage detaillierter Abschußpläne festschrieb und für die Bejagung der Hirsche Güte- und Stärkeklassen ausschied, und zwar für »jagdbare Hirsche« die Klassen Ia = ausgereifte, starke Hirsche mit erwünschter Geweihausformung (Kronenhirsche) und Ib = solche mit nach menschlichen Vorstellungen unerwünschter (kronenlos, enge Geweihstellung u. ä.) sowie für jüngere Hirsche die Klassen IIa = Zukunftshirsche (dem Alter entsprechend gut entwickelt) und IIb = der Normalentwicklung nicht entsprechend. Das führte zur Überbewertung des Wahlabschusses nach dem Geweih. »Abschußhirsche« und »Artverderber« wurden zu beherrschenden Begriffen, »Aufartung« zur fast traditionellen Zielsetzung. Danach wurde bis in die jüngste Zeit gejagt. Inzwischen aber hat die Kenntnis der Biologie des Rotwildes entscheidende Fortschritte gemacht und neue Erkenntnisse geliefert. Das gesellig lebende Rotwild beansprucht entsprechend seinem arteigenen Verhalten und der ihm eigenen sozialen Struktur im Rudelverband einen großräumigen Lebensraum, der eine Vielzahl von Einzelrevieren überspannt. Die sachgerechte Behandlung eines Wildbestandes kann daher nur über den Zusammenschluß aller Reviere im Bereich des Vorkommens und über eine einheitliche Planung erfolgen. Rotwildringe also, wie sie zum Beispiel in Schleswig-Holstein seit ca. 45 Jahren bestehen und sich heute in den meisten Rotwildgebieten gebildet haben.

Entscheidend auch für eine biologisch ausgerichtete Rotwildhege ist zum einen die Anpassung des Bestandes an den gegebenen Lebensraum (die Wilddichte). Dabei sind wirtschaftliche Gesichtspunkte zu berücksichtigen. Da das Rotwild im Wald erhebliche Schäden durch Verbeißen von Forstkulturen sowie durch Schälen der Stämme verursacht, müssen die Wildbestände in vertretbarer Höhe gehalten werden, nicht zuletzt um die Voraussetzung zu schaffen, gesunde, baumartenreiche Wälder zu erziehen, aber auch zu Gunsten des Wildes selber. Zum anderen ist ein ausgeglichenes natürliches Verhältnis der Geschlechter von 1:1 bis zu 1,5:1 (männlich:weiblich) anzustreben, und schließlich soll der Altersaufbau dem arteigenen Verhalten angepaßt sein. Für die jagdliche Praxis bedeutet das, daß der Abschuß zu einem hohen Anteil in der Jugendklasse durchgeführt werden soll, beim weiblichen Wild aus den Kälbern, bei den Hirschen im ersten bis dritten Lebensjahr. Mittelalte Hirsche sollen dagegen mit Ausnahme erkennbar schwacher Stücke geschont, und erst der reife Hirsch soll auf dem Höhepunkt seiner Entwicklung gewissermaßen als Ernte erlegt werden.

Die gezielte Bejagung eines Rotwildbestandes unter sinnvoller Berücksichtigung von Wilddichte, Geschlechterverhältnis und Altersaufbau bedeutet mithin eine regulierende Maßnahme, die auf das Artverhalten des Rotwildes abgestimmt sein soll. Sie wird aber zugleich dem Wunsch des Jägers, für den die gute Trophäe verständlicherweise auch heute noch das Ziel seiner Wünsche ist, gerecht. Das beweisen nicht zuletzt die Erfolge gut geleiteter Hegegemeinschaften (zum Beispiel Harz, Odenwald, Schleswig-Holstein) und die zunehmende Zahl stärkster Geweihe, die in den letzten 20 Jahren in Westdeutschland zur Strecke kamen und die sich mit denen bekannter Rotwildgebiete im Osten messen können. Der Rotwildjäger unserer Zeit hat also durchaus das Seine zur Erhaltung und Hege unserer Rotwildbestände getan und darf mit gewissem Stolz auf seine Tätigkeit blicken.

Der Lebensraum für unser Rotwild ist enger geworden, Zersiedlung, Industrialisierung und Verkehrsverbund werden wachsen, der Fremdenverkehr wird neue Gebiete erschließen, der erholungsuchende Mensch weiter vordringen, und Land- und Forstwirtschaft werden härter kalkulieren und ihr Recht fordern. Es wird schwerer werden, dem Rotwild angemessene Lebensbedingungen und vor allem Refugien der Ruhe zu erhalten. Auf der anderen Seite haben sich die Kenntnisse und Erkenntnisse über unser Wild verfeinert, steht der Jäger selber in einem Umwandlungsprozeß des Denkens und Handelns, ist der Begriff der Hege angefüllt und bereichert worden, und die Bereitschaft und Verpflichtung dazu sind gewachsen; auch das ist nur eine Stufe einer durch Jahrhunderte führenden Entwicklung. Und somit wird es auch gelingen, unserem Edelhirsch seinen Platz in unserer Welt zu erhalten.

Rüdiger Schwarz

DAMWILD

Damhirsche sind Neubürger in Mitteleuropa. Noch in der letzten Zwischeneiszeit, vor etwa 100 000 Jahren, waren sie weit verbreitet, was durch Funde aus England, Dänemark, Deutschland, Polen, der Sowjetunion, Griechenland, Italien, Frankreich und Gibraltar belegt ist. Die nachfolgende Klimaverschlechterung und Vereisung führten jedoch großräumig zu ihrem Aussterben. Es ist bisher noch nicht sicher geklärt, wo die Damhirsche diese Klima-Katastrophe überlebten. Grabungen an prähistorischen Stätten deuten darauf hin, daß sie nacheiszeitlich noch in Bulgarien, Griechenland, der Aegäis und in Kleinasien vorkamen. Nur einige Plätze an der Südküste Kleinasiens bergen heute noch ursprüngliche Damwildvorkommen. Verteilt auf drei Gebiete leben hier zur Zeit etwa 100 Tiere. Alle anderen heutigen Bestände verdanken ihre Existenz dem Einwirken des Menschen. Während der Damhirsch einerseits bis auf die geringen Reste in der Türkei, die man mit großer Mühe zu erhalten versucht, in seinem ehemaligen nacheiszeitlichen Verbreitungsgebiet ausgestorben ist, hat er andererseits mit Hilfe des Menschen eine gewaltige Vergrößerung seines Bestandes und seiner Ausbreitung erfahren. Der Weltbestand dürfte heute sicherlich mehr als 100 000 Tiere umfassen. Er verteilt sich auf nahezu das gesamte Europa, auf Nord- und Südamerika, Südafrika, Australien und Neuseeland.

Einige Merkmale dürften wesentlich dazu beigetragen haben, daß der Mensch sich schon früh des Damhirsches besonders annahm. Das relativ große schaufelförmige Geweih, die auch bei erwachsenen Tieren den gesamten Rumpf bedeckende weiße Fleckung und der weiße, schwarz gerahmte Spiegel machen das Tier zu einer auffälligen, ansprechenden Erscheinung. Auch der Wohlgeschmack des Wildbrets dürfte geschätzt worden sein. Nicht zuletzt werden die große Anpassungsfähigkeit und die nahezu problemlose Haltung der Tiere in Gefangenschaft zu ihrer Beliebtheit beigetragen haben. Ausdruck dieser Wertschätzung ist die Tatsache, daß die Phönizier den Damhirsch in Zusammenhang mit dem Sonnengott Baal verehrten und als Tempeltier hielten und daß er auch für die Römer kultische Bedeutung hatte. Beide Völker waren große Kolonisatoren und haben wohl den Ursprung für die heutige Verbreitung des Damhirsches im Mittelmeerraum und in Mitteleuropa gelegt. Sie begründeten die Gehegehaltung, die bis weit über das Mittelalter hinaus beibehalten wurde. Der Damhirsch wurde als beliebtes Parktier auf den herrschaftlichen Besitztümern gezüchtet. Die dabei durch den Menschen praktizierte Selektion bedingte schon sehr frühzeitig das Auftreten von Farbvarianten, die auch heute noch bei freilebenden Tieren zu finden sind. Von Reinweiß über Ocker bis nahezu Schwarz reicht die Skala. In einem englischen Bestand treten seit etwa dreißig Jahren Tiere auf, die Stirnlocken und lange Haarbüschel an den Lauschern tragen und deren Winterhaar etwa die dreifache Länge des Normalhaars aufweist.

In die freie Wildbahn gelangte Damwild durch gezielte Ausbürgerung wohl erst im ausgehenden 17. und im 18. Jahrhundert. Die frühe Geschichte der Ausbreitung frei lebenden Damwildes ist eng mit der historisch bedingten Verteilung des Großgrundbesitzes verbunden. Für die Ausbürgerung mag die großflächige Entwaldung und das damit verbundene Schrumpfen der Rothirschbestände den Anlaß gegeben haben, im Damwild eine Ersatz-Hochwildart zu schaffen. Bestandesgründungen in sogenannten kleinbäuerlichen Gebieten sind eine sehr junge Erscheinung, die zögernd zu Beginn dieses Jahrhunderts einsetzte, dann aber – besonders in den letzten zwei Jahrzehnten – zur sprunghaften Zunahme führte. Der derzeitige Gesamtbestand in der Bundesrepublik Deutschland wird auf etwa 20 000 Tiere geschätzt. Allein 15 000 davon sind zu etwa gleichen Teilen in Schleswig-Holstein und Niedersachsen beheimatet, etwa 2500 in Nordrhein-Westfalen. Der Rest verteilt sich auf die übrigen Bundesländer mit Ausnahme von Bremen und dem Saarland. Die Jahresstrecke schwankt zwischen 6000 und 8000 Stück. Das ist zwar nur ein Bruchteil gegenüber der Jagdstrecke bei Reh oder Rothirsch, lokal aber stellt der Abschuß einen durchaus bedeutsamen jagdwirtschaftlichen Faktor dar. Damwild ist ohne ernsthafte Schäden für die Population selber und für die Umwelt in hohen Dichten zu halten, so daß es in der Produktivität weit vor den übrigen Schalenwildarten rangiert.

Die erfolgreiche Ansiedlung von Damwild in vielen Gebieten der Erde zeugt von seiner Fähigkeit, mit unterschiedlichen Umweltbedingungen fertig zu werden. Vielleicht entspricht das Gebiet, das heute noch die kleinasiatischen Restbestände bewohnen, dem ursprünglichen Lebensraum. Es sind dies ausgedehnte winterharte Trockenwälder mit lockeren Baumbeständen und zum Teil üppigem Unterwuchs, aufgelockert durch Brandflächen und offene Flußauen. Sie erstrecken sich von Meereshöhe bis auf etwa 800 Meter. Charakteristisch für viele heutige Damwildgebiete ist ein Vorherrschen der freien Flächen gegenüber dem Wald. Die weitgehend landwirtschaftlich genutzte Kulturlandschaft mit Streuwaldungen ist besonders in Mitteleuropa ein typischer Damwildlebensraum geworden. Eine Betrachung der weltweit verbreiteten Vorkommen zeigt, daß sie überwiegend in den gemäßigten Zonen liegen, zumindest teilweise Deckung in Form von Busch oder Wald aufweisen und bis etwa 1000 Meter Höhe reichen.

In vielfacher Hinsicht erweist sich in unseren Breiten, daß das Damwild eine in seinen Ansprüchen an den Lebensraum nur gering spezialisierte Art ist. So verfügt es über eine beachtliche Anpassungsfähigkeit an die sich im Jahresablauf wandelnden Deckungs- und Nahrungsverhältnisse, indem es sich zum Beispiel in seinen Besiedlungsdichten auf die unterschiedlichen Bedingungen im Sommer- und Winterhalbjahr einstellt. In der vegetationsreichen Periode verteilt sich das Wild weit, im Winter dagegen konzentriert es sich auf die Waldungen, so daß im Jahresverlauf Dichteveränderungen von mehreren 100 Prozent zu beobachten sind. Dabei bestehen Unterschiede zwischen den Geschlechtern. Allgemein zeigt sich, daß Hirsche kleinere Aktionsräume bewohnen als das Kahlwild und damit natürlich höhere Dichtewerte erreichen. Die Hirsche bevorzugen im Vergleich zum Kahlwild auch deutlich mehr die Deckung. Das weibliche Wild hält sich nur bei extrem ungünstigen klimatischen Bedingungen, wie zum Beispiel sehr hohen Schneelagen, und bei der Brunft überwiegend im Wald auf.

Für die Brunft ist kennzeichnend, daß die Hirsche traditionelle Plätze im Wald beziehen und dort mit den Vorderläufen die sogenannten Brunftkuhlen schlagen, deren engste Umgebung sie gegenüber den Nebenbuhlern als Territorium verteidigen. Das Kahlwild zieht zum Beschlag vorübergehend in diese »Deckstationen«, von denen oft mehrere – jeweils mit verschiedenen älteren Hirschen besetzt – dicht nebeneinander liegen können.

Ganz besonders auffällig ist das Sozialleben. Nahezu während des gesamten Jahres lebt Damwild in Gruppen. Die Größe der Rudel steht in engem Zusammenhang mit dem jeweiligen Deckungsangebot. Je weniger Deckung, desto größer die Rudel. Zur schnellen Verständigung, die bei herdenlebenden Tieren innerhalb der Gruppe unter Umständen lebensentscheidend sein kann, verfügt Damwild über verschiedene Merkzeichen. Sehr auffällig ist dabei die Ausdrucksvielfalt des Spiegels mit seiner weißen Grundfarbe, der schwarzen Rahmung und dem oberseits schwarz längsgestreiften Wedel. Ein vertrautes Stück hält ihn locker an den Körper gelegt und schlägt ihn gelegentlich seitlich. Dadurch wird ein sehr deutliches Signal entfaltet, welches den Artgenossen unmittelbar Gefahr meldet. Als eine Besonderheit führt Damwild bei überraschenden Störungen, auf der Flucht und im Spiel Sprünge aus, bei denen es mit allen vier Läufen gleichzeitig vom Boden abprellt, Wedel, Haupt und Träger dabei in Erregungsstellung haltend. Sehr wahrscheinlich dienen diese Sprünge der Warnung des Rudels sowie der Gewinnung besserer Übersicht. Diese Prellsprünge sind vornehmlich von Antilopen und Gazellen bekannt, weniger von Hirschartigen, wenngleich sie auch bei asiatischen Hirschen häufiger vorzukommen scheinen. Gerade diese Prellsprünge haben vielfach zu einer abwertenden Beurteilung des Damwildes als Fremdling oder Damziege geführt. Ungeachtet dessen ist es in unseren Breiten seit Jahrhunderten heimisch. Es hat sich, wie es scheint, in die Lebensgemeinschaften der Kulturlandschaft ohne erkennbare nachteilige Folgen für seine Umwelt eingefügt.

Günter Heidemann

SIKAWILD

Das Sikawild ist wegen seiner geringen Verbreitung in der Bundesrepublik Deutschland allgemein unbekannt, nur etwa 1 200 Stücke bilden den Bestand in der freien Wildbahn.

Als Heimat des Sikawildes gilt Ostasien vom Ussurigebiet über die Mandschurei, Korea, Japan, Mittel-, Ost- und Südchina bis Formosa. Man unterscheidet beim Sikawild neun Unterarten, die aber wegen der fließenden Übergänge besonders auf dem ostasiatischen Festland nicht als eigene Gattungen gelten: Dybowski-Sika, Mandschurischer Sika, Japanischer Sika, Nordchinesischer Sika, Schansi-Sika, Mittelchinesischer Sika, Riu-Kiu-, Formosa- und Tonkin-Sika.

Ein Teil der oben aufgeführten Unterarten dürfte in der freien Wildbahn nicht mehr anzutreffen sein, weil dem Sikawild stark nachgestellt wurde, um ein teures Aphrodisiakum zu gewinnen, und weil der Biotop durch Abholzungen spürbaren Veränderungen unterworfen war. Um die Ausrottung des Sikawildes aufzuhalten, wurden Ende des 19. Jahrhunderts Hegegemeinschaften gebildet, und es wurde außerdem in Tempelgärten und Hirschfarmen gehalten. Aus diesen Gärten und Farmen führte Karl Hagenbeck Sikawild nach Deutschland ein, das hier zunächst in Gattern lebte.

Die folgende Aufstellung zeigt, in welchen Jahren das Sikawild durch Gatterniederlegung oder -beschädigung in die freie Wildbahn kam und wie hoch der Bestand gegenwärtig in den sechs älteren Vorkommen geschätzt wird:

1928 Baden-Württemberg (Hochrheingebiet) 300 Stück
1936 Nordrhein-Westfalen (Arnsberg) 550 Stück
1937 Schleswig-Holstein (Kappeln) 200 Stück
1940 Nordrhein-Westfalen (Höxter) 80 Stück
1956 Bayern (Höchstadt) 40 Stück
1960 Hessen (Schlitz) 20 Stück

Alle Vorkommen des Sikawildes in der freien Wildbahn außerhalb ihres Ursprungsgebietes dürften aus vorangegangener Gatterhaltung entstanden sein. Seine problemlose Haltung in Parks und seine große Verträglichkeit mit anderen Tierarten sicherten ihm Lebensräume auf der gesamten Welt. In Polen sind noch die beiden von Deutschen begründeten Sikavorkommen Kadinen und Kobior vorhanden. In England wurde der Grundstock für Sikaeinbürgerung im Jahre 1870 gelegt; heute ist das Sikawild dort in vielen englischen, schottischen und irischen Grafschaften verbreitet. Sikawildbestände gibt es ferner in Dänemark, Frankreich, Österreich sowie in der Schweiz, der Tschechoslowakei und der Sowjetunion. Aber auch für Neuseeland, Australien und die USA wird diese Wildart nachgewiesen. In vielen weiteren Ländern lebt es außerdem in Tierparks und Zoos.

Eine Vermischung der ursprünglichen Unterarten ist mit Sicherheit auch in der Bundesrepublik eingetreten. In den einzelnen oben genannten Kolonien entwickelte sich im Laufe der Zeit ein Typus, der sich aus den Anlageformen, Blutlinien und den Umweltbedingungen in drei voneinander in kleineren Merkmalen abweichende Formen untergliedern läßt: den Ostangler Sika (Kappeln), den Weserbergland-Sika (Höxter) und den Arnsberger Sika (Arnsberg).

Die Geweihentwicklung geht im allgemeinen nicht über die Achterstufe hinaus, beim Ostangler Sika hingegen sind Kronenbildung und eine Endenzahl bis 14 häufig. Ferner sind die Trophäen dieses Sika wesentlich stärker, und er ist bisher der einzige bei uns, der in der Weltspitze der Sikas mithalten konnte. Es wird vermutet, daß er ein Mischling zwischen dem japanischen und dem mandschurischen Sika ist. Abschußnotwendige Hirsche sind zumindest bei diesem Vorkommen, das sich übrigens nicht nur auf Ostangeln, sondern auch auf die benachbarte Landschaft Nordschwansen erstreckt, selten. Die größte Trophäenstärke wird im Alter zwischen 7 und 9 Jahren erreicht. Die Geweihe werden Ende April / Anfang Mai abgeworfen. Ab Mitte August ist der neugeschobene Kopfschmuck gefegt. Der Jäger erbeutet nicht nur das Geweih als Trophäe, sondern auch die Grandeln, die die meisten älteren Hirsche vorzuweisen haben.

Das Sikawild ist kleiner als Dam-, jedoch wesentlich größer als Rehwild. Abgesehen von Dybowski-Sikabeständen, die fast Rotwildstärke erlangen, weisen die einzelnen Vorkommen in der Bundesrepublik nur geringe Größenunterschiede auf.

Neben dem Stangengeweih der Hirsche erscheinen als typische Merkmale der große weiße Spiegel, der im Gegensatz zum Damwild kürzere Wedel und der ovale, 3 bis 6 cm starke helle Fleck, der seitlich hinten jeweils 10 cm unterhalb des Sprunggelenkes deutlich sichtbar ist. Das Sommerhaar dieser Wildart ist auf der Oberseite rotwildfarben mit Tüpfelung, die Unterseite ist beigegrau. Bei den Hirschen zeichnet sich die Tüpfelung weniger intensiv ab.

Im Winter ist die Decke graudunkel, wobei die Hirsche wesentlich dunkler, fast schwarz wirken. Diese Tatsache, gemeinsam mit ihrer Rauflust, brachte ihnen die Bezeichnung »Schwarze Teufel« ein.

Die Wilddichte ist bei den Sikavorkommen in der Bundesrepublik je nach Waldanteil, Vorhandensein anderer Schalenwildarten und Umfang der Zufütterung unterschiedlich, die größte Wilddichte ist jedoch bei dem äußerst standorttreuen Sikawild auch heute noch in der Nähe der Aussetzungsorte anzutreffen. Für reine Waldreviere werden drei bis vier Stück pro 100 ha Waldfläche empfohlen. Das Sikawild lebt weitgehend gesellig. Im Sommer steht es in Mutterfamilienrudeln, im Winter schließt es sich zu Kahlwildrudeln größeren Ausmaßes zusammen, denen sich häufig jüngere Hirsche anschließen. Die älteren Hirsche bilden ein weiteres Rudel, aus dem sich sehr alte Tiere als Einzeljäger absondern können. Das Geschlechtsverhältnis sollte 1 : 1 betragen.

Die sich lange – von Mitte September bis Mitte Dezember – hinziehende Brunft unterscheidet sich stark von der des Rot- und Damwildes. Zu größeren Kahlwildrudeln gesellen sich die Hirsche, ohne daß ein typischer Platzhirsch sichtbar hervortritt. Das jeweils brunftige Stück wird aus dem Rudel gedrängt und abseits beschlagen. Zwischen gleichstarken Hirschen kommt es zu erbitterten Kämpfen, die deutlich im Gegensatz zu den ständigen, mehr spielerisch ausgetragenen Forkelversuchen innerhalb der Hirschrudel stehen. Der Brunftschrei des Sikahirsches ist ein Pfeifen, das in abgewandelter Form auch als Schreckruf ausgestoßen wird. Das Tier setzt ein, selten zwei Kälber. Die Sikas suhlen und rinnen mit Vorliebe. Selbst die im Ostangler-Sikaeinzugsgebiet liegende Schlei (ein Meeresarm der Ostsee) wird an einer bestimmten 300 m breiten Stelle in beiden Richtungen immer wieder rinnend durchquert.

Bei Unruhe im Einstand drängt sich das Sikawild unter Umständen zu 40 Stücken auf wenigen Quadratmetern zusammen. Aus dieser optisch festen Masse ragen dann die neugierigen Häupter in unterschiedlicher Höhe heraus. Das Sikawild ist winterhart und nicht anfällig gegen Krankheiten. Es zieht wesentlich weniger als andere Schalenwildarten unkontrolliert herum, verhofft lange, vermeidet hastige Bewegungen und paßt sich daher trotz Farbkontrastes der jeweiligen Umgebung an. Die Sikas sind bekannt für ihre scharfen Sinne. Sie äugen, vernehmen und wittern sehr gut. Obwohl Dam- und Sikawild bei gemeinsamen Vorkommen häufig, allerdings immer zufällig, zusammenstehen, konnten Kreuzungen bisher nicht nachgewiesen werden. Dagegen sind unter besonderen Voraussetzungen leider Kreuzungen zwischen Rot- und Sikawild vorgekommen; die aus solcher Verbindung hervorgegangenen Bastarde haben sich als fortpflanzungsfähig erwiesen.

Kenner schätzen am Sikawild, daß es wesentlich publikumsfreundlicher ist als andere Schalenwildarten. Es bietet sich als Ersatz für verdrängtes Rotwild an. Die ihm erstellten Fütterungen werden schnell angenommen. Das Wild ist hart, vital und standorttreu; der den Winter über fast schwarze Hirsch, dessen Bejagung schwierig und damit reizvoll ist, macht einen urwüchsigen Eindruck, dem sich niemand entziehen kann. Das Wildbret wird als Delikatesse geschätzt.

Das Sikawild läßt sich in relativ schwach bewaldeten Revieren einbürgern. Das Beispiel Ostangeln zeigt, daß bereits weniger als 100 ha zusammenhängende Waldpartien ausreichen, um es mit Sicherheit als Standwild zu halten. Inzwischen sind an vielen Stellen der Bundesrepublik Deutschland Eingewöhnungsgatter angelegt und somit neben den ursprünglichen sechs Vorkommen weitere Kolonien entstanden, die dazu beitragen werden, diesem sympathischen Neubürger einen echten Platz unter dem Schalenwild einzuräumen.

Gerhard Könnecke

SCHWARZWILD

Das Wildschwein, im jagdlichen Sprachgebrauch Schwarzwild genannt, ist eines der ältesten Jagdtiere der Menschheit. Hiervon zeugen die ausdrucksvollen, paläolithischen Höhlenmalereien von Altamira, Werke von ungewöhnlich künstlerischem Wert, die vor über 15 000 Jahren geschaffen wurden. In der Geschichte der Völker hat das Wildschwein im Volksbrauch, im Heldentum und in der Sage eine vorrangige Stellung eingenommen, die uns in zahlreichen Darstellungen in bildender Kunst und Literatur erhalten ist. Wegen seiner wehrhaften Wesensart, seiner Schlauheit und Unberechenbarkeit sprechen die Jäger, wenn von den Sauen die Rede ist, gern vom »ritterlichen Wild«. Hiermit sollen sowohl eine besondere Hochachtung vor diesem Tier als auch der vielfältige Reiz, den seine Bejagung auf den Menschen ausübt, zum Ausdruck kommen.

Die männlichen Tiere werden Keiler, die weiblichen Bachen genannt. Die einjährigen Tiere bezeichnet man als Überläufer, die jungen als Frischlinge, und zwar vom Tag der Geburt bis zum 31. März des nächsten Kalenderjahres. Für die Keiler gibt es – entsprechend ihrem Alter – noch die Bezeichnung »angehendes Schwein« (5jährig), »hauendes Schwein« (6- und 7jährig) und »Hauptschwein« für einen alten, über 7jährigen »Bassen«.

Die Zoologen haben das Schwarzwild auf der gesamten Erde in 32 Unterarten geteilt, von denen die in Polen und auf dem Balkan lebenden wegen ihrer besonderen Stärke für den europäischen Raum Bedeutung haben. In England, Skandinavien und Nordrußland gibt es kein Schwarzwild, da es hier in historischer Zeit ausgerottet wurde. In jüngster Zeit sind aber in England und Schweden Wildschweine in Gehegen angesiedelt worden.

In der Bundesrepublik Deutschland kommen Wildschweine in den verschiedensten Typen vor; Vermischungen mit Hausschweinen sind auch von langer Zeit her unvermeidbar gewesen. Die Jahresstrecke hatte in den letzten zehn Jahren die nachstehenden Ergebnisse:

1967 = 23 764	1970 = 27 917	1974 = 41 867
1968 = 27 316	1971 = 27 243	1975 = 40 684
1969 = 23 897	1972 = 36 385	1976 = 52 126
	1973 = 44 995	

Wie aus der vorstehenden Übersicht zu erkennen ist, hat der Gesamtbestand des Schwarzwildes in den letzten Jahren erheblich zugenommen. Er wird für 1977 auf 40- bis 50 000 Stück im Frühjahrsbestand beziffert.

Die Wildbretgewichte als wichtiger Faktor für den wirtschaftlichen Wert des Schwarzwildes sind außerordentlich unterschiedlich. Die Maximalgewichte (aufgebrochen) betrugen 1900 bis 1976:

Westrußland und Polen	= 150 bis 210 kg
Deutscher Raum	= 100 bis 125 kg
Saupark Springe	= 60 bis 110 kg

Hierbei sind Ausnahmegewichte nicht erfaßt.

Interessant ist auch der Wert der Jahresstrecke, der am Gesamtwildbretaufkommen des Schalenwildes einen respektablen Anteil hat. Er wird auf etwa zehn Millionen DM geschätzt.

Wildschweine sind zwischen 50 und 130 cm hoch, zwischen 120 und 210 cm lang. Auch die Kopflänge ist mit 30 bis 60 cm sehr unterschiedlich. Die Farbe der Borsten variiert zwischen schwarz, schwarzgrau, hellgrau und schwarzbraun, wobei im Sommer die kurze

Behaarung sehr hell wirkt, hingegen die langen Winterborsten den Sauen ein zottiges Aussehen verleihen.

In anatomischer Hinsicht sind für den Jäger die Keilerwaffen (Eckzähne) von Bedeutung. Rekordtrophäen haben in internationalen Ausstellungen über 140 Punkte erreicht. Die Eckzähne sind bei den osteuropäischen Keilern meistens länger und breiter als bei den westeuropäischen. Dennoch haben wir Beweise für kapitale Waffen im deutschen und französischen Raum. Der Zuwachs der Eckzähne vollzieht sich in den ersten vier Lebensjahren rascher als in den Folgejahren. Das Längen- und Breitenwachstum läßt im Alter von 7 bis 9 Jahren zwar erheblich nach, hört aber nie ganz auf. Bei alten Keilern werden die Gewehre (Eckzähne des Unterkiefers) vor der Schleiffläche genauso breit wie an der Basis. Auf diese Weise läßt sich auch das Alter der Keiler nach Ermittlung einer Formzahl aus den Breitenunterschieden der Gewehre ziemlich genau einschätzen.

Bei den Bachen werden die Eckzähne »Haken« genannt. Sie sind wesentlich kleiner als die des Keilers, gelten aber auch als Trophäe und können zur Altersbestimmung herangezogen werden. Im übrigen dienen zur Altersschätzung die Folge des Wechsels der Zähne und deren Abnutzung.

Die Rauschzeit (Begattungszeit) liegt normalerweise in den Monaten November bis Dezember. Sie sollte auch nicht zu einem späteren Zeitpunkt einsetzen, da nach einer Tragzeit von 120 Tagen die Geburt der Frischlinge möglicherweise erst im Juni oder später erfolgt und sie dann mit unzureichendem Größenwachstum in den Winter kommen. In solchen Fällen kann die Stärkenentwicklung gegenüber rechtzeitig geborenen Frischlingen nicht mehr aufgeholt werden. Die Folge ist eine Wachstumsverzögerung (»Dezeleration«) der betreffenden Individuen, die nichts mit Degeneration und auch nichts mit Umweltbeeinflussung zu tun hat. Um dieser Verarmung des Habitus, die sich in den nächsten Generationen fortsetzt, entgegenzuwirken, bleibt langfristig nur übrig, für eine kontinuierliche, gute Ernährung zu sorgen, die meistens auch eine rechtzeitige Empfängnisbereitschaft der Bachen bewirkt, und aus den Rotten stets die schwächsten Stücke in der Altersklasse zu selektieren.

Die Vermehrungspotenz beim Schwarzwild spielt für die Bejagungsplanung eine wichtige Rolle. In Westdeutschland ist für einen Zeitraum von 50 Jahren eine Vermehrungsquote pro Altbache von 5,5 Frischlingen festgestellt worden. In ungünstigen Ernährungsjahren beträgt die Vermehrung 60 Prozent, in Mastjahren 150 Prozent des Frühjahrsbestandes. Über die Frage, ob Bachen unter optimalen Ernährungsvoraussetzungen zweimal im Jahr frischen, gibt es widersprüchliche Ansichten. Legt man eine Tragzeit von 120 Tagen und eine Aufzuchtzeit der Frischlinge von etwa vier Monaten zugrunde, so können durchaus zweimal im Jahr Frischlinge geboren werden. Beide Generationen kommen jedoch im Frühjahr – beispielsweise im April (1) und Februar (2) – zur Welt. In diesem Fall können tatsächlich alte und neue Frischlinge mit ihrer Mutterbache vor Ablauf eines Jahres zusammensein. Sollte eine Bache zum zweiten Mal im August bis September frischen, dann hat sie ihre Frischlinge bald nach der Geburt verloren, sie muß dann Anfang Mai wieder beschlagen worden sein. Sind die Frischlinge aber am Leben geblieben und werden von der Bache gesäugt, dann findet bei ihr in dieser Zeit kein Begattungsakt statt (etwa vier Monate). Mithin kann die gleiche Bache die nächste Generation kaum vor Januar des folgenden Jahres zur Welt bringen.

Eine zusätzliche Vermehrung kann dadurch entstehen, daß Frischlinge aus den Monaten Februar bis April bei guter Ernährung bereits im November bis Dezember des gleichen Jahres rauschig werden und nach vier Monaten Frischlinge bringen. Außerdem kann die zweite Generation der Mutterbachen hinzukommen, dann ist zum Beispiel eine Vermehrung von 3 Bachen auf insgesamt 78 in einem Jahr möglich. Die nachstehende Übersicht erläutert die Vermehrungsdaten.

Vermehrung in einem Jahr von 3 Bachen auf 78
1. 4. 1975 bis 31. 3. 1976

20.3.76	1.4.75	10.4.75 aus Bachen Anteil	28.3.76	31.3.76
5	← 1 →	5 – 3 →	15	
5	← 1 →	5 – 3 →	15	
5	← 1 →	5 – 3 →	15	
Summe: 15	3	15	45	78

Beim Schwarzwild ist das Sehvermögen am geringsten, der Gehörsinn sehr gut, der Geruchssinn am besten ausgeprägt. Das kommt den Sauen nicht nur beim frühzeitigen Erkennen von Gefahren zugute, sondern auch beim Auffinden von geeignetem Fraß, der in der Erde steckt. Die Sauen brechen oftmals tiefe Löcher, um

Insekten, Mäuse, Reptilien oder auch Wurzeln aufzunehmen. Schwarzwild ist ein Allesfresser, das aber ein ausgeprägtes Wahlvermögen besitzt. Man kann das Wildschwein als »Gourmet« unter den Tieren bezeichnen. Leckerbissen werden mit erstaunlicher Zielstrebigkeit herausgefunden. Bei bestimmten Kartoffelsorten zum Beispiel wird die gelbfleischige der weißfleischigen vorgezogen.

Die wichtigste Nahrung der Sauen ist die Mast der Eiche und Buche. Um diese aufzufinden, legen die Tiere oft weite Strecken zurück. Ein wesentlicher Bestandteil ist aber auch nährstoffreiches Grünfutter. Deshalb sollten gepflegte Wildäsungsflächen mit einem hohen Anteil an Weißklee im Wald vorhanden sein. Ist man gezwungen, dem Schwarzwild künstliche Nahrung zusätzlich zu verabreichen, so bewährt sich hierfür Kartoffel- oder Maissilage mit einem Zusatz von Tiermehl. Außerdem ist als Naßfutter die Gehaltsrübe und als Kraftfutter der altbewährte Körnermais unerläßlich, wenn auch der Stärkeanteil auf die Dauer zu einseitig ist. Deshalb sind seit einigen Jahren Spezialfutter entwickelt worden, die der besseren Haltbarkeit und Aufnahmemöglichkeit wegen in Presslingen hergestellt werden. Sie enthalten auf der Grundlage von Haferschrot und Weizenkleie eine Mineralstoffmischung von 2 Prozent und außerdem Vitaminanteile, tierisches Eiweiß, Zink und andere Elemente. Die Tagesration muß den jahreszeitlichen Bedürfnissen angepaßt sein. Sie wird im Durchschnitt zwischen 0,3 und 1 kg liegen.

Für weitere Hegemaßnahmen des Schwarzwildes und seine feste Bindung an das Revier ist es wichtig, daß im Wald ruhige Einstände und Suhlen vorhanden sind. Auch aus Gründen der Wildschadenverhütung im Feld sollten für die Sauen gerade im Wald alle nur möglichen Voraussetzungen für optimale Lebensbedingungen geschaffen werden.

Gegenüber Krankheiten ist das Wildschwein relativ widerstandsfähig. Außer dem gelegentlichen Befall von Lungenwürmern und der Sarcoptesräude ist eigentlich nur die Schweinepest gefährlich. Diese außerordentlich ansteckende Virus-Krankheit (Menschen allerdings nicht infizierend) wird meistens vom Hausschwein übertragen und kann bei hartnäckigem Auftreten einen Schwarzwildbestand in kurzer Zeit vollständig vernichten.

Die Art der Bejagung richtet sich nach den Gegebenheiten des Reviers. Der Ansitz hat den Vorteil der geringeren Beunruhigung und der sorgfältigeren Auswahlmöglichkeit des zu erlegenden Stücks. Die Pirsch erfordert viel jägerisches Können und schnelles, sicheres Schießen. Die Drückjagd mit dem Einsatz von guten Hunden wird zur Erfüllung des Abschusses wohl immer ein notwendiges Mittel bleiben, insbesondere wenn eine Schneelage ein »Kreisen« und »Festmachen« der Sauen erleichtert. Um aber eine bessere Selektion und ein erfolgreicheres Schießen zu gewährleisten, haben sich in den letzten Jahren die sogenannten »Riegeljagden« (auch Ansitz-Drückjagd) bewährt. Bei dieser Jagdart werden die Schützen auf Fernständen an den Hauptwechseln postiert, während die vorsichtige Beunruhigung des Wildes von einzelnen Ortskundigen, auch in Gruppen mit Hunden, auf großem Raum vorgenommen wird. Das »Riegeln« dauert jeweils zwei bis drei Stunden, und es kommt darauf an, daß die Sauen nicht hochflüchtig bei den Jägern vorbeirasen, sondern relativ vertraut anwechseln. Freilich ist ein derartiges Jagen nur in größeren Waldkomplexen anwendbar.

Wenn es gilt, die Jagdausübung auf unser Schwarzwild – aber auch auf anderes Wild – zu beurteilen, führt die realistische Denkweise unserer Zeit manche nüchterne Erwägung ins Feld. Zahlreiche Jäger sehen den Abschuß des Wildes vorzugsweise als Nutzung des Zuwachses oder als Regelung der Siedlungsdichte im Hinblick auf die Erfordernisse der Landeskultur an. Die Materialisten unter den Jägern wiederum möchten die Jagd sogar mit Vorteilen der klingenden Münze ausnutzen. Einige zu Wohlstand gekommene Männer betreiben die Jagd als »Hobby«, aus Gründen gesellschaftlicher Erfolgsaussichten und zur Befriedigung ihres Geltungsbedürfnisses. Viele Auswüchse dieser Art wuchern als ernste Gefahr, wenn man jagdliche Grundsätze und Tugenden wahren will. Wesentlich aber muß vor allem sein, daß sich die Jagdleidenschaft dem Wohl der menschlichen Gemeinschaft unterordnet und daß der Wille zum Erlegen des Wildes getragen bleibt von der Bereitschaft, Unbequemlichkeiten und Risiken auf sich zu nehmen, von einem Sich-Hingeben an das Geheimnis des Ungewissen und an den Zauber einer echten, natürlichen Stimmung in der freien Natur – ohne jetzt hier in Sentimentalitäten verfallen zu wollen. Jeder gute Jäger wird diese Erkenntnisse selbstverständlich anerkennen und auch danach handeln. Es führt aber kein Weg daran vorbei, daß mit der Jagd auf Schwarzwild eine wichtige öffentliche Aufgabe erfüllt werden muß. Da dem Jäger diese Verpflichtung auferlegt ist, muß er vor allem mithelfen, dem »letzten ritterlichen Wild« den ihm gebührenden Platz in der Lebensgemeinschaft des Waldes zu erhalten.

Friedrich Türcke

GAMSWILD

Im schweizerischen Aletschwald oder dem steirischen Hochschwab ist es für den Bergwanderer nicht ungewöhnlich, auf Steinwurfnähe Gams zu sehen. Meist kümmern sich die Tiere auch dann noch wenig um den Menschen, wenn er einer von vielen auf regelmäßig begangenen Wegen ist. Ganz anders reagieren Gams in manchen Bergen der wilden und großartigen Hohen Tauern, zumal der dort gelegentlich auftauchende Mensch öfter Jäger als Bergwanderer ist; sie flüchten bereits auf große Entfernung. Ähnlich verhalten sie sich auch in den Gebirgen Bosniens oder Montenegros, denn dort ist nicht nur der Mensch gefährlich, sondern auch der Wolf. Diese unterschiedlichen Reaktionen deuten darauf hin, daß dem Gamswild eine breite Anpassung eigen ist. Die Fähigkeit, Umständen entsprechend richtig zu reagieren und rasch zu lernen, ist stärker ausgeprägt als bei vielen Huftieren. Wer den kaum aufwerfenden Gamsbock auf dem Touristensteig für »dumm« hält, ist im Unrecht; die erfolgreiche Besiedlung vieler Hochgebirge und die Ausdehnung der Verbreitungsgrenzen trotz Zunahme der Menschen in jüngster Zeit bestätigen den Erfolg dieser speziellen Verhaltensweise.

Gams leben in Hochgebirgen Europas und Kleinasiens. Das größte Vorkommen ist in den Alpen. Die Pyrenäen, die Tatra, die Karpaten und der Kaukasus haben gesicherte Bestände. In einige Gebirge hat sie der Mensch eingebürgert, die bekanntesten und erfolgreichsten Einbürgerungen sind im Schwarzwald und in den Alpen Neuseelands auf der südlichen Erdhalbkugel gelungen. Der Lebensraum der Gams ist die Region der Waldgrenze mit den waldfreien Zonen darüber. Hauptanteil der Nahrung ist Gras, zusätzlich fressen Gams Kräuter, Zwergsträucher sowie junge Nadel- und Laubbäume. Fehlt Gras in ausreichender Menge, wie im dichten und geschlossenen Wald, finden sie keine Lebensmöglichkeit.

Sucht man im Bergwald nach Gams, dann findet man sie in Lawinenbahnen, Felsabbrüchen und felsigen Schluchten. Zum einen wächst dort das nötige Gras, zum anderen sind Felsen für Gams das Fluchtterrain. In ihrer Entwicklungsgeschichte wurden Gams durch die sie verfolgenden Raubtiere an Felsen »gebunden«, in ihrer Nähe fühlen sie sich sicher, ein Leben weitab von Felsen war immer verlustreich. In der letzten Zeit allerdings dehnten Gams ihre Verbreitungsareale in viele felsarme Gebirge und Wälder aus, die Waldgams nahmen zu; eine Entwicklung, die nur durch die Ausrottung des Wolfes und die schonende Bejagung in den jüngsten Jahrzehnten zu erklären ist.

Beide Geschlechter tragen Hörner, die der Jäger im Alpenraum Krucken oder Krickel nennt. Böcke und Geißen sind an ihrer besonderen Kruckenausformung zu erkennen, obgleich es dazu einiger Übung bedarf. Bestimmte Verhaltensweisen wie Drohen, Hornen und Reißen werden von beiden Geschlechtern mit den Krucken ausgeführt. Wenn Gams stürzen, an steilen Berghängen in Fahrt geraten und dabei mit den Krucken hängenbleiben, brechen gelegentlich Teile oder auch ganze Krucken ab.

Geiß und Kitz, meist auch noch ein weibliches Kitz des Vorjahrs (Jährling), bilden eine stabile Einheit. Oft stehen mehrere davon mit weiteren Jungtieren zusammen. Bockjährlinge schließen sich gerne anderen, nicht selten gleichaltrigen Böcken an. Je nach Zahl der Gams und der Ausformung des Lebensraumes findet man unterschiedlich große Gruppen und Rudel. In einförmigen Hängen, auf großen Almen und auf ausgedehnten Hochplateaus kann man Böcke in Gruppen beobachten; wenn sie im Wald oder in schroffem Gelände stehen, bevorzugen sie im Sommer allerdings ein Eremitendasein.

Im November kommt es unter Böcken zu ausdauernden Rangordnungskämpfen. Junge Böcke werden voll in die Flucht geschlagen, annähernd gleichstarke streiten um ihren Rang in einem Imponierzeremoniell und einer sehr ritualisierten Hetzjagd. Dabei kommt es vor, daß ein Verfolger den Davonlaufenden hinten zu fassen bekommt. Die Auseinandersetzung Krucke an Krucke ist seltener.

In der Fauna der Alpen jagt der Steinadler gelegentlich Gamskitze, sehr selten ältere Tiere. Abhängig von Gamsbestand und alternativen Beutetieren nimmt er mehr oder weniger Gams. Für die Gamsdichte ist das fast ohne Bedeutung; es sei ihm, dem prächtigen Vogel, jeder erfolgreiche Jagdflug gegönnt! Im Kaukasus und in jugoslawischen Gebirgen sind Gams die Beute von Wolf und Luchs. Diese beiden Raubtiere bestimmen dann die Arealgrenzen der Gams. Auch nennenswerte Bestände an Waldgams gibt es nicht, wo Wölfe leben.

Wie alle wildlebenden Wiederkäuer tragen Gams Krankheitserreger und beherbergen eine Fülle von Parasiten. Einige sind wirtsspezifisch und befallen selten andere Arten, wie die Gamsblindheit, die Papillomatose und die Gamsräude. Letztere, hervorgerufen durch die Überreaktion der Haut auf die Grabtätigkeit einer Milbe, fordert in einigen Gebirgen erhebliche Verluste. Alle epidemisch auftretenden Krankheiten weisen auf ein ungünstiges Verhältnis von Tierbestand und Lebensraum hin. In der Regel vermögen Parasiten und Krankheitserreger einem gesunden und ausreichend ernährten Tier wenig anzuhaben.

Im Vergleich zu Reh und Hirsch sind Gams noch relativ wenig vom Menschen beeinflußt, das gilt sowohl für Eingriffe in den Lebensraum als auch für durch ihn verursachte Störungen und die Jagd. Die Bergbahnen, Skilifte oder Almen konnten den Charakter des Hochgebirges wenig verändern; so sind jene natürlichen Faktoren, die das Auf und Ab der Gamsbestände im Laufe der Jahre bestimmen, noch in hohem Maß gegeben. Das gilt ganz besonders für die höchsten, schroffen und klimatisch rauhen Berge. Dort herrscht noch weitgehend die Natur, und die Jagd hat keine bestandsbegrenzende Funktion. In den weniger rauhen Gebirgen, wo der Wolf nicht vorhanden ist, sind Gams heute zahlreicher als früher und haben die Arealgrenzen ausgeweitet. Hier könnte und sollte der jagdlichen Nutzung unter verschiedener Zielsetzung ein größeres Gewicht beigemessen werden.

Die Jagd auf Gams ist uralt. In einigen Gebieten war sie unter dem Einfluß einzelner Persönlichkeiten besonders ausgeprägt: in Tirol durch Kaiser Maximilian I., in der Steiermark in den Branderhofer Revieren des Erzherzogs Johann oder im Leibgehege Berchtesgadens unter Prinzregent Luitpold.

Mit der jagdtechnischen Verbesserung der Schußwaffen und dem Einsatz jagender Hunde wurden auch Gams in den vergangenen Jahrhunderten sehr zur Ader gelassen; in manchen Gebirgsstöcken wurden sie sogar ausgerottet. Durch ihre hervorragenden Eigenschaften, verlorenen Lebensraum wieder zu erobern, sind Gams heute wieder in allen Teilen der Alpen zu Hause. Die Jagdstrecke betrug 1976 in der Bundesrepublik Deutschland 2131 Stück, in Österreich wurden im Jagdjahr 1976 durchschnittlich mehr als 20 000 Gams erlegt. Voran stehen die Bundesländer Tirol und Steiermark. In der Schweiz mit dem Schwerpunkt Graubünden kommen mehr als 10 000 Gams alljährlich zur Strecke. Auch die Alpenländer Frankreich, Italien und Jugoslawien jagen auf Gams, wenngleich die Strecken hinter den beiden erstgenannten Ländern zurückstehen. In Neuseeland erreicht heute der jährliche Abschuß die Größenordnung der österreichischen Jagdstrecke.

Die übliche Art der Gamsjagd ist heute die Pirsch. Riegel- und Treibjagden werden nur noch in einigen wenigen großen Revieren Österreichs durchgeführt. Der Patentjäger der Schweiz jagt während einiger Wochen im September. In Österreich und Bayern ist die Jagd auf den Sommergams nicht unbekannt. Der Wunschtraum der meisten Gamsjäger ist jedoch der schwarze Bock mit wehendem Gamsbart zur Brunftzeit. Trotz Abschuß-Planung und Abschuß-Richtlinien bestehen große Unterschiede in der Art und im Umfang der Jagd auf Gams. Der bäuerliche Jäger im kleinen Revier handelt anders als der Jagdherr des Großreviers und wieder anders der Pächter oder Forstmann im Staatsrevier. So kommt es, daß mancherorts unter dem scharfen Abschuß kaum ein Bock alt wird und andernorts wieder ausschließlich alte Böcke geschossen werden. Im allgemeinen werden heute beide Geschlechter, Bock und Geiß bejagt. Kitze und anderes Jungwild kommen seltener zur Strecke. Noch weniger als bei anderem Schalenwild ist hier eine schablonenhafte Ausrichtung der Jagd angebracht. Wir haben trotz eines reichen überlieferten Erfahrungsschatzes noch viel zu lernen, damit Gams als weitverbreitetes Wildtier mit ihrer Ursprünglichkeit weiterhin dem Jäger und auch dem Bergfreund ein nachhaltiges Naturerlebnis bieten.

Wolfgang Schröder

STEINWILD

Mehr noch als das Gamswild oder eine andere Art gilt der Steinbock als Inbegriff des Alpentieres. Viele seiner Eigenschaften ließen ihn als Sinnbild der Kraft, der Ausdauer, des Widerstandes gegen die Naturgewalten erscheinen. Seine mächtige Sprungkraft und seine Kletterfreudigkeit erstaunen stets jeden Beschauer.

Steinböcke sind in noch stärkerem Maße als Gams an den Fels angepaßt. Dort, wo sie gemeinsam leben, steht der Steinbock nicht selten höher und in steilerem Gelände. Die kurzen Läufe und der tonnenförmige Rumpf lassen Steinböcke plump erscheinen. Der Eindruck trügt jedoch, denn die Tiere wirken durch einen sehr voluminösen Pansen wie gebläht. Ein äußerst leistungsfähiger Verdauungstrakt ermöglicht es dem Steinbock, keine hohen Qualitätsansprüche an seine Nahrung zu stellen. Er kann viel Gras, auch die im Winter wenig gehaltreichen und ausgebleichten Gräser, gut aufschließen und verdauen. Anders als Gams stehen Steinböcke auch im Winter auf hochgelegenen Graten und Berghängen und gehen kaum in den Wald. Sie überleben den Winter, indem sie die kleinräumig vorhandenen, schneearmen Standorte weit über der Waldgrenze aufsuchen.

Der Alpensteinbock hatte nie ein geschlossenes Verbreitungsgebiet aufzuweisen. Seine speziellen Ansprüche an die Ausformung der Gebirge, sein besseres Gedeihen in den kontinental getönten Teilen der Alpen (wo Lärche und Zirbe wachsen) ließen nur einige Gebirge und Standorte einen Steinbockbestand tragen. Dennoch geschah seine rasche Ausrottung im 18. Jahrhundert unerwartet.

Heute wissen wir, daß neben der Verbesserung der Jagdtechnik das eigenartige Fluchtverhalten des Steinbocks und seine geringe Fähigkeit, verlorenen Lebensraum wieder zu erobern, zu seinem Aussterben führten. Ein einziger Steinbockbestand überlebte dank des strengen Schutzes, den König Viktor Emanuel I. ihm angedeihen ließ, in der Nähe des Mont Blanc (Gran Paradiso) auf italienischem Boden.

Auf diese Tiere gehen alle inzwischen wieder gegründeten Steinbock-Kolonien in den Alpen zurück. Einige zeigen ein erfreuliches Wachstum, andere sind infolge der ungeeigneten Wahl des Ortes wenig produktiv, noch andere verschwanden wieder. In den jüngsten Jahren erlaubte die eine oder andere Kolonie auch wieder eine jagdliche Nutzung einzelner Tiere. Leider hat der Steinbock ein sehr geringes Ausbreitungsvermögen. Bessere wildbiologische Kenntnisse helfen nach und nach in der Wahl der geeigneten Schritte zur erfolgreichen Wiederansiedlung. Heute gibt es erfreulicherweise bereits mehr als hundert vom Menschen neu gegründete Kolonien. Die meisten davon sind in der Schweiz, dann folgt Österreich.

Steinböcke gibt es außer in den Alpen im Kaukasus und in Sibirien. In Afrika leben der nubische und der abessinische Steinbock. Sie alle gelten als Rasse der Art Capra ibex L. Als eigene Art mit mehreren Rassen betrachten Zoologen den Pyrenäensteinbock.

In der Vorzeit war der Steinbock ein sehr häufig gejagtes Wild; viele Felszeichnungen sind Zeugnis dafür. Vermutlich war schon zu diesen Zeiten der Glaube an die Zauber- und Heilkraft seiner Körperteile lebendig. Die mächtigen Hörner der erwachsenen Männchen, das bedächtig anmutende Verhalten vor der grandiosen Kulisse des Hochgebirges lassen auch heute noch den Beobachter fasziniert verharren, wenn er auf der Wanderung in unseren Alpen auf Steinböcke trifft.

Wolfgang Schröder

MUFFELWILD

Das Muffelwild gehört zu den in der Welt weitestverbreiteten Wildschafen. Nach den Eiszeiten hat sich auf den Inseln Korsika und Sardinien das Tyrrhenische Wildschaf isoliert gehalten, das wir heute Muffelwild oder Mufflon nennen.

Die Einbürgerung auf dem Festland begann Anfang des 18. Jahrhunderts. Vor 1731 wurden Mufflons aus Korsika in den Tierpark Belvedere bei Wien gebracht, und sehr bald folgten weitere Ansiedelungen in Österreich, Ungarn und der Tschechoslowakei. Erst 1903 und 1906 ließ der Hamburger Kaufmann Tesdorpf Muffelwild in der Göhrde (bei Lüneburg) und im Harz aussetzen, wo es sich nach anfänglichen Schwierigkeiten gut vermehrte.

Eine für die weitere Verbreitung des Muffelwildes negative Bedeutung haben die zahlreichen Mufflon-Vermischungen gewonnen, die in Österreich und Ungarn über den Tierhandel und außerdem aus einer planmäßigen Kreuzung mit dem Zackelschaf des Balkans entstanden sind. Die Folge waren unkontrollierbare Bastardierungen, bei denen bemerkenswerte Veränderungen im Verhalten der Tiere auftraten. Als größter Nachteil muß die Neigung zum Schälen der Baumrinde bezeichnet werden, die den Bastarden eigen ist, bei artreinen Mufflons jedoch nicht – oder nur sehr selten – vorkommt. Deshalb steht und fällt mit der Artreinheit des Muffelwildes seine Existenzberechtigung als Wildart in der Lebensgemeinschaft der Wälder des deutschen Raumes.

Das Muffelwild hat ausgeprägte Umweltansprüche, es stellt hohe Anforderungen an die Bodenbeschaffenheit. Das Vorhandensein eines festen, möglichst steinigen Untergrundes oder wenigstens trockener Sandböden ist eine unerläßliche Voraussetzung für seine Gesunderhaltung, für die Abwehr gegen Leberegel und für den natürlichen Abschliff der Schalen, die sonst krankhaft auswachsen würden. Im übrigen ist das Muffelwild relativ genügsam. Die Fähigkeit, monatelang mit mäßiger Gras-, Kraut-, Heide- und Flechten-Äsung auszukommen, ist erstaunlich. Wegen seines hervorragenden Gesichtssinnes liebt das Muffelwild lichte Waldkomplexe, in denen es sich geschützt fühlt, aber hindurchäugen kann. In seinem Verhalten ist es unberechenbar, scheu und dazu sehr scharfsinnig.

Die männlichen Tiere heißen Widder. Sie tragen als Kopfschmuck Schnecken (bestehend aus den beiden »Schläuchen«), die, wie bei allen Horntieren, von den Stirnzapfen aus an der Schädelbasis ständig länger wachsen. Lediglich um die Jahreswende entsteht ein kurzer Wuchsstop, wodurch die Rillen im Hornwachstum eine Einschnürung (Jahresabsätze) erkennen lassen. Auf diese Weise besteht die Möglichkeit, das Alter des Widders relativ zuverlässig einzuschätzen.

Die Schnecke ausgewachsener, artreiner Widder erreicht eine Länge von 85 cm und einen Basalumfang von 24 cm. Als Beispiel sei erwähnt, daß die Spitzentrophäen der internationalen Ausstellungen mit 200 bis 225 Punkten bewertet wurden. Die Wachstumsform wird durch die Krümmung und durch die Drehung (nach außen) gekennzeichnet. Gelegentlich setzt die Drehung des Schlauches zu spät ein, wodurch die Hornspitze den Träger (Hals) oder den Kiefer berührt und es zu »Scheurern« und »Einwachsern« kommen kann. Die Hornbildung bei Schafen bezeichnen wir mit Stümpfen. Sie werden 6 bis 12 cm lang, sind als normal anzusehen und kommen bis zu 5 Prozent beim weiblichen Wild vor.

Ein Widder erreicht eine Widerristhöhe von 88 cm, ein Schaf eine Höhe von 75 cm. Die Wildbretgewichte schwanken außerordentlich. Sie betragen bei Widdern im Durchschnitt 23 kg, bei Schafen 18 kg (aufgebrochen ohne Haupt). Bastarde werden erheblich schwerer. Die Höchstaltersgrenze liegt bei 18 Jahren. In der freien Wildbahn werden Widder selten älter als 12 Jahre.

Die Haarfarbe des Muffelwildes ist im Sommer hell-rötlich-braun, im Winter hingegen fast schwarz. Widder bilden in der Regel einen unterschiedlich ausgeprägten, weißen Sattelfleck, der aber auch völlig fehlen kann und gerade bei korsischen Stämmen häufig anzutreffen ist.

Die Brunft findet im Monat November statt. In dieser Zeit treten die älteren Widder, die bis dahin sehr heimlich für sich gestanden haben, zu den weiblichen Rudeln. Hier kommt es dann häufig zu erbitterten Kämpfen unter gleichrangigen Widdern. Es ist ein interessantes Bild, wenn sie aufeinander losstürmen, um sich frontal zu rammen. Das Zusammenknallen der Schnecken ist weithin hörbar.

Das Schaf setzt nach einer Tragzeit von 154 Tagen in der Regel ein Lamm, auch Zwillingsgeburten sind nicht selten. Es kommt auch vor, daß Schaflämmer bereits nach dem siebenten Lebensmonat brunftig werden und lebensfähige Lämmer zur Welt bringen.

Die zunehmende Beliebtheit des Muffelwildes bei Jägern, Zoologen und Naturfreunden hat allenthalben in Europa zu Neuansiedlungen und heute zu einem Bestand geführt, der auf ungefähr 20 000 Stück geschätzt wird. Am zahlreichsten ist das Muffelwild in der Tschechoslowakei vertreten. In der Bundesrepublik Deutschland wird mit einem Frühjahrsbestand von etwa 6000 Stück (1977) gerechnet.

Die Jagd auf den Mufflon wird in der Regel auf der Pirsch oder beim Ansitz ausgeübt. Treib- und Drückjagden sind wegen der erheblichen Beunruhigung nicht anzuraten, wohl aber kann das »Riegeln« von Erfolg sein und erlaubt auch einen selektiven Abschuß.

Die Durchführung des Abschusses ist auf die Jagdzeiten beschränkt, die durch Gesetz oder Rechtsverordnung festgesetzt sind. Im Gebiet der Bundesrepublik Deutschland hat das Muffelwild einheitlich eine Schußzeit vom 1. August bis zum 31. Januar. Die Schonzeit dauert mithin vom 1. Februar bis zum 31. Juli. Über die Einteilung der Jagd- und Schonzeiten des Muffelwildes gehen die Meinungen der Jäger auseinander. Es wird zum Beispiel die Ansicht vertreten, daß die Widder eigentlich das ganze Jahr über geschossen werden könnten.

Lämmer sollten aus Gründen besserer Wildbretverwertung erst vom Oktober an erlegt werden. Schafe brauchten eine Schonzeit lediglich, wenn sie setzen und die Lämmer führen. Wie die verschiedenen Ansichten auch lauten mögen, eine klare Begrenzung der Jagdzeit ist aus Zweckmäßigkeitsgründen notwendig, die vorrangig nach den Grundsätzen weidgerechter Hege bestimmt werden.

Es dürfte deshalb richtig sein, daß ab 1. Februar für das Muffelwild – wie auch für die meisten anderen Schalenwildarten – die Schonzeit beginnt und die Tiere damit Ruhe vor der Bejagung haben. Zur Beseitigung kranken und kümmernden Wildes oder zur Wildseuchenbekämpfung – also wenn besondere Gründe vorliegen –, können die Schonzeiten für bestimmte Gebiete oder einzelne Jagdbezirke nach dem geltenden Recht ohnehin befristet aufgehoben werden.

Wird der Abschuß eines Muffelwidders freigegeben, so wünscht sich der Jäger begreiflicherweise, ihn im Spätherbst oder Winter zu jagen, da das Muffelwild im Winterhaar zweifellos ansprechender ist und die Brunft im November oder der deutliche Anblick im Schnee ausgenützt werden können. Abschußnotwendige Widderlämmer lassen sich ab Oktober gut erkennen. Schafe und Schmalschafe werden normalerweise erst im Winter geschossen.

Bei der Hege und Bewirtschaftung des Muffelwildes kommt es darauf an, ein Zielalter von 6 bis 8 Jahren anzusetzen, eine tragbare Wilddichte einzuhalten, ein ausgeglichenes Altersklassenverhältnis und Geschlechterverhältnis zugunsten des männlichen Teiles anzustreben. Außerdem sollten im Waldrevier ausreichend gepflegte Grünäsungsflächen (1 bis 2 Prozent der Waldfläche) vorhanden sein. Hierfür ist das Muffelwild besonders dankbar.

Alle diese hier erwähnten Postulate lassen sich erfahrungsgemäß in Hegegemeinschaften, die für einen größeren Bereich zuständig sein können, am besten vertreten und durchsetzen. Man sollte sich auch dazu entschließen, alle bastardierten und zum Schälen neigenden Stämme auszumerzen. Jeder Jäger muß sich darüber im klaren sein, daß der artreine Mufflon ein kleines, genügsames Wildschaf ist, das nicht kapitale Trophäen hervorzubringen vermag, das aber im geeigneten Lebensraum wegen seiner Anpassungsfähigkeit eine wertvolle Bereicherung unserer Waldreviere darstellt.

Mögen nicht nur unsere Jäger, sondern viele Menschen noch oft Gelegenheit haben, von der kraftvollen, stolzen Erscheinung des bei uns längst heimisch gewordenen Muffelwildes beeindruckt zu werden.

Friedrich Türcke

WISENTE

Wo in der Welt noch Wildrinder vorkommen, gelten sie als kraftvolles Hochwild, das angesichts seiner Stärke und Erhabenheit dem Menschen besonderen Respekt einzuflößen vermag. Der Wisent ist das größte Tier Europas. Er darf nicht mit dem im 17. Jahrhundert ausgestorbenen Auerochsen (oder Ur), dem Stammvater des Hausrindes, und auch nicht mit dem amerikanischen Bison, dem Büffel, vertraut aus den Indianergeschichten, verwechselt werden. Er besiedelte nach den Eiszeiten weite Teile Eurasiens, wo er als Steppenwisent (Höhlenzeichnung von Altamira) und nach dessen Aussterben als Bergwisent (Kaukasus) und Flachlandwisent (Westeuropa) vorkam. Die nachstehende Übersicht gibt einen Einblick in die Entstehungsgeschichte.

Der Flachlandwisent wird größer und schwerer als der Kaukasier (2 m, 1 000 kg, gegenüber 1,60 m, 800 kg), er hat eine geschwungenere Rückenlinie, einen kleineren Kopf, längere Hufe und ist fahlbraun mit ockerbrauner Tönung.

Der Bergwisent hat eine mehr geradlinige Rückenkante und wirkt dadurch niedriger. Niemals bekommt er den hohen »Kragen«, den alte, reinblütige Flachlandwisente aufzuweisen haben. Im Gegensatz zum Flachlandwisent besitzt er kürzere, mehr abgerundete Hufe, wie sie für ein Gebirgstier charakteristisch sind, und weist eine warme, tiefbraune Färbung auf.

In freier Wildbahn waren die Tiere im ursprünglichen Standort seit langem verschwunden. Der Kaukasus-Wisent als reine Unterart wurde völlig ausgerottet, doch ist sein Blut in dem größten Teil unserer heutigen Zoo- und Parkwisente enthalten, was auch das äußere Erscheinungsbild dieser Tiere merklich beeinflußt. Vom Flachlandwisent gibt es noch eine Anzahl, die man seit langem nach Möglichkeit unvermischt weiterzüchtet. Im natürlichen Lebensraum halten sich Wisente gern in größeren Mischwäldern auf, wo Sumpf und trockener Sand abwechseln. Als Äsung kommt alles in Betracht, was sich in einem unterholzreichen Wald anbietet. Außer Kräutern und Gräsern bevorzugen die Wisente Knospen und vor allem die gehaltvolle Rinde von Zweigen. Dabei wird mit besonderer Vorliebe die Saalweide angenommen. Die Wisente verbeißen und schälen aber auch Nadelholz und richten in einem Wirtschaftswald erheblichen Schaden an. Bei hohem Schnee scharrt der Wisent mit den Vorderläufen Eicheln und Bucheln frei und nährt sich von Rinden und Flechten.

Nahe Nachbarschaft mit anderem Wild schätzt der Wisent nicht, ohne womöglich gleich anzugreifen. Er ist der Ranghöchste im Walde, obwohl er sich unerwünschter Störung durch Einstandwechsel entzieht. So tut man ihm auch keinen Gefallen, wenn man ihn in einem Gehege mit Sauen, Rot-, Dam-, Muffelwild oder Pferden zusammen leben läßt. Rotwild fühlt sich seinerseits durch die Anwesenheit der Wisente gestört, es wandert nicht selten in andere Reviertelle ab. Dennoch kann man sie auch gemeinsam – wenn auch mit Abstand – auf derselben Wiese äsen sehen. Der Wisent ist sich gewissermaßen selber genug und nimmt auch in einem Gehege wenig Notiz von den Besuchern. Er wirkt stur, reagiert aber bei der geringsten Berührung durch wütendes Zurückstoßen.

Wisente können 26 Jahre alt werden. Wenn sie sich im allgemeinen auch schwerfällig und plump bewegen, so entwickeln sie gelegentlich eine erstaunliche Geschwindigkeit und Geschicklichkeit, die sie insbesondere gegenüber Feinden und bei Brunftkämpfen beweisen.

Ein besonderer Schwerpunkt des Wisentvorkommens war stets der Urwald von Bialowieza. Hier wurden die gewaltigen Tiere nach umfangreichen Vorbereitungen von den polnischen Königen und den russischen Zaren bejagt. Die Inschrift an einem Obelisken, der vor dem Jagdschloß Bialowieza errichtet wurde, legt Zeugnis ab von einer Wisentjagd am 27. September 1752, die unter August III. von Sachsen stattfand und bei der 42 Wisente erlegt wurden. Der Wisentbestand, der damals auf etwa 2000 Stück geschätzt wurde, schwankte außerordentlich. Er nahm infolge der Kultivierung der Landschaft und durch planmäßige Bekämpfung und Wilderei mehr und mehr ab. Am 9. Februar 1921 wurde der letzte freie Wisent in Bialowieza von einem früheren Förster namens Bartlomäus Szpakowicz gestreckt. In der Folgezeit drohte der Wisent wegen der Krankheitsgefahren auszusterben.

Deshalb haben verantwortungsbewußte Zoologen und Persönlichkeiten des Naturschutzes sowie der Forstverwaltung eine »Internationale Gesellschaft zur Erhaltung des Wisents« gegründet, um diese wertvolle Tierart zu retten und aus den noch in Europa lebenden 56 Wisenten neue Zuchtstätten zu schaffen.

Auf der Suche nach geeigneten Reservaten richtete man 1928 im Saupark bei Springe ein Schutzgehege ein, in dem vorsorglich eine Verdrängungszucht mit (amerikanischen) Bisonkühen durchgeführt wurde. Nach Abgabe der Bastarde in die Schorfheide bei Berlin (1934) bildete die reinblütige Springer Herde den Grundbestand für zahlreiche neue Wisentstämme. Aus den Wisentzüchtungen in Bialowieza, Springe, Pleß (Pszczyna), Boitzenburg, Zoologischer Garten Berlin und anderen Tierparks sind eine große Anzahl von Zuchttieren hervorgegangen, die von der langjährigen Zuchtbuchführerin, Dr. Erna Mohr (Hamburg), registriert worden sind. Sie galt zu dieser Zeit als die hervorragendste Kennerin der Wisente. Heute wird das Zuchtbuch, in dem inzwischen mehr als 1000 Wisente verzeichnet sind, von dem Direktor des Warschauer Zoos, Z. Wolinski, geführt. Darüber hinaus leben in der freien Wildbahn des Nationalparks Bialowieza über 200 Wisente. Diese haben Verbindung mit freilebenden Wisenten, die in den angrenzenden Wäldern der UdSSR ihre Fährte ziehen.

Die Zuchtbuchführung bemüht sich, jeden Wisent, der auf der Welt geboren wird, zu registrieren. Die Namensgebung ist international geregelt. Die Anfangsbuchstaben richten sich nach dem Geburtsort. Ein Auszug ist nachstehend wiedergegeben.

Ar = Amsterdam
Be = Berlin (West)
Bu = Budapest
He = Hellabrunn
Mo = Moskau
Pa = Paris
Po = Polen (Bialowieza)
Sp = Springe

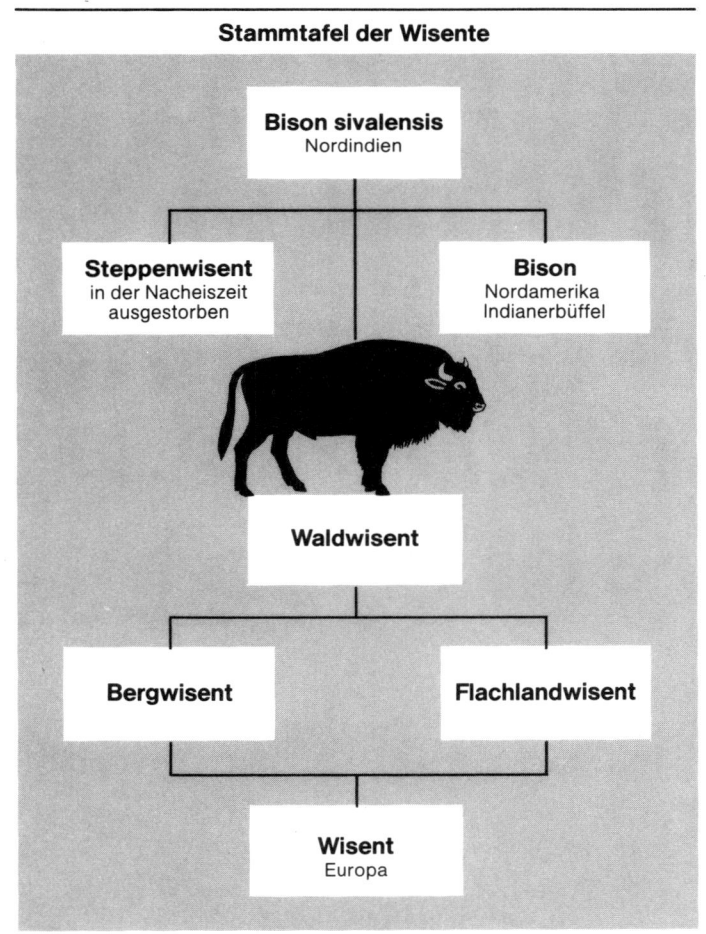

Stammtafel der Wisente

- Bison sivalensis — Nordindien
  - Steppenwisent — in der Nacheiszeit ausgestorben
  - Bison — Nordamerika, Indianerbüffel
  - Waldwisent
    - Bergwisent
    - Flachlandwisent
      - Wisent — Europa

Der Weltbestand an Wisenten wird im Jahre 1977 auf 2000 geschätzt.

Mit Genugtuung können wir heute feststellen, daß mit einem Weltbestand von etwa 2000 Wisenten diese Wildart in ihrer Existenz als gesichert angesehen werden kann. Wem es vergönnt ist, Wisente in Schaugehegen, Wildparks oder sogar in der freien Wildbahn in ostpreußischen Wäldern zu beobachten, der wird stets von dem Stolz und der Kraft dieser edlen Tiere beeindruckt sein und dankbar anerkennen, daß der Menschheit dieses urige Wild erhalten geblieben ist.

Friedrich Türcke

ELCHE

Wie ein Relikt aus weit zurückliegenden Erdepochen scheint die stärkste Hirschart der Erde, der Elch, durch seine massige, fast plump wirkende Gestalt. Das ist aber durchaus nicht so: mit Reh und Ren gehört er zu den erdgeschichtlich jüngeren telemetacarpalen und langballigen Hirschen.

Gegen Ende des Diluviums war der Elch über weit größere Teile Europas (aber auch Asiens und Nordamerikas) verbreitet als heute. Mit dem Weichen des Eises änderten sich die Umweltbedingungen. Insbesondere Besiedlung und Ackerkultur drängten ihn in Europa nach Norden und Osten zurück. In Deutschland kam er seit Ende des achtzehnten Jahrhunderts nur noch im nördlichen Ostpreußen vor. Nach einem Tiefstand seiner Verbreitung in der Mitte des vorigen Jahrhunderts setzte allmählich bescheidene Hege ein und brachte nach Rückschlägen durch Krieg und Revolution eine Zunahme des Elchbestandes. Ja, sogar neue Gebiete – nordamerikanische Inseln, Neufundland und Neuseeland – wurden durch Einbürgerung dem Elch erschlossen. Auch Ostpreußen hat nach fast völliger Vernichtung wieder Elchwild; nun mit Schwergewicht in dem südlichen, an Polen gefallenen Teil, der vor dem Kriege nur an der Nordgrenze Elchwild aufwies. Reste des bodenständigen Wildes und Zuwanderer aus Polen und Litauen haben das derzeitige Elchvorkommen in Ostpreußen begründet.

Obwohl die natürliche Verbreitung des Elches sich über die nördlichen Teile Europas, Asiens und Nordamerikas erstreckt und seine Körpergröße und Erscheinung gebietsweise sehr variieren, ist man darin einig, daß es sich bei ihm nur um eine Art handelt. Die in Stärke, Farbe und Knochenmaßen abweichenden Elche, etwa Kamtschatkas, Alaskas oder Kanadas, stellen lediglich durch ihre Umwelt geprägte Standortrassen dar. Wie die Gestalt des Elches über sein erdgeschichtliches Alter, so täuscht die scheinbare Schwerfälligkeit über seine körperlichen Fähigkeiten und seine Intelligenz. Sein Äußeres – der gedrungene, von langen, schlanken Läufen getragene und vom (in Ostpreußen) 180 bis 200 cm hohen Widerrist nach hinten abfallende Rumpf, der fast waagerecht getragene, kurze Hals, das schwere Haupt mit den großen Nüstern, den kleinen Lichtern und den nach den Seiten gerichteten Rosenstöcken des Hirsches, der als Bart bezeichnete behaarte Kehlsack – alles unterscheidet den Elch ganz wesentlich von den übrigen Hirscharten.

Das straffe, leicht brüchige (Ober-)Haar des Rumpfes wechselt in Ostpreußen zwischen dunklem Graubraun (der sogenannten »Rappen«) und hellem Grau (der »Schimmel«). Die Läufe sind silbergrau bis weiß. Die Geweihe variieren stark: vom Schaufel- zum Stangentyp, erblichen Geweihformen, die natürlich auch Übergänge zeigen. Das Lebendgewicht des Elchhirsches erreichte in unserer Heimat 5, in Ausnahmefällen 5,5 Doppelzentner. Im Durchschnitt wog der jagdbare Hirsch aufgebrochen und ohne Haupt 3 Doppelzentner (entsprechend 4,3 Doppelzentnern Lebendgewicht). Beim Alttier betrug dieses 3,5 Doppelzentner. Die gewaltigen Elche Alaskas mögen fast das doppelte Gewicht erreichen.

Das Elchwild wittert dank seinem stark ausgebildeten Windfang hervorragend; es vernimmt mit seinen sehr beweglichen – und die »Stimmung« verratenden – Lauschern sehr gut; der Gesichtssinn ist weniger gut entwickelt. Die Intelligenz des Elches erscheint verglichen mit der anderer Cerviden hoch. Hierfür spricht, wie er sich wechselnden Umweltverhältnissen anzupassen versteht und bei Gefahren durch »abwägendes

Beobachten« den Fluchtinstinkt zurückdrängt – im Gegensatz zum Rehwild, mit dem er sonst manche Gemeinsamkeit aufweist.

In Gebiß und Zahnwechsel stehen sich Elch und Reh nahe. Grandeln fehlen; kleine Haken kommen noch seltener vor als beim Rehwild. Der Zahnwechsel ist mit 16 (bis 18) Monaten beendet – im Gegensatz zum Rotwild, das erst mit 2½ Jahren das fertige Dauergebiß aufweist. Auch die Entwicklung von Körper und Geweih geht beim Elch wesentlich schneller vor sich als beim Rotwild. Geschlechtsreife tritt mit 16 Monaten ein, Schmaltiere werden fast immer beschlagen. Ebenso wie beim Rehbock, nur seltener, kommt das Kälbergeweih – im Winter gefegte, im Frühjahr abgeworfene Knöpfe – vor. Sein stärkstes Geweih trägt der Elch früh, zwischen dem sechsten und achten Lebensjahr. Das Geweih des reifen Hirsches wurde in Ostpreußen Ende August, kurz vor der Brunft, gefegt und häufig schon im Oktober abgeworfen, so daß das kampffähige Geweih oft nur sechs Wochen getragen wurde. Nach dem Abwerfen und während des ganzen Winters entwickelt sich das Kolbengeweih äußerst langsam.

Die in den September fallende Brunft spielt sich (wie beim Rehwild) paarweise ab. Rudelbildung war in Ostpreußen nur im Winter zu beobachten. Brunftkämpfe waren nicht selten und nahmen bisweilen tödlichen Ausgang. Ende April wurden in Ostpreußen die ersten Kälber gesetzt, von Alttieren unter günstigen Verhältnissen meist zwei (wie beim Rehwild), seltener auch drei. Im Gegensatz zu den lebhaft gefleckten Kälbern der anderen Hirscharten ist die Decke des Elchkalbes einfarbig rötlich-braun.

Suhlen war beim Elchwild nicht zu beobachten, doch sucht es gegen Hitze und Insekten oft das Wasser auf. Der Elch ist ein ausdauernder Schwimmer. Beim Rinnen mögen ihn wie beim Wechseln über Moor und Sumpf die weit spreizbaren Schalen und die, scherzhaft »Schwimmhäute« genannten, Hautverbindungen zwischen den auf der Unterseite fast ganz durch die Ballen ausgefüllten Schalen unterstützen. Von den Gangarten des Elches, Ziehen, Trollen und Flüchten, war der außerordentlich fördernde und über weite Strecken führende Troll die bemerkenswerteste. Diesem federnden »Stechtrab« vermag ein Pferd nur im Galopp zu folgen. Flüchtig wurde der Elch äußerst selten und nur über kurze Strecken. Als Baumäser (der kurze Hals erschwert das Äsen am Boden und läßt es auf ebener Erde nur bei gespreizten Läufen zu) ist der Elch an das Vorkommen von Bäumen und Sträuchern gebunden. Als Äsung bevorzugt werden Laubhölzer, wie Weiden und Espen, aber auch Eichen und Eschen, an denen, besonders durch Schälen der Spiegelrinde, großer Schaden entstehen kann.

Die oft zu beobachtenden Wanderungen des Elchwildes haben die verschiedensten Gründe. Sie können auf Veränderungen im Lebensraum, wie Hochwasser, Äsungsmangel und ähnlichem, beruhen, sie können auch durch den Brunfttrieb und hohe Wilddichte (»Übervölkerung«) verursacht werden. Meistens ist es der Mensch, der solche Wanderungen im Verbreitungsgebiet herbeiführt. Bis in die Bundesrepublik dringen solche Wanderelche aus dem Osten (Polen) vor; leider ohne hier geeigneten Lebensraum zu finden!

Die Elchjagd wurde bis zum Ende des vorigen Jahrhunderts meist planlos und ohne zahlenmäßige Beschränkung betrieben. Sie war auf Fleischbeschaffung, Schadenverhütung und in geringem Maße auf Trophäenjagd abgestellt. Sie wurde und wird auf Ansitz, der Pirsch, Treib- und Drückjagden, mit dem Elchhunde und selten mit dem Ruf ausgeübt. Hege im modernen Sinne begann erst um die Jahrhundertwende erörtert und betrieben zu werden. Und es war gerade das einzige deutsche Elchvorkommen im nördlichen Ostpreußen, in dem zum ersten Male »Hege mit der Büchse« durchgeführt wurde. Durch Kabinettsorder vom 26. September 1906 wurde auf Anregung des Oberförsters Meyer-Tawellningken aus den Oberförstereien Ibenhorst, Tawellningken und Nemonien sowie den sechs angrenzenden Staatsrevieren als Schutzgürtel ein Hegegebiet gebildet, in dem der Abschuß nach hegerischen Gesichtspunkten vorgenommen wurde. Nach Erstem Weltkrieg und Revolution, die den Elchbestand durch Wilderei auf etwa ein Viertel der Vorkriegszahl, ca. 200 Stück, vermindert hatten, diente die Elchjagd nach Jahren völliger Schonung vorwiegend der Hege. Sie galt (seit 1926) der Zurückdrängung der unerwünschten Stangengeweihform und ganz allgemein dem Abschuß schwachen, kümmernden und überalterten Wildes. Schaufler wurden zunächst gar nicht, später nur in geringer Zahl zum Abschuß freigegeben. Hege und Abschußfreigabe oblagen für Staats- und Privatreviere zunächst dem Oberpräsidenten, später dem Elchjägermeister. Merkblätter, Trophäenschauen und Zählungen sorgten mit andauernden Erfolgen für richtigen Hegeabschuß, eine angemessene Vermehrung und eine ständige Verbesserung des ostpreußischen Elchbestandes, der nach der letzten Zählung zu Anfang des Jahres 1939 etwa 1500 Stück umfaßte.

Hans Kramer

WILDREN

Das Wildren ist circumpolar verbreitet. Es gibt sowohl in Eurasien wie auch in Amerika eine Tundra- und eine Waldrentiergruppe, die sich durch ihr Erscheinungsbild (Waldren größer mit stärker gekrümmtem, flachstangigem Geweih) und durch bestimmte Verhaltensweisen unterscheiden. In Europa außerhalb der Sowjetunion hat nur Norwegen Bestände an echten Wildrentieren, im Südteil des Landes bis in die Höhe von Drontheim, in einer besonderen Unterart auch in Spitzbergen. In den Gebieten des domestizierten Lappenrens im Norden Norwegens, Schwedens und Finnlands ist das Wildren ausgestorben.

Das norwegische Wildren ist ein Tundraren – im Gegensatz zum Waldren im russisch-finnischen Grenzgebiet in Karelien – und dem Landschaftscharakter entsprechend überwiegend ein Bewohner des Fjells oberhalb der Waldgrenze. Dort ist es in seiner Winternahrung abhängig von der Rentierflechte. Das ist nicht physiologisch bedingt, sondern entspricht ökologisch der Art des Nahrungsangebots. In Gebieten, in denen durch Übervermehrung des Rentiers die Flechte, die recht hoch werden kann, bis zum Boden heruntergeäst ist, kümmert das Ren so stark, daß es, gerechnet nach dem Gewicht, kaum mehr als halb so groß ist wie in guten Biotopen. Es kann ein Jahrhundert vergehen, bis sich ein solches Gebiet wieder erholt, da die Flechte ganz ungewöhnlich langsam wächst.

Das stark ausgeprägte Sozialverhalten des Rentiers äußert sich in der Leichtigkeit, mit der mutterlose Kälber adoptiert werden, mehr als bei jeder anderen Hirschart. Es wird nur ein Kalb gesetzt, aber in der Jagdzeit sieht man oft Alttiere, die zwei bis drei Kälber führen, da bei dem Verbot des Kälberabschusses der Abschuß auch führender Alttiere nicht zu vermeiden ist. Auch Kälber, die ihr Rudel verloren haben, werden von fremden Alttieren ohne jedes Zögern angenommen, wie es der Verfasser einmal in allen Phasen verfolgen konnte.

Rentiere ziehen bei großräumigen Ortsveränderungen gemeinhin gegen den Wind, wodurch unter Umständen ein ganzes Gebiet für Wochen renleer werden und ein anderes überfüllt werden kann. Es wird gesagt, daß die Rudel sich schon einen Tag vor dem Windumschlag in Bewegung setzen, was bereits in mehreren Fällen beobachtet werden konnte. Beim Ziehen wird ein grunzender Stimmfühlungslaut ausgestoßen.

Die biologische Bedeutung des weiblichen Geweihes ist umstritten. Der Verfasser hält folgende Deutung für möglich: Die Tiere werfen erst im Frühjahr ab, eine Woche oder länger nach dem Setzen, hingegen sind die Hirsche schon im Hochwinter ohne Geweih. Das verschafft den Tieren die Möglichkeit, beim Nahrungsfreischlagen im Winter sich gegen die Hirsche zu behaupten und – vielleicht noch wichtiger – dem hilflosen Kalb in den ersten Tagen nach dem Setzen im Rudel Raum zu verschaffen. Damit steht im Einklang, daß weibliche Waldrentiere, die nur sehr kleine Rudel bilden, in hohem Prozentsatz geweihlos sind, was bei Tundrarentieren sehr selten ist.

Die Jagd auf das Ren erfordert körperlichen Einsatz wegen der weiten weglosen Räume und der Unstetigkeit des Wildes. Starke Hirsche sind besonders schwer zu bekommen, weil sie in der Jagdzeit vor der Brunft in eigenen Hirschrudeln abgesondert oft im Wald stehen, um dort besonders Pilze zu äsen. Im Tierrudel stehend ist der Haupthirsch schwer zu erlegen, er ist dann fast immer durch Tiere gedeckt. »Das Rudel beschützt den Hirsch« lautet ein altes norwegisches Sprichwort.

Karl Meunier

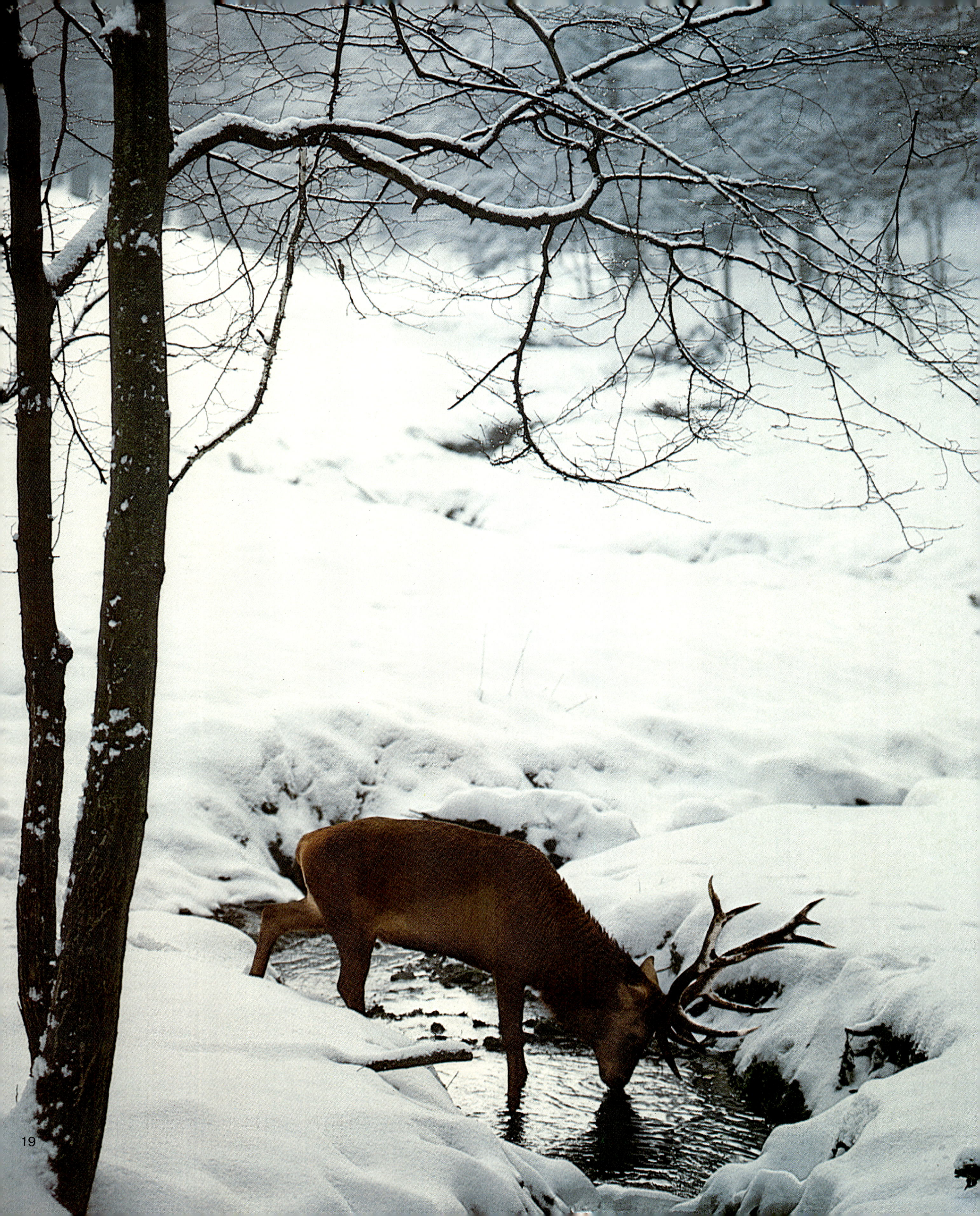

19

Wenn es nicht genügend Äsung gibt, wird der Pansen im Winter bisweilen etwas mehr als üblich mit Wasser gefüllt – zumindest könnte der Geweihte im Bach (19) diesen Anschein erwecken. Daß Rotwild mit Vorliebe Wasser aufsucht, beweisen auch zwei der nebenstehenden Bilder. Einmal verschafft sich das Alttier Kühlung in der sommerlichen Wärme (21), und einmal zieht ein Basthirsch zielstrebig durch einen Tümpel (23). Viel lieber als tiefes Wasser allerdings suchen die Tiere eine Suhle auf, um sich hier ausgiebig im Schlamm zu wälzen. Vor allem, wenn sommers die Mücken in Schwärmen zu Plagegeistern werden, kann man häufig Rotwild beobachten, dessen Decke mit einer Morastkruste überzogen ist. Das wenige Stunden alte Rotkalb (20) hat allerdings die feuchten Stellen auf den Flanken nicht von einem Bad, sondern sie zeugen noch vom Setzakt. Während der ersten Tage nach der Geburt bleibt der Nachwuchs an einem versteckten Ort »abgelegt«, während die Mutter auf Äsungssuche zieht (22). Erst nach mehreren Wochen suchen die führenden Tiere wieder Anschluß untereinander.

22

23

Für viele Jäger ist der Rothirsch die »Krone des Weidwerks«, und auf der Jagd nach einer starken Trophäe wird manche Anstrengung und Entbehrung in Kauf genommen. Während der Brunft gelingt es bisweilen, mitten auf einer Lichtung einen vom vielen Hochzeiten ermüdeten Geweihten zu erblicken (24). Die während der Feistzeit angelegten Reserven sind nach der Paarungszeit völlig aufgebraucht, und mancher Hirsch wirkt richtiggehend abgekommen. Nicht nur vom Kämpfen, wie es rechts unten in einer mehr spielerischen Form zu sehen ist (27), sondern vom unaufhörlichen Treiben des Kahlwildes (25), vom Zusammenhalten des Rudels, vom Abschlagen und Verfolgen zudringlicher Nebenbuhler und schließlich von der individuellen Betreuung der Haremsmitglieder. Während der Kolbenzeit haben die im Bast stehenden Geweihten solche Sorgen noch nicht (26).

25

26

27

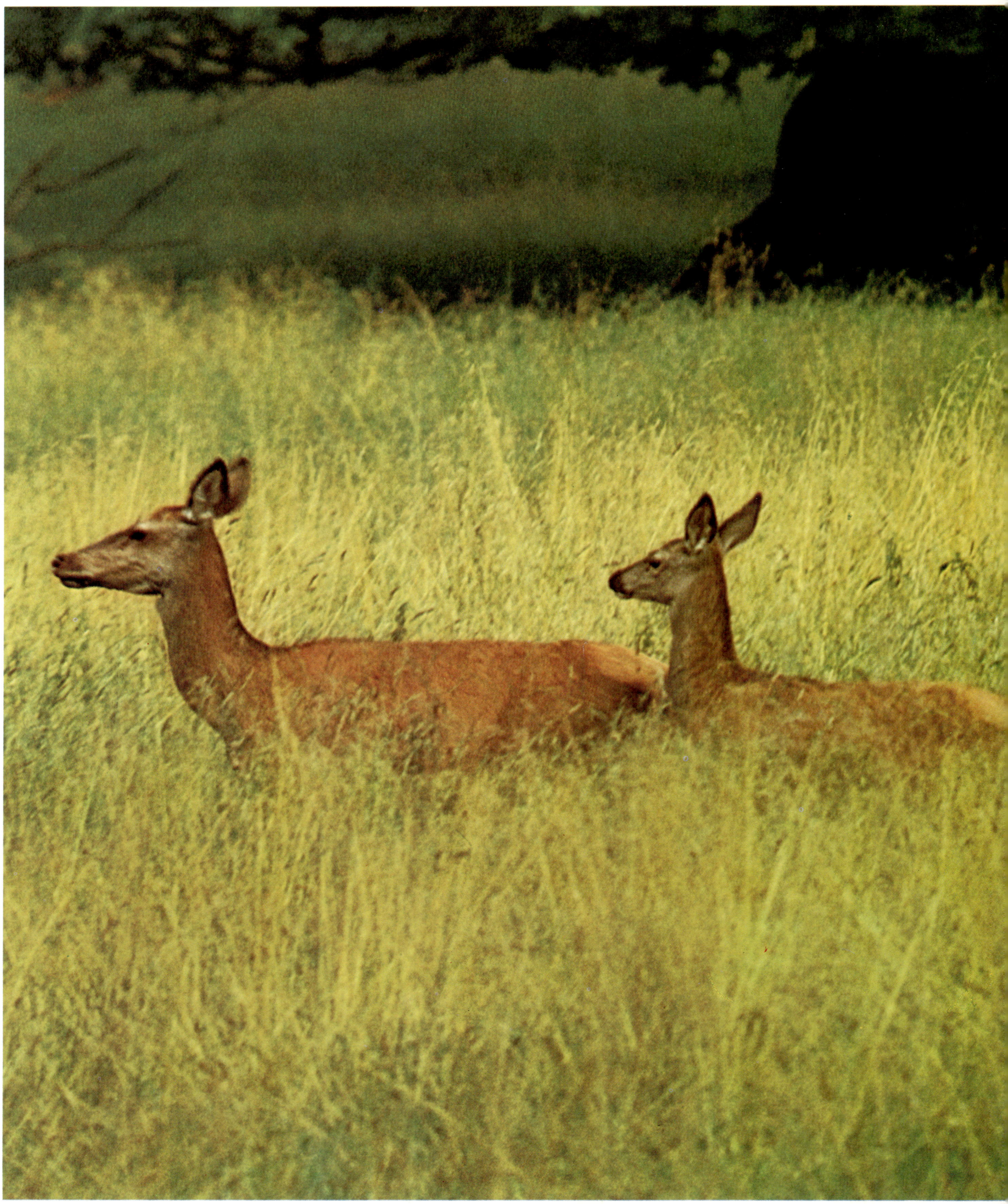

Der Herbst sei die schönste Jahreszeit für den Jäger, wird mit Recht behauptet. Dann geht die Jagd auf die meisten Wildarten auf, aber das alleine ist nicht ausschlaggebend. Von Ende August bis in den späten Oktober hinein präsentiert sich das Revier in den schönsten Farben, die eine herrliche Ergänzung zu den noch sommerlich leuchtenden Decken des Wildes bilden. Während die meisten Vögel bereits mausern und sich das schlichtere Winterkleid zulegen, tragen fast alle Vierläufer zum Herbstbeginn noch ihre Sommerausstattung. Erst wenn die Tage merklich kürzer werden, wächst das dichte und graue Winterhaar und verändert ihr Aussehen. Dann haben weder die Körper der beiden Rotalttiere und des Kalbes im gelben Herbstgras (28) noch die gefleckten Decken der Bastschaufler (29) vor der Kulisse eines grünen Eichenwaldes eine derartige Signalwirkung, daß man sie schon von weitem entdeckt.

29

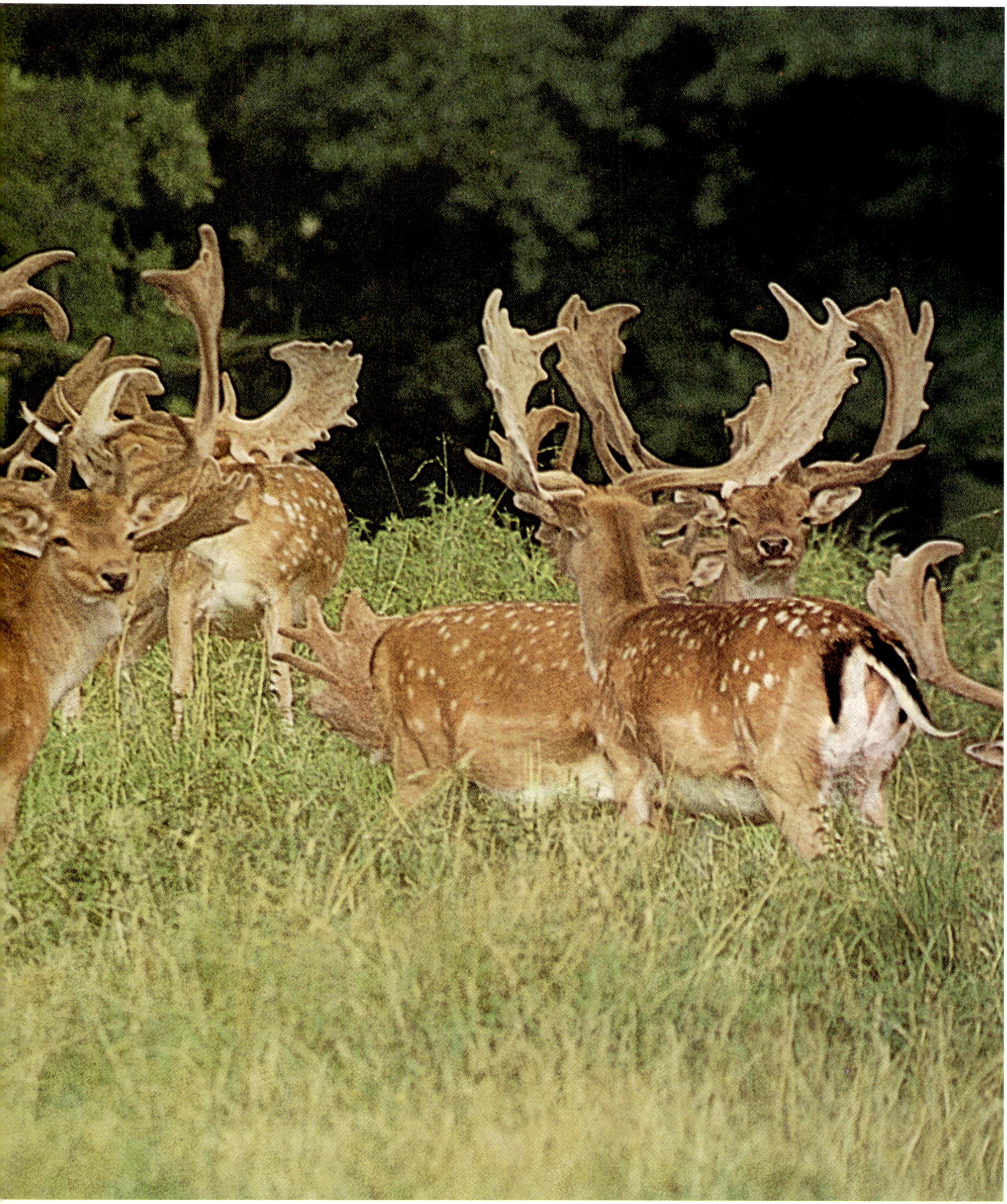

Vorbei ist es mit der Freundschaft, die die Damhirsche im Sommer mit ihren Bastgeweihen noch in großen Rudeln zusammenhielt (29), wenn im Oktober erbitterte Kämpfe um Reviergrenzen und Kahlwild geführt werden. Keine andere Hirschart trägt hierzulande so harte Gefechte untereinander aus, und obwohl die breiten Schaufelgeweihe viel harmloser als der spitzere und endenreichere Kopfschmuck der Rothirsche aussehen, können sich die Nebenbuhler damit dennoch tödliche Verletzungen zufügen. Auch kommt es während der Damwildbrunft häufig vor, daß sich zwei Rivalen mit ihren Stangen so ineinander verhaken, daß sie entweder qualvoll verenden oder aber bei rechtzeitigem Auffinden auseinandergesägt werden müssen.

Die Brunftduelle finden nach einem genauen Ritual statt, über dessen Präzision der Beobachter immer wieder erstaunt ist. Hirsche, die ihre Kräfte miteinander messen wollen, ziehen zunächst aufeinander zu, drehen – sofern sie nicht gleich aufeinander losgehen – ihre Körper parallel nebeneinander und vollführen Seite an Seite im Stechschritt eine Art Parade.
Von Zeit zu Zeit senken sie gleichzeitig und blitzartig die Häupter und lassen die Geweihe entweder zusammenschlagen oder aber heben die Köpfe wieder und ziehen weiter. Auf die gegenseitigen Angriffe reagieren beide Streiter so schnell, daß es mitunter eine halbe Stunde und länger dauern kann, bis die Schaufeln wirklich aufeinanderkrachen. Denn jeder versucht, den anderen irgendwo in die Weichteile zu treffen, läßt aber sofort erst einmal wieder nach, wenn das gehörnte Haupt des Widersachers ebenfalls unten ist. Schlagen die Schaufeln dann wirklich gegeneinander, stemmen die Tiere sich mit ihrem Körper derart dem Gegner entgegen, daß sie sich oft viele Dutzend Meter hin- und herschieben oder sogar miteinander stürzen (30).

Nach einem solchen Gefecht, bei dem der Sieger den Unterlegenen noch für ein kurzes Stück verfolgt, wobei er seinen nicht sehr eindrucksvollen Brunftschrei ertönen läßt, sieht der Wald- oder Feldboden arg mitgenommen aus (31). Damhirsche sind während der Brunft viel tagaktiver als Rothirsche. Da sie vielfach in großen Gattern und Wildparks gehalten werden, läßt sich das Geschehen während ihrer Paarungszeit auch aus diesem Grunde leichter beobachten.

Neben dem Muffelwild, dessen Zahl im mitteleuropäischen Raum dank hegerischer Initiative vieler Jäger in den letzten Jahrzehnten ständig gewachsen ist (Bild 32 zeigt einen Widder in der Sommerdecke), hat sich auch das Sikawild ausgebreitet. Die einst aus dem asiatischen Raum eingeführten Hirsche gedeihen in etlichen Revieren inzwischen so gut, daß die Jahresstrecke in der Bundesrepublik Deutschland immerhin schon über 500 Tiere beträgt. Die Neugierde, die die drei Stück Kahlwild an den Tag legen, läßt gleichzeitig große Aufmerksamkeit und die entsprechende Scheu der Tiere erahnen (33).

Nicht weniger auf Distanz bedacht sind Gams dort, wo sich in den Bergen der Tourismus noch nicht breit gemacht hat. Sind die Gebirgsbewohner allerdings Wanderer gewohnt, kann man mit Glück eine Gamsgeiß mit ihrem ganz jungen Kitz (34) oder zwei einige Monate alte Geschwister aus der Nähe sehen (35). Der Gamsnachwuchs ist schon nach wenigen Tagen so stark auf den Läufen, daß er jede gewagte Klettertour oder auch eine halsbrecherische Flucht mitmachen kann.

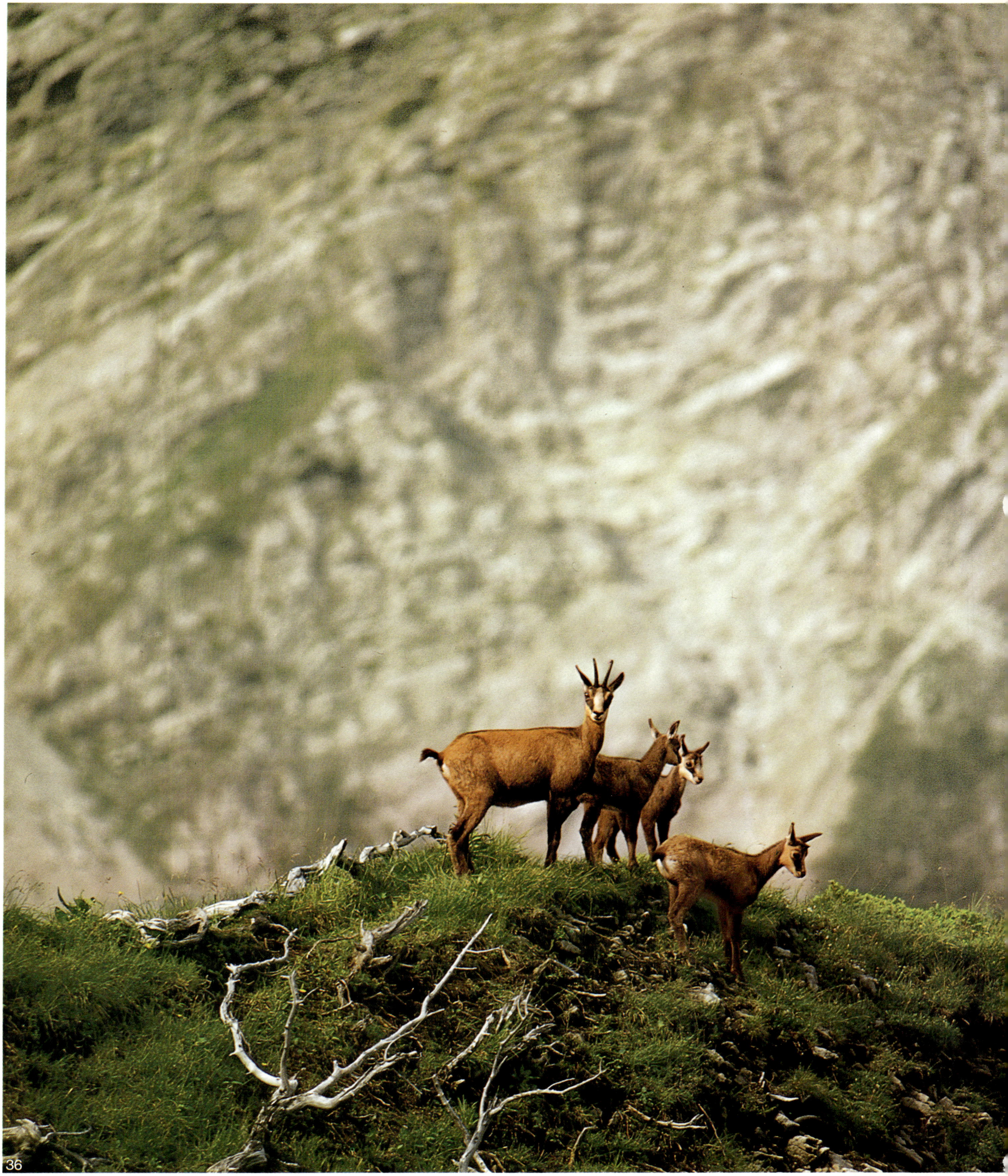

Während Gams die Waldzonen und grünen Hänge der Gebirge zum Aufenthalt vorziehen (36) und im Winter häufig auch in tieferen Lagen anzutreffen sind, ist das Steinwild wesentlich höher angesiedelt. Geröllhalden und Gletschernähe scheinen ihm mehr zuzusagen als Almen und Latschenhänge (37). Zwar sind beide Wildarten recht winterhart, doch können Steinböcke wesentlich mehr Entbehrungen überstehen und mit schlimmeren Wetterunbilden fertig werden als Gams, die sich während des ganzen Jahres gerne als »Scharwild« zu Rudeln zusammentun.

38

39

Es ist noch keine 2 000 Jahre her, da lebten in weiten Teilen Mitteleuropas Elche, und wären die landschaftlichen und verkehrstechnischen Voraussetzungen besser, dann gäbe es sie auch heute noch. Das Wachsen des Bestandes in Polen mag nur als ein Hinweis dafür gelten. Auch in Schweden und Norwegen nimmt das Elchwild trotz starker Bejagung zu – nicht zuletzt zur Freude vieler südlicher beheimateter Jäger, die es im Herbst gen Norden zieht. Trotz des gewaltigen Körperumfangs weiß sich das Elchwild sehr vorsichtig und leise im Wald zu bewegen. Das gilt besonders für führende Tiere (39). Man muß es erlebt haben, um zu glauben, daß die großen Tiere nahezu lautlos und ungesehen nur wenige Meter an einem wartenden Beobachter vorbeiziehen können. Wo ein Hirsch allerdings hochflüchtig kommt, verursacht er einen gewaltigen Krach (38). Nicht minder laut geht es zu, wenn Schwarzwild in Aktion ist. Ob eine Bache mit Frischlingen unterwegs ist, ob eine gemischte Rotte von Überläufern und älteren Stücken den Waldboden durchpflügt oder ein starker Keiler die Suhle genießt – nur selten geht es ohne eine Menge Geräusche ab. Schon der wenige Tage alte Frischling scheuert sich am entsprechend kleinen »Malbaum« (40), was der Basse nach dem Schlammbad ebenfalls an einem ihm gemäßen Stamm tun wird (41).

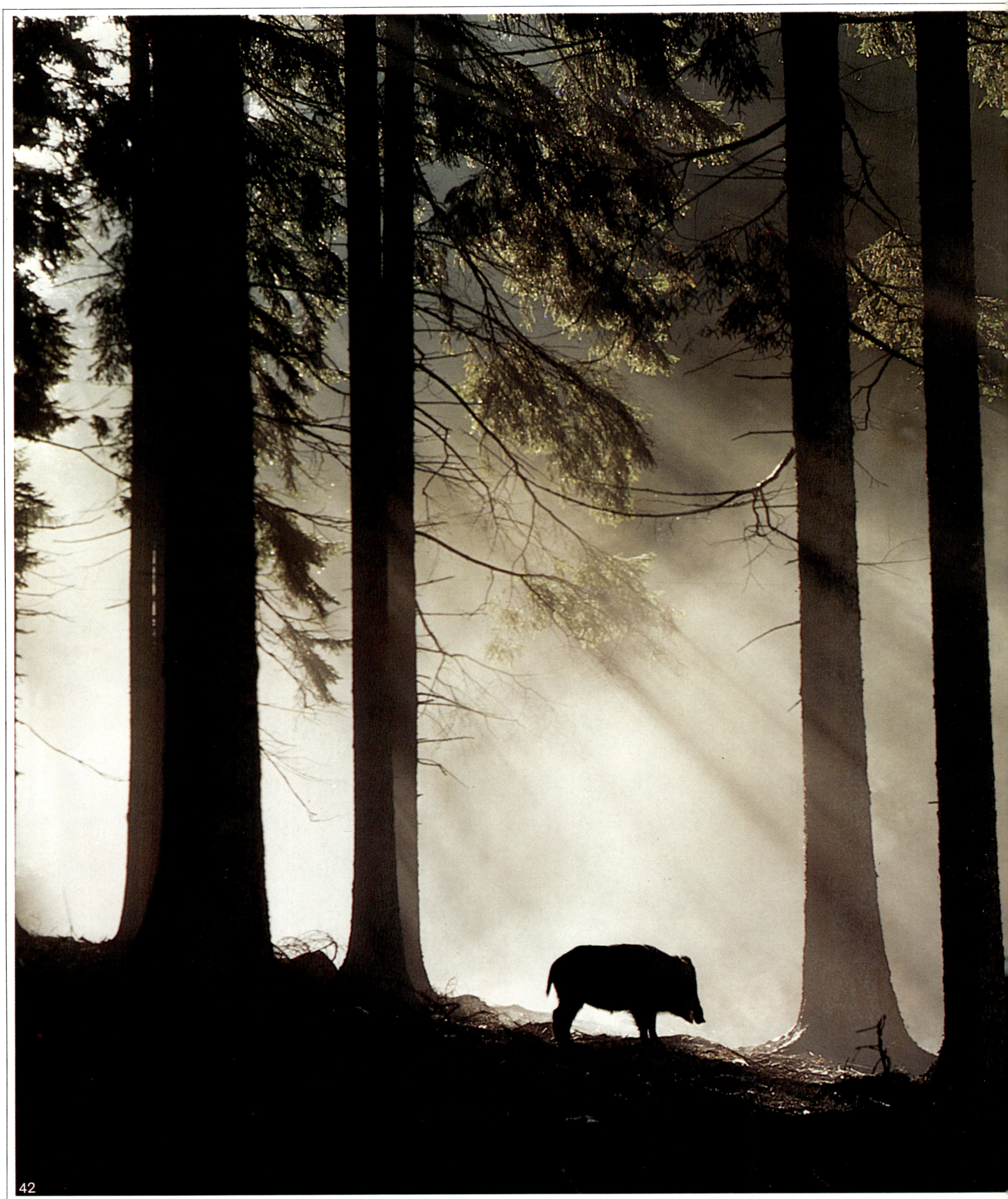

Begegnungen mit Schwarzwild sind häufig unvorhersehbar. Zwar sind Sauen mit Vorliebe während der Nachtstunden unterwegs, doch kann man, sofern man häufig genug im Revier ist, auch gelegentlich einen Anblick wie diesen haben (42). Obwohl Schwarzkittel überwiegend gesellig leben und sich allenfalls Hauptschweine den größten Teil des Jahres als Eremiten durchs Leben schlagen, läßt sich hin und wieder auch ein schwächeres Stück einzeln antreffen und erscheint plötzlich wie ein Scherenschnitt in dem morgendlichen Walddunst. Seehunde, in der Regel ebenfalls zur Rudelbildung neigend, lassen sich mitunter ohne jeden Artgenossen weit und breit auf einer Sandbank blicken (43). Leider war das in den vergangenen Jahren häufig ein Zeichen dafür, daß das Tier krank war. Um die Erforschung der Gründe für den Bestandsrückgang der Seehunde an der Nordseeküste sind Jäger und Wissenschaftler gleichermaßen bemüht. Schon seit Jahren ruht die Jagd auf dieses Hochwild des Meeres bis auf wenige Ausnahmen.

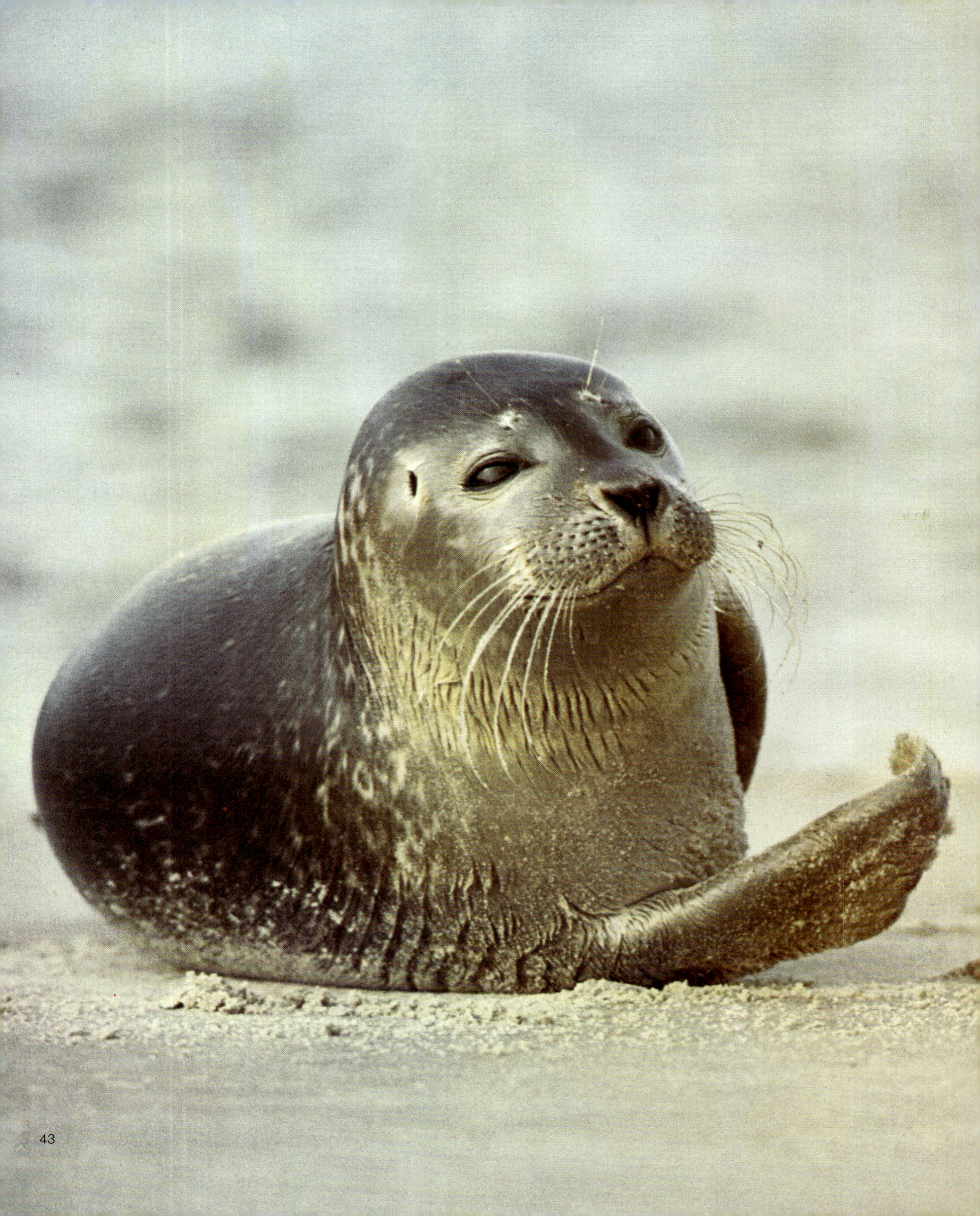

NIEDERWILD

REHWILD

Die Herkunft des Rehes ist unbekannt. Alle fossilen Funde zeigen die Art, wie sie jetzt ist. Wir können nicht einmal eine Geweihentwicklung feststellen wie beim Rothirsch, obwohl die Funde beim Reh weiter zurückreichen. Das bedeutet ein Stehenbleiben auf altertümlicher Stufe, worauf auch die gering gebliebene Größe und die relativ geringe Geweihbildung hindeuten. Nach Untersuchungen des Verfassers haben erwachsene Böcke im Durchschnitt ein Stangengewicht von knapp 0,9 Prozent des Körpergewichtes (aufgebrochen), besonders starke Böcke bringen es auf 1,4 Prozent, bei starken Rothirschen kann man mit über 4 Prozent rechnen.

Das Reh gehört zu den Trughirschen (vgl. S. 51). Es ähnelt in seinem Erscheinungsbild weitgehend den amerikanischen Arten dieser Gruppe, eine Ähnlichkeit, die besonders beim Pampashirsch auffällt. Doch weicht es durch einen tiefgehenden Unterschied im Schädelbau (Rachenraum nicht durch Pflugscharbein geteilt) von ihnen ab und gleicht darin Elch und Wasserreh, die mit ihm die altweltliche Herkunft gemeinsam haben, ohne daß dies eine nähere Verwandtschaft anzeigt. Charakteristisch für das Reh ist die fast vollständige Reduktion des Wedels.

Eine genauere Lokalisierung der Herkunft ist nicht möglich. Herzog Albrecht von Bayern vermutet, daß die von ihm anhand umfangreichen Materials festgestellte Tatsache, daß die Böcke nicht, wie zum Beispiel der Rothirsch, in einer nach dem Alter abgestuften Reihenfolge (alte Stücke zuerst, Jährlinge zuletzt) abwerfen, sondern regellos, in Verbindung mit der Keimruhe vielleicht auf tropische Herkunft hindeutet. Dieser Auffassung schließt sich der Verfasser an, weil beide Erscheinungen eine Umstellung von gleichmäßigerem Klima auf jahreszeitlichen Klimawechsel wahrscheinlich machen. Doch braucht das nicht die Herkunft aus den *heutigen* Tropen zu bedeuten. Während des Tertiärs, in dem sich das Reh bereits in seiner heutigen Form herausgebildet haben muß, wiesen weite Teile seines heutigen Verbreitungsgebietes Warmzeit-Charakter auf. Seitdem ist die Art offenbar im wesentlichen unverändert geblieben, abgesehen von der Bildung geographischer Rassen (Unterarten), wie sie bei allen Tierarten stattfindet, zum Teil hervorgerufen durch Trennung in Teilpopulationen während der Eiszeit. Die Hauptrassen der Art sind das europäische Reh, das größere und durch etwas andere Geweihform ausgezeichnete sibirische und das wiederum etwas kleinere ostasiatische. Ein vom Verfasser vermessener, besonders starker mitteleuropäischer Bock hatte 76 cm Widerristhöhe – Stockmaß – und 82 cm Kruppenhöhe bei 125 cm Gesamtlänge – Bandmaß im Liegen. (Charakteristische Überbautheit der als »Schlüpfer« bezeichneten Unterholzbewohner!)

Doch gibt es überall innerhalb dieser Hauptrassen noch die Bildung etwas unterschiedlicher Lokalformen. Als Beispiel seien genannt die südschwedischen Rehe (Schonen) mit ihrer sehr speziellen Gehörnbildung und die in England autochthonen, die nach dem englischen Wildbiologen Delap gegenüber dort eingeführten festländischen (deutschen) Rehbeständen im Durchschnitt eine dunklere Winterdecke haben, was einer allgemeinen tiergeographischen Tendenz entsprechen würde. Auf einer anderen Linie liegt das Vorkommen schwarzer Rehe in Nordwestdeutschland. Hier handelt es sich nicht um eine geographische Rasse im eigentlichen Sinn, sondern um eine Mutation, die an sich in verschiedenen geographischen Rassen entstehen könnte. Sie tritt seit langem gehäuft in der Nähe Hannovers auf (Haste), hat sich aber neuerdings von da weit in der nordwestdeutschen Tiefebene ausgebreitet und auch bereits Holland erreicht. Merkwürdigerweise scheint sie in den angrenzenden Gebieten mit Mittelgebirgscharakter nicht vorzukommen.

Das Reh muß sich in den Zwischeneiszeiten und nach der letzten Eiszeit in wechselnden Vorstößen und Rückzügen von verschiedenen eiszeitlichen Refugien im Südwesten und im Südosten über Europa ausgebreitet haben. Das allein würde schon das Auftreten von Lokalformen verständlich machen. Doch sind Feststellungen dieser Art kaum möglich, da das Reh wie andere Cerviden in seiner Körpergröße stark von der Ernährungsgrundlage und Wilddichte abhängt. Diese Unterschiede sind nicht erblich und haben mit Degeneration nichts zu tun, wie Herzog Albrecht von Bayern in einem Versuchsrevier definitiv bewiesen hat. Da mit standortmäßig bedingten Größenänderungen auch Proportionsänderungen einhergehen, wird dadurch unter Umständen das Vorhandensein verschiedener geographischer Klein-Rassen nur vorgetäuscht.

Bei seinem nacheiszeitlichen Vordringen hat das Reh im Gegensatz zum Rothirsch Irland nicht erreicht, was darauf hindeutet, daß es später kam als dieser und den inzwischen gebildeten atlantischen Meeresarm nicht mehr überschreiten konnte. Die Besiedlung Skandinaviens war in unserer Zeit offenbar noch nicht abgeschlossen, wie aus dem neuerlichen nordwärts gerichteten Vordringen hervorgeht. Hierzu mag eine Klimaschwankung beigetragen haben (die Schneehühner zogen sich gleichzeitig nordwärts zurück), vielleicht aber auch das Verschwinden des Wolfes aus diesen Gebieten.

Das Reh hat ein gegenüber anderen Cerviden gering entwickeltes Sozialverhalten. Größere Sprünge bilden sich nur im Winter. Sie zeichnen sich durch große Labilität aus und haben keine Führung. Selbst wenn die Führung in Rothirschrudeln, wie einige Wildbiologen meinen (was der Verfasser aber nicht für sicher hält), nur passiver Natur sein sollte, das heißt, ohne aktive, gewissermaßen »bewußte« Führerrolle des Leittiers, ist dort in jedem Fall das Verhalten der einzelnen Mitglieder des Rudels ganz anders auf »Geführtwerden« ausgerichtet als bei Sprüngen des Rehwildes. Davon macht einzig und allein die Führung der Kitze durch die Ricke eine Ausnahme. Ganz selten kommt es auch vor, daß ein Bock im Herbst mutterlose Kitze regelmäßig führt (vom Verfasser selber und auch von anderen beobachtet), was dann wohl passiv geschieht, indem sich die Kitze ihm anschließen. Möglicherweise hängt das aber auch mit den von Herzog Albrecht dokumentierten Ansätzen zur Familienbildung beim Reh zusammen.

Nach Auflösung der Wintersprünge besetzen beide Geschlechter individuelle Reviere, die vom Bock mittels der Duftdrüsen der Stirn markiert und unduldsam verteidigt werden, was bei der Ricke nicht der Fall ist. Reviere können je nach der Wilddichte nur dominante Böcke behaupten, doch ist der Begriff der Dominanz hier relativ, bei schwächerem Besatz halten auch geringere Böcke ein Revier. Die mit der Revierbildung verbundenen Einstandskämpfe sind – wie auch die Brunftkämpfe – weniger ritualisiert als beim Rothirsch, ernste Verletzungen sind nicht selten, und Todesfälle durch Forkeln kommen wohl ebenfalls häufiger vor.

Vor dem Setzen verlassen die vorjährigen Kitze die sie bis dahin führende Ricke. Tut ein vielleicht etwas zurückgebliebenes Kitz das nicht, wird es nach eigener Beobachtung des Verfassers durch Schlagen mit den Vorderläufen vertrieben, was erst nach wiederholten Versuchen Erfolg hat, da das Kitz durch Demutshaltung die Ricke am Weiterschlagen zu verhindern vermag.

Im Gebirge pflegen die Ricken nicht an Steilhängen zu setzen, die sie sonst bewohnen. Wie von Herzog Albrecht in seinem Versuchsrevier festgestellt wurde, gibt es bei viel Steilhängen besondere Setzplätze im Tal, wo auf engem Raum zahlreiche Ricken setzen und so lange gemeinsam verweilen, bis sie die Kitze mit in ihre eigentlichen Standorte nehmen können.

Der Kontakt zu den Kitzen ist in den ersten Tagen ziemlich gering, da sie abgelegt werden, bei Zwillingskitzen an verschiedenen Stellen. Erst später stellt sich ein Dauerkontakt ein. Die Verteidigung der Kitze gegen den Fuchs geschieht durch vehementen Angriff der Ricke mit den Vorderläufen. Bei einem für das Reh doch immerhin recht großen Raubtier eine erstaunliche Leistung, die so gut wie immer Erfolg hat.

Das Brunftverhalten des Rehes bedarf trotz guter Beobachtbarkeit immer noch weiterer Aufklärung. Es gibt offenbar zwei verschiedene Arten des Treibens, einmal das allgemein bekannte großräumige Jagen in rasender Fahrt, zum anderen das Treiben auf kleinem Raum (Hexenringe), um einen Busch herum, aber auch im Getreide oder auf einer Wiese. Dies geschieht manchmal in ganz langsamem, irgendwie ritualisiertem Schritt, was der Verfasser öfter nachts, lange nach oder lange vor Büchsenlicht beobachtet hat. Persönlich hat der Verfasser den Beschlag niemals im Anschluß an das jagende Treiben, oft aber im Zuge engräumigen, langsamen Treibens gesehen. Zum jagenden Treiben fordert manchmal die Ricke durch ein unmißverständliches eigentümliches Hüpfen mit der Hinterhand vor dem Bock auf, man kann in diesem Fall also nicht sagen, daß der Bock eine *fliehende* Ricke verfolge.

Die brunftige Ricke ruft den Bock durch Fiepen, wozu es bei unseren anderen Hirscharten keine Parallele gibt. Dieser Stimmlaut ist gleichzeitig Kontaktlaut zwischen Ricke und Kitz und hat vielleicht Nuancierungen, die wir nicht ohne weiteres auszumachen vermögen. Mit einem sehr verstärkten, zum Schluß in ein gellendes Plärren übergehenden Fiepen, dem sogenannten Angstgeschrei, kann man bei richtiger Handhabung sehr zuverlässig Böcke anlocken – dennoch ist dieser Stimmlaut nur sehr selten zu hören und in seiner Bedeutung nicht genau analysiert. Der Verfasser hat ihn nur zweimal selber gehört, und zwar unter ganz verschiedenen Umständen. Das eine Mal ertönte er während eines jagenden Treibens am Tage in voller Flucht, wobei der Verfasser das treibende Paar – geringer Bock und Schmalreh – auch sehen konnte. Das andere Mal, auch in der Brunft, als ein starker Bock und eine nicht näher anzusprechende Ricke kurz nach Schwinden des Büchsenlichtes langsam durch Laubwald zogen und plötzlich verhofften. Nach dem »Hiiääh« erfolgte kein jagendes Treiben. Es handelt sich offenbar um einen Brunftlaut, der in verschiedenen Situationen angewendet werden kann, ob eventuell von beiden Geschlechtern? Nicht vollständig analysiert ist auch das Schrecken. Das Reh, das eine Gefahr erkannt hat und flüchtet, schreckt gewöhnlich nicht, so daß das Schrecken eher Unsicherheit ausdrückt. Aber es ist manchmal doch unklar, welche innere Situation das Schrecken auslöst. Nach Beobachtung des Verfassers gibt es einzelne Böcke, die eine Art »Revierbehauptungsschrecken« ohne jeden äußeren Anlaß regelmäßig hören lassen.

Eine Sonderstellung nimmt das Reh auch durch seine allbekannten Äsungsgewohnheiten ein. Es selektiert in ganz anderer Weise als unsere anderen Hirscharten frischwachsende Pflanzen, wobei nicht immer leicht zu entscheiden ist, ob die Frischwüchsigkeit oder die betreffende Pflanzenart ausgewählt wird. Eine Selektion nach Arten gibt es ganz sicher, denn der Wildbiologe Ellenberg konnte feststellen, daß manche Pflanzenarten in einigen Gegenden nicht, in anderen stark angenommen werden und daß dies vermutlich auf traditioneller Weitergabe der Äsungsgewohnheiten von der Mutter auf das Kitz beruht. Es gibt, wie für einen Wiederkäuer selbstverständlich, eine Tagesrhythmik der Nahrungsaufnahme mit einem Rhythmus von etwa zwei Stunden. Praktisch wichtiger ist aber die Rhythmik des jahreszeitlichen Nahrungsbedarfs. Wie Ellenberg einwandfrei feststellte, liegt der Hauptnahrungsbedarf nicht im Winter, sondern in den Monaten Oktober und November, wo eine Feistschicht angelegt wird, und dann erst wieder im Frühjahr. Der Verbrauch sinkt im Winter sehr stark ab. Das Reh ist also auf den Winterengpaß physiologisch eingerichtet und auf Herbstmast angewiesen. Eine wirkliche Hege, will sie nicht trotz großen Aufwands das Wild verkommen lassen, muß sich darauf durch Überbrückung der Engpässe einstellen.

Das Reh ist ein Kulturfolger. Das beruht einerseits darauf, daß die sich entwickelnde Kulturlandschaft ihm mehr passende Biotope zur Verfügung stellt, als die Urlandschaft sie geboten hatte, zum anderen auf dem Verschwinden des Großraubwildes, insbesondere des Wolfes in den neuen Biotopen. Aber es gibt auch so etwas wie eine aktive Kulturfolge, eine im Verhaltensmuster begründete Neigung, sich an menschliche Siedlungen anzuschließen und menschliche Tätigkeiten im eigenen Lebensraum zu akzeptieren, unter Umständen sogar neugierig zu verfolgen. Das hat der englische Rehkenner Delap beschrieben; es geht auch aus Mitteilungen von Herzog Albrecht von Bayern hervor, der schildert, wie man mit Rehböcken in freier Wildbahn reden kann, und es entspricht auch einigen eigenen Beobachtungen des Verfassers. Vom Elch wird neuerdings von russischer Seite (Heptner, Knorre) Ähnliches berichtet.

Die Kulturfolge, mittlerweile zu einer Zwangslage geworden, da keine natürliche Landschaft mehr vorhanden ist, bringt jedoch Schwierigkeiten mit sich, die in der Hauptsache aus der Entwicklung der Land- und Forstwirtschaft resultieren. Der Kernpunkt ist dabei der, daß die vom Menschen geprägten Biotope nicht das gesamte Jahr über ein rehgerechtes Nahrungsangebot aufweisen, sondern in zunehmendem Maße Engpässe entwickeln. Es besteht ein Überangebot im Sommer in der Weise, daß die Fortpflanzungsquote nicht beeinträchtigt, sondern eher gefördert wird. Dieses Überangebot hört im Herbst, gerade dann, wenn es am nötigsten wäre, abrupt auf und wird in unserer Landschaft nicht ersetzt durch die im natürlichen Rehbiotop vorhandene Herbstäsung (Eichel- und Bucheckernmast). Das hat dreierlei Folgen:

1. Die Rehe können die notwendige Feistschicht nicht bilden, haben im Winter keine Reserven, die Böcke setzen schlecht auf, und die Kitze in der Tracht sind unterernährt.

2. Die Kitze hören auf zu wachsen, ein Verlust, den sie im nächsten Sommer, weil zu alt, nicht mehr nachholen können. Der Rehbestand bleibt körperlich klein.

3. Da die Landwirtschaft in zunehmendem Maße »sauberer« wird, bieten die Felder im Herbst immer weniger, das Rehwild ist vielerorts nur noch auf Waldäsung angewiesen – in einer darauf nicht eingestellten, sondern ebenfalls rationalisierten Forstwirtschaft – und verbeißt stärker als früher.

Resultat: An manchen Orten zuviel Rehe, kümmerndes Wild, Forstschäden. Aus dieser Situation hat sich eine von Berufenen und Unberufenen hochgespielte Diskussion entwickelt, in der sich zwei gegensätzliche Ansichten gegenüberstehen:

1. Einige Wildbiologen meinen: Wenn unsere Landschaft nur einen kleineren Rehbestand tragen kann, als er gegenwärtig vorhanden ist, dann muß dieser so stark reduziert werden, daß er der Tragkraft der Landschaft entspricht. Das bringt den Vorteil, starkes Wild zu erhalten, und vermeidet gleichzeitig das Entstehen von Schäden. Die im Zusammenhang damit vertretene These, man könne ohne Abschußplan durch Messen der Unterkieferlängen den für den Biotop tragbaren Bestand ermitteln, ist theoretisch nicht ausreichend begründet und praktisch undurchführbar. Auch sind die Angaben von bei Verminderung (ohne Fütterung) sogar in schlechten Biotopen zu erwartenden Wildbret- und Gehörnstärken sicherlich überhöht.

2. Andere Fachleute gehen davon aus, daß als entscheidender Gesichtspunkt der Äsungsmangel im Herbst anzusehen ist. Die Überbrückung dieses Engpasses durch Fütterung ist daher das erste Erfordernis und bedeutet eine Teilwiederherstellung des natürlichen Zustandes. Fütterung ist keineswegs eine beginnende Domestikation, wie oft behauptet wird. Hier liegt ein begriffliches Mißverständnis vor. Sie vermindert zudem mit Sicherheit auftretende Schäden. Es versteht sich von selbst, daß damit gleichzeitig ein genügend intensiver Beschuß das fehlende Raubwild ersetzen muß.

Die Wichtigkeit der Herbstäsung ist auch durch natürliche Biotope bezeugt. An der Westküste Dänemarks stehen nach Strandgaard in steriler Dünenlandschaft mit Bachtälern, die Sommeräsung bieten, stärkere Rehe als in hervorragenden Biotopen der Ostküste (Kalö). Das beruht darauf, daß diese Rehe im Herbst auf Heideflächen ausweichen und daher von einem Nahrungsengpaß, wie er in Kalö eintritt, nicht betroffen sind.

Der Verfasser muß sich ohne Rückhalt der letztgenannten Auffassung anschließen und möchte ein Argument hinzufügen, das diejenigen zur Kenntnis nehmen sollten, die sich in der Diffamierung des Rehes nicht genug tun können: *Das Reh ist eine gefährdete Tierart.* Es ist laienhaft, die Gefährdung nur danach zu bemessen, wie häufig eine Art im Augenblick ist, die Beurteilung muß vielmehr daran orientiert sein, wie leicht die Tierart zu vernichten ist. Als 1948 die jagdrechtlichen Beschränkungen aufgehoben wurden und die Jagd plötzlich an Nichtjäger überging, war das Reh in vielen Gebieten im Handumdrehen verschwunden. Und die Engländer haben uns überzeugend vorgeführt, was es heißt, eine Wildart wie das Reh als zu bekämpfenden Schädling (vermin) anzusehen. Nach einer von der British Deer Society 1970 herausgegebenen Karte ist der größte Teil Englands rehleer. Nur im Süden und nahe der schottischen Grenze gibt es zum Teil erst nachträglich von einsichtigen Grundbesitzern wiedereingeführte Bestände. Wir sind von englischen Zuständen nicht mehr weit entfernt, wenn die Öffentlichkeit, die sonst gegen das Eindämmen von Tierarten mimosenhaft empfindlich ist, weiter so gegen das Reh beeinflußt wird, wie es gegenwärtig planmäßig geschieht.

Das Reh ist also anfällig und wäre das auch gegen die Bestrebungen einer Wildbewirtschaftung, die rücksichtslos vermeintliche Naturzustände wiederherstellen will. Verminderung auf einen Bestand, der den heutigen Nahrungsengpässen entspricht und keine Forstschäden hervorruft, brächte das Reh in tödliche Gefahr. Die unbestreitbar vorhandenen Forstschäden können durch Fütterungsmaßnahmen und langfristig durch waldbauliche Maßnahmen weitgehend aufgefangen werden, wenn die viele Jahrzehnte lang bestehende und noch fortdauernde rein finanzwirtschaftliche Orientierung, zu der die Forstwirtschaft gezwungen wird, gelockert werden könnte. Man muß sich auch von der Vorstellung befreien, daß die Erhaltung einer so wunderbaren Tierart in ausreichender Zahl nichts kosten darf. Rechnungshöfe sind nicht die geeignete Instanz, das zu beurteilen.

In ausreichender Zahl! Die jagdliche Bedeutung des Rehes liegt gerade darin, daß es eine Häufigkeit erlangen kann wie keine andere unserer Hirscharten und darum einer großen Zahl von Jägern die Möglichkeit bietet, auf Schalenwild zu jagen und bescheidene, aber dennoch absolut unersetzliche Trophäen zu erbeuten. Das muß einmal ausgesprochen werden, gleichgültig, ob jagdfeindliche Fanatiker das verstehen oder nicht. Es wird auch von den Jägern selber nicht genügend zur Geltung gebracht, daß die Jagd nicht nur objektive Seiten hat, wie Regulation oder Nutzung der Wildarten, sondern auch ein vom Erlebnis her bestimmtes Einpassen in das Naturgeschehen umfaßt, das ebenso gut wie andersartige Naturbindungen den Anspruch erheben kann, auch von Außenstehenden anerkannt zu werden. Das Rehwild ist diejenige Wildart, bei der diese Betrachtungsweise am besten verdeutlicht werden kann.

Die Geweihbildung des Rehes (Gehörn) ist dadurch charakterisiert, daß sie auf einer frühen Stufe der Dichotomie stehengeblieben ist und eine besonders große Variabilität teils erblich, teils durch unbekannte Umstände bedingt, aufweist. Ihre Vererbung geht möglicherweise über die Ricke (nicht bewiesen), und sicherlich sind an ihr eine nicht überschaubare Anzahl von Faktoren beteiligt, was allein schon die herkömmlichen Vorstellungen vom Wahlabschuß unmöglich macht. Die Komplikation wird erhöht durch die vom Verfasser nachgewiesene Abhängigkeit vom Geweihjahr und vom Geburtsjahrgang (Kitzentwicklung). Nach Befunden an Abwurfserien ist ein jährlicher Wechsel nach Form und Perlung nicht selten. Jagdlich von besonderem Interesse ist die Frage, in welchem Lebensalter die Kulmination der Geweihbildung eintritt. Sie wird sehr verschieden beantwortet und ist auch in der Tat kompliziert.

Eine Untersuchung, die der Verfasser an einer sehr großen Anzahl von Abwurfserien bekannter Böcke aus freier Wildbahn und dazugehörigen erlegten Böcken in dem oben genannten Versuchsrevier durchführte, ergab folgendes:

Es gibt eine Hochleistungsperiode von 2 bis 6 Jahren, innerhalb derer der Kulminationspunkt nach den Umständen schwankt, am häufigsten tritt er mit 3 bis 4 Jahren ein, in geringeren Biotopen wahrscheinlich später. Wir konnten aber nachweisen, daß einige besonders gut veranlagte Spitzenböcke in dem allgemein früh kulminierenden Bestand erst mit etwa 6 Jahren ihren Höhepunkt erreichen. Diese nehmen bis dahin nicht nur an Masse, sondern entgegen der allgemeinen Annahme auch an Endenfreudigkeit zu, doch ist die Zunahme der Massigkeit relativ größer als die der Endenlänge. Diese Spitzenböcke sind auch an Wildbret stärker als die übrigen. Da die Abwürfe zeigen, daß die spät kulminierenden Spitzenböcke auch in jüngeren Jahren schon besser sind als ihre Altersgenossen, müßten sie an sich zu erkennen sein (starkes Gebäude, Dickstangigkeit), vorausgesetzt, daß nicht das Geweihjahr oder individuelle Zufälligkeiten (vorübergehende Parasitierung etc.) das unmöglich machen und daß das Alter richtig eingeschätzt wird. Das ist ohne individuelle Kenntnis der Böcke nicht möglich. Auf die meist angegebenen allgemeinen Alterskriterien kann man sich nicht verlassen. Jeder weiß, daß das Gebiß nach dem Schuß manchmal etwas ganz anderes aussagt, als das vorherige Ansprechen ergeben hatte. Der zweijährige Hauptbock ist nicht ganz so selten – und keiner zeigt ihn gerne vor. Zu Unrecht, denn ein solcher Bock ist wirklich nicht anzusprechen. Wenn man die Böcke nach dem Alter zuverlässig beurteilen will, muß man sie individuell von einem Jahr aufs andere besser kennen, als das gemeinhin der Fall ist.

Man muß sich fragen, ob es den Abschußbock – das Kernstück bisheriger Hege – überhaupt gibt und nicht alle schlechten Böcke umweltbedingt sind. Es gibt jedoch schwere Böcke von strotzender Gesundheit, die durch dünne Rosenstöcke zeigen, daß sie nie gut auf hatten. Sie sind aber zu selten, um ins Gewicht zu fallen.

Im Zusammenhang mit dem langjährigen intensiven Sammeln von Abwurfstangen und deren Zuordnung zu noch lebenden Böcken hat Herzog Albrecht von Bayern ein Wiedererkennungssystem entwickelt, das im einzelnen hier nicht demonstriert werden kann. Es beruht auf der Kombination von vielen Körpermerkmalen, so auf genauer Registrierung der Gesichtszeichnung, die individuell ganz verschieden ist, aber beim selben Bock von Jahr zu Jahr im Prinzip gleichbleibt, auf der Gesamtfärbung und ihrer Abstufung in den Körperregionen, auf der Haarstruktur und -länge, auf der Gestalt im Ganzen, der Stärke und Länge des Trägers, die unabhängig vom Alter ganz unterschiedlich sein kann, der Schädelform, der Größe und Form der Lichter und weiter auf individuellen Verhaltenseigentümlichkeiten. Diese verfeinerte Kunst des Ansprechens ist nur allmählich zu erwerben, ist aber doch nicht so unmöglich, wie es klingt, weil oft *ein* Merkmal den Bock unverwechselbar kennzeichnet, wenn man gelernt hat, auf solche Dinge zu achten. Es lohnt sich. Der Jäger ist mit vollem Recht von der Betrachtung des Gehörnes gefesselt, aber er sollte sich beim Ansprechen von dieser Faszination einmal lösen und den Bock vom vorigen Jahr oder von mehreren Jahren zuvor nicht vermutungsweise, sondern wirklich wiederzuerkennen versuchen. Dann kann er nicht nur den Altersaufbau, nach dem er den Abschuß erfüllen will, überhaupt erst beurteilen, sondern er erfährt auch das stets befriedigende Erlebnis der intimen Kenntnis seines Wildes.

Karl Meunier

HASEN, SCHNEEHASEN, WILDKANINCHEN

Der mitteleuropäische Feldhase gehört zur Ordnung der Hasenartigen, deren Hauptmerkmal der Besitz von zwei kleinen stiftförmigen Schneidezähnen hinter den Nagezähnen des Oberkiefers ist. Gemeinsame äußere Merkmale der Hasen sind lange Löffel, die kurze Blume und die langen Hinterläufe. In unserem Gebiet ist die Ordnung der Hasenartigen durch den *Feldhasen*, den *Schneehasen* und das *Wildkaninchen* vertreten.

Der *Feldhase* bewohnt das gesamte Mitteleuropa mit Ausnahme Irlands und der nördlichen Teile Skandinaviens, Finnlands und Rußlands. Die nördliche Verbreitungsgrenze zieht sich von Schottland über Südschweden bis zum Ural. Im Norden und im Hochgebirge überschneidet sich sein Verbreitungsgebiet mit dem des Schneehasen. Die südliche Verbreitungsgrenze ist das Mittelmeer, das Schwarze Meer und der Kaukasus (siehe Zeichnung auf Seite 299 im Anhang).

Die Hasenpopulationsdichten sind in den einzelnen Ländern recht unterschiedlich und hängen unmittelbar von klimatischen und ökologischen Faktoren ab. (Greifbare Zahlen der geschätzten Populationsdichte und der Jahresdurchschnittsstrecken für die einzelnen Länder siehe Zeichnung auf Seite 299 im Anhang.) Der Balkan (besonders Rumänien und Ungarn) und ein Bereich, der sich bis Mecklenburg und Pommern erstreckt, sind als optimale Hasenbiotope im kontinentalen Klimabereich zu betrachten.

Jagdstatistiken zeigen deutlich, daß der Hasenbesatz in Mitteleuropa nach dem Kriege abgenommen hat. Die Ursachen sehen die Jagdwissenschaftler vor allem in der durch die moderne Landwirtschaft veränderten ökologischen Situation. In der folgenden Übersicht sind daher die Einflüsse auf die Hasenpopulationen einmal kurz dargestellt.

Es wird deutlich, daß eine Vielzahl von Einflüssen auf unsere Hasenbestände einwirken, die der hegende Jäger nicht verhindern kann. So ist insbesondere in der Bundesrepublik im Zuge des wirtschaftlichen Aufschwungs nach dem Kriege sehr viel Naturland durch den Straßenbau und den Bau von Industrieanlagen und Eigenheimen für immer verlorengegangen. Der steigende Straßenverkehr fordert jedes Jahr eine sehr große Zahl von Hasen, die in etwa die Höhe der Jagdstrecken erreicht.

Die Äsungsgrundlagen sind durch den Herbizideinsatz in den Monokulturen der Landwirtschaft zum Teil zerstört. Extreme Klimalagen (Nässe!) im Zusammenhang mit schlechten Äsungsverhältnissen fördern die seuchenhafte Massenentwicklung der Endoparasiten (Magen-Darmwürmer, Coccidien etc.). Der Beutegreifer als natürlicher Regulator wird nur in Ausnahmen gesunde Althasen nehmen – der Tisch ist für ihn auch eigentlich durch Verkehrstod und Erkrankung überreich gedeckt.

Die Aufgabe des Revierinhabers ist es also, nur noch einen geringen Prozentsatz der überlebenden Hasen (in den meisten Revieren sind mehr als 50 Prozent nicht tragbar!) auf den winterlichen Treibjagden abzuschöpfen. Vor die Treibjagd gehört unter allen Umständen die Abschätzung (Zählung!) des Frühjahrsbesatzes.

In besonders optimalen Hasengebieten sind Jagdstrecken bis zu 100 Hasen pro 100 ha zu erzielen, wenn alle günstigen Faktoren (zum Beispiel Trockenheit, optimale Äsungsverhältnisse usw.) zusammentreffen.

Schleswig-Holstein liegt an der nördlichen Verbreitungsgrenze des Hasen und soll als Beispiel dafür herangezogen werden, wie Ausverkauf der Landschaft, Technik, eine extrem intensive Landwirtschaft und weitere Faktoren in den letzten Jahrzehnten die Situation des Feldhasen verschlechtert haben. Besonders die Veränderungen in der Vegetation sind für einen Pflanzenfresser mit Sicherheit nicht ohne Folgen geblieben. Optimale Hasenstrecken gibt es im Bereich der Westküste Schleswig-Holsteins (Wiesen und Weiden) und in der weiteren Umgebung von Flensburg bis zur Westküste (Futterpflanzenanbau). In weiten Teilen der Geest und des ostholsteinischen Hügellandes werden weniger als 5 Hasen auf 100 ha Jagdfläche geschossen.

In Schleswig-Holstein konnten aus 500 Hasenmägen insgesamt 77 Futterpflanzenarten bestimmt werden. Es wird deutlich, daß in den Marschgebieten (westliches Schleswig-Holstein) die Süßgräser als Futterpflanzen des Feldhasen überwiegen. Die untersuchten Hasen stammen auch überwiegend aus Gebieten mit Weidewirtschaft. In der Geest zeigt sich eine zunehmende Tendenz zu den Kräutern (als Folge des Futterpflanzenanbaues) und zu den Kulturpflanzen (Getreideanbau). Im ostholsteinischen Hügelland überwiegen die Kulturpflanzen (insbesondere Wintergetreide); die relativ wenigen Grünlandflächen und Wegränder sind hier jedoch bevorzugte Wildfutterpflanzengesellschaften für die Hasen.

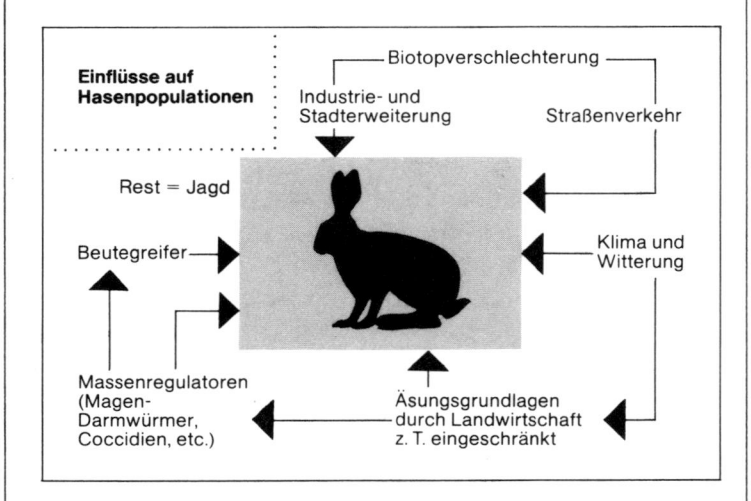

Die Süßgräser spielen im Frühjahr, Herbst und Winter eine übergeordnete Rolle als Äsungsgrundlage (bis zu 90 Prozent der Nahrung). Lediglich im späten Frühjahr, Sommer und Frühherbst haben die Kräuter (zum Beispiel Gänseblümchen, Hirtentäschelkraut, Wegerich, Hahnenfuß, Stiefmütterchen, Löwenzahn und besonders die Kleearten) einen Anteil von ca. 40 Prozent bis 60 Prozent der Nahrungsgrundlage des Hasen. Kulturarten wie Gerste, Weizen und Raps werden im Winter bevorzugt angenommen, sie decken dann besonders in Ostholstein bis zu 80 Prozent der Äsungsansprüche (siehe Zeichnung auf Seite 298 im Anhang). Aus diesen Magenanalysen und der nebenstehenden Skizze wird die Abhängigkeit der Hasenpopulationen von dem Äsungsangebot besonders deutlich. Die Einwirkungen der Witterungseinflüsse können in etwa für ganz Schleswig-Holstein gleich angesehen werden. Dagegen nehmen die Massenregulatoren (Magen-Darmwürmer und Coccidien) deutlich mit der Verschlechterung der Äsung zu. Einzelne untersuchte Hasen aus der Geest und aus Ostholstein hatten etwa die 100fache Zahl an Magen-Darmwürmern wie der Durchschnitt der Westküste.

Der *Schneehase* bevorzugt als Charaktertier der Waldtundren aufgelockerte Mischwälder aus Fichten, Birken, Weiden, Espen und Erlen (siehe Zeichnung auf Seite 299 im Anhang). Er äst ausschließlich Pflanzen; in Schottland ist das Heidekraut (Calluna vulgaris) besonders wichtig.

Die Schwankungen in der Bestandsdichte sind beim Schneehasen wie auch beim Feldhasen erheblich, sie umfassen aber nie das gesamte Verbreitungsgebiet gleichzeitig. Aus kanadischen und russischen Statistiken wird eine Zehnjahresrhythmik deutlich. Überall dort, wo der Schneehase mit dem Feldhasen zusammenlebt – also an der gesamten Verbreitungsgrenze (in den unteren Lagen der Alpen und in der Waldsteppe) – kann es zu erfolgreichen Kreuzungen der beiden Arten kommen. Die Mischlinge sollen allerdings unfruchtbar sein.

Das *Wildkaninchen* ist im westlichen Mitteleuropa verbreitet (siehe Zeichnung Seite 299) und wurde in Südamerika, Australien und Neuseeland eingebürgert. Kaninchen sind im Gegensatz zu den Hasen gesellig und bewohnen selbstgegrabene Erdbaue. Sie bevorzugen leichte Böden, also sandiges, hügeliges Gelände mit Gebüsch (Knicks) und Feldgehölzen, die ihnen zugleich Schutz und Äsung bieten. Auch Kaninchen sind starken Populationsschwankungen unterworfen. Früher war die Coccidiose der Hauptmassenregulator kurzfristig stark angestiegener lokaler Kaninchenpopulationen. Die Myxomatose kam nach der Ansteckung aus Frankreich dazu und hat sie gebietsweise sehr stark dezimiert. Bei Übervermehrung im Revier können sie große Wildschäden verursachen und werden dann das gesamte Jahr über intensiv bejagt.

Ulrich Brüll

FEDERWILD

Nach Vorkommensdichte, Beobachtungsmöglichkeit für den Naturfreund und jagdlicher Nutzbarkeit nehmen *Fasan* und *Ringeltaube* unter allen Federwildarten eine führende Stellung ein. Das *Rebhuhn* gewinnt nach jahrelanger Stagnation wieder an Bedeutung. Über den Erhalt und die Vermehrung der *Schnepfenvögel* entscheidet die Sicherung ihrer Lebensräume.

Die *Fasanen* gehören zu den weitverbreitetsten Hühnervögeln der Erde. Ihre ursprüngliche Heimat ist Asien; als Ursprungszelle aller uns bekannten Rassen und Schläge gilt China. Ihr Körperbau weist die Fasanen als Waldvögel aus: kurze Schwingen (Flügel) und langer Stoß (Schwanz) kennzeichnen sie im Gegensatz zum Feldhuhn (Rebhuhn), das als Vogel der offenen Landschaft lange Schwingen und einen kurzen Stoß hat. Die abweichenden biologischen Merkmale schließen eine irrtümlich angenommene bedeutungsvolle Nahrungskonkurrenz unter beiden Flugwildarten aus, obwohl sich heute ihre Lebensräume in unseren Gebieten zunehmend überschneiden.

Bereits vor annähernd 2300 Jahren brachten die Griechen den Fasan nach Europa. Es handelte sich um den bei uns unter der Bezeichnung Böhmischer Jagdfasan bekannten Fasan, der sich gegenüber den anderen Arten durch seine bräunliche bis kupferrote Färbung und den ringlosen blaugrünen Hals auszeichnet. Mit den Römern gelangte er nach Frankreich, England und Deutschland. Erst zu Beginn des 18. Jahrhunderts wurde der erste Ringfasan nach Europa importiert, und zwar der Chinesische Reisfasan, und vor 140 Jahren der zu den Buntfasanen zählende, sehr dunkle und kleine Versicolorfasan, den es reinblütig noch in Japan gibt. Er ist der schnellste Flieger unter den Fasanen und bewohnt die Bergwaldrandzonen. 1880 wurde in England der Tenebrosusfasan gezüchtet, und zwar aus einer Mutation aus Mischlingen der eingangs beschriebenen Rassen. Erst 1902 kamen der ringlose Prince-of-Wales-Fasan, der blaubürzelige Formosafasan und schließlich der von Hagenbeck eingeführte Mongolische Ringfasan nach Europa. Die erwähnten Rassen und Arten kreuzten sich untereinander, so daß wir es heute in der Wildbahn Europas unter dem Sammelbegriff Jagdfasan nur noch mit Mischlingen zu tun haben. Der Jagdfasan weist in geringerem oder stärkerem Maße in geographisch unterschiedlichen Gebieten die einen oder anderen Merkmale der verschiedenen Rassen auf. Bei den in unseren Breiten lebenden Jagdfasanen haben die dunkel gefärbten, auch solche mit weißem Ring, überwiegend Colchicus-Blut, bei den helleren Schlägen herrscht das Torqutus-Blut vor. Die Gewichte der Hähne betragen 1 100 g, die der Hennen 900 g bis 1 200 g. Die Einkreuzung des Mongolischen Ringfasans, des Prince-of-Wales-Fasans und des Formosafasans hat in der Bundesrepublik nie eine bedeutende Rolle gespielt. Andere Rassebezeichnungen wie »Dänische Heckenbrüter« und »Kanadische Riesenfasanen« sind nichts anderes als Phantasieprodukte verkaufsfreudiger Kleintierzüchter. Insgesamt werden heute in Asien, Europa, Nord- und Südamerika, Teilen Afrikas und Australiens und in Neuseeland ca. 35 Colchicus-Arten unterschieden.

Zur Gruppe der Jagdfasanen wird noch der goldgelb und schwärzlich gezeichnete Königsfasan gezählt. Er ist der auffälligste, lebenshärteste, aber auch gegen Artgenossen unverträglichste »Buntfasan«, der heute in Europa neben vielen Zierfasanenarten nur noch Volieren und Tierparks belebt.

Der bevorzugte Lebensraum der Fasanen sind die Feld-Waldrand-Gebiete und die parkähnliche Landschaft. Als äußerst anpassungsfähige Kulturfolger besiedeln sie zunehmend die Marschen und sogar ausgedehnte Feldfluren, in denen Wasserläufe, Baum- und Strauchdeckung fehlen. Im Herbst ziehen sich die Fasanen in den nahrungsbietenden Felddeckungen, Schilfpartien, Remisen und in den Waldrändern zusammen, wobei sie besonders ruhige Lagen bevorzugen (der Fasan ist nämlich gegen nächtliche Störungen sehr empfindlich). Im Winter wandern sie aus den kahlen Feldrevieren kilometerweit bis zu den ihnen zusagenden Feldgehölzen und Waldrändern, wo sie als »Allesfresser« von den Früchten und winterharten Grünpflanzen leben, die ihnen die Natur bietet. Erst im Frühjahr, nachdem sich die Felder handhoch begrünt haben, kehren sie in die Gemarkung zurück.

Der Fasan lebt in Vielehe (polygam). Lautes Rufen und Flattersprünge der Hähne kündigen ab März die Begattungszeit (Balz) an. Um diese Jahreszeit sollte in einem gut gehegten Fasanenrevier das Geschlechtsverhältnis Hahn zu Henne 1 : 4 bis 1 : 6 betragen, wobei der Hahn überwiegend den engeren Lebensraum bestimmt. Die Henne legt im Verlauf von zwei bis drei Wochen, beginnend Mitte April (in der freien Feldmark erst bei genügend hoher Deckung zehn bis vierzehn Tage später) 10 bis 16 meist grau-grünliche Eier, die 30 bis 35 g wiegen. Das Nest besteht nur aus einer flachen Mulde, überwiegend in niedriger Deckung. Entgegen der Vorstellung selbst vieler Niederwildjäger übt der Hahn während der Brutzeit (23 bis 25 Tage) und der Aufzuchtzeit eine Wächterfunktion aus. Die Küken sind Nestflüchter; sie verlassen innerhalb eines Tages den Nistplatz, können ab dem zehnten bis zwölften Lebenstag kleine Strecken fliegen, da die schnell wachsenden Schwungfedern bereits nach dem Schlupf vorhanden sind, und versorgen sich in der ersten Lebenswoche zu über 90 Prozent von animalischer Nahrung, in der zweiten Lebenswoche zu ca. 80 Prozent, in der dritten zu 65 bis 70 Prozent. Ab etwa der sechsten Lebenswoche ähnelt die Äsung der der Altfasane, die je nach Jahreszeit zu 10 bis 30 Prozent aus tierischer und im übrigen aus pflanzlicher Kost besteht.

Bei naßkalter Witterung suchen die Küken unter der Henne Schutz; schon im Alter von drei bis vier Wochen baumen sie bei gutem Wetter mit der Henne auf. Ab der 16. bis 18. Lebenswoche können sie als ausgewachsen bezeichnet werden. Im Oktober, zum Beginn der Jagdzeit, präsentieren sich die jungen Hähne (aus Erstgelegen) im fertigen, farbenfrohen Prachtgefieder, die Hennen hingegen tragen zeitlebens ihr schlichtes, braungraues Federkleid. Die erste Vollmauser ist also mit ca. 16 Lebenswochen beendet.

Einen großen Teil seiner Nahrung, wie zum Beispiel Knollen und saftige Wurzeln, hackt der »alles« fressende Fasan aus dem Boden. Die Bezeichnung »Scharrvogel« ist deshalb falsch, denn die Ständer benutzt er vornehmlich, um sich Huderplätze zu schaffen. Für die Land- und Forstwirtschaft macht sich der Fasan durch das Aufpicken vieler Schadinsekten nützlich. So wurden im Kropf eines einzigen Fasans nahezu 4 000 Larven der Gartenhaarmücke, in dem eines anderen über 1 300 Drahtwürmer gefunden. Ein bedeutender Helfer ist der Fasan hauptsächlich beim Kampf gegen verschiedene schädliche Blattkäfer, zudem kann er Unmengen von Nonnen- und Kiefernspannerpuppen, Engerlingen, Ackerschnecken und anderen Schädlingen vertilgen.

Zur Nachtruhe baumt der Fasan bei Schwinden des Tageslichtes mit Vorliebe auf; wo er keine Aufbaummöglichkeit hat, übernachtet er in rauher, windgeschützter Grasdeckung oder im Schilf. Die Hähne verraten dann leider durch ihr lautes »Gockgock, gock-gock«, dem häufigsten Laut dieses Wildvogels, ihren Standort den vielen natürlichen Feinden, zu denen u. a. Habicht, Marder, Waschbär, Katze, Fuchs und Dachs zählen.

Die Hege des Jagdfasans erstreckt sich zuallererst auf den Schutz vor seinen Feinden, zu denen auch alle Rabenvögel (Gelegeplünderer und Kükenräuber) gehören. Genauso wichtig ist das Schaffen von fasanengünstiger Winterdeckung und das Füttern im Herbst und Winter. Die zweckmäßigste Fütterungsmethode besteht im Ausstreuen von Körnerfutter (im Winter Eicheln) unter überdachten, ca. 2 × 2 m großen Schütten, beginnend nach der Getreideernte. Damit wird verhindert, daß nennenswerte Wildschäden entstehen und daß der Fasan wegen Äsungsmangel aus dem Revier abwandert. Wie leicht der Fasan zu hegen (beziehungsweise zu vermehren) ist, ergibt sich aus nachstehenden Streckenzahlen in der Bundesrepublik:

Im Jahresdurchschnitt wurden von 1936 bis 1939 nur ca. 380 000 Fasane erlegt, von 1958 bis 1962 ca. 420 000 und von 1971 bis 1976 bereits über 1 150 000 Stück. Damit wurde im Streckenergebnis die bisher am häufigsten erlegte Niederwildart, der Feldhase, nahezu erreicht. In vielen Ländern Europas und in Übersee wird der Fasan gehegt und vermehrt; er ist bei den Jägern eine der beliebtesten Niederwildarten.

Die Bejagung findet in gut besetzten Revieren in Form von Vorstehtreiben statt, im übrigen während der Streife und bei der Suche mit dem Vorstehhund. Hauptsächlich werden Hähne erlegt, Hennen in der

Regel nur in den besonders günstigen Fasanenjahren.

Die künstliche Aufzucht des schon vor Jahrtausenden auf Festtafeln geschätzten Fasans beherrschten bereits die Römer zu Beginn unserer Zeitrechnung. In Deutschland waren es in erster Linie die niederschlesischen Revierinhaber, die den Fasan durch künstliche Aufzucht größeren Stils vermehrten. Gegenwärtig werden in vielen Ländern die von Volierenfasanen gewonnenen Eier in großer Zahl in Brutapparaten ausgebrütet. Die Aufzucht der Küken ist heute dank fortgeschrittener Technik und alle Nährstoffe enthaltender Fertigfutter problemlos. In gut geleiteten Fasanerien rechnet man mit der geringen Küken-Ausfallquote von nur 3 bis 5 Prozent. Der früher bei der Massenaufzucht gefürchtete Befall mit Luftröhren- oder Rotwürmern und mit Haarwürmern, desgleichen die Rote Kükenruhr und die Geflügelpest können jetzt wirksam bekämpft werden. In freier Wildbahn treten Fasanenkrankheiten in nur unbedeutendem Maße auf – es sei denn, es werden kranke Fasanen aus verseuchten Aufzuchtstationen ausgesetzt.

Je mehr unsere Fluren sich der Parklandschaft angleichen, desto stärker verbreiten sich die bei uns häufigsten *Wildtauben: die Ringeltaube und die Türkentaube; die Hohltaube und Turteltaube* bevorzugen größere Wälder.

Die *Ringeltaube* ist die auffälligste und häufigste unserer Wildtaubenarten. Bis zu 600 g Gewicht erreichend und mit leuchtend weißen Flecken an den Halsseiten sowie den weißen halbmondförmigen Flügelabzeichen im blaugrauen Gefieder ausgestattet, dürfte sie mit keiner anderen Taubenart verwechselbar sein. Das in ihrer Balzstrophe immer wiederkehrende, in dritter Silbe betonte »Gru-gru-kruh« ist ebenso arttypisch wie der bogenförmige, von lautem Flügelklatschen begleitete Balzflug. Die Balz beginnt ab März.

Die Ringeltaube brütet in vielen Teilen Europas und hat sich als äußerst anpassungsfähiger Vogel an die Zersiedlung der Landschaft erwiesen. Sie scheut nicht die Nähe menschlicher Wohnstätten, dies begünstigt ihre Vermehrung. Von Ende März bis Oktober werden jährlich zwei bis drei Bruten mit überwiegend zwei Jungvögeln aufgezogen.

Die starke Vermehrung der Ringeltaube führte zu Schäden im Gemüse- und Feldfruchtbau. Als ausgesprochene Ringeltaubenländer gelten England, Holland, in der Bundesrepublik West- und Norddeutschland und neuerdings auch Polen. Den Jägern obliegt es, diese Wildtaubenart im Frühjahr während der Taubenbalz, im Sommer und Herbst beim Einfallen in die Getreide- und Kohlfelder stark zu bejagen, um die Übervermehrung zu bremsen. Die Strecken in der Bundesrepublik veranschaulichen den Bejagungserfolg. 1968/69 wurden ca. 375 000, 1971/72 ca. 480 000 und 1974/75 bereits über 630 000 Ringeltauben erlegt. 1977/78 dürfte die Strecke mit annähernd 800 000 erbeuteten Ringeltauben die jährliche Mindest-Fasanenstrecke in der BRD erreichen. In Holland und insbesondere in England werden erheblich höhere Strecken erzielt, sie sind zur Regulierung dieses umweltzähen Wildvogels notwendig. In der Bundesrepublik wurde ab 1977 die Schonzeit einheitlich auf zwei Monate beschränkt; sie kann in Schwerpunktgebieten, in denen die als Strichvogel in Scharen umherziehenden Ringeltauben Schaden anrichten, gänzlich aufgehoben werden. Junge Ringeltauben – ihnen fehlt die weiße Halszeichnung – sind in der Jägerküche als leckeres Wildbret gern gesehen.

Die *Türkentaube* – Einwanderer aus dem vorderen Orient und den Balkanländern – ist in Mittel- und Westeuropa ein ungern gesehener Wildvogel. Sie ist noch geselliger als die Ringeltaube und hat sich in vielen Gebieten so stark vermehrt, daß sie beispielsweise die selteneren bodenständigen Turtel- und Hohltauben zu verdrängen beginnt. Typische Merkmale der Türkentaube sind ihr schwarzer Nackenstrich, ihre weißen Unterschwanzfedern und ihr eintöniger Ruf, der monoton in den Silben »du-du-du-du« ertönt. Da sie in engster Nähe mit dem Menschen lebt, ist es schwierig, ihr jagdlich so intensiv nachzustellen, daß der Vermehrung Einhalt geboten werden kann. Ihr Wildbret ist unbedeutend. Die Türkentaube genießt wie die Ringeltaube bei uns nur zwei Monate Schonzeit.

Die *Hohltaube* unterscheidet sich durch ihr einheitliches blaugraues Gefieder von anderen Wildtauben. Sie ist ein ausgesprochener Waldvogel und brütet im Gegensatz zu unseren anderen Taubenarten in Baumhöhlen. Die Jäger tragen zur Arterhaltung und Vermehrung dieser gänzlich unter Schutz gestellten Wildtaube bei, indem sie Nistkästen anbringen.

Das bräunlich gesprenkelte Rückengefieder, die doppelten schwarzen Streifen zu beiden Seiten des Halses, der weiß abgefaßte und abgerundete Schwanz und das schnurrende »Tur-tur-tur« sind die untrüglichen Erkennungsmerkmale unserer anmutigsten Wildtaube, der *Turteltaube*. Diese zierliche, bis 160 g wiegende Taube kommt verstreut, oft nur in wenigen Exemplaren vornehmlich in Westdeutschland vor. Neuerdings in der Lüneburger Heide stärker Fuß fassend, sieht und hört man die »Wegtaube« in lichten jüngeren Kiefernbeständen. Die Türkentaube scheint ihr manch erobertes Terrain streitig zu machen, was der Jäger durch Abschuß dieses Einwanderers bei jeder sich bietenden Gelegenheit erschweren sollte. Die Turteltaube ist wie Ringel- und Türkentaube Freibrüter und wie die Hohltaube ganzjährig geschützt.

Wann und wo immer Wildtauben beobachtet werden, sind in der Feldflur Haustauben ihre Gesellschafter. Zum Problem wurden bereits die vielen tausend Stadttauben, die in den Stadtrandgebieten über die Einsaaten herfallen, außerdem Gebäude verschmutzen und als Krankheitsüberträger den Menschen gefährden. Sie sind ein noch unbefriedigend gelöstes Beispiel dafür, wie schwierig es ist, eine vom Menschen nicht unter Kontrolle gehaltene Tierart mit angemessenen Mitteln auf eine erträgliche Besatzdichte zurückzuführen.

Das *Rebhuhn* ist die bodenständige Feldhuhnart. Es kommt in wenigen Rassen – heute spricht man von Unterarten –, im gesamten Europa (einschließlich Rußland) und Teilen Kleinasiens vor. Mehrere Jahrtausende vor dem Fasan ist dieser Bewohner steppenartiger Landschaften nach Europa vorgedrungen, wo er in offener, aber auch mit Büschen durchsetzter Feldmark lebt. In Deutschland erreichte das Rebhuhn die dichteste Besiedelung zur Zeit der Dreifelderwirtschaft – als jeweils ein Drittel der beackerten Flächen als Brache liegenblieb –, aber auch später, als bereits die extensive Landwirtschaft betrieben wurde. Mit zunehmender Technisierung bei der Feldbestellung wurde das Rebhuhn zurückgedrängt. Vor 1940 (extensive Landwirtschaft) wurden beispielsweise im Gebiet der Bundesrepublik jährlich über 600 000 Hühner erlegt, 1975/76 kam nur noch die Hälfte zur Strecke. Erfreulicherweise sind in jüngster Zeit auf Grund fördernder Maßnahmen durch die Jäger und der sich abzeichnenden Anpassung der Rebhühner an die heutigen landwirtschaftlichen Bewirtschaftungsformen leicht ansteigende Besätze festzustellen. Der Rebhahn ist von der Henne durch seinen hellen Längsstreifen auf den Flügeldeckfedern unterscheidbar. Die Henne hat quergebänderte Flügeldeckfedern von unterschiedlicher Deutlichkeit. Im übrigen ähneln sich die Geschlechter in ihrem Erscheinungsbild. Das auf hellgrauer Brust sich meist dunkel abhebende Schild (Fleck) ist kein sicheres Merkmal zur Unterscheidung der Geschlechter. Im Emsland (Nordwestdeutschland) und in Ostholland gibt es noch das Heiderebhuhn, dessen Gefieder dunkler ist als das des Rebhuhns; der Schild des Hahnes ist fast schwarz.

Rebhühner leben in Einehe, also monogam, was jedoch nicht ausschließt, daß die »Ehe« manchmal im Folgejahr mit einem anderen Partner geschlossen wird. Nach der Schneeschmelze (Februar/März) lösen sich die im Familienverband überwinternden Völker auf und verpaaren sich mit blutsfremden Hühnern anderer Ketten. Sind Hahn und Henne fest verpaart, hält diese Verbindung mindestens bis zum nächsten Jahr. Etwa ab 1. Mai legt die Henne fast täglich ein Ei, bis das Gelege mit 16 bis 22 Eiern (ein Ei ca. 13 g) vollständig ist. Das Nest, das aus einer tief ausgepolsterten Mulde besteht, wird nach ungestörtem Verlassen von der Henne mit Halmen zugedeckt. Das Rebhuhn betreibt sorgfältige Brutpflege, wobei die vielen Eier korbförmig angeordnet sind, so daß die Henne alle mit ihrem Körper bedeckt. Dabei bebrütet sie die an den Nesträndern höher gelegenen Eier mit den Körperflanken. Die Brutdauer beträgt 24 Tage. Der Hahn ist während dieser Zeit ein treuer Wächter seiner Henne. Nach dem Schlüpfen führen beide Eltern aufopferungsvoll die vielköpfige Kükenschar. Dabei wird der Hahn oft ein Opfer ihrer Verteidigung gegenüber Feinden. Kommt die Henne zu Tode, namentlich während der Mähzeit, übernimmt der Hahn, bei Verlust beider Elterntiere häufig sogar ein anderes Althuhn die Führung.

Die Küken sind in stärkerem Maße als die Fasanenküken auf lebende Insektennahrung angewiesen. Mit zwei Wochen fliegen sie bereits so gut wie eben flügge gewordene Sperlinge. Im September sind sie bejagbar, erreichen aber erst im Oktober die Stärke der Althühner (350 g bis 450 g).

Junge Rebhühner können mit den bei uns selten gewordenen (europäischen) Wachteln verwechselt werden. Naturbeobachter und Jäger erkennen die Wachtel am »Kurzstreckenflug«, vor allem jedoch an ihrem Ruf, dem unverkennbaren Wachtelschlag; »Pick-wer-wick«. Die Wachtel ist unsere kleinste Feldhuhnart und unser kleinster Zugvogel, sie wird seit Jahrzehnten bei uns geschont.

Im Sommer werden die eng beieinander übernachtenden Hühner mit dem ersten Tageslicht aktiv und streichen nach ankündigendem Rufen, das wie »kirrek« klingt, zur Äsungssuche. Währen des Äsens wachen die Althühner. Gegen Abend finden sich die Hühner im Lager auf engstem Raum zusammen, sie übernachten am Boden. Im Winter, vor allem bei Schnee, werden die Rebhühner erst in den fortgeschrittenen Vormittagsstunden äsungsaktiv. Ihre Nahrung besteht in dieser Zeit neben Gras und Unkrautsamen hauptsächlich aus Grünäsung, im Frühjahr hingegen wird der Anteil der Sämereien durch Blüten und Knospen ersetzt.

Stärker als beim Fasan wirken sich auf die Rebhuhnbesätze der Witterungsverlauf und die natürlichen Feinde aus, zu denen praktisch alle fleischfressenden Tiere gehören. Da die Rebhühner die Eigenart haben, für den Nestbau Wege- und Grabenränder zu wählen, fügen die Wiesel den brütenden Hennen nicht selten hohe Verluste zu. Ohne straffe Bejagung der natürlichen Feinde ist eine Besatzförderung beim Rebhuhn kaum möglich.

Im Gegensatz zu früheren Zeiten, wo es im Winter kaum eine Notzeit für das Rebhuhn gab, ist es heute auf Deckungs- und Äsungsschaffung angewiesen. Hier kann durch landwirtschaftlichen Zwischenfrucht-Anbau Abhilfe geschaffen werden; beliebt ist vor allem Stoppelklee (Kleeuntersaat im Getreide). Eine besonders für Rebhühner geeignete Wildackerpflanze ist der fast vergessene Buchweizen. Weiterhin sind geeignet: Winterraps, Ölrettich, Sonnenblumen, Lupinen u. a. Eine Zufütterung von Körnerfutter ist wegen des Mangels an Unkrautsamen in der Feldflur ratsam.

Bei der Bejagung ist darauf zu achten, daß die zuerst aufstehenden Hühner, die Althühner, nicht beschossen werden. Eine Kette, die der Führung notzeiterfahrener Elterntiere beraubt ist, wird einen harten Winter kaum überstehen. Je stärker die Kette, desto größer sind ihre Überlebenschancen in der Notzeit, da die einzelnen Hühner nicht so oft Wache halten müssen wie in einem schwachen Volk. Sie haben also im Verlauf des kurzen Wintertages mehr Zeit zum Äsen, sind dadurch in besserer Kondition und werden nicht so leicht Beute des heute ganzjährig geschützten Habichts und auch des Bussards. Hohe Winterverluste und das immer häufiger werdende Ausmähen (Kreiselmäher) von Gelegen haben bewirkt, daß die Jäger heute in vielen Revieren auf die Bejagung des Rebhuhns verzichten.

Schlupfergebnisse aus ausgemähten Gelegen zeigen, daß sie in Gebieten mit überwiegendem Getreide- und Hackfruchtanbau oft schlecht befruchtet sind. Bei Gelegen aus Revieren mit einem hohen Grünlandanteil ist die Befruchtung dagegen meistens besser. Ob Herbizide oder Pestizide einen Einfluß auf Befruchtung und Schlupf haben, konnte bisher nicht geklärt werden; das sollte aber eine lösbare Aufgabe für die Jagdwissenschaft sein.

Während in England und Frankreich die lange Jahre intensiv betriebene künstliche Aufzucht größtenteils wieder aufgegeben und durch natürliche Lebensraumverbesserung ersetzt wird, entstehen in der Bundesrepublik weitere Rebhuhnaufzuchtstationen. Auch hier sollte in Zukunft statt künstlicher Aufzucht und Aussetzen von Rebhühnern mehr für die natürliche Lebensraumverbesserung und damit für die Erhaltung dieser liebenswürdigen Wildart getan werden.

Zu den in Deutschland und in Europa beheimateten *Schnepfenvögeln* gehören die *Waldschnepfe,* die *Bekassine,* die *Doppelschnepfe,* die *Zwergschnepfe,* die *Pfuhlschnepfe* und die *Uferschnepfe.* Eng verwandt mit den Schnepfenvögeln sind die Brachvögel, vertreten in unseren Küsten- und Flachlandrevieren durch den *Großen Brachvogel.*

Sicheres ornithologisches Erkennungsmerkmal der Schnepfen ist der gerade Schnabel; der Oberschnabel überragt etwas den Unterschnabel und ist an der Spitze verdickt. Der Schnabel ist doppelt so lang wie der Fuß (Ständer), die Zehen besitzen keine Bindehäute, die Mittelzehe ist länger als der Ständer. Die Füße der Schnepfenvögel sind nackt, mit Ausnahme der Waldschnepfe, ihre Ständer sind bis zum Fersengelenk vollständig befiedert.

Heimlich, da nacht- und dämmerungsaktiv, bevölkert die *Waldschnepfe,* dieser noch immer geheimnisumwitterte Allerweltsvogel, Europa einschließlich Schweden. Darüber hinaus erstreckt sich sein Vorkommen in Asien nördlich bis zum 60. Breitengrad, südlich bis zum Himalaya, östlich bis Japan. Weitere Brutgebiete sind die Azoren, Kanaren, Madeira und die Gebirgszüge Nordafrikas.

Die Waldschnepfe ist ein »Tramp« unter den Zugvögeln. In milden Wintern verbleiben die Waldschnepfen in zunehmendem Maße in unseren Revieren; der Jäger spricht dann von den »Lagerschnepfen«. Die Strenge des Winters bestimmt die Weite der Wanderung, die ab Spätherbst vornehmlich in die Mittelmeerländer, aber auch nach Persien, Indien und bis nach China führt.

Im Frühjahr erwarten Jäger und Naturfreunde mit Spannung die Rückkehr des »Vogels mit dem langen Gesicht«. Ist er doch dem aufmerksamen Beobachter als Frühlingskünder ein Bote neuerwachenden Lebens. Wer kennt nicht die Waldschnepfe, wenn sie im März und April über den Mooren, Sümpfen, Auwäldern oder den Dickungen der Mittelgebirge in eulenartigem Fluge ihre Balzspiele betreibt. So auffällig der Suchflug und die Verfolgungsjagd zur Zeit des Schnepfenstrichs, der Zeit der Balz ist, so unauffällig nimmt sich die Waldschnepfe am Boden aus. Ihre helldunkle Gefiederzeichnung, ein weißgelbes und schwarzbraunes Farbbändermosaik, hebt ihre Konturen am Boden weitgehend auf.

Männchen und Weibchen ähneln sich so stark in ihrem Äußeren, daß sie allenfalls an ihrem Balzverhalten zu unterscheiden sind. Die Begattung findet am

Boden statt, wobei der Schnepfenhahn mit gefächertem, auf der Rückseite weiß gerändertem Stoß um die Gunst der Schnepfenhenne wirbt. Das in eine Bodenmulde gebettete Gelege besteht aus 3 bis 4 rundlichen, gefleckten Eiern. Die Brutzeit beträgt 22 bis 24 Tage. Die Jungen sind Nestflüchter, verbleiben jedoch in den ersten Lebenstagen im engeren Bereich des Nistplatzes.

Die Waldschnepfe kommt in vielen Farbspielarten vor, aber stets in der gebänderten Kontrastzeichnung hell-dunkel. In Europa handelt es sich jedoch stets um ein und dieselbe Art. Jagdlich bereichert die Waldschnepfe in der Bundesrepublik in bescheidenem Maße die Niederwildstrecken. 1969/70 wurden in der BRD ausnahmsweise ca. 30 000, 1975/76 nur noch knapp 20 000 Waldschnepfen erlegt. Ab 1977 bejagen die Jäger in der Bundesrepublik die Waldschnepfe während ihres Frühjahrszuges nicht mehr; sie beugten sich dem Beispiel der Jäger anderer europäischer Länder, obwohl dort, beispielsweise in Spanien (Jahresstrecke 40 000 bis 50 000) und Frankreich (Jahresstrecke ca. 1 000 000), weitaus mehr Waldschnepfen erlegt werden. Die Waldschnepfe ist bei schonender Bejagung in Europa nicht gefährdet, vielmehr wird sie in Feucht- und Waldgebieten, wo sie noch vor wenigen Jahren als selten galt, verstärkt beobachtet.

Das bezeichnende »Meckern« der *Bekassine*, das während des Sturzfluges in der Balz durch Vibration der äußeren Stoßfedern bewirkt wird, gab ihr den weitverbreiteten Namen Himmelsziege. Diese kleine Schnepfe – Männchen und Weibchen gleichen sich ebenfalls völlig –, die sich von der Waldschnepfe durch ihre geringe Größe (sie wiegt bis 150 g) und helle Längsstreifen am Scheitel und den Augen unterscheidet, bevölkerte noch vor zehn Jahren weite Landstriche in unseren Feuchtgebieten. Rauhe, nasse Wiesen und Blänken sind ihr engeres Aufenthalts- und Brutgebiet. Nach Rückkehr aus den Überwinterungsgebieten (den Mittelmeerländern und Nordafrika) im März beginnen die Bekassinen ab Mitte April mit der Legetätigkeit. Das Nest besteht aus einer kunstlosen Mulde auf erhöhtem Punkt im feuchten Gelände und enthält vier birnenförmige Eier von minimal 37:28 mm. Die Hauptnahrung bilden Würmer und Insekten.

Die Trockenlegung von Wiesen und Mooren führte nach 1945 zum erheblichen Rückgang der Bekassine. In der Bundesrepublik wurde ab 1977 auf die Bejagung dieser Kleinschnepfe, die vornehmlich den Jägern der norddeutschen Tiefebene schwieriges, reizvolles Weidwerk bot, verzichtet.

Die *Doppelschnepfe* unterscheidet sich von der Bekassine durch weißliche äußere Schwanzfedern, durch ihr stummes Abstreichen nach dem Aufstöbern am Boden und schließlich durch ihren schwerfälligen, geradeaus führenden Flug. Der Bekassine fehlt die auffällige Weißzeichnung an den äußeren Stoßfedern, und in dem ihr eigenen Zick-Zack-Startflug, wobei sie ein heiseres »Ätsch« ertönen läßt, weicht sie von den Eigentümlichkeiten der Doppelschnepfe deutlich ab. Diese Unterschiede dürften Verwechslungen ausschließen. Das Vorkommen der Doppelschnepfe erstreckt sich noch weiter östlich als das der Bekassine. Skandinavien, Holland, Dänemark, Norddeutschland und Polen sind in Europa ihre Hauptbrutgebiete.

In Deutschland stehen die Doppelschnepfe wie die *Zwergschnepfe* seit langem unter Schutz. Diese nur starengroße Schnepfe ist an ihrem schwärzlichen Scheitel, Nacken und dem metallisch glänzenden dunklen Rücken leicht zu erkennen. Sie brütet hauptsächlich im nördlichen Euorpa, auch in Nord- und Ostdeutschland.

Die *Pfuhl*- und die *Uferschnepfe* unterscheiden sich von den beschriebenen Schnepfen durch erheblich längere Ständer. Das markanteste Erkennungsmerkmal der bis 38 cm großen Pfuhlschnepfe ist der etwas aufwärts gebogene Schnabel, das der Uferschnepfe die im Fluge weit unter dem Stoß hervorragenden Ständer. Die Pfuhlschnepfe kommt hauptsächlich an unseren Meeresküsten vor, die bis 40 cm große Uferschnepfe ist vor allem ein Bewohner der nassen Wiesenlandschaften, Flußmündungen und Binnenseen. Die Arterhaltung dieser Schnepfen ist heute und künftig weitgehend abhängig vom Erhalt ihrer Lebensräume.

Der *Große Brachvogel*, dieser den Schnepfen nahe verwandte haushuhngroße Vogel, besiedelt in noch nennenswerter Anzahl die norddeutschen Heiden, Moore und Wiesenlandschaften; auf dem Zuge belebt er unsere Küsten. Charakteristisch sind sein langer nach unten gebogener Schnabel und sein melodischer Ruf. Keilhaken, Kronschnepfe und Regenvogel sind weitere bezeichnende Namen für ihn. In seinen Brutgebieten ist er als »Revierwächter« bekannt, der jede Störung, selbst nachts, durch lautes markantes Rufen anzeigt. Noch bis 1976 wurde der in Norddeutschland häufige Vogel in Schleswig-Holstein – in erster Linie in den Küstenrevieren – erlegt. Sein Fleisch ist wie das aller Schnepfenvögel sehr schmackhaft. Ab 1977 ist der bei den norddeutschen Bauern als Regenankünder beliebte Vogel wie die meisten seiner Verwandten in allen Ländern der Bundesrepublik von der Bejagung ausgenommen.

Emil Schulz

WASSERWILD

Das Wasserwild *(Schwäne, Gänse, Enten, Rallen, Taucher, Möwen)* stellt den Jäger zunehmend vor ganz besondere Probleme. Gewässer aller Art, sogenannte Feuchtgebiete, gehören bei uns zu den bedrohtesten Landschaftsteilen. Der noch verfügbare Lebensraum des Wasserwildes wird somit immer weiter eingeengt. Nur wenige dieser Vögel besitzen die Anpassungsfähigkeit, um sich auf die sich stetig verändernden Bedingungen einstellen zu können. Die jagdlich bedeutsamsten, die Enten und Gänse, sind zudem in der Mehrzahl Zugvögel, die auf ihren Wanderungen mehrere Ländergrenzen überfliegen und somit einem, zwar je nach den Landesbestimmungen wechselnden, aber doch anhaltenden und schwer abschätzbaren Jagddruck unterliegen. Auf diesen Zugwegen ist das Wasserwild auf Nahrungsgründe und Rastplätze angewiesen, die für die Bestandserhaltung ebenso wichtig sind wie ungestörte Brutgebiete. Die Hege und Bejagung des Wasserwildes wird daher in verstärktem Maße überregionale Gesichtspunkte berücksichtigen müssen. Aus der kleinräumigen Sicht eines Reviers ist seine angemessene jagdliche Nutzung kaum möglich. Es bedarf dazu einer großräumigen Zusammenarbeit aller Jäger. In der genauen, nach Arten und möglichst auch nach Alter und Geschlecht aufgeschlüsselten Streckenangabe kann aber auch jeder einzelne dazu einen entscheidenden Beitrag liefern.

Auf eine ganz andere Weise ist der Jäger durch die wenigen Wasserwildarten gefordert, die aus der menschlichen Tätigkeit sichtlich Nutzen ziehen. Höckerschwäne, Möwen und vielleicht auch Bleßhühner zeigen die heute in solchen Fällen immer notwendiger werdende reine Regulierungsaufgabe der Jagd. Auf die eine oder andere Art wird das Wasserwild daher immer mehr zum jagdlichen Sorgenkind werden. Andererseits ist seine Hege und pflegliche Bejagung auch eine gewiß reizvolle und lohnende Aufgabe, die viel mehr Beachtung und Einsatz verlangen sollte.

Neben einigen gemeinsamen Körpermerkmalen, auf die hier nicht näher eingegangen werden kann, zeigen die *Entenvögel (Schwäne, Gänse und Enten)* auch in der Lebensweise und im Verhalten charakteristische Gemeinsamkeiten.

Balzhandlungen, die bei den Gänsen und Enten in den Grundzügen ähnlich sind, leiten die Paarbildung ein. Zwischen der Paarbildung und Brut liegt eine mehr oder weniger lange »Verlobungszeit«, in der die Paarbindung weiter gefestigt wird. Das Nest besteht nur aus dem in Reichweite greifbaren Baumaterial. Sind die einfarbigen Eier gelegt, mausern die Weibchen die Bauchdunen, mit denen das Nest ausgepolstert wird. Die Weibchen brüten stets alleine, oft von dem sich in der Nähe aufhaltenden Männchen bewacht (Gänse). Der Zusammenhalt der Schofe wird nicht so sehr durch die führenden Eltern, sondern mehr durch ein »Kennen« der Jungen untereinander hergestellt. Die Schwung- und Steuerfedern werden bei der Mauser alle gleichzeitig abgeworfen. Die Entenvögel sind daher jährlich mehrere Wochen lang flugunfähig. Diese Schwingenmauser ist zeitlich mit der Brut und der Aufzucht der Jungen eng verknüpft. Die Mauserzeiten sind daher bei den Geschlechtern verschieden. Wie bei allen Zugvögeln, spielt sich der Jahresablauf der Entenvögel in einem weitgehend festgelegten Rhythmus ab, dessen genaue Kenntnis die Grundlage einer schonenden und biologisch richtigen Bejagung sein sollte.

Die aus teilweise anerkennenswerten Gründen des Artenschutzes immer komplizierter werdenden Jagd- und Schonzeitbestimmungen setzen eine genaue Kenntnis der verschiedenen Schwäne, Gänse und Enten voraus. Die heute überall erhältlichen, sehr guten und handlichen Vogelbestimmungsbücher sollten daher zum Rüstzeug eines jeden Jägers gehören. Nur das ständige, wiederholte Einüben der Unterscheidungsmerkmale kann Fehlhandlungen weitgehend verhindern.

Als Parkvogel ist der *Höckerschwan* wohl ausreichend bekannt. Da er der einzige jagdbare Schwan ist, sollte man sich aber doch die Merkmale der beiden anderen Schwäne, *Sing-* und *Zwergschwan,* genau einprägen. Wichtig ist das vor allem bei den noch grauen Jungschwänen, die weit schwerer auseinanderzuhalten sind als die alten Schwäne.

Der Höckerschwan ist heute auf fast jedem einigermaßen geeigneten Gewässer anzutreffen. Diese Entwicklung wird, da er recht große Brutreviere beansprucht, bald abgeschlossen sein und zum Einpendeln gleichbleibender Bestandszahlen führen. Auf sehr nahrungsreichen Gewässern kann es aber auch zu kolonieartigen Brutansammlungen kommen. Überhaupt scheint der beanspruchte Raum stark vom Nahrungsangebot (Wasserpflanzen, Algen) abhängig zu sein. Die Aussagen über das Verhalten der Höckerschwäne gegenüber anderem Wasserwild sind recht unterschiedlich. Sicherlich vertreibt er nicht alle anderen Schwimmvögel aus seinem Brutrevier, Übergriffe, vor allem auf Junge anderer Arten, kommen aber gelegentlich vor. In dieser Beziehung kann sich ein Schwanenpaar zu verschiedenen Zeiten ganz unterschiedlich verhalten. Eine Schädigung des Fischbesatzes ist nur über den Verbiß der Wasserpflanzen möglich. Die Jagd auf den Höckerschwan hat also nicht zur Aufgabe, einen »jagd-« und »fischereischädlichen« Vogel möglichst zu dezimieren. Sie sollte die Anzahl der Schwäne auf einer tragbaren Höhe halten und sie als Nebeneffekt wieder zu wirklichen Wildvögeln machen.

Kurz nach dem Erreichen der Flugfähigkeit (Mitte September bis Mitte Oktober) sollten bevorzugt die auch noch gut verwertbaren Jungschwäne bejagt werden. Nur in dieser Zeit ist noch einigermaßen gewährleistet, daß auch in den örtlichen Brutbestand eingegriffen wird, den es bei zu großer Dichte einzuschränken gilt.

Obwohl die Kugel für einen gezielten Wahlabschuß, zum Beispiel der schon im Jugendgefieder weißen Mutanten, am geeignetsten erscheint, ist wegen der bekannten Gefährlichkeit der Schrotschuß aus kurzer Entfernung auf Hals und Kopf des schwimmenden und natürlich auch des fliegenden Schwanes vorzuziehen. Beim Anfahren mit dem Boot oder Treiben sollte bedacht werden, daß die Schwäne stets gegen den Wind aufstehen, dann aber fast immer mit dem Wind abstreichen.

Bei den *Wildgänsen* lassen sich nach dem Aussehen und Vorkommen zwei Gruppen unterscheiden: die überwiegend grauen *Feldgänse* (Grau-, Saat-, Kurzschnabel-, Bleß-, Zwerggans) und die auffällig schwarzweißen *Meeresgänse* (Weißwangen- oder Nonnen-, Ringel-, Kanadagans). Die in England und Skandinavien eingebürgerte Kanadagans ist wie die Feldgänse mehr an das Binnenland gebunden. Die Brandgans oder Brandente, überwiegend ein Küstenvogel, ist weder eine Gans noch eine Ente, sondern gehört zu den sogenannten Halbgänsen.

Bis auf die Graugans, deren einziges zusammenhängendes Brutgebiet in der Bundesrepublik im Osten Schleswig-Holsteins liegt, sind alle anderen Gänse bei uns nur Durchzügler, wo sie alljährlich bestimmte, von Art zu Art verschiedene Rast- und Überwinterungsgebiete aufsuchen. Da den Gänsen das Zugverhalten nicht angeboren ist, sondern erst im Familienverband, der bis zur nächsten Brut zusammenhält, erlernt werden muß, können sie recht dauerhafte Rastplatztraditionen herausbilden. Das am Anfang über die Bedeutung der Rastgebiete Gesagte trifft daher hier in besonderem Maße zu. Solche Rast- und Äsungsflächen, ungestörtes, weites Grün- und Ackerland in der Nähe größerer Gewässer für die Feldgänse und ruhiges Deichvor- und Halligland für Ringel- und Weißwangengans, werden in unserer Landschaft immer knapper; Konzentrationen mit fühlbaren Schäden für die Landwirtschaft können nicht ausbleiben. Im übervölkerten Mitteleuropa wird sich daher die Zukunft der Gänse nur sichern lassen, wenn für Ruhe- und Rückzugsgebiete gesorgt wird, die den Schaden im Umland verringern und eine Bejagung weniger problematisch und angreifbar erscheinen lassen.

Würde die Graugans kurz nach dem Erreichen der vollen Flugfähigkeit der Jungen (August bis Anfang September) an ihren oft recht kleinen Brutgewässern intensiv bejagt werden, könnte das leicht zur Aufgabe der Brutplätze und zur vorzeitigen Auflösung der Familienverbände führen. Bei der allgemein starken Beunruhigung bringen die Gänse den Tag auf diesen Gewässern zu und fliegen erst abends zur Äsung auf Wiesen und Äcker. Unter normalen Bedingungen ist der Tagesablauf aber gerade umgekehrt. Das Abpassen der Gänse auf dem Strich zwischen Schlafplatz und Äsung bietet daher ganz allgemein die schonendste und reizvollste Jagd. Da das Ansprechen der Gänse, vor allem der Feldgänse, recht schwierig ist, sollten auch die bezeichnenden Flugrufe bekannt sein. Das Anpirschen und der Kugelschuß auf äsende oder rastende Gänse erfordert bei ihrer großen Wachsamkeit wohl ein erhebliches jagdliches Können, es erscheint mir aber nur da angebracht, wo die Gänse schwer zu Schaden gehen und vertrieben werden müssen. Erhalten wird man sich die Gänse im Revier nur, wenn die Schlaf- und Weideplätze weitestgehend ungestört bleiben.

Für eine Anzahl der siebzehn heimischen *Entenarten* und alle *Säger* sind keine Jagdzeiten mehr vorgesehen. Das richtige Ansprechen wird so zur Voraussetzung hegerischer Bejagung. Bei der großen Ähnlichkeit, etwa der weiblichen Gründelenten und einiger Tauchenten, wird aber auch der beste Kenner Fehlabschüsse kaum vermeiden können. Auch wenn die Bestimmungen also nicht immer sonderlich realistisch erscheinen, sollte man doch sein Bestes tun, um Verstöße soweit wie irgend möglich auszuschließen.

Da die meisten Entenarten in unseren Revieren brüten, können sie auch, in ähnlicher Weise wie anderes Flugwild, durch eine intensive Hege gefördert werden. Diese Hege muß sich bevorzugt auf die Erhaltung, Schaffung und Pflege von Brut- und Rastgewässern richten. Überall dort, wo nur irgend möglich, sollte die Anlage oder der Ausbau solcher Gewässer ein wesentlicher Bestandteil der Reviergestaltung sein.

Die verschiedenen Entenarten haben ganz spezielle Lebensraumansprüche, die sich zudem im Ablauf des Jahres noch ändern können. So bevorzugen die einzelnen Arten besondere Brut-, Rast-, Mauser- und Überwinterungsplätze oder doch die unterschiedlich strukturierten Abschnitte eines größeren Gewässers. Die Entenhege, die sich tunlichst nicht nur auf die Stockente oder gar auf das recht fragwürdige Aussetzen von Hochbrutflugenten beschränken sollte, muß diese »Sonderwünsche« weitgehend berücksichtigen. Hier bietet sich also noch ein weites Feld für die Entwicklung neuer und interessanter Hegemethoden.

Hege und Bejagung der Enten haben sich nach dem Jahresgang des Entenlebens zu richten. Als Beispiel dafür kann als jagdlich wichtigste Art die Stockente stehen. Da sie sehr früh mit der Brut beginnt, verschieben sich die Zeiten für die anderen, vor allem die Tauchenten, um fast einen Monat. Dem wurde mit dem späteren Jagdbeginn auch Rechnung getragen.

Die Reihzeit (Balz, Paarbildung) beginnt bei der Stockente im September mit »Gesellschaftsspielen« der Erpel. Bei der anschließenden Paarbildung spielt die Ente eine dominierende Rolle. Die alten, erfahrenen Brutenten sind also schon vom zeitigen Herbst an mit einem Erpel zusammen. Diese Paare kopulieren auch schon häufig, obwohl die Keimdrüsen zunächst noch inaktiv sind. Erst kurz vor dem Beginn der Brutzeit zeigen die verpaarten Erpel wieder die Neigung »fremdzugehen«. Zu dieser Zeit, etwa Ende Januar, beginnt das Reihen, das heißt Verfolgungsflüge – eine Ente voran, gefolgt von zwei oder mehreren Erpeln. Die Winteransammlungen lösen sich jetzt auf. Das Reihen trägt sicherlich durch das Vertreiben fremder Enten zur gleichmäßigen Brutverteilung bei. Es kann aber, da die Erpel in der Regel in der Zahl überwiegen, auch eindeutig geschlechtlich bestimmt sein. Der Brutbeginn ist stark von der Witterung abhängig (März bis Juni mit einem Maximum im April und Mai). Das Paar sucht gemeinsam den Nestplatz. Die endgültige Standortwahl, bei der die Stockente weit weniger wählerisch ist als andere Enten (Nistkörbe und andere Nisthilfen), trifft die Ente. Die Gelegegröße schwankt zwischen 7 und 12 Eiern. Bei Verlust des Erstgeleges sind Nachgelege häufig. Die Brutdauer beträgt ungefähr 28 Tage. 8 bis 9 Wochen nach dem Schlüpfen sind die Jungenten flugfähig. Bei dem weitgestreuten Brutbeginn ist also erst im September damit zu rechnen, daß alle Jungenten selbständig sind. Erpel und Enten mausern zu verschiedenen Zeiten. Die Erpel sammeln sich dazu auf bestimmten Mausergewässern. Vor der Schwingenmauser (Mitte Juni bis Mitte Juli) legen sie hier zunächst das entenähnliche Ruhekleid an. Anschließend, etwa ab Anfang August, wird wieder das Prachtkleid ausgebildet. Bei den Enten richtet sich die Mauser nach dem Brutbeginn und der Zeit der Jungenführung. Sie werfen die Schwungfedern erst nach dem Selbständigwerden der Jungen ab. Auf flugunfähige Enten trifft man daher vom August bis in den September hinein; sie sind unbedingt zu schonen.

Gelegeverluste und Sterblichkeit der Jungen sind bei den Enten oft recht erheblich. Wo die brütenden und führenden Enten ständig beunruhigt werden, haben Raubfeinde ein leichtes Spiel. Zählungen, die in den Hauptüberwinterungsgebieten vorgenommen werden, können über die Gesamtgröße des Brutbestandes eines Einzugsgebietes einigermaßen Aufschluß geben. Für eine angemessene Bejagung wären aber natürlich auch Anhaltswerte über die Höhe des Nachwuchses vor der Jagdzeit notwendig. Erst ein weit gespanntes Netz stichprobenhafter Erhebungen des Bruterfolgs über ganz Europa könnte hier zu gesicherten Grundlagen führen.

In der Abenddämmerung verlassen die Enten, vor

allem die Stockenten, ihre Ruhegewässer, um die je nach Jahreszeit und Angebot wechselnden Nahrungsgründe aufzusuchen. In der Morgendämmerung kehren sie auf die Ruheplätze zurück. Diese Nahrungsflüge – der Entenstrich – bieten also auch die besten Jagdmöglichkeiten. Die Stände sollten aber nicht unmittelbar an den bevorzugten Ruheplätzen eingerichtet werden. So hat es sich bei größeren Wasserflächen und Teichgebieten als sehr vorteilhaft erwiesen, Ruhezonen einzuhalten. Die Enten bleiben viel länger im Revier, und die Strecken steigen merklich an. An kleineren Gewässern hat sich eine Bejagung in längeren Zeitabständen als weit ergiebiger herausgestellt als ein tägliches Abklappern aller Tümpel und Wassergräben, das nur zum vorzeitigen Vertreiben der Enten aus dem Revier führt.

Von allen *Rallen* unterliegt nur noch das *Bleßhuhn* dem Jagdrecht. Wenn oben gesagt wurde, daß es nur bedingt zu den Vögeln gehört, deren Überhandnehmen durch die Jagd verhindert werden muß, so scheint das zunächst der allgemeinen Erfahrung zu widersprechen. Sicherlich sind die Bleßhühner infolge der Gewässerverschmutzung und damit auch Nährstoffanreicherung in einigen Gebieten häufiger geworden. Nach Zählungen der Wineransammlungen läßt sich aber eine Zunahme nicht eindeutig beweisen. Dagegen werden recht erhebliche Schwankungen erkennbar, die darauf hindeuten, daß harte und lange Winter den Bleßhühnern ganz beträchtlich zusetzen. Wie bei den Enten, findet auch bei den Bleßhühnern nach dem Selbständigwerden der Jungen eine Schwingenmauser statt. Im Juli und August sind daher viele weitgehend flugunfähig. Zur Mauser und zum Überwintern sammeln sich die Bleßhühner auf besonders nahrungsreichen Gewässern. Ab Anfang September erfolgt dazu noch Zuzug aus nordischen Brutgebieten.

Wie steht es nun mit der Konkurrenz zu anderem Wasserwild? Wie der Höckerschwan verteidigt auch das Bleßhuhn Brutreviere; es gilt daher allgemein als zänkisch. Vertrieben werden aber eigentlich nur arteigene Eindringlinge. Enten und Taucher werden höchstens angegriffen, wenn sie dem Nest oder den Jungen zu nahe kommen. Einige Tauchenten suchen zur Brut direkt die Nähe der wachsamen Bleßhühner. Bei Streitigkeiten zwischen führenden Enten und führenden Bleßhühnern sind die Siegeschancen durchaus ausgeglichen. Auf demselben Gewässer geht die Bestandsentwicklung von Bleßhühnern und Enten vielfach parallel. Eine entscheidende gegenseitige Beeinträchtigung ist daher unwahrscheinlich. Auch die Nahrungskonkurrenz ist kaum schwerwiegend. Einige Enten, zum Beispiel die Schnatterente, schmarotzen sogar recht ausgiebig bei den Bleßhühnern, diese können wiederum Tauchenten die heraufgebrachten Wasserpflanzen abnehmen. Die Bleßhühner sollten also unter den gleichen Voraussetzungen wie anderes Wasserwild bejagt werden. Da sie nicht streichen, schießt man sie entweder vom Ufer oder vom Boot aus. Groß angelegte Treiben auf Winteransammlungen sind jagdlich kaum mehr zu vertreten, da sie ein Gewässer auf einige Zeit auch von anderem Wasserwild leerfegen können und es keineswegs sicher ist, ob der heimische Brutbestand, den man ursprünglich kurzhalten wollte, davon überhaupt betroffen wird.

Von den vier *Taucherarten* ist nur noch der *Haubentaucher* jagdbar. In einigen Ländern der Bundesrepublik gehen seine Brutbestände merklich zurück. Dabei scheinen sich Umweltgifte in verstärktem Maße bemerkbar zu machen. Seine Hauptnahrung bilden minderwertige Weißfische. Der Vorwurf der Fischereischädlichkeit ist also nicht haltbar. Eine Jagdzeit ist daher für ihn nicht mehr vorgesehen.

Die *Seemöwen* (Silber-, Herings-, Sturm-, Mantelmöwe) und die *Lachmöwe*, ursprünglich ein Vogel der Binnengewässer, die heute auch überall an den Küsten verbreitet ist, spielen unter dem Wasserwild eine ausgesprochene Sonderrolle. Das sogenannte »Möwenproblem« liegt darin begründet, daß bei ihnen Nahrungs- und Brutplatzangebot nicht mehr ausgeglichen sind. Als Allesfresser finden die Möwen heute überall einen reich gedeckten Tisch (Fischindustrie, Müllplätze, Ausflugsdampfer, Winterfütterung in den Städten). Bei der zunehmenden Beanspruchung der Strände sind die Brutplätze rar geworden, und die Möwen weichen daher auf die noch ruhigen Gebiete aus, die gleichzeitig auch die Hauptbrutplätze anderer Seevögel sind.

Hier rauben sie Eier und Junge und werden zum Brutplatzkonkurrenten immer seltener werdender Seevogelarten. Wenn auch bisher über die tatsächliche Bedeutung der Möwen in diesen Seevogelreservaten kaum gesicherte Erkenntnisse vorliegen und auch keineswegs sicher ist, ob die Zahl der Möwen in den letzten Jahren zugenommen hat, so scheint es doch geraten, in verstärktem Maße jagdlich einzugreifen und eine Regulierung mit anderen, oft recht fragwürdigen Mitteln unnötig zu machen. Bei den Lachmöwen hingegen fällt im Binnenland die Schädigung anderen Wasserwildes kaum ins Gewicht, denn ihre Brutkolonien ziehen oft Tauchenten und seltene Taucher an.

Heinrich Hoerschelmann

RABENVÖGEL

Der Bau des unteren Kehlkopfes (mit Singmuskelapparat) beweist eindeutig, daß die Rabenvögel zu den Singvögeln gehören. Ihre zoologische und jagdliche Verschiedenheit macht es erforderlich, daß sie nicht summarisch, sondern einzeln abgehandelt werden.

Der *Kolkrabe* ist der größte Singvogel der Welt. Sein Erscheinungsbild mit klobigem Schnabel, relativ langen Flügeln und keilförmigem Stoß macht ihn gegenüber den Krähenarten leicht kenntlich. Er ist eine der intelligentesten Vogelarten, steht aber doch höheren Säugetieren, etwa Hirschen oder Wölfen, entschieden nach. Seine Vorsicht und besondere Scheu vor Veränderungen in bekannter Umgebung erschweren Jagd und Fang. Die Art ist circumpolar verbreitet mit geographischen Rassen bis in die Wüstengebiete Afrikas hinein. In Mitteleuropa ist der Rabe, als gefährlicher Feind des Niederwildes, in früherer anders denkender Zeit an den Rand der Ausrottung gebracht worden. Der Bestand hat sich in einigen Gebieten (Schleswig-Holstein, Oberbayern) jedoch weitgehend gehalten beziehungsweise wieder erholt und breitet sich von dort her weiter aus. Er ist abhängig vom Vorhandensein von Großtieren, so an der Westküste Schleswig-Holsteins von den Nachgeburten der Schafe, die den Nahrungsengpaß im Frühjahr überbrücken. In entlegenen Landschaften ist der Kolkrabe ständig auf der Suche nach Fallwild. Als Kuriosum sei erwähnt, daß der Verfasser zweimal im einsamen norwegischen Fjell während einer Ruhepause von Kolkraben angenommen wurde, die natürlich sofort flüchteten, als er sich bewegte. Der Art droht jetzt keine unmittelbare Gefahr mehr, doch bleibt sie verletzlich wegen der Leichtigkeit, mit der sie durch das Auslegen von Gifteiern vernichtet werden kann.

Die *Raubkrähe* (Aaskrähe) besteht aus zwei geographisch getrennten Rassen, *Raben-* und *Nebelkrähe*, die sich nur durch die Färbung unterscheiden. Offenbar in einem südwestlichen (Rabenkrähe) und einem südöstlichen (Nebelkrähe) eiszeitlichen Rückzugsgebiet entstanden, sind sie bei der nacheiszeitlichen Einwanderung etwa im Elbegebiet zusammengetroffen, wobei die Nebelkrähe im Norden und im Süden den Rabenkrähenbereich umgreift (Skandinavien, Schottland, Irland, Italien). Sie vermischen sich überall in etwa 50 km breiten Kontaktzonen unbegrenzt, da sie sich gegenseitig als Artgenossen anerkennen. In Deutschland beginnt das Brutgebiet der Nebelkrähe in Westmecklenburg und etwas südlich der deutsch-dänischen Grenze. Beide Rassen sind landwirtschaftlich indifferent, jagdlich aber bedenklicher als der Kolkrabe wegen ihrer dichteren Verteilung. Besonders der Eierraub am Wildgeflügel macht es notwendig, die Art in Grenzen zu halten. Doch ist die Vergiftung kein wünschenswertes Regulierungsmittel.

Die *Saatkrähe* hat mit der Rabenkrähe die schwarze Färbung gemein, steht aber den Raubkrähenformen zoologisch und vom jagdlichen Standpunkt aus fern. Alte Saatkrähen sind sofort an dem nackten Ring um den Schnabel zu erkennen, der den Jungvögeln im ersten Jahr noch fehlt.

Dieser Schnabelring, nicht durch Abreiben entstehend, sondern erblich, ist ein Zeichen hoher Spezialisierung auf Nahrungserwerb durch Bodenstechen. Bei der ostasiatischen altertümlichen Rasse ist er unvollständig, und der südafrikanischen Kapkrähe, die der Urform der Art nahestehen muß, fehlt er vollständig. Auch Saatkrähen mit vollbefiedertem Schnabelbereich (Jungvögel) lassen sich unschwer ansprechen: Schnabel schlanker und weniger gekrümmt, andersartiger und stärkerer Gefiederglanz, zerschlissenes Nackengefieder, das die Kontur der einzelnen Feder nicht erkennen läßt, abgerundetes Schwanzende. Bei zusammengelegtem Flügel ist die erste Schwinge fast immer länger als die neunte, bei der Rabenkrähe umgekehrt. Feldornithologisch ist die Saatkrähe am schlankeren Flugbild und tieferen Ruf zu erkennen. Sie ist nicht jagdschädlich. Der Verfasser hat in Schleswig-Holstein nachgewiesen, daß sie weder im Freileben noch in Gefangenschaft Eier annimmt, doch ist das gebietsweise verschieden. Dennoch ist es nach Ökologie und Verhalten unmöglich, daß die Art in dem Maße jagdschädlich werden kann wie die Raben- und Nebelkrähe. Landwirtschaftlich ist die Saatkrähe sowohl nützlich durch Insektenvertilgung als auch schädlich, vor allem an keimenden Saaten. Der Nutzen schlägt heute kaum noch zu Buche, da der Landwirt ohnehin auf technische Schädlingsbekämpfung angewiesen ist. Saatkrähen brüten in Kolonien, wenn sie ungestört sind, manchmal mit 1 000 und mehr Einzelhorsten. Vor der Größe dieser Kolonien hängt die Schadwirkung in erster Linie ab, im Falle starker Konzentration kann sie für betroffene Betriebe existenzbedrohend sein.

In der Bundesrepublik Deutschland ist nur in Schleswig-Holstein ein Bestand vorhanden, der der Regulierung bedarf, was durch maßvollen Abschuß der Jungvögel im Ästlingsalter erreicht werden kann. Nach den Untersuchungen der Zoologin M. Fallet hat der Beschuß die Wirkung, den Bestand in viele besser verteilte kleine Kolonien aufzusplittern, was sofort wieder einer stärkeren Konzentration weicht, wenn der Beschuß nachläßt. In Dänemark, wo die Verhältnisse gleich liegen, ist der Jagdberechtigte zur Regulierung *verpflichtet*. In Deutschland dagegen streben bestimmte Vogelschutzkreise an, die in Schleswig-Holstein notwendige Regulierung zu unterbinden. Es ist bedauerlich, daß wir im Vogelschutz anscheinend nur in Schwarzweiß-Kontrasten denken können und nicht fähig sind, Nuancierungen gelten zu lassen.

Die *Dohle* ist, obwohl Höhlenbrüter, in der Koloniebildung und im Sozialverhalten der Saatkrähe ähnlich, mit der sie oft gemeinsame Schwärme bildet, was beide Arten nicht gerne zusammen mit Raben- und Nebelkrähen tun. Jagdlich hat die Art keine Bedeutung.

Die *Elster* ist sicherlich dem Wildgeflügel abträglich und außer am Winterschlafplatz schwer zu bejagen. Bei der Bejagung sollte der Jäger aber bedenken, welch herrliches Tier er vor sich hat. In Deutschland und einigen anderen Ländern hat der Jäger in der Achtung vor Tierarten, als Phänomen, als Manifestation, ein Ethos entwickelt, das vorbildlich ist und überragende Erfolge in Bezug auf die Erhaltung dieser Arten gezeitigt hat. Es gehört zu den Unbegreiflichkeiten unserer Zeit, daß manche Naturschutzinteressenten sich bemühen, dieses Ethos zu zerstören, anstatt seine Ausweitung anzustreben. Hier ist der Jäger gefordert: Er muß es selber ausweiten! Der Verfasser möchte einen Vogel wie die Elster, die hier als Beispiel für einen weitergreifenden Gedankengang dient, in keinem Fall in der Landschaft missen. Regulierung: ja, wie bei allem Wild. Bedingungslose Bekämpfung: nein.

Der *Eichelhäher* spielt jagdlich keine Rolle, allenfalls in Bezug auf den oft unnötigen Kleinvogelschutz. Nach Ansicht des Verfassers müßte die waldbauliche Bedeutung der Art stärker beachtet werden. Das Ansäen von Laubhölzern (Eiche, Buche, Hasel) durch den Häher, gewöhnlich als bloßes Verstecken angesehen, ist von beträchtlichem Umfang, und der berühmte Chirurg August Bier hat es als ein Anpassungssystem zur Verbreitung der Nahrungsbäume gedeutet. Obwohl dies auf herkömmliche Weise evolutionär nicht zu erklären wäre, glaubt auch der Verfasser, daß damit der Kern dieser Verhaltensweise getroffen ist.

Der *Tannenhäher* kommt in einigen unserer Mittelgebirge und in den Alpen in einer besonders dickschnäbligen Rasse vor. In manchen Jahren wird Mitteleuropa von Invasionen der vom Samenertrag der Zirbelkiefer abhängigen, schlankschnäbligen sibirischen Rasse überflutet. *Sonstige europäische Rabenvögel*, Alpendohle und Alpenkrähe, der in Skandinavien häufige Unglückshäher und die Spanische Blauelster (nur dort und in Ostasien), sind für den Jäger ohne jede Bedeutung.

Die gesetzliche Behandlung der Rabenvögel hält der Verfasser für unglücklich, da sie nach dem Naturschutzgesetz entweder nur total geschützt oder total vogelfrei sein können. Erforderlich wäre es aber, Schutzmaßnahmen und Bejagung nach den jeweiligen Umständen graduell abstufen zu können. Durch die *Jagdbarkeitserklärung aller Rabenvögel*, wie es Fallet bereits für die Saatkrähe gefordert hat, könnte dieser Mangel mit einem Schlage behoben werden. Die Naturschutzpolitik bemüht sich unverständlicherweise, immer mehr Vögel den Regulierungsmöglichkeiten, aber auch dem verstärkten Schutz des Jagdgesetzes zu entziehen. Allerdings ist der häufig verwendete Ausdruck »Raub*zeug*« für die Rabenvögel als unweidmännisch abzulehnen. Sie sind kein »Zeug«, sondern schöne und interessante Vögel, die aber bejagt werden *müssen*.

Karl Meunier

BEUTEGREIFER

Um Stellung und Bedeutung der Beutegreifer in einem gesunden Ökosystem als »offenem Funktionssystem« beurteilen zu können, vergegenwärtigen wir uns das auf den Seiten 33 ff. vorgetragene Konzept. Die Ausgangsbasis für die Beurteilung eines solchen Systems bilden die von Boden und Klima abhängigen Pflanzengesellschaften. Weitere entscheidende Bedeutung haben die an sie gebundenen Weichtier- und Kerbtierpopulationen, die letzteren weisen bereits »beutegreifende« Vertreter beispielsweise in Gestalt von Libellen, Spinnen, Laufkäfern auf. Die »landschaftsbiologischen Ordnungszahlen«, Seite 34, verdeutlichen, daß den Beutegreifern hinsichtlich ihrer Ansprüche an Lebensraumfläche und der Zahl ihrer jährlichen Nachkommen eine Spitzenstellung im Rahmen der regulatorischen Vorgänge innerhalb solcher Systeme zuerkannt werden muß.

Das »Hochwild« wurde mit dem Schalenwild überwiegend als Pflanzenverwerter, das Schwarzwild als »Allesverwerter« und der Seehund wird als Krebs- und Fischverwerter vorgestellt. Beim »Niederwild« sind Rehwild, Hase, Kaninchen, Hühnervögel, Tauben und Enten, Pflanzen-, Weichtier- und Kerbtierverwerter, die »Schreitvögel« sind Kerbtier-, Fisch- und Kleintierschnapper, die Rabenvögel sind »Allesverwerter«. Ihren Populationen mit den ihnen entsprechenden Ansprüchen an Lebensraumfläche und jährlichen Vermehrungsziffern sind »Beutegreifer« in Gestalt von Greifvögeln und Beute greifenden Säugern – diese werden noch immer »Raubwild« genannt – zugeordnet.

Ein grundlegender Beurteilungsfaktor sind die Flugleistungen der Greifvögel und die Bewegungsweisen der Beute greifenden Säuger auf ihren Beutezügen. Wir unterscheiden bei den Greifvögeln die »Gleitflug- oder auch Gleitstoßgreifer« von den »Pirsch- und Startfluggreifern« und den »Späh- und Stoßfluggreifern«. Die weitaus meisten Vertreter unserer Greifvögel gehören in die erste Gruppe: die Adler, der Uhu, die Bussarde, die Weihen, die Milane und die Eulen. Bewegt sich der Index Flügelfläche / 1 g Körpergewicht bei den Weihen, den Bussarden, den Milanen und den Eulen von Waldkauz bis Schleiereule zwischen 2,3 bis 3,4 cm², so liegt er bei den Adlern und dem Uhu im Bereich von 1,4 bis 1,8 cm². Diese Vögel sind also aufgrund ihres hohen Körpergewichts zu recht energischen Gleitstößen befähigt. In die zweite und dritte Gruppe gehören die hochleistungsfähigen Habichte und Sperber mit einem Index von 1,3 bis 1,5 cm² als rasante Verfolgungsflieger auf kurzen Strecken sowie der Baumfalke – Index 1,5 cm² – und der Wanderfalke – Index 1,0 bis 1,2 cm² –, der im Steilstoß eine Geschwindigkeit bis zu 90 m/sec erreicht.

Die Bewegungsweisen der Beute greifenden Säuger beim Beuteerwerb lassen sich in zwei Gruppen beschreiben; zum einen die »Schleich- und Springgreifer« – in diese Gruppe sind das Wiesel, der Iltis, der Marder, der Otter und der Fuchs einzuordnen, – zum anderen die »Hetzgreifer«, als deren Repräsentant in europäischen Räumen der Wolf anzusehen ist. Sie alle sind mit hochleistungsfähigen Nasen ausgerüstet, so daß Duftausscheidungen ihrer Beutetiere sie auf die Fährte setzen, Schmerz- und Angstlaute ihnen günstige Beuten verraten und letztlich Bewegungen, im besonderen Maße »behinderte Bewegungen«, sie zum Zugreifen veranlassen. Anzumerken ist, daß insbesondere der Marder, der Dachs und auch der Wolf vegetarische Kost keineswegs verachten. Man achte auf Marderlosungen zur Zeit der Reife der Süßkirschen. Seine Losung besteht dann überwiegend aus Kirschkernen, womit er der Verbreitung dieser Bäume gute Dienste leistet.

Wird das sich drückende Wild auf Grund geringer oder völlig fehlender Duftausscheidungen von den Beute greifenden Säugern überlaufen, so entschwindet es völlig aus dem Wahrnehmungsbereich der Greifvögel. Die Bewegung, betont die behinderte Bewegung, ist für diese das primäre Beutemerkmal. Als sekundäre Merkmale können Formen und Farbmarken hinzutreten. Es sei nochmals auf den Tatbestand hingewiesen, daß in ihrer Bewegung behinderte Beutetiere bevorzugt angegriffen werden – die Taube im Habichtskorb, das angepflockte Schaf auf der Weide –; die Beutegreifer sind eindeutig »selektive Regulatoren«, die von »Massenregulatoren« – Viren, Protozoen, Würmer – befallene Stücke bevorzugt schlagen oder reißen.

Beim Auffinden der Beute stehen für die Falken wie für die Adler – auch Fischadler – optische, mit dem Auge wahrgenommene Merkmale, primär Bewegungen, insbesondere »behinderte Bewegungen«, sekundär Formen und Farbmarken deutlich im Vordergrund. Diesen, vor allem in deckungsarmen Landschaften tätigen Greifvögeln stehen Beutegreifer zur Seite, die in deckungsreichen Kleindeckungslandschaften – Mooren, Heiden, Kultursteppen – wie in Großdeckungslandschaften – ausgedehnten Wäldern – ihrem Auftrag nachkommen. Für diese sind akustisch wahrgenommene Merkmale, also Laute, unter denen Schmerz- und Angstlaute von besonderer Bedeutung sind, wichtige Hinweise auf eine zu erringende Beute. Akustisch und optisch reagierende Greifvögel sind der Habicht, der Sperber, die Feldweihen – Korn-, Wiesen- und Rohrweihe – und der Bussard. Bei den nächtlich tätigen Eulen ist die grundsätzliche Bedeutung von Lautmerkmalen für ihren Beuteerwerb vorauszusetzen.

Bei den Beute greifenden Säugern steht der Geruchssinn eindeutig im Vordergrund. Ausscheidungen der »Duftorgane« des Schalenwildes wie Duftbilder des sich bewegenden Niederwildes setzen sie auf die Spur oder Fährte. Ihr ebenfalls sehr feines Gehör unterstützt die Leistung der Nase, und ihr Bewegungssehen führt sie endlich zum Ziel. Eine Abrundung all dessen bilden die »Fänge«, von den Jägern sowohl bei den Greifvögeln als auch bei den Beute greifenden Säugern so benannt. Eindeutige Rückschlüsse auf die Körperdimensionen der Beuten, die gemeistert werden können, lassen die »Griffweiten« der Greifvogelfänge, gemessen von der Vorder-Innen-Zehen-Klaue zur Hinterzehenklaue, wie die »Fangöffnungen« der Beute greifenden Säuger, gemessen von Fangzahn oben zu Fangzahn unten bei weit geöffnetem Fang, zu (siehe Tabelle Seite 115).

Setzen wir diese Werte zu den »landschaftsbiologischen Ordnungszahlen« – Seite 34 – in Relation und berücksichtigen wir in erster Linie die Nachkommenschaftszahlen, insbesondere der Kleinsäuger, aber auch der

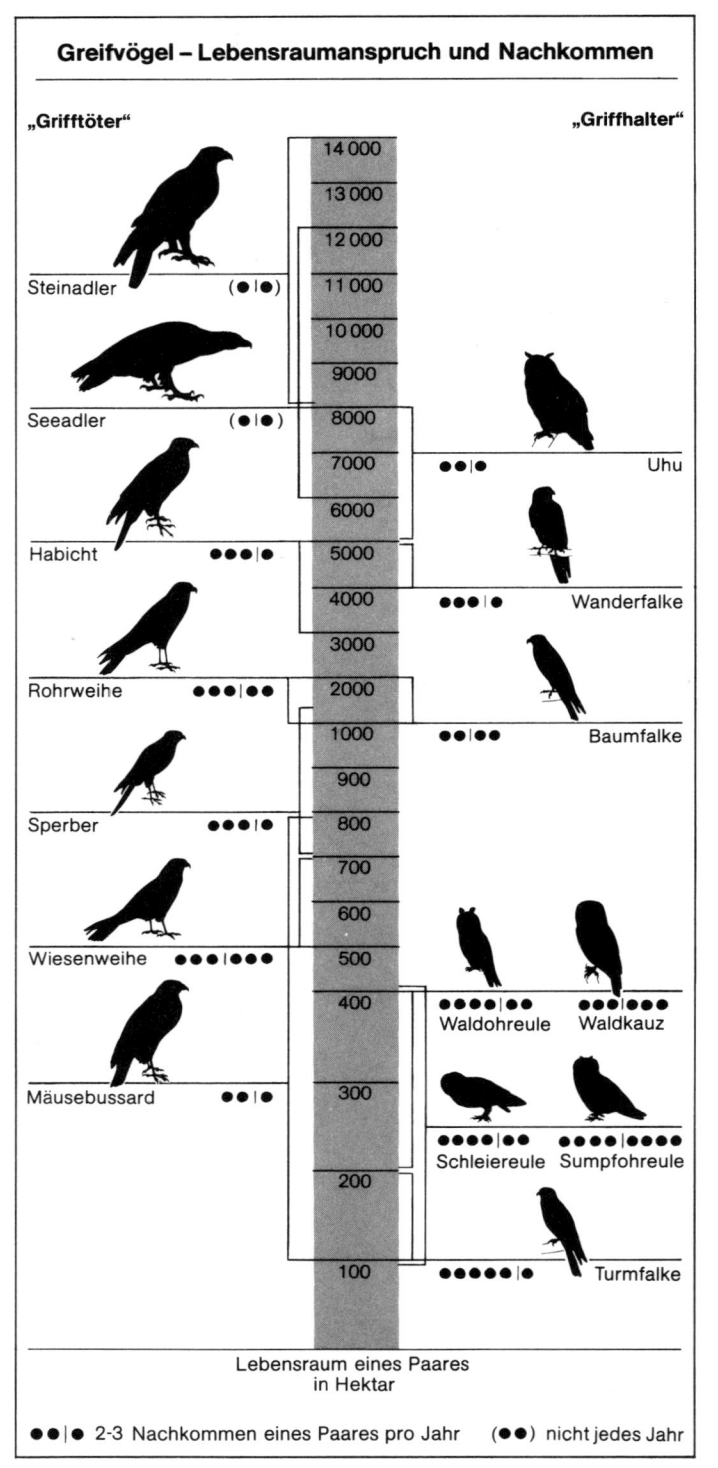

Greifvögel – Lebensraumanspruch und Nachkommen

„Grifftöter"	Lebensraum (Hektar)	„Griffhalter"
Steinadler (●|●)	14 000 – 11 000	
Seeadler (●|●)	10 000 – 8000	
	7000	Uhu ●●|●
Habicht ●●●|●	6000 – 5000	
	4000	Wanderfalke ●●●|●
Rohrweihe ●●●|●●	3000 – 2000	
	1000	Baumfalke ●●|●●
Sperber ●●●|●	900 – 800	
	700 – 600	
Wiesenweihe ●●●|●●●	500	
	400	Waldohreule ●●●●|●● / Waldkauz ●●●●|●●●
Mäusebussard ●●|●	300	
	200	Schleiereule ●●●●|●● / Sumpfohreule ●●●●|●●●
	100	Turmfalke ●●●●●|●

Lebensraum eines Paares in Hektar

●●\|● 2-3 Nachkommen eines Paares pro Jahr   (●●) nicht jedes Jahr

Kleinvögel und Kerbtiere, so wird mit den Griffweiten und Fangmassen deutlich, daß die Mehrzahl der Beutegreifer auf eben diese abgestimmt ist und als »Kleintiergreifer« in Erscheinung tritt.

Die Lebensraumflächenansprüche der stärkere Beute meisternden Beutegreifer wie Habicht, Wanderfalke, Uhu, Seeadler und Steinadler unter den Greifvögeln bewegen sich in Dimensionen von 2 000 bis 3 000 ha. Entsprechende Daten für den in Schalenwildbestände eingreifenden Wolf und Luchs können zur Zeit noch nicht mitgeteilt werden. Aus den Zeichnungen auf Seite 114 und auf Seite 292 im Anhang geht zudem hervor, daß die Regenerationsraten der Greifvögel – und entsprechend der Beute greifenden Säuger – deutlich abgestimmt sind auf Bestandeshöhen ihrer Beuteschwerpunkte; Kleinvögel und Kleinsäuger bezogen auf die Kleintiergreifer, Niederwild und Wasserwild bezogen auf die größere Beute meisternde Arten.

Auf folgenden Tatbestand sei hingewiesen: Je höher ein Beutegreifer in der Funktionshierarchie eines Ökosystems steht, desto höher ist sein Anspruch an Lebensraumfläche und desto niedriger ist die Zahl seiner jährlichen Nachkommen. Für die Greifvögel ist anzumerken, daß sie in Jahren mit niedrigen Beutetierbeständen mit der Brut aussetzen.

In der Tabelle haben wir die Greifvögel in zwei Leistungsgruppen unterteilt – die »Griffhalter« und die »Grifftöter«. Den Grifftötern ist ein »Reißhaken-Schneideschnabel«, den Griffhaltern ein »Reißhaken-Beißschnabel« eigen. Das Zusammenwirken beider Organe gewährleistet das Töten und Bearbeiten der Beute (siehe Seite 116). Die Grifftöter »treten« ihre Beute durch das Zusammenwirken der Klaue der Hinterzehe – »Fangklaue« der Falkner – und der Vorder-Innenzehe – »Atzklaue« der Falkner. Die Wirkung entspricht dem Griff einer Schmiedezange. Darum nennen die Falkner den Fang der Grifftöter »Fuß«. Der zu einer scharfen Schneide ausgebuchtete Seitenrand des Oberschnabels dient den Grifftötern beim Anschneiden der Beute. Der Fang der Griffhalter zeigt demgegenüber eine recht gleichmäßige Ausbildung der Klauen, lediglich die Klaue der Hinterzehe ist etwas stärker ausgebildet. Derartige Fänge haben Falken und Eulen. Da der Falke seine Beute mit dem Fang festhält, nennen ihn die Falkner »Hand«. Dem Fang ist ein Schnabel zugeordnet, der hinter dem Reißhaken an den Seitenrändern des Oberschnabels einen scharfen Zakken, den »Falkenzahn« aufweist, dem eine entsprechende Einkerbung am Unterschnabel entspricht. Mit diesem Werkzeug beißen Falken und Eulen ihre Beute in

Tabelle 1 Maximale Griffweiten und Fangöffnungen einiger Greifvögel und Beute greifender Säuger

Grifftöter	Griffhalter	Säuger
Steinadler ♂ 15,4 cm ♀ 15,0 - 17,3 cm	Uhu ±11,0 cm	Wolf 9,0–12,0 cm
Seeadler ♂ 14,3 cm ♀ 13,0 - 17,0 cm	Wanderfalke ♂ ±7,0 cm ♀ ±8,3 cm	Fuchs ±5,0 cm
Habicht ♂ 7,0–8,5 cm ♀ 9,0–11,0 cm	Baumfalke 4,0–4,5 cm	Wildkatze 3,5–5,0 cm
Rohrweihe ♂ 6,5 cm ♀ 8,0 cm	Waldkauz ±6,0 cm	Otter ±6,0 cm
Sperber ♀ ±6,0 cm	Waldohreule ±4,5 cm	Baummarder ±4,0 cm
Bussard ±6,0 cm	Sumpfohreule ±5,0 cm	Steinmarder ±4,0 cm
Kornweihe ±5,0 cm	Schleiereule ±5,0 cm	Iltis ±3,0 cm
Brauner Milan ±5,0 cm	Turmfalke ±4,0 cm	Hermelin ±1,2 cm
		Mauswiesel ±0,8 cm

Reißhakenschneideschnabel	Fuß der Aare-Weihengruppe
Reißhakenbeißschnabel	Hand der Falkengruppe

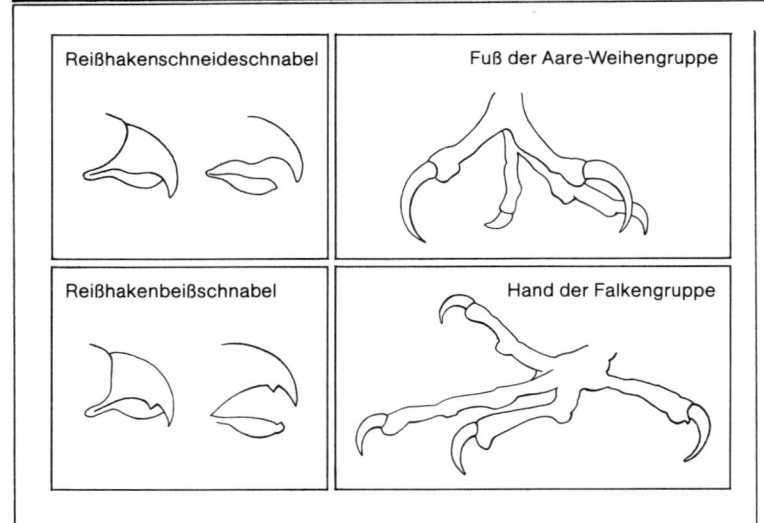

der Regel tot, indem sie den Hinterkopf des Tieres zerknacken. Der Schnabel der Eulen hat für solche Leistung nur eine Einkerbung an beiden Seiten hinter der Spitze des Unterschnabels.

Die Unterschiede im Zusammenspiel von Fang und Schnabel der Greifvögel prägen sich im Rahmen der Fortpflanzung insofern aus, als die Grifftöter mit Reißhakenschneideschnabel »Horstgestalter« sind, sie erbauen sich also selbst Horste, hingegen sind die Griffhalter mit Reißhakenbeißschnabel »Horstbezieher«. Sie nehmen von anderen erbaute Horste – Seeadler, Milan, Bussard, Kolkrabe, Krähen – in Besitz, um auf solchen Plattformen ihre Gelege auszubrüten und ihre Nachkommen aufzuziehen. Jünger Huberti, die mit der Regulation der Krähenbestände im Frühjahr beauftragt sind, müssen sich darum sehr sorgfältig davon überzeugen, welcher Greifvogel möglicherweise in einem Nest dieses Vogels brütet. Es handelt sich in der Regel um den Turmfalken und die Waldohreule.

Über die Rolle, die ein Greifvogel oder ein Beute greifender Säuger im Ökosystem spielen, gibt die sorgfältige Beobachtung der Beutereste – »Rupfungen« der Greifvögel, »Risse« der Beute greifenden Säuger – Auskunft. Zu diesem Thema liegen sehr ausführliche Untersuchungsergebnisse vor. Es sei darum auf die einschlägige Literatur verwiesen. Im Rahmen dieser Abhandlung nur soviel, daß derartige Studien in umschriebenen Lebensräumen eindeutig die Beuteschwerpunkte von Habicht, Sperber und Mäusebussard deutlich machen (siehe Zeichnung auf Seite 297 im Anhang).

Zur Frage der Beutebeziehungen Beute greifender Säuger, insbesondere des Wolfes zu den Rentierpopulationen, sind vor allem in der UdSSR eingehende Untersuchungen durchgeführt worden. Sie ergaben, daß nach starken Eingriffen in die Wolfspopulationen die Zahl der erkrankten Rentiere im Untersuchungsgebiet von 2 Prozent auf 31 Prozent stieg.

Diese Befunde bestätigen einmal mehr die eminente selektive Funktion der Beutegreifer in den Ökosystemen. Diese Feststellungen fordern zu einer kritischen Überprüfung der bisherigen Anschauungen auf. Insbesondere muß berücksichtigt werden, daß zum Beispiel der Habicht, wenn er einen Fasan geschlagen hat, diesen nicht an einer Stelle rupft, sondern auf jeden störenden Laut hin bestrebt ist, sich an eine entferntere Stelle zu begeben und dort weiterzurupfen. Man sollte wissen, daß man 58 große Federn, 20 aus jedem Flügel und 18 aus dem Spiel in der Hand haben muß, um diesem Greifvogel auch nur *einen* Fasan nachzuweisen!

Zusammenfassend kann gesagt werden, daß Beute greifende Tiere – in hervorstechendem Maße Greifvögel und Beute greifende Säuger – in einem Ökosystem gewissermaßen eine »Regulationsgemeinschaft« bilden, indem sie eine wichtige, vor allem selektive Regulationsaufgabe zu lösen haben. Von einer restlosen Aufzehrung und damit Vernichtung der ihnen als Beute dienenden Lebewesen kann nach allen vorliegenden, sehr gründlichen Erfahrungen keine Rede sein.

Zum Abschluß noch ein Blick auf ein Regulationssystem an unseren Meeresküsten. Es geht dabei um die Diskussionen um die »Jagd auf den Seehund«. Ein Blick auf die Fortpflanzungsraten der Beutetiere des greifschnappenden Seehundes zeigt, daß sie eine erhebliche Höhe aufweisen. Der Lebensraumanspruch eines Seehundes entspricht dem eines Spitzenregulators. Er wäre ungestört in seinem Lebensraum, wenn ihm der Großschwertwal nicht übergeordnet wäre. Dieser große Wal – die männlichen Tiere messen 6,40 bis 9,50 m, die weiblichen 3,80 bis 4,60 m – durcheilt die Weltmeere in Schulen von 2 bis 5 bis zu 30 bis 40, zuweilen auch 50 bis 100 Tieren, die in Seehunds-, Robben- und Braunfischpopulationen einbrechen. Ihr Auftreten in solchen Populationen bedeutet demgemäß eine erhebliche Bestandsverringerung, wobei auch zu bedenken ist, daß diese Wale sich niemals lange in engen Grenzen aufhalten, sondern eiligst weiterziehen, nachdem sie ihre Beute gefunden haben. Es mag aber aus dieser Feind-Beute-Beziehung wiederum deutlich werden, daß landschaftsbiologische Ordnungsbezüge nicht nur auf dem Lande, sondern auch in den Meeren ihre Gültigkeit haben. Darum sollten sie dem regulatorischen Auftrag des Jägers als Orientierungshilfe dienen.

Heinz Brüll

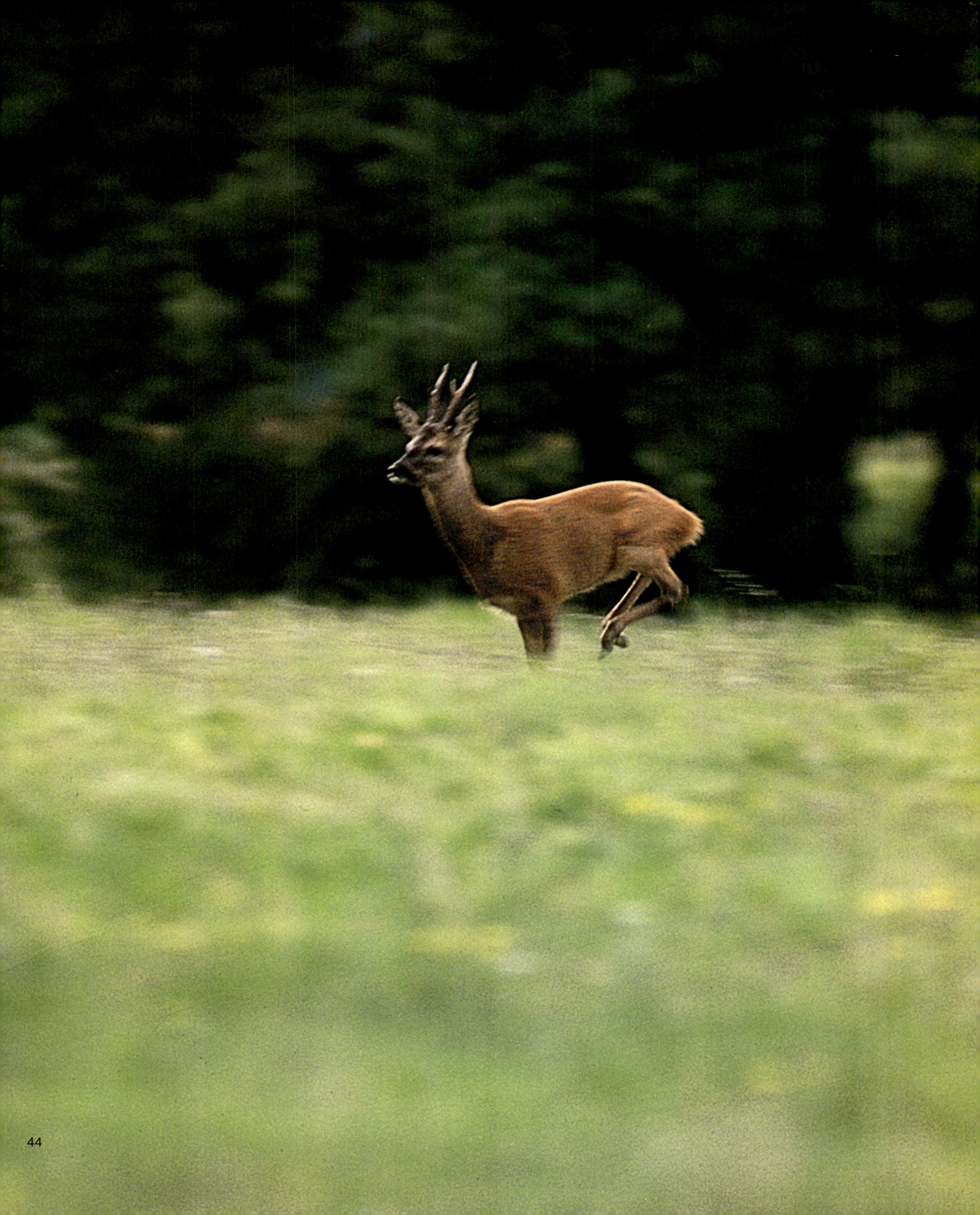

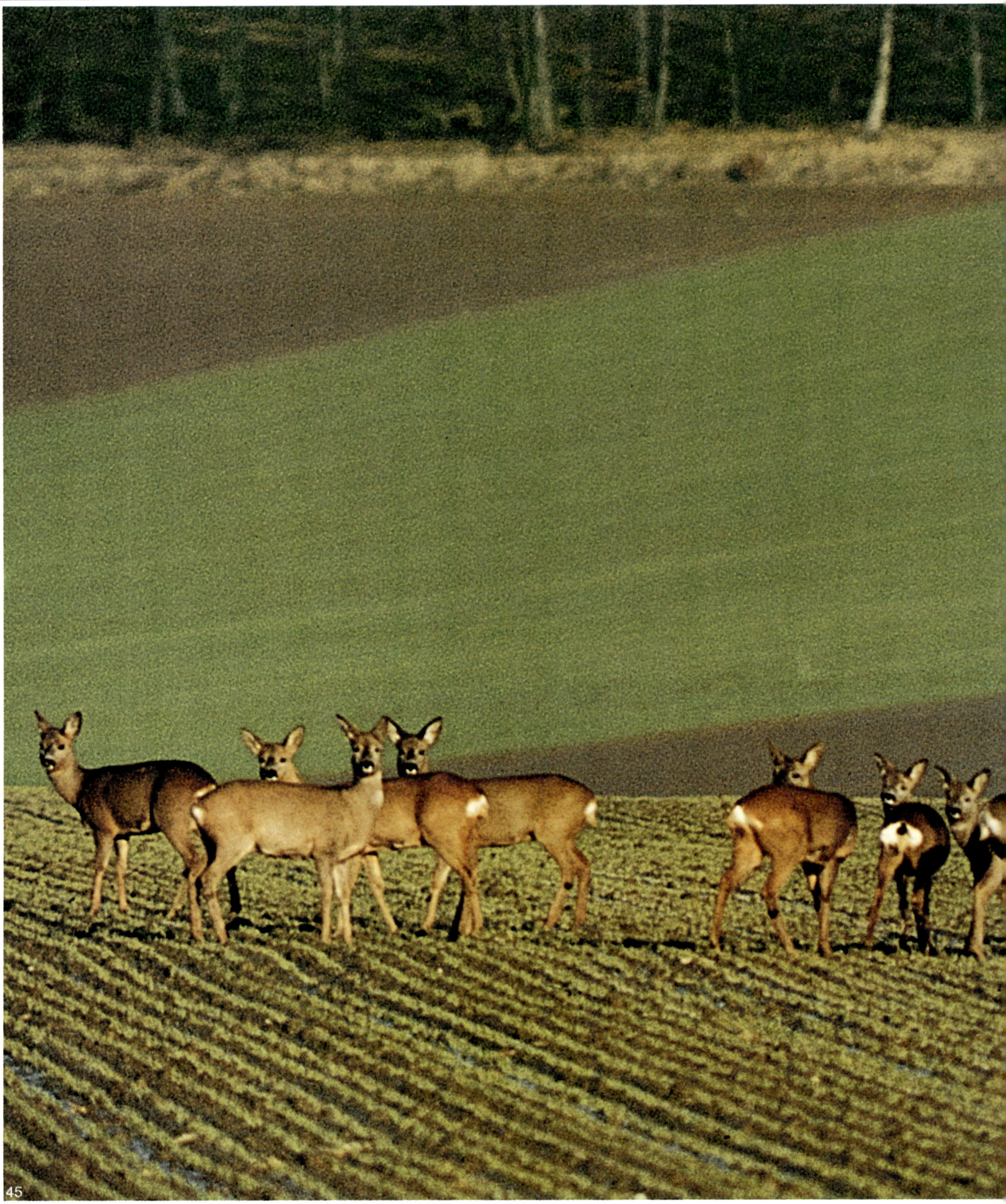
45

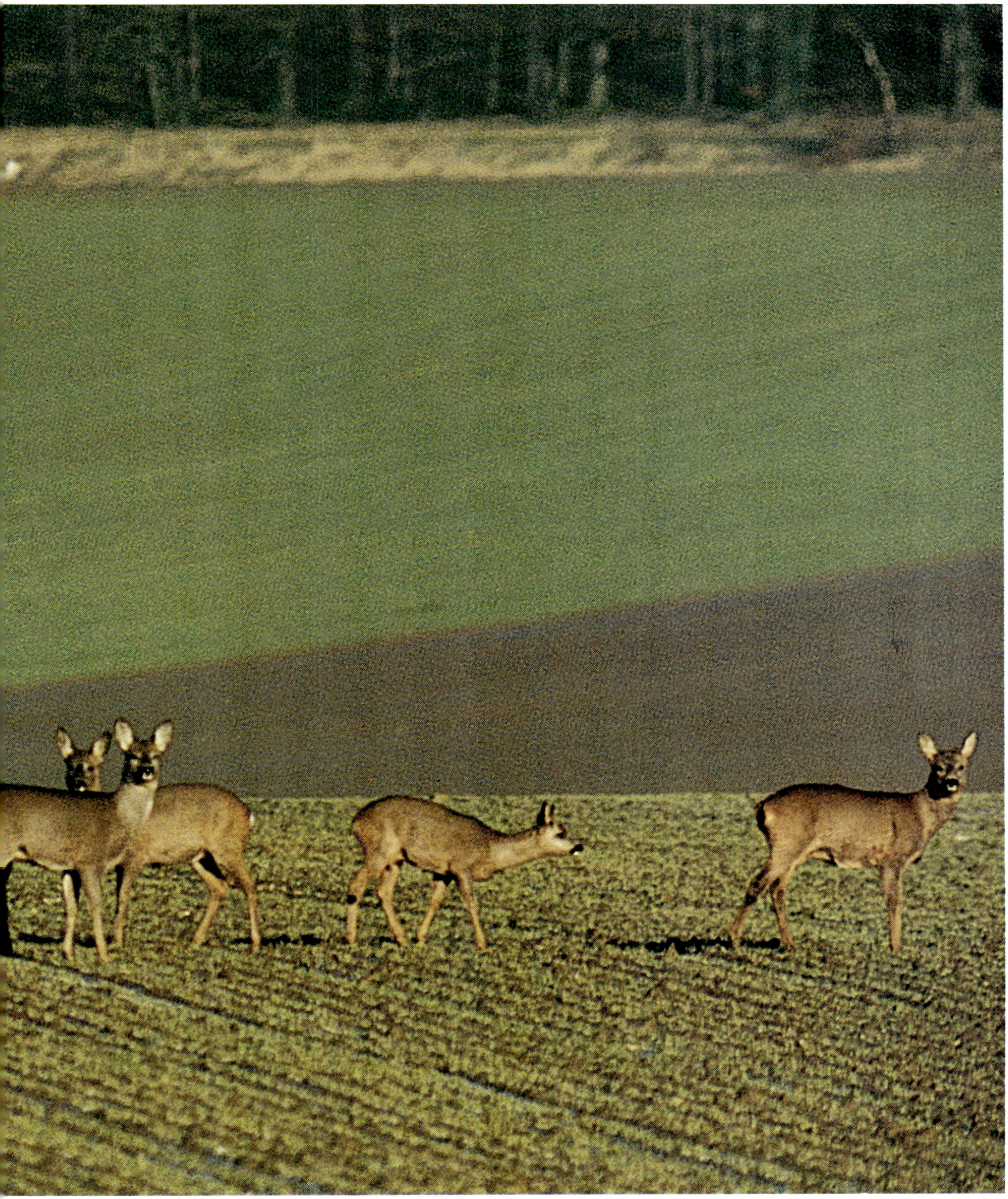

Ob ein Bock in raumgreifenden Sätzen die Wiese überquert (44), ob ein gemischter Sprung in der winterlichen Sonne auf den Saaten steht (45), ob eine Ricke aus dem Haferschlag äugt (46) oder zwei Böcke in hohen Fluchten über ein Ährenfeld (47) und eine Weide (48) hinweg das Weite suchen – Rehe haben immer etwas Anmutiges, Graziles und Leichtes an sich, was ihnen mehr als anderem Wild von vornherein die Sympathie jedes Beobachters sichert. Daher werden sie auch hin und wieder als Europas Gazellen bezeichnet. Daß sie dennoch in der Vergangenheit zunehmend ins Kreuzfeuer ökologischer Kritiker geraten sind, verdanken sie sowohl ihrer Fruchtbarkeit als auch der Tatsache, daß ihre natürlichen Feinde weitgehend ausgestorben sind. Kommt schließlich noch mangelnder Hegeabschuß dazu, können selbst ihre – unfreiwilligen – Haupterleger, die Autofahrer, nicht mehr den notwendigen Ausgleich schaffen. In nicht wenigen Revieren kommen heutzutage mehr Rehe durch den Straßenverkehr ums Leben als durch die Kugel des Jägers. Zwar haben sich viele der zierlichen Tiere derart an die Straßennähe gewöhnt, daß sie nur wenige Meter neben der Fahrbahn äsen, doch können selbst solche Rehe unter Rädern enden, wenn sie zu plötzlicher Flucht veranlaßt werden oder während der Blatt-

zeit jegliche Vorsicht außer acht lassen. Rehwild, im Sommer weitgehend Einzelgänger, findet sich von Herbst bis zum Frühjahr in großen Sprüngen zusammen, und unmittelbar nachdem die Böcke im November und Dezember ihre Gehörne abgeworfen haben, ist es selbst für einen geübten Beobachter auf den ersten Blick nicht immer möglich, Ricken und Böcke voneinander zu unterscheiden. Schon deshalb schießen Jäger weibliches Rehwild ungerne auf Drückjagden, wo die Tiere meistens hochflüchtig kommen.

Schwarzes Rehwild ist nicht eine zufällige Laune der Natur, sondern eine rassische Variante, von der es vor allem in bestimmten Revieren Niedersachsens etliche Vertreter gibt. Unabhängig davon findet sich eine Reihe verschiedener Farbtönungen unter dem Rehwild. Daß ein roter Bock die Gunst einer schwarzen Ricke zu erringen versucht und umgekehrt sich ein schwarzer Bock mit einer roten Ricke paart, beweisen die nebenstehenden Bilder (49, 50). Wie das Ergebnis dann aussehen kann, läßt sich an der Ricke und ihrem Kitz erkennen (51). Auch normalfarbenes Rehwild wechselt im Laufe des Jahres die Farbe. Wie gut das Winterhaar des Bockes, dessen Gehörn noch im Wachstum und dementsprechend mit einer Bastschicht versehen ist, den matten Tönen der Landschaft angepaßt ist, wird auf dem Foto rechts unten deutlich (53). Ganz anders leuchtet da die Decke des Bockes auf, der Ende Juni in die späte Nachmittagssonne sichert (52).

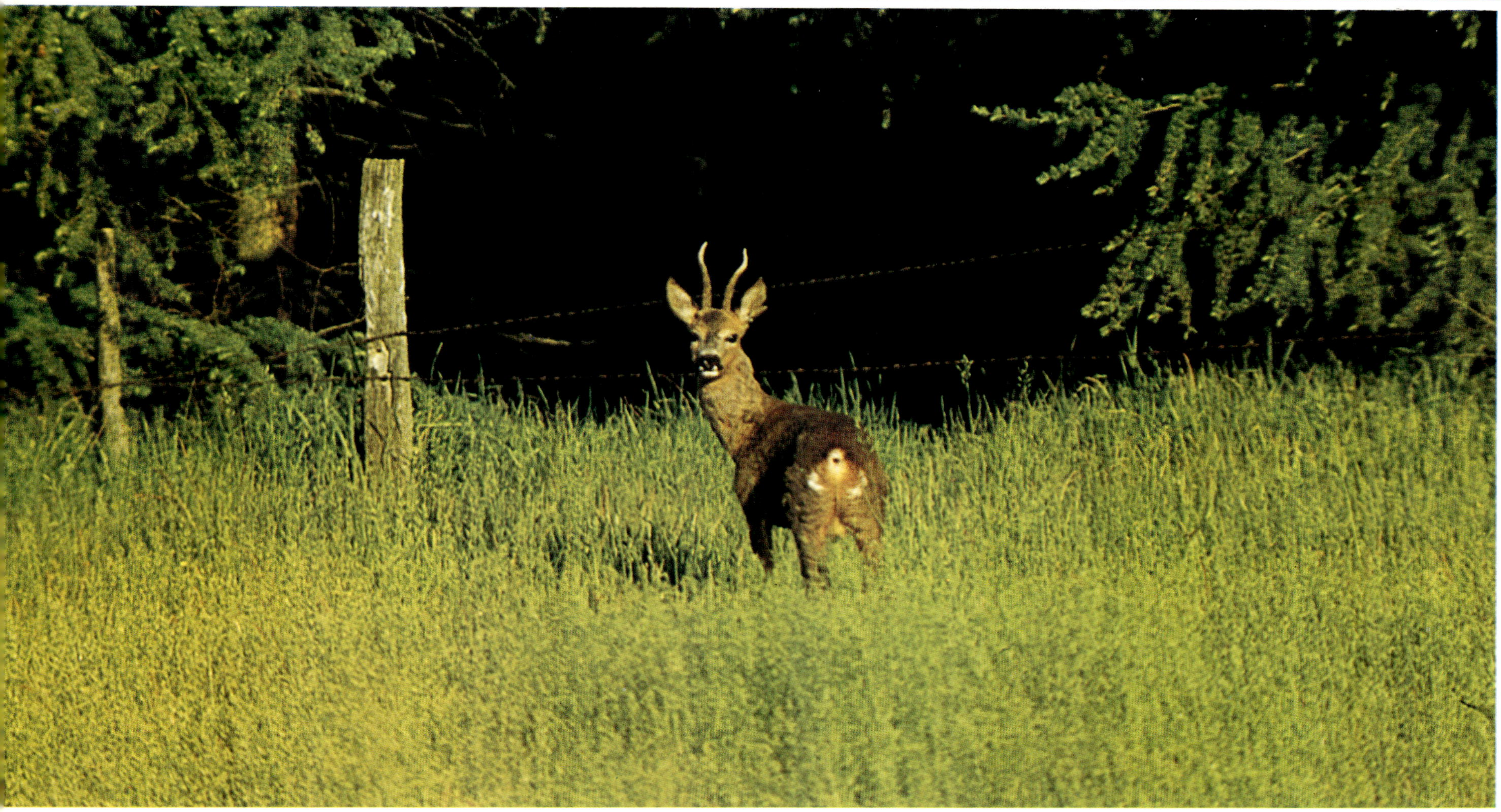

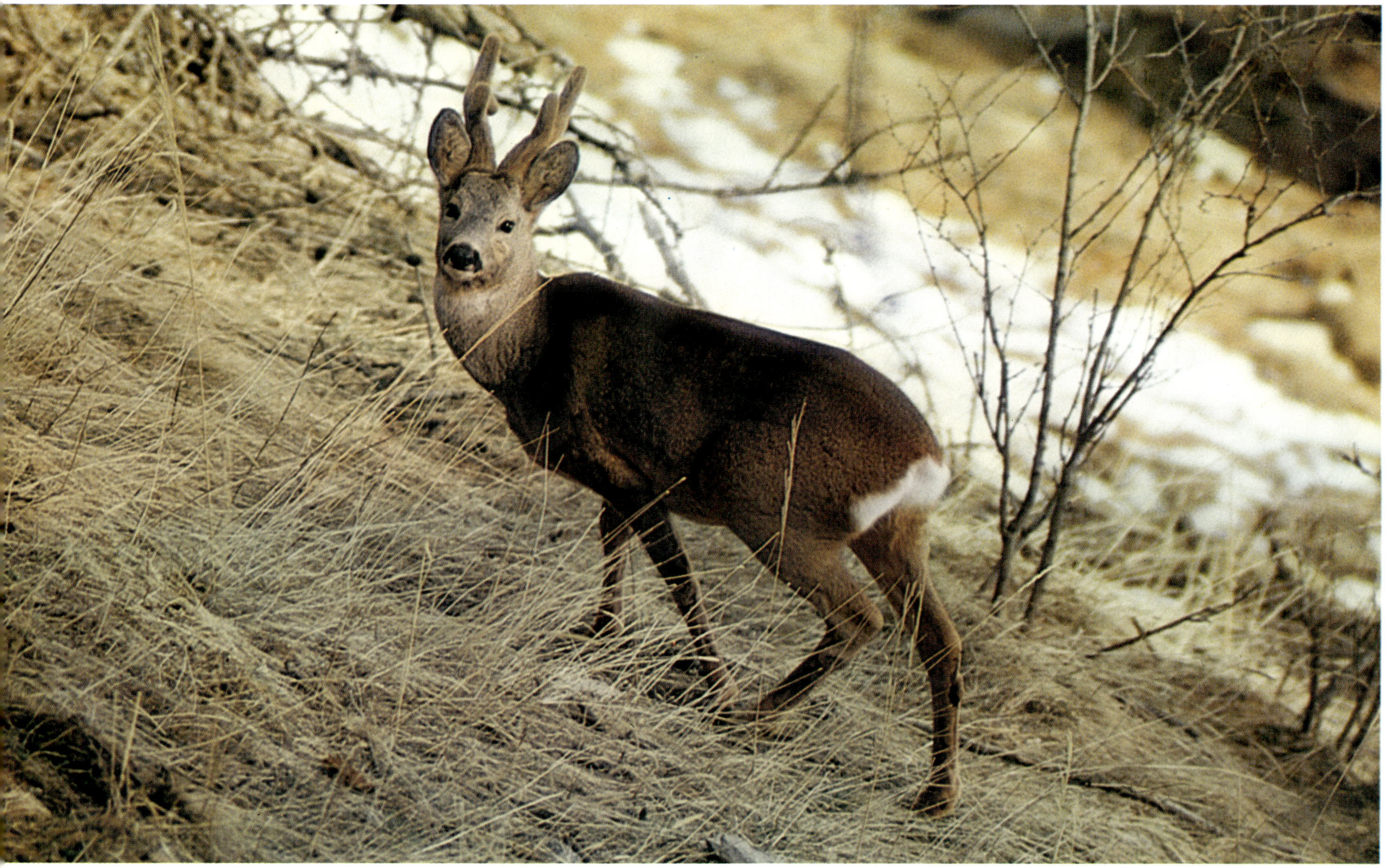

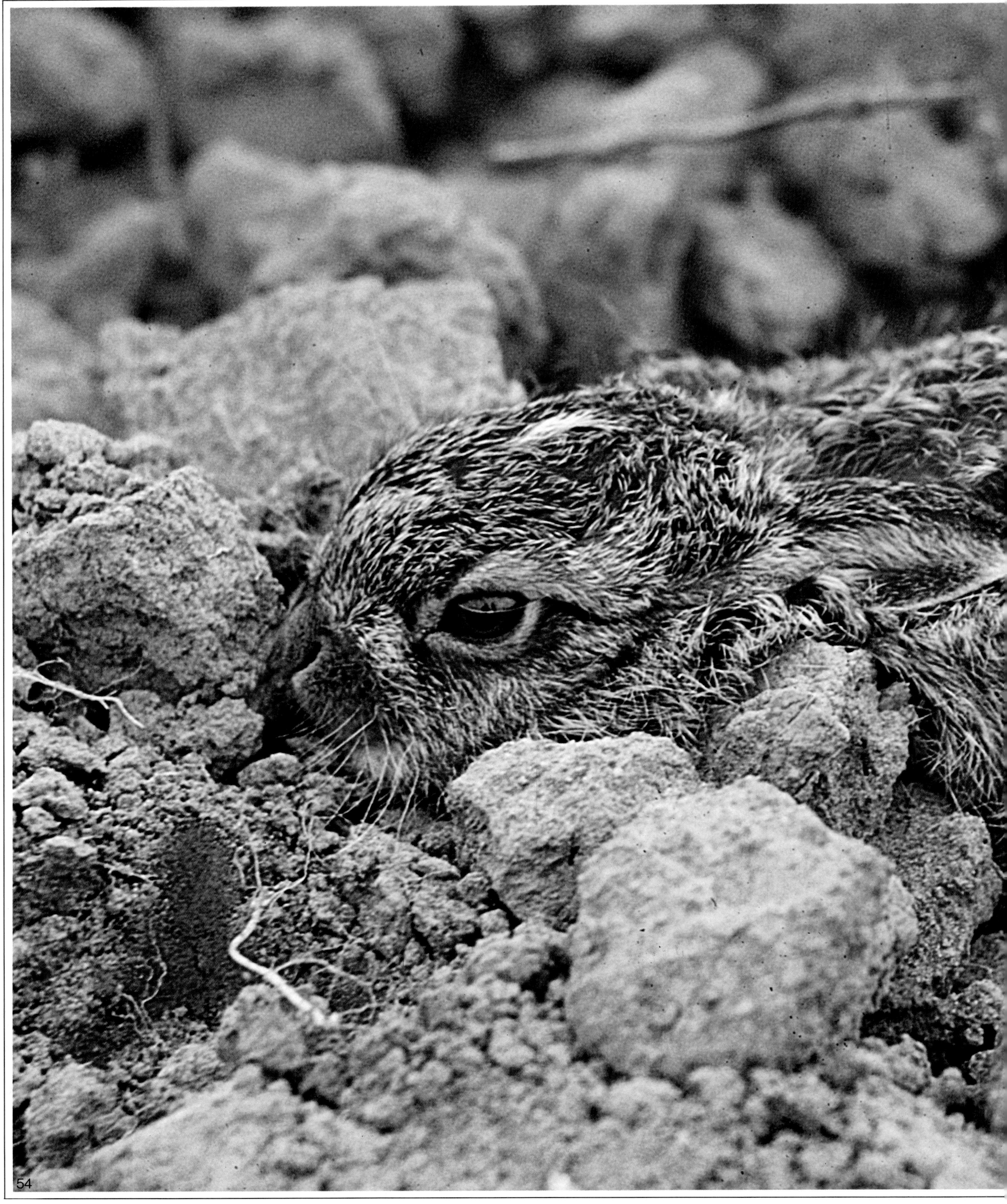

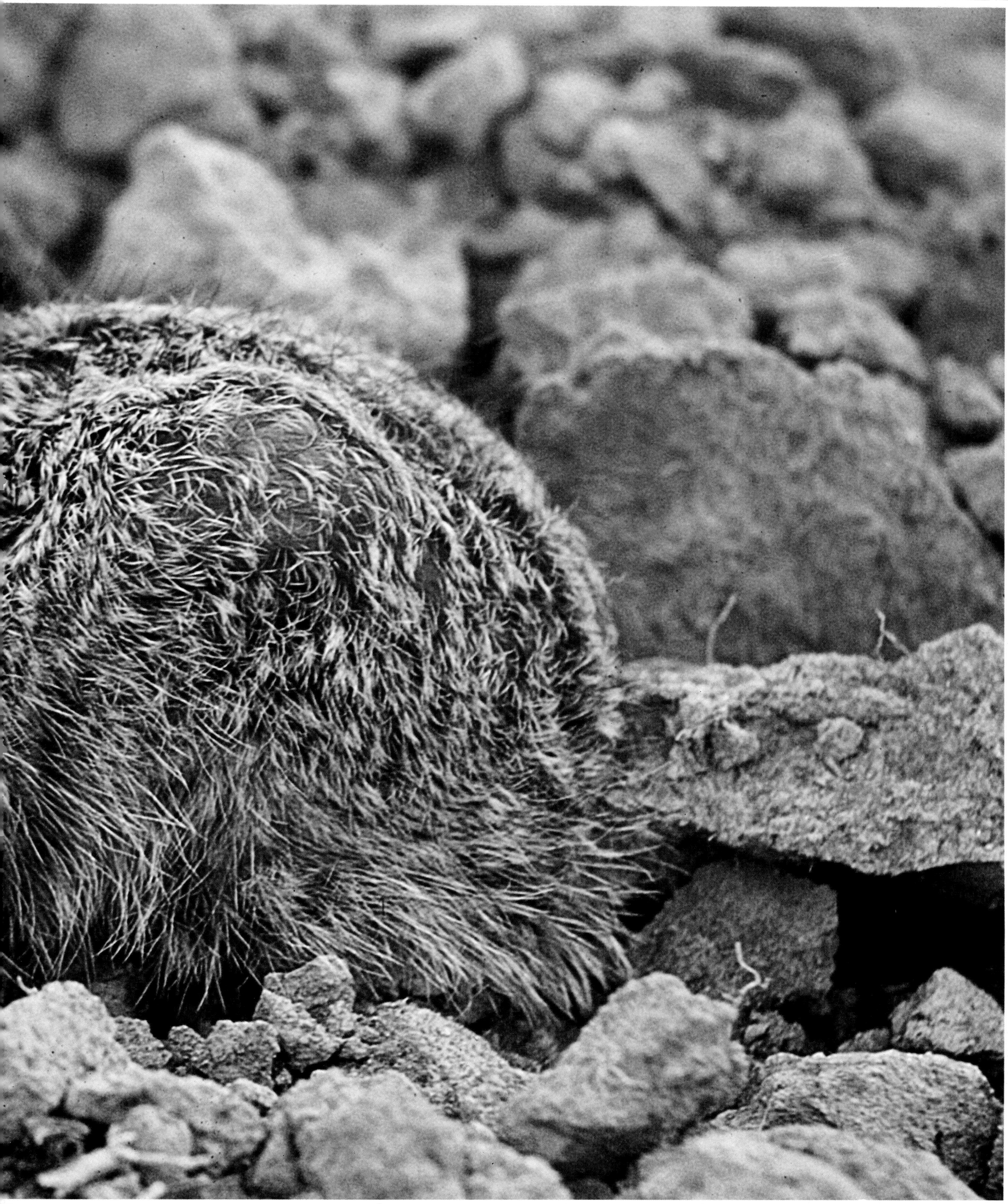

55

57

Hasen müssen vom ersten Tag ihres Lebens an mit vielerlei Gefahren fertig werden. So gut die Tarnung des faustgroßen Mümmelmanns auf dem Sturzacker gegen zudringliche Blicke auch ist (54), der immer schneller über die Felder rollende »Agrarmaschinist« kann das kleine Bündel Leben gar nicht entdecken. Die Sterblichkeit von Junghasen ist auch aus anderen Gründen enorm hoch. Nicht zuletzt trägt die intensive chemische Behandlung der Saaten dazu bei. Aber auch wenn aus den »Dreiläufern« erwachsene Lampes geworden sind, bringen nicht nur die Schrotkörner des Jägers den Tod. Anhaltende feuchte Witterung verursacht Darminfektionen, und mangels eines vielseitigen Nahrungsangebots, insbesondere der als »Unkraut« vernichteten Heilpflanzen, sind viele der Hoppelmänner nicht stark genug, Krankheiten zu überstehen. Der Straßenverkehr tut ein übriges. Ihm fallen auch viele Wildkaninchen zum Opfer. Nachdem sich der Bestand der flinken Erdbewohner in vielen Gegenden trotz immer wieder aufflackernder Myxomatose stabilisiert hat, gewinnen sie als Jagdbeute erneut an Bedeutung. Sowohl bei der Baujagd mit dem Frettchen als auch auf der Treibjagd erfordern die grauen Flitzer einen geübten Flintenschützen. Ihrer schnellen Geschlechtsreife, der kurzen Tragzeit von 28 Tagen und der hohen Jungenzahl pro Satz haben Wildkaninchen eine reiche Nachkommenschaft zu verdanken. Während sich auf dem Foto fünf Jungkaninchen vor ihrem Bau sonnen (56), ist in der Höhle schon die nächste Geschwisterschar blind und nackt zur Welt gekommen. Das kann sich – bei einer jeweiligen Kinderrunde von vier bis acht – im Jahr sechs- bis siebenmal wiederholen. Hasen, deren Junge behaart und sehend gesetzt werden, können bei einer Tragzeit von sechs Wochen allenfalls viermal für Nachwuchs sorgen. Bei ihnen stellt ein Satz von fünf Jungen einen absoluten Rekord dar. Wer Althasen bei einer ihrer Mümmelpartien beobachtet (57), kann feststellen, daß sie gern Pausen für ausgiebige Körperpflege einlegen (55).

Ausdauer, Geduld, List und enorme Schnelligkeit sind die Eigenschaften, die das Raubwild auf der Jagd benötigt. Ob der junge Steinmarder seinen ersten Sprung wagt (58), der Fischotter elegant und geschwind die Fluten durchteilt (59) oder ob rechts auf den Bildern Iltis (60), Hermelin im Winterkleid (61) und Mauswiesel (62) auf dem vom Fotografen angelegten »Zwangspass« ein reißendes Bächlein überfallen – alle diese Beutegreifer brauchen solches tägliches Training, um dem Lebenskampf gewachsen zu sein. Wenn auch mancher Jäger in ihnen nur Beutekonkurrenten sieht, so tragen die kleinen Pelzträger doch erheblich zum gesunden Gleichgewicht im ökologischen System bei.

60

61

62

Baummarder (63) und Dachs (64) sind in erster Linie Waldbewohner, und wer sie zu Gesicht bekommen will, muß auf die Dämmerstunde warten. »Gelbkehlchen«, wie der Baummarder im Gegensatz zum Steinmarder (gegenüber rechts unten), dem »Weißkehlchen«, genannt wird, zeigt sich auf Bäumen als geschickter Akrobat. Auf dem Boden wirken seine Hüpfsprünge eher plump. Meister Grimbart, den man auf den ersten Blick für ein schwerfälliges Tier halten kann, beweist ein erhebliches Spurtvermögen, wenn Gefahr im Verzug ist.

Die Färbung ist auf den flüchtigen ersten Blick sehr ähnlich, aber das ist auch die einzige Übereinstimmung, die das Große Wiesel oder Hermelin im Sommerkleid (65) und der Steinmarder (66) aufweisen. Abgesehen vom enormen Größenunterschied jagt das Wiesel tagsüber und der Steinmarder während der Nachtstunden. Hermeline leben in erster Linie von Mäusen, die auch die Fuchsfähe ihren Welpen gerne bringt. So lange die kleinen Reinekes jung sind, drängen sie sich bei der Rückkehr der vom Morgentau noch nassen Mutter in der aufgehenden Sonne vor dem Bau ans Gesäuge (67).

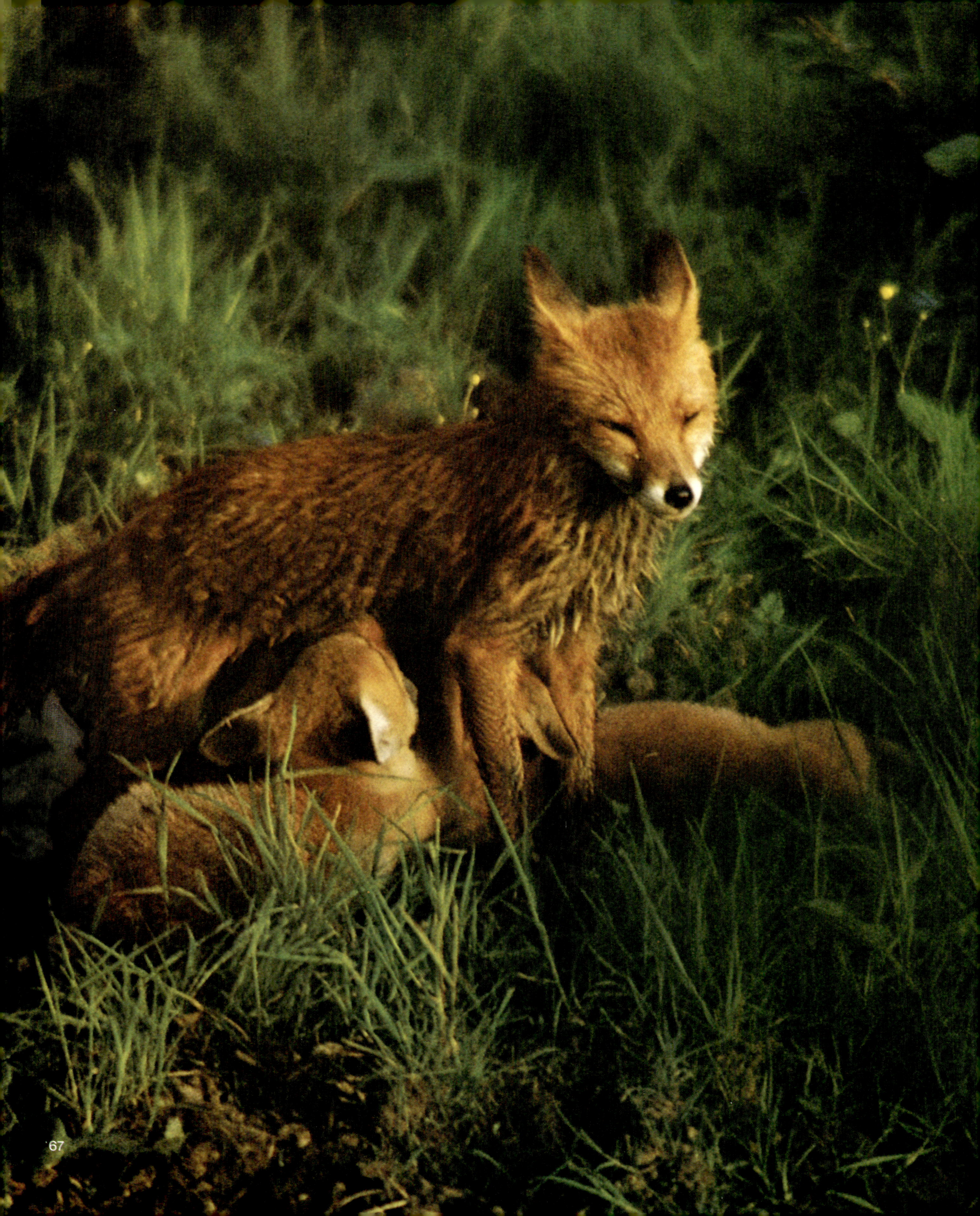

RAUHFUSSHÜHNER UND GROSSTRAPPEN

Die in diesem Kapitel zu behandelnden Wildarten – das *Alpenschneehuhn*, das *Birkhuhn*, das *Auerhuhn*, das *Haselhuhn* und die *Großtrappe* – haben sich als überaus empfindlich gegenüber Veränderungen in ihren Lebensräumen, verursacht durch die sorglosen Maßnahmen des wirtschaftenden Menschen, erwiesen. Bis auf das Alpenschneehuhn – der Berg ist noch immer stärker als der Mensch – können sie darum als wichtige Anzeiger (»Indikatoren«) für die fortschreitende Verarmung unserer Lebensräume – auch denen des Menschen – angesehen werden.

Der Niedergang der Rauhfußhühnerbestände Mitteleuropas, insbesondere der Bundesrepublik Deutschland, geht einprägsam aus den Strecken hervor. So kamen im Jagdjahr 1975/76 in Niedersachsen lediglich noch 2, in Schleswig-Holstein 17 Birkhähne zur Strecke. (Demgegenüber spricht das ›Handbuch der Deutschen Jagd‹ in der Ausgabe von 1941 noch von 5 500 erbeuteten Stücken Birkwild.) Von Auerhähnen ist überhaupt keine Rede mehr. Aber es ist hervorzuheben, daß die dahinschwindenden Bestände sich der sorgfältigen Pflege der Jäger erfreuen, die alles daransetzen, die entsprechenden Lebensräume zu erhalten und zu pflegen.

Die dem DJV-Handbuch 1977 entnommenen Streckenergebnisse in Österreich, Finnland und Norwegen spiegeln weitgehend intakte Lebensräume der Rauhfußhühner wider.

In Österreich wurden im Jagdjahr 1974: 987, 1975: 643 Stück Auerwild und 1974: 2 064, 1975: 2 040 Stück Birkwild erlegt.

Noch wesentlich bessere Lebensbedingungen für diese Wildarten bieten Finnland und Norwegen. In diesen Ländern ermöglichen sogar die Bestände der Schneehühner und Haselhühner noch eine Bejagung.

Im Jahresdurchschnitt kommen in Finnlands Revieren
40 000 Stück Auerwild
100 000 Stück Birkwild
30 000 Stück Haselwild
45 000 Stück Schneehühner zur Strecke.

In Revieren Norwegens werden durchschnittlich pro Jahr
10 000 Stück Auerwild
20 000 Stück Birkwild
10 000 Stück Haselhühner
500 000 Stück Schneehühner erlegt.

Wurden in den Jahren 1936 und 1937 noch je 58 und 1938 etwa 71 Hähne der Großtrappe in den seinerzeitigen Grenzen Deutschlands erlegt, so ist dieser imponierende Vogel heute auf Grund der ständig fortschreitenden Einengung seiner Lebensräume gänzlich auf die Pflege des hegenden Jägers angewiesen. Damit fällt er als Beute im jagdlichen Geschehen weitgehend aus. Die Maßnahmen, die von dem hegenden Jäger zu ergreifen sind, um dem bedrohlichen Bestandesrückgang dieser Wildarten zu steuern, müssen von den Lebensräumen und den mit ihnen gegebenen Äsungsansprüchen ausgehen. Die Untersuchung der Lebensräume beginnt am besten in den Gebirgsregionen jenseits der Baumgrenze und geht dann bergabwärts.

Hier lebt im Hochgebirge von 2000 m bis zur Region des ewigen Schnees – bis 260 m über der Baumgrenze – auf Geröllhalden und kaum bewachsenen Felspartien, auf Grasflächen mit Alpenrosen, Krummholz, Zwergweiden, Heide- und Beerkrautbeständen das *Alpenschneehuhn*. Es ist über unsere Alpen hinaus in den Bergen Schottlands, den Pyrenäen, den

Gebirgen und Tundren von Skandinavien bis Ostsibirien, auf Spitzbergen, auf den Bäreninseln, auf Franz-Joseph-Land, in den zentralasiatischen Gebirgen, auf Hondo, den Kurilen, Aleuten, Grönland, Island und in Nordamerika in etwa 26 Rassen verbreitet.

Das Schottische Moorschneehuhn (»Grouse«) soll als jagdlich bedeutsam in Europa erwähnt sein. Sein Lebensraum sind die Moore und Heiden Schottlands, deren Bewuchs – geprägt von Besenheide, Schneeheide, Krähenbeere und Beerkräutern – die Äsungsgrundlage dieses Wildes stellt.

Die 400 bis 480 g wiegenden Alpenschneehühner und die 500 bis 700 g wiegenden Moorschneehühner leben in Einehe. Jeder Hahn besetzt und verteidigt sein eigenes Balzrevier und lebt während der Brutzeit mit *einer* Henne zusammen. Diese legt 8 bis 12, auch 14 Eier und bebrütet das Gelege 21 bis 24 Tage. Der Hahn wacht auf erhöhter Stelle in der Nähe des Geleges. Mit dem Schlüpfen der Jungen entfernt sich der Hahn von der Familie. Die Jungen sind »Nestflüchter« und werden sehr bald nach dem Schlüpfen von der Henne auf nahrungsreiche Plätze geführt. Bei Gefahr äußert die Henne einen »Warnlaut«, auf den hin die kleine Gesellschaft auseinanderflitzt, um sich einzeln an unübersichtlichen Stellen im Gelände zu drücken, wo sie dank ihres vorzüglichen Tarnkleides völlig verschwinden. Mehrere Familien schließen sich bereits zusammen, wenn die Küken erst wenige Tage alt sind. Im Winter bilden die Schneehühner »Wintergesellschaften«, die im Herbst 30 bis 50 Stücke umfassen können, sich im Winter jedoch in kleinere Trupps von 4 bis 10 Exemplaren aufteilen.

Die »Kampfwaldzonen« – im Gebirge der Bereich der oberen Baumgrenze, im Flachland die Ränder ausgedehnter Moore und Heiden – sind die Lebensräume des *Birkwildes*. Die Pflanzengesellschaften dieser Gebiete stellen die Äsungsgrundlage des Birkwildes, das neben den Pflanzen der Bodenvegetation der Moore und Heiden – Beerkräutern – auch Baumfrüchte wie Birkenkätzchen, junge Zapfen der Kiefer, Weißdornfrüchte u. a. zu seiner Ernährung heranzieht. Mit der fortschreitenden Zerstörung der Moore und Heiden gehen daher die Bestände des Birkwildes zurück. Für die Rettung dieses an veränderte Lebensraumverhältnisse *nicht* anpassungsfähigen Wildes ist daher die unerläßliche Voraussetzung, daß seine Äsungsamplitude sichernde Lebensräume mit ausreichender Flächengröße – 100 ha und mehr – vorhanden sind.

Die geographische Verbreitung des Birkwildes erstreckt sich über Mitteleuropa hinaus über die französischen Alpen, Großbritannien, Norwegen ostwärts bis in den Nordosten und Südwesten Sibiriens, bis in die Mongolei und Mandschurei, bis Altai, Turkestan, zum Baikalsee, bis Ussuriland und den Nordwesten Koreas. Es werden nach Größe und Gefiedertönungen mehrere Rassen unterschieden. Die kleinsten Hähne leben im Südwesten Sibiriens, die größten in der Mongolei.

Obwohl über die Balz der Birkhähne viel geschrieben worden ist, sollen die einzelnen Verhaltensakte in ihrer biologischen Bedeutung hier noch einmal vorgestellt werden. Die im Durchschnitt 1 250 g wiegenden Hähne und die 750 bis 1 000 g wiegenden Hennen treiben zur Zeit der Hochbalz ein anderes Spiel, als wir es bei den Schneehühnern beobachten. Die Hähne stellen sich in Bergrevieren oft einzeln – auch auf Schneeflächen – oder in Balzgesellschaften auf Plätzen mit stark kupierter Pflanzendecke zur Schau; diese Plätze können jahrzehntelang eingehalten werden.

Um die Zeit der Tagundnachtgleiche im Frühjahr, also Mitte März, fallen die Hähne nach mehr oder weniger lockeren Vorspielen mit zunehmender Regelmäßigkeit auf den alten Balzplätzen ein. Wir beobachten die Vorgänge innerhalb der Balzgesellschaft mit den Antworten der Hennen auf das Bemühen der Hähne. Sagen wir, neun Hähne versammeln sich auf einem Balzplatz. Offensichtlich sind die stärkeren – älteren? – Hähne bestrebt, jeder für sich ein »Balzterritorium« aus dem Balzplatz herauszuschneiden, das er als sein ureigenstes Eigentum ansieht und gegen jeden Widersacher zu verteidigen trachtet.

Bevor die Grenzen solchen Eigentums endgültig festgelegt sind, kommt es zu Kämpfen der Hähne, die recht heftig sein können, so daß Federn gelassen werden. Eingeleitet werden diese mit einer »Herausforderungsgeste«, die von dem Hahn hocherhobenen Hauptes bei breit gefächertem Spiel und hängenden Flügeln unter fauchenden Lautmalungen zum Ausdruck gebracht wird. Mit zunehmender Festigung der Balzplatzgliederung geben sich die Hähne mehr und mehr dem »Kullern« bei voll entfaltetem Gefieder in gestreckter Haltung hin. Diese Geste kann als die sichere Besitznahme eines Balzplatzanteiles angesehen werden. Vorbeistreichende, vagabundierende Hähne wie anstreichende Hennen werden mit der »Hier-bin-ich-Geste«, dem sogenannten »Flattersprung«, markiert. Dabei schwingt sich der Hahn mit energischen Flügelschlägen senkrecht empor und sagt damit der Henne «Hier Hahn in Stimmung«, dem Vagabundierer »Hier kein Zutritt!«.

Eingehende Verhaltensstudien auf Balzplätzen

über mehr als ein Jahrzehnt haben ergeben, daß sich die Hennen aus den sich imponierend zur Schau stellenden Hähnen nur einen auswählen, von dem sie sich treten lassen. Stets sind es die stärksten, aktivsten, ranghöchsten Hähne einer Balzgesellschaft, denen die Hennen ihre Gunst erweisen, so daß die früher übliche Ausschaltung des Platzhahnes oder »alten Raufers« biologisch falsch war. Es muß sich also der heute noch auf den »kleinen Hahn« Weidwerkende von den Hennen denjenigen zeigen lassen, der unter gar keinen Umständen erlegt werden darf. Da die Hochbalz im Flachland in die Zeit zwischen dem 10. April und 5. Mai fällt, legt das Gesetz heute die Jagdzeit auf den Birkhahn vom 1. bis 31. Mai fest, dies unter Berücksichtigung der biologischen Gegebenheiten. Die Jagd auf den balzenden kleinen Hahn bedarf der Besinnlichkeit und Muße. Die Finnen, die das Birkwild im Herbst vor dem Hunde bejagen, sagen: »Birkwild im Topf – Birkwild; Birkhahn an der Wand – kein Birkwild!« Dieser Satz verrät eine gute Kenntnis der zu erfüllenden biologischen Voraussetzungen.

Als Ergebnis solcher höchst eindrucksvoller Balzspiele sitzt die Birkhenne etwa um Mitte Mai – bisweilen auch noch im Juni – auf ihrem Gelege von in der Regel 6 bis 10 Eiern. Sie brütet allein 25 bis 27 Tage und führt die Küken auch allein ohne Beteiligung des Hahnes. Im Herbst und Winter suchen Wintergesellschaften ergiebige Nahrungsplätze auf.

Die Nadelwaldzonen im Gebirge sind die Lebensräume des *Auerwildes,* in Mitteleuropa lückenreiche Wälder mit ungleichaltrigem Baumbestand, in denen Nadelhölzer überwiegen und deren Unterwuchs sich aus Faulbaum, Eberesche, Holunder, Brombeere, Himbeere, Beer- und Heidekraut, Farnen, Ginster u. a. zusammensetzt. Wie für das Birkhuhn – wie für die Hühnervögel schlechthin – sind auch für das Auerwild kieselige und sandige Plätze wichtig, die die Aufnahme der Magensteine (des »Weidkorns«) gewährleisten. Der Schwerpunkt seiner Ernährung liegt auf den Blattorganen, den Nadeln der Kiefern, Fichten und Lärchen. Knospen von Laubbäumen sowie die Beeren der Beerkräuter sind außerdem ständig auf der Speisekarte vertreten.

Die zur Zeit noch nennenswerten Vorkommen des Auerwildes gehen aus den eingangs gegebenen Streckenübersichten hervor. In Mitteleuropa zieht sich auch dieses Wild mehr und mehr auf Rückzugsinseln zurück, deren Erhaltung und Pflege gleichfalls zu den vornehmsten Aufgaben des hegenden Jägers gehört.

Das Verbreitungsgebiet des Auerhuhns umfaßt über Mitteleuropa hinaus Schottland, die Pyrenäen und das Kantabrische Gebirge mit kleineren Verbreitungsinseln, Skandinavien und den Balkan mit den Nadel-, Laub- und Mischwaldzonen, die russischen Waldsteppen und die Kiefernwälder im Südwesten Sibiriens bis zur zentraljakutischen Tiefebene und zum Baikalsee. Diese weite Verbreitung bedingt die Gliederung in mehrere Rassen.

Das Balzverhalten des 3 000 bis 6 500 g wiegenden Auerhahns entspricht weitgehend dem des Birkhahns. Seine Imponiergesten werden durch einen »Balzgesang« untermalt, der in vier Phasen – das »Knappen oder Glöckeln«, den »Triller«, den »Hauptschlag« und das »Schleifen oder Wetzen« – unterteilt werden kann. Auch der Auerhahn erkämpft sich sein Balzterritorium, kämpft mit Rivalen, leitet den Kampf unter »Drohgesten« ein, die lautlich mit dem »Worgen« untermalt werden, und trägt den Streit über »Schnabelfechten« und »Flügelkämpfen« aus. Wie beim Birkhahn spielen auch bei ihm die »Rosen« eine wesentliche Rolle. Im Kampf Unterlegene schleichen sich unter völliger Zusammenfaltung des Gefieders still und leise fort. Auf mitteleuropäischen Balzplätzen finden sich heute selten mehr als zwei bis drei Hähne zusammen. In Finnland sind dagegen Balzgesellschaften bis zu achtzehn Hähnen anzutreffen.

Immer wieder treten balztolle Auerhähne auf, die Menschen angehen und sie sogar als Balzbäume benutzen. F. Müller wies nach, daß auch die Auerhenne sich den Hahn mit dem »ausgewogensten Imponierverhalten« wählt. Auf zwei hessischen Balzplätzen führte je *ein* Hahn 92 Prozent von 25 in dem Zeitraum von 1961 bis 1971 beobachteten Begattungen aus. Auf den Tatbestand der Bastardierung zwischen Auer- und Birkwild, das »Rackelwild«, sei hier hingewiesen.

Die 2 500 bis 3 000 g wiegende Auerhenne legt von Mitte April bis Anfang Juni je nach Wetter- und Höhenlage 6 bis 10 Eier. Ihr Nest ist eine flache Mulde, oft in der Nähe der Balzplätze, teils geschützt und verborgen im Bodenbewuchs, teils auch recht offen. Die Mulde ist dürftig mit Moos, Halmen, Kiefernnadeln u. a. ausgelegt. Die Henne bebrütet das Gelege allein 24 bis 28 Tage. Die Hähne finden sich nach der Balz in losen Gesellschaften zusammen und haben zur Henne und deren Nachwuchs keinerlei Beziehungen mehr. In einem Alter von 13 bis 14 Tagen können die Küken, deren Nahrungsschwerpunkt wie bei allen Hühnervögeln in den ersten Tagen Kerbtiere bilden, bereits über größere Strecken fliegen. Sie bleiben mit den Hennen bis zum Winter zusammen.

Die Gebiete der aus Laub- und Nadelhölzern zusammengesetzten Mischwälder und reine Laubwälder, zum Beispiel Eichenniederwälder im Rheinland und in Westfalen, sind die Lebensräume des *Haselhuhns*. In Mitteleuropa treffen wir dieses Rauhfußhuhn noch in den Alpengebieten, in der Eifel, im Moselgebiet, im Hunsrück und im Schwarzwald. Seine Lebensräume überschneiden sich nicht selten mit denen des Auerwildes. Das Verschwinden der unterholzreichen Mischwälder leitete den Rückgang auch des Haselhuhns ein, das sich nun ebenfalls auf Rückzugsinseln, die den ihm entsprechenden Lebensraum bieten, zurückzieht.

Das Vorkommen des Haselhuhns erstreckt sich über die nördliche Nadelwaldzone – wie Teilen des Laubwaldgürtels Eurasiens – von Skandinavien ostwärts bis zum Kolyma-Bergland und zur Taigonos-Halbinsel, Sachalin, Hokkaido und Korea. Seine weite Verbreitung bedingt ebenfalls die Unterscheidung verschiedener ökologischer Rassen.

Dem Waldcharakter seines Lebensraumes entsprechend, bieten sich als Äsungspflanzen Pflanzen des Nadelwaldes – Früchte der Beerkräuter – und des Laubwaldes – Blütenkätzchen des Haselstrauches, der Birke, Espe, Weide und Schwarzerle – neben weiteren an. Ahnlund und Helander legten 1975 eine ausführliche Analyse der Kropfinhalte von 509 schwedischen Haselhühnern für den Ablauf eines Jahres vor.

Das körperlich dem Rebhuhn entsprechende, 320 bis 475 g wiegende Haselhuhn erinnert in seinem Balzverhalten an das der Schneehühner. Haselhühner leben wie diese in Einehe. Der Hahn nimmt bereits im Herbst sein »Balzterritorium« in Besitz, das energisch verteidigt wird. In dem gedeckten, unterholzreichen Gelände liegt der Schwerpunkt der Balz im akustischen und weniger im optischen Bereich. Der Balzlaut des Hahnes, das »Spissen«, ist über etwa 200 m Entfernung wahrzunehmen und grenzt das Balzterritorium mit einer Art «Schallmauer» ab. Zustreichende Hähne, die diese überschreiten, sowie fremde Hennen, die auf das Werbelied zustehen, werden vertrieben. Dabei imponiert der Hahn mit gesträubtem Kopf- und Halsgefieder. Er umwirbt seine Henne mit hängenden Flügeln und gefächertem Schwanz, der auf und nieder gewippt wird. Die Henne »bistet« – lockt. Die Lautäußerungen der Haselhühner während der Herbstbalz stellte in früheren, haselhuhnreichen Zeiten der Jäger in seinen Dienst, indem er diese mit Hilfe eines Pfeifchens – »Wusperl«, das oft aus dem Flügelknochen eines Vogels geschnitzt war – nachahmte und damit die Hähne anlockte.

Ende April bis Mitte Mai legt die Henne 8 bis 10 Eier in eine kleine, flache, wenig ausgebaute Nestmulde, gut getarnt in Bodenformation und Bewuchs, und bebrütet diese ± 21 Tage. Die Jungen werden bis zu ihrem zehnten Lebenstag von der Henne gehudert, entwickeln sich aber wesentlich schneller als Junge anderer Rauhfußhühner. Sie sind im Alter von 14 bis 15 Tagen bereits voll flugfähig, und mit 30 bis 40 Tagen entspricht ihr Verhalten schon völlig dem der Altvögel.

Feinden gegenüber verlassen sich Haselhühner eher auf ihre Tarnfärbung denn auf Flucht. Wenn sie sich drücken, werden sie unsichtbar. Als »Kette« halten sie bis zur vollendeten Ausbildung des Alterskleides und dem Erscheinen der sekundären Geschlechtsmerkmale zusammen. Im Alter von 80 bis 90 Tagen trennen sie sich, und die jungen Hähne sind schon bald bestrebt, sich Balzterritorien anzueignen, aus denen zunächst alle Artgenossen vertrieben werden, bis sich ihre Gunst *einer* Henne zuwendet.

Eine weitere, hier zu behandelnde Wildart, deren Bestand wie den der Rauhfußhühner wirtschaftliche Maßnahmen des Menschen auf das Schwerste gefährden, ist die *Großtrappe*. Ihren Lebensraum stellen ausgedehnte Weiden, die aus mäßig entwässerten Luchen und Mooren hervorgingen und nur gering mit Busch und Baum durchsetzt sind, sowie eigentliche »Kultursteppen«, in denen die die Kulturpflanzen begleitenden Wildkräuter noch ihren Teil mitspielen dürfen.

Heute gibt es in Europa noch Großtrappenbestände in Polen, in der Deutschen Demokratischen Republik, der Tschechoslowakei, in Ungarn und Österreich – Marchfeld. Auf eine Bejagung dieser rückläufigen Bestände muß heute weitgehend verzichtet werden. Die Großtrappe ist in Mitteleuropa Stand- und Strichvogel.

War die Großtrappe in vergangenen Zeiten über alle großen Ebenen Europas – West- und Mitteleuropa, in Südosteuropa, im Norden bis in den Südosten Englands und Südschwedens – verbreitet, so ist ihr Vorkommen in diesen Bereichen heute auf einige wenige Inseln beschränkt. In der UdSSR und in Kleinasien gibt es noch ausgedehnte, jedoch ebenfalls bereits in kleinere Inselvorkommen aufgesplitterte Bestände, die sich von der Westukraine bis Ostkasachstan und Südwestsibirien erstrecken. Die östlichsten Brutgebiete der Großtrappe liegen in den Steppen um den Chanka-See im Nordosten der Mandschurei und der Volksrepublik China und dem südlichen Ussuriland der UdSSR.

Das westliche Vorkommen hat *keine* unmittelbare

Verbindung mit dem östlichen. Hier sind es die Steppen von Minusinsk und Sagaisk im Nordosten und Südosten des russischen Altai, durch die Mongolei ostwärts bis in die Mandschurei und an den mittleren Amur, die der Großtrappe Lebensgebiete eröffnen. Die west- und mitteleuropäischen Trappen streichen in harten Wintern auf der Suche nach Nahrungsquellen umher, die Trappen in den östlichen Gebieten sind Zugvögel, was verständlich ist, vergegenwärtigt man sich die harten östlichen Winter.

Ihre Ernährung stützt die Großtrappe in ihren Schwerpunkten auf angebaute und wild wachsende Schmetterlingsblütler, Korbblütler und Kreuzblütler. Hinzu kommt eine vielseitige tierische Nahrung aus Regenwürmern, Heuschrecken, Grillen, Käfern, Schmetterlingsraupen bis hin zu Eidechsen, bodenbrütenden Vögeln und Kleinnagern. Kerbtiere bilden die ausschließliche Nahrung der Jungtrappen.

Ihrem von weiträumigen, offenen, deckungsfreien Landschaften gestellten Lebensraum entspricht das Balzverhalten der Großtrappe, das sich betont im optischen Bereich bewegt. Abgesondert von den etwa im fünften Lebensjahre stehenden und somit geschlechtsreifen Hähnen, die ein Gewicht von 11 bis 16 kg erreichen, vergesellschaften sich noch nicht geschlechtsreife Vögel in »Junggesellenherden« – 5 bis 20 und mehr Vögel –, also in kleineren Verbänden.

Die alten Vögel beziehen im Februar/März ihre Balz- und Brutplätze. Die Gesellschaften lockern sich auf. Mit dem Beginn der eigentlichen Balz um Mitte April verteilen sich Hähne wie Hennen über weite Flächen, wobei bis Ende April noch keine Bindung der Geschlechter zu erkennen ist.

Bei der Hochbalz stellt sich der Hahn in überaus eindrucksvoller Weise zur Schau. Während des Einherschreitens legt er das zunächst noch ungefächerte Schwanzgefieder auf den Rücken, womit die weißen Unterschwanzdecken zu einem leuchtenden Bezugspunkt werden. Sodann bläst er bei weit auf den Rücken zurückgelegtem Kopf den Kehlsack auf, der sich schließlich kugelig hervorwölbt und damit die Nacktflächen zwischen Schnabel und Hals hervortreten läßt. Zudem stellt er den Bart senkrecht auf.

Hält der Hahn im Schreiten inne und verharrt an einer Stelle, beginnt er mit der Zurschaustellung des Flügelgefieders. Die Unterarme der zunächst locker herabhängenden Flügel werden nach vorne gestreckt, wobei die zusammengelegten Handschwingen in dieser Lage bleiben. Dann werden die Unterarme nach hinten unten gestreckt, wobei sie mit dem Oberarm einen Winkel von etwa 130 Grad bilden. Im Zuge dieses Verhaltens werden die gemeinhin verdeckten Ellbogenfedern nach vorne gezogen und wie ein Fächer entfaltet. Ihre weiße Unterseite bildet dann eine leuchtende, das dunkle Gefieder weitgehend verdeckende Rosette. Endlich werden noch die kleinen Flügeldecken nach vorne umgebogen, so daß ihre weiße Unterseite zusammen mit den rosa gefärbten dunigen Teilen der Armdecken freigelegt wird. In diesem weithin leuchtenden Zustand tritt der Hahn auf der Stelle mit eingeknickten Füßen, wobei seine gesamte Erscheinung in zitternde Bewegung gerät. Ruckartig wendet er sich in die eine und die andere Richtung und bleibt dann wieder still stehen.

Solche Hochbalz ist in den frühen Morgenstunden zu beobachten. Sie klingt zwischen sechs und sieben Uhr ab und setzt am Nachmittag nach Nahrungsaufnahme und Ruhe wieder ein. Oft bleibt es auch beim Zurücklegen des Schwanzes und Aufblasen des Kehlsackes. Besonders junge Hähne zeigen Balzverhalten bis in den Juni hinein, mithin über die Zeit des Brutbeginns hinaus. Begegnen sich zwei alte Hähne, so kommt es oft zu heftigen Kämpfen, bei denen Schnäbel und Füße eingesetzt werden.

Zur Begattung suchen die Hennen, die ein Gewicht von 4 bis 6 kg erreichen, die sich in dieser Weise darbietenden Hähne auf. Eine auf den Hahn zulaufende Henne vollführt nach Siewert »Kranichtanzschritte«. Zur Paarungsaufforderung legt sich die Henne flach auf den Boden. Der Hahn sammelt einen »Harem«, geht also keine Ehebindung ein.

Ende April bis Anfang Mai legt die Henne 2 (3) graugrüne bis bräunliche Eier in eine kunstlose Mulde, dürftig ausgelegt mit wenigen Halmen, wenig gedeckt in freier Landschaft, und brütet diese allein 23 bis 28 Tage. Nestfeinden gegenüber zeigt sie »vorgetäuschte Behinderung«, wie dies viele bodenbrütende weibliche Vögel tun, um den Feind vom Nest und später von den Jungen abzulenken. Die Jungen werden lange geführt und bleiben bei der Mutter. Im November schließen sich die verschiedenen Gruppen zu großen Winterverbänden zusammen.

Auch hier muß abschließend betont werden, daß die in diesem Abschnitt behandelten Wildarten den hegenden Jäger in besonderer Weise dazu aufrufen, ihren im Zuge der chemo-physikalisch gesteuerten Fortschrittseuphorie gefährdeten Lebensräumen sorgfältige Erhaltung und Pflege angedeihen zu lassen.

Heinz Brüll

DIE HEGE

In den stark industrialisierten Staaten Westeuropas, in denen der Ausverkauf der Natur am weitesten fortgeschritten ist und in denen es eigentlich gar keine unberührten natürlichen Biotope mehr gibt, haben sich verantwortungsbewußte Jäger zum ersten Mal Gedanken über Sinn und Zweck der Hege gemacht. In der Vergangenheit bedeutete Hege schlicht: Ausmerzung des Schädlichen (= rücksichtsloses Bekämpfen all der Tierarten, die krumme Zähne und krumme Klauen haben) und biologisch unvertretbare Vermehrung des Nützlichen (= vor allen Dingen Fasanen und Enten in Zuchtanlagen). Dieses Verhalten wurde von den Naturschützern immer wieder heftig kritisiert und hat zu einem Umdenken in der Jagd geführt. Es geht hier vornehmlich darum, die Probleme um Wild und Jagd aufzuzeigen, wenn die Landschaften und Lebensräume vielfältigen zivilisationsbedingten Belastungen ausgesetzt sind, und gleichzeitig zu dokumentieren, was trotzdem dank der Anstrengungen und Leistungen der Jäger in jagdlicher Hinsicht noch möglich ist.

Die Aufgabe des hegenden Jägers ist es, in persönlicher Verantwortung sein Revier zu pflegen und einen artenreichen, gesunden Wildtierbestand zu erhalten. Diese Verpflichtung wird in der von Heinz Brüll zur Welt-Jagdausstellung in Budapest 1971 erarbeiteten Doppelpyramide (siehe Seite 35) besonders deutlich.

Der Jäger muß in der Zivilisationslandschaft an die Stelle der Spitzenregulatoren Bär, Wolf, Luchs, Adler und Uhu treten und durch Regulierung der Wildbestände weitgehend natürliche Beziehungen innerhalb der freilebenden Tierwelt sowie ein Gleichgewicht zwischen dieser und der Vegetation erhalten.

Im folgenden soll die Hege, getrennt in *Schalenwildhege* und *Niederwildhege*, geschildert werden.

Die Schalenwildarten bevorzugen ruhige Einstände, in denen sie weder vom Spaziergänger noch vom Jagdbetrieb gestört werden. Der hegende Jäger hat also in erster Linie für Ruhe in seinem Revier zu sorgen.

Dies kann zum Beispiel dadurch geschehen, daß an Waldrändern und an Wegen 8 bis 10 m breite Randzonen mit einer Mischung standortgerechter Licht- und Schattenholzarten (am besten Laub- und Nadelholzarten) gepflanzt werden. Sehr gut eignen sich Fichte und Douglasie.

Ein weit wichtigerer Faktor für die Schalenwildhege ist es jedoch, günstigste Äsungsbedingungen zu schaffen. Besonders in geschlossenen Nadelholzbeständen ist die Anlage von Äsungsflächen von größter Bedeutung. Es genügt allerdings nicht allein, Wiesen und Weiden mit den verschiedensten Gräsern und Kräutern zu kultivieren. Die Schalenwildarten bevorzugen ebenso Weichholztriebe und Früchte der masttragenden Bäume.

Die Biotopverbesserung beginnt also mit dem Anpflanzen von Trauben-, Stiel- und Roteichen, Rotbuchen, Roßkastanien, Wildapfel, Wildbirne und Vogelbeere (Eberesche). Wo Bäume dieser Arten vereinzelt im Walde stehen oder angepflanzt werden, wird es immer möglich sein, sie freizustellen und dadurch zum Masttragen besonders anzuregen. Jüngere Exemplare sind gegen Verfegen und Schälen zu schützen.

Mit dem Anbau und der Pflege der oben genannten Baumarten sind die forstlichen Hilfsmittel zur Äsungsverbesserung noch nicht erschöpft. Vor allem der Anbau und die Vermehrung von Espen, Weiden und Akazien, die die durch Wurzelbrut beziehungsweise Stockausschlag sehr begehrte Weichholzäsung liefern, sollten daher gefördert werden. Aber auch noch andere Baum- und Straucharten (zum Beispiel Feldahorn, Weißerle, Haselnuß, Holunder, Ginster, Brombeere und Himbeere) sind als zusätzliche Äsung willkommen und helfen, Wildverbiß und andere Schäden von den Forstkulturen abzuwenden.

Besonders empfohlen werden muß die Förderung der Bodenäsung. Dies kann erreicht werden, indem Abteilungslinien, Gestelle und Schneisen entsprechend verbreitert werden. Holzabfuhrwege und Waldstraßen sollten ferner auf beiden Seiten ausgelichtet und damit ebenfalls verbreitert werden. So läßt sich – falls mit Düngung und zweckmäßiger Aussaat nachgeholfen wird – eine Verbesserung der Bodenvegetation erzielen.

Wo die oben genannten Anstrengungen zur Äsungsverbesserung nicht genügen, um den vorhandenen Schalenwildbestand ausreichend zu ernähren (eine angemessene Wilddichte ist vorausgesetzt!), muß die Anlage von Wildäckern oder Wildwiesen erwogen werden. Es sollte sich dann allerdings um entsprechend große, zweckmäßig verteilte Daueranlagen handeln, die sorgfältig hergerichtet und planmäßig bewirtschaftet werden müssen.

Sobald der Standort gewählt ist (Wildäsungsflächen müssen durch eine Zufahrt jederzeit erreichbar sein), beginnt das Roden und Umpflügen der Flächen. Wildwiesen haben den Vorteil, daß sie nicht eingezäunt werden müssen und für eine mehrjährige Kultur geeignet sind. Es ist allerdings darauf zu achten, daß durch selektive Äsung bestimmter Gräser und Kräuter die Wildwiese in ihrer Artenzusammensetzung nicht zu einseitig wird. Besonders gut eignet sich eine Dauerweidenmischung (im Landhandel erhältlich!), die mit Kleearten wie Rotklee, Weißklee, Schwedenklee, Inkarnatklee, Perserklee und Alexandrinerklee angereichert wird. Von diesen Kleearten sind einige nur einjährig und müssen also in jedem Frühjahr (es genügen wenige Gramm!) nachgesät werden.

Vor der Bestellung müssen stark saure Böden (in Nadelwäldern!) aufgekalkt werden. Nach der Aussaat genügt eine ganz geringe Gabe Volldünger, der mit einer milden Stickstoffgabe den Wuchs der Kleearten und Kräuter fördert. Wildwiesen, die vom Schalenwild nur stellenweise beäst werden, müssen vom Jäger etwa alle vier Wochen gemäht werden, denn das Schalenwild bevorzugt, wie auch alle anderen Wildtierarten, junge saftige Triebe. Das so gewonnene Heu kann gereutert und dann im Winter verfüttert werden. Auf diesen Punkt wird im Abschnitt Niederwildhege noch genauer eingegangen werden.

Bei der Anlage eines Wildackers muß die Gesamtfläche in mehrere Felder eingeteilt werden – er sollte darum nicht kleiner als 0,5 ha sein, eine Fläche von etwa 2 ha ist am besten geeignet. Wildäcker müssen zunächst eingezäunt werden, damit die aufkeimenden Kulturen nicht gleich vom Schalenwild vernichtet werden. Die Umzäunung ist zwar ein wesentlicher Kostenfaktor, auf der anderen Seite ist jedoch zu bemerken, daß richtig angelegte Wildäcker sehr gut dazu beitragen, Wildschäden zu verhindern, wenn sie dann zu den Jahreszeiten geöffnet werden, in denen Schäden auftreten.

Zur Bestellung des Wildackers sind Pflanzen oder Pflanzenmischungen zu verwenden, die unter den gegebenen Boden- und Klimaverhältnissen gedeihen, von den vorkommenden Wildarten erfahrungsgemäß gerne angenommen werden und auf einzelnen Feldern möglichst auch im Winter Äsung bieten. Es müssen also Kulturarten mit verschiedener Anbau- und Reifezeit verwendet werden, von denen zumindest einige winterhart sein sollten.

In den folgenden Übersichten (siehe Seite 140) sind die wichtigsten Arten für die Wildackerbestellung mit Saat- bzw. Pflanzzeit, Saat- bzw. Pflanzgutbedarf und Reifezeiten angegeben (Saatgut- und Pflanzenbedarf für eine Fläche von etwa 0,2 ha). Das Saatgut sollte, wenn immer möglich, von Hand gesät, die Pflanzen im Verband gepflanzt werden. Es wird auf diese Art und Weise möglich, kleinere Lagerstellen für das Wild zu schaffen, die gut von der Sonne bestrahlt werden können und windgeschützt sind. Wenn das Saatgut in Reihen gedrillt und die Pflanzen in Streifen gepflanzt werden, wird sich das Schalenwild seine Ruheplätze selber freischlagen.

Die in Tabelle 1 und Tabelle 2 angegebenen Kulturarten sollen nur Richtlinien für die Bestellung der Wildäsungskulturen geben. Selbstverständlich lassen sich auch Arten, die in der Landwirtschaft nur auf schweren Böden kultiviert werden, für Schalenwildäsungskulturen auf leichteren Böden anbauen. Der wichtigste Punkt für solche Kulturen ist für den Revierinhaber ja nicht der landwirtschaftliche Ertrag, sondern die optimale Äsung für sein Schalenwild. Es sollte allerdings möglichst die Fruchtfolge eingehalten werden, die sich in der Landwirtschaft als optimal erwiesen hat. Auch die Düngung sollte nach landwirtschaftlichen Richtlinien erfolgen, denn die grünen Pflanzen benötigen besonders an extremen Standorten eine Fülle von Mineralstoffen und Spurenelementen, mit denen der hegende Jäger die von ihm angelegten Äsungsflächen versorgen muß.

Hiermit dürften die Hauptanregungen zur Biotopverbesserung im Schalenwildrevier gegeben sein. Wir wenden uns nun der besonders wichtigen Aufgabe des

Tabelle 1 Die wichtigsten Wildäsungskulturen auf leichten Böden

Kulturart	Bestell-monat	Saat- oder Pflanzen-bedarf	Ernte
1. Schwarzer Hafer oder Kurzstrohhafer	3/4	50 kg	8/9
2. Winterroggen	9/10	50 kg	7/8 des nächsten Jahres
3. Wintergerste	9/10	50 kg	7/8 des nächsten Jahres
4. Hafer/Weißklee	3/4	40 kg Hafer 2 kg Klee	nicht ernten Winteräsung!
5. Gemenge aus Hafer, Roggen, div. Kleearten	3/4	ca. 60 kg im Verhältnis 4:4:1	8/9 danach Kleeschnitt für Winterfütterung!
6. Kartoffeln	5	5–6 dz	10/11
7. Futterrüben	5	5–6 dz	10/11
8. Landsberger Gemenge	8	30 kg	Winteräsung!
9. Furchenkohl	6	6 000 Pfl.	Winteräsung!
10. Markstammkohl	6	5 000 Pfl.	Winteräsung!
11. Mais	4/5	30 kg	9/10 für Silage

Tabelle 2 Die wichtigsten Wildäsungskulturen auf schweren Böden

Kulturart	Bestell-monat	Saat- oder Pflanzen-bedarf	Ernte
1. Hafer/Rotklee/Weißklee	4	H 30 kg, R 5 kg, W 1 kg	H 8 Klee kann für den Winter genutzt werden Heu und/oder Winteräsung
2. Raps	4/5	6 kg	8/9
3. Pferdebohne	3/4	20 kg	10
4. Hafer/Roggen/Gerste/Weizen/Buchweizen/Kleearten	4	gesamt 40 kg Verhältnis 2:2:2:2:1:1	für Winteräsung stehen lassen!

Hegers zu, die Populationsdichte (Stückzahl) des Schalenwildes optimal einzuregulieren. Ein Revierinhaber, der jedes Jahr in den seinem Waldrevier angrenzenden Kulturen erhebliche Wildschäden zu bezahlen hat, hat den Auftrag der richtigen Begrenzung seines Schalenwildbestandes meistens nicht erfüllt.

Die Grundlage für den Hegeabschuß gibt uns die Alterspyramide (siehe Seite 141).

Bei allen Schalenwildarten ist die Erhaltung eines gesunden, zahlenmäßig dem Standort angepaßten und qualitativ Spitzenleistungen aufweisenden Bestandes durch den Hegeabschuß zu realisieren. Abschußnotwendig sind in erster Linie Stücke, die erhebliche Abnormitäten und unerwünschte Veranlagungen zeigen; im Unterschied zu rein zufälligen Erscheinungen, wie Enden-, Stangen- und Rosenstockbrüche.

Die Einregulierung des Geschlechterverhältnisses bei einem idealen Aufbau des Bestandes nach Altersklassen ist eine noch wichtigere Aufgabe des Jägers. Der jährliche Zuwachs beträgt mindestens etwa 60 Prozent und kann in Mastjahren etwa 80 Prozent des Kahlwildbestandes erreichen.

Gefordert wird heute in gut gehegten Revieren ein Geschlechterverhältnis von 1 (bis 1,5) : 1, in schlecht gehegten Revieren ist das Geschlechterverhältnis 1 : 1,5 bis 2, das die Nachwuchsrate steigert.

Nach den heutigen Kenntnissen der Jagdwissenschaft ist es falsch, nur vorsichtig in die Jugendklasse einzugreifen; sie sollte im Gegenteil kräftig einreguliert werden, damit eine breite Basis für die Entwicklung eines kräftigen älteren Bestandes gegeben ist.

Das Geschlechterverhältnis 1 : 1 bringt in gut gehegten Revieren mit inselförmigem Schalenwildvorkommen allerdings den Nachteil mit sich, daß abgekämpfte und schwächere männliche Stücke abwandern.

Wenn beide Faktoren – Äsungsansprüche und das nötige Geschlechterverhältnis von 1 : 1 in gut gehegten Revieren – vom Jäger optimal berücksichtigt worden sind (planmäßige Anlage von Wildäsungsflächen und richtige Populationsdichte des Schalenwildbestandes), dürfte es eigentlich kaum zu Wildschäden kommen. In vielen Revieren steht allerdings das Angebot besonders von Winteräsung in keinem Verhältnis zu dem Bestand, der dann auf meist engstem, biologisch und ökologisch

Die Fülle von Aufgaben, die der Schalenwildjäger in der Hege zu erfüllen hat, hat bereits vor langer Zeit dazu geführt, daß man sich zu Schalenwildhegegemeinschaften zusammengeschlossen hat. In diesen Hegegemeinschaften wurden dann planmäßig Wildäsungsflächen angelegt, es wurde darauf geachtet, daß das Abschußsoll richtig erfüllt wurde (Geschlechterverhältnis 1 : 1) und letztlich erreicht, daß eine im richtigen Verhältnis stehende Ausbeute an guten und reifen Trophäen erzielt werden konnte. Es ist also das *wichtigste* Ziel der Hege, daß sich gleichgesinnte Revierinhaber in einer Hegegemeinschaft zusammentun und sich der gemeinsamen Aufgabe unterordnen.

Die Praxis der *Niederwildhege* wird in der Hegekurve nach Wildmeister Behnke deutlich (siehe Seite 142). Es handelt sich hier allerdings nicht um ein Modell, das den vielseitigen ökologischen und biologischen Ansprüchen eines Reviers gerecht wird, sondern vielmehr um ein Schema, das auf der Grundeinstellung des Berufsjägers basiert, möglichst viel Niederwild zu

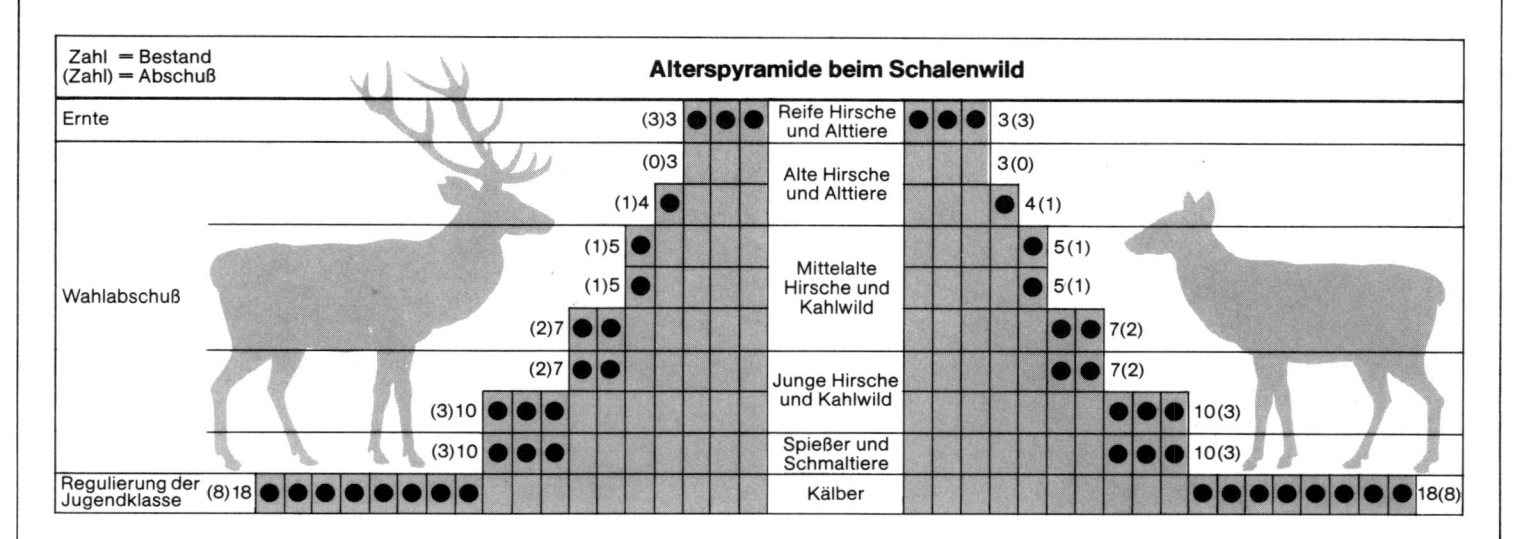

Alterspyramide beim Schalenwild

Zahl = Bestand
(Zahl) = Abschuß

Ernte	(3)3 — Reife Hirsche und Alttiere — 3(3)
Wahlabschuß	(0)3 / (1)4 — Alte Hirsche und Alttiere — 3(0) / 4(1)
	(1)5 / (1)5 / (2)7 / (2)7 — Mittelalte Hirsche und Kahlwild — 5(1) / 5(1) / 7(2) / 7(2)
	(3)10 / (3)10 — Junge Hirsche und Kahlwild / Spießer und Schmaltiere — 10(3) / 10(3)
Regulierung der Jugendklasse	(8)18 — Kälber — 18(8)

aber bestem Raum zusammengedrängt wird. Obwohl in den Revieren ausreichend gefüttert wird, kommt es also zu Wildschäden. Die Wildschäden werden heute als Verbiß-, Schäl- und Fegeschäden zusammengefaßt.

Geht das Schalenwild in den Forstkulturen oder angrenzenden landwirtschaftlichen Nutzflächen zu Schaden, so gibt es heute sowohl chemische Mittel (Verwitterungs-, Verbißschutz- und Schälschutzmittel) als auch die Möglichkeit, Zäune zu bauen. Den sichersten Flächenschutz bietet der Zaun, der aber andererseits sehr kostspielig ist. Einzelheiten sind hierzu in der einschlägigen Jagdliteratur zu finden.

produzieren. Kurzfristige Erfolge sind so nur im Zusammenhang mit dem Aussetzen größerer Zahlen von Niederwildarten (Fasanen, Rebhühner, Enten etc.) zu erzielen.

Wenn wir in der Niederwildhege den vielfältigen Ansprüchen, die Industrie und Technik, Gemeinden, Landwirtschaft und Verkehr an unsere Lebensräume stellen, gerecht werden wollen, kommen wir um die Gründung von Niederwildhegegemeinschaften nicht mehr herum. Eine Hege auf einer Revierbasis von 75 ha ist nicht durchführbar, da 75 ha eben kein ökologisches Ganzes sind, sondern nur ein kleiner Teil einer größeren

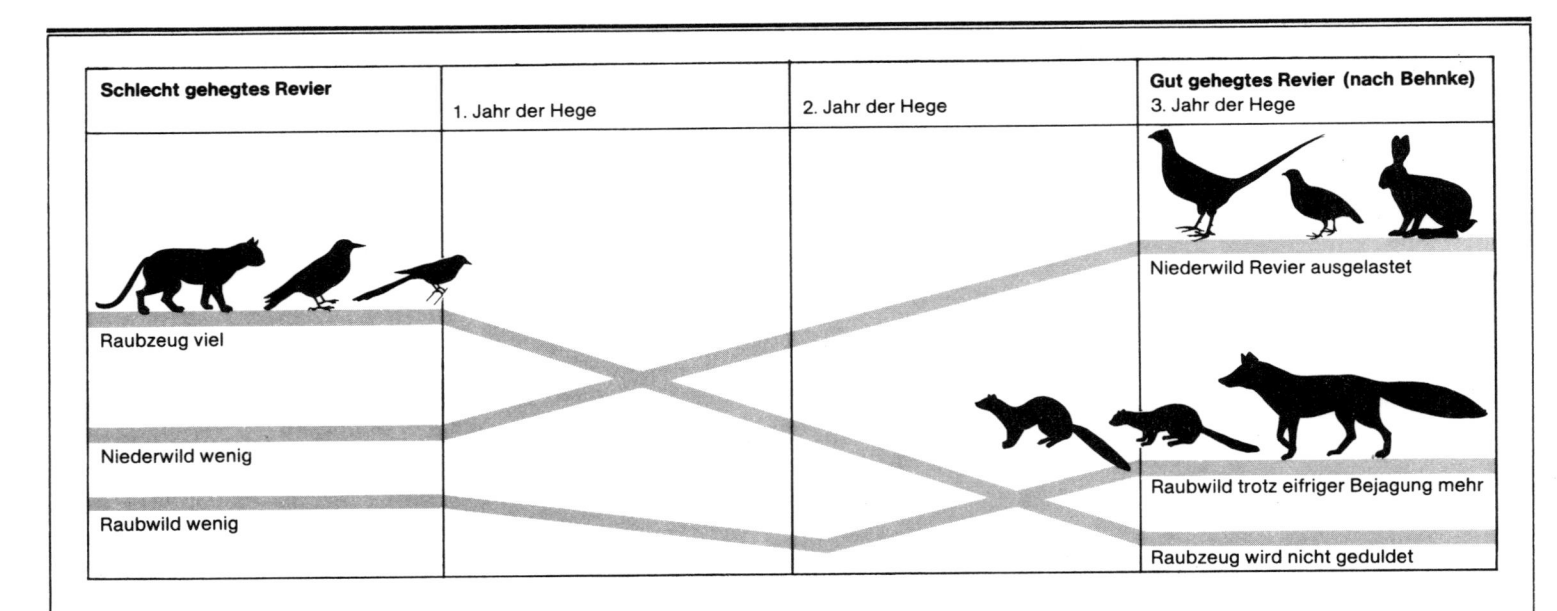

Schlecht gehegtes Revier	1. Jahr der Hege	2. Jahr der Hege	Gut gehegtes Revier (nach Behnke) 3. Jahr der Hege
Raubzeug viel			Niederwild Revier ausgelastet
Niederwild wenig			
Raubwild wenig			Raubwild trotz eifriger Bejagung mehr
			Raubzeug wird nicht geduldet

Lebensgemeinschaft, die es in der Niederwildhege zu erhalten gilt. Die Aufträge an die Niederwildhegegemeinschaften sind vielfältig und seien hier aufgelistet:

1. Erhaltung eines artenreichen Niederwildbestandes in den Hegegemeinschaften
2. Biotopverbesserung
   Erhalten von vorhandenen Feuchtgebieten
   Schaffung neuer Feuchtgebiete
   Erhaltung der Wallhecken (Knicks)
   Schaffung von Windschutzgehölzen und Deckungsinseln
3. Äsungsverbesserung
   Anlage von Niederwildäsungsflächen
   Anpachten der Pflugwenden der landwirtschaftlichen Nutzflächen als Äsungsflächen
   Anpachten und Schaffung von Getreideflächen mit Kleeuntersaat, die als Kleestoppel für den Winter stehenbleiben
4. Biologische- und chemo-therapeutische Bekämpfung von Endoparasiten unserer Niederwildarten

Die Basis einer Niederwildhegegemeinschaft sollte bei 5 000 ha liegen. 5 000 ha wurden gewählt, weil sie dem Revier eines Habichtsstandpaares entsprechen. Damit ist uns von der Natur eine landschaftsbiologisch-ökologische Ordnungszahl gesetzt – auf der Grundlage dieser kleinstmöglichen Lebenspyramide können wir unsere Hegemaßnahmen aufbauen. Die Praxis für den Heger heißt also: Erhaltung einer Lebensgemeinschaft vom Regulator – hier Habicht, Bussard, Fuchs, Dachs, Marder, Iltis, Wiesel etc. – über die Friedwildarten – hier Hase, Kaninchen, Fasan, Rebhuhn, Schnepfe, Taube etc. – bis hinab zur grünen Pflanze, die die biologische Grundlage für den Aufbau dieser Lebenspyramide ist. Da die Regulatoren dieser Pyramide wiederum in der Natur Spitzenregulatoren (zum Beispiel Adler, Uhu etc.) über sich haben, ist es die selbstverständliche Pflicht des Hegers, die Aufgaben der Spitzenregulatoren zu übernehmen – also auch Habicht, Bussard, Fuchs, Dachs, Marder, Iltis, Wiesel etc. zu bejagen. Die Forderung der Naturschützer nach generellem Schutz dieser Wildarten würde die Lebensgemeinschaft zerstören und eine vernünftige Niederwildhege unmöglich machen. Genauso falsch scheint dem Verfasser die Tendenz in Behnkes Hegekurve, die indirekt die Ausmerzung der Regulatoren fordert. Die Erfolge solcher Forderung sind dann zum Beispiel Übervermehrung der Ringeltaube und große Wildschäden in den landwirtschaftlichen Nutzflächen.

Der biologisch richtige Weg in Jagd und Hege ist also äußerst kompliziert. Er muß unbedingt mit der Frühjahrsbestandserfassung der Niederwildpopulationen in der Hegegemeinschaft beginnen (wie auch in den Schalenwildrevieren der Frühjahrsbestand ermittelt wird). Nur wenn möglichst genaue Zahlen auf dem Tisch liegen, kann man sich über weitere Hegemaßnahmen und vor allen Dingen über jagdliche Eingriffe Gedanken machen.

Die Biotopverbesserung ist in den meisten Revieren die wichtigste Voraussetzung, um dem Niederwild überhaupt erst einmal die Lebensgrundlagen zu schaffen. In den meisten Revieren wird der Boden landwirtschaftlich und forstwirtschaftlich in Form von Ackerflächen, Weideflächen, Nadelwaldbeständen usw. sehr einseitig genutzt. Obendrein werden im Frühherbst die Niederwildarten auf wenige Prozent der Jagdfläche mit Pflanzenbewuchs zusammengedrängt, weil der Rest der landwirtschaftlichen Nutzfläche nach der Ernte sofort gepflügt und neu bestellt wird. Das Oberflächenwasser wird in schnurgerade durch die Landschaft gezogene Gräben und Bäche abgeleitet, die zum Teil auch schon verrohrt sind. Die wenigen Inseln im Revier sind entweder trockengelegt oder voll Müll gekippt.

Die Hegegemeinschaft muß hier also zuerst Abhilfe schaffen, und zwar zum Beispiel durch Anpachtung und/oder Aufkauf von Feuchtgebieten, minderwertigen Böden und kleinen Flächen in den Revieren, die dann nur dazu zur Verfügung stehen, Teiche, Deckungsinseln und Wildäsungsflächen anzulegen. Über die untere Jagdbehörde müßte es gesetzlich möglich sein, vor dem Planfeststellungsverfahren von Flurbereinigungs- und Wasserbaumaßnahmen unterrichtet zu werden, damit die Interessen der Hege hier besonders berücksichtigt werden. Vielleicht ist es sogar möglich, die Verpächter zur Bereitstellung von 1 bis 2 Prozent der Jagdfläche für Hegemaßnahmen zu zwingen.

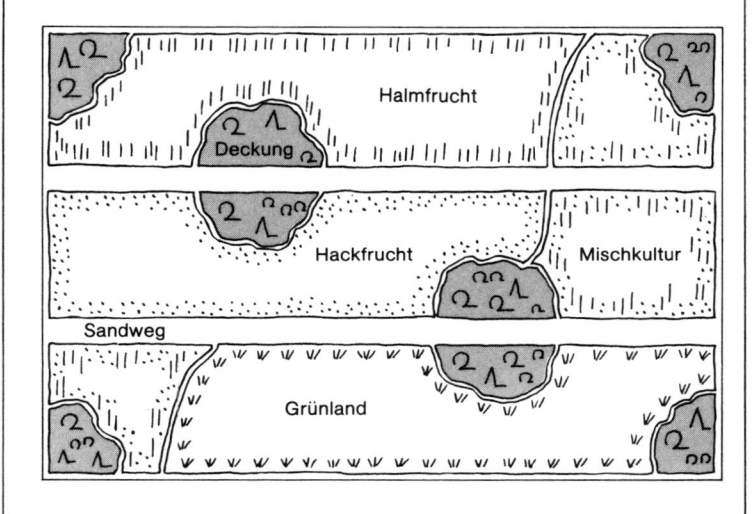

Die Anlage von Niederwildäsungsflächen soll an dieser Stelle besonders berücksichtigt werden, da die grünen Pflanzen nun einmal die Lebensgrundlage unserer Niederwildarten sind; in den Kapiteln Hase, Fasan und Rebhuhn sind die breiten Äsungsansprüche dieser Arten dargestellt worden. Wir erkennen daraus, daß Halmfrucht-, Hackfrucht- und Grünlandflächen, vergesellschaftet mit allen sogenannten »Unkräutern«, in ihrer Gesamtheit die Äsungsgrundlage für unser Niederwild geben. Nur auf dieser breiten Basis ist die Erhaltung eines artenreichen, gesunden Niederwildbesatzes möglich.

Die Anlage von Niederwildäsungsflächen (siehe Skizze) aus Deckungsinseln, aus Halmfrucht, aus Hackfrucht, aus Mischkulturen und aus Grünland auf der Basis von 0,5 bis 1 ha über die Reviere verteilt, muß daher gefordert werden. Die Deckungsinseln sollten aus Weißdorn, Schlehen, Hasel, Eiche, Wildobst, Fichte und ähnlichen Arten bestehen, die gleichzeitig Deckung, aber auch im Winter Äsung bieten. Halmfruchtarten sind Hafer (Kurzstrohsorten!), Roggen, Weizen, Gerste, Buchweizen, Mais – sie sollten in einer Mischung aus Winter- und Sommersaaten angebaut werden, damit ein möglichst 12monatiges Vorhandensein von Äsung garantiert wird. Halmfruchtflächen müssen zusammen mit Kleearten (zum Beispiel Weiß-, Rot-, Inkarnat- und Schwedenklee) von Hand(!) gesät werden; es werden so in unregelmäßigen Abständen dichte Bestände von Freiflächen geschaffen, die als Ruhe- und Huderplätze von besonderer Bedeutung sind. Hackfruchtarten sind Kartoffel, Futterrübe und die Kohlarten, die für die Winteräsung sehr gut geeignet sind. Etwa zwei Drittel der Halm- und Hackfruchtflächen sollten im Herbst für die Winterfütterung geerntet und eingelagert werden.

Die Pflege der Grünlandflächen, die sich aus den verschiedensten Gräsern, Kräutern und Kleearten (siehe Zeichnung auf Seite 298 im Anhang) zusammensetzen, ist von besonderer Bedeutung. Es empfiehlt sich eine Aufteilung der Gesamtfläche in vier Teile, von denen je ein Teil im Abstand von einer Woche gemäht werden muß (also jeder Teil alle vier Wochen). Nur so können dem Niederwild immer besonders zarte, junge Triebe angeboten werden, die es bevorzugt. Das gewonnene Heu wird für die Winterfütterung gereutert – die Reuter können mit einem Trecker im Revier verteilt werden und sind unbegrenzt haltbar, wenn sie von oben zum Beispiel mit Plastikplanen gegen Regen geschützt werden. Alle mit den Kulturarten vergesellschafteten »Unkräuter« müssen auf den Niederwildäsungsflächen unbedingt vorhanden sein (siehe Zeichnung). Niederwildäsungsflächen dienen nicht, wie häufig behauptet wird, der Übervermehrung der Niederwildarten, sondern sind im Gegenteil eine biologische Bereicherung der Biotope und wirken positiv auf alle Pflanzen- und Insektenfresser. Es sind sogenannte ökologische Nischen für alle im Revier lebenden Tierarten!

Eine Anlage von neuen Monokulturen, wie zum Beispiel Topinambur oder Fasanenspiräe, ist in der

Niederwildhege nur als Windschutzpflanzung zu empfehlen, hat aber auf der anderen Seite keinen Nutzen für die breite Äsungsverbesserung.

In den meisten Revieren fehlt heute nicht nur die natürliche Äsungsgrundlage, sondern es kommt auch noch dazu, daß die zahlenmäßig geringen Niederwildpopulationen stellenweise seuchenhaft von Massenregulatoren (Endoparasiten wie zum Beispiel Magen-Darmrundwürmer, Bandwürmer, Lungenwürmer, Rachenbremsen, Coccidien u. a.) befallen sind. Der seuchenhafte Befall ist mit Sicherheit darauf zurückzuführen, daß die Widerstandskraft infolge mangelnder Äsung geringer wird. Da heute aber in der landwirtschaftlichen Nutztierhaltung in immer stärkerem Maße gegen Endoparasiten mit chemo-therapeutischen Mitteln gekämpft wird, ist andererseits die gegenseitige Ansteckung von Wildtieren und Haustieren über Zwischenwirte nicht auszuschließen.

In der Niederwildhege (wie auch in der Schalenwildhege) muß also bei seuchenhaftem Parasitenbefall die Bekämpfung mit chemo-therapeutischen Mitteln empfohlen werden, um die Wildarten gegen die Erreger zu schützen. Es gibt heute eine Fülle von wirksamen Mitteln, von denen das Thibenzole wohl das bekannteste ist.

Die medikamentöse Behandlung von Haustieren ist recht einfach, da man ihnen die Mittel in genauer Dosierung über die entsprechenden Futtermittel verabreichen kann. Bei der Behandlung von Wildtieren (außer Schalenwild an der Winterfütterung) gibt es heute noch Probleme in der Wahl der Futtermittel, der Futterplätze und des Zeitpunktes, zu dem die Mittel verabreicht werden können.

Als Beispiel sei hier die Behandlung von Hasen gegen Magen- und Darmrundwürmer und Coccidiose dargestellt. Es ist jedem Revierinhaber bekannt, daß zahlreiche seiner Hasen in jedem Herbst an den oben genannten Krankheiten leiden und zum großen Teil im ersten Jahr als Junghasen verenden. Die beste Methode ist es, den Hasen im Winter an feste Futterplätze zu gewöhnen, um ihn an diesen Stellen im April/Mai und noch einmal im Herbst zu behandeln. Es können mit einer solchen Behandlung beachtliche Erfolge und eine Reduzierung der Parasitenzahlen um bis zu 90 Prozent erzielt werden.

Die Wahl der Futtermittel ist dem Heger überlassen, bewährt haben sich in der Parasitenbekämpfung Äpfel, Apfeltrester sowie ganz besonders die neu auf den Markt gekommenen Karotten- und Rote-Beete-Trester. Die Trester werden zum Teil schon mit Medikamenten versetzt, so daß die richtige Dosierung der Mittel keine Schwierigkeiten mehr mit sich bringt.

Futterplätze müssen in richtigen Abständen im Revier verteilt angelegt werden. Für das Rehwild und den Fasan empfehlen sich geschützte Plätze, für Hase und Rebhuhn sollten die Fütterungen auf dem Feld (mit freier Sicht nach allen Seiten!) angelegt werden. Beschickt werden die Fütterungen in regelmäßigen Abständen mit Kaff, Getreide (Hafer!), Trestern, Eicheln sowie Kleeheu, das man am besten auf dafür vorgesehenen Teilen der Wildäsungsflächen erntet. Das Heu sollte nie über Kuhställen gelagert werden, da besonders die Niederwildarten es dann wegen der Witterung nicht annehmen.

Genaue Hinweise für die Anlage von Fütterungen und für die Parasitenbekämpfung bei unseren Wildarten gibt die Jagdliteratur. Es sei an dieser Stelle allerdings ausdrücklich darauf hingewiesen, daß die Bekämpfung der Endoparasiten des Wildes nicht das Allheilmittel ist. Wir können die Mittel in freier Wildbahn kurzfristig (am besten in einer Hegegemeinschaft) anwenden, wenn wir uns gleichzeitig Gedanken darüber machen, wie wir die Grundkonstitution der Wildarten verbessern können. Dies ist nur über die Biotopverbesserung und über die Anlage von artenreichen Wildäsungsflächen zu erreichen.

Wildschäden werden in Niederwildrevieren hauptsächlich durch Kaninchen und Ringeltauben, aber auch durch Fasanen verursacht. Besonders Kaninchen können sich in günstigen Jahren sehr stark vermehren. Sie verursachen dann Verbiß, Kratz- und Schälschäden in allen landwirtschaftlichen und forstwirtschaftlichen Kulturen. Der Jäger hat die Möglichkeit, die Kaninchen das gesamte Jahr über scharf zu bejagen und besonders die halbwüchsigen Kaninchen vom Ansitz aus zu schießen.

Die Wildschäden von Ringeltauben an den Gemüseanbaugebieten sind hauptsächlich darauf zurückzuführen, daß die Ringeltaube im Weichbild der Ortschaften optimale Brutmöglichkeiten ohne natürliche Feinde fand. So kam es zu einer Übervermehrung der Population, die der Jäger heute mit der Waffe einregulieren muß. Fasanen werden in vielen Revieren in großer Zahl in den Fasanerien aufgezogen und dann in den Revieren ausgesetzt. Als Folge kann es in günstigen Biotopen zu Fasanenüberpopulationen kommen, die besonders im Frühjahr in den aufkeimenden Getreideflächen, aber auch in Kartoffel- und Rübenfeldern zu Schaden gehen.

Ulrich Brüll

JAGD UND NATURSCHUTZ

Der von Jägern gerne gebrauchte Slogan »Jagd ist angewandter Naturschutz« trifft nicht immer und überall auf Verständnis. Völlig abgelehnt wird diese These einmal von jenen, die ohnehin gegen die Jagd eingestellt sind und in ihr allein das sinnlose Töten von Tieren und die Befriedigung primitiver Gelüste sehen. Diese nicht gerade kleine Gruppe von Mitmenschen allein von der Notwendigkeit der Jagd zu überzeugen, bedarf geduldiger und sachlicher Argumentation. Problematischer wird es dort, wo man auf Zeitgenossen stößt, die zwar wissen, daß es ohne die Ausübung einer gesetzlich geregelten und entsprechend überwachten Jagd sicherlich nicht einen derartigen Wildreichtum hierzulande gäbe, die aber dem Jäger eine Tätigkeit im Sinne des Naturschutzes absprechen. Für sie, die vielfach mit den Vorgängen draußen besser vertraut sind als etliche Vertreter der jagenden Zunft, sind Jäger überwiegend daran interessiert, das jagdbare Wild zu hegen, damit sie immer wieder etwas zu schießen haben.

Zweifellos ist das auch der Fall, und es ist sicherlich in der Diskussion nicht nützlich, wenn manche Jäger diesen Aspekt von sich weisen und statt dessen behaupten, sie sähen sich einzig und allein als biologischen Spitzenregulator und handelten stellvertretend für die einstmals vorhandenen Bären, Wölfe und Adler. Sich nicht zur Freude am Weidwerken zu bekennen, wäre auch wenig klug, denn die Ausübung des Sports, der Liebhaberei oder der Berufung (wie immer die Definition für den einzelnen auch ausfällt) ist dann legitim, wenn man etwas dafür getan, das heißt: gehegt hat. Und kein Naturschützer ohne jagdliches Verständnis wird dem Revierinhaber das Recht zum Jagen absprechen, so lange er dabei das natürliche Gleichgewicht der freilebenden Tiere untereinander wahrt.

Daß sich dennoch letzlich immer Naturschutz und Jagd aneinander stoßen und daß es gerade in den vergangenen Jahren erbitterte Diskussionen zwischen den entsprechenden Vereinigungen gegeben hat, die bis hin zu gegenseitigen Ausschlüssen führten, liegt zum einen an den vielen Überlappungen beider Interessenrichtungen und zum anderen an der nicht vorhandenen Bereitschaft mancher wortführender Vertreter beider Richtungen zu Kompromissen. Was die Großzahl der Jäger in der täglichen Praxis beweist, indem sie ihr Revier so betreuen, daß ein *arten*reicher und nicht nur ein *zahl*reicher Wildbestand vorhanden ist, macht ein kleiner Teil durch Interessenkonzentration auf wenige jagdbare Arten (möglichst mit Supertrophäen oder in Überzahl) sowie der damit einhergehenden rücksichtslosen Bekämpfung von allem, was diesem Bestand gefährlich werden kann, zunichte. Genauso gibt es Naturschützer, die am liebsten den Jägern verbieten würden, überhaupt ins Revier zu gehen, für sich selber aber in Anspruch nehmen, über Wildbestandshöhe zu urteilen und Brutstätten von Vögeln zu kontrollieren.

Die bis in die Presse hineingetragenen Kontroversen sind um so unverständlicher, als letztlich beide Seiten an einer möglichst intakten Natur interessiert sind und nur gemeinsam genügend politische Macht, aber auch genügend Tatkraft und finanzielle Mittel für die praktische Arbeit zur Erreichung dieses Zieles aufbringen können. Beide Gruppen sind so stark, daß sie sich in der Erfüllung überspitzter Forderungen immer wieder gegenseitig blockieren können. Daß dabei dann Kompromißlösungen herauskommen, die nicht in jeder Hinsicht befriedigen, hat die jüngste Novellierung des Bundesjagdgesetzes der Bundesrepublik Deutschland gezeigt. Weiterhin ist die negative Auswirkung auf die Öffentlichkeit nicht zu unterschätzen, wenn sich Naturschützer und Jäger streiten und dabei behaupten, sie hätten beide nur das Wohl der Natur im Auge. Beide brauchen nämlich sehr wohl die öffentliche Meinung beim Kampf gegen Zersiedlung, Erschließung, Ausweitung des Fremdenverkehrs und hemmungslose landwirtschaftliche und forstliche Nutzung der Wildbahn.

Das ist das vielschichtige Feindbild, das beide Seiten heute vorrangig und übereinstimmend im Auge haben müssen. Zum Glück gibt es etliche Beispiele für erfolgreiche gemeinsame Fronten von Jagd und Naturschutz gegen ökologisch widersinnige Planungen, und fast in jedem Bundesland existieren mittlerweile Gebiete, die sowohl von Jagdverbänden als auch von Naturschutzorganisationen oder von beiden gemeinsam gekauft oder gepachtet wurden, um sie unter Schutz zu stellen. Sich hierauf noch stärker zu konzentrieren, würde den Jägern gut zu Gesichte stehen und ihnen in den Augen der großen Mehrheit der Menschen, die von der Natur mittlerweile so weit entfernt lebt, daß sie auch von den Problemen nur ungenügend oder gar keine Kenntnis haben kann, manchen Pluspunkt einbringen.

Die meisten Jäger haben in ihrer notwendigerweise langen Ausbildung gelernt, daß sich die Vorzeichen der Jagd in den vergangenen Jahrzehnten verändert haben und weiter in stetem Wandel begriffen sind. Sofern sie das Glück haben, Revierinhaber zu sein, gibt ihnen die Grundbucheintragung oder der Pachtvertrag zwar gewisse Rechte, doch sind die Verpflichtungen fast noch größer. Nicht jeder Jäger will das einsehen und ist empört, wenn sich gar jagdliche Laien mit Namen »Natur- oder Vogelschützer« anmaßen, bei der Festlegung von Jagdzeiten mitzureden, oder Wissenschaftler und Journalisten über Wilddichte und ökologisches Gleichgewicht befinden. Er vergißt, daß er ein großes Privileg genießt und in den Wildtieren Objekte öffentlichen Interesses verwalten und nutzen darf, daß er für das jagdbare Wild, aber auch in gewissem Umfang für die übrige Tierwelt in seinem Revier die Verantwortung trägt. Und so muß er sich auch Kritik gefallen lassen, zur Kenntnis nehmen, daß auch andere sich für die freilebende Natur interessieren und vielleicht lieber einen Turmfalken statt eines Fasans sehen, daß auch jene, die keine Jägerprüfung gemacht haben, durchaus fachgerecht zu urteilen verstehen, und daß hierauf Rücksicht zu nehmen ist. Wer heute das Jagdrevier als das Betätigungsfeld von Schießleidenschaft und als Garten, in dem man beliebig Fasanen oder Hirsche ziehen kann, betrachtet, der ist der falsche Jäger.

Andererseits übertreiben jene Naturschützer, die es am liebsten hätten, wenn die »Wildregulierung« von Staatshand vorgenommen würde. Sie übersehen eine Menge Konsequenzen, ganz abgesehen von der finanziellen Seite. Denn so merkwürdig es auch immer wieder klingt: Ohne das Engagement der Jäger gäbe es heute weit weniger freilebende Tiere bei uns zu sehen. Selbst Habicht, Rohrweihe, Fuchs und Iltis hätten sicherlich weniger Lebensmöglichkeiten, da das Nahrungsangebot geringer wäre. Wie es dort, wo anders gejagt wird, aussieht, beweist ein Blick in einige andere Länder. Dennoch reicht es nicht, sich damit zu beruhigen.

Der Jäger der Gegenwart kann viele Verbündete haben, die letztlich auch Verständnis für das Vergnügen haben, das ihm die Ausübung der Jagd bereitet, wenn er praktische Beweise für seinen Einsatz in der Natur zeigt. Ganz abgesehen davon, daß er sein jagdbares Wild dadurch ebenfalls fördert, kann er mit einem Einspruch gegen eine Bachbegradigung, mit der Verhinderung einer Moorkultivierung, mit der Anpachtung einer nassen Wiese, dem Anpflanzen einer Dornenhecke und der Aufklärung seiner Mitmenschen im Dorf sowie der Beeinflussung der Bauern eine Menge zum Wohl der belebten Landschaft erreichen. Und wenn er bereit ist, auch einmal politische Rücksichten zu nehmen und nicht gegen das Verbot der Frühjahrsjagd auf die Waldschnepfe noch lange im Nachhinein zu polemisieren, dann kann er sicher sein, daß er in den »Nur-Naturschützern« sogar beste Partner findet. Daß eine solche nützliche Zusammenarbeit möglich ist, dafür gibt es viele Beweise. Nicht zuletzt wird das Miteinander daran deutlich, daß viele Jäger tatkräftige Mitglieder in Naturschutzverbänden sind.

Um Jagd als angewandten Naturschutz betreiben zu können und diesen manchmal fast als Entschuldigung vorgebrachten Satz mit Inhalt zu füllen, dazu bedarf es heutzutage mehr, als regelmäßig den Jahresjagdschein zu lösen. Die ständige Auseinandersetzung mit wildbiologischen und ökologischen Fragen gehört dazu genauso wie das aktive Interesse an allen Vorgängen im Revier. Gerade weil der Jäger, sei es als Eigentümer, Pächter oder als häufiger Gast die Möglichkeit hat, einen so unmittelbaren Kontakt zur Natur aufrechtzuerhalten, ist letztlich keiner besser dazu geeignet, wesentlich zu ihrem Schutz beizutragen.

Natürlich gerät auch er dabei nicht selten in Interessenkonflikte. Sieht eine forstwirtschaftliche Maßnahme im Pachtrevier die Trockenlegung und Abholzung eines Erlenbruches und die anschließende Aufforstung mit Fichten vor, so gibt es mehrere mögliche Reaktionen. Einmal rührt man sich vielleicht gar nicht, um weiterhin als friedfertiger Pächter zu gelten, der ja auch bei der Neuverpachtung gerne wieder zum Zuge kommen möchte. Man kann sich auch freuen, sofern das Revier Schwarzwild beherbergt, denn mit einer neuen Schonung erhöht sich das Einstandsangebot und damit die Möglichkeit, vielleicht noch mehr Sauen zu schießen. Der Pächter wird, sofern er kein einseitig auf den Trophäen- und Wildbreterfolg ausgerichteter Jäger ist, jedoch ein Interesse daran haben, ein auch von der landschaftlichen Gestaltung vielartig strukturiertes Revier zu besitzen. Denn erstens liebt das Schwarzwild auch einen feuchten Erlenbruch, zweitens aber bietet ein solches Sumpfgelände anderen jagdbaren Wildarten, wie beispielsweise der im Herbst durchziehenden Schnepfe, Aufenthalt und Nahrung.

Selbst wenn dem Revierpächter, der vor einer solchen Situation steht, außer der Jagd die sonstigen Vorgänge in der Natur einerlei sind (was für die überwiegende Mehrzahl der Jäger nicht zutrifft!), wäre es für ihn nützlich, Verbindung zu einer örtlichen oder regionalen Natur- oder Vogelschutzorganisation zu haben. Denn will er den Erlenbruch lieber als die Fichtenschonung, so kann er entweder zusammen mit dem Verein oder Verband etwas unternehmen oder aber er kann zumindest eine entsprechende Anregung geben und braucht nicht selbst Front – eventuell gar gegen den Verpächter – zu machen. Dazu ist es wiederum günstig zu wissen, daß diese oder jene seltene Pflanze in dem Bruch zu finden ist oder daß hier eine gefährdete Vogelart brütet. Je mehr Beobachtungen und Nachweise ein Jäger geben kann, desto größer sind die Chancen, sich gegen Flurbereinigungsmaßnahmen unsinniger Art oder rücksichtslose wirtschaftliche Nutzung biologisch intakter Restlandschaften zu stemmen.

Schließlich ist es sehr viel einfacher, für bestimmte Revierteile nach landesrechtlichen Vorschriften ein Betretungsverbot zu erhalten, wenn hier nachweislich das letzte Kranichpaar, der Schwarzstorch oder auch »nur« der Horst des Kolkraben vor Störung bewahrt werden sollen und nicht nur das Rotwild. So zahlt es sich sogar aus, wenn man sich für die Erhaltung von nicht jagdbaren Tieren und Landschaft einsetzt, letztlich aber ausschließlich an der Jagd interessiert ist.

Nur die der Jagd nützlichen Aspekte beim naturschützerischen Engagement vieler Jäger zu sehen, hieße ihnen unrecht tun. Die meisten von ihnen sind schließlich durch den Wunsch, sich in freier Natur aufzuhalten, zur Jägerei gekommen. Aber gerade diese Ursache sollte immer wieder neue Anregung geben, sich aktiv mit der Natur auseinanderzusetzen, sich mit nichtjagenden Gleichgesinnten zusammenzuschließen und gemeinsame Programme durchzuführen. Abgesehen von den publizitätsfreudigen Entrümpelungsaktionen gibt es viele Beispiele, wo sowohl das jagdliche Interesse als auch der Naturschutzaspekt zusammenkommen. Ob es sich um ein langfristiges Programm zur Untersuchung der Brutbiologie sowie des Revier- und Äsungsverhaltens von Birkhühnern handelt, um die sich über mehrere Jahre erstreckenden Wasservogelzählungen, die Bestandsaufnahme von Fischottern oder die Bewachung von Seeadlerhorsten (um nur einige zu nennen) – die Ergebnisse werden allemal zur Bestimmung von Schutzvorschriften und Jagdzeiten herangezogen. So wie der Jagdscheininhaber zum richtigen Jäger erst durch lange Praxis wird, so kann der Weidmann von sich nicht behaupten, er betreibe angewandten Naturschutz, ohne sich sowohl praktisch als auch theoretisch eingehend mit den vielen damit zusammenhängenden Fragen und Problemen beschäftigt zu haben. Erst wenn man sich durch häufigen Aufenthalt im Revier, durch genaue Notizen, mit Hilfe vergleichender langwieriger und sorgfältiger Beobachtungen ein eigenes Bild von der Zahl der ständig im Revier vertretenen Mäusebussardpaare gemacht hat, ist man überhaupt legitimiert, über deren mögliche zeitweise Bejagung mitzureden. Wenn ein Revierinhaber behauptet, er habe im Frühjahr elf beflogene Bussardhorste innerhalb seiner Grenzen und müsse, um überhaupt noch etwas Niederwild »ernten« zu können, eine Abschußsondergenehmigung erhalten, wenn dieser Revierinhaber dann nach einem gemeinsamen Kontrollgang mit dem Naturschutzbeauftragten und einem Vogelschützer eingestehen muß, daß sein Revier ganze zwei solcher von einem Mäusebussardpaar besetzte Nester beherbergt, dann wirft das wahrlich kein gutes Licht auf die Zunft.

Andererseits muß mancher Vogelschützer lernen, daß er viele Jäger langfristig nur dann für seine Pläne gewinnen kann, wenn er nicht alles stur blockiert, sondern der Jagd dort, wo sie möglich oder gar nötig ist, ihren Platz läßt. Würden Fasan, Rebhuhn, Ringeltaube und Stockente ebenfalls total geschützt sein, würde sich mancher Revierinhaber überhaupt nicht für den Vogelschutz interessieren.

Erfahrenen Praktikern im Naturschutz ist diese Verknüpfung der Interessen wohl vertraut. Ihnen ist auch klar, daß man in Bezug auf die freilebende Tierwelt nicht von anderen Voraussetzungen als in vielen anderen Lebensbereichen ausgehen kann: Menschen sind nun einmal unterschiedlich interessiert und motiviert. Der Vogelfreund begeistert sich am Anblick des Habichts, der im aufregenden Angriffsflug eine Fasanenhenne schlägt. Für ihn ist nicht nur die Beobachtung eines solchen Naturvorganges ein besonderes Erlebnis, sondern ihn befriedigt vielleicht sogar, daß es sich beim Opfer um einen der vielen halbdomestizierten Vögel handelt, die wiederum der Städter häufig als einzigen Vertreter der gefiederten Wildbahn bei einem Ausflug sieht. Der Revierinhaber, der mit allerlei Aufwand seine Fasanenhege betreibt, mag sich, sofern er sich als Jäger in den großen Kreislauf der Natur eingebunden fühlt, zwar auch noch an dem seltenen Anblick des schlagenden Habichts erfreuen, doch versetzt er ihm vielleicht bereits einen kleinen Stich. Ein Jagdherr, der seine Fasanenhennen das ganze Jahr schont, wird sie um so weniger dem Habicht gönnen, je geringer sein allgemeines Naturinteresse ist und je mehr Jagen und Streckemachen für ihn gleichbedeutend sind.

Es wäre einfach töricht von jedem, der sich für den Natur- und hier insbesondere für den Vogelschutz einsetzt, diese unterschiedlichen Betrachtungsweisen nicht zu sehen und nicht teilweise auch zu akzeptieren. Genauso wie man davon auszugehen hat, daß bei einer regionalen Bestandsaufnahme von Stock-, Knäk- und Krickenten die Mitglieder des Deutschen Bundes für Vogelschutz andere Prioritäten setzen als manche der beteiligten Revierinhaber. Die einen sind an ornithologischen Daten und der Aussicht, möglichst viele der beiden selteneren Arten zu beobachten, interessiert, die anderen hoffen zumindest teilweise, mit den gewonnenen Erkenntnissen bessere Voraussetzungen für die Bejagung zu schaffen. Und es gibt keinen Grund, ein gemeinsames Projekt zur Hebung des Haselwildbestandes abzubrechen, nur weil die Vogelschützer plötzlich merken, daß einer der Gründe für die Beteiligung der örtlichen Revierinhaber die ferne Hoffnung ist, vielleicht einmal wieder einen der bunten Hähne zu schießen. Solange die gemeinsamen Anstrengungen zunächst einmal dahin gehen, etwas Positives für die Wildbahn zu tun, solange sollte man der Sache zuliebe auch eine von der eigenen Motivation abweichende Triebfeder akzeptieren. Und später vielleicht sogar, wenn die Verhältnisse es erlauben, den Jägern, von denen viele eine Menge Zeit und Geld in Hege- und Schutzmaßnahmen investieren, auf ihre Weise den Lohn dafür zuzugestehen.

Es hat sich wiederholt gezeigt, daß es dem Naturschutz schlecht bekommt, wenn dessen offizielle oder selbsternannte Vertreter und Befürworter totale Front gegen Jagd und Jäger machen – sowohl im überregionalen Feld als auch auf lokaler Ebene. Wenn ein Revierinhaber erst einmal das Visier gegen den Naturschutzbeauftragten, die Jugendgruppe des Vogelschutzvereins oder den »Einzelkämpfer«, der die Interessen des World Wildlife Funds vertritt, heruntergeklappt hat, ist er erstens sehr viel schwerer wieder für das allgemeine über die Jagd hinausgehende Naturschutzinteresse zu gewinnen, und zweitens kann er, sofern er will, den Interessen des Naturschutzes zuwiderhandeln.

Von beiden Seiten, wobei die vielen tatsächlichen Überlappungen einmal außer Betracht bleiben sollen, gibt es etliche gegenseitige Vorurteile. Wie immer resultieren sie meistens aus Unkenntnis. Nicht selten unterstellen sowohl die Jäger als auch die Nur-Naturschützer dem jeweils anderen Lager sogar gegensätzliche politische Richtungen und Einfärbungen, wodurch sich von vornherein eine bestimmte Anti-Haltung aufbaut. Wird diese noch von interessierten Akteuren bestärkt, so kann an solchen Fehleinschätzungen bereits die Kontaktaufnahme oder aber das erste Gespräch scheitern. Vor allem auf lokaler Ebene, dort wo Jagd und Naturschutz ja praktisch betrieben werden, zeigt sich immer wieder, daß eine fruchtbare Zusammenarbeit möglich ist, wenn sich entweder Einzelpersönlichkeiten oder die jeweiligen Orts- oder Kreisgruppen aus Jagdverband und Natur-/Vogelschutzverein über einen aktuellen und praxisbezogenen Fall verständigen oder ihn zum Anlaß nehmen, sich näher kennenzulernen. Und sei es nur, wenn es um das Aufhängen von Nistkästen für Singvögel geht. Sicher: Der Anstoß dazu muß von einer der beiden Seiten ausgehen, und dazu ist es oft erst einmal notwendig, aus der Anonymität herauszutreten und auch mal auf einer anderen sozialen Ebene ein Gespräch zu suchen. Aber das sollten Jäger und Naturschützer aus Erfahrung wissen: In beiden Lagern gibt es so viele verschiedene Menschen aus unterschiedlichen Berufen, Altersstufen und Einkommensschichten, daß daran die Verständigung nicht scheitern dürfte. Sofern nämlich echtes Engagement vorhanden ist, verwischen sich solche Unterschiede spätestens beim Gespräch über die gemeinsame Liebhaberei oder während der Arbeit für sie.

Ohne Rücksicht auf die berühmten schwarzen Schafe und Scharfmacher, die es leider immer auf beiden Seiten geben wird und deren Verhalten man nicht der jeweiligen gesamten Zunft anlasten darf, sollten Jäger mit Nur-Naturschützern und Naturschützer mit Nur-Jägern immer wieder Kontakt suchen. Der Natur, von der letztlich beide Seiten auf ihre Weise profitieren wollen, würde es sicherlich gut bekommen.

Carl Albrecht von Treuenfels

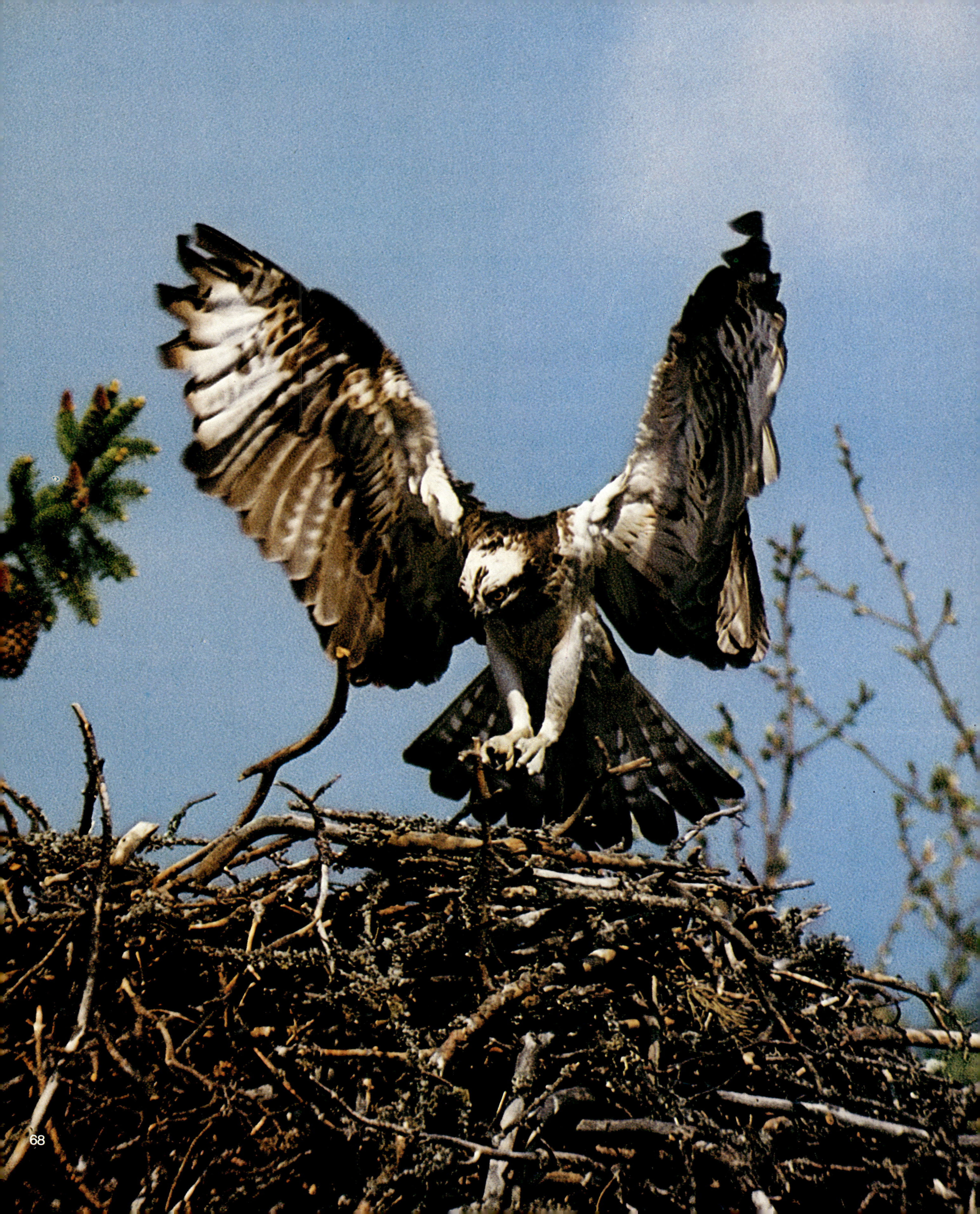

69

70

71

Greifvögel haben schon wiederholt als Zündstoff in der Diskussion zwischen Jägern und Naturschützern gewirkt. Nachdem sie nunmehr in der Bundesrepublik Deutschland geschützt sind oder geschont werden (je nachdem, ob sie dem Naturschutz- oder dem Jagdrecht unterstehen) und seitdem verstärkte Anstrengungen zum Schutz besonders gefährdeter Arten unter ihnen gemacht werden, könnten für die gesamte Gruppe der Krummschnäbel bessere Zeiten heraufziehen. Bei manchen jedoch sind die Populationen so dünn geworden und die von der Jagd unabhängigen Umweltgefahren so groß, daß es auch für die Zukunft fraglich ist, ob einzelne Arten bei uns langfristig erhalten bleiben oder gar zunehmen. Der Fischadler (68) brütet schon lange nicht mehr in der Bundesrepublik Deutschland, ist aber regelmäßig als Durchzügler nach und von Norden zu beobachten. An zwei Händen lassen sich die Brutpaare der Kornweihe (Bild 69 zeigt ein Weibchen) abzählen, und auch die Wiesenweihe (auf Bild 70 fliegt ein Weibchen sein Bodennest mit fünf Jungen an) steht auf der Roten Liste. Zwar gibt es mehr Rohrweihen, die bei uns ihren Nachwuchs noch großziehen (71), doch macht ihnen die Abnahme von Schilfflächen und Röhricht zu schaffen. Wo sie auf Raps- und Kornfelder ausweichen, werden die Gelege oder Jungen meistens zum Opfer der Mähdrescher. Solchen Gefahren sind zwar weder Turmfalke (72), Roter Milan (73) noch Habicht (74), hier jeweils am Horst mit Jungen, ausgesetzt, doch haben diese Arten wieder andere unterschiedliche Probleme. Einer der am stärksten gefährdeten Greifvögel ist neben dem Wanderfalken der Sperber (75). Da er als Kleinvogelfänger ähnlich wie der auf größere Gefiederte spezialisierte Wanderfalke am Ende einer Nahrungskette steht, hat man bei ihm besonders hohe Werte giftiger, nicht abbaubarer Chemikalien im Körper festgestellt. Als Folge solcher Vergiftungen tritt Unfruchtbarkeit ein, oder aber die Jungen sind nicht lebensfähig. Der »Sperlingshabicht«, im Bild an einem seiner Rupfplätze zu sehen, gehört zu den schneidigsten Flugjägern. Wesentlich bedächtiger, aber in ihrer Weise nicht weniger eindrucksvoll, sind die Flugbilder von Mäusebussard (auf Bild 76 streiten sich zwei am Luderplatz) und Steinadler (77). Die Zahl der in den Alpen horstenden Steinadlerpaare ist in der Vergangenheit leicht angestiegen, während die letzten Seeadler Westeuropas trotz organisierten staatlichen und privaten Schutzes weiterhin vom Aussterben bedroht sind.

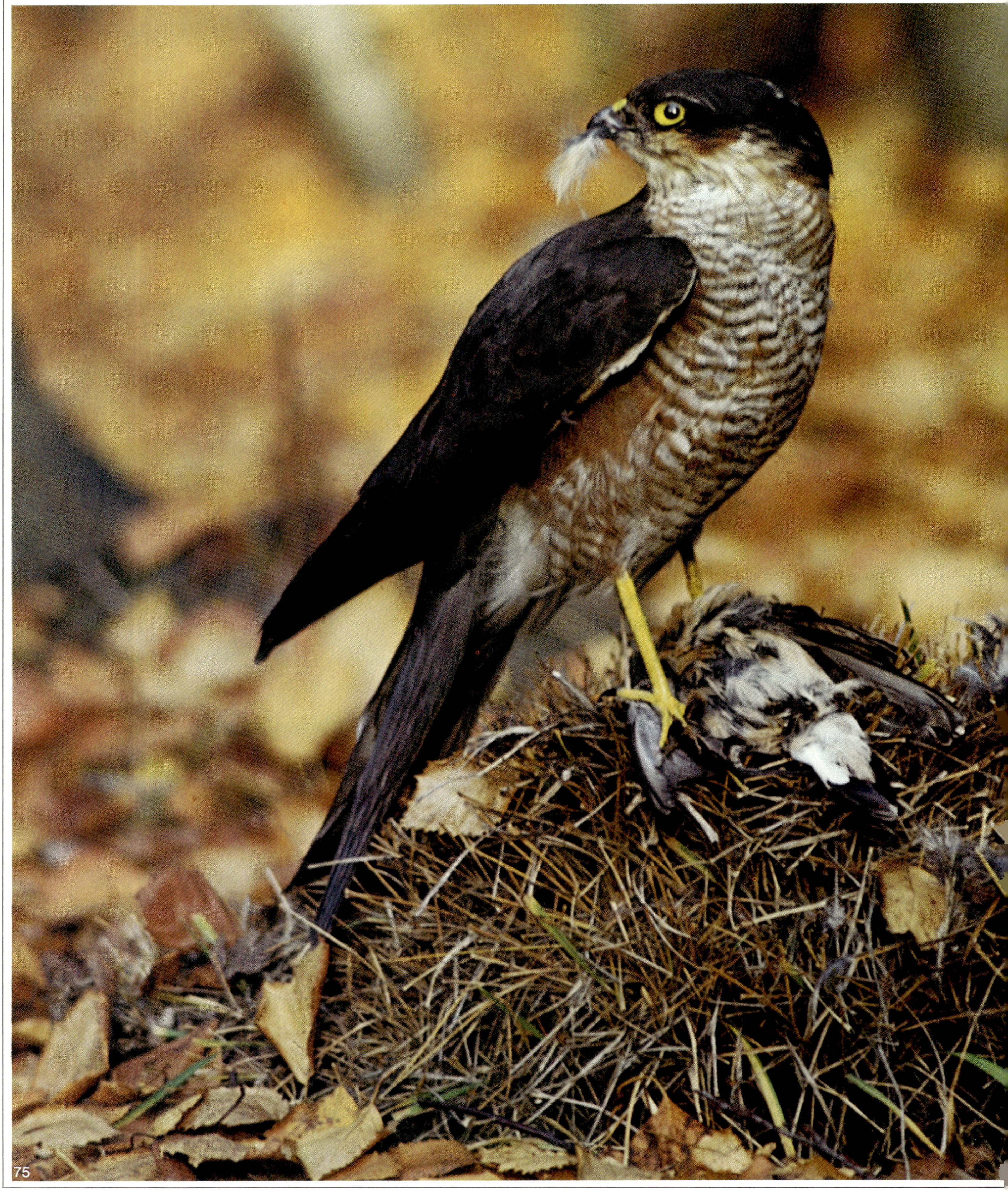

75

76

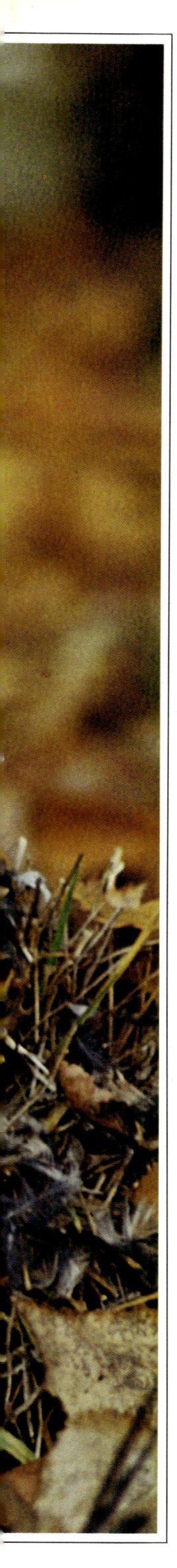

77

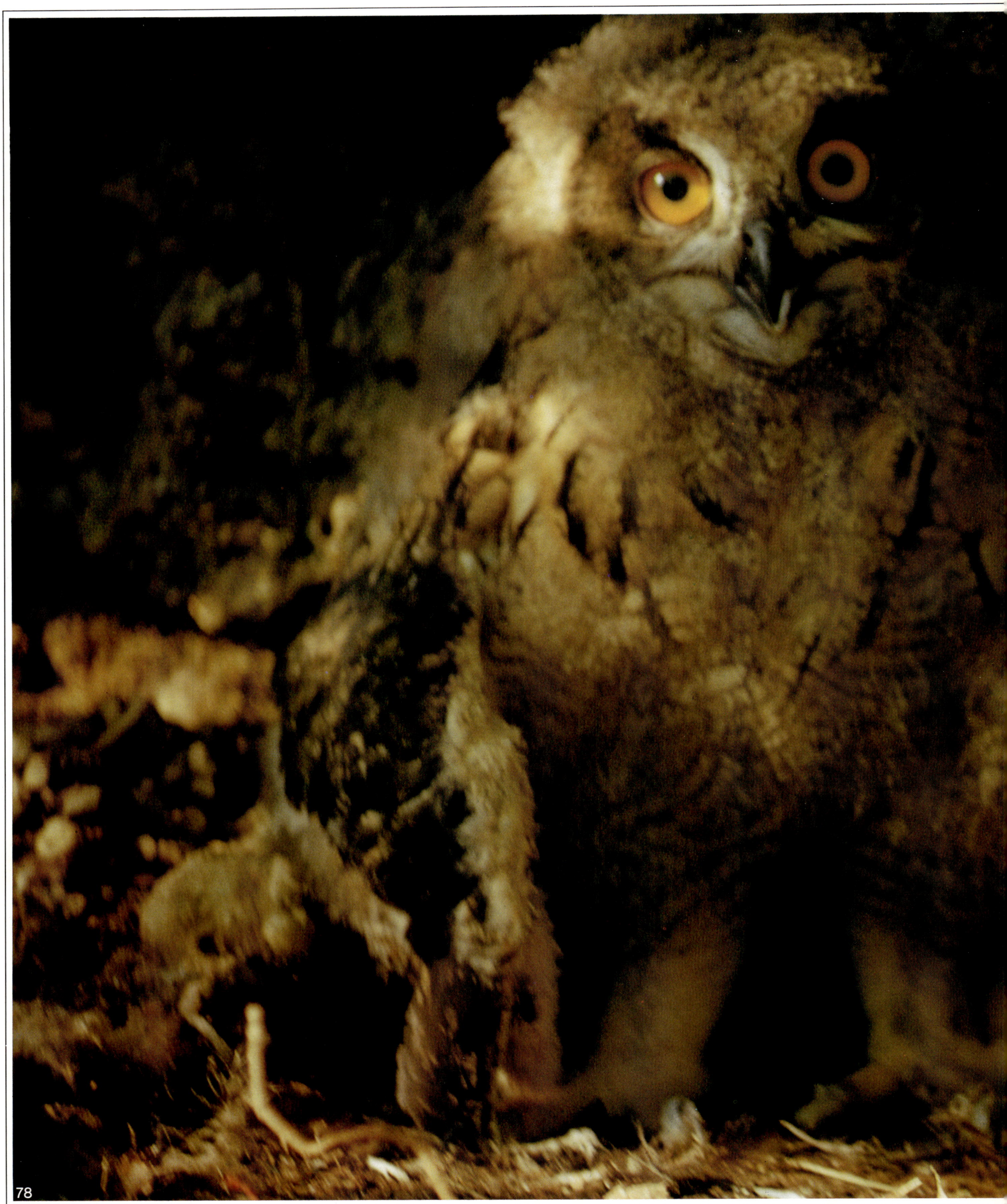

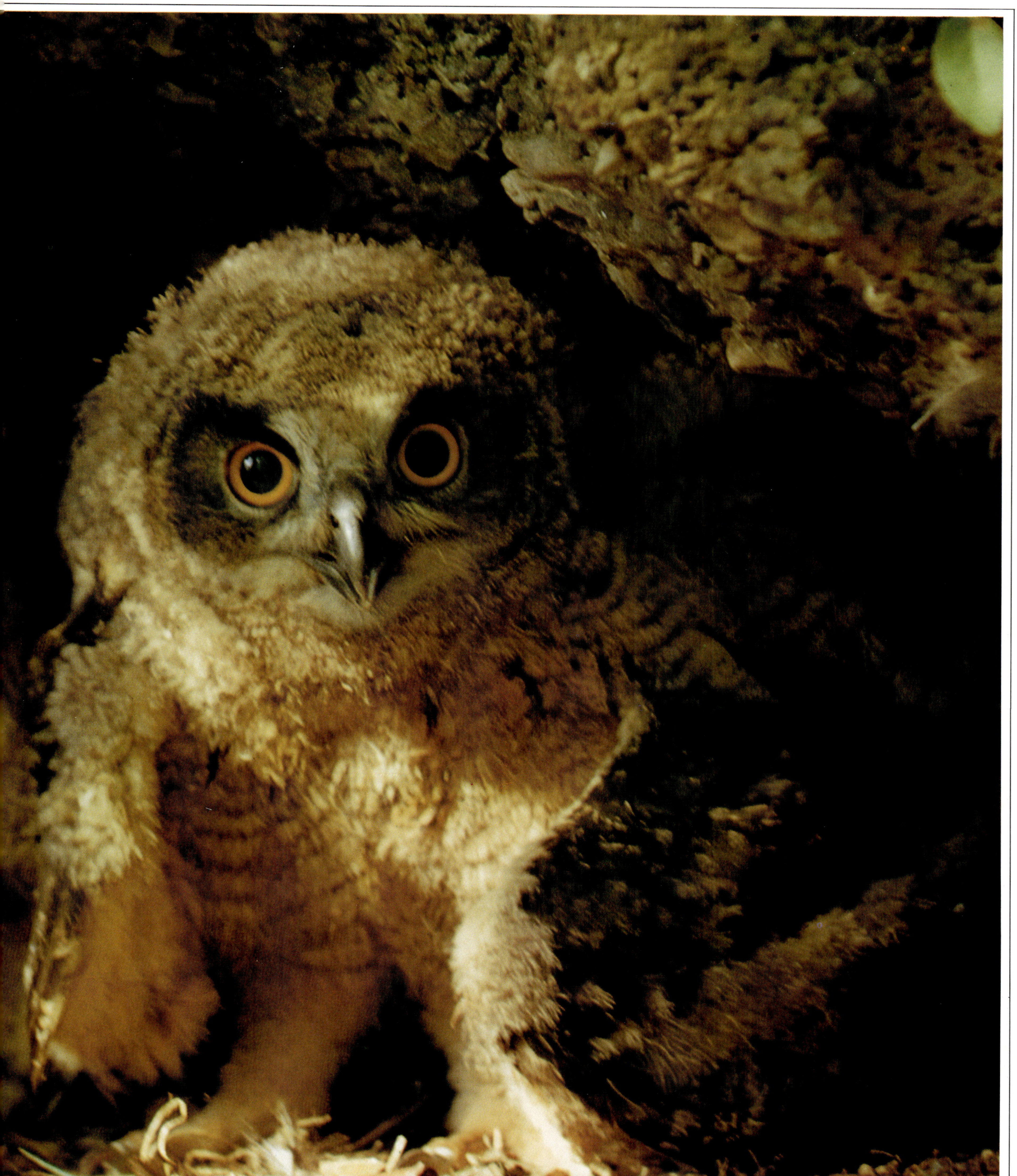

Uhus, für viele Jahre in Deutschland zu Raritäten geworden, vermehren sich dank gezielter Zucht- und Schutzprogramme eigens dafür ins Leben gerufener Vogelschutzgruppen in letzter Zeit wieder. So fliegen jedes Jahr einige in Freiheit erbrütete Junguhus (78) aus den Felsenhorsten der großen lautlosen Nachtjäger aus. Während neben der Großeule auch die meisten Kauzarten in Mitteleuropa in ihrem Bestand stark gefährdet sind, braucht man sich um Waldohreule (82) und Waldkauz, hier mit einem Frosch im Anflug zu seiner Nisthöhle (83), keine Sorgen zu machen. Beide haben ein breit angelegtes Beutespektrum und sind dadurch einerseits nicht so sehr durch Vergiftung gefährdet, andererseits müssen sie beim Ausbleiben einer Tierart nicht gleich verhungern. Der Waldkauz ist in den meisten Gegenden Deutschlands zum häufigsten fliegenden Beutegreifer geworden. Nicht weniger häufig, doch auch eher zu sehen, ist der Eichelhäher (79), der wie die Elster (80) ein Verwandter des Kolkraben (81) und der jungen Rabenkrähen (84) ist. Dank intensiven Schutzes hat sich der Kolkrabenbestand in einigen Gegenden gefestigt, doch fehlt er weiterhin in weiten Landstrichen. Auch Elstern sieht man hierzulande weitaus seltener als in benachbarten Staaten, was sicher Rückschlüsse auf eine sorgfältige Niederwildhege zuläßt.

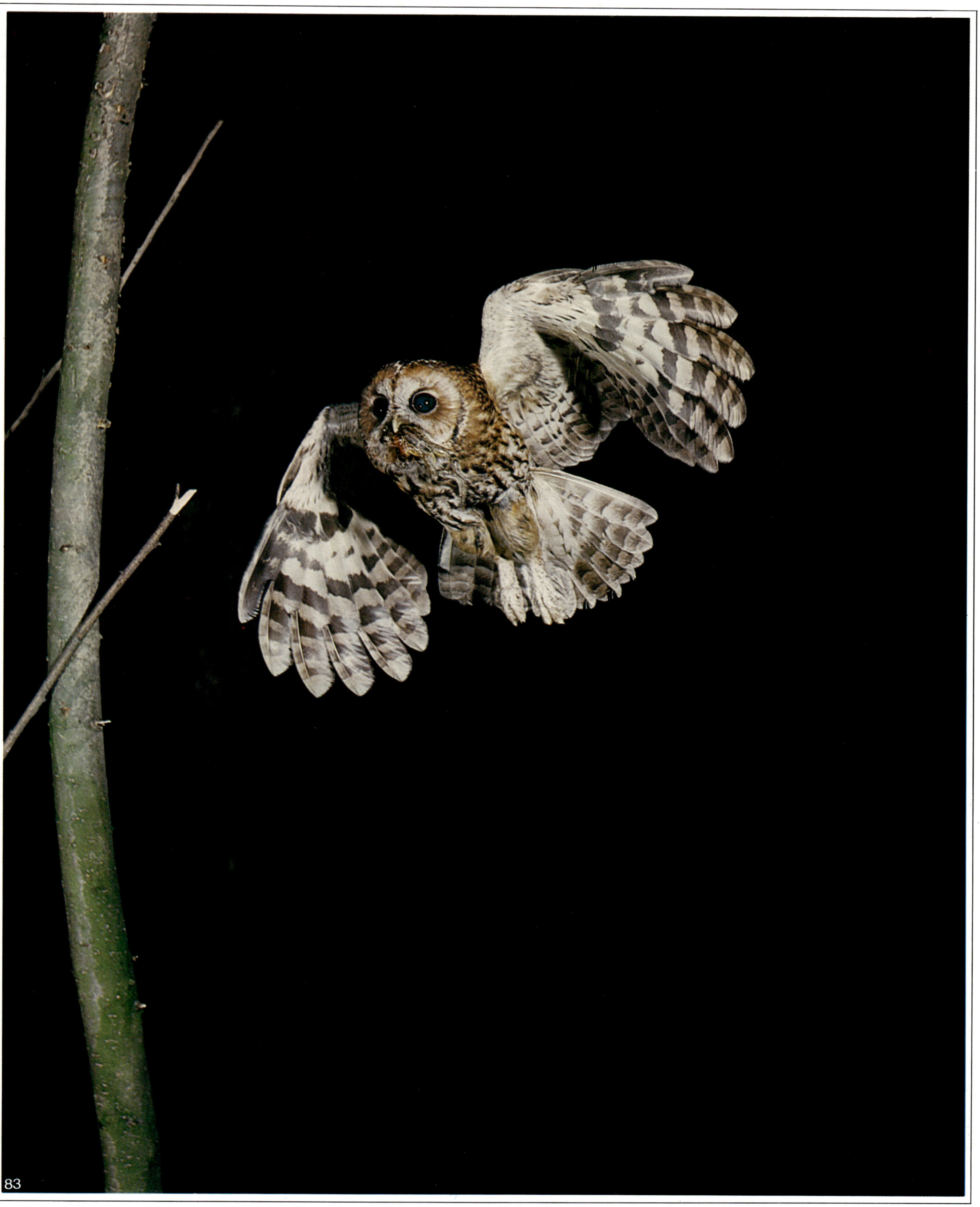
83

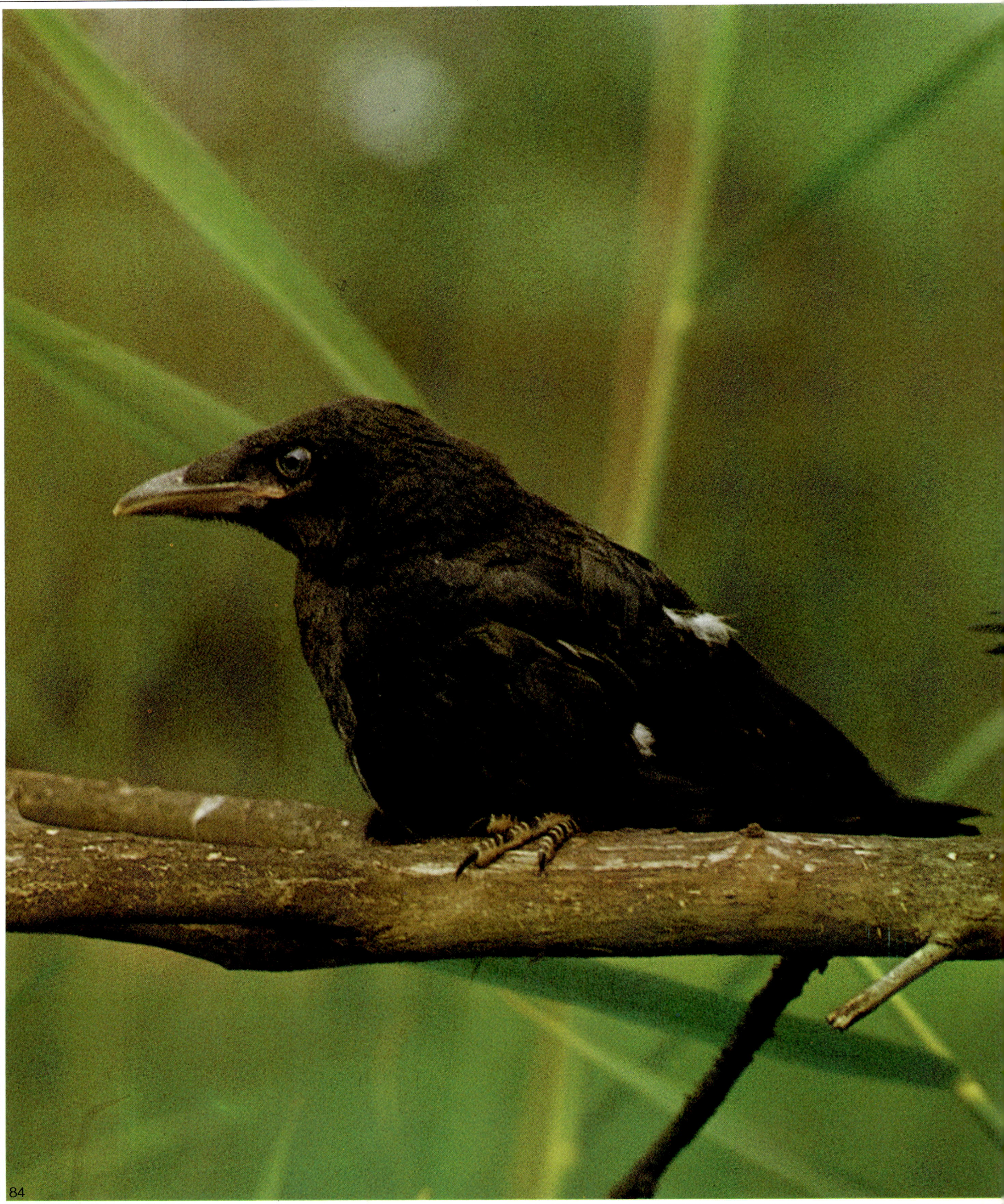

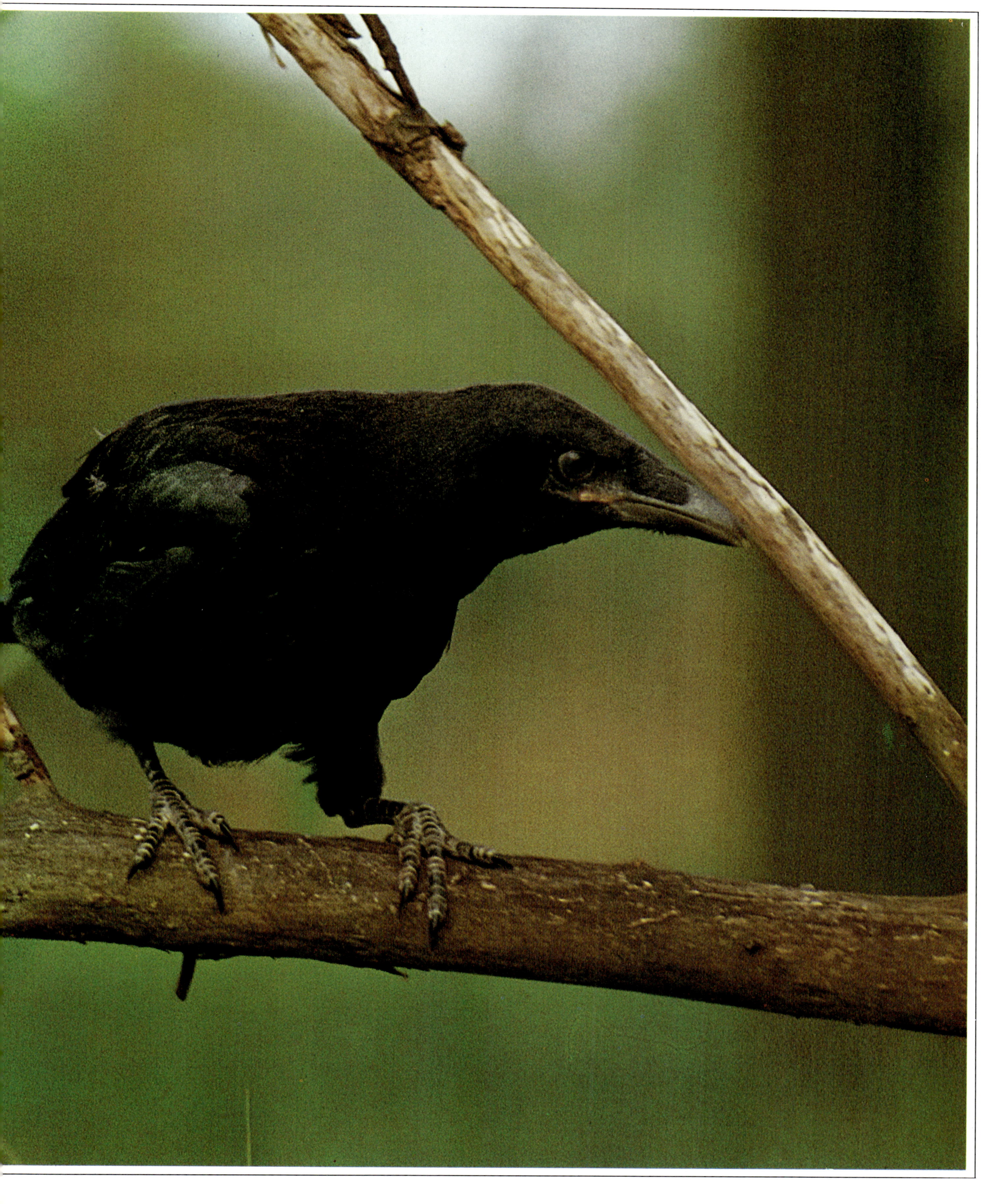

85.

86.

87.

88.

Als es noch mehr Moore und Sümpfe bei uns gab, war auch die Zahl der Schnepfenvögel weitaus größer. Hätten sich die Lebensbedingungen von Waldschnepfe (Bild 85 zeigt sie brütend), Uferschnepfe (86), Bekassine (87) und Großem Brachvogel (88) in den letzten drei Jahrzehnten nicht derart verschlechtert, hätte es nicht zu einer so starken Einschränkung der Jagd auf sie kommen müssen, wie es jetzt der Fall ist. Die Vögel mit dem langen Gesicht sind von einem feuchten bis nassen Biotop abhängig, doch Feuchtgebiete scheinen in den Augen von »Landentwicklern« das bevorzugte Feld ihrer für die gesamte Fauna so unseligen Betätigung zu sein. Was für die hier abgebildeten Arten gesagt wird, gilt für die gesamte Limikolensippe. Hätten nicht Naturschützer – häufig in beispielhafter und zukunftweisender Zusammenarbeit mit Jägern – für die Sicherung und Wiederbewässerung etlicher Restmoorflächen gesorgt, hätte manches Bundesland keinen einzigen Schnepfenverwandten mehr als Brutvogel. Damit das mekkernde Fluggeräusch der Bekassine, das melodische Pfeifen des Brachvogels, das Gedüdel des Rotschenkels, die charakteristischen Warnrufe der Uferschnepfe und das Murksen und Puitzen der Waldschnepfe neben den vielen anderen Lauten der Sippe nicht vollends aus unserer Landschaft verschwinden, sollten Jäger und Naturschützer enger denn je zusammenarbeiten. Um die robusten Stockenten (Bild 89 zeigt einen streichenden Erpel, Bild 90 eine aufstehende Ente), die insgesamt eher zu- als abnehmen, machen viele Jäger unvergleichlich größere Anstrengungen, denn sie geben eine interessante und schmackhafte Jagdbeute ab. Würden auch den Limikolen so viele – zweifellos schwierigere und umfassender notwendige – Bruthilfen wie den Stockenten gegeben, dann wären vielleicht eines Tages wieder mehr Langschnäbel zu beobachten. Daß die Vögel es verdient haben und der Mensch für seine Hilfe durch einen schönen Anblick belohnt wird, beweisen die hier abgebildeten Vertreter.

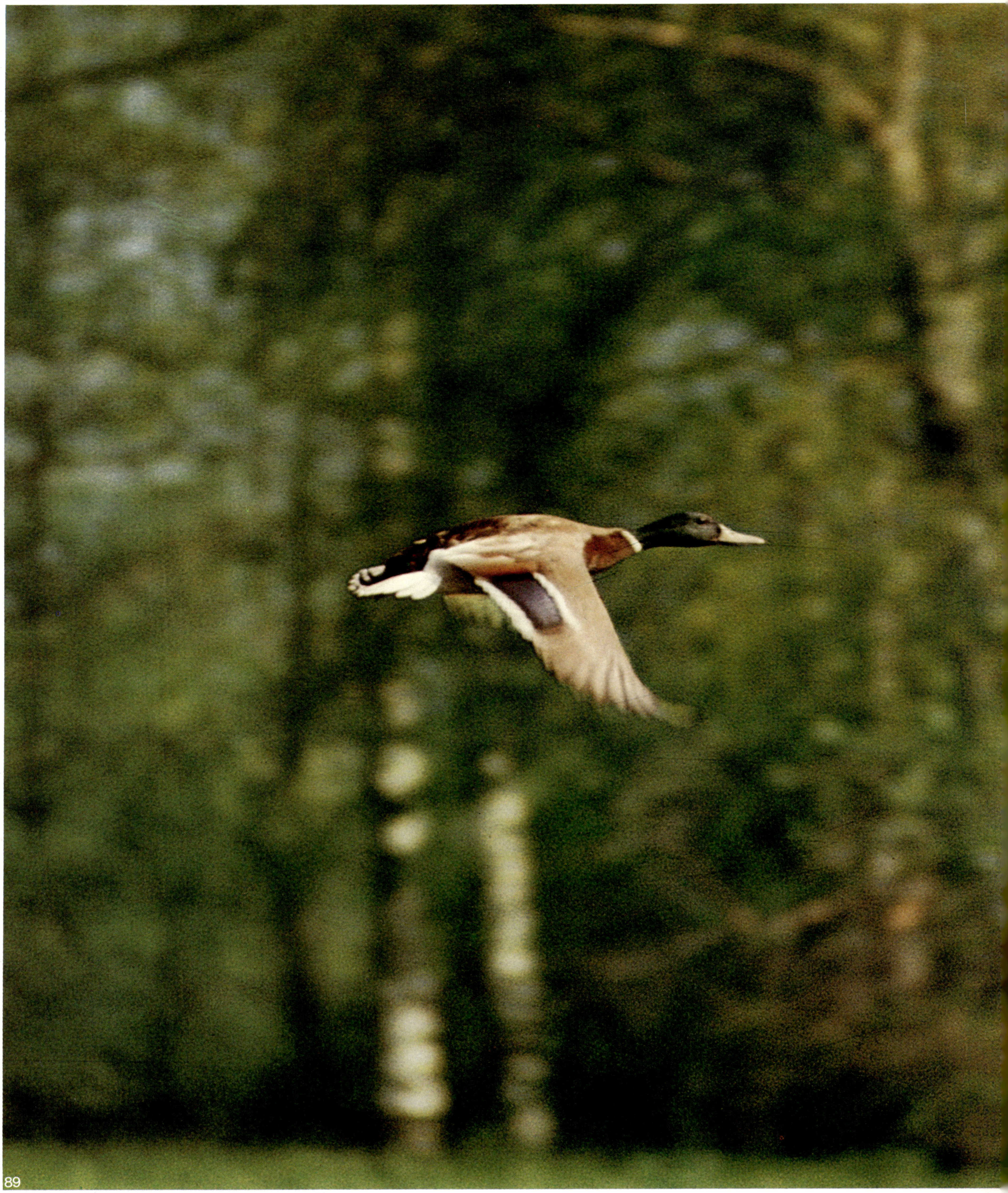

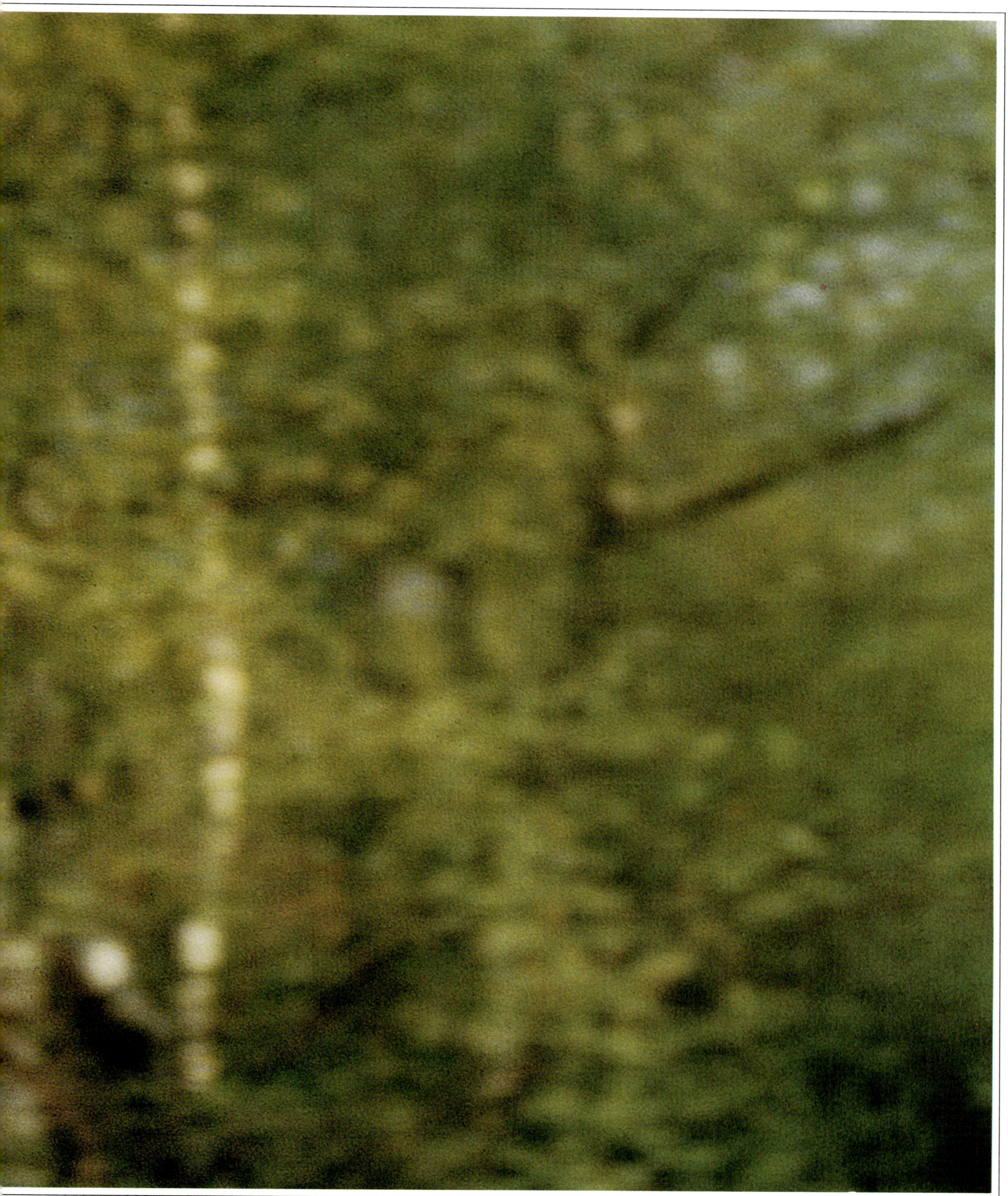

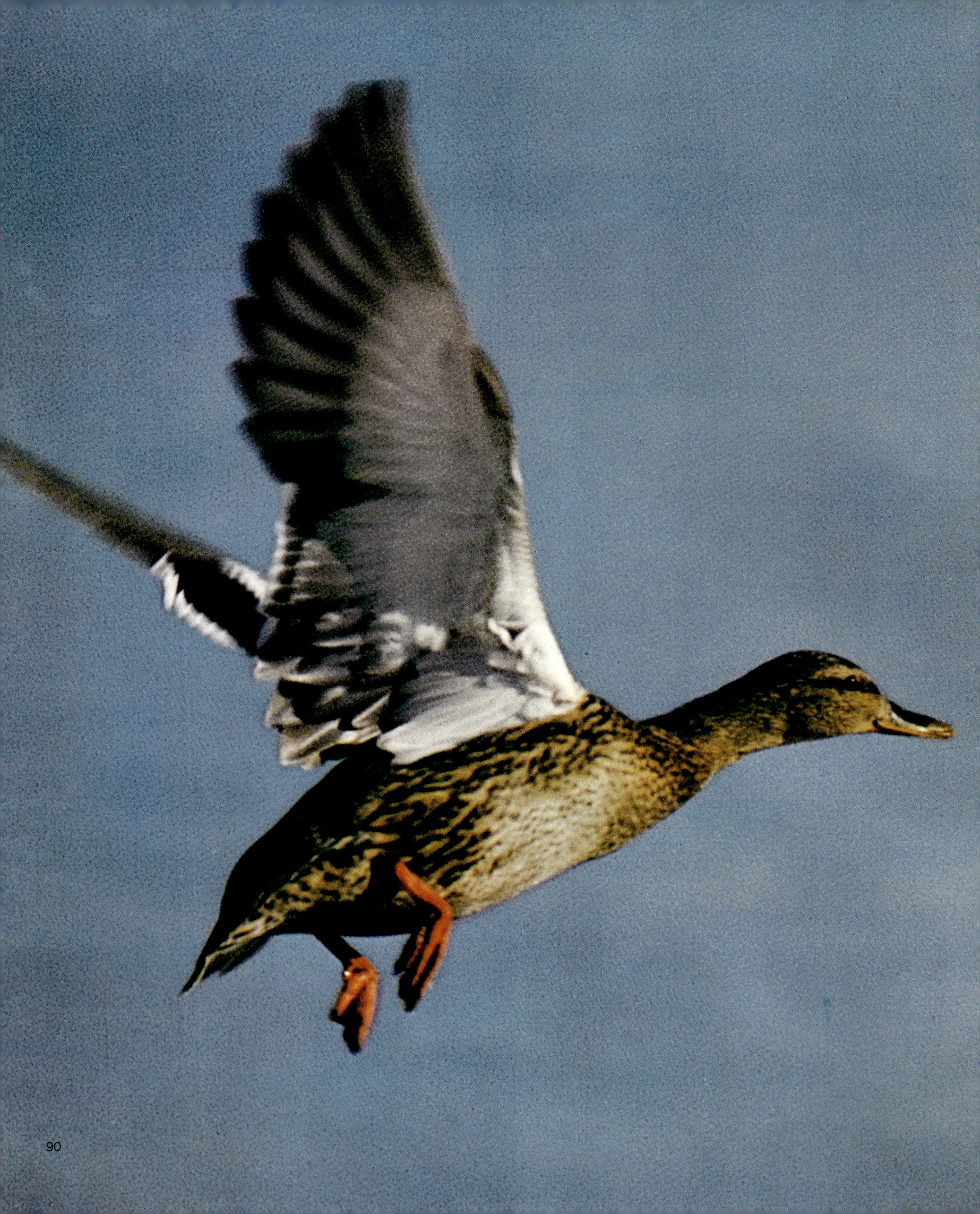

PIRSCH, DRÜCK- UND TREIBJAGD

Im nachstehenden Beitrag werden die Jagdarten *Pirsch*, *Walddrückjagd* und *Treibjagd* beschrieben. Die Pirschjagd stellt an den auf sich allein angewiesenen Jäger die höchsten Anforderungen. Sie setzt neben guter Revierkenntnis viel jagdliches Können und große Erfahrung voraus. Schon deshalb wird diese Jagdart von zahlreichen Jägern bevorzugt, weil der Jäger hier nur auf sich und seine Erfahrung angewiesen ist. Walddrückjagden und Treibjagden sind Jagdarten, denen das vorher exakt geplante Zusammenwirken von Jägern und Treibern zugrundeliegt.

Bei allen Treibjagden muß ein Jagdleiter bestimmt werden, der die Verantwortung für einen gefahrlosen Ablauf trägt. Da diese Jagden oft gesellschaftlichen Charakter haben, wird von den Jagdgästen besondere Sorgfalt und Rücksichtnahme erwartet. Jeder Teilnehmer muß sich vor Abgabe seines Schusses vergewissern, ob er freigegebenes Wild vor sich hat und ob andere Schützen, Treiber oder Unbeteiligte nicht gefährdet werden könnten. Die Hauptregeln für das Verhalten der Jäger auf Treibjagden sind auf der Rückseite des Jagdscheines abgedruckt und müssen strengstens beachtet werden.

Voraussetzung für den erfolgreichen Verlauf einer *Pirschjagd* sind entsprechende Reviergrößen; kleine Reviere eignen sich nicht zum Pirschen. Wichtig und unentbehrlich für diese Jagdart sind gepflegte, in guter innerer Deckung angelegte Schleichwege, die dem Jäger die Möglichkeit geben, das Wild geräuschlos und ohne Störung zu beobachten, anzusprechen und gegebenenfalls zu erlegen. Sie müssen deshalb von Laub, dürren Ästen und Steinen freigehalten werden. Pirschwege werden längs der Waldbestände angelegt und enthalten Abzweigungen, die zu gedeckten guten Beobachtungspunkten führen. Sie tragen wesentlich dazu bei, eine Beunruhigung des Wildes zu vermeiden. Die Abgangsstellen zu den Pirschwegen sind möglichst unauffällig zu gestalten, damit sie Unbefugten weitgehend verborgen bleiben. Die Pirschjagd ist das unbemerkte Heranpirschen an das Wild, um dieses zu strecken. Das Erlernen des Pirschens erfordert viel Übung und Einfühlungsvermögen; es ist anfangs sehr anstrengend, da die Fußsohle nicht wie gewohnt abgerollt wird, sondern ganz aufgesetzt werden muß. Selbstverständlich pirscht der Jäger immer gegen den Wind, damit das Wild nicht gestört wird und der Pirschgang auf eine schußgerechte Entfernung heranführt.

Jeder erfahrene Jäger weiß, wie sehr das Wild von der Witterung beeinflußt wird, und richtet sich deshalb beim Pirschen nach dem Verhalten des Wildes. Er wird daher bei Windruhe, bewölktem Himmel und feuchtem Wetter oder auch Nebel und Schneetreiben erfolgreicher pirschen können als bei langer Sonneneinstrahlung, Hitze oder Sturm, da freilebendes Wild dann die schützenden Einstände nur sehr ungern verläßt. Für die Pirsch gilt der alte Spruch: »Wenn der Wind jagt, soll der Jäger nicht jagen, und wer zu oft pirscht, pirscht seine Jagd leer.«

Der Pirschgang wird teils durch das Pirschenfahren und Pirschenreiten ersetzt. Zu beachten ist, daß diese Pirscharten nur erfolgreich sind, wenn Pferdegespann und Reitpferd dem Wild vertraut sind. In den von mir verwalteten Revieren habe ich beim Pirschenreiten und -fahren die weitaus schönsten und beglückendsten Augenblicke gehabt. So war es mir vergönnt, während der Brunft wiederholt auf kurze Entfernung an Brunftrudel und kämpfende Hirsche heranzureiten. Auch an der Winterfütterung fühlte sich das mit Pferden vertraute Wild nicht gestört, wenn ich mit dem Jagdwagen oder Schlitten die Fütterungen kontrollierte.

Der zur Pirschjagd mitgeführte Jagdhund muß gut geführt sein, Appell haben und einwandfrei leinenführig sein. Außerdem muß er willig »bei Fuß« gehen und auf Wink oder Zischlaut sofort und sicher reagieren. Bleibt der Jäger zum Beobachten stehen, muß sich unser vierbeiniger Begleiter absolut ruhig verhalten. Geht der Jäger in Anschlag und schießt, so bedeutet das für den Jagdhund ein zwingendes »Halt«. Die Pirschjagd erfordert sehr viel Geduld, Übung, Erfahrung und Einfühlungsvermögen und stellt an den Jäger hohe Anforderungen.

Bei der *Walddrückjagd* wird hauptsächlich auf Schwarzwild, im Gebirge auch auf Gamswild gejagt. Auf Rot- und Damwild findet sie nur in Sonderfällen statt, wenn die Regulierung der Wildbestände zur Erhaltung des Biotops nicht auf andere Weise erreicht werden kann. Das Drücken auf Rotwild mit nur wenigen revierkundigen Treibern erfolgt stets gegen den Wind. Getrieben wird still und ohne freilaufende Hunde, wobei erfahrene Treiber nur selten einen Ast knicken, husten oder mal stolpern. Auf diese schonende Weise mehr gelenkt als gedrückt, hält das sehr heimliche und ausgesprochen störungsempfindliche Rotwild im allgemeinen seine Wechsel. Dies ermöglicht dem erfahrenen Jäger ein sicheres Ansprechen und ein risikoloses, leichteres Schießen.

Das scheue Rotwild in freier Wildbahn beansprucht als Wiederkäuer zur regelmäßigen Nahrungsaufnahme einen großen Lebensraum und bevorzugt wegen seiner ausgeprägten Störungsempfindlichkeit ruhige Einstände in großen zusammenhängenden Waldgebieten. Aus diesem Verhalten ergibt sich zwangsläufig, daß Rotwildjagden großräumig angelegt werden müssen.

Lange Erfahrung der Wildjagden im Sachsenwald und anderen Rotwildgebieten haben gezeigt, daß das Abstellen größerer Revierteile (300 bis 500 ha) auf Haupt- und Fernwechsel am erfolgreichsten ist.

Auch bei weniger großen Walddrückjagden kommt es nicht auf gleichmäßige Abstände beim Anstellen der Schützen an, sondern – wie schon erwähnt – auf das richtige Verstellen der wichtigen Wechsel, unter Berücksichtigung des Windes und der Gewohnheiten des Wildes. Besteht die Wahl, sollte in unübersichtlichen Althölzern und lichten Beständen nicht unmittelbar an Dickungsrändern oder auf schmalen Schneisen angestellt werden.

Die anstellenden Jäger bringen die Jagdgäste möglichst leise zu ihren Ständen und weisen sie ein. (Wo sind die Nachbarschützen, woher kommt das Treiben, wohin darf geschossen werden, wie ist die Folge, welche Zeitdauer?) Die Stände sollen geräumig sein, möglichst mit einer breiten Sitzbank versehen, damit der Schütze dort bequem über Stunden ausharren kann und gegen Sicht des anwechselnden Wildes gut abgeschirmt ist.

Bei Walddrückjagden auf Sauen gilt mit Einschränkungen dasselbe. Hier sind die Treiben wesentlich kleiner und beschränken sich vor allem im Winter bei Schnee auf ein bestimmtes Jagen, falls nicht durch das »Kreisen« nach Neuschnee nur Dickungen gedrückt werden. Hier empfiehlt es sich, die Arbeit der Treiber durch geeignete Hunde zu unterstützen, und auch hier kommt es, wie bei den Treibern, nicht auf die Anzahl, sondern auf die Erfahrung der Hunde an. Als schneller, wendiger Stöberhund und Saufinder hat sich der schwarz-rote Jagdterrier bewährt, der weniger leicht geschlagen wird als der bei Schnee schwerfällige Dackel oder größere Jagdhunde.

Wird Schwarzwild von Saupackern gestellt, muß der am nächsten befindliche Treiber den Standlaut gebenden Hund unterstützen, da dieser Sauen im Kessel bei Neuschnee häufig trotz aller Schärfe allein nicht in Gang bekommt.

Bei Drückjagden auf Hochwild, das sich an Dauerlärm gewöhnt hat (Truppenübungsplätze, Erholungsgebiete u. a. m.) empfiehlt sich das Durchkämmen oder Hobeln, das heißt, das Gegeneinandertreiben von zwei entgegengesetzten Seiten mit Haltmachen beim Zusammentreffen der beiden Treiberlinien.

Bei größeren Walddrückjagden werden an den Jagdleiter besonders hohe Anforderungen gestellt. Neben der Sorgfaltspflicht bei der Auswahl und Einladung von Jagdgästen muß die gesamte Organisation ablaufen wie ein gutes Uhrwerk.

Anstellende Jäger, Treiberführer, Hundeführer, Treiberwagen, Wildwagen, Nachsuchegruppen und Verkehrssicherung müssen eng zusammenarbeiten. Dies ist Voraussetzung für den reibungslosen Ablauf einer Walddrückjagd.

Zur besseren Übersicht und Sicherheit für alle an der Regie beteiligten Jäger empfiehlt es sich, die verschiedenen Treiben nach ihrer Reihenfolge in einer Karte festzuhalten. Diese muß die Nummern der Stände enthalten, die wichtig sind für das genaue Einweisen der Nachsuchegruppen mit den Schweißhunden und dem Wildwagenfahrer, der für die Strecke zu sorgen hat, sowie auch die Richtung der Treiben, die Parkplätze für die einzelnen Schützengruppen und den Ort für das mittägliche Schüsseltreiben.

Bei schwierigem Gelände und Schnee müssen

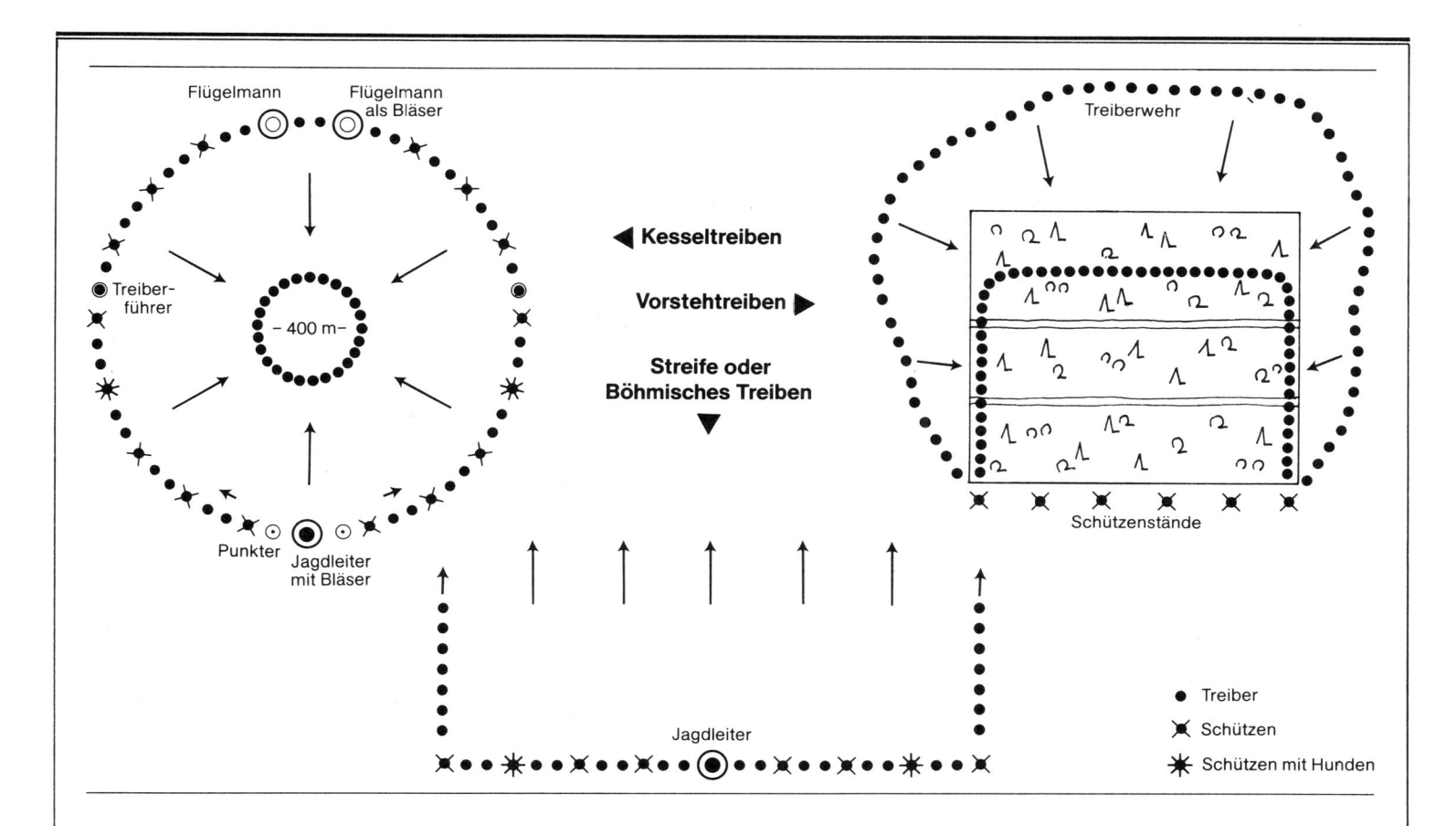

geländegängige Fahrzeuge eingesetzt werden; für die einzelnen Jagdgruppen eignen sich am besten wendige, geländesichere Kleinbusse.

Bei Drückjagden ist die Einhaltung folgender Jagdordnung geboten:

1. Voraussetzung: Jeder Jäger hat einen gültigen Jagdschein.
2. Bekanntgabe, was geschossen werden darf.
3. Die Büchse darf erst geladen werden, wenn der Schütze seinen Stand eingenommen hat. Sie ist vor dem Verlassen des Standes wieder zu entladen.
4. Beim Verlassen der Wagen und während des Anstellens der Schützen ist jede laute Unterhaltung zu unterlassen.
5. Außerhalb der Stände sind die Büchsen mit der Mündung nach oben zu tragen.
6. Es darf nicht mit angeschlagener Büchse durch die Schützenlinie gezogen werden.
7. In das Treiben darf grundsätzlich nicht hineingeschossen werden.
8. Die Treiben werden an- und abgeblasen.
9. Vor dem Anblasen und nach dem Abblasen darf nicht geschossen werden.
10. Der Stand ist vor dem Abblasen nicht zu verlassen.
11. Schützen, die in einem Treiben geschossen haben, dürfen ihren Stand – trotz des Abblasens – nicht verlassen, bis der Gruppenführer den Anschuß festgestellt und verbrochen hat. Kein Schütze darf selbständig nachsuchen.
12. Damit der Anschuß schnell festgestellt werden kann, muß sich der Schütze den Standort des beschossenen Wildes im Zeitpunkt der Schußabgabe möglichst genau merken.
13. Sollte ein krankgeschossenes Stück von einem Hund gestellt werden, so darf der Schütze den Stand nicht verlassen, um den Fangschuß zu geben; dieser wird nur von dem zuständigen Hundeführer abgegeben.
14. Jeder Schütze ist für seinen Schuß verantwortlich.
15. Das schließt eine gewisse Flexibilität nicht aus. Zum Beispiel wird in sehr großen Revieren oft nicht angeblasen, und der Schütze kann nach Einweisung und Beziehen seines Standes sofort schießen.

Treibjagden werden in der Regel auf Hasen, Kaninchen, Fasanen und Enten abgehalten. Man unterscheidet dabei die Streife oder das Böhmische Treiben, das Vorstehtreiben und das Kesseltreiben.

Beim *Vorstehtreiben* erwarten die Schützen auf ihren Ständen das von den Treibern hochgemachte

Wild. Die Schützen werden in der Regel rings um das Treiben oder nur an der Frontseite aufgestellt (siehe Skizze auf der vorhergehenden Seite).

Bei einer *Streife*, die praktisch eine abgeänderte Art der Suche ist, bewegen sich dagegen die Schützen und Treiber in einer bestimmten Ordnung geradeaus vorwärts. Geeignet für die Streifjagd sind das Feld ohne Hindernisse (wie Weidezäune, Knicks) und das hügelige Ackergelände. Die auch Böhmisches Treiben genannte Streife hat ihren Sinn und Erfolg besonders dann, wenn große Gebiete bejagt werden können.

Die Anlage der Streifjagd erfolgt zweckmäßig nur in rechteckiger Form, indem Schützen und Treiber in der Front in gerader Linie aufgestellt werden, während auf jeder Seite rechtwinkelig die nur aus Treibern bestehenden Flügel oder Wehren abzweigen.

Je länger die Wehren sind, desto besser ist es. An jeder Ecke zwischen Front und Wehr muß ein etwa 30 Schritte breiter Zwischenraum freigelassen werden, der den Eckschützen die Möglichkeit gibt, die dort gern durchbrechenden Hasen mit Schuß nach außen zu erlegen. Die Ecke ist der beste Posten. Bei der Beendigung der Streife wird »Halt« geblasen, beide Wehren schließen sich zusammen, und alle Treiber drücken den Rest des Treibens auf die Schützen zu, die nun nur nach außen schießen dürfen. Die Streifjagd im Walde wird nach denselben Grundsätzen angelegt wie die Feldstreife. Sie erfolgt mit kurz suchenden Hunden. Die Schützen und Treiber rücken dabei in lichtem Stangenholz oder Baumholz in einer Linie vor, wobei sie sich immer wieder ausrichten.

Beim *Kesseltreiben* soll das Wild durch Treiber und Schützen kreisförmig eingekesselt und auf die Mitte des Kessels zugetrieben werden, wobei sich der Kreis immer mehr verengt. Auf jeden Schützen gehören zwei bis drei Treiber.

Der Jagdherr sollte nicht mitschießen. Er hat einen Bläser neben sich und leitet durch Signale das Kesseltreiben. Da er den Umfang des Kessels kennt, stellt er links und rechts des Auslaufplatzes »Punkter« auf, mit deren Hilfe er Schützen und Treiber in bestimmter Reihenfolge »ablaufen« läßt und dadurch gleichmäßige Abstände erzielt. Ein Spitzenmann (Flügelmann) muß Bläser sein. Der Jagdleiter entscheidet vor dem Anblasen, ob beide Flügelmänner schon während des Auslaufens zum Kessel auf Wild oder Raubzeug schießen dürfen. Haben sich beide Flügelmänner getroffen, bläst einer von ihnen die Signale »Das Ganze« (nun hört mal her) und »Halt«. Der beim Jagdleiter verbliebene Bläser wiederholt diese Signale. Daraufhin bleibt alles stehen.

Der Jagdleiter läßt dann das Signal »Halt Richtung« blasen, das, wie alle seine Signale, vom Flügelmann wiederholt wird. Daraufhin werden die Abstände unter Aufsicht der Treiberführer sorgfältig ausgeglichen (siehe Skizze). Sieht der Jagdleiter, daß alles in Ordnung ist, läßt er »Das Ganze« und »Langsam treiben!« blasen, das von allen Bläsern wiederholt wird. Erst jetzt darf geladen und geschossen werden!

Schützen und Treiber gehen nun auf die Mitte des Kessels zu und müssen dabei gleiche Abstände halten. Die Treiber dürfen beim anlaufenden Hasen nicht zusammenlaufen und den Knüppel schwingen. Sie machen am besten »auf und nieder«. Die Hunde bleiben angeleint. Auf aufgeregte Zurufe »Hunde los!« reagiert ein guter Hundeführer nicht, da der Hund nicht mit der Hetze auf den sichtigen Hasen verdorben werden soll. Für die Schützen ist es unzulässig und unweidmännisch, beim Kesseltreiben absichtlich zurückzubleiben und hierbei einen sogenannten »Sack« zu bilden, in der Hoffnung, daß sich einige Hasen durch dieses Loch in der Treiberkette zu retten suchen. An solchen Stellen kommen die Hasen oft truppweise an, so daß sie meist nicht erlegt, oft aber mehrere angeschossen werden.

Hat sich das Kesseltreiben bis auf die »Gefahrenzone« (400 m) verengt, wird »Das Ganze« und »Treiber in den Kessel« geblasen. Hierauf bleiben die Schützen nach dem Ausgleichen der Abstände (auf etwa 60 m) stehen und nehmen die Mündung ihres Gewehres senkrecht nach oben, damit sie nicht in die Gefahr geraten, durch die Schützenlinie zu ziehen. Die Treiber gehen den Kessel bis zur Mitte aus. Die jetzt noch aufstehenden Hasen müssen erst die Schützenkette passiert haben, bevor die Schützen das Gewehr in Anschlag bringen und schießen dürfen.

Haben die Treiber die Mitte des Kessels erreicht, wird »Aufhören mit Schießen« (Hahn in Ruh!) geblasen. Sämtliche Bläser wiederholen das Signal. »Hahn in Ruh« bedeutet: Alle Schützen haben zu entladen. Keinesfalls darf jetzt noch auf das Wild geschossen werden. Der Jagdleiter läßt sich zweckmäßig von jedem Schützen melden, wieviel Schüsse er abgegeben und wieviel Hasen er erlegt hat. Bis zum Anblasen des nächsten Treibens werden die Gewehre möglichst mit geöffnetem Verschluß getragen, damit jeder Jagdteilnehmer sehen kann, daß sie entladen sind. Kranke Hasen werden gemeldet und von den Rüdemännern mit ihren Hunden nachgesucht und geschossen. Auch am nächsten Tage erfolgt eine gründliche Nachsuche.

Werner Knapp

ANSITZ UND ANDERE JAGDARTEN

Bei Abwägung der verschiedenen Jagdarten muß man dem *Ansitz* heutzutage den ersten Platz zuerkennen, denn er ist in seiner mannigfachen Form die Jagdart, die das Wild am wenigsten stört. In den heute ohnehin überall sehr stark beunruhigten Revieren sollten wir insbesondere das Schalenwild nicht auch noch in den wenigen Stunden, in denen es sich seinen Äsungszyklus einteilen kann, ohne vom Menschen beeinflußt zu sein, durch ständiges Herumpirschen belästigen und vergrämen. Für den Ansitzjäger gilt der Grundsatz: Viel sehen, ohne selber gesehen zu werden, und viel hören, ohne selber Geräusche zu verursachen. Dem Gelände angepaßt, sollten möglichst viele gut gedeckte Ansitzmöglichkeiten, wie Schirme, Erdsitze und Hochsitze, vorhanden sein. Um das Wild in Ruhe zu beobachten, genügt oftmals ein zurechtgeschnittener Platz in einem Busch oder der einfache Ansitz auf dem Sitzstock im dunklen Schatten eines Baumes. Viele Wildarten erkennen den bewegungslos dasitzenden Jägersmann nicht, dagegen reagieren alle Tiere äußerst empfindlich auf hastige Bewegungen.

Der wichtigste Faktor für den erfolgversprechenden Ansitz ist der Wind, denn nicht immer streicht der zum Zeitpunkt des Ansitzes vorherrschende Wind in die vermeintliche Richtung. Oftmals, zum Beispiel vor Gewittern, dreht er ständig. Örtlich ist die Windrichtung zuweilen auch physikalischen Gesetzen unterworfen. Im Gebirge steigt oder fällt der Wind bei Erwärmung oder Beschattung, in Talkesseln und auf Lichtungen im Hochwald küselt er, und am Rande des Altholzbestandes kippt er über. So wird manch hohe Kanzel vergeblich gebaut, weil man nicht einkalkuliert, daß der am Standort abfallende oder überschlagende Wind dem Wild die abschreckende Witterung zuträgt. Man muß sein Revier und seine Windverhältnisse gut kennen, damit der Ansitzplatz richtig gewählt werden kann. Es ist auch nicht unbedingt notwendig, daß man nur bei gutem Wind, das heißt Augenwind, ansitzt. Bei Wildarten, wie zum Beispiel Rotwild oder Fuchs, die bisweilen nur gegen den Wind ziehen oder zumindest bestrebt sind, sich stets Wind zu holen, sitzt man oftmals viel günstiger unter sogenanntem halben Wind an, das heißt, quer zum Ansitzplatz streichenden Wind.

Eine sehr wichtige Voraussetzung für die erfolgreiche Ansitzjagd ist, daß man lange genug sitzt; als Regel gilt: bei Niederwild eine Stunde, bei Hochwild zwei Stunden vorher sitzen. Unser Schalenwild ist heute mehr oder weniger nachtaktiv. Es verläßt erst am Abend die Tageseinstände, um auf die Äsungsflächen zu gelangen, und zieht morgens schon frühzeitig wieder zurück in die schützende Deckung. Für die Ansitzjagd kommen daher eigentlich fast nur die Morgen- und Abendstunden in Betracht. Dem Morgenansitz wird jedoch in der Regel der Vorrang gegeben. Das Wild ist relativ vertraut, zumal es in der Frühe des Tages nur selten durch Spaziergänger oder Reiter gestört wird. Auch die Gefahr, die der Abendansitz mit sich bringt, daß tödlich getroffenes flüchtendes Wild über Nacht verhitzt, ist nicht gegeben. Man kann das Stück am Morgen sofort nachsuchen, und für schwieriges Nachsuchen hat man den ganzen Tag vor sich.

Auf Rotwild sitzt man am günstigsten in der Nähe der Wechsel an. Das Wild verläßt meist noch in der Dunkelheit die Äsungsflächen; es zieht aber nicht sofort eilig in die Einstände, sondern verweilt hier und da noch ein wenig und kommt dem weiter im Innern des Waldes am Wechsel ansitzenden Jäger vertraut bei schon günstigem Büchsenlicht. Für den Ansitz auf Schwarzwild ist ein Platz in der Nähe einer Suhle stets erfolgversprechend, denn die Sauen suhlen sich bekanntlich täglich. Vor allem morgens, bevor sich die Rotte in eine Dickung einschiebt, wird noch einmal ein Schlammbad genommen. Liegt die Suhle im Schnittpunkt mehrerer Wechsel, wählt man für den Ansitz einen Hochsitz, um vom Wind unabhängig zu sein. Andere Möglichkeiten für den Ansitz auf Schwarzwild bieten sich im Laufe der Jagdzeit immer wieder an bestimmten Schwerpunkten, wie zum Beispiel an den reifenden Getreidefeldern im Sommer oder unter masttragenden Eichen und Rotbuchen im Winter. An solchen Plätzen wird zweckmäßigerweise vorher eine Ansitzleiter aufgestellt. Geht das Schwarzwild im Felde stark zu Schaden, muß man zuweilen die ganze Nacht hindurch ansitzen. Doch wählt man für den Ansitz nicht gerade die fast taghellen Vollmondnächte, denn die Sauen scheuen die Helligkeit. Viel besser sitzt man bei bewölktem Himmel an, wenn der Wind die Wolkendecke zwischendurch immer wieder einmal aufreißen läßt und der Mond so nur vorübergehend für Sicht und gutes Büchsenlicht sorgt.

Bei der Ansitzjagd auf Rehwild macht man sich den besonderen Umstand zunutze, daß der Gesichtssinn dieser Wildart relativ schlecht ausgeprägt ist. Die Augen des Rehwildes sind hauptsächlich auf das Erkennen von Bewegungen eingestellt, und selbst bei dürftigster Deckung wird sich das Reh über den eräugten, aber bewegungslos dasitzenden Jäger nicht klar. Es äugt auch kaum jemals nach oben, so daß selbst völlig frei stehende Ansitzleitern durchaus ihren Zweck erfüllen. Der Wind muß natürlich günstig stehen, denn das Rehwild orientiert sich überwiegend mit dem Windfang. Da das Rehwild bekanntlich in einem mehrmaligen Zyklus zur Äsung schreitet, kommen für den Ansitz nicht nur die Abend- und Morgenstunden in Frage, sondern man kann in abgeschiedenen Revierteilen auch am Tage erfolgreich ansitzen. Besonders die Mittagsstunden zwischen 11 und 13 Uhr versprechen Aussicht auf Erfolg.

Eine recht beschauliche Jagdart ist die Ansitzjagd auf Hasen. Man sitzt entweder abends am Auslauf der aus dem Wald rückenden Hasen an oder erwartet Mümmelmann am Morgen in der Tagesdämmerung, wenn er von den Äsungsflächen zurück in den Wald wechselt. Die Ansitzjagd wird hauptsächlich in waldreichen Gegenden durchgeführt, wo der Hase keine große Rolle spielt. Auf den Fuchs sitzt man nach Möglichkeit ganz gezielt an. Man übt die Ansitzjagd also dort aus, wo man Reinecke mit einiger Sicherheit erwarten kann. Als ein solcher Platz gilt immer der Bau, den der Fuchs in den Wintermonaten bei Schlackerwetter regelmäßig und in der Ranzzeit fast täglich aufsucht. Dort erwartet man Reinecke beim Abendansitz auf Schrotschußentfernung unter gutem Wind in einem Schirm oder auf einer Leiter. Auch das Passen des Fuchses an dem als Wechsel regelmäßig eingehaltenen Paß gilt als sehr erfolgreiche Jagdart. Und nicht zuletzt vermittelt der Ansitz am Luderplatz viele interessante jagdliche Freuden.

Für die *Wasserjagd* ist von der Vielzahl der bei uns vorkommenden Entenarten die Stockente zweifellos die häufigste und spielt somit auch die größte jagdliche Rolle. Sie ist ein ausgesprochener Kulturfolger und dankt für entsprechende Hegemaßnahmen durch ihre ständige Anwesenheit im Revier, so daß überall dort, wo es Gewässer gibt, die Entenjagd betrieben werden kann. Es gibt verschiedene Jagdmethoden, die entweder im oder am Wasser ausgeübt werden. Die Jagd beginnt im September mit der Pirsch auf die inzwischen gut beflogenen Jungenten. Die Enten sind dann noch relativ unerfahren, liegen meist sehr fest und stehen einzeln oder in kleinen Gruppen auf, so daß es auch dem weniger geübten Schützen gelingt, die Enten zu treffen. Natürlich bedarf es bei jeglicher Jagd auf das Wassergeflügel unbedingt eines brauchbaren Hundes, da die meisten der ins Schilf oder ins tiefe Wasser fallenden Enten, vor allem wenn sie geflügelt sind, ohne den vierbeinigen Helfer niemals zur Strecke kämen. Flach über die Wasseroberfläche flatternde Enten bleiben selbstverständlich verschont; es handelt sich dabei entweder um aus Nachgelegen stammende verspätete Jungenten oder um die erst im August mausernden flugunfähigen Mutterenten.

An größeren Gewässern mit breiten Schilfzonen werden die Enten getrieben. Die Jäger nehmen lautlos und gut gedeckt im Uferschilf die Stände ein, während mit einem Boot und mit Stöberhunden vom jenseitigen Ufer her die Enten den Schützen zugetrieben werden. Gibt es mehrere größere Gewässer im Revier, dann kann man die Entenjagd auch als halbtägig während Ansitzjagd betreiben.

An den jeweiligen Gewässern werden die Schützen möglichst weit in den See hinein im flachen Schilfwasser, auf vorstehenden Landzungen oder in Booten im tiefen Schilfwasser angestellt. Die einmal hochgemachten Enten streichen zwischen den verschiedenen Gewässern hin und her und kommen dabei wiederholt den einzelnen Schützen vor die Flinte.

Sehr interessant ist der Entenstrich. Die Enten streichen abends in der Dämmerung von ihren Ruheplätzen, den größeren Seen und den Flüssen, auf der

Suche nach Nahrung oftmals weit in die Lande, um auf den kleineren Gewässern einzufallen. Man nimmt seinen Stand möglichst auf der Ostseite des jeweiligen Gewässers ein, um die meist erst im letzten Tageslicht einfallenden Enten gegen den hellen Abendhimmel im Westen besser erkennen und schießen zu können. Am reizvollsten ist die Entenjagd zweifellos in den Küstengebieten unserer Meere, besonders in den Watten an der Nordseeküste, wo die Enten auch heute noch in einer für den Außenstehenden schier unbeschreiblichen Menge und in einer Vielzahl von Arten vorkommen. Dort werden die Enten meist am Tage bei der auflaufenden Flut bejagt. Besonders an stürmischen Tagen, wenn die Entenscharen, von Wind und Wellen hochgetrieben, sich auf der Suche nach Schutz in den Prielen und hinter Buhnen und Dämmen meist hin und her streichend in der Luft befinden, ist die Jagd besonders lohnend. Aber auch der Strich am Morgen oder Abend bringt stets ausreichend Gelegenheit, zu Schuß zu kommen. Die Windrichtung spielt dabei eine wichtige Rolle; beim Abendstrich muß der Wind möglichst stark aus östlichen Richtungen wehen, damit die vom Westen her dem Binnenland zustrebenden Entenflüge flach genug und nicht zu schnell streichen, hingegen ist für den Morgenanstand auf die zu ihren Ruheplätzen zurückkehrenden Enten eine scharfe Brise aus West erwünscht.

Die *Erdjagd* bezieht sich auf alle Wildarten, die als Tagesunterschlupf einen unterirdischen Bau benutzen. Dazu zählen nicht nur der Fuchs und der Dachs, sondern auch der sich neuerdings immer weiter ausbreitende Waschbär und selbstverständlich die Wildkaninchen. Man braucht für die Baujagd natürlich einen guten Erdhund, der, gleich welcher eigens für diesen Zweck gezüchteten Hunderasse er angehört, sei es Teckel, sei es Terrier, Schneid hat und nicht zu groß ist. Der Erdhund muß Schärfe und einen lockeren Hals haben und den Mut besitzen, in die nachtdunklen vom Fuchs oder Dachs befahrenen Röhren einzuschliefen.

Ursprünglich galt bei uns das Dachsgraben als die am häufigsten betriebene Methode der Erdjagd. Der Dachs springt bekanntlich nur ganz selten vor dem Erdhund und muß ausgegraben werden. Heute wird diese ziemlich aufwendige Jagdart nur noch selten durchgeführt. Der Dachs ist in den letzten Jahren infolge der Tollwutbekämpfungsaktionen ohnehin sehr stark in seinem Besatz zurückgegangen. Auch erfordert das Dachsgraben nicht nur einen enormen Arbeitsaufwand, sondern meist auch einen hohen Tribut an Hunden. Ist der Bauhund nicht scharf genug, so wird der Dachs nicht genügend abgelenkt und verklüftet sich. Der nachgrabende Hund versucht zu folgen und versperrt sich dabei oftmals hoffnungslos den Rückweg. Zu scharfe Erdhunde dagegen, insbesondere Terrier, werden vielfach so schwer geschlagen, daß sie an den Folgen der nicht von den Branten, sondern ausschließlich durch den scharfen Biß Meister Grimbarts verursachten Verletzungen eingehen. Zudem hat das Graben des Dachses den Nachteil, daß viele alte Mutterbaue, die bekanntlich als stets anziehender Mittelpunkt für Fuchs und Dachs gelten, völlig zerstört und somit unbewohnbar werden.

Wir können den Dachs schließlich bei einer etwaigen Übervermehrung leicht im Rahmen der Ansitzjagd bejagen, denn er verläßt zumindest bis in den Spätherbst hinein jeden Abend den Bau, und man kann ihn bei Mondschein leicht erlegen.

Dagegen ist das Fuchssprengen nicht nur eine höchst interessante Jagdart, sondern eine auch heute noch dringend notwendige Jagdmethode zur Einregulierung des Fuchses. Regnerische Tage mit ungemütlichem Wetter im Spätherbst oder Tage im Winter, wenn alles verschneit ist, und natürlich die Wochen während der Ranzzeit sind die günstigsten Voraussetzungen dafür, daß Reineke im Bau steckt. Man beginnt mit der Jagd grundsätzlich in den frühen Vormittagsstunden und wählt nur einwandfrei befahrene Baue, denn jeder mit Hundewitterung verstänkerte Bau wird für längere Zeit nicht mehr angenommen. Das oberste Gebot beim Fuchssprengen heißt Ruhe bewahren und den Wind berücksichtigen. Darum begeben sich die – je nach Größe des Baues benötigten zwei bis drei – Schützen grundsätzlich unter gutem Wind und leise auftretend, um Geräusche und Bodenschwingungen zu vermeiden, auf die Stände und postieren sich so, daß sie alle Röhren übersehen, aber weder vom Fuchs eräugt noch gewittert werden können. Erst danach wird der Hund von der Halsung gelassen, der sich die Röhren selber sucht und einschlieft.

In der Regel springt der Fuchs innerhalb der ersten Viertelstunde. Steckt er jedoch in einer Sackröhre oder ist er durch Geräusche von oben gewarnt, dann muß man sich bei ungehorsamen Hunden auf eine längere Wartezeit gefaßt machen. Der gehorsame Hund wird nach etwa einer halben Stunde abgerufen und angeleint oder in den Rucksack gesteckt. Bleibt man weiterhin auf seinem Stand und verhält sich absolut still, dann nutzt der Fuchs die ihm günstig erscheinende Gelegenheit, um einer Wiederholung der höchst unangenehmen Begegnung mit dem Hund zu entgehen, und springt meist innerhalb kürzester Zeit.

Das Graben sollte bei der Baujagd auf den Fuchs im Winter grundsätzlich als das letzte Mittel angesehen werden. Dadurch werden nicht nur die guten Hauptbaue zerstört, sondern das wiederholte Graben führt fast immer auch dazu, daß sich der Hund völlig auf den zu Hilfe kommenden Einschlag verläßt und den Fuchs nicht mehr sprengt. Lediglich, wenn es darum geht, im Frühjahr die Jungfuchsgehecke auszuheben, muß der Spaten zu Hilfe genommen werden. Meist sind es die kleinen Nebenbaue, in denen das Geheck steckt. Nachdem man durch Abhorchen mit flach auf den Boden gelegtem Kopf die genaue Lage des verbellenden Hundes analysiert hat, wird vor dem Hund, also zwischen dem vermeintlichen Standort der Jungfüchse und dem Hund, ein Einschlag gemacht. Doch oft kann der Hund in den meist sehr engen Röhren den Jungfüchsen nicht folgen, so daß mehrere Einschläge notwendig sind. Nach jedem Einschlag wird eine lange, schlanke Weiden- oder Haselgerte in die Röhre eingeführt, die Aufschluß über den Aufenthalt der Jungfüchse gibt. Die schließlich freigegrabenen Füchse werden, um den scharfen Bissen zu entgehen, an den Lunten herausgezogen.

Es ist fürwahr nicht gerade eine schöne Jagdart, aber im Hinblick auf die große Gefahr, die vom Fuchs als Hauptüberträger der Tollwut ausgeht, ist es eine dringende Notwendigkeit, auch die Jungfüchse zu bejagen, und dabei ist – im Vergleich zu der leidigen Begasungsaktion – dem Graben der Vorzug zu geben.

Von den verschiedenen Jagdarten auf das Kaninchen ist die Erdjagd, nämlich das Frettieren, zweifellos die wirksamste Methode. Bei der Jagd, die an frostklaren Wintertagen am erfolgreichsten ist, kommt es genau wie beim Fuchssprengen im wesentlichen darauf an, daß die Schützen möglichst Rücken an Rücken aufgestellt werden und sich absolut ruhig verhalten. Flüchtet ein krankgeschossenes Kaninchen in einen anderen Bau, so sollte man von dessen Bejagung absehen, denn kranke Kaninchen springen in den seltensten Fällen. Sie lassen sich meistens in Kenntnis dessen, was sie da draußen erwartet, vom Frettchen greifen, und stundenlanges Warten ist dann die Folge. Es ist überhaupt beim Frettieren die wichtigste Voraussetzung für den Erfolg, daß es zügig vorangeht. Bleibt ein Frettchen im Bau, dann wird zweckmäßigerweise ein Mann abgestellt und wartet, bis das Frettchen wieder erscheint, während die anderen Teilnehmer mit dem zweiten Frettchen, das als Ersatz mitgeführt wird, weiterjagen. Meist sind es die sehr starken Rüden, denen es nach einiger Übung regelmäßig gelingt, ein Kaninchen im Bau zu reißen. Sie schneiden ihre Beute dann oft an und legen anschließend eine ausgedehnte Verdauungs- und Ruhepause ein. Solchen vor allem bei Kälte sehr unangenehmen Wartezeiten kann man nur dadurch vorbeugen, daß man dem Frettchen vorher einen Maulkorb anlegt. Die oft zitierte Darstellung, Frettchen würden ihrer Beute das Blut aussaugen, gehört übrigens ins Reich der Fabel. Doch sollte man bei einem steckengebliebenen Frettchen nicht unbedingt untätig bleiben und warten, bis es dem kleinen Kerl beliebt, wieder ans Tageslicht zu kommen. Sehr oft genügt es schon, wenn man mit einem zuvor geschossenen Kaninchen, das man an den Hinterläufen faßt, durch Klopfen in einer Röhre polternde Geräusche erzeugt, die die Neugier des Frettchens wecken, so daß man es beim Erscheinen annehmen kann. Bei hereinbrechender Dunkelheit bleibt nichts anderes übrig, als den geöffneten Transportkasten nach außen gut abgedichtet vor eine Röhre zu stellen und sämtliche Einfahrten zu verschließen. Am nächsten Morgen wird das Frettchen dann meist schlafend im Kasten vorgefunden, oder es erscheint nach kurzer Zeit, wenn man einige Geräusche verursacht.

Die *Fangjagd* zählt zu den ältesten Methoden des Jagens. Und wenn auch im Laufe der Jahrhunderte die immer weiter entwickelten Waffen diese Jagdart auf vielen Gebieten verdrängt haben, so hat sich die Jagd mit der Falle dennoch bis zum heutigen Tag als eine zwingende Notwendigkeit auf dem Gebiet der Niederwildhege durchgesetzt. Der Jäger tritt heute an Stelle der ursprünglichen Regulatoren, wie Wolf, Luchs, Adler, Uhu usw., und ist verpflichtet, das in den meisten Revieren nicht nur in der Vielzahl der Arten, sondern auch in der Bestandesdichte häufig vorkommende Kleinraubwild in Grenzen zu halten. Die äußerst heimliche und in vielen Fällen rein nächtliche Lebensweise dieser Tiere macht eine erfolgreiche Bejagung nur mit der Schußwaffe unmöglich. Jegliche Anwendung von Giften und Narkosemitteln ist zudem heute verboten, so daß nur die Fallenjagd für die Einregulierung des Raubwildes in Frage kommt.

Für diesen Zweck stehen die verschiedensten Konstruktionen von Lebend- und Totfangfallen zur Verfügung. Wer jedoch Erfolg bei der Fallenjagd haben und den richtigen Fangplatz ermitteln will, der muß die Lebensweise und die Gewohnheiten des Raubwildes kennen. Eine sehr wichtige Erkenntnis zum Beispiel ist die Tatsache, daß alles Raubwild, einem Urinstinkt folgend, nämlich in der Angst, von Feinden aus der Luft geschlagen zu werden, grundsätzlich alle Bodenvertiefungen und Ränder der Deckungen als Wechsel bei seinen Streifzügen ausnutzt, um sich möglichst ungesehen fortbewegen zu können. Dieses Verhalten machen wir uns bei der Fangjagd zunutze, indem wir die Fallen in die im Revier vorhandenen trockenen Gräben, Durchlässe, Ackerfurchen oder in eigens dafür geschaffene Fallensteige aufstellen. Einen stark begangenen Paß oder Wechsel vortäuschend, wird der Fallensteig stets sauber gehalten und regelmäßig geharkt.

Bestimmte Wildarten wie zum Beispiel die Marder halten Pässe ein. Es handelt sich dabei meist um uralte Wechsel, die jeder Marder, der ins Revier kommt, instinktiv annimmt. Die genaue Registrierung sämtlicher Spuren, Losungen und Marderbeobachtungen in die Revierkarte gibt sehr bald einen guten Überblick über diese Pässe, in deren direkter Nähe an einem geeigneten Platz die für den Marderfang bestimmte Falle mit ziemlich sicherer Aussicht auf Erfolg aufgestellt wird. Auf seinen nächtlichen Streifzügen sucht das Raubwild natürlich vornehmlich die Plätze auf, wo es am ehesten Beute vermutet. Besondere Schwerpunkte, wo auch die Fallen aufgestellt werden, bilden dabei kleinere Nadelholzdickungen und dichte Schwarzdornhecken im Feld und auch innerhalb des Waldes, denn dort üben die übernachtenden Kleinvögel eine große Anziehungskraft auf das Raubwild aus. Auch die alles Raubwild magisch anziehenden Ränder der Gewässer sollten als Fangplätze für die Fallen in Betracht gezogen werden.

Doch wird die Fallenjagd nur dann von Erfolg gekrönt sein, wenn man die richtigen Kirrbrocken und Köder verwendet. Früher war die »schwarze Kunst« der Zubereitung guter Witterungen ein großes Geheimnis. Im Grunde jedoch dienten die verschiedenen Mixturen nur dazu, dem Wild den Fangplatz und die Fangapparate unverdächtig zu machen, denn man verwendete in erster Linie Fangeisen. Bei den heute hauptsächlich aus dem natürlichen Material Holz hergestellten Fallen ist das Verwittern nicht notwendig, und beim Einsatz von Abzugseisen oder Schwanenhälsen genügt es vollkommen, wenn das Eisen eine Woche vorher in Tauben- oder Hühnermist gelegt und zugleich am Fangplatz das jeweilige Gestüber beim Ankirren regelmäßig mit ausgestreut wird. In der Wahl des Köders ist das Raubwild sehr wählerisch und weist innerhalb der einzelnen Arten sogar verschiedene Geschmäcker auf.

Die beiden Marderarten sind ausgesprochene Feinschmecker. Sie nehmen kein Aas, sondern nur frische Köder oder reifes Obst. Eine besondere Vorliebe zeigen die Marder für Obst und Beeren. So finden wir im Juli kaum eine Losung ohne Kirschensteine, im September sind es die Steine und Fruchtschalen der Zwetschgen und im Oktober/November die Reste von Weintrauben, Vogelbeeren oder Hagebutten. Wir nutzen diese Vorliebe für Süßigkeiten aus und kirren an den Fangplätzen die jeweiligen Fallen zunächst mit Zwetschgen, Weintrauben, reifen Birnen oder ganz einfach mit Backobst an. Der eigentliche Köder, insbesondere für das Abzugseisen, ist dann ein Ei, über das ein zweites Ei ausgelaufen ist. Weitere gute Köder sind frischgeschossene Eichhörnchen, Tauben, Eichelhäher und Sperlinge. Da sich bei diesen Ködern während der mehrere Tage andauernden Totenstarre die Poren schließen und somit keine Witterung frei wird, ist es wichtig, daß man das einzelne Stück vorher aufschärft, damit die anlockende Witterung ausströmen kann.

Die Lieblingsbeute des Iltis sind Kaninchen. Man nimmt daher für den Fang dieser Raubwildart Kaninchen- oder Hasengescheide als Köder. Zweckmäßigerweise friert man das beim Auswerfen der Küchenhasen anfallende Gescheide in einem Plastikbeutel gut verpackt ein, damit es jederzeit für die Fallenjagd zur Verfügung steht. Katzen sind bekanntlich sehr gierig auf Fisch. Der beste Köder, wildernde Katzen in die Fallen zu locken, ist der grüne Hering oder der Bückling. Baldrianöl als Köder wirkt nicht; der angenehme Wohlgeruch lockt die wildernden Katzen wohl in die Nähe der Fallen, aber nicht hinein.

Von wenigen Ausnahmen abgesehen, kann man die verschiedenen Möglichkeiten der *Lockjagd* auf die meisten unserer Wildarten anwenden. Sei es, daß man das Wild durch die nachgeahmten Rufe eines Artgenossen, den künstlich erzeugten Klagelaut eines Beutetiers oder mit Hilfe von Attrappen anlockt – die Lockjagd ist außerordentlich vielgestaltig und abwechslungsreich. Die entscheidende Voraussetzung für den Erfolg ist freilich, daß der Jäger mit den Lebensgewohnheiten der einzelnen Tiere bestens vertraut ist und die biologischen Zusammenhänge kennt. Eine gewisse musikalische Ader gehört auch dazu, um die Tierstimmen möglichst naturgetreu nachahmen zu können. Es steht jedenfalls außer Zweifel, daß es wohl kaum ein Instrument gibt, mit dem man die Tierlaute in einem so natürlichen Klang wiedergeben kann, wie ihn der alte Lockjäger unter Zuhilfenahme bestimmter Hilfsmittel, zum Beispiel ein Buchenblatt beim Blatten mit Mund und Händen, zu modellieren versteht.

Als höchste Form der Lockjagd gilt die Nachahmung des Hirschrufes. Es gehört viel Übung dazu, und gar mancher Hirsch wird vergrämt, bis man die Muschel oder das Ochsenhorn vollendet beherrscht. Am Brunftplatz wird der Ruf dazu benutzt, den Platzhirsch aus der Dickung herauszulocken, indem man mit etwas schwächerer Stimme einen Nebenbuhler markiert. Doch steht der Hirsch in der Regel nur dann zu, wenn er aus nächster Nähe gereizt wird, denn er verläßt das Rudel nur ungern.

Befinden sich einzelne Hirsche auf der Suche nach Kahlwild, so lassen sie sich besonders leicht anlocken. Es sind meist Hirsche, die von Brunftplatz zu Brunftplatz ziehen, um den Platzhirsch abzukämpfen. Sie reagieren nicht nur auf den Hirschruf, sondern stehen auch auf kürzerer Entfernung sehr gut auf das nachgeahmte Mahnen eines Alttiers zu.

Die am weitesten verbreitete Methode der Lockjagd ist die Blattjagd auf den Rehbock. Es hat sich wohl fast jeder Jäger auf diesem Gebiet schon einmal versucht. Leider bedient man sich in der Regel der in einer Vielzahl im Fachhandel angebotenen künstlichen Blatter, auf deren Fieptöne meist nur der unerfahrene Jährlingsbock reagiert, der, wie man früher immer sagte, auch auf das Quietschen eines ungeschmierten Wagenrades zusteht. Der wahre Meister, dem es gelingt, auch den alten Bock vor die Büchse zu locken, wählt ein nach fachmännischen Gesichtspunkten ausgesuchtes Blatt der Rotbuche, um den sehnsüchtigen Liebesruf eines Schmalrehs in höchster Vollendung nachzuahmen. Steht der Bock bereits bei einer brunftigen Ricke, so nützen auch die lieblichsten Fieptöne nichts. Doch wird der echte Lockjäger noch lange nicht resignieren, sondern zum nächst höheren Mittel der großen Kunst der Lockjagd greifen, indem er das Angstgeschrei eines Kitzes nachahmt, was die um ihre abgelegten Kitze stets besorgte Ricke zum sofortigen Erscheinen veranlaßt. Der Bock folgt der vermeintlichen Ausreißerin und wird somit überlistet.

Hochinteressant ist die Lockjagd auf das Raubwild. Durch die Erzeugung der Klagelaute der Beutetiere, wie Maus, Vogel, Kaninchen und Hase, wird das Raubwild herangereizt. Aber auch hier gilt die alte Weisheit: Wer von künstlichen Mitteln unabhängig ist, die Stimmlaute also mit dem Mund oder auf der Faust wiedergeben kann, bleibt im Vorteil gegenüber dem auf das künstliche Lockmittel Angewiesenen. Lockinstrumente, die ständig mit herumgetragen werden, haben eben den Nachteil, daß sie meist dann, wenn sie gebraucht werden, versagen, weil sie durch eingedrungene Fremdkörper, wie Wollteilchen der Hosentasche, verstopft sind. Im anderen Fall hat man sie gerade dann nicht zur Hand, wenn man sie am dringendsten benötigt. Doch sei zur Beruhigung der weniger stimmbegabten Jäger hervorgehoben, daß es sehr wohl vollwertige künstliche Lockmittel für die Reizjagd gibt.

Gut bewährt haben sich zumindest die Hasenquäke und das Mauspfeifchen. Die Hasenquäke setzt man besonders beim Reizen auf den Fuchs ein. Beim Ansitz an einem späten Winternachmittag an einer Dickung im Walde, des Nachts bei Mondschein auf einer Kanzel am Waldrand oder in einer Strohmiete im Feld steht Reineke auf den Klagelaut des Hasen meist sehr schnell und auch auf größere Entfernung noch zu. Doch muß man das Gewehr in jedem Fall schußfertig in der Hand halten, denn beim Reizen ist der Fuchs besonders argwöhnisch und wachsam. Schon das geringste Geräusch und die kleinste Bewegung veranlassen ihn zur sofortigen Flucht.

Erscheint beim Ansitz einmal ein Fuchs außerhalb der Reichweite von Büchse oder Flinte, so bedient man sich des Mauspfeifchens. Meist reagiert Reinecke zunächst nur mit einem kurzen Sichern, merkt sich aber haargenau den Standort der vermeintlichen Maus, um früher oder später zielstrebig dem Jäger vor den Lauf zu schnüren. Auch die Marder lassen sich beim Nachtansitz gut mit dem Mauspfeifchen anlocken. Und ganz besonders anfällig für das nachgeahmte Zirpsen einer Maus sind die Wiesel. So läßt sich eigentlich jedes Wiesel, das man während eines Reviergangs über den Weg huschen sieht, mit dem Mauspfeifchen wiederholt bis vor die Füße locken.

Eine bekannte Methode der Lockjagd ist die Balzjagd auf den Ringeltauber, den Hahn des kleinen Mannes. Doch wird nur derjenige Erfolg bei dieser Jagd haben, der dessen Lebensgewohnheiten kennt. Der Tauber ruft, um den Artgenossen damit seinen vorgesehenen Brutplatz anzuzeigen. Diesen Umstand nutzt der Lockjäger aus. Er pirscht den Tauber bis auf 100 m an und ahmt durch Blasen auf den zu einer Hohlkugel geschlossenen Händen oder mit einem künstlichen Taubenlocker den Balzgesang nach. Für den Ringeltauber bedeutet dieser Ruf, daß ein Rivale in seinem Brutbezirk ist, den es zu vertreiben gilt. Schon nach zwei oder drei stimmgerecht nachgeahmten Balzstrophen sitzt er in der Krone des Baums, unter dem der Lockjäger an den Stamm gedrückt Deckung genommen hat, und kann mit Schrot oder einem Kleinkaliber erlegt werden. Das bei der Auerhahnjagd geübte Anspringen läßt sich bei der Lockjagd auf die bekanntlich außerordentlich scharf äugenden Tauben kaum anwenden.

Günter Claußen

HOCHGEBIRGS-JAGD

Die geschichtliche Entwicklung der Jagd hatte im Gebirge weder ihren Ursprung, noch hatte sie dort einen Schwerpunkt, denn im Gebirge wurden kaum höfische oder königliche Jagden ausgetragen. Es war das Gebiet der Volksjagd, der Jagd der Ortskundigen. Erst später entdeckten es einige wenige Herrscher, die dann allerdings, wie Kaiser Maximilian I., der jagdlichen Entwicklung im Gebirge deutliche Impulse verliehen.

Auch heute noch zeigt die Jagd im Gebirgsraum vergleichsweise ursprüngliche Züge: Hier lebt noch das Brauchtum, hier »spricht« man die Jägersprache und »lernt« sie nicht. Und die alpenländische Jägertracht hat inzwischen weit über das Gebirge hinaus Anklang gefunden.

Der reich gegliederte Lebensraum des Gebirges beherbergt eine ungewöhnlich attraktive Artenfülle an Tieren und somit auch jagdbarem Wild. Birkhuhn und Schneehuhn, Auerhahn und Kolkrabe, Steinadler und Schneehase, Gams, Rothirsch, Steinbock und Reh finden sich nicht selten neben vielen weiteren dicht beieinander. Dieser Artenreichtum führte, bedenkt man die landschaftliche Schönheit dieser Gebiete, zur Wahl von Hofjagdrevieren im Gebirge, und er sichert auch heute, vielleicht in noch stärkerem Maße als früher, der Gebirgsjagd ein großes Interesse.

Pirsch und Ansitz, kombiniert in vielfältiger Landschaft, kennzeichnen die Jagd im Gebirge heute. Die Treib- und Riegeljagden auf Rothirsch und Gams sind fast schon Geschichte. Die einsichtigen Gegenhänge, die waldfreien Zonen und die vermehrte Tagaktivität der Wildarten drängen hier den Jäger nicht nur in die ersten und letzten Stunden des Tages. Die Pirsch auf den Gams kann zu jeder Stunde den erhofften Erfolg bringen. Stärker als anderswo hat der Berufsjäger im Gebirge seinen festen Platz. Seine Orts- und Wildkenntnis sowie seine körperliche Leistungsfähigkeit machen ihn gemeinsam mit der oft bescheidenen und deshalb anziehenden Art des naturverbundenen Menschen zum unentbehrlichen Helfer. Über ihn erschließt sich für viele Jagdherren wie auch für deren Gäste das Revier.

Die Jagd im Hochgebirge ist sicher eine der faszinierendsten Möglichkeiten, sich weidmännisch zu betätigen. Sturm und Schnee, ein steiler Aufstieg, das kameradschaftliche Hüttenleben von sehr unterschiedlichen Persönlichkeiten, ungewöhnliche Wildbeobachtung und eine großartige, menschenarme Landschaft – das sind nur einige Aspekte, die den Jäger stimulieren. Hier wird die der Jagd seit Anbeginn zugrunde liegende Motivation offensichtlich: Nicht das Ergebnis der Bemühungen steht im Vordergrund, sondern das Erlebnis. Es sei jedoch bemerkt, daß der zweifelhafte Fortschritt auch die Hochgebirgsjagd erfaßt hat. Hochrasanz und variables Zielfernrohr, Forststraßen und Wildmengen als Folge übermäßiger Winterfütterung entzaubern die Jagd, Hirsche und Gamsböcke werden nach Punkten zum Abschuß verkauft. Noch sehen zu wenige Jäger, in welche Richtung diese Art von Fortschritt führt. Möge die Zukunft sich der Einsicht öffnen, daß das Erlebnis das Maß sein sollte. Das Erlebnis aber entspricht der Ursprünglichkeit der Tätigkeit und ihrer Umstände. Wer nicht den Unterschied zwischen dem seltenen Berghirsch von acht Enden und dem im Winter futterzahmen Punkteprotz der Klasse I erkennt, der wird es nicht begreifen und der wird auch nicht den von weit oben geholten Gamsbock glücklich auf seinen Schultern zu Tale tragen.

Wolfgang Schröder

BEIZJAGD

Die Beizjagd – die Kunst, mit abgetragenen, bereiteten Greifvögeln zu jagen – ein alter jagdlicher Kulturzweig, erfordert vom Menschen großen Einsatz. Wer ein Meister solcher Kunst werden will, muß ein Höchstmaß an Geduld, Selbstbeherrschung, Einsatzfreude, Beharrlichkeit und Güte mitbringen. Nachdem diese Jagdart in Deutschland 200 Jahre geruht hatte, wurde sie im Jahre 1923 durch den »Deutschen Falkenorden« wieder zum Leben erweckt.

»Wir jagen nicht der Beute wegen, sondern um des Schönen willen bei der Jagd« ist Wahlspruch des praktischen Falkners. Faire und ritterliche Haltung gegenüber dem Wilde ist oberstes Gebot. Der Falkner soll an einem Tag nicht mehr als vier Kreaturen mit seinem Beizvogel nehmen, so will es schon die alte deutsche Habichtslehre aus dem Jahr 1542. Das Wild, das seine Chance vor dem anjagenden Beizhabicht oder Beizfalken, mithin seinem natürlichen Feind, gewonnen hat, wird am Jagdtage nicht wieder angerührt. Das ist der Grundsatz der Falkner: sie jagen streng nach den Richtlinien alter deutscher Weidgerechtigkeit. Unter den zur Beizjagd geeigneten Greifvögeln steht der Habicht an erster Stelle. Außer ihm werden weitere hochleistungsfähige Greifvögel wie der Steinadler, mit Einschränkung heute der Sperber sowie die Großfalken – Wander-, Lanner-, Saker- und Gerfalke – zur Beizjagd abgetragen. Dem verhängnisvollen Rückgang der Großfalken auf der Welt wird heute mit ihrer erfolgreichen Nachzucht unter bestimmten Haltungsbedingungen begegnet, so daß die Beizjagd mit den Falken auch für die Zukunft als gesichert anzusehen ist. In der Regel ist jedoch der Habicht der Beizvogel auf der behandschuhten Faust eines Falkners, in diesem Falle »Habichtlers«. Gute Habichte werden in Falknershand über 20 Jahre alt. Er wird heute als Nestling oder auch Ästling genommen und Jahr für Jahr vermausert. Sein Gefiederwechsel läuft im Mauserhaus ab, in dem sich der Vogel von Mitte Januar bis Anfang September frei bewegen kann und gute Atzung erhält. Erste erfolgreiche Nachzuchten unter solchen Haltungsbedingungen sind auch für den Habicht angelaufen. Ist ein Beizvogel – Habicht oder Falke – nach der Mauser noch nicht wieder an Beute gebracht, ist er ein Vogel »von der 1., 2. oder 3. Mauser«, hat er jedoch wieder erfolgreich gejagt, ist er »vom 2., 3. oder 4. Fluge«.

Der Habicht wird vor allem auf Kaninchen, aber auch auf Hasen, Fasanen und Rebhühner geflogen. Auch bei Krähen kann er erfolgreich sein. Die beste Chance auf Rebhühner hat der schnelle und wendige »Habichtterzel«, der männliche Habicht, der um rund ein Drittel geringer wiegt als die weiblichen Vögel.

Die Beizjagd mit dem Habicht wird entweder von der Faust oder aus der »freien Folge« ausgeübt. Als eigentlicher »Habichtshund« gehört unter den Habicht der weiß-schwarze oder weiß-braune Spaniel. Seine gute Stöberarbeit macht dem Habicht die Beute rege. Liegen Kaninchen draußen, hat man mit dem stöbernden Hunde gute Jagd. Stecken sie im Bau, kann auch mit dem Habicht und dem Frettchen gejagt werden. Bei der Jagd aus der freien Folge, die in Waldbeständen ausgeübt wird, folgt der Habicht dem Habichtler, noch besser aber dem Vogelhund von Baum zu Baum. Bei dieser Jagdart hat der Beizvogel die bessere Chance. Im reißenden Flug wendig alle Haken der Kaninchen ausarbeitend, jagt er seine Beute. Gar nicht selten kommt es aber vor, daß der Habicht »in die Röhre guckt«, vor dem Bau, in den seine Beute im letzten Augenblick verschwand und der dann am Jagdtage nicht mehr angerührt wird.

Der hohe Erlebniswert, den der meisterhaft geflogene Habicht bietet, steigert sich noch mit der Arbeit des Falken. Auch er wird entweder von der Faust – »aus der Kappe« – geworfen oder aus dem »Anwarten« an Wild gebracht. Um einen jung aufgezogenen Greifvogel zu einem guten Beizvogel zu machen, erfolgt im ersten Jahr, nachdem der Vogel »trocken« geworden ist, das heißt, seine Federn voll entwickelt sind, ein gründliches Flugtraining. Bei der Arbeit mit dem Habicht dient hierzu eine »Schleppe« – ein mit Atzung bespickter Kaninchenbalg – bei der Arbeit mit dem Falken ein ebenso hergerichtetes »Federspiel« – ein mit Rebhuhn- oder auch Krähenflügeln benähter Lederbalg an langer Leine. Nach etlichen Fehlstößen auf das geschickt geschwungene Federspiel kommt der Beizfalke schließlich zum Erfolg, indem er es wie eine lebende Beute schlägt.

Die »Reiherbeize« früherer Zeiten, beritten mit dem von der Faust geworfenen Falken ausgeübt, wird heute von der »Krähenbeize« ersetzt. Für einen Krähenfalken ist die Voraussetzung ein weites, offenes Gelände, das ihm die Möglichkeit bietet, der Krähe schnell folgen zu können. An die Stelle des Pferdes ist heute unserem Maschinenzeitalter entsprechend das geländegängige Kraftfahrzeug getreten. Da die Jagd oft über weite Strecken geht, ist eine schnelle Folge unerläßlich, weil sich immer wieder Menschen berufen fühlen, die Krähe vor dem Falken zu retten, und ihn darum kurzerhand erschlagen.

Der zum »Anwarten« abgetragene Falke, im Unterschied zu den »Faustfalken« – Wander-, Saker-, Lanner- und Gerfalke – in der Regel der Wanderfalke, wird auf Rebhühner, Fasanen und Elstern angesetzt. Auf der Rebhuhnbeize steht der »Anwarter« 80 bis 120 m – auch höher! – über dem Falkner oder dem Hunde, er stellt sich über dem Hunde ein, wenn dieser »lang wird«. Unter den anwartenden Falken gehört der gut geführte Vorstehhund. Eines der herrlichsten Erlebnisse des Falkners ist der im sausenden Steilstoß – 90 m in der Sekunde! – auf ein Huhn herabstoßende Falke. Von der geschlagenen Beute nimmt der Falkner seinen Beizvogel ab, indem er ihn mittels eines Stückes »Lockatzung« auf die Faust übertreten läßt.

Der Deutsche Falkenorden läßt sich jedoch nicht nur die ritterliche Jagd mit dem auf die Faust als Beute geprägten Greifvogel angelegen sein, er setzt sich auch tatkräftig für den Schutz dieser Regulatoren in dem offenen Funktionssystem der belebten Landschaft ein, die eine das tierische Verhalten vermenschlichende Epoche völlig falsch verstanden hat; forschende Beobachtungsarbeit wird von vielen Mitgliedern geleistet.

Mit Hilfe der praktischen Falknerei konnten wesentliche Bereicherungen unserer Kenntnisse über die Biologie der Greifvögel erarbeitet werden. So zeigen die Erfahrungen mit dem Beizvogel eindeutig, daß er bevorzugt in Bewegung, Körper- und Sinnesleistung behinderte Beutetiere anjagt und schlägt, sich damit also als ein »selektiver Regulator« erweist. Aus den Berichten zweier Falkner, die ihre Faustfalken auf Krähen fliegen, geht hervor, daß sich die Falken aus den Krähenschwärmen mit Vorliebe kranke oder doch schlecht beflogene wie auf andere Weise auffällige Stücke heraussuchen. Von insgesamt 162 gebeizten Krähen waren 69 krank oder sonstwie behindert und 93 äußerlich gesund. Entsprechende Erfahrungen vermittelte ein auf Rebhühner anwartender Falkenterzel, der aus einem Volk mehrere Hühner nahm, die an Geflügelpocken erkrankt waren. Auf der Beizjagd mit dem Habicht auf Kaninchen war mit Ausbruch der Myxomatose unter den Beständen immer wieder festzustellen, daß sich der Habicht bevorzugt der erkrankten Tiere annahm, auch wenn die Symptome sich noch in den ersten Stadien befanden. Dies fiel besonders auf, wenn beim Frettieren mehrere Kaninchen gleichzeitig sprangen, deren Verhalten und Erscheinungsbild für das menschliche Auge nicht zu unterscheiden war.

Über diese Feststellungen hinaus erarbeitete die Falknerei weitere Grundlagen für die Beurteilung der Leistungsfähigkeit unserer Greifvögel. Da der Falkner auch Beute machen will, haben Kleintiergreifer, zu denen auch der Bussard gehört, in der Falknerei niemals eine Rolle gespielt.

Mit Freude und Zuversicht sehen wir, daß viele junge Menschen in unserer Zeit bereit sind, die Ideale des Ordens zu den ihren zu machen. In jeder freien Minute arbeiten sie ihren Beizvogel und haben auf den Gemeinschaftsbeizen des Ordens hervorragende Leistungen mit ihren Beizvögeln gezeigt. Es braucht uns also um das Weiterbestehen dieser alten Jagdkunst, die nun auch ihre gesetzliche Verankerung gefunden hat, nicht bange zu sein. Unsere Jugend ist bereit, sie weiterhin in pflegliche Hände zu nehmen, auch eingedenk der Worte des Kaisers Friedrich II. von Hohenstaufen, der in der Einleitung zu seinem zeitlosen Werk ›De natura avium et de arte venandi cum avibus‹ – ›Über die Natur der Vögel und über die Kunst mit Vögeln zu jagen‹ – schrieb: »Wer dieses Werk liest und begreift, erfährt durch diese Jagdart mehr über das geheimnisvolle Wirken der Natur als durch die anderen.«

Heinz Brüll

JAGD MIT DER KAMERA

So wenig Ähnlichkeit Büchse und Flinte mit einem Fotoapparat oder einer Filmkamera haben, so unterschiedlich auch die Ergebnisse der Jagd mit dem Gewehr und des Ausfluges mit der Kamera ins Revier sind – so identisch ist doch die Motivation in mancherlei Hinsicht. Denn auch für den Bilderjäger ist das Beutemachen eine der hauptsächlichen Antriebsfedern, und die Herausforderung, Tiere zu überlisten und als Trophäe auf dem Film mit nach Hause zu bringen, ist für ihn ebenso spannend und aufregend wie für den Weidmann, der sich das Rehbockgehörn oder die Keilerwaffen an die Wand hängen will. Als weiteres verbindendes Element steht bei den meisten das Naturerlebnis im Vordergrund.

Daher ist es nicht verwunderlich, daß beide »Gilden« eine Menge Verständnis füreinander aufbringen, wenn sie sich auch gelegentlich gegenseitig in die Quere kommen und wenn auch der elementare Unterschied sie trennt: Bei den einen ist die Tötung eines Tieres das Ziel, bei den anderen dessen lebendig wirkende Wiedergabe. Die einen versuchen, möglichst nur einmal abzudrücken und richtig zu treffen, während die anderen möglichst häufig den Auslöser betätigen möchten. Nach dem Ansitz auf einen bestimmten Bock kommt der Schütze allenfalls mit einer einzigen Beute heim. Der mit Kamera und Teleobjektiv bewaffnete Jäger hingegen kann sowohl von dem erhofften Bock eine Anzahl verschiedener Bilder machen als auch nebenher noch Fotoschüsse anbringen, ohne durch einen lauten Knall das Wild zu vergrämen. Und er kann vielleicht schon am nächsten Morgen denselben Bock erneut vor die Linse bekommen. Wenn er will, kann er ihn im Herbst, im Winter, im Frühling, nach dem Abwerfen und beim Schieben des Gehörns, im Verfärben, beim Reviereinstandskampf und während der Blattzeit fotografieren. Er kann über Jahre hinweg die Gehörnentwicklung im Bild festhalten und Vergleiche anstellen.

Allein die Aufzählung dieser wenigen denkbaren fotografischen Trophäen zeigt dem hegenden und jagenden Revierinhaber die Möglichkeiten, die ihm eine Kamera bietet, wobei es vom persönlichen Geschmack und dem gewünschten Verwendungszweck abhängt, ob er sich für den Einzelbild- oder für den Schmalfilmapparat entscheidet. Nicht wenige Jäger haben im Lauf der Zeit ihre Bewaffnung um einiges fotografisches Werkzeug erweitert, und mancher ist dabei so auf den Geschmack gekommen, daß er schließlich die Flinte an den Nagel gehängt hat. Andere, die zwar den Jagdschein erworben, aber mangels Gelegenheit das echte Weidwerk gar nicht ausüben können, sind zum Pirschgänger mit der Kamera geworden.

Niemand bringt für das Fotografieren und Filmen von Wild und Vögeln bessere Voraussetzungen mit als ein ausgebildeter Jäger. Zunächst einmal muß er alles kennen, was sich im Revier auf vier Läufen oder zwei Ständern und Schwingen bewegt, und zwar nicht nur von der Art her bestimmen können, sondern auch über die Lebensgewohnheiten informiert sein. Wenn er erfolgreich mit dem Gewehr pirschen will, muß er wissen, wie man sich im Wald oder am Wiesenrand bewegt. Und wenn er auf dem Hochsitz auf ein Stück Wild wartet, muß er sich in Geduld üben können. Das alles sind Fertigkeiten und Eigenschaften, die auch der Jäger mit der Kamera besitzen muß, wenn er brauchbare Bilder auf freier Wildbahn einfangen will. Und er muß sich darüber hinaus auch noch in einigen rechtlichen Vorschriften auskennen: Daß er nicht ohne Erlaubnis quer durch fremde Reviere oder Gärten laufen, Wild und Vögel nicht beunruhigen oder gar gefährden darf. Zwar gibt es für den Fotografen nicht die Jagd- und Schonzeiten, die für den schießenden Weidmann gelten, doch muß auch er sich an die Naturschutzbestimmungen halten. Wie für den Jäger gibt es für den Fotografen darüber hinaus eine Reihe von ungeschriebenen Gesetzen, und wie für die Jagd die Weidgerechtigkeit an oberster Stelle rangiert, so hat vor dem fotografischen Erfolg immer die Schonung der Natur den Vorrang.

Von den beiden hauptsächlichen Methoden, in eine günstige Entfernung zum Wild zu kommen, Pirsch und Ansitz, wird der Jäger, der das Gewehr mit dem Fotoapparat oder der Filmkamera vertauscht, bald den Ansitz vorziehen. Zwar gelingt hin und wieder auch bei einem zielstrebigen Anpirschen ein Bild, und auch mancher »hingeworfene Kameraschuß« etwa bei einer plötzlichen Begegnung mit einer Rotte Sauen oder einem abstreichenden Kolkraben wird eine hervorragende Aufnahme, aber setzt man Zeitaufwand und Erfolg ins Verhältnis, so rangiert der Ansitz weit vor der Pirsch. Ob vom Hochsitz herab, der wegen der ungünstigen Perspektive nicht immer von Vorteil ist, ob hinter einem Baumstamm hervor, aus dem Erdloch, durch die Zweige eines Schirms aus Fichtenreisig oder mit Hilfe eines Tarnzeltes unsichtbar gemacht – von einer solcher Warte aus kann man die Tiere ungestört in ihrem natürlichen Verhalten beobachten und scharf in den Sucher bringen. Während man beim Pirschen häufig nur noch die Kehrseiten zu Gesicht bekommt (was dem Schützen nicht so viel ausmacht), wenden Wild und Vögel dem ansitzenden Bilderjäger meistens die ansehnlicheren und damit fotogeneren Körperteile zu. Das wichtigste jedoch ist, daß er genügend Zeit hat, die richtige Einstellung vorzunehmen und einen günstigen Moment zum Auslösen abzupassen. Das Wild zieht nicht selten auf den Wartenden zu und sorgt so selber dafür, daß eines der Hauptprobleme bei der Naturfotografie geringer wird: die Entfernung. Denn selbst bei Verwendung von längeren Teleobjektiven, die die gleiche Wirkung für den Bildausschnitt auf dem Film wie das Fernglas für das Auge haben, sind Wild oder Vögel häufig nicht nahe genug, um sie gut erkennbar in den Sucher und damit aufs Zelluloid zu bringen. Zwar gilt es nicht immer, die Tiere möglichst formatfüllend abzubilden, und gerade viele der Aufnahmen in diesem Buch beweisen, daß es sehr reizvoll sein kann, Wild inmitten seines Lebensraumes aufzunehmen, doch muß es immerhin noch gut »ansprechbar« sein.

Weit schwerer als die Entfernungsüberbrückung wiegt ein anderer Klotz am Bein der Wildtierfotografie: die Notwendigkeit genügenden Lichts. Wenn der Schütze schon oder noch beste Bedingungen für Flinte oder Büchse hat, kann sich der Fotojäger allenfalls am Anblick erfreuen. Und je länger die Objektive, desto mehr Licht ist notwendig. So kommt der Kameramann längst nicht so häufig bei einem Ansitz zu Schuß wie der Pulver- und Bleiverbraucher, was allerdings durch die weitaus größere Zahl an geeigneten »Opfern« und die jahreszeitlich unbeschränkte Jagdsaison wieder aufgewogen wird.

Der fotografierende Jäger kann eine Menge tun, um das Wild vor die Kamera zu bringen. Manche der Möglichkeiten, die ihm mit dem Gewehr aus Gründen der Weidgerechtigkeit verwehrt sind, kann er beim Bilderansitz nutzen.

Da bietet sich im Winter zunächst einmal die Fütterung, an der das Wild nach kurzer Zeit vertraut ist. Wer sich in der Nähe ein gut getarntes Versteck sucht, kann rund um den Futterplatz manches gute Bild einfangen. Wichtig ist für die Anlage des Fotoverstecks, daß man von vornherein die überwiegende Windrichtung und den Sonnenstand zur bevorzugten Aufnahmezeit berücksichtigt. Außerdem ist zu empfehlen, daß man vom ins Auge gefaßten Ort vorher einmal nach allen Richtungen durch den Sucher blickt. Da reine Fütterungsaufnahmen nicht so sehr spannend sind, sollte man bei der Auswahl des Ansitzplatzes in jedem Fall die Wechsel berücksichtigen. Wer in seinem Revier frei schalten und walten kann, tut gut daran, eine Fütterung dort anzulegen, wo sich eine optimale Fotografier- und Filmmöglichkeit bietet. Ohne dabei den Hauptzweck der Winterfütterung zu vergessen, sind beim Herrichten von Heuraufen und Rübenplatz oder Körnerschütte die Umgebung, der Hintergrund, Lichteinfall und Perspektive ins Kalkül zu ziehen.

Es muß nicht immer gleich eine reich beschickte Fütterung sein, mit der man das Wild geneigt macht, vor dem Teleobjektiv zu erscheinen. Eine Salzlecke, eine Suhle, eine Tränke in trockenen Revierteilen üben auf viele Tiere eine genauso starke Anziehung aus wie der Luderplatz auf Krähen, Elstern, Kolkraben und Greifvögel, von ihnen in erster Linie auf den Mäusebussard. Es liegt an der Phantasie und am Geschick des Fotografen, wie viele verschiedene Motive er bei einem Ansitz einfangen kann, wenn auch vielleicht nur ein einziges Tier erscheint. So läßt sich ein Luderplatz auf dem blanken Feld einrichten, was sicherlich nicht zu sehr großer Variationsmöglichkeit beiträgt. Der – besonders in strengen Wintern gerne besuchte – Nahrungsplatz gibt gleich viel mehr her, wenn in seiner Nähe ein Baum mit kahlen Ästen steht oder einige größere Steine herumliegen. Auf beiden blocken Greifvögel gerne auf. Und wer einen Mäusebussard auf einem Koppelpfahl fotografieren möchte, kann sich einen solchen Pfosten besorgen und in der gewünschten Entfernung in den Boden rammen. Wichtig ist, daß es nur wenige Sitzmöglichkeiten für die Vögel in der Nähe geben darf, die man alle vom gut getarnten Erdansitz aus anvisieren kann. Zu berücksichtigen ist dabei allerdings, daß sich mancher Vogel die Szenerie gerne aus einiger Distanz anschaut, bevor er sich herantraut. Daher müssen einige der Aufblock- oder Aufbaumgelegenheiten in Tele-Entfernung eingerichtet werden.

Zu einem der besten Hilfsmittel des auf freier Wildbahn tätigen Fotografen hat sich das Auto entwickelt. Während der Schuß durchs heruntergedrehte Seitenfenster oder auch nur vom Dach des Wagens herab eine schwere weidmännische Verfehlung ist, lassen sich mit der Kamera auf solche Art gute Ergebnisse erzielen. Ein Großteil des Wildes hat sich an den Verkehr und an den Anblick von Kraftfahrzeugen derart gewöhnt, daß man sich ihm auf vier Rädern häufig gut nähern kann. Der kritische Moment ist meistens erst das Anhalten, weil in dem Augenblick sowohl vierläufige als auch gefiederte Fotobeute mißtrauisch wird und abspringt oder abstreicht. Entweder muß man ein sehr behutsamer Fahrer sein oder einen Chauffeur haben, der bei der »rollenden« Pirsch weiß, worauf es ankommt.

Ganz abgesehen von dem Erlebniswert, den die Jagd mit der Kamera beschert, schult sie nicht nur zu einem anderen Verhalten, wenn man sich draußen umtut, sondern sie regt auch zu einer neuen Art zu sehen an. Ohne in das Extrem des gerne karikierten Touristen, der alle Reiseziele nur noch durch den Sucher seiner Kamera betrachtet, zu verfallen, kann der einigermaßen regelmäßig fotografierende Reviergänger doch so etwas wie einen »Motivblick« bekommen. Daß er wie ein aufmerksamer Jäger alles links und rechts von Pirschsteig oder Kanzel wahrnimmt, ist mehr oder weniger selbstverständlich. Doch mit etwas Übung erkennt man recht schnell, was zu tun ist, um einem Bild die richtige Perspektive, den Aufbau, die Umgebung und den Ausschnitt zu geben. Und mit einigem Geschick und etwas Glück läßt sich mitunter sogar erreichen, daß die Ricke mit Kitz oder der Pirol sich dorthin begeben, wo sie sich am besten gegen den Hintergrund abheben, wo das schönste unmittelbare Umfeld ist oder die Sonnenstrahlen gerade hinfallen. Und wenn die Tiere sich nicht bewegen, muß es eben der Fotograf tun.

Doch damit erschöpft sich die für manchen Jäger »erweiterte« Art zu sehen nicht. Da man sich als Tierfotograf in der Auswahl der Objekte keine zu große Beschränkung auferlegen sollte, wird man auch ganz kleine – und jagdlich »uninteressante« – Tiere sowohl stärker wahrnehmen, als auch intensiver beobachten. Zwar sollte der Heger mit Gewehr für alles im Revier ein Auge haben, doch wird jedes Lebewesen in dem Augenblick noch viel interessanter als bisher, in dem es zur Jagdbeute zählt.

Ähnliche Diskussionen wie die unter manchen Jägern üblichen um das richtige Kaliber und die geeignete Munition werden von etlichen Tierfotografen – über deren Zahl es übrigens nicht so verläßliche Angaben wie bei der Jägerschaft gibt – über die Vorzüge dieser Ausrüstung oder jenes Filmfabrikats geführt. Ob man sich für eine mittelformatige 6 × 6-Kamera oder eine einäugige Kleinbildspiegelreflexkamera entscheidet, kann sehr wohl über Umfang und Qualität der Ausbeute entscheiden. Nicht zuletzt hängt es davon ab, welche Motive bevorzugt werden und wie die »Jagdart« aussieht. Genauso wichtig wie das Kameragehäuse mit der dazugehörigen Technik sind die Objektive. Das gilt gleichermaßen für Filmkameras, bei denen Güte und Brennweitenbereich der Zoomobjektive (»Gummilinsen«) den Ausschlag geben. Für die Auswahl des Filmmaterials kommt es neben der Empfindlichkeit, die je nach den Lichtverhältnissen unterschiedlich eingesetzt wird und auf die Qualität der Vergrößerungen nicht unerheblichen Einfluß haben kann, bei Colorfilmen auch auf die »Farbgebung« an. In erster Linie ist es eine Frage des Geschmacks, ob man mehr rot oder mehr blau in der Gesamtwiedergabe bevorzugt, aber mitunter ist es durchaus ratsam, am Meer beispielsweise das eine und im Wald das andere Fabrikat zu benutzen.

Doch selbst mit der besten Ausrüstung und unter Berücksichtigung aller technischen Tricks geht es in der Tierfotografie genauso wie auf der Jagd, denn auch dort entscheiden nicht die Qualität der Büchse oder das Fabrikat einer Flinte über den Erfolg. In erster Linie kommt es auf die Geduld und die Ausdauer des Jägers an, zwei Eigenschaften, die man kaum anderswo besser erwerben kann als bei der Tierfotografie. Und noch ein zweites verbindet den Jäger mit dem Gewehr und den Jäger mit der Kamera, wenn sie von ihrer Liebhaberei erfüllt sind: Auch der scheinbare Mißerfolg birgt eine Fülle von Erlebnissen und Beobachtungen und läßt den nächsten Versuch nur um so spannender werden.

Carl Albrecht von Treuenfels

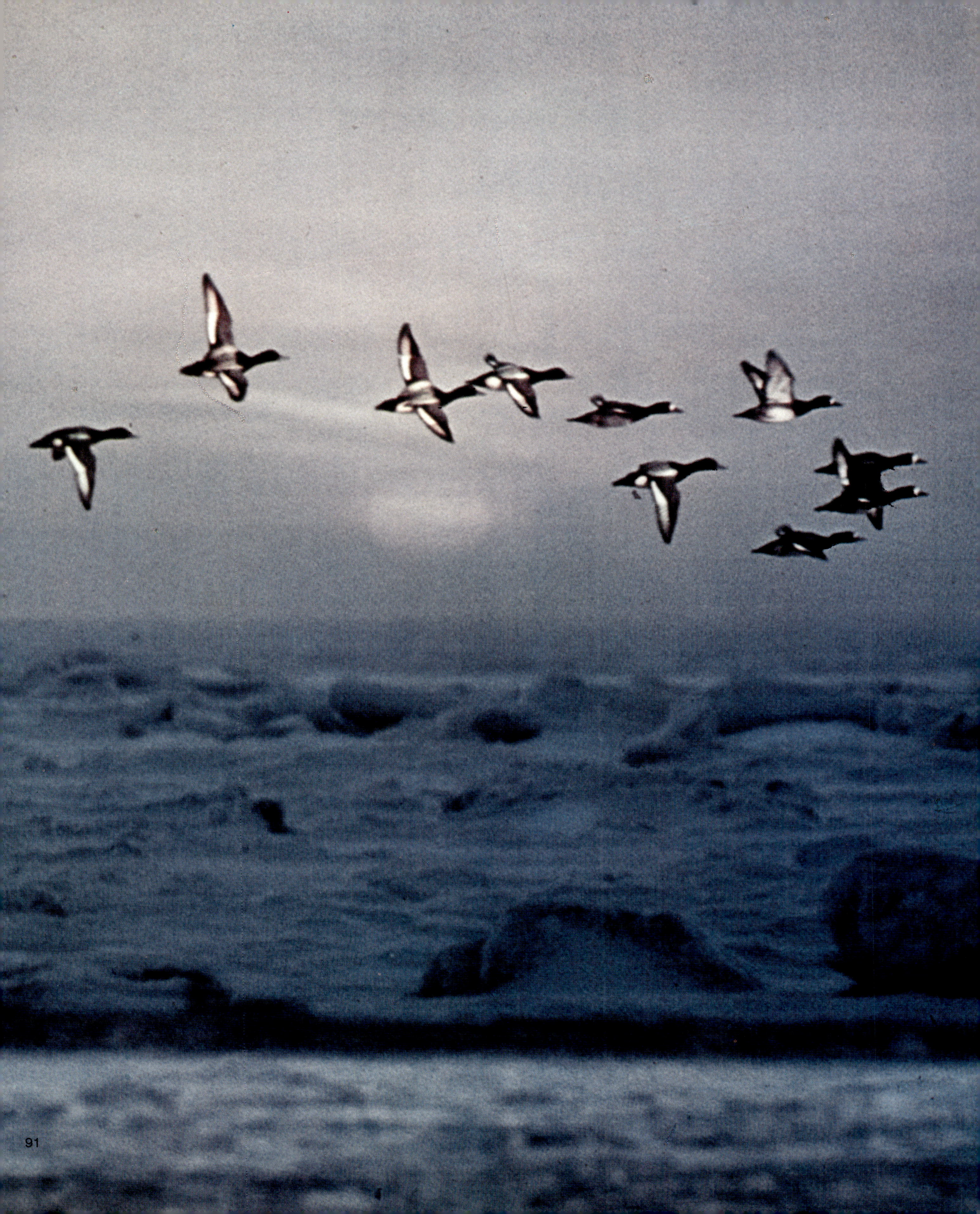

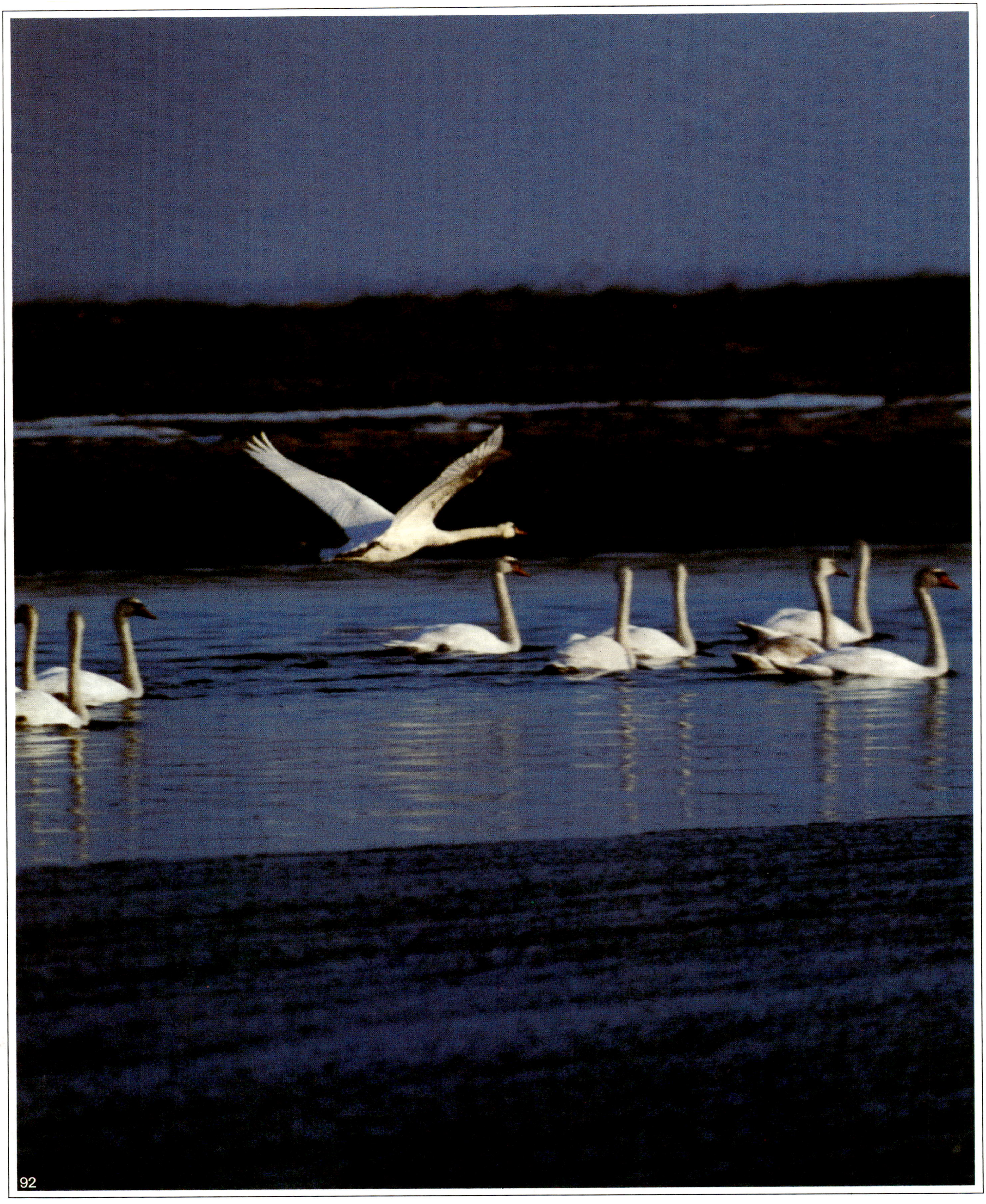

Die Nord- und Ostseeküste dient vielen jener Wasservögel, die sich während der Sommermonate großenteils im nordeuropäischen Binnenland aufhalten, als Winterquartier. Je tiefer die Temperaturen sinken, desto stärker massieren sich Enten, Gänse und Schwäne dort, wo sich noch Nahrungsgründe erschließen lassen. Unter ihnen sind nicht selten besondere Arten, die man in strengen Wintern häufiger oder stark konzentriert beobachten kann, etwa die über das vereiste Nordseewatt streichenden Bergenten (91) oder die vor der dänischen Ostseeküste bisweilen zu Tausenden rastenden Höckerschwäne (92). Ebenso wie die aus dem hohen Norden und Osten zuziehenden Singschwäne fallen sie gerne in Küstennähe auf Weiden und Saaten ein, wo sie als größere Schar ein ungewöhnliches Bild abgeben. Von einigen Gänsearten ist man solchen Anblick gewohnt, und die Saatgans (93) verdankt diesem Verhalten sogar ihren Namen. Wie die Bleßgans (Bild 94 zeigt einen Schoof von ihnen auf der Winterweide), die Kurzschnabel- und die Graugans zählt sie zu der unter dem Namen »Graue Gänse« zusammengefaßten Gruppe dieser Schwimmvögel. Der Bestand der Graugänse hat dank intensiver Hege in den vergangenen Jahrzehnten vor allem in Norddeutschland merkbar zugenommen, so daß sich häufiger denn je ein Brutpaar mit Jungen beobachten läßt (95).

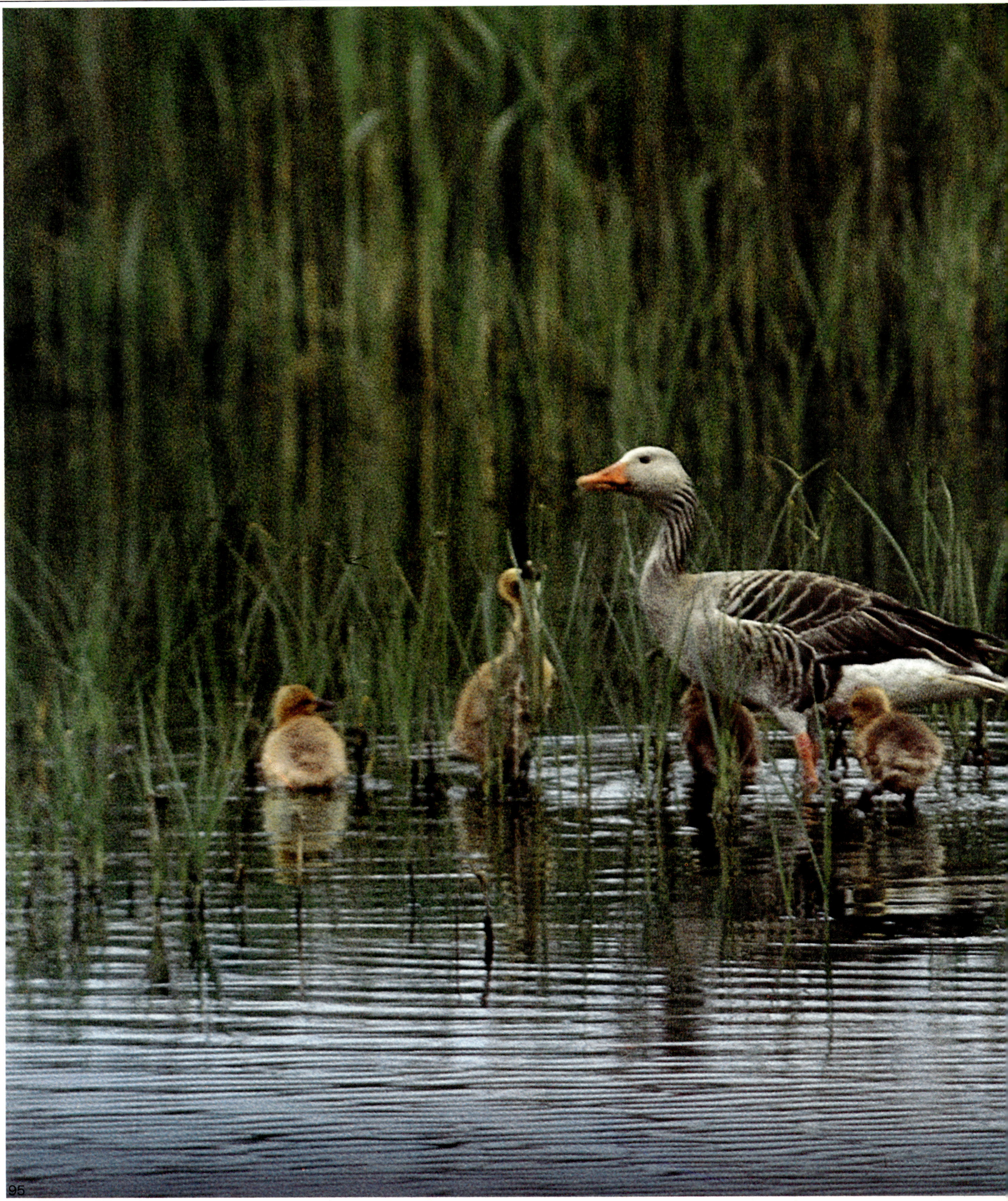

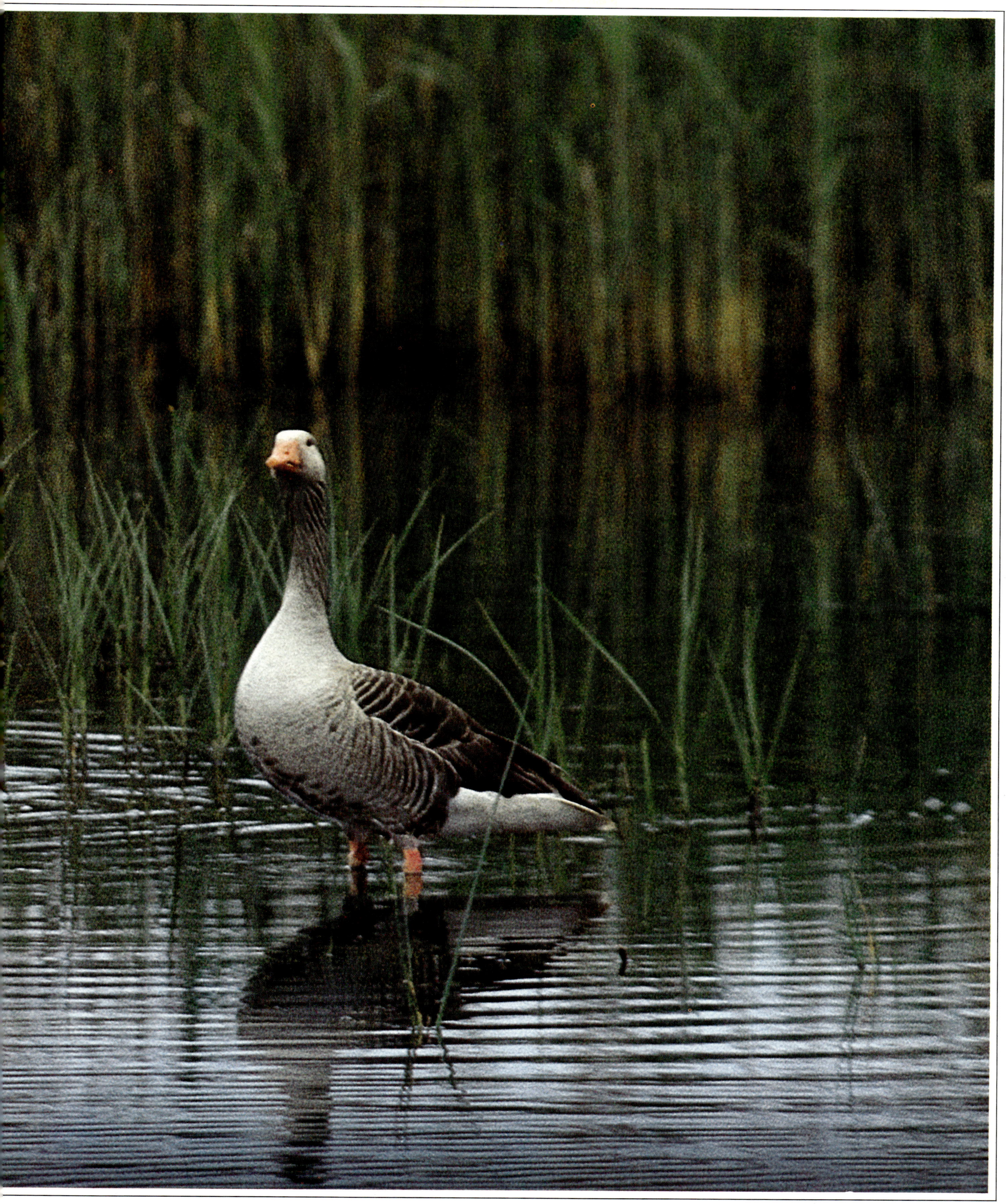

96

97

Ein Ansitz im Schilfrand oder Weidengebüsch zur Zeit, wenn das Wasserwild Junge führt, bringt eine Fülle interessanter Beobachtungen und hübscher Erlebnisse mit sich. Erscheinen Gänse, Enten, Taucher und Wasserhühner mit ihrem Nachwuchs auf dem Teich, dem Moortümpel, am Seeufer oder im Bachlauf, lassen sich Rückschlüsse auf das Brutvorkommen einzelner Arten ziehen. Das Bleßhuhn ist zwar keine Rarität, zeigt aber ein besonders aktives und fürsorgliches Verhalten beim Aufziehen der Küken (96). Erst wenn sie mit ihrem Geschwader liebenswerter Flaumkinder über die Wasserfläche schaukeln, wird man gelegentlich auf zwei seltene Gäste aufmerksam: Sowohl der Gänsesäger (Bild 97: ein Weibchen mit drei seiner fünf Jungen im Huckepack) als auch die Schellente (98) brüten in Baumhöhlen, und der Start der Vogelkinder ins Leben beginnt mit einem nicht selten mehr als zehn Meter tiefen Sprung ins Wasser oder auf den Waldboden. Beiden Arten läßt sich dort, wo sie vorkommen, mit passenden, in die Uferbäume gehängten Nistkästen helfen. Einfacher bei der Suche nach einem Brutplatz hat es da der Haubentaucher, der auf seinem schwimmenden Nest aus faulenden Wasserpflanzen allerdings viel stärker gefährdet ist. Gelegentliche größere Ansammlungen der hübschen Vögel täuschen darüber hinweg, daß die früheren Bewohner auch fast jeden kleineren Sees im Bestand zurückgegangen sind. Wo er seinen Jungen mit genügend Fischen entgegenschwimmen kann (99) und nicht zu viele Angler und Freizeitler die Schilfzonen beunruhigen, ist der Haubentaucher noch zu Hause.

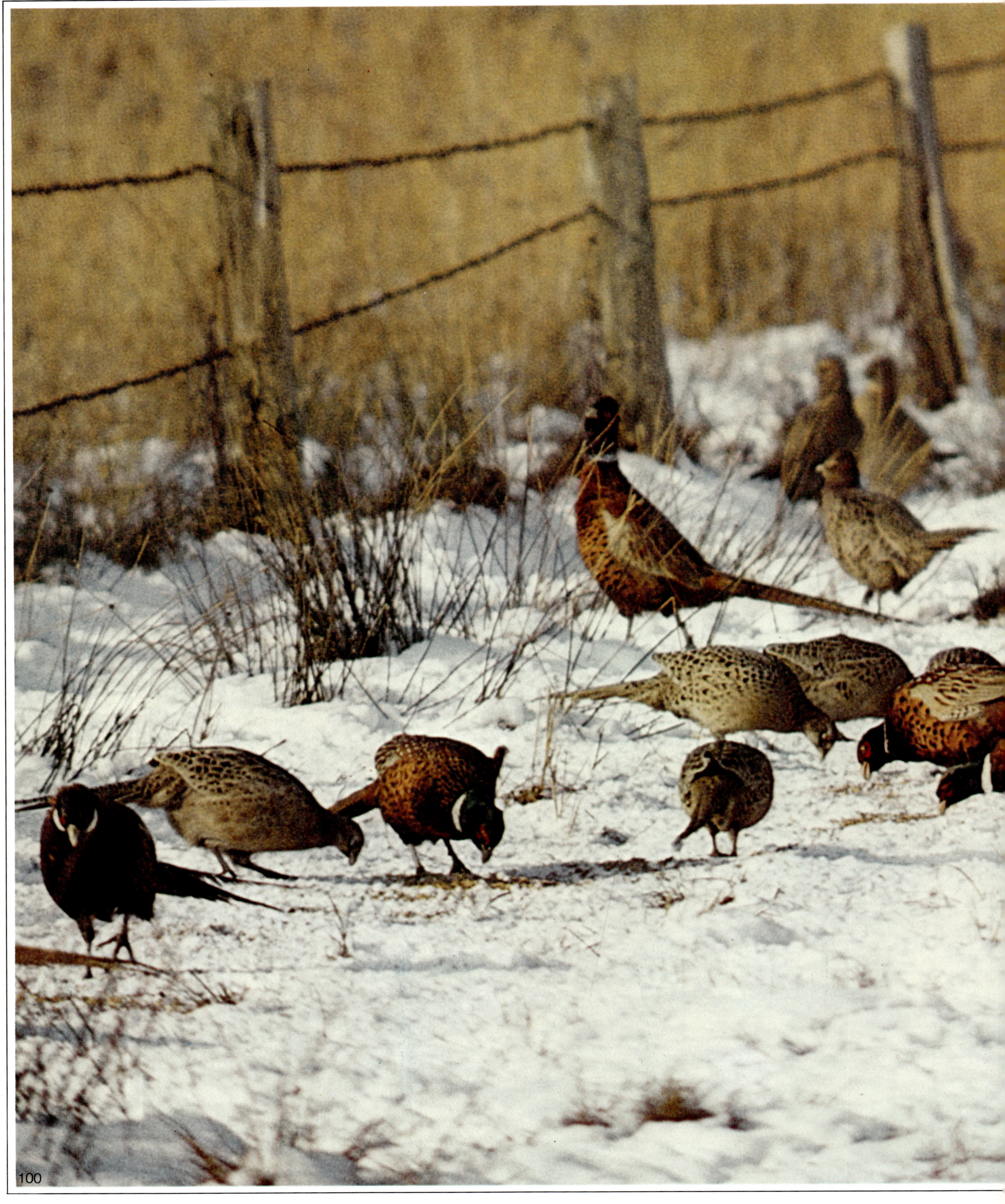

Großzügiger Hege bedürfen Fasanen und Rebhühner vor allem bei Schnee, und oft sorgen schon regelmäßig ausgestreute Körner, freigeschobene Flächen oder ein kleines Schutzdach dafür, daß die Feldhühner den Winter gut überstehen. Wer so viele Fasanenhennen und -hähne wie auf dem linken Bild (100) an der Fütterung hat, kann damit rechnen, daß er eine recht bewegte und geräuschvolle Balz im Revier erlebt, die gelegentlich schon beginnt, wenn noch Schnee liegt (101), ihren Höhepunkt aber erst im späten Frühjahr hat, wenn die Hähne rufend und flügelschlagend auf sich aufmerksam machen (103). Gut durch den Winter gebrachte Rebhühner (102) sorgen für zahlreichen Nachwuchs (104), sofern ihre Gelege nicht ausgemäht oder die Jungen mit Insektiziden oder Herbiziden zu Tode gespritzt wurden.

101

102

103

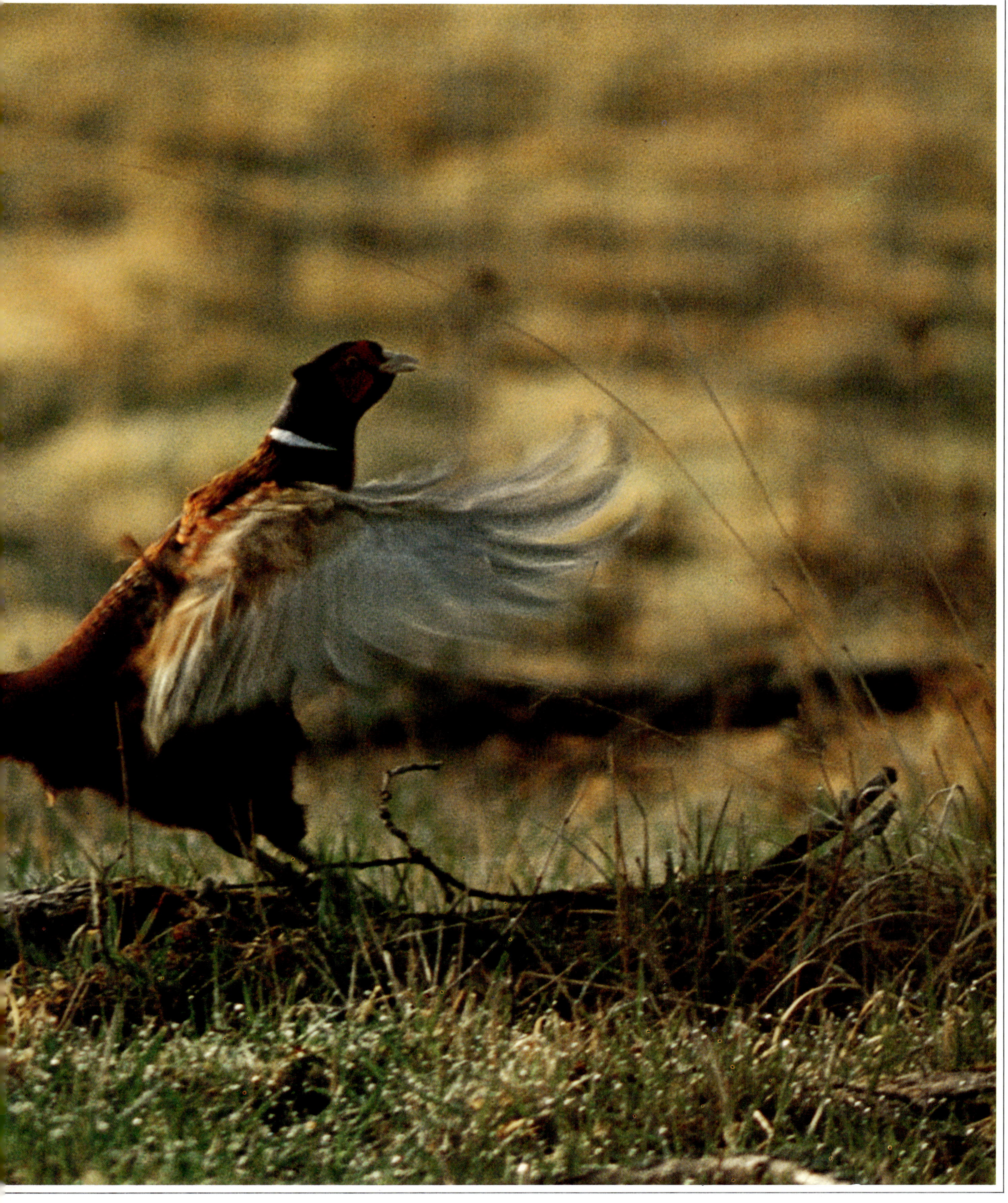

104

105

106

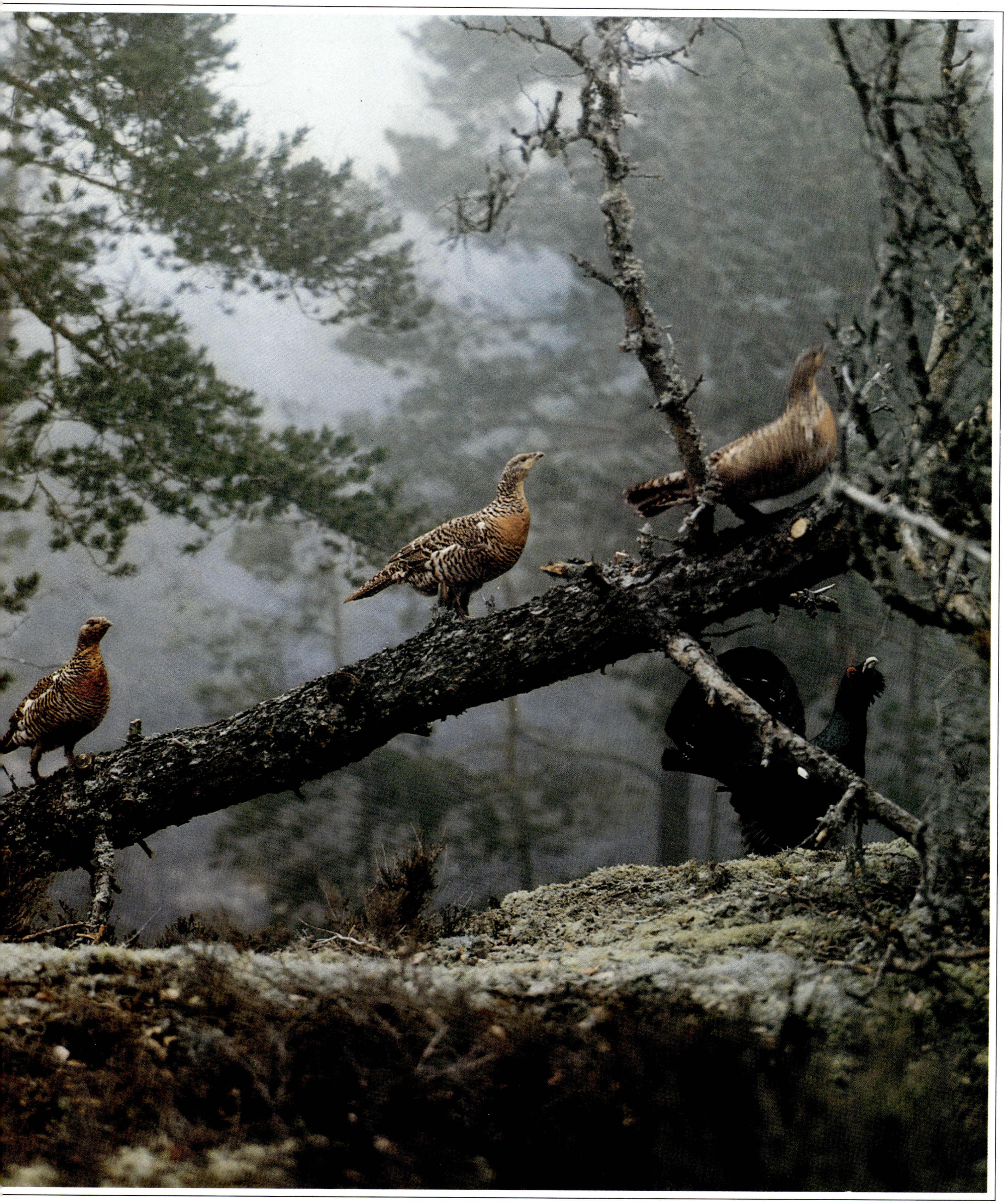

In Revieren der norddeutschen Tiefebene früher, im Mittel- und Hochgebirge später setzt der Beginn der Birkhahnbalz einen besonderen Frühlingsakzent. Trotz weitestgehender jagdlicher Zurückhaltung ist die Bestandsentwicklung der Hühnervögel in den meisten Gegenden Deutschlands rückläufig. Nicht wenige Jäger, bei denen die tiefblauen, metallisch schillernden Hähne mit den roten Rosen über den Augen und den weißen Unterschwanzdecken noch vor zwanzig oder weniger Jahren ihr Hochzeitsritual vorführten, müssen heute auf dieses einmalige Naturschauspiel verzichten (107 bis 110, 111). Dennoch gibt es Hoffnung, daß der »Spielhahn« oder »Kleine Hahn« nicht völlig bei uns verschwindet. Zwar sind die Flächen, auf denen er nicht mehr heimisch ist, zur Zeit noch größer als jene, in denen er wieder auftauchte, aber es gibt auch Landstriche, in denen sich Birkwild neu angesiedelt hat. Dazu kommen Moore und Hochflächen, die speziell wegen des Birkwildes unter Schutz gestellt wurden. Langfristige Untersuchungen von Wildbiologen mit Unterstützung der Jägerschaft sollen über Lebensgewohnheiten, Äsungsgrundlage, Einstände, Brutbiotop und Störungsursachen Aufschluß geben.

Ähnliches gilt für das Auerwild (Bild 105 zeigt einen Auerhahn, der eine Birkhenne anbalzt, auf Bild 106 sind drei Auerhennen mit ihrem Platzhahn zu sehen. Beide Aufnahmen wurden in Schweden gemacht, wo die Vögel noch wesentlich häufiger sind als in den mitteleuropäischen Ländern).
Nicht besser als dem Auer- und Birkwild geht es den Haselhühnern, deren Vorkommen im Lauf der vergangenen Jahrzehnte ebenfalls seltener geworden ist. Die Männchen der rebhuhngroßen Bewohner unterholzreicher Wälder fallen durch eine besonders hübsche Gefiederzeichnung auf und lassen während der Balz, die auch im Herbst stattfinden kann, einen hohen leisen Ruf erklingen, das sogenannte »Spissen« (112).

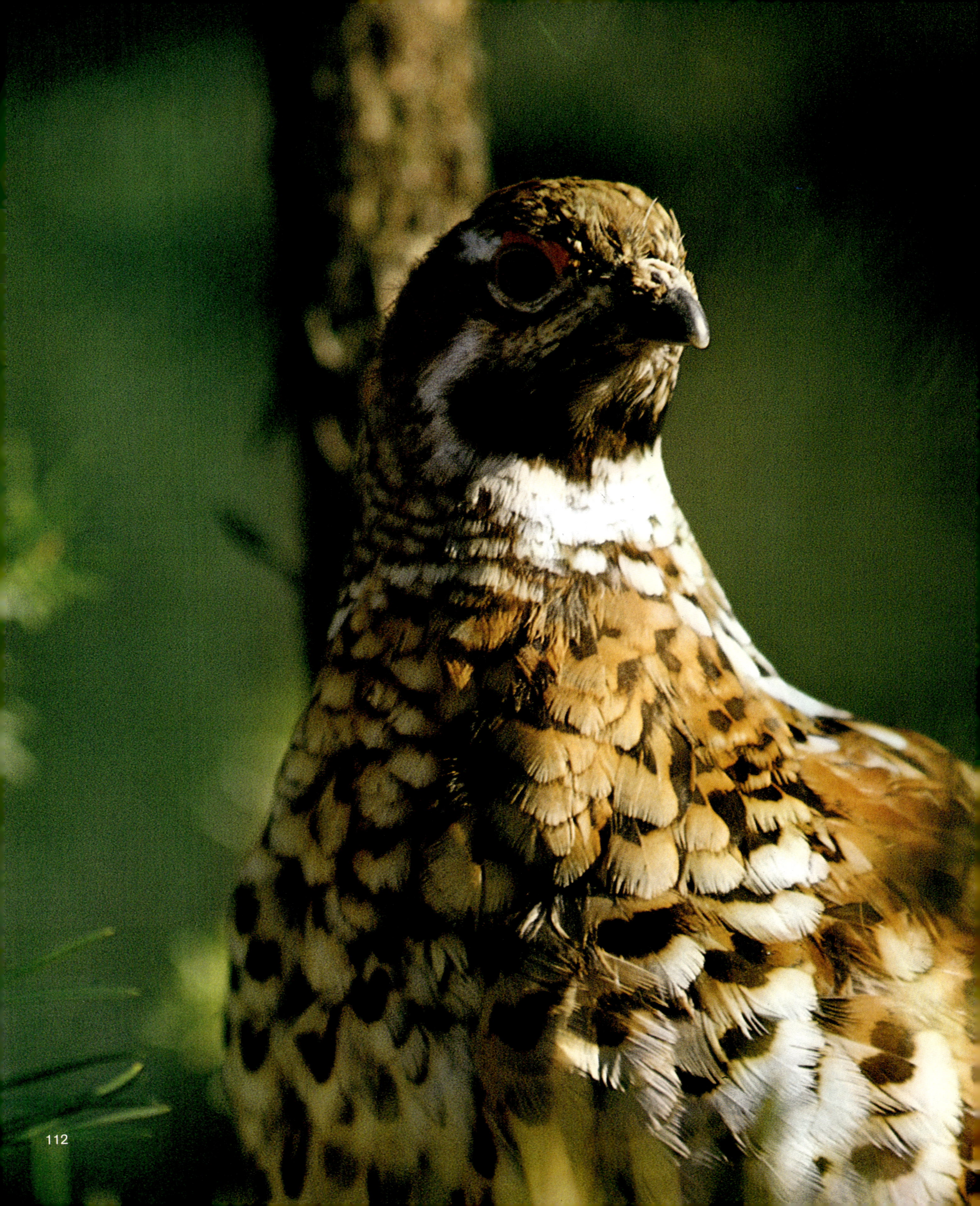

HILFSMITTEL DER JAGD SEIT ALTERS HER

Als sogenanntes Jagdzeug waren *Netze und Lappen* in früheren Jahrhunderten die wichtigsten Hilfsmittel bei der Jagd. Die zum Teil sehr hohen Tagesstrecken einzelner Jäger, wie das Beispiel eines Gottorfer Herzogs zeigt, der an einem Tage 80 Hirsche »fällte«, waren nur dadurch möglich, daß das Wild mittels Lappen in mit Netzen bespannte Zwangswechsel getrieben und dann erschlagen oder abgefangen wurde. Nun gehören Jagdszenen dieser Art freilich längst der Vergangenheit an, doch werden Netze und Lappen zumindest auf einigen Gebieten der Jagd auch heute noch als wichtige Hilfsmittel eingesetzt. So werden die in großen Mengen aus den osteuropäischen Ländern ausgeführten Hasen und Rebhühner fast ausnahmslos in Netzen gefangen. Es handelt sich bei diesen Netzen um senkrecht an Stellstangen aufgehängte feine Fangnetze, in denen sich das gegenrennende oder -streichende Wild verfängt. Bei uns werden Netze beim Fasanenfang benötigt. Die Fangvolieren werden für den Fang überzähliger Fasanen locker mit Netzen bespannt, damit sich die wild flatternden Vögel nicht an Kopf und Flügelbug verletzen. Natürlich werden die Netze heute aus Kunstfasern hergestellt.

Besonders wertvolle Dienste leistet das Netz beim Kaninchenfang. Innerhalb bewohnter Gebiete, in Kleingartenanlagen, an Bahnkörpern, auf Friedhöfen, kurzum überall dort, wo die stark zu Schaden gehenden grauen Flitzer nicht geschossen werden dürfen, werden die Kaninchen in Netzen gefangen. Es handelt sich dabei um Decknetze, wie sie früher auch beim Fuchsfang oder für den Fang von Dachsen als sogenannte »Dachshauben« verwendet wurden. Die heute vom Fachhandel fertig gelieferten Netze werden über die Ausfahrten der Kaninchenröhren gelegt. Mit einem Frettchen oder Kaninchenteckel werden die Karnickel aus dem Bau in die Netze getrieben. Das in voller Fahrt gegen das Netz springende Kaninchen bewirkt, daß ein durch die äußeren Maschen des Netzes gezogener Bindfaden, der an einem in den Erdboden getriebenen Dorn befestigt ist, das Netz wie einen Beutel um das Kaninchen zusammenzieht. Netzfallen, die dem Fang von Greifvögeln dienten, wie zum Beispiel die »Rönne«, gehören der Vergangenheit an.

Auch die Lappen sind heute weitestgehend aus dem Jagdbetrieb verschwunden. Früher wurden zuweilen große Gebiete vor der Jagd abgelappt und das Wild bei den oftmals mehrere Tage dauernden Treiben in sogenannte eingestellte Jagen, das waren mit hohen Tüchern umzäunte Waldstücke, zusammengetrieben. Bei den Lappen handelte es sich um 40 cm x 70 cm große Leinentücher, die im Abstand von 50 cm an lange Schnüre genäht waren. Im Jagdschloß Kranichstein bei Darmstadt, wo sich heute noch große Mengen der um 1700 gefertigten Jagdlappen befinden, wurden die Lappen sogar bedruckt. Auf der einen Seite befindet sich das Monogramm des Landesherrn mit einem Löwen im Wappen und der Jahreszahl, auf der anderen Seite des Lappens ist ein türkischer Mohr mit rotem Turban und zwei langen Straußenfedern als Schreckgespenst der damaligen Zeit abgebildet. Doch war es sicherlich nicht das Bild des bösen Mohren, sondern die wehende Lappenfront, die das Wild erschreckte. Statt Lappen können auch Federn verwendet werden, wie es ebenfalls aus der Zeit der Feudalherrschaft überliefert ist. Damals wurden die Bauern verpflichtet, die längsten Federn aus den Flügeln der Gänse zur Herstellung von Federlappen zu liefern. Auch heute noch wird die Lappjagd betrieben, statt Federn oder Leinentüchern nimmt man Lappen aus Kunststoff. Allgemein gebräuchlich ist diese Jagdart noch in den osteuropäischen

Ländern auf Wölfe. Bei uns werden Lappen bei der Bejagung von Fuchs und Schwarzwild verwendet, wobei sich die für den Straßenbau als Begrenzungsleinen entwickelten Kunststofflappen in grellen Schockfarben gut bewährt haben.

Bei der Hüttenjagd muß der Jäger gut verdeckt sitzen, denn wenn die schlauen Greifvögel merken, daß neben dem Uhu auch der Mensch mit im Spiel ist, wird die Jagd kaum von Erfolg gekrönt sein.

Doch dient die Hütte nicht alleine nur der Krähenbekämpfung, sondern sie wird auch als Luderhütte für die Raubwildbejagung ausgenutzt. Man muß natürlich bei der Auswahl des Standorts für die Hütte die Lebensgewohnheiten der Tierarten, auf die die Jagd ausgeübt werden soll, berücksichtigen. Am besten steht die Hütte im Feld an einem Hang oder auf einem Hügel, in direkter Nähe eines einzelnen Baumes oder einer Baumgruppe. Und weil die Hüttenjagd nicht nur sehr erfolgversprechend ist, sondern zudem auch interessante jagdliche Freuden vermittelt, wird die *Krähenhütte* als Daueransitzeinrichtung grundsätzlich stabil gebaut. Sie muß sich den örtlichen Verhältnissen gut anpassen und wird daher unauffällig als Erdsitz in den Hang oder Hügel eingebaut. Nur das Dach und die schmalen Schießluken – auf der Nordseite, damit das Innere der Hütte nicht von der Sonne beschienen wird, sondern möglichst dunkel bleibt – liegen über dem gewachsenen Boden. Die Öffnungen der Schießluken dürfen natürlich nicht zu groß sein, müssen aber so angeordnet werden, daß sowohl nach oben auf streichendes als auch in der Horizontalen auf sitzendes Wild geschossen werden kann.

Wie alle Ansitzeinrichtungen muß auch die Krähenhütte zwei Personen bequem Platz bieten. Die Mindestgröße beträgt daher 1,2 x 1,2 m im Geviert, bei einer Höhe von 2 m. Zweckmäßigerweise wird die Hütte zunächst über der Erde zusammengebaut und dann in die zuvor ausgehobene Grube versenkt. Das Baumaterial sind Kanthölzer und Schalbretter aus Fichte. Das Dach ist wasserdicht mit Teerpappe abgedeckt und wird später zur besseren Tarnung mit Grassoden verblendet. Sehr wichtig ist bei der Krähenhütte, daß die Innenwände mit schwarzer Farbe angestrichen werden. So erscheint der Innenraum auch am hellichten Tage immer dunkel, der ansitzende Jäger wird also noch schlechter wahrgenommen.

Ist die Krähenhütte für die Jagd mit dem Uhu vorgesehen, muß auf 25 m vor der Hütte eine Jule stehen. Es handelt sich dabei um einen ca. 1,50 Meter langen Pfahl, der senkrecht in den Boden getrieben wird und auf dessen oberes Ende ein Querholz als Sitzstange genagelt wird. Mit einer am Geschüh befestigten drei Meter langen Kette wird der Uhu an die Jule gebunden. Man macht sich bei dieser Jagd den Umstand zunutze, daß die Krähen, Elstern und auch die heute ausnahmslos geschützten Greifvögel den Uhu aus einem Urinstinkt heraus hassen, denn der Uhu war es, der früher die Rabenvögel einregulierte, indem er sie nachts an den Schlafbäumen griff oder ihre Brut in den Horsten schlug. Sobald die Krähen ihren auf der Jule vor der Hütte aufgeblockten Todfeind erblicken, hassen sie in immer sich wiederholenden Scheinangriffen auf die Eule. Dabei wird der Tod der Krähen, die vom unsichtbar in der Hütte sitzenden Jäger abgeschossen werden, scheinbar auch dem Uhu zugeschoben, denn ihr Haß wird dadurch noch geschürt, und so lassen sich nacheinander mehrere Krähen bei ihren Hilfsaktionen für den vermeintlich gefangenen Artgenossen erlegen. Die Hüttenjagd mit dem künstlichen Uhu hat sich bei der Bejagung der Krähen und Elstern nicht bewährt.

Um neben der Jagd mit dem Uhu die Krähenhütte auch für den Nachtansitz auf Raubwild, insbesondere auf den Fuchs zu nutzen, wird auf Schrotschußentfernung, das heißt auf etwa 30 Meter vor der Hütte, ein *Luderplatz* in Verbindung mit einem Luderschacht angelegt. Als Luderschacht dient ein 1 m langes Ton- oder Betonrohr, das senkrecht eingegraben wird. Um zu verhindern, daß der Schacht durch Regenwasser zugeschlämmt wird, läßt man das Rohr etwa 10 cm aus dem Boden herausragen. Gefüllt mit Gescheide und den Aufbrüchen des Wildes dient der Luderschacht als Duftspender zum Anlocken von Raubwild. Direkt daneben wird ein Spreuhaufen aufgeschüttet. Angereichert mit Körnermais und Rinderblut übt er eine magische Anziehungskraft auf Krähen und Elstern aus. Ab Mitte Oktober empfiehlt es sich, hin und wieder auch einige Leckerbissen, wie Heringe oder Hühnerköpfe, im Spreuhaufen zu verscharren, damit das nachts erscheinende Raubwild, wie zum Beispiel der Fuchs, außer dem ihn immer wieder anziehenden Duft auch etwas für den Magen bekommt. Der Erfolg des nächtlichen Ansitzes auf den Fuchs wird noch dadurch begünstigt, daß man am Nachmittag vorher mehrere Schleppen mit Rehgescheide sternförmig zur Hütte hinzieht. Der am Luderplatz erscheinende Fuchs wird niemals spitz von vorne, sondern grundsätzlich erst, wenn er breit steht, beschossen. Der geschossene Fuchs bleibt liegen, schließlich muß man damit rechnen, daß schon wenige Augenblicke später ein weiterer Fuchs am Platz erscheint, denn der Knall des Schusses, und hallt er noch so laut durch die nächtliche Stille, erschreckt die anderen anwechselnden Füchse scheinbar überhaupt nicht. Im Winter, insbesondere bei Schnee, kann man am Tage erfolgreich auf Rabenkrähen und Elstern und nachts bei Mondschein auf Raubwild ansitzen. Und es erstaunt immer wieder, was alles dort erscheint.

Ohne das *Frettchen* wäre eine erfolgreiche Kaninchenbejagung in manchen Revieren fast undenkbar. Schon sehr früh hat man die Nützlichkeit dieses kleinen Jagdgehilfen erkannt, denn bereits im Altertum wurde das Frett bei Massenvermehrung der Kaninchen angesetzt. Das Frettchen, heute völlig domestiziert, gilt als Nachkömmling des Steppeniltis. Man züchtet es in der Regel als Albino, gelbweißlich mit roten Augen. Doch kommt es auch recht häufig mit gedeckter, dem Iltis fast gleicher Färbung, als sogenanntes Iltisfrettchen vor. Diese Erscheinungsform ist wahrscheinlich durch Einkreuzen unseres europäischen Iltis entstanden, der sich mit dem Frettchen ohne Schwierigkeit paart.

Wie allgemein bei der Tierhaltung, gibt es auch beim Frettchen einige wichtige Dinge, die man wissen und beachten muß, wenn man möglichst lange Freude an diesem kleinen Helfer haben und bei der Jagd auch entsprechende Erfolge erzielen will.

Entscheidend für die Lebensdauer eines Frettchens sind richtige Haltung und Ernährung. Der Käfig wird grundsätzlich im Freien an einem windgeschützten Platz, der auch Schatten bietet, auf etwa 70 cm hohe Pfähle gestellt. Er besteht aus einem nach allen Seiten offenen Drahtkäfig, 1 m lang, 0,5 m breit und hoch und einem an dessen Stirnseite von außen daran gesetzten regendichten Schlafraum von 0,5 m³, der ein in den Käfig führendes 10 cm großes Schlupfloch aufweist. Beide Käfigteile müssen sich von oben öffnen lassen. Der als Schlafraum dienende Kasten wird auch im Sommer mit Heu oder Stroh gefüllt, das natürlich regelmäßig erneuert werden muß. Frettchen lieben ohnedies Sauberkeit. Sie lösen sich grundsätzlich nur an einer bestimmten Stelle des Drahtkäfigs; die durch das Geflecht fallende Losung wird in einem darunter aufgestellten Eimer aufgefangen und kann somit regelmäßig ohne Umstände entfernt werden. Das Futter soll in erster Linie aus Fleisch bestehen. Geflügel wie Tauben, Eichelhäher oder Spatzen werden unzerteilt gefüttert. Darüber hinaus sind Mäuse, Kaninchenfleisch und gereinigter Blättermagen sowie Leber und Herz von Schwein oder Rind sehr gut für den abwechslungsreichen Speiseplan geeignet. Milch mit eingetauchtem Weißbrot soll immer nur in Ausnahmefällen gefüttert werden, denn die einseitige Ernährung mit dieser Kost führt grundsätzlich zu Krankheiten und frühem Tod. Ein Topf mit frischem Wasser gehört selbstverständlich mit in den Käfig.

Mitentscheidend für den späteren Erfolg bei der Jagd ist, daß das Frett zahm und nicht handscheu ist. Darum sollte man das Tier oft und regelmäßig aus dem Käfig nehmen, damit es sich an das Anfassen und Aufnehmen gewöhnt. Wenn man dabei zudem noch mit Leckerbissen arbeitet, werden Frettchen oftmals so zahm, daß sie auf bloßen Zuruf reagieren und sogar frei bei Fuß folgen.

Der *Uhu* wird als Jagdhelfer bei der Hüttenjagd eingesetzt. Früher wurden in erster Linie Wildfänge aus den Karpaten für diese Jagdart eingeführt. Das ist heute verboten. Doch haben sich die Erkenntnisse und Erfahrungen bei der in den letzten Jahren sehr erfolgreichen Greifvogelzucht auch bei der Vermehrung des Uhus in der Gefangenschaft sehr positiv ausgewirkt. So werden alljährlich eine stattliche Anzahl von Uhus zum Teil künstlich erbrütet und aufgezogen, die aber längst nicht alle in Freiheit gelassen werden können, denn es hat sich gezeigt, daß die zum Teil sehr erfolgreich verlaufenen Aussetzungsaktionen nachteilige Wirkungen auf andere seltene Tierarten hatten. So bedeutet die Förderung des Uhus in manchen Gegenden eine echte Bedrohung des ohnehin stark gefährdeten Wanderfalken. Es ist also durchaus zu vertreten, die überzähligen der in Gefangenschaft gezüchteten Uhus für die altbekannte Hüttenjagd zu verwenden.

Für die Haltung des großen Nachtvogels ist eine 3 x 4 m große und 2,5 m hohe Voliere erforderlich. Damit der Uhu sowohl den beliebten Dunkelplatz als auch zuweilen Sonnenschein findet, wird die Hälfte des Käfigs überdacht. Wie auch die meisten anderen Greifvögel braucht der Uhu Frischfleisch mit Balg oder Federn, wie Kaninchen, Tauben, Krähen und Eichelhäher. Am zweckmäßigsten ist es jedoch, daß man sich aus einer Großbrüterei die frischgetöteten Eintagshähnchenküken als Atzung für den Uhu holt. Die toten Küken sind tiefgefroren und werden jeweils am Tage vor der Fütterung aufgetaut.

Selbstverständlich braucht der Uhu stets frisches Trinkwasser und außerdem eine mit Wasser gefüllte flache Wanne, in der er ab und zu einmal baden kann. Der Uhu trägt ein Geschüh. Und damit er sich an seine Aufgabe als »Auf« gewöhnt und auch die Scheu vor dem Menschen verliert, wird er regelmäßig herausgenommen und auf einem Lederhandschuh abgetragen.

Günter Claußen

BEWÄHRTE ANSITZ-EINRICHTUNGEN

Der *Hochsitz* ist für die ordnungsgemäße Ausübung der Jagd und des Jagdschutzes unerläßlich. Ein Revier nur auf der Pirsch – ohne eine ausreichende Anzahl von Hochsitzen – bejagen zu wollen, führt mit Sicherheit dazu, daß das Wild durch die ständige Störung vergrämt oder gar verjagt wird. Der Ansitz auf dem Hochsitz stört das Wild dagegen nicht, denn es bekommt nur selten Wind und eräugt auch kaum jemals den stillsitzenden Jäger. In unübersichtlichem, zum Beispiel bewachsenem Gelände und an den Wechseln, Einständen und Äsungsflächen gewährt der Hochsitz nicht nur einen guten Überblick, sondern er bietet auch genügend Gelegenheit, das Wild möglichst genau zu beobachten und zu zählen. Auch für die praktische Jagdausübung hat der Hochsitz wesentliche Vorteile. Das Gewehr kann beim Schießen aufgelegt werden, so daß das Wild durch einen zielsicheren Schuß gestreckt wird. Bei dem vom Hochsitz schräg von oben abgegebenen Schuß ist kaum zu befürchten, daß die sehr weit fliegenden Geschosse unserer modernen Büchsenpatronen das Hinterland gefährden.

Hochsitze werden im Wald an Schneisen, Blößen, Wildäsungsflächen und Wechseln sowie am Waldrand und im Feld in Hecken und Baumgruppen stets so aufgestellt, daß sie gutes Blick- und Schußfeld bieten und das Bild der Landschaft nicht verschandeln. Besonders eine ordentliche und saubere Bauweise – wobei vorhandene Bäume und Büsche beim Aufstellen ausgenutzt werden – ist die Voraussetzung dafür, daß der Hochsitz ausreichend in die Landschaft eingebunden ist. Darüber hinaus ist ein Hochsitz in der Nähe großer Verkehrsadern – Bundesautobahnen, Fernstraßen und Eisenbahnen – zu vermeiden. Ein Pirschsteig vom Anmarschweg bis zum Hochsitz gibt die Gewähr für ein ruhiges Auf- und Abbaumen. Grundsätzlich aber darf dieser Weg weder über die Äsungsflächen, auf denen das Wild austritt, noch durch die Einstände führen. Die Hauptwindrichtung (in der Regel Südwest) muß beim Bau eines Hochsitzes berücksichtigt werden. Man wählt also den Platz so, daß der vorherrschende Wind vom Wechsel zum Jäger streicht. Bei Erstellen eines Hochsitzes in der Nähe der Reviergrenze sollten die ungeschriebenen Gesetze des weidgerechten Taktes in jedem Fall berücksichtigt werden. Abgesehen davon, daß Schalenwild auch mit gutem Blattschuß nach dem Schuß noch bis zu 150 Meter flüchten kann, sollten die Hochsitze an einer Reviergrenze so aufgestellt sein, daß sich eventuell krankgeschossenes Wild noch vor der Grenze in einer Deckung stecken kann.

Holz (Rundholz) ist das einzige Baumaterial für einen Hochsitz, am besten eignen sich gesunde, trockene Fichtenstangen, die der Größe und Belastung des Hochsitzes entsprechend stark sein müssen. Die Stangen sollten in jedem Falle geschält, das heißt mit einem Schäleisen entrindet sein; für die Leiterholme und Sprossen ist das zwingende gesetzliche Vorschrift.

Man unterscheidet bei den Hochsitzen Kanzeln und einfache Ansitzleitern. Als Daueransitzeinrichtungen werden in der Regel Kanzeln errichtet. Sie stehen auf vier stabilen Pfosten und sollen eine Mindesthöhe von sechs Metern haben, um einen einigermaßen vom Wind unabhängigen Ansitz zu gewährleisten. Gegen Regen schützt ein Dach. Für den Nachteinsatz auf Raubwild und Raubzeug – zum Beispiel am Waldrand, von wo aus man große weite Feldflächen übersehen kann, oder am Feldgehölz – werden geschlossene Kanzeln aufgestellt, und zwar nach dem bereits zitierten Motto »viel sehen, ohne selber gesehen zu werden«. Schon aus Jagdschutzgründen ist das eine wichtige Maßnahme, denn von außen weiß man nie, ob die

Kanzel besetzt ist; diese Tatsache kann einen Wilderer, der eine strafbare Handlung ausführen will, durchaus davon abschrecken. Innerhalb des Waldes dagegen werden offene Kanzeln gebaut. Man fühlt sich nicht nur inmitten der Natur, sondern hat auch nach allen Seiten eine gute Sicht. Und was besonders wichtig ist, man hört alles, denn schließlich heißt es sehr zu Recht, »der Ansitzjäger sieht hauptsächlich mit den Ohren«. Wenn die Brüstungen der Kanzel nicht mit Rundhölzern, sondern mit Brettern verblendet werden, sind diese anzustreichen; man wählt dafür aber nicht die Farbe Grün, die den Hochsitz besonders in der Zeit der Vegetationsruhe sehr auffällig erscheinen läßt, sondern die Farbe Braun. Am zweckmäßigsten ist ein einfaches Holzschutzmittel, wie zum Beispiel Karbolineum.

Bei der Bejagung des Raubwildes – zum Beispiel für den Ansitz am Fuchsbau – oder bei der Bejagung des im Felde zu Schaden gehenden Schwarzwildes werden Ansitzleitern als Hochsitze benutzt. Sie lassen sich nicht nur schnell bauen, sondern – was genau so wichtig ist – auch leicht transportieren. Ansitzleitern sind so konstruiert, daß sie nicht an einen Baum genagelt werden müssen, sondern sie haben durch Streben soviel Halt, daß sie frei erstellt werden können. Um den Transport zu erleichtern, werden die abstützenden Streben erst beim Aufstellen angebracht. Eine Ansitzleiter macht nicht die Bewegungen des Baumes mit, sie quietscht und knarrt nicht und ist somit auch nicht unsicher.

Die einfachste und wohl auch die älteste bekannte Ansitzeinrichtung ist der *Jagdschirm*, der dem Jäger als Versteck dient, damit er nicht vom Wild eräugt wird. In früheren Jahrhunderten wurden die Schirme meist fest gemauert und an Zwangswechseln des Wildes errichtet. So wurde zum Beispiel im 16. und 17. Jahrhundert das in sogenannten eingestellten Jagen hinter Lappen gehaltene Schalenwild »auf den Lauf« getrieben und von den fürstlichen Jägern aus Jagdschirmen heraus erlegt. Heute baut man den Schirm aus dem Material, das das Revier am Platze bietet. In der Form eines offenen Vierecks werden Pfähle in den Boden geschlagen und mit Reisig (am besten Fichtenreisig) durchflochten. Aber es können auch Schilf, Binsen, Heidekraut, im Gebirge Steine und im Felde einfach Strohballen zum Verblenden genommen werden.

Besonders geeignet sind Schirme für den Ansitz unter schlechten Lichtbedingungen. So sitzt man zum Beispiel auf Fuchs oder Sau im Wald in einem Altholzbestand sehr viel günstiger in einem Schirm an, weil man das ohnehin schwache Licht in der Dämmerung oder während der Nacht im horizontalen Blickwinkel besser ausnutzen kann. Man nimmt zumindest die Silhouette des Wildes wahr, hingegen gehen beim Blick vom Hochsitz aus die Umrisse des Wildkörpers im braunen Laub des Waldbodens unter. Da der Ansitz im Schirm jedoch nur bei gutem Wind erfolgversprechend ist, muß der am vorgesehenen Standort vorherrschende Wind unbedingt berücksichtigt werden.

Ganz hervorragend erfüllt der Schirm seinen Zweck beim Ansitzen auf Raubwild. Insbesondere beim Fuchsreizen im Winter ist ein gut gedeckter Schirm eine wichtige Voraussetzung für den Erfolg. Die günstigsten Plätze für das Reizen sind die Dickungen im Wald, wo man an zwei Seiten jeweils in einer Entfernung von 50 bis 60 m einen Schirm errichtet. Somit ist die Gewähr dafür gegeben, zu jeder Zeit bei günstigem Wind anzusitzen. Auch für die Drückjagd auf den Fuchs oder auf Rotwild ist der gedeckte Ansitz in einem gut getarnten Jagdschirm sehr von Vorteil, der an dem meist wohl bekannten Paß des Fuchses oder in der Nähe des Rotwildwechsels angelegt wird.

Im Netz der Pirschsteige werden Schirme überall dort erstellt, wo der Pirschsteig im Wald an einer Blöße oder einer Wiese entlangführt. Eine Abzweigung führt zu dem am Rande der Lichtung geschickt eingefügten Schirm, wo man besonders um die Mittagszeit erfolgreich ansitzen kann, und mancher heimliche Bock wurde bei einem solchen Ansitz schon zur Strecke gebracht.

Hervorragende Dienste leistet der Schirm auch im Feldrevier bei der Jagd auf Tauben. Sei es beim Ansitz an der Getreidestoppel, an der Tränke oder an der eigens für diesen Zweck angelegten Lehmsulze, ohne einen gut gedeckten Schirm wird der Jäger kaum Erfolg bei den bekanntlich alles eräugenden Tauben verzeichnen können. Freilich muß der Schirm bei diesem Verwendungszweck auch von oben abgedeckt sein und hat nur einige schmale, als Schießscharten dienende Schlitze. Er kann auch im Feldrevier kurzfristig hergerichtet werden, man muß nur darauf achten, daß die Verblendung unauffällig ist, und deshalb wählt man hier Schilf oder Stroh. Eine altbekannte Einrichtung ist der Schirm als Ansitz am Balzplatz des Birkwildes, bei den wenigen noch vorhandenen Beständen in der Zukunft allerdings nur noch als Beobachtungssitz. Bei der Entenjagd an offenen Gewässern und an den Küsten dient als gedeckter Stand ein einfacher als Schilf- oder Reisigwand errichteter mannshoher Schirm.

Günter Claußen

FALLEN UND EISEN

Zu den ältesten *Fallen*, die das jagdliche Handwerk kennt, zählen die *Knüppel- oder Prügelfallen*. Sie wurden in den verschiedensten Formen und Größen für den Fang aller Raubwildarten gebaut, vom Wiesel bis hin zum Wolf wurde alles in diesen Fallen gefangen. Heute wird eigentlich nur noch die dreieckige Knüppelfalle verwendet, weil sie sich als besonders vorteilhaft erwiesen hat. Sie wird grundsätzlich aus dem Material gebaut, das das Revier liefert. Man braucht sich eigentlich nur mit einer Säge, einer Axt, ein paar Nägeln und etwas Bindfaden auszurüsten und kann dann die Falle an Ort und Stelle im Revier bauen. Schon wegen ihrer sperrigen Form und des relativ hohen Gewichts ist es empfehlenswert, sie direkt am vorgesehenen Fangplatz herzurichten. Am zweckmäßigsten wählt man Fichten- oder Lärchenstangen mit einem Durchmesser von 7 bis 10 cm. Als Tret- und Stellhölzer dienen Haselstöcke, die gerade gewachsenen Gerten des Schwarzdorns oder einfache Leisten aus schwachen Brettern. Die dreieckige Knüppelfalle ist die ideale Falle für den Wald. Hergestellt aus natürlichem Material, nämlich dem Holz, das der Wald erzeugt, wirkt sie niemals abschreckend und eignet sich besonders für den Fang des marderartigen Raubwildes und für Jungfüchse. Die erdbodengleich eingebaute Falle wird beködert und mit schweren Steinen belastet. Sie fängt das Wild tödlich. In dem Bestreben, an den als Leckerbissen dargebotenen Köder zu gelangen, löst das Stück Raubwild bei Berühren des Tretholzes die Stellung aus und wird von dem herunterfallenden Oberteil der Falle erschlagen.

Gute Fangplätze sind die spitzen Ecken der Nadelholzdickungen, schmale Schneisen oder Pirschwege, die die Dickungen oder Stangenhölzer durchziehen, und alte Steinbrüche innerhalb des Waldes. Nach regelmäßigem Ankirren mit Leckerbissen wird die Falle erst dann fängisch gestellt, wenn der Balg wertvoll ist und das Raubwild sich regelmäßig am Fangplatz spürt. Der Fangerfolg hängt natürlich neben der richtigen Platzwahl auch von der Zahl der aufgestellten Fallen ab. Pro 100 Hektar muß mindestens eine dreieckige Knüppelfalle gestellt werden.

Eine hochgestellte Knüppelfalle bezeichnet man als Schlagbaum. Früher wurde der Schlagbaum als sogenannter Marderschlagbaum mehr oder weniger nur von Spezialisten eingesetzt, denn die meisten Jäger fingen den Marder im Tellereisen. Doch haben das Verbot des Tellereisens und die Rückläufigkeit der Fellpreise zu einer starken Vermehrung insbesondere des Steinmarders geführt, so daß der Marderschlagbaum heute wieder verstärkt eingesetzt wird. Auch die Tatsache, daß der sich immer weiter ausbreitende Waschbär viel leichter im Schlagbaum als in den Knüppelfallen gefangen wird, machen diese altbewährte Falle wieder interessant. Dort, wo viele Spaziergänger zu erwarten sind, hat der Schlagbaum zudem den Vorteil, daß sich in ihm nicht – wie es zuweilen in anderen Fallen geschieht – unbeabsichtigt harmlose Hunde fangen können. Nicht zuletzt ist der Schlagbaum die ideale Falle für das Schwarzwildrevier, weil dort die beködeten Bodenfallen häufig die Sauen anlocken und sich zuweilen sogar ein Frischling fängt. Schlagbäume werden nur im Wald, und zwar in Stangenholzbeständen aufgestellt.

Als Material verwendet man wiederum die am jeweiligen Standort vorhandenen Fichten- oder Lärchenstangen. Das Holz der Kiefer ist für den Fallenbau nicht geeignet. Voraussetzung für den Bau eines Schlagbaumes sind drei Bäume in Stangenstärke, die mit einem jeweiligen Abstand von 2 Metern ein gleichschenkliges Dreieck bilden. Die Falle wird in Mannshöhe waagerecht angebracht und mit einem sogenannten Steigholm versehen, der es Marder und Waschbär ermöglicht, in die Falle zu gelangen. Die die Falle auslösende Stellvorrichtung gibt es für den Schlagbaum in verschiedener Ausführung. In der Regel verwendet man die sogenannte Urstellung, die älteste bekannte Stellvorrichtung, auf die der Köder aufgespießt wird.

Eine weitere Falle, die *Scherenfalle,* hat sich bei der Bejagung des Raubwildes besonders in den deckungsarmen Niederwildrevieren gut bewährt. Wie alle anderen Knüppelfallen fängt sie das Wild sofort tödlich. Es ist also nicht unbedingt notwendig, diese Falle täglich zu kontrollieren. Besonders für den fliegenden Einsatz in den Feldrevieren ist die Scherenfalle ideal. Sie läßt sich nicht nur sehr schnell bauen, sondern ist auch leicht zu transportieren, schnell einzubauen und gut zu verblenden. Das Vorhandensein von Bäumen als Baumaterial ist nicht erforderlich, denn die Scherenfalle wird nicht aus Stangen, sondern aus einfachen Kreuzholzrahmen 5 × 7 cm hergestellt, die es in jeder Holzhandlung zu kaufen gibt. Geeignete Fangplätze sind Heckenstreifen, kleine Feldgehölze, Steinbrüche, Gewässerränder, Raine und Durchlässe. Zum Tarnen nimmt man das Material, das das Gelände am Fangplatz bietet. Es hat sich dabei als besonders vorteilhaft erwiesen, wenn man trockenes Gras, Heidekraut, belaubte Zweige, Fichtenreisig usw. auf einem ca. 1 qm großen Stück Maschengeflecht festbindet und das Ganze über die Falle legt. Eine derart als Reisighaufen getarnte Falle läßt sich mit einem Griff abdecken, ohne daß das leidige Herabrutschen von Holz und Gras den glatten Einlauf jedesmal blockiert.

In der Größe vom Wiesel bis hin zum Waschbär fängt sich alles Raubwild und Raubzeug in der großen *Kastenfalle*. Die Falle muß natürlich groß und stabil gebaut sein. Ein Selbstbau kommt in den meisten Fällen nicht in Frage, da die Herstellung nicht nur handwerkliches Können voraussetzt, sondern auch den Einsatz von Maschinen, wie Kreissäge, Bohrmaschine und Schweißgerät, erforderlich macht. Da die Falle das Wild lebend und unversehrt fängt, kann sie bedenkenlos das ganze Jahr über fängisch stehen. Dieser Umstand macht die große Kastenfalle insofern interessant, als man besonders im Frühjahr nicht nur Raubwild und Raubzeug fängt, sondern auch Jungwild, wie zum Beispiel Junghasen, die mit einer Ohrmarke versehen werden und somit bei ihrer späteren Erlegung einen interessanten Aufschluß über Wanderungen oder Standorttreue und Lebenserwartung der Hasen abgeben. Die Falle muß natürlich täglich kontrolliert werden.

Kastenfallen sind grundsätzlich geschlossene Blendfallen aus Holz, denn es ist als Tierquälerei anzusehen, wenn Raubwild in Sichtfallen, die aus Gitterdraht hergestellt sind, gefangen wird. Das festgesetzte Wild hat in den Sichtfallen ständig die Freiheit vor Augen und in dem Bestreben aus dem Gefängnis herauszukommen, beschädigt es sich oft in dem engen Raum. In einer Holzkastenfalle beruhigt die Dunkelheit das gefangene Tier, in dem dunklen Raum der Falle verhält es sich still, und es wird, wenn für eine regelmäßige tägliche Kontrolle gesorgt wird, keinen Schaden nehmen. Die in zunehmendem Maße hergestellten Fallen aus Kunststoff haben sich mit Ausnahme einiger Wieselwippbrettfallen in der Praxis nicht bewährt. Wahrscheinlich sind es der ungewohnte Geruch und die als Schall widerhallenden Geräusche in der Falle, die das empfindliche Raubwild abschrecken. Große Kastenfallen werden nicht beködert, sondern auf Zwangspässe gestellt. Nach Möglichkeit werden die im Revier vorhandenen natürlichen Zwangswechsel als Fangplätze ausgenutzt. Das sind trockene Gräben, Ackerfurchen, trockene Durchlässe, die das Grabennetz unter Straßen, Wegen und Bahndämmen verbinden, Einschlüpfe in Feldscheunen, Löcher in Gatterzäunen, schmale Gewässerübergänge usw. Das gefangene Raubwild tötet man mit der Kleinkaliberbüchse beziehungsweise Pistole mit einem Schuß durch das Drahtgitter, das sich als Sichtfenster unter dem Deckel der Falle befindet, oder man treibt das Stück in einen vor die Falle gebundenen Sack.

Die gebräuchlichste und am häufigsten eingesetzte Falle ist die *Wieselwippbrettfalle*. Es handelt sich dabei um eine einfache Holzkastenfalle, in der ein auf einer Achse ruhendes Brett als Wippe angebracht ist, das, sobald ein Wiesel oder eine Maus den Mittelpunkt überschreitet, überkippt. Ein Dorn arretiert die Wippe, und das Wiesel ist somit unversehrt in einem geschlossenen Raum gefangen. Die Wieselfalle gehört in jedes Niederwildrevier, denn das Wiesel ist sehr verbreitet und – mit Ausnahme von größeren zusammenhängenden Waldungen – überall als die häufigste Raubwildart anzutreffen. Auf einer Revierfläche von 100 Hektar müssen daher jährlich mindestens zehn Wiesel gefangen werden. Das ist der normale Überhang, der in Ermangelung natürlicher Feinde vom Jäger abgeschöpft werden muß.

Die Bejagung des Wiesels mit der Wippbrettfalle ist denkbar einfach. In den meisten Revieren können als Fangplätze die überall zahlreich vorhandenen Durchlässe ausgenutzt werden. Auch trockene Gräben, Akkerfurchen sowie Stein- und Reisighaufen sind gute Fangplätze für die Wieselfalle. Wiesel sind ausgesprochene Tagtiere und fangen sich auch meist über Tag. Die Fallen müssen darum täglich am Abend kontrolliert werden. Meist leben die Wiesel dann noch in der Falle, so daß die relativ harmlosen Mauswiesel wieder in Freiheit gelassen werden können. Die großen Wiesel schüttelt man aus der Falle in einen Sack und tötet sie dann fachgerecht. Der besondere Vorteil der Wieselwippbrettfalle liegt in dem Umstand, daß die Fallen in mäusereichen Jahren, in denen die Wiesel bekanntlich nur von Mäusen leben, fast immer durch Mäuse blockiert sind, so daß niemals die Gefahr besteht, daß in solchen Jahren zu stark in den Wieselbesatz eingegriffen wird. Die früher ausnahmslos als Hundefalle eingesetzte *Lebendfangfalle* – aus Rundhölzern oder stabilem Maschengeflecht – wird heute in erster Linie für den Fang von Waschbären verwendet. Als Fangplätze kommen alle die Stellen in Frage, an denen man Waschbären gesehen oder gespürt hat. Besonders geeignet sind die Uferränder der Gewässer, wo die Falle in ein bis an das Gewässer reichendes Gehölz oder Buschwerk eingebaut und als Reisighaufen getarnt wird. Durch leichten Zug an einem als Köder dargereichten Leckerbissen – Rosinen, Kuchenreste und Fische – wird die Stellung ausgelöst. Die Klappe fällt herunter, und der Waschbär ist lebend gefangen.

Der aus Skandinavien stammende, inzwischen weiterentwickelte und verbesserte *Krähenfang* ist für die Bekämpfung der Krähen und Elstern zuweilen unentbehrlich. Da Gifteier und Betäubungsmittel bundesweit verboten sind, ist in manchen Revieren bei einer zu starken Vermehrung der Rabenkrähen und Elstern der Krähenfang notwendig. Bei der Jagd mit dem Krähenfang müssen jedoch zwei wichtige Voraussetzungen erfüllt werden:

Erstens: Es darf nicht zu Beschädigungen oder Verletzungen der gefangenen Tiere kommen.

Zweitens: Es dürfen sich keine anderen Vögel wie zum Beispiel Greifvögel und Eulen fangen. Beide Voraussetzungen lassen sich dann erfüllen, wenn zum einen der Fang mit Plastik-ummanteltem Viereckgeflecht 60 x 28 mm umspannt wird und die Falle täglich kontrolliert wird, und wenn zum anderen als Köder ausschließlich Körnermais verwendet wird. Für die im Fang gehaltenen Lockvögel muß natürlich stets Futter und frisches Wasser vorhanden sein.

Die heute vielfach noch unbekannte *Eichelhäherfalle* hat sich vor allem in waldreichen Gegenden für den Fang der sich allerorts stark vermehrenden Eichelhäher bewährt. Der Deckel der einfachen Fangkiste besteht aus nebeneinander auf einen Rahmen genagelten Leisten, so daß eventuell gefangene Kleinvögel sofort entweichen können. Am Bestandesrand oder im lichten Altholz wird die Falle bis zur Hälfte im Erdboden eingegraben und mit Mais beködert. In Schwarzwild- und gut besetzten Fasanenrevieren empfiehlt es sich, die Falle auf einen Pfosten zu setzen, um Beschädigungen durch Schwarzwild und ungewolltes Fangen von Fasanen zu verhindern. Die Falle wird zunächst angekirrt, das heißt, der Deckel wird nach hinten gelegt, und in die Falle hinein wird eine reichliche Menge Mais gegeben. Erst wenn ein reichlicher Anflug von Eichelhähern zur Falle hin festzustellen ist, wird die Falle fängisch gestellt. Alsdann ist eine mindestens zweimalige tägliche Kontrolle (mittags und abends) notwendig.

Von den *Fangeisen* sind heute nur noch solche erlaubt, die das Wild sofort schmerzlos töten. Diese nach den Jagdgesetzen zugelassenen Eisen können im Gegensatz zu den verbotenen Tellereisen nicht durch Tritt, sondern nur durch Abzug ausgelöst werden. Die Voraussetzungen dafür erfüllen der Schwanenhals für das stärkere und das einfache Ei-Abzugseisen für das kleinere Raubwild, zum Beispiel für den Marderfang. Für den Menschen sind diese Fallen sehr gefährlich. Doch kann ein Mensch nur dann geschädigt werden, wenn er sich unberechtigterweise an einem Fangeisen zu schaffen macht. Dies gilt sowohl für das gesicherte als auch für das ungesicherte Eisen, denn die Gefahr, die von einer unberechtigten Handhabung mit dem Fangeisen ausgeht, kann auch durch die Sicherung nicht gebannt werden. Der Fangplatz wird unter Berücksichtigung der allgemeinen Sorgfaltspflicht so gewählt, daß nach menschlichem Ermessen Unbefugte den Platz nicht betreten (dichte Dornenhecken, gezäunte Schonungen). Selbstverständlich sind der Grundstückseigentümer und die Mitjäger zu verständigen, daß ein Fangeisen aufgestellt wurde. Das gilt auch für den Nachbarrevier-Inhaber, damit dieser das Schnallen seines Hundes unterläßt (Überjagen).

Besonders erfolgversprechend sind Fangplätze, die am Wasser liegen. Dort wird die Falle direkt am Ufer auf einen flachen Stein so tief in das Wasser gestellt, daß nur noch der als Köder dienende Fleischbrocken (gebratenes Katzenfleisch, rohes Hasenfleisch eignen sich besonders gut) oder Fisch herausschaut. Bei dieser Methode wird die bekanntlich sehr abschreckende Witterung des Metalls weitgehend ausgeschaltet.

Günter Claußen

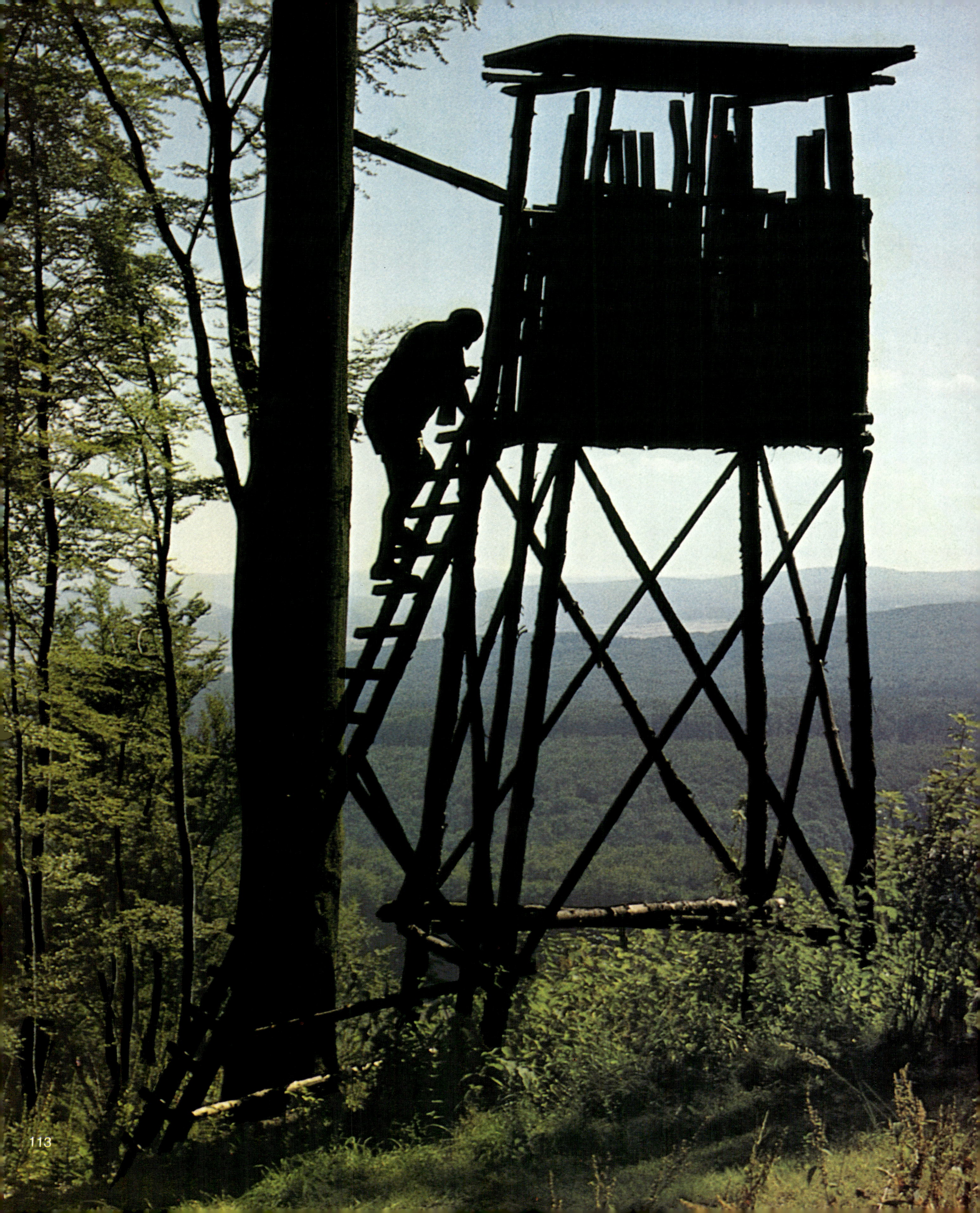

Ansitz, Pirsch, Treib- oder Drückjagd, die Suche mit dem Hund – jede Art, Wild zu beobachten und es zu erbeuten, hat ihren eigenen Reiz und ihre besonderen Gesetze. Der eine bevorzugt es, ganz alleine einen Hochsitz zu besteigen (113) und für Stunden ungestört die Natur zu genießen. Dabei lassen sich viele Wahrnehmungen machen, die einem sowohl bei einer Gesellschaftsjagd als auch auf einem Pirschgang entgehen. Jäger, die ein eigenes Revier haben oder ein ständiges Gastrecht genießen, werden solche Ansitze ungerne missen, denn erst dabei lernt man Wild und Landschaft richtig kennen.

Auf einer Niederwildjagd herrschen Bewegung und Abwechslung vor, was auf andere Weise auch reizvoll ist. Nirgendwo erlebt man Schnelligkeit, Reaktionsvermögen, List und Eleganz, aber auch Not und Angst der Tiere intensiver als beim Kesseltreiben auf dem Feld oder auf einsamem Stand, den man bei einer großflächigen Drückjagd auf Hochwild für Stunden vom Jagdherrn angewiesen bekommt. Und nicht zuletzt lernt man bei solchen Veranstaltungen auch seine Mitjäger und ihre Auffassung von weidmännischem Verhalten kennen. Ob sie zum Beispiel die Flinte unten lassen, wenn ein Hase zu weit kommt (114) oder zielstrebig auf den Nachbarn zusteuert (115). Wie sie sich um ein krankgeschossenes Stück Wild kümmern, und ob es ihnen mehr um das jagdliche Erlebnis als um den Schießerfolg geht.

Um all das braucht sich der Hochgebirgsjäger nicht zu kümmern. Für ihn ist neben dem Ansitz die – meistens mit allerhand Mühe verbundene, aber durch schönste Ausblicke belohnte – Pirsch die willkommenste und erfolgreichste Art, sein Revier zu betreuen. Seitdem es kaum noch »Gamsriegeln« gibt, wird die Jagd in den Bergen überwiegend alleine oder zu zweit ausgeübt. Hier wie im Flachland geht kein echter Jäger ohne Hund in sein Revier (116).

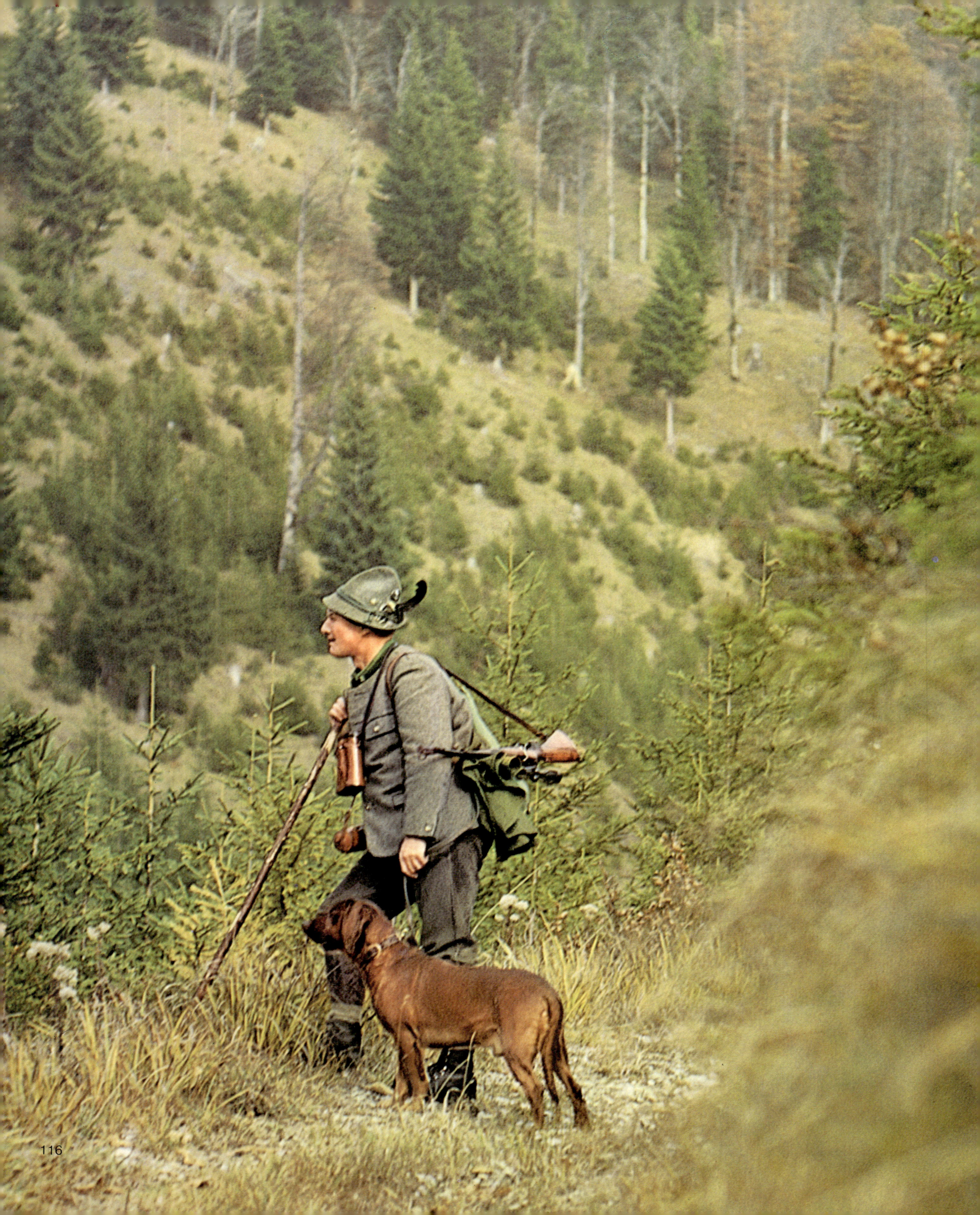

JAGDHUNDE

Der Hund ist die bemerkenswerteste, die vollständigste Eroberung, die der Mensch je gemacht hat (Frédéric Cuvier, 1773 bis 1838).

Eine Eroberung im wörtlichen Sinn war er aber nicht. Freiwillig näherte sich der Canide dem Steinzeitmenschen, zunächst als Abfallvertilger. Später wurde er als Wächter, Fleischtier und auch als Transportmittel benutzt. Die Verwendung des Torfhundes als Jagdbegleiter und -gehilfe, sowie des Poutjatin-Hundes, des quasi Haushundes der sogenannten Muschelesser in Maglemose auf Seeland, die sich von Kjökkenmöddinger (Küchenabfallhaufen) ernährten, setzte erst später ein.

Eines steht jedoch fest: Die Geschichte des Hundes ist untrennbar mit der Geschichte der Jagd verbunden. Bereits auf den ersten bildlichen Darstellungen der Jagd, den neolithischen Felsmalereien Europas und Nordafrikas, finden wir Hunde. Die steinzeitliche Jägerhorde, fellbedeckt und Speere schwingend, mit wenig Stirn und sehr viel Unterkiefer, hatte gesehen, wie der Wolf ein Beutetier hetzt, ermüdet, einholt und tötet. Es lag auf der Hand, daß diese Primitivjäger den neugewonnenen Gefährten früher oder später entsprechend jagdlich verwenden würden, denn wie sein Ahne, der Wolf, ist der Hund ein Laufraubtier. Er kann blitzschnell angreifen, im ausdauernden, federnden Trab gewaltige Strecken zurücklegen und sich wendig und tapfer verteidigen, Eigenschaften, die der jagdlichen Verwendung entgegenkommen.

Das weite, recht unübersichtliche und komplizierte Feld der Hunderassen, ihre Entstehung und Einteilung, interessiert uns hier nur im Zusammenhang mit der Jagd. Wir können feststellen, daß die Entwicklung, Differenzierung und Kultivierung des Jagdbetriebes die zur Jagd verwendeten Hunderassen und Schläge beeinflußt hat. Eine »Art« besteht über Hunderttausende von Jahren; eine »Rasse« ist kurzlebig; gebunden an eine Kulturepoche, an Voraussetzungen mannigfaltiger Art, sogar an Modetrends. Die elftausend Jahre, die das vorliegende Thema umfaßt, stellen knapp ein Prozent des Zeitraums dar, der seit der Hominisationsperiode vergangen ist.

Früh bereits erfolgte die Trennung in Augenjäger und Nasenjäger. Die Steppen- und Wüstenvölker, aber auch die Bewohner waldarmer nordischer Hochlandflächen entwickelten den pfeilschnellen, langschädligen, hochläufigen und langgestreckten, stumm jagenden *Hetzhund.* Er war schneller als das Wild, hetzte es nieder, überrollte seine Beute, tötete durch Drosselbiß – einen Biß in die Kehle – oder durch Genickbiß. In manchen Fällen wurde das Beutetier auch unverletzt auf den Boden gedrückt – es wurde gebunden. Beim modernen *coursing,* dem paarweisen Hetzen von Hasen durch Greyhounds, aber auch andere Windhundrassen, ist das Prinzip dieser Jagdart noch deutlich zu erkennen.

Auf den übersichtlichen, weiten und kahlen Flächen, auf denen der Hetzhund eingesetzt wurde, brauchte er nicht laut zu sein. Der Hetzhund wird heute noch durch die Windhundrassen repräsentiert: Greyhound, Deerhound, Irish Wolfhound, Whippet, den Galgo, die Barsoj-Schläge – zum Beispiel der Sumarokoff, Tschelischtscheff oder der ehemals großfürstliche Perchino –, die kirgisischen, Krim- und Tataren-Windhunde bis hin zum Pharaonen-Hund, den Afghanen, Saluki, Sloughi etc.

Die Jagd mit diesen reinen Sicht-Hetzern beschränkt sich heute auf das bereits erwähnte *coursing* auf den Britischen Inseln, in Portugal und den USA, an dem in erster Linie Greyhounds, aber auch Whippets und

Salukis beteiligt sind. In Rußland wird der Barsoj, der klassische Wolfsjäger, heutzutage auch auf den Fuchs verwendet, den er im deckungsarmen Gelände mit blitzschnellem Drosselgriff erlegt, wobei der Balg, das wertvolle Fell, nicht beschädigt wird.

Für die orientalischen Rassen ist die Gazelle, das traditionelle Beutetier, infolge des starken Rückgangs durch mechanisierte Bejagung selten geworden. Die Bedeutung des schottischen Deerhound für den Jagdbetrieb ist heute nur mehr lokaler Art. Der Irish Wolfhound, diese uralte Rasse, spielte in der spätrömischen Kaiserzeit eine besondere Rolle. Die mediterranen Schläge, nachweisbar bis in die Pharaonenzeit, jagen heute zum Beispiel auf Malta hinter Kaninchen. Die praktische jagdliche Bedeutung der Gruppe Windhunde ist der allgemeinen Entwicklung mehr oder weniger zum Opfer gefallen.

Die *Bracke* oder der *Laufhund* verfolgt das Wild im Gegensatz zum hetzenden, zum jagenden Hund, weniger schnell, dafür aber mit der Nase und gibt dabei unentwegt Laut. Es ist die Jagd des Waldes sowie des bewachsenen Hügellandes und der felsigen Küste. Spursicherheit, Spurtreue und die »Musik«, das Lautgeben, spielen hier die erste Rolle. Die Kultivierung des Geläuts, der Aufbau der Chöre, das harmonische Zusammenklingen der einzelnen Stimmen, der »Hälse«, erreichte im späten Mittelalter hohes Niveau, allerdings auf Kosten der Schnelligkeit. Ein Gemälde noch aus dem 17. Jahrhundert (Francis Barlow, 1626 bis 1704) zeigt uns, wie der wie gewöhnlich im Kreise flüchtende Hase eben den letzten Hund der eisern spurtreu dahinjagenden Meute erreicht.

Die ältesten Berichte über die Laufhunde sind von Xenophon dem Älteren (434 bis 355 v. Chr.) über die kretischen und spartanischen Rassen. Arrian und Oppian haben sie beschrieben und die klassischen französischen Jagdschriftsteller, von Ludwig IX., dem Heiligen, Henry de Ferriere, Gaston III. Phoebus, Jaques du Fouilloux bis hin zu Maurice de Vaux. Das gleich gilt für England, vom ›Master of Game‹ des Herzogs Edward von York (1410) bis zu den ›Queen's Hounds‹ von Lord Ribblesdale (1897). Zeugnisse des Mittelhochdeutschen sind das ›Tristanlied‹ des Gottfried von Straßburg (1210) und die Jagd-Klassiker Johann Täntzer (1682) und H. W. Döbel (1746).

Ebenfalls aus dieser Zeit – der hohen Zeit dieser Hunde, als die nach Frankreich orientierte Parforcejagd noch blühte – sind die Holzschnitte von Jost Amann und die Stiche eines Johann Elias Ridinger aus Augsburg anzuführen.

Diese Jagdart verschwand in Deutschland in den napoleonischen Kriegen, zum Teil schon vorher. Alle im 19. und 20. Jahrhundert in deutschsprechenden Ländern geführten Meuten kopierten mehr oder weniger den englischen Jagdreit-Betrieb mit nur einigen wenigen Symptomen der französischen Reitjagd. Verwendet wurden in den meisten Fällen Foxhounds, zuweilen auch Harriers. Den Schlußstrich zog das Reichsjagdgesetz 1934/35, das die Parforcejagd auf lebendes Wild verbot.

In den Stammländern der Parforcejagd, wie Frankreich und England, aber auch in den USA, blüht diese nach wie vor, mehr als zwischen den beiden letzten Kriegen; eines der vielen Paradoxa unserer Zeit. In den genannten Ländern jagen heute im Meute-Verband Foxhounds, Harriers, Staghounds, Otterhounds, Beagles, Billies und Poitevens, Grand Bleu de Gascogne, Grand Griffon Vendéen, Levesque, Grand Gascon-Saintongeois, um nur einige zu nennen. Leider hat der normale deutsche grüne Jäger zur Parforcejagd meist kein, sehr oft ein gestörtes Verhältnis – Unkenntnis und Vorurteile tragen dazu bei. Der echte Rüdemann mit ursprünglicher Jagdpassion und dem Blick für Entwicklung und Zusammenhänge ist dankbar für die Erhaltung dieses keltischen Erbteiles unserer Kultur.

Die Perfektionierung der Feuerwaffen einerseits, die Schrumpfung des Lebensraumes für das Wild durch Überbevölkerung, Industrialisierung, intensive Land- und Forstwirtschaft, Verdichtung des Straßennetzes etc. andererseits blieben zwangsläufig nicht ohne Einfluß auf Jagd, Jäger und Hund. Die Jagd wurde kleinräumiger, und der Unterschied zwischen Hoher und Niederer Jagd (früher zwei Welten) begann sich zu verwischen. Zugleich wurde die Jagd aber auch vielseitiger und interessanter. Drehte sich früher praktisch alles um den Hirsch und das Schwarzwild, so gewann, besonders nach 1848/49, als die sogenannte Volksjagd Wald und Feld in einen einzigen Schindanger verwandelt hatte, die Jagd auf Niederwild stark an Bedeutung.

Abgesehen von der Hetzjagd und Parforcejagd gibt es heutzutage für den Einsatz von Jagdhunden in Europa noch folgende Möglichkeiten:
1. Die Jagd in Wald und Feld mit ihren vielseitigen Anforderungen wie Stöbern, Buschieren, Apportieren, dem Vorstehen, der Wasserarbeit, der Arbeit nach dem Schuß, eventuell Totverbellen und Totverweisen, der Raubzeugschärfe etc.
2. Die spezielle Schweißarbeit am langen Riemen
3. Das Brackieren
4. Die Erdjagd

5. Die Jagd mit nordischen Spitzen
6. Drückjagden auf Rot- und Schwarzwild vor der Finder-Meute, ganz vereinzelt auch noch mit Packern.

Für diese verhältnismäßig große Zahl von Jagdarten, die natürlich landschafts- und reviergebunden sind, entsprechend variiert werden müssen und nicht überall nach Belieben ausgeübt werden können, steht eine immer noch große Anzahl jeweils besonders geeigneter Jagdhunderassen zur Verfügung.

1. Die Jagd in Wald und Feld und am Wasser,
mit Kugel und Schrot, auf alle Wildarten, die das Gesetz freigibt, auf Pirsch oder Ansitz, bei Treib- oder Drückjagd ist die Domäne des Jagdhundes von heute.

Er ist der Helfer des Jägers im wahrsten Sinne des Wortes. Die enorme Vielseitigkeit, ein Ergebnis der historischen Entwicklung der Jagd seit 1848/49, verlangt dementsprechend veranlagte Hunderassen, klare Ausbildungsziele, eine straffe Prüfungsordnung und eine funktionierende Organisation. Im deutschsprachigen Raum sowie in den Nachfolgestaaten Österreich-Ungarns wird diesen Forderungen in einer Perfektion entsprochen, die ihresgleichen sucht. In der Bundesrepublik Deutschland ist der Jagdgebrauchshundeverband seit 1899 die Dachorganisation der jagdkynologischen Vereine und Verbände.

Für die bereits geforderte Vielseitigkeit erwiesen sich die verschiedenen deutschen *Vorstehhunde* als am besten geeignet. Zu ihnen gehören

Im Kurzhaar
Deutsch Kurzhaar
Weimaraner
Im Rauhhaar
Deutsch Drahthaar
Deutsch Stichelhaar
Pudel-Pointer
Griffon
(Alle diese Rassen sind kupiert.)
Im Langhaar (mit langer Rute)
Deutsch Langhaar
Großer schwarz-weißer Münsterländer
Kleiner Münsterländer
Langhaar-Weimaraner.

Vorstehhunde ganz allgemein – und es gibt viele Rassen in fast allen Ländern Europas – unterscheiden sich in einem wesentlichen Punkt von allen Bracken- oder Laufhunderassen. Morphologisch gesehen ein bracoider Typ, ist der Vorstehhund ein ausgesprochener Hochwindjäger, der das Wild mit hoher Nase und stumm, mehr oder weniger flüchtig und systematisch (Quersuche) sucht und, sobald er Witterung bekommt, in typischer Haltung erstarrt – »vorsteht«. Dieses Verhalten ist angeboren, vermutlich mutativ entstanden und durch zielbewußte Selektion im Laufe der Jahrhunderte fixiert. Diese Hunde verfügen meist über gesteigerte Intelligenz und eine dementsprechend erhöhte Dressurfähigkeit. Nur so sind die hervorragenden Ergebnisse von Vorstehhunden auf Verbands-Schweißprüfungen, die ihrem Wesen nach dem Jagen des Hochwildjägers total widersprechen, zu erklären. Die Ausbildungsziele sind den Anforderungen entsprechend umfassend und von logischem Aufbau. Die Begleitung auf Pirsch und Ansitz erfordert unbedingten Gehorsam, und zwar Gehorsam im Walde, Verhalten auf dem Stande, Folgen bei Fuß, Ablegen, Riemenführigkeit, Gehorsam bei der Wasserarbeit, Gehorsam im Felde, Schußruhe, Benehmen am Wild.

Die eigentlichen jagdlichen Fächer umfassen dann eine breite Palette wie Suche, Vorstehen, Verlorenbringen von Federwild und von Haarwild, wobei letztere Fächer wieder unterteilt sind, und zwar je nachdem, ob der Hund das Fallen des Stückes eräugt hat oder auf der Schleppe erst nachsuchen muß, um dann selbständig zu bringen. Die Arbeit am Wasser verlangt das Stöbern hinter der Ente sowie das Bringen aus tiefem Schilfwasser. Die Art des Bringens wird beurteilt, das korrekte Aufnehmen und Tragen, ebenso wie das vorschriftsmäßige Abgeben. Knautschen, rupfen, anschneiden oder gar vergraben (Totengräber) sind verpönt.

Die Anforderungen beginnen bei der Verbands-Jugendprüfung und führen über die Herbstzuchtprüfung bis zur Verbands-Gebrauchsprüfung. Letztere stellt das Non-plus-ultra dar, das von einem Jagdhund verlangt werden kann. Die Prüfung umfaßt praktisch alles, von der Schweißprüfung, bei der sich der Kandidat auch noch als Tot-Verbeller oder -Verweiser bewähren kann, bis zum Bringen von Fuchs über Hindernis. Damit nicht genug, können zusätzliche Lorbeeren durch Arbeit am Raubwild, lautes Stöbern, Verlorenbringen auf natürlicher Wundspur sowie durch die Bringtreue-Prüfung erworben werden. Das positive Bestehen dieser Teilprüfungen wird durch Leistungszeichen, sogenannte Leistungsstriche, in den Papieren des betreffenden Hundes festgehalten.

Geringe Varianten gibt es bei Deutsch Kurzhaar und Deutsch Drahthaar. Bei ersteren heißen Jugend- und Herbstzuchtprüfung Derby beziehungsweise Solms. Bei Deutsch Drahthaar kennt man die große Hegewald-Zuchtprüfung mit Schärfenachweis als Vorbedingung.

Wem das nicht genügt, der kann seinen Hund auch

auf einer Verbands-Schweißprüfung führen. Hier stehen die 1 000 m langen Fährten mindestens 20 Stunden, bei manchen Prüfungen über 40 Stunden. Ein imponierender Leistungsstandard. Ganz anders die Arbeit und Prüfung der englischen Rassen wie Pointer, Setter, Retriever und der diversen Spaniels. Ihrem Spezialistentum wird Rechnung getragen. Der Engländer, der schon immer den Mut zum Luxus hatte, freute sich über Hochleistungen auf jagdlichen Teilgebieten. Dazu gehörten eine rassige, elegante Silhouette und rasantes Tempo. In der alten Zeit unterschied man streng Hunde für vor und nach dem Schuß. Suche und Vorstehen waren Sache der Pointer und Setter, das geschossene Wild finden und bringen Angelegenheit der Retriever. Das Stöbern besorgten die Spaniels, und für kleineres Raubwild war der Terrier da.

Sieht man von Schottland ab, so spielte das Schalenwild beim englischen Durchschnittsjäger bisher keine Rolle. Dreht sich bei uns alles um den roten Bock, so träumt man auf den Inseln von pfeilschnellen Hühnern und turmhohen Hähnen. Entsprechend liegt das Schwergewicht bei der Ausbildung und Verwendung der genannten Hunde. Dabei kann man herrliche Bilder sehen. Eine rasante Feldarbeit von hochklassigen Pointern und Settern, verbunden mit einwandfreiem Vorstehen und ebensolchem Sekundieren, vergißt keiner, der sie je erlebt hat. Das Sekundieren, eine angewölfte Eigenschaft, ist das unbewegliche Stehen eines Hundes, der zwar selber im Moment keine Wild-Witterung verspürt, aber einen anderen Hund vorstehen sieht. Deshalb führt man auf Suchen solche Hunde stets paarweise vor. Selbstverständlich werden die erwähnten englischen Rassen, dem Zuchtziel und ihren Eigenschaften entsprechend, geprüft. Besonders in England fällt dabei der Unterschied in den Abrichtungsmethoden auf. Sprechen deutsche Richter häufig vom »Durchkneten« der Hunde, absolutem Sekundengehorsam und dergleichen, bei dem ungeheuren Ausbildungspensum eines deutschen Jagdgebrauchshundes eine Notwendigkeit, so beruht in England das Verhältnis Führer – Hund mehr auf freudiger, leistungsbeflissener Partnerschaft. Gleichfalls mit imponierenden Resultaten auf dem jeweiligen Gebiet.

Vorstehhunde (ohne britische Hunde)
Dänemark	Gammel Dansk Honsehund
Frankreich	Braque d'Ariège
	Braque d'Auvergne
	Braque du Bourbonnais
	Braque Dupuy
	Braque Français
	Braque Français de petite taille (kleiner Schlag)
	Braque Saint-Germain
	Epagneul Breton
	Epagneul Français
	Epagneul Picard
	Epagneul de Pont-Audemer
	Griffon à poil laineux (Zotthaar)
	Griffon à poil dur (Rauhhaar)
Holland	Drentse Patrijshond
	Staby-Hond
	Wetterhond
Italien	Bracco Italiano
	Spinone Italiano
Portugal	Perdiguero Portugues
Spanien	Perdiguero de Burgos
Tschechoslowakei	Cesku Fousek
Ungarn	Drotszurö Magyar Vizsla
	Rövidszurö Magyar Vizsla

Britische Jagdhunde mit Arbeitsprüfung
Großbritannien	English Setter
	Gordon Setter
	Irish Setter
	Pointer
	Retriever, Spaniel, Cocker
	Curly-coated Retriever
	Flat-coated Retriever
	Golden Retriever
	Labrador Retriever
	Cocker Spaniel
	Clumber Spaniel
	English Springer Spaniel
	Field Spaniel
	Sussex Spaniel
	Welsh Springer Spaniel
USA	Chesapeake Bay Retriever

Britische Jagdhunde ohne Arbeitsprüfung
USA	American Cocker

2. Die spezielle Schweißarbeit am langen Riemen
Für unseren Jagdbetrieb ist diese das Spezialgebiet der Hannoverschen Schweißhunde und der Bayerischen Gebirgsschweißhunde. Erstere arbeiten nur Rot-, Dam- und Schwarzwild, letztere kann man auch zu Nachsuchen auf Gams- und Rehwild verwenden.

Die Arbeit am langen Riemen verlangt viel. Voraussetzung ist ein gut besetztes Hochwildrevier, um ein tägliches Arbeiten auf der kalten Gesundfährte sicherzustellen. Die Führung eines Schweißhundes gehört zum ältesten Jagdhandwerk überhaupt. Der Leithund, bereits im frühen Mittelalter dauernd erwähnt – französisch limier, alt-englisch lymer – war das Rückgrat des Jagdbetriebes. Er führte im Morgengrauen den Jäger zum Einstand des Hirsches. Auf ihm lag die Last der Verantwortung, wenn es galt, die verlorengegangene Fährte wieder aufzunehmen. Diese Arbeit auf der Gesundfährte wird noch heute von den verschiedenen französischen Bracken in klassischer Manier am Morgen des Parforcejagdtages ausgeführt. Bei uns arbeiten die Schweißhunde vornehmlich nach dem Schuß. Es ist das einmalige Verdienst des Vereines Hirschmann, gegründet 1894, die Tradition des 1776 gegründeten königlich-hannoverschen Jägerhofes erhalten zu haben. Die alte Jägerhof-Rasse entstand über den Chien de St. Hubert, die schwere Solling-Leitbracke, rote Haidbracke und einen Harzer Brackenschlag. Er ist ein ernster, würdevoller Hund, umweht vom Hauch einer über tausendjährigen Tradition. Die Arbeit dieser Hunde erregt immer wieder Bewunderung. Der Wert des von Schweißhunden durch erfolgreiche Nachsuchen vor dem Verderb bewahrten Wildbrets beträgt Jahr um Jahr Millionen Mark.

Zum Handwerkzeug des Schweißhundführers gehören eine Schweißhalsung, also ein Spezialhalsband, und ein mindestens 6 m langer Schweißriemen. Dieser Riemen wird nach einem genauen System aufgewickelt – »aufgedockt« nennt es der Jäger – und zwischen den Beinen des Hundes hindurchgezogen. Zum Einarbeiten des Hundes benötigt man eine Spritzflasche und einen Tupfstab, dazu für jeweils 400 m ca. 1/4 Liter Rinder- oder Hammelblut, wenn möglich auch echten Wildschweiß. Mit Hilfe dieser Utensilien legt man dann eine Spritz- oder Tupffährte, zunächst nur über kurze Strecken. In jedem Fall muß diese künstliche Fährte zwei Stunden lang »stehen«, denn der Hund soll sich völlig auf Schweißwitterung einstellen und nicht auf Menschenwitterung zurückgreifen, was bekanntlich bei einer Schleppe nie ganz zu vermeiden ist.

Die Prüfungsordnung bei Schweißhunden ist dementsprechend streng. In der Vorprüfung, die im zweiten Lebensjahr abgelegt werden soll, verlangt man eine Riemenarbeit auf mindestens drei Stunden alter Gesundfährte, also auf der Fährte eines Stückes Schalenwild, das weder durch einen Schuß verletzt noch angefahren wurde. Sie muß am langen Riemen unter Berücksichtigung aller Widergänge gearbeitet werden, denn das so bezeichnete Zurückwechseln des Wildes auf der eigenen Fährte ist ein Täuschungsmanöver, das oft Erfolg hat. Nach Anweisung der Richter wird der Hund abgetragen, was im wörtlichen Sinne des Wortes zu verstehen ist. Es soll dem Hund begreiflich machen, daß die Nachsuche unterbrochen oder aufgegeben wird. Kleinere Hunde nimmt man dabei auf den Arm, größere werden unter der Brust hochgehoben und einige Meter von der Fährte weggeführt, nicht geschleift. Desgleichen eine sogenannte Vorsuche. Bei dieser Arbeit sucht der Hund am halben Riemen vor und zeigt dabei jede gerechte Fährte. Die Arbeit darf erst ungefähr drei Stunden nach Vorüberziehen des Wildes beginnen.

In der Hauptprüfung verlangt man eine Riemenarbeit auf kalter, natürlicher Schweißfährte, die mindestens vier Stunden alt sein muß. Die Fährte muß bis zum Wundbett oder zum kranken oder bereits verendeten Stück gearbeitet werden. Ist das Stück noch nicht verendet, wird der Hund am warmen Wundbett oder auf der warmen Wundfährte geschnallt, das heißt, der Führer löst Schweißriemen und Halsung, der Hund ist frei. Er muß dann das Stück laut hetzen und stellen. Beides wird zensiert. Die ausdrucksvollen, edlen Köpfe der Hannoverschen Schweißhunde passen hervorragend zu ihrem verantwortungsvollen Beruf.

Für den Bayrischen Gebirgsschweißhund, entstanden durch Einkreuzung leichterer Brackenschläge, um für das Gebirge einen weniger massigen Hund zu erhalten, gilt natürlich dasselbe. Schweißhunde gehören nur in die Hand des Hochwildjägers, und auch er muß auf diesem Gebiet Spezialist sein. Die Arbeit am langen Riemen vereinigt in sich Jagdethik und -kultur. Gilt es ja doch in erster Linie, das kranke Stück Wild so schnell wie möglich von seinen Qualen zu erlösen.

3. Das Brackieren

Der Name dieser Jagdart, wie auch des Hundetyps, dem die zahlreichen *Bracken*-Rassen angehören, soll von *Brachio oder brago* stammen. Dieser, ein wackerer Thüringer, war Berufsjäger in Diensten des Herzogs der Auvergne, hatte sich auf Schwarzwild spezialisiert und starb Ende des 7. Jahrhunderts als Abt des Klosters Menat, Departement Puy de Dome. Seine Meute war weithin berühmt. Das Brackieren basiert auf der Eigenschaft vieler Wildarten, einmal beunruhigt, nach einiger Zeit in ihren Einstand beziehungsweise Lebensbezirk wieder zurückzukehren. Fuchs und Hase zeichnen sich dabei besonders aus. Der Brackenjäger arbeitet mit nur wenigen Hunden, entweder dem viel begehrten Solo-Jäger oder einer, maximal zwei Koppeln (je zwei Hunde). Er läßt seine Bracken das Wild suchen, und wenn dann beispielsweise der Hase »gehoben« ist, mit lautem Hals und Nase am Boden ihm folgen, bis das Wild zurückkehrt.

Am Ende der erfolgreichen Brackenjagd fällt heute immer der (rauhe Schrot-) Schuß. Eine Parforcejagd en miniature, ohne Anstrengung des Jägers. Je lauter der Hund, desto langsamer kann er nur jagen, da das Geläut viel Kraft nimmt. Je langsamer er jagt, desto sicherer bleibt er auf der Spur (Fährte), desto geringer ist die Gefahr des Changierens, des Überwechselns auf andere Spuren (Fährten). Ebenso benötigen langsame Hunde weniger große Reviere. Aus diesem Grunde wurden manchen Bracken die Läufe weggezüchtet. So entstanden die französischen Niederlaufhunde – die Bassets – in vier Hauptschlägen, die Schweizer Niederlaufhunde in fünf Schlägen und der Beagle in zwei Schlägen, die Alpenländisch-Erzgebirgler Dachsbracke, die Schwedische Dachsbracke, die westfälische Dachsbracke. Keine größeren Dachshunde, sondern Rassen für sich. Ob groß oder klein, charakteristisch für die Bracken sind Spur- beziehungsweise Fährtenwille und -treue, Sicherheit auf der warmen Gesundfährte oder -spur und der volle, laute Hals. Alles Eigenschaften, die schon die alte Keltenbracke auszeichneten. Das Blut dieser Ur-Bracken fließt noch heute in den Adern praktisch aller europäischen Laufhunde.

Wer einmal brackiert hat, sei es im stillen Sauerland oder in der Unendlichkeit der skandinavischen Wälder, wird das Geläut der Bracken nicht so bald vergessen. Ein verklingender letzter Gruß aus einer Zeit, als Jagd noch yahu, yagh bedeutete, die indogermanischen Begriffe für rastloses Nachjagen.

In Deutschland werden die Bracken in entsprechenden Verbänden zusammengefaßt. Ihre Eignung für Schweißarbeit ist in vielen Ländern bekannt, und diese wird in den Ländern, deren Jagd-Ethik einer gemeinsamen Quelle entspringt, gepflegt und ist Prüfungsfach. Dazu gehören auch Hatz (Fährtenlaut, nur am kranken Stück, denn die Bracke hat schalenwildrein zu sein) sowie Stellen und Verbellen. Es steht zu befürchten, daß in unseren eng gewordenen, dicht besiedelten Landschaften und bei der ganz allgemein wild- und jagdfeindlichen Einstellung, die zur Zeit bei uns herrscht, der Hals der Bracken bald für immer verstummt sein wird. Die folgende Übersicht über die wichtigsten Brackenschläge der europäischen Länder erhebt in keiner Weise den Anspruch auf Vollständigkeit. Sie soll lediglich als Hinweis und Anregung dienen.

Bundesrepublik Deutschland
Deutsche Bracke
Westfälische Dachsbracke
Alpenländisch-Erzgebirgler Dachsbracke

Österreich
Österreichische Bracke (Brandlbracke)
Tiroler Bracke
Tiroler Niederbracke
Steirische Rauhhaarige Hochgebirgsbracke
(sogenannte Peintinger Bracke)

Schweiz
Schweizer Laufhund
Berner Laufhund
Luzerner Laufhund
Jura Laufhund (Typ Bruno)
Jura Laufhund (Typ St. Hubertus)
Rauhhaariger Laufhund
Schweizer Niederlaufhund
Berner Niederlaufhund
Luzerner Niederlaufhund
Jura Rauhhaariger Niederlaufhund

Frankreich
Ariegèois
Artésien-Normand
Artois
Porcelaine
Petit Bleu de Gascogne
Petit Gascon Saintongeois
Griffon Fauve de Bretagne
Griffon Nivernais de petite taille
Griffon Bleu de Gascogne de petite taille
Basset Artésien-Normand
Basset Bleu de Gascogne
Basset Griffon Vendéen
Basset Fauve de Bretagne

Großbritannien
Beagle (zwei Schläge)
Harrier
Otterhound

Griechenland
Ellenikos Ichnilatis

Italien
Segugio Italiano

Holland
Nederlandse Steenbrak

Skandinavien
Drever (schwedische Dachsbracke)
Hamilton Stövare
Schiller Stövare
Småland Stövare
Dunker, norwegische Bracke
Halden Stövare
Hygen Bracke
Finnische Bracke

Osteuropa
Sieben Haupt-Schläge in Jugoslawien, die Gonici: Istrianer Bracke, rauh- und kurzhaarig, Balkan-Bracke, bosnische Bracke, Sawe-Bracke, Trobojni und Planinski Gonici
Estnische Bracke
Russische Bracke
Fahlgelbe russische Bracke
Polnischer Ogar
Erdély kopó (ungarisch-transsylvanische Bracke)
Slovansky Kopov (slowakische Bracke)

Die ibero-mediterrane Gruppe der steh-ohrigen Podencos und Cirnegos in diversen Größen und in verschiedener Behaarung müssen als laute Nasenjäger dazugerechnet werden. Erwähnt seien auch die Ma-chgou, die chinesische Bracke (Provinz Jun-Han), und der wohl jedem bekannte Dalmatiner, eine echte und typische Bracke, auch tatsächlich dalmatinischer Herkunft, trotz der irreführenden Bezeichnung Braque de Bengale. Die jahrhundertelange ausschließliche Verwendung als Begleit- und Paradehund hat diese Rasse zwar zum idealen Gefährten für Pferde und Reiter und Wagen gemacht, ihr aber als einziger Vertreterin der Gruppe jegliche Jagdeignung genommen.

4. Die Erdjagd

Die Erdjagd ist das klassische Feld der *Teckel* und *Terrier*. Die Beute sind Fuchs und Dachs, bei den kleinsten Teckel-Rassen auch das Kanin. Der seit 1888 bestehende Deutsche Teckelklub betreut diese liebenswerte Rasse. Man unterscheidet folgende Rassen: Normaler Teckel, Zwergteckel, Kaninchen-Teckel. Bei all diesen Rassen kommen folgende Haarkleider vor: Langhaar, Rauhhaar und Kurzhaar. Der Brustumfang bei Kaninchen-Teckel soll nicht über 30 cm betragen.

Der Teckel ist eine der ältesten Rassen überhaupt, voll nachweisbar bei den Römern, mit etwas gutem Willen im Mittleren Reich Ägyptens (2300 bis 1850 v. Chr.) noch festzustellen. Eine etwas nüchterne Auffassung sieht den Teckel als Mutation des Jura-Laufhundes mit anschließend konsequenter Weiterzüchtung. Die Erdjagd, besonders auf Dachs, ist eine Härteprüfung sondergleichen. Sie kann Stunden dauern, schwere Verletzungen bringen und im Falle schwieriger Baue durch Verklüftung auch den Tod. Die Prüfungsordnung für Teckel verlangt bei der Baueignungsprüfung Wesensfestigkeit, Ausdauer, Passion und Laut. Das laute Vorliegen im Kunstbau vor dem Schliefenfuchs oder -dachs muß eine halbe Stunde dauern.

Es gibt wohl kein größeres Vergnügen, als wenn im Winter zur Ranzzeit ein scharfer Teckel zwei bis drei Rotröcke springen läßt. Natürlich kann man das gleiche Vergnügen auch mit Terriern haben, die hinsichtlich Baueignung genauso wie die Teckel geprüft werden. Nicht vergessen darf man die vielseitige Verwendbarkeit der Teckel wie der Fox- und Jagdterrier im gesamten Jagdbetrieb. Die Teckel verfügen über die längste Reihe von Leistungszeichen. Beim winzigen Kaninchen-Teckel kommen noch zwei dazu: KSchlH und KSprN. Sie bedeuten Kaninchenschleppe-Herausziehen, das heißt, nach richtig gearbeiteter Schleppe muß der winzige Erdhund das in den Bau gestopfte tote Kaninchen herausziehen, sowie Kaninchensprenger Natur. In diesem Fall muß der Kaninchen-Teckel im Naturbau wirken, das Kaninchen entweder sprengen oder würgen und herausziehen. Ähnlich vielseitig sind die Jagd- und Foxterrier mit nur geringen Unterschieden in ihren Prüfungsordnungen beziehungsweise Leistungszeichen. Die Palette reicht von Kunst- und Naturbau Fuchs und Dachs bis zum SP = Saupacker.

Der deutsche Jagdterrier entstand vor nunmehr beinahe 50 Jahren aus erfolgreichen Kreuzungen der altenglischen schwarz-roten Rauhhaarterrier mit Foxterriern. Er hat sich zum erstklassigen Allround-Hund entwickelt, von sprichwörtlicher Unermüdlichkeit und Härte.

Der Foxterrier reicht sehr viel weiter zurück. Er war der klassische Begleiter und Helfer der Fuchsmeuten, für den Fall, daß Reineke zu Bau ging. Im 17. und 18. Jahrhundert und bis ins erste Drittel des 19. Jahrhunderts hinein waren die Foxhound-Meuten noch so langsam, daß die drahtigen kleinen Foxe Schritt halten konnten. Später folgten sie in der Satteltasche, heute werden sie im Jeep transportiert. Zeitweise ein beliebter Modehund und etwas zweckentfremdet, wird der Foxterrier heute wieder mehr und mehr als schneidiger kleiner Gebrauchshund anerkannt.

5. Die Jagd mit nordischen Spitzen

Skandinavien und das nördliche Rußland verfügen über Jagdhunde, die dem Abfallvertilger, dem Torfspitz, noch sehr nahe stehen. Ganz im Gegensatz zu anderen Spitzen besitzen diese Hunde, deren Skelett sich seit 6 000 Jahren kaum verändert hat, eine unbändige Jagdpassion. Man unterscheidet heute in Schweden und Norwegen den *Grahund* und den *Jämthund*, zwei große, quadratisch wirkende, graue Spitze, die auf den Elch eingesetzt werden. Der Widerrist mißt beim Grahund ca. 52 cm, beim Jämthund 58 bis 63 cm. Sie jagen einzeln und laut den Elch, den sie zunächst am langen Riemen auf der kalten Gesundfährte gearbeitet haben, so lange, bis er sich wohl aus Überdruß und Langeweile vor dem einzelnen kleinen Hund stellt. Der Jäger orientiert sich am Standlaut des ständig den Elch umkreisenden vierbeinigen Jagdgenossen und pirscht sich mit gutem Winde heran, um aus einer günstigen Schußposition eine sichere Kugel anzutragen.

Der rote *Finnenspitz*, der finnische Vogelhund oder Suomenpysty Korvat, markiert aufgebaumte Waldhühner (Auer-, Birk-, Haselwild), verfolgt sie beim Abstreichen und verbellt sie beim neuen Einfall. Die Erlegung erfolgt nach gleichem Prinzip wie bei den Elchhunden.

Gleichfalls zur Gruppe der Laiki gehört der *Karelische Bärenhund*. Ein starker, robuster Hund im Spitz-Typ mit geringelter Rute, meist schwarz mit weißen Läufen und Flecken auf Hals, Bauch und Brust. Ein überaus heftiger feuriger Hund von großer Rauflust. Er wird in Finnland zur Jagd auf Elch, Bär und Luchs verwendet. Seine relative Größe, Schulterhöhe 60 cm, macht ihn zum gefürchteten Gegner. Mit hervorragender Nase ausgestattet, findet er die Winterschlafplätze der Bären. Ein Hund der nordischen Wildnis, der nur als Einzelhund gehalten werden kann.

Schließlich die *Laiki*. Es sind die Universal-Jagdhunde Rußlands, die sowohl im asiatischen wie im europäischen Teil des Riesenreiches auf alle jagdbaren Wildarten eingesetzt werden. Diese hochintelligenten, äußerst harten Spitze gibt es in der russisch-finnischen Form mit Schwerpunkt in Karelien und in der Gegend nördlich von Leningrad. Sie sind gelb und erreichen eine Größe von ca. 48 cm. Der russisch-europäische Laika, der überall in der Sowjetunion anzutreffen ist, wird bis zu 58 cm groß und ist schwarz, grau oder gelb in den verschiedensten Schattierungen.

Die Jagd mit den hier angeführten Rassen erfüllt den Jäger mit Respekt. Jahrtausende haben nichts verändert. Hier gibt es keine sportlichen Elemente der Jagd, keine von Kultur und Zeremoniell begleitete Jagdethik. Hier wird im harten Klima, in unwirtlicher Landschaft Beute gemacht, um zu überleben.

6. Drückjagden

Die selten gewordenen Drückjagden auf Rot- und Schwarzwild benötigen keine Spezial-Rassen mehr. Man verwendet in erster Linie den schon erwähnten *Jagdterrier*, aber auch *Foxterrier*. Ebenso haben sich Teckel aller Haararten und Größen bewährt. Die klassische Findermeute besteht in vielen Fällen aus Fixkötern unterschiedlicher Provenienz, die jedoch gerade auf Schwarzwild Hervorragendes leisten. Nur mehr in Spanien auf den landesüblichen, groß angelegten Monterias kann man noch gelegentlich größere und stärkere Hunde finden, die als Packer eingesetzt werden. Es sind dies die Alanos, eine molosso-bracoide Mischung, rot mit schwarzem Fang, ca. 57 cm groß. Für diese Hunde, wie für die Monterias überhaupt, gilt das in diesem Buch schon oft Gesagte. Sie stellen eine lebendige Brücke zur Vergangenheit dar.

Dieser Beitrag stellt nur einen knappen Überblick über die vielseitigen Verwendungsmöglichkeiten des Hundes auf der Jagd dar. Vieles konnte nur angedeutet, manches gar nicht erwähnt werden. Wesentlich ist der Grundgedanke für die Verbindung, die Mensch und Hund auf der Jagd eingehen. Der Hund hilft nicht nur dem Menschen, Beute zu machen, sondern er trägt auch mit ihm gemeinsam die Verantwortung für die dem Jäger anvertraute Kreatur. Dank seiner überragenden Nasenleistung sorgt er dafür, daß kein geschossenes Stück Wild verlorengeht und daß keine Werte vergeudet werden. Ebenso verkürzt er verwundetem Wild – gleich, ob es nun angeschossen, von rücksichtslosen Autofahrern verletzt oder vom naturfremden, gedankenlosen Spaziergänger in Panik versetzt und in Umzäunungen jeglicher Art gehetzt wurde – seine Qualen und verhilft ihm zu einem schnellen, gnädigen Tod.

Der Gesetzgeber hat diese gemeinsame Verantwortung von Hund und Jäger erkannt. Bayern, Baden-Württemberg, Berlin, Bremen, Hessen, Nordrhein-Westfalen, Niedersachsen, das Saarland und Schleswig-Holstein haben die Forderung aufgestellt, daß bei der Such-, Drück-, Riegel- und Treibjagd, bei der Jagd auf Wasserwild und bei jeder Nachsuche brauchbare Jagdhunde zu verwenden sind. In Hamburg hat jeder Jagdausübungsberechtigte mindestens einen brauchbaren Hund zu halten. In Bremen kann für Jagdbezirke von mehr als 300 ha, in Rheinland-Pfalz von mehr als 250 ha, in Baden-Württemberg von mehr als 1 000 ha vom Jagdausübungsberechtigten verlangt werden, daß er einen Jagdhund hält, für den Fall, daß Jagdhunde anderer Jagdhundhalter nicht zur Verfügung stehen. Die folgenden Länder verlangen bei der Jägerprüfung Kenntnisse in Jagdhundhaltung und Jagdhundführung: Bayern, Berlin, Hessen, Niedersachsen, Nordrhein-Westfalen, Rheinland-Pfalz und das Saarland.

Somit ist eine der ältesten und schönsten Mensch-Tier-Beziehungen auch im Gesetz verankert. Eine geringe Anerkennung für die Jahrtausende während Freundschaft zwischen Jäger und Hund, der wir die Dankbarkeit und die Achtung zollen, die ihr zustehen.

Romedio Graf von Thun-Hohenstein

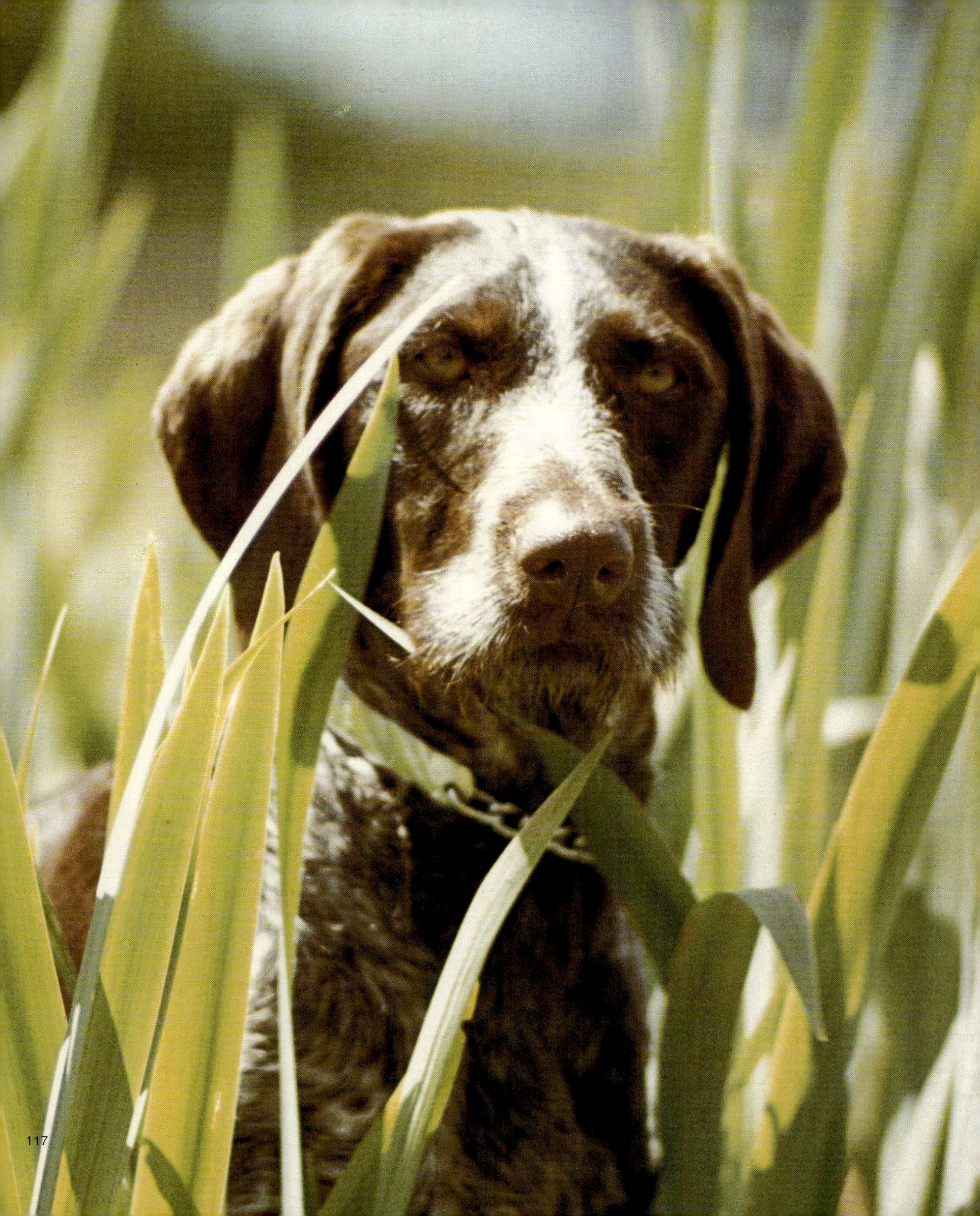

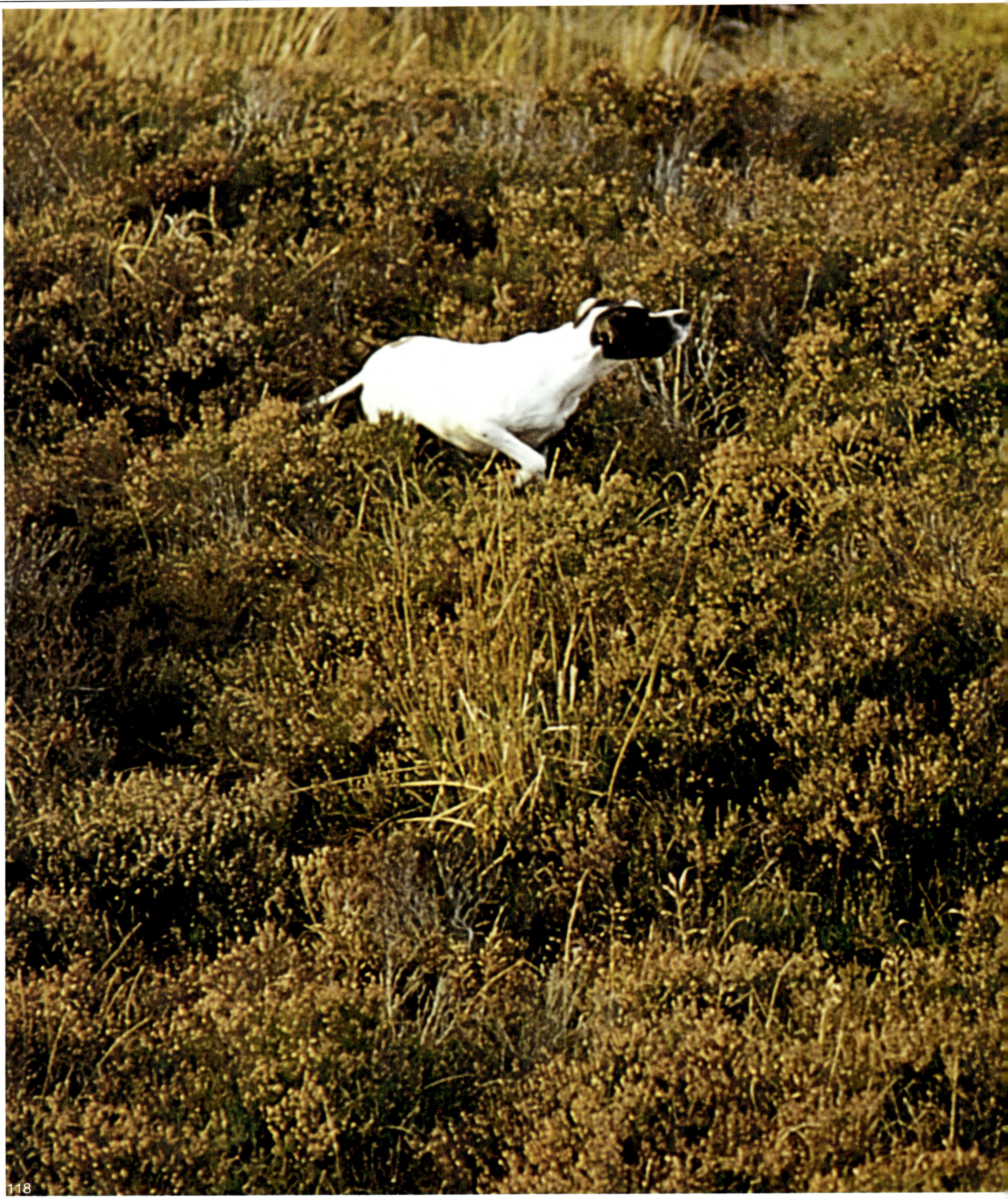

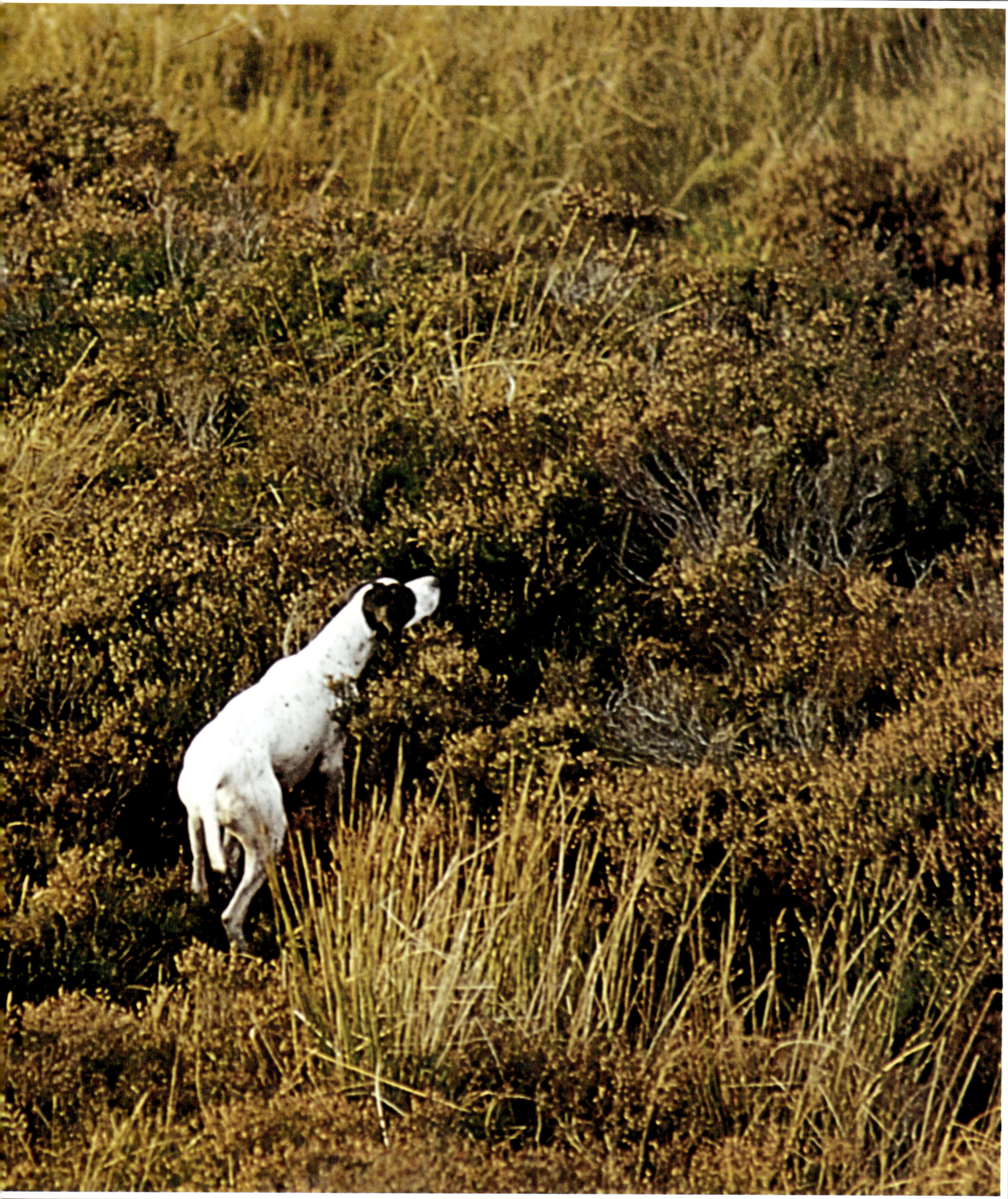

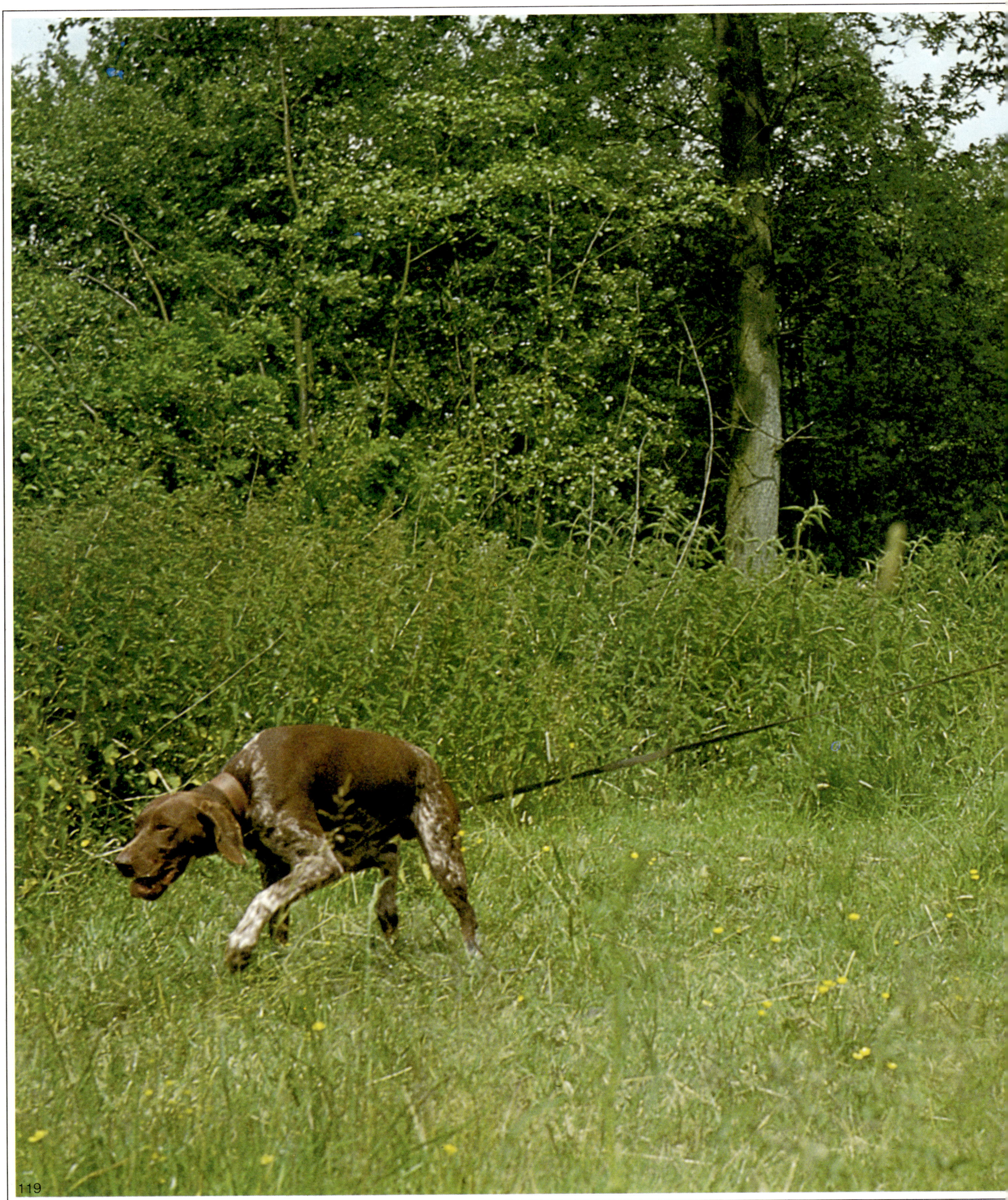

So wie jede Wildart ihr eigene Jagdart erfordert, so gibt es zu jeder Jagdmethode bestimmte Hunderassen, die sich besonders eignen. Und da viele Wildarten in ganz bestimmten Landschaftsformen zu Hause sind, erscheinen auch manche Hunde ausschließlich oder überwiegend auf bestimmte Landstriche begrenzt. Der bayerische Gebirgsschweißhund (116) ist in erster Linie in den Alpen zu finden und ist nicht für Wasserarbeit geschaffen wie der in Norddeutschland besonders weit verbreitete Deutsch Drahthaar (117). Englische Pointer sind immer noch ursprünglicher und adäquater auf der Suche nach und beim Vorstehen vor Grouse auf der schottischen Hochheide eingesetzt (Bild 118 zeigt einen vorstehenden und einen »sekundierenden« Pointer) als etwa der Deutsch Kurzhaar, hier am langen Riemen bei der Suche nach einem Rehbock (119), den er schließlich totverbellt (120).

Ob im Jagdwagen (Bild 122 mit zwei Teckeln), bei der Ausbildung im Feld (Fotos 121 und 123 zeigen einen Deutsch Kurzhaar) oder während der praktischen Jagdausübung (Bild 124: ein Teckel findet ein Stück Schwarzwild) – Hunde müssen ständige Begleiter des Revierinhabers oder des Berufsjägers sein. Zwar ist die Hundehaltung zwangsläufig mit einigen Beschwernissen verbunden, doch werden diese nicht nur durch die vielen Vorteile, die ein gut ausgebildeter Jagdhund seinem Herrn bringt, sondern auch durch die Freude, die er machen kann, übertroffen. Neben der Arbeit, die die Tiere leisten, können sie sowohl zur Unterhaltung beitragen als auch zum echten Gefährten werden. Viele Hundebesitzer bestätigen das immer wieder, und mancher, der sich lange davor gescheut hat, einen Jagdhund anzuschaffen, bereut, wenn er es endlich getan hat, daß er sich nicht eher dazu entschlossen hat.

Zwar hängt es zu einem nicht unwichtigen Teil von der Art der Aufgaben ab, für welchen Hund man sich entscheidet. Doch unabhängig davon spielen einige andere Faktoren eine Rolle, nicht zuletzt der persönliche Geschmack hinsichtlich Größe, Form, Farbe und Temperament. Diese Dinge sind genauso ausschlaggebend für die Auswahl jedes anderen Hundes, aber ein Jäger weiß, daß er sich einerseits auf seinen Hund mehr als ein anderer Durchschnittshundehalter verlassen muß und daß er andererseits seinen vierläufigen Helfer nicht als Schoßhund verhätscheln darf. Was zwar eine strenge Ausbildung erfordert, aber nicht dazu führen darf, daß man an seinem Jagdhund mit Lautstärke oder gar Brutalität sein Mißvergnügen ausläßt. Das Argument, gerade Jagdhunde müßten gelegentlich so behandelt werden, zeugt von wenig Wissen und Verständnis ihrer sogenannten Herren.

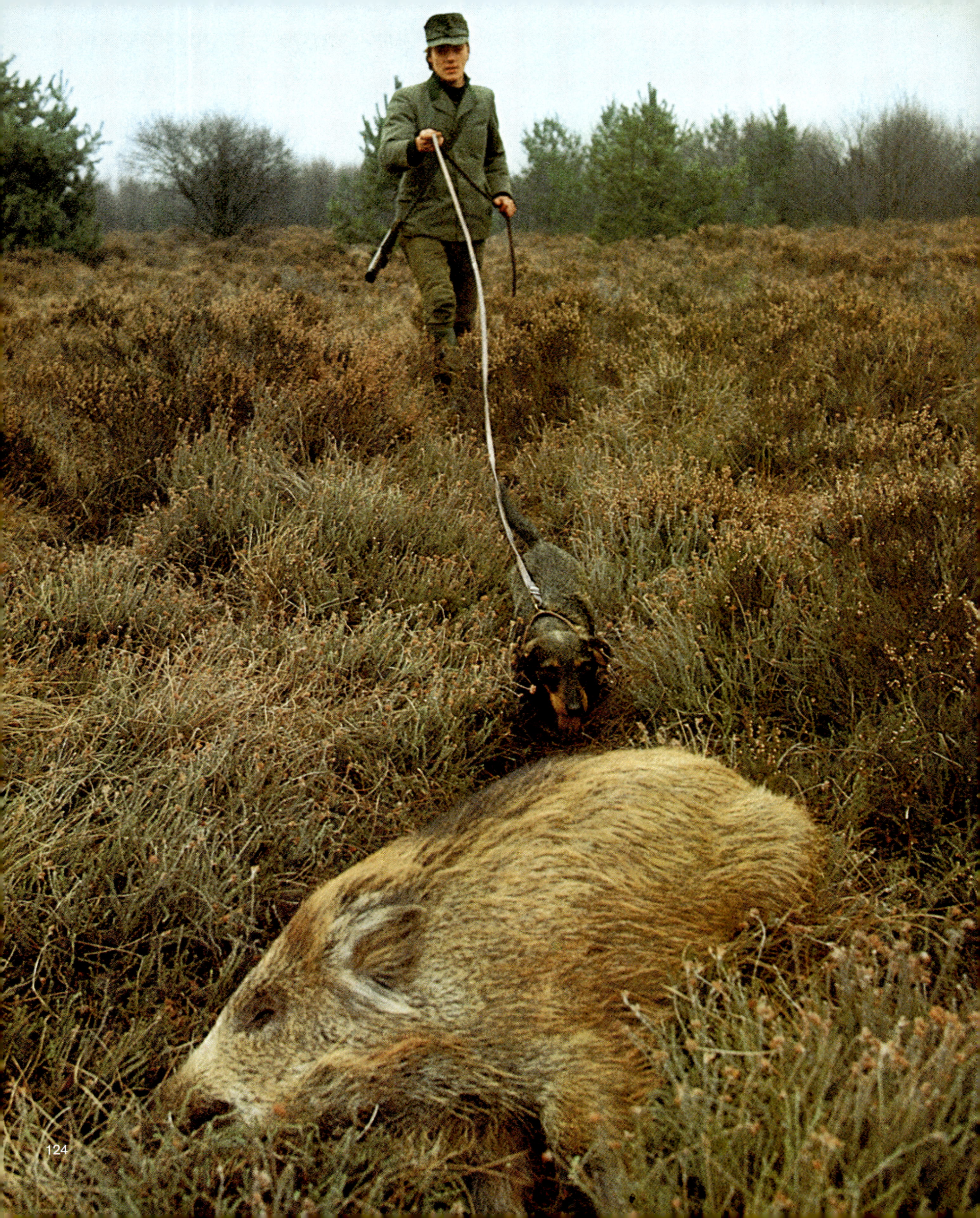

JAGD- UND WAFFENRECHT

Die Jagd – und damit auch die sie betreffenden Regelungen und Ordnungen – sind fast so alt wie der Mensch. Im Laufe der historischen Entwicklung dokumentieren Sitten und Gebräuche der Jagd jeweils die Einstellung des Menschen zum Wild und dessen Lebensraum. Der Wechsel der politischen, kulturellen und sozialen Verhältnisse und Anschauungen hat dabei vielfache und oft einschneidende Wandlungen der jeweiligen jagdlichen Verfassung verursacht. Bis heute jedoch ist dem Menschen vom ersten »Kampf ums Dasein« an die Lust am Jagen und zum Beutemachen geblieben. Es entstand damit zugleich die Notwendigkeit, beides in geordnete Bahnen zu lenken, also rechtlich zu regeln.

In dieser ersten Epoche des Beutemachens und freien Tierfanges galt allerdings nur das Recht des Stärkeren, das Faustrecht. Es herrschte das System der zeitlich und regional unbeschränkten Jagdfreiheit. Aber bereits bei der sogenannten »freien Jagd« gab es Einschränkungen: zur Jagdausübung berechtigt war nur der Freie, nicht der Leibeigene oder Sklave.

Mit dem Ende der Völkerwanderung setzte sodann die Epoche der »beschränkten Jagdfreiheit« ein, in der die freie Jagd insbesondere regionalen Einschränkungen unterlag. Es war der Beginn des eigentlichen Jagdrechts: Wenn der Grundeigentümer die Grenzen seines Grundes und Bodens gekennzeichnet hatte, durfte ausschließlich er dort die Jagd ausüben und fremde Jäger daran hindern. So finden wir in den salischen, ripuarischen und alemannischen Volksrechten erste Hinweise auf ein privates Jagdrecht: Unberechtigte Jagdausübung, Wilddiebstahl und Entwendung von Jagdhunden werden mit Geldstrafen in erheblicher Höhe geahndet. Auch die Wildfolge als das Recht, angeschossenes oder angehetztes Wild auf fremdes Jagdgebiet zu verfolgen, wird schon erwähnt. Karl der Große dekretierte sodann einen weiteren Schritt zur Beschränkung der Jagdfreiheit: er trennte in seinen Landgüterordnungen die Forst- und Jagdverwaltung und errichtete Bannforste, in denen nur dem König oder den durch ihn Berechtigten das Jagdrecht zustand.

Sein Beispiel machte bei den übrigen Königen und Fürsten, späterhin auch bei der Kirche Schule: der Königsbann galt künftig nicht nur für die eigenen Wälder, sondern wurde auf alles herrenlose Land und zur »Abrundung« auch auf fremdes Grundeigentum ausgedehnt, insbesondere, wenn es sich um gute Wildeinstände, vordringlich des Rot- und Schwarzwildes handelte. Im Sachsen- und Schwabenspiegel sowie den sogenannten Weistümern wird die damalige jagdrechtliche Auffassung treffend wiedergegeben.

Die geschilderte Entwicklung wurde durch die Ausbildung des Lehnswesens entscheidend gefördert und bedeutete eine weitere Loslösung des Jagdrechtes vom Grundeigentum. Mit dem Übergang zum Absolutismus im 16. Jahrhundert betrachteten sich die Landesherren daher als Eigentümer des gesamten Territoriums und nahmen auf ihrem Gebiet das Jagdrecht als Hoheitsrecht in Anspruch. Die Trennung des Jagdrechts vom Grund und Boden war damit endgültig vollzogen und das Jagdrecht als Bestandteil der Feudalherrschaft rechtlich zum Privileg geworden.

Es entstand nunmehr die Periode der Jagdregalität, die durch das gesamte Mittelalter bis zum Jahre 1789 beziehungsweise 1848 das Jagdrecht bestimmte. Denn in den von den Landesherren erlassenen Forst-, Holz-, Jagd- oder Jägerordnungen wurde das Jagdrecht als »Regal«, also als dingliches Recht an fremdem Grund und Boden festgestellt.

Infolge der Jagdleidenschaft in den einzelnen Fürstenhäusern stand im 17. und 18. Jahrhundert die Jagd im Mittelpunkt höfischer Vergnügungen. Mit Hunderten von Treibern und Hunden wurden Tausende Stück Wild in Parforcejagden, in Zeugjagden, eingestellten Jagden oder an Zwangswechseln »erlegt«, wobei aus prunkvollen Pavillons oder von geschmückten Booten aus wahllos auf das Wild geschossen wurde. Zu diesen Vergnügungen zählte auch das »Fuchs-, Dachs- oder Hasenprellen«, an welchem sich sogar die Damen beteiligten.

In Frankreich beendete die Französische Revolution schlagartig diese Entartungen des Jagdwesens: Die französische Nationalversammlung hob am 4. August 1789 jegliches Jagdrecht auf fremdem Grund und Boden sowie die Jagddienste auf. Das Jagdrecht wurde wieder untrennbar mit dem Grundeigentum verbunden und 1790 ein entsprechendes Jagdgesetz erlassen, wonach selbst auf dem kleinsten Grundstück der Eigentümer jagdberechtigt war. Die französische Regelung wirkte sich nur vorübergehend bis 1814 unter der napoleonischen Herrschaft in den linksrheinischen Gebieten aus.

In Deutschland selbst verblieb es jedoch bei dem bisherigen Rechtszustand; hier war in Bayern noch 1756 das Jagdregal bestätigt worden. Die preußische Forstordnung von 1791 erinnerte zwar daran, »den Gebrauch der Jagden niemals zum Schaden der Untertanen zu gründen«; im preußischen Allgemeinen Landrecht von 1794 wurde das Jagdregal dennoch aufrechterhalten.

Erst das Revolutionsjahr 1848 brachte mit einer Verzögerung von fast 60 Jahren eine Veränderung des deutschen Jagdrechts nach französischem Vorbild.

Man machte jedoch den gleichen Fehler wie zuvor in Frankreich, nämlich auch dem Eigentümer des kleinsten Grundstücks das uneingeschränkte Jagdrecht einzuräumen. Die Folgen dieser Rechtsänderung waren verheerend. Im gleichen Umfang wie zuvor der Adel verfiel die Jahrhunderte von der Jagdausübung ausgeschlossene ländliche Bevölkerung nun der Jagdleidenschaft: binnen kurzer Zeit wurde fast der gesamte Schalenwildbestand ausgerottet.

Zur Beseitigung dieser Mißstände sahen sich daher die Regierungen der einzelnen Bundesstaaten gezwungen, die Ausübung des Jagdrechts von gewissen Bedingungen abhängig zu machen. So wurden Mindestgrößen für einen Jagdbezirk und Schonzeiten für das Wild festgesetzt. Jagdbezirke unterhalb der Mindestgröße konnten gemeindeweise im Wege der Verpachtung genutzt werden. Schließlich führte man gebührenpflichtige Jagdscheine ein, deren Ausstellung jedoch gewissen Personen versagt werden konnte.

Den Reigen dieser Jagdgesetzgebung eröffnete Preußen in dem Gesetz vom 31. Oktober 1848 mit einer Eigenjagd-Mindestgröße von 75 ha. Am 7. März 1849 dekretierte Franz Joseph I. für die Donaumonarchien das Erfordernis eines zusammenhängenden Grundkomplexes von wenigstens 200 Joch für die Ausübung der Jagd. Bayern setzte im Jagdgesetz vom 30. März 1850 die Mindestgröße der Jagdfläche auf 240 Tagwerk im Flachlande und auf 400 Tagwerk im Hochgebirge fest. Mit »Gesetz, die Ausübung der Jagd betreffend« vom 12. Dezember 1850 bestimmte Baden für die Eigenjagd eine Mindestfläche von 200 Morgen und im Gegensatz zum Beschluß der Nationalversammlung in der Paulskirche, daß die ehemaligen Jagdberechtigten mit Geld abgefunden werden mußten. Württemberg folgte mit »Gesetz betreffend die Regelung der Jagd« vom 27. Oktober 1855.

In Hannover dauerten die chaotischen Verhältnisse nach 1848 am längsten; hier wurde erst 1859 ein neues Jagdgesetz erlassen. Danach trat in der jagdrechtlichen Entwicklung eine gewisse Ruhe ein. Die Reichsgründung von 1871 brachte mit der Einführung des Strafgesetzbuches vom 15. Mai 1871 einheitliche Bestimmungen über die Wilderei (Paragraphen 292 bis 295) sowie über den Widerstand gegen Forst- und Jagdbeamte (Paragraph 117) und das Bürgerliche Gesetzbuch ab 1. Januar 1900 solche über den Wildschadenersatz (Paragraph 835 BGB).

Die Jagdgesetzgebung des 20. Jahrhunderts begann mit der Preußischen Jagdordnung vom 15. Juli 1907, welche das damals bestehende Jagdrecht ziemlich erschöpfend regelte. Die fortschrittlichen Bestimmungen des Sächsischen Jagdgesetzes von 1924 waren sodann zusammen mit dem Preußischen Jagdgesetz vom 18. Januar 1934 die Vorläufer für die Jagdrechtsreform, die mit dem Erlaß des Reichsjagdgesetzes vom 3. Juli 1934 endete und alle die Jagd regelnden Landesgesetze aufhob.

Unter Beachtung der Erfordernisse des Tier- und Naturschutzes und Übernahme der Grundgedanken des Preußischen Jagdgesetzes, das sich bereits auf die bewährten Bestimmungen der Preußischen Jagdordnung stützte, entstand durch das Reichsjagdgesetz – insbesondere durch die Einführung einer sorgfältigen Abschußplanung für bestimmte Wildarten – ein Jagdrecht, das auch von Sachkennern des Auslands als vorbildlich bezeichnet wurde.

Nach dem Ende des Zweiten Weltkrieges im Jahre

1945 blieb das Reichsjagdgesetz nur in der britischen Zone und Berlin weiterhin gültig, während es in der amerikanischen, französischen und sowjet-russischen Besatzungszone außer Kraft gesetzt und durch Landesjagdgesetze ersetzt wurde. Die Jagdhoheit stand allerdings den Besatzungsmächten zu.

Eine Beseitigung dieser Rechtszersplitterung durch eine einheitliche Jagdgesetzgebung wurde erst durch die Verabschiedung des Grundgesetzes (GG) ermöglicht. Nach jahrelangen Bemühungen der Jägerschaft wurde am 29. November 1952 das Bundesjagdgesetz erlassen, das in seinen jagdlichen Grundgedanken auf dem Reichsjagdgesetz aufbaute. Das Gesetz trat am 1. April 1953 in Kraft, behandelte aber das Jagdrecht als Rahmengesetz gemäß Art. 75 Nr. 3 GG nicht erschöpfend, da die Regelung des Jagdwesens im einzelnen zur Kompetenz der Länder gehört, die dementsprechend eigene Landesjagdgesetze zur Ausführung des Bundesjagdgesetzes erlassen haben. Das Bundesjagdgesetz ist durch Gesetze vom 16. März 1961, 24. Mai 1968, 25. Juni 1969, 30. Mai 1970 in einigen Bestimmungen abgeändert beziehungsweise ergänzt worden. Ab 1. April 1977 gilt es nun in der Fassung, die es durch die Novelle vom 29. September 1976 erhalten hat.

Ausgehend von dem seit 1848 geltenden Grundsatz, daß das Jagdrecht untrennbar mit Grund und Boden verbunden ist (Paragraph 3, Absatz 1), behält das Bundesjagdgesetz das seit über hundert Jahren bewährte Reviersystem bei, indem es die Ausübung des Jagdrechtes von gewissen Mindestgrößen der Jagdbezirke abhängig macht (Paragraph 3, Absatz 3; Paragraph 4), nämlich 75 ha bei Eigenjagdbezirken (Paragraph 7, Absatz 1) und 150 ha bei den gemeinschaftlichen Jagdbezirken (Paragraph 8, Absatz 1).

Im Eigenjagdbezirk steht das Jagdausübungsrecht dem Eigentümer zu, in gemeinschaftlichen Jagdbezirken der durch Gesetz zwangsweise entstehenden Jagdgenossenschaft (Paragraph 8, Absatz 1; Paragraph 9), die es aber in der Regel verpachtet (Paragraph 10, Absatz 1); dabei ist zu beachten, daß für einen Jagdpächter die Gesamtfläche auf 1 000 ha begrenzt ist (Paragraph 11, Absatz 3).

Voraussetzung für die Jagdausübung, worunter man das Aufsuchen, Nachstellen, Erlegen und Fangen von Wild versteht (Paragraph 1, Absatz 4), ist der Besitz eines gültigen Jagdscheines (Paragraph 15, Absatz 1), der erst nach Ablegung einer ihrem Umfang und Inhalt nach beachtlichen Jägerprüfung (Paragraph 15, Absatz 5) ausgestellt wird, sofern keine Versagungsgründe (Paragraph 17) vorliegen.

Ferner sind bei der Ausübung der Jagd die allgemein anerkannten Grundsätze deutscher Weidgerechtigkeit zu beachten (Paragraph 1, Absatz 3); hierbei handelt es sich nicht um gesetzlich normierte Regeln, sondern um einen sogenannten unbestimmten Rechtsbegriff, dessen Inhalt jeweils erforscht werden muß und der ständiger Wandlung unterliegt.

Ausgeübt werden darf die Jagd nur auf solche wildlebenden Tiere, die dem Jagdrecht unterliegen (Paragraph 1, Absatz 1) und die abschließend in Paragraph 2 aufgeführt sind, jedoch nur während der in der Verordnung über die Jagdzeiten (vom 2. April 1977) festgelegten Termine (Paragraph 22). Gewisse Tiere sind jedoch ganzjährig geschont, und Schalenwild – ausgenommen Schwarzwild-, Auer-, Birk- und Rakkelwild sowie Seehunde – darf nur aufgrund und im Rahmen eines behördlich genehmigten Abschußplanes erlegt werden (Paragraph 21, Absatz 2).

Darüber hinaus enthält das Bundesjagdgesetz mannigfache Schutzbestimmungen zugunsten des Wildes in den sachlichen Verboten (Paragraph 19), dem Jagdschutz (Paragraph 23), dem Verbot des Beunruhigens von Wild (Paragraph 19 a) sowie dem Gebot der Verhinderung von vermeidbaren Schmerzen oder Leiden des Wildes (Paragraph 22 a).

Getreu dem Grundsatz »Erst Heger – dann Jäger« war und ist die deutsche Jagdgesetzgebung vornehmlich auf die Hege ausgerichtet. War die Hege bisher bereits Inhalt des Jagdrechtes (Paragraph 1, Absatz 1, Satz 1), so hat die Novelle von 1976 die Hege als Pflicht besonders herausgestellt, die, weil mit dem Jagdrecht verbunden (Paragraph 1, Absatz 1, Satz 2), nunmehr auch dem Grundeigentümer neben dem Jäger obliegt. Zum Zwecke der Hege des Wildes können nunmehr auch Hegegemeinschaften gebildet werden (Paragraph 10 a, Absatz 1).

Als Ziel der Hege bezeichnet das Bundesjagdgesetz die Erhaltung eines den landschaftlichen und landeskulturellen Verhältnissen angepaßten, artenreichen und gesunden Wildbestandes sowie die Pflege und Sicherung seiner Lebensgrundlagen. Jedoch muß unter Beachtung der Belange des Naturschutzes und der Landschaftspflege (Paragraph 27, Absatz 1) und der sonstigen Beschränkungen (Paragraph 28) die Hege so durchgeführt werden, daß Beeinträchtigungen einer ordnungsgemäßen land-, forst- und fischereiwirtschaftlichen Nutzung, insbesondere Wildschäden, möglichst vermieden werden (Paragraph 1, Absatz 2). Treten dennoch Wildschäden auf, so sind diese, wenn von Schalenwild, Kaninchen oder Fasanen verursacht (Paragraph 29, Absatz 1), ebenso zu ersetzen wie aus mißbräuchlicher Jagdausübung entstandener Jagdschaden (Paragraph 33, Absatz 2).

Darüber hinaus enthält das Bundesjagdgesetz zur Ahndung von Verstößen auch Straf- und Bußgeldvorschriften (Paragraphen 38 bis 42).

Betrachtet man abschließend die Entwicklung des Jagdrechts, so zeigt sich, daß es stets eine gewisse Rechtsanschauung widerspiegelt und diese repräsentiert. Nicht die Jagdgesetzgebung an sich, sondern immer nur die in ihr enthaltenen und zum Ausdruck kommenden ethischen Momente der Einstellung des Menschen zum Wild rechtfertigen daher die Ausübung der Jagd, des »edlen Weidwerks«.

Die Bestrebungen nach einem einheitlichen *Waffenrecht,* mit dem auch der Erwerb und Besitz von Waffen geregelt werden sollte, sind ein Merkmal unseres Jahrhunderts. Bis dahin war der Waffenbesitz grundsätzlich frei; lediglich das Strafgesetzbuch (von 1871) sowie das Vereinsgesetz (von 1908) enthielten einige einschränkende Vorschriften. Nach den einzelnen landesrechtlichen Bestimmungen war zum Führen von Schußwaffen zwar ein Waffenschein erforderlich, dieser wurde aber jeder gut beleumundeten Person ohne weiteres erteilt.

Erstmals im Jahre 1911 bemühte sich die damalige Regierung des Deutschen Reiches, auf dem Gebiet des Waffenrechtes reichseinheitliche Vorschriften zu schaffen. Der Erste Weltkrieg verhinderte dies, seine Beendigung brachte jedoch – nicht zuletzt wegen des Versailler Vertrages – in den Jahren 1918 bis 1922 eine Vielzahl von waffenrechtlichen Bestimmungen, wovon hier vor allem die Verordnung des Rates der Volksbeauftragten über den Waffenbesitz vom 13. Januar 1919 und das Gesetz über die Entwaffnung der Bevölkerung vom 7. August 1920 interessieren. Die bisherige Rechtslage wurde grundlegend verändert, denn Schußwaffen und Munition aller Art mußten unverzüglich abgeliefert werden; der unbefugte Besitz von Waffen wurde mit schweren Strafen bedroht. Vae victis – welche Parallele zu der noch zu schildernden Zeit im Jahre 1945!

Die bereits 1911 vorhandenen Vereinheitlichungsbestrebungen führten schließlich zum Erlaß des Schußwaffengesetzes vom 12. April 1928, das erstmals das Waffenrecht einheitlich für das gesamte Reichsgebiet kodifizierte. Überlassen, Erwerb und Führen von Schußwaffen und Munition durften nur aufgrund eines Waffen- oder Munitonserwerbsscheins beziehungsweise Waffenscheines erfolgen, die insgesamt nur zuverlässigen Personen ausgestellt wurden. Die Ausführungsverordnung vom 13. Juli 1928 befreite allerdings bestimmte Langwaffen und Munitionsarten von der Erwerbsscheinverpflichtung.

Zehn Jahre später wurde das Schußwaffengesetz durch das Reichswaffengesetz vom 18. März 1938 ersetzt, das nun auch die Hieb- und Stoßwaffen erfaßte. Es regelte im IV. Abschnitt Erwerb, Führen, Besitz und Einfuhr von Waffen und Munition, ohne jedoch auch diese Begriffe zu definieren, eine Aufgabe, die dadurch zwangsläufig der Rechtsprechung überlassen blieb. Im übrigen brachte das Reichswaffengesetz beträchtliche Erleichterungen, insbesondere für Jagdscheininhaber.

Die Erwerbsscheinpflicht entfiel völlig für Munition und Langwaffen (außer Kriegswaffen) und blieb nur für Pistolen und Revolver (Faustfeuerwaffen) aufrechterhalten, Inhaber von Waffen- und Jagdscheinen konnten aber auch Faustfeuerwaffen frei erwerben. Für die Jäger galt somit der Grundsatz: Der Jagdschein (und zwar im Gegensatz zum früheren Schußwaffengesetz von 1928 auch der Tages- und Jugendjagdschein!) ersetzt den Waffen- und Waffenerwerbsschein und berechtigt zu unbegrenztem Führen von Lang- und Faustfeuerwaffen.

Mit dem Ende des Zweiten Weltkrieges trat das Besatzungsrecht der Alliierten in Kraft: Sämtliche Waffen waren abzuliefern, und für deren Besitz wurde die Todesstrafe angedroht, ein Zustand, der in West-Berlin durch das Besatzungsstatut fast unverändert heute noch gilt.

Mit der Wiedererlangung der Souveränität der Bundesrepublik Deutschland im Jahre 1952 galt zunächst das Reichswaffengesetz weiter, und zwar, soweit es sich um die Bestimmungen über Herstellung, Bearbeitung, Einfuhr und Handel von Waffen und Munition handelte, als Bundesrecht, bezüglich der ordnungs- und sicherheitsrechtlichen Bestimmungen, insbesondere des Erwerbs, des Besitzes und des Führens von Waffen als Landesrecht.

Während die bundesrechtlichen Bestimmungen im Bundeswaffengesetz vom 21. Juni 1968 eine Neuregelung erfuhren, trat in dem der Ländergesetzgebung vorbehaltenen Sektor des Waffenrechts eine stetig zunehmende Rechtszersplitterung ein. Die allseits erstrebte und dringend erforderliche einheitliche Landeswaffengesetzgebung erwies sich jedoch als undurchführbar. Nachdem aus diesem Grunde das Grundgesetz geändert worden war, erhielt die Bundesrepublik Deutschland (ausgenommen West-Berlin) mit dem Waffengesetz vom 19. September 1972 wieder eine einheitliche Regelung des gesamten Waffenrechts. Allerdings erfolgte die Verabschiedung übereilt unter dem Eindruck anarchistischer Gewalttaten, so daß die Mängel des Gesetzes sehr bald eine Novellierung erforderlich machten, die zur Verkündung des Waffengesetzes vom 4. März 1976 führte.

Zur Ergänzung dieses Gesetzes wurden die 1. bis 4. Verordnung zum Waffengesetz sowie zu dessen Erläuterung die Allgemeine Verwaltungsvorschrift zum Waffengesetz erlassen.

Neben der begrüßenswerten Beseitigung des Dualismus von Bundes- und Länderrecht bringt das Waffengesetz von 1972 als bedeutsame Neuerung einheitliche Begriffsbestimmungen für das Waffenrecht. Was unter Waffen, Teilen hiervon und Munition zu verstehen ist, wird in den Paragraphen 1 bis 3 definiert. Die so wichtigen Begriffe des Erwerbens, Überlassens und Führens von Waffen werden in Paragraph 4 erläutert:

»Erwerben« ist danach die Erlangung der tatsächlichen Gewalt über einen Gegenstand, wird diese einem anderen eingeräumt, so wird der Gegenstand »überlassen«.

Eine wesentliche Änderung hat der Begriff des »Führens« erfahren. Nach der Rechtsprechung zum Reichswaffengesetz verstand man hierunter das schußbereite und zugriffsbereite Tragen einer Waffe, um mit ihr ausgerüstet zu sein (RGST 18/368). Jetzt stellt bereits die Ausübung der tatsächlichen Gewalt über die Waffen außerhalb der Wohnung, der Geschäftsräume oder des befriedeten Besitztums ein Führen im Sinne des Gesetzes dar (Paragraph 4, Absatz 4, WaffG).

Schließlich wird in Paragraph 5 im einzelnen aufgeführt, wann eine Person im Sinne des Waffengesetzes als zuverlässig anzusehen ist oder nicht.

Völlig neu in der Waffengesetzgebung ist jedoch die Einführung einer Registrierungspflicht für fast alle Waffen (Paragraph 59) und vor allem von Waffenbesitzkarten (Paragraph 28), die eine doppelte Funktion erfüllen. Einmal gelten sie als unbegrenzter Ausweis für die Registrierung der verzeichneten Waffe(n), also deren legalen Besitz (Legitimationsfunktion), zum anderen berechtigen sie auf entsprechenden Antrag hin zum Erwerb der betreffenden Waffe innerhalb eines Jahres (Paragraph 28, Absatz 1 – Erwerbsfunktion); insoweit entspricht die Waffenbesitzkarte dem früheren Waffenerwerbsschein des Schußwaffen- beziehungsweise Reichswaffengesetzes.

Für die Jäger bedeutet die Waffengesetzgebung der Jahre 1972 bis 76 einen Rückschritt auf das Schußwaffengesetz von 1928: Der Jagdschein berechtigt zwar noch zum Erwerb von Langwaffen (das sind Waffen mit einer Länge von mehr als 60 cm) und Selbstladewaffen, deren Magazin nicht mehr als 2 Patronen aufnehmen kann, ohne daß es einer Waffenbesitzkarte bedarf (Paragraph 28, Absatz 4, Nr. 7); zum Erwerb von Kurzwaffen (das sind Waffen mit einer Länge von weniger als 60 cm, früher Faustfeuerwaffen genannt) bedarf aber auch der Jagdscheininhaber einer Waffenbesitzkarte, die ihm, sofern er noch nicht zwei Waffen dieser Art besitzt, ohne Bedürfnisprüfung erteilt wird (Paragraph 32, Absatz 2, Nr. 2). Eine – im Hinblick auf die unterschiedliche Verwaltungspraxis längst fällige – Legaldefinition darüber, wann ein Bedürfnis vorliegt oder nicht, enthält, trotz der begrüßenswerten Definition in Paragraph 4 des Gesetzes, die neue Waffengesetzgebung auch nicht!

Beim Munitionserwerb ist ebenfalls ein Rückfall in die Bestimmungen des Schußwaffengesetzes von 1928 festzustellen. Grundsätzlich muß ein Munitionserwerbsschein vorgewiesen werden, für Langwaffenmunition sind die Jagdscheininhaber hiervon allerdings befreit (Paragraph 29, Absatz 2, Nr. 1). Kurzwaffenmunition erhalten aber auch die Jagdscheininhaber nur aufgrund einer auf der betreffenden Waffenbesitzkarte vermerkten Erwerbsberechtigung (Paragraphen 29, Absatz 4; 30, Absatz 1, Satz 3, und 32).

Wie beim Waffen- und Munitionserwerb ist auch beim Waffenführungsrecht ein Rückschritt auf das Schußwaffengesetz von 1928 festzustellen. Der Jagdscheininhaber ist zum Führen von Waffen nur noch zur »befugten Jagdausübung, zum Jagd- und Forstschutz sowie im Zusammenhang damit«, worunter das Führen von Waffen auf dem Hin- und Rückweg verstanden wird, berechtigt (Paragraph 35, Absatz 4, Nr. 2a). Das Schießen mit der Waffe ist nur auf speziell genehmigten Schießstätten sowie für Jagdscheininhaber ebenfalls im Rahmen der befugten Jagdausübung, zum Jagd- und Forstschutz einschließlich des Anschießens von Jagdwaffen im Revier gestattet (Paragraph 45, Absatz 6, Nr. 3).

Zur Einfuhr von Waffen und Munition genügt bei Langwaffen der Jagdschein, im übrigen die Waffenbesitzkarte; das gilt auch für Ausländer unter gewissen Voraussetzungen (Paragraph 9 der 1. WaffVO). Zur Wiedereinfuhr von Waffen bedarf es nur der Vorlage der Waffenbesitzkarte (Paragraph 27). Abschließend ist zu vermerken, daß das Waffengesetz für Verstöße gegen die einzelnen Bestimmungen Ordnungswidrigkeitsvorschriften (Paragraphen 53 und 55) enthält.

Hans-Hermann Prützel

JAGDWAFFEN, JAGDOPTIK, MUNITION

Die Ausrüstung des Jägers ist auf Zweckmäßigkeit ausgerichtet. Vor allem die wichtigsten Geräte für die Jagdausübung, wie Feuerwaffen und optische Vorrichtungen, sind bis zur höchsten Präzision entwickelt worden. Auch hinsichtlich Material und Form steht dem Fachmann Erlesenes zur Verfügung.

Mit der Verfeinerung der Jagdmethoden und der Differenzierung der Bejagung verschiedener Wildarten hat auch die Ausrüstung des Jägers eine größere Spezialisierung erfahren. Den Jäger mit nur einem Drilling, einer Büchse oder gar nur einer Flinte gibt es kaum noch.

Büchse und *Flinte* sind feststehende Begriffe wie Pistole und Revolver. Aus der Büchse werden für den Jagdgebrauch nur jeweils einzelne Projektile (Geschosse) verfeuert, die im Laufinnern durch eine spiralenförmige Führung einen Drall erhalten, wodurch das Geschoß im Flug stabilisiert wird: Flinten haben immer glatte Läufe, aus denen Schrote verschossen werden. Jede Schrotpatrone enthält je nach Kaliber, Schrotstärke und Ladung ca. 50 bis 800 Schrote.

Die vom Standpunkt der Weidgerechtigkeit noch für angemessen gehaltene obere Grenze der Büchsenschußentfernung liegt bei ca. 200 m. Dies bezieht sich nur auf größeres Schalenwild und auf Schüsse, die aus sicherer Position abgegeben werden. Die Schrotschußentfernung sollte aber nicht über 35 m liegen.

Zu den zuverlässigsten und robustesten Gebrauchswaffen zählen die *Repetierbüchsen*. Es gibt sie in jagdlichen Ausführungen in einem breiten Bereich von Kaliber 5,6 mm bis Kaliber 9,3 mm und für extreme Fälle (Großwild) auch noch in größeren Laufinnenabmessungen. Kaliber und Jagdart beziehungsweise Verwendungszweck beeinflussen das Gewicht und die Form einer Waffe entscheidend. Die handelsüblichen Konstruktionen sind ausgereift, und viele von ihnen haben sich millionenfach bewährt. Der Repetierer wird für das Schießen auf dem Stand (Übungs- und Wettkampfwaffe) überwiegend als Einzellader gefertigt.

Für die Verwendung im Revier ist der Repetierer mit einer Mehrladeeinrichtung für meist fünf Patronen ausgestattet.

Die mittlere Lauflänge beträgt 60 cm und gewährleistet eine gute Führigkeit. Schaftform und -länge müssen den Körperabmessungen des Jägers Rechnung tragen. Hier sind vor allem Armlängen, Halslänge und Kopfform in Betracht zu ziehen. Dies ist besonders wichtig, um schnell und ohne Korrekturen die Büchse in Anschlag bringen zu können. Zu berücksichtigen ist bei jeder Waffe auch die Lage der Visierlinie. Eine Zielfernrohrvisierung erfordert einen höheren Schaftrücken als die Kimme-Kornvisierung. Heute entscheidet sich der Jäger in stärkerem Maße für den weichen Direktabzug ohne Vorzug und Druckpunkt, hingegen er früher die Abzugvorrichtung mit Feineinstellung, den Stecher, wählte.

Im Revierbereich, wo häufig schnell gehandelt werden muß, Temperatur und Wettereinfluß schwanken, hat der Direktabzug seine Vorzüge. Auf dem Schießstand und beim Ansitz steht das eine Abzugsystem dem anderen nicht nach.

Zu den Büchsen mit anderen Systemen gehören vor allem die *Kipplaufbüchsen, Büchsen mit Blockverschluß* und *Selbstladebüchsen*.

Kipplaufbüchsen können ein- und doppelläufig, mit gewöhnlich neben- oder übereinanderliegenden Läufen sein. Ihre aufwendigere Bauart rechtfertigt einen höheren Preis. Handwerklicher Kunst und büchsenmacherischem Können steht hier ein breites Betätigungsfeld offen. Durch das Kipplaufsystem bedingt, können die Waffen in der Gesamtlänge kürzer und in ihrer Form sehr gefällig gehalten werden.

Gern werden Kipplaufwaffen mit Wechselläufen gefertigt. Sonderwünsche sind Einzelanfertigungen, die sich im Preis besonders unterscheiden. Den verschiedenen Variationsmöglichkeiten sind zwar auch Grenzen gesetzt, doch in bezug auf die Kaliber ist genügend Spielraum vorhanden.

Doppelbüchsen werden bevorzugt auf Drückjagden geführt und überall dort, wo ein zweiter Schuß in Bruchteilen von Sekunden dem ersten folgen muß, ohne daß die Waffe aus dem Gesicht genommen zu werden braucht. Für den Fall, daß eine Feineinstellung der Abzüge gewünscht wird, kann ein Rückstecher eingebaut werden.

Doppelbüchsen für schnelle oder/und große Laufziele werden gern mit einem Fluchtvisier ausgestattet, das heißt mit einem grobgehaltenen, schnell ins Ziel zu bringenden, sich gut vom Hintergrund abhebenden Visier und dazu passendem Korn. Doppelbüchsen mit unterschiedlichen Kalibern der Läufe nennt man Bergstutzen.

Jagdbüchsen mit Blockverschluß sind einläufige Waffen, auch sehr kurz in ihrer Gesamtlänge; sie gelten als Pirschbüchsen.

Weniger gebräuchlich sind in der alten Welt *Selbstladebüchsen*, ferner die in Amerika weit verbreiteten Unterhebel *(Leveraction)* und Pumprepetierer *(Pumprifle)*. Die Selbstladebüchsen, auch Halbautomaten genannt, sind in Deutschland für Jagdzwecke nur mit einer Magazinkapazität von zwei Patronen erlaubt, es sei denn, daß ein Bedarf für mehr als zwei Patronen im Magazin nachgewiesen werden kann. Dem Unterhebelrepetierer haftet ein Hauch des Wilden Westens an, wogegen der Pumpmechanismus jüngeren amerikanischen Ursprungs ist.

Im jagdlichen Sprachgebrauch kennen wir den Begriff Schonzeitbüchse. So nennt man landläufig alle Büchsen jagdlicher Bauart in den Kalibern .22 l.f.B., .22 Winchester Magnum und .22 Hornet.

Die genannten Kaliber sind für die Bejagung von Kleinwildarten, wie kleines Raubwild, Tauben und Kaninchen, gut geeignet.

Flinten werden als ein- und zweiläufige Waffen gefertigt. Einläufige Flinten, die nur eine Patrone aufnehmen können, spielen im Jagdbetrieb eine untergeordnete Rolle. War man früher der Meinung, der junge Jäger solle mit der einläufigen Flinte beginnen, so besteht heute die Auffassung, der zweite Schuß müsse von Anfang an geübt werden, weil er in der Praxis bedeutungsvoll ist. Um krankes Wild schnell erlösen zu können, muß der zweite Schuß dem ersten oft schnell folgen. Beim Schuß auf Wild, das sitzt (Tauben) oder sich nur langsam bewegt (hoppelndes Kaninchen), sind die einläufigen, einschüssigen Flinten durchaus zu gebrauchen. Meist werden diese einfachen Waffen wie ehemals mit außen liegendem Hahn gebaut und sind sehr preiswert.

Selbstladeflinten sind ebenfalls einläufige Flinten, bei denen der Wiederladevorgang nach Abgabe des Schusses selbsttätig erfolgt. Sie fallen unter den Sammelbegriff Halbautomat. Das Patronenmagazin ist im Vorderschaft untergebracht und faßt zwei bis fünf Patronen. In der Bundesrepublik dürfen laut Bundesjagdgesetz nur solche halbautomatischen Waffen geführt werden, die nicht mehr als zwei Patronen ins Magazin aufnehmen können. Bei nachweisbarem Bedarf sind Ausnahmen möglich.

Ebenfalls einläufig sind die *Trombonen-Flinten*, das heißt, die Flinten mit dem Pumpmechanismus. Durch Zurückschieben des Vorderschaftes wird die abgefeuerte Patrone ausgeworfen, und beim Vorschieben des Vorderschaftes wird die neue Patrone zugeführt.

Doppelflinten sind ausgesprochene Niederwildwaffen mit entweder nebeneinanderliegenden Läufen, dann auch Querflinten genannt, oder mit übereinanderliegenden, aufgebockten Läufen, kurzweg als Bockflinte bekannt. Während man früher mehr die nebeneinanderliegenden Läufe wählte, geht heute der Trend stärker zur Bockflinte. Doppelflinten können für jeden Lauf einen separaten Abzug besitzen, sie können aber auch mit einem sogenannten Einabzug ausgestattet sein.

Alle Flintenarten, außer den einläufigen mehrschüssigen, können mit oder ohne Ejektor gefertigt werden. Für den Jagdbetrieb empfiehlt sich der Ejektor (Patronenauswerfer), weil er gegenüber dem Extraktor (Patronenauszieher) Vorteile bietet. Beim Ejektor werden die Hülsen herausgeschleudert, sobald die Waffe voll geöffnet ist.

Auch das kürzeste Kapitel über Flinten darf nicht abgeschlossen werden, ohne die Würgebohrung oder Choke zu erwähnen. Während ursprünglich die Flinten ausschließlich mit zylindrischen Läufen gebaut wurden, werden heute die Jagdflinten an der Laufmündung mit einer Verengung versehen. Dadurch wird die Garbe der Schrote mehr oder weniger dicht gebündelt und über die Streufläche besser verteilt. Die Würgebohrung wird bezeichnet mit viertel-, einhalb-, dreiviertel- und vollchoke. Daneben gibt es natürlich verschiedene

Spezialbohrungen, wie für das Skeetschießen. Die gebräuchlichsten Flintenkaliber sind 12 und 16 mm.

Das Kipplaufsystem ermöglicht verschiedene Laufkombinationen. Die bekanntesten sind zwei Schrotläufe und ein Büchsenlauf, ferner ein Schrotlauf und ein Büchsenlauf, also Drilling und Büchsflinte. Daneben werden u. a. gefertigt der Bockdrilling und Vierling. Je spezieller diese Laufkombinationen sind, desto teurer werden sie in der Einzelanfertigung. Flinten-/Büchsenkombinationen sind sehr zweckmäßig, weil der Jäger einen recht breiten Einsatzbereich für seine Jagdwaffe hat.

Pistole und Revolver – die Kurzwaffen – gehören heute ohne Zweifel zur Standardausrüstung des Jägers. Das Waffengesetz erkennt ein generelles Bedürfnis für zwei Kurzwaffen an, und das Bundesjagdgesetz hat den Fangschuß mit der Kurzwaffe, unter Forderung einer Mindestenergie, erlaubt. Die Kurzwaffe findet außer für den Fangschuß einen vielseitigen Einsatz beim Jagdschutz im weitesten Sinne und dient dem Selbstschutz des Jägers.

Pistolen sind Selbstladewaffen, bei denen das Spannen, Laden und Auswerfen durch Gasdruck erfolgt. Der Schütze hat mit dem Laden des Magazins, dem Zuführen der Patrone in den Lauf und dem Spannen die Waffe schußbereit gemacht. Danach braucht lediglich der Abzug betätigt zu werden. Pistolen sind also halbautomatische Waffen. Das Patronenmagazin, das in der Regel bis zu neun Patronen aufnehmen kann, befindet sich bei den Pistolen im Griffstück. Die Pistolenmunition ist randlos, das heißt, sie hat keinen überstehenden Rand, sondern lediglich eine Einschnürung zwischen Hülsenboden und Hülse, damit der Auswerfer fassen kann. Eine Ausnahme stellt die Patrone .22l.f.B. dar. Die für den Jäger brauchbaren Standardkaliber sind .22l.f.B., 7.65, 7.65 Parabellum, 9 mm und .45.

Den *Revolver* charakterisiert die Trommel, die für die Aufnahme der Patronen bestimmt ist. Durch die Betätigung des Abzuges wird die Trommel axial so weit gedreht, daß die nächste Patrone vor dem Lauf liegt. Die meisten heutigen Revolver bewegen die Trommel und spannen zugleich den Hahn *(Doublé-action)*, der Hahn kann aber auch unabhängig von der Abzugsbewegung und dem Trommeltransport gespannt werden.

Bei älteren Revolvern und heutigen einfachen Konstruktionen muß der Hahn immer extra gespannt werden *(Single-action)*. Beim Spannen des Hahns mit der Hand bewegt sich die Trommel um eine Position weiter.

Eine Sicherung besitzen Revolver im Gegensatz zur Pistole nicht, weil die Revolverkonstruktion selber eine ausreichende Sicherheit bietet, vorausgesetzt, daß der Hahn in Ruhestellung ist. Revolverpatronen haben Hülsen mit überstehendem Rand. Am gebräuchlichsten sind die Kaliber .22l.f.B., .38 Spezial und .357 Magnum

Obwohl fast alle Büchsen serienmäßig mit Visier und Korn ausgestattet sind und somit die Waffe voll einsatzfähig ist, wird die »Kugelwaffe« außerdem noch mit einem *Zielfernrohr* bestückt. Diese optische Visiereinrichtung hat gegenüber der mechanischen erhebliche Vorteile. Visier und Ziel werden in eine Bildebene gebracht und sind somit auch für Alterssichtige einheitlich scharf. Zielfehler, die durch die Beleuchtung des Visiers entstehen können, sind ausgeschaltet, das Ziel wird vergrößert, und Augenfehler können korrigiert werden. Von besonderer Bedeutung ist, daß der Jäger mittels Zielfernrohr den Tag »verlängern« kann. Selbst in tiefer Dämmerung erlaubt es ein sicheres Ansprechen und ein feines, genaues Zielen.

Die gebräuchlichsten Zielfernrohre haben eine vierfache Vergrößerung und das Absehen Nr. 1 oder Nr. 4. Für die spezielle Ansitzjagd in der Dämmerung wird das 6- und 8fache Glas gewählt. Bewährt haben sich auch die variablen Zielfernrohre, wie zum Beispiel 1½- bis 6- oder 4- bis 10fach. Die optische Visierung ohne Vergrößerungseffekt bietet ein großes Sehfeld, was besonders für das Flüchtigschießen von großer Bedeutung ist. Die Vergrößerung allein charakterisiert noch lange kein gutes Zielfernrohr. Ausschlaggebend sind vor allem hohe optische Güte, präziser Mechanismus für die Höhen- und Seitenverstellung des Absehens und die Lichtstärke.

Jede Waffe und jedes Zielfernrohr erfordert eine exakt gearbeitete und fachmännisch angebrachte Montage. Die bewährteste und deshalb von Kennern bevorzugt verwendete Montage ist die Suhler Einhakmontage. Außerdem gibt es noch Schwenkmontagen, die ebenfalls ein problemloses Abnehmen und Wiederaufsetzen gewährleisten.

Aufschub- und Aufschraubmontagen sind in verschiedenen Ausführungen auf dem Markt. Hier ist nach jedem Abnehmen und Wiederaufsetzen ein erneutes Kontrollschießen, meist sogar ein gründliches Einschießen erforderlich.

Sinnvoll sind auch Zielfernrohre mit auswechselbarem Absehen und Zielfernrohre, deren Absehen bei vertikaler und horizontaler Verstellung stets in der Mitte des Blickfeldes bleibt.

Ein *Fernglas* ist für den Jäger ebenfalls unerläßlich. Er benötigt es auf seinen täglichen Reviergängen und vor allem auf der Pirsch und beim Ansitz zum genauen Ansprechen des Wildes. Das 6fache Glas stellt heute die allerunterste Grenze dar, 7- und 8fache Vergrößerungen sind im Jagdgebrauch bevorzugt. 7-, 8- und 9fache Gläser mit hoher Lichtstärke sind beliebte Nachtgläser, das heißt, Ferngläser mit hoher Dämmerungsleistung. Gläser mit stärkerer Vergrößerung als 10fach erfordern eine ruhige Hand beziehungsweise eine gute Auflage; sie sind weniger gefragt, da sie sich nicht so universell einsetzen lassen.

Ferngläser für den reinen Tagesgebrauch müssen nicht lichtstark sein und lassen sich deshalb kleiner und leichter konstruieren. Der Jäger kann die besonders leichten, kleinen Tagesgläser mühelos führen. Die meisten Ferngläser besitzen einen Mitteltrieb neben der Okulareinstellung auf einer Seite zum Sehschärfenausgleich der Augen.

Gilt es, Wild auf größere Entfernung zu beobachten und/oder genau anzusprechen, so ist ein *Spektiv* von 15- bis 40- oder gar bis 60facher Vergrößerung erforderlich. In jedem Fall erfordert schon eine 15fache Vergrößerung eine ruhige Auflage. Einige Spektive lassen sich teleskopartig auseinander- und zusammenschieben, andere Konstruktionen haben unveränderliche Ausmaße.

Der Jäger darf sich auch beim Spektiv nicht nur von der Vergrößerung leiten lassen, sondern er muß auch ganz besonders auf die Lichtstärke achten, die zum Teil sehr gering ist.

Der Jäger stellt heute hohe Anforderungen an die vielseitige Leistungsfähigkeit seiner *Munition*. Sie muß unter extremen Temperaturen und Witterungsverhältnissen zuverlässig zündbar sein, und sie muß in Verbindung mit der erstklassigen Waffe eine präzise Schußleistung erbringen. Das Geschoß soll eine gestreckte Flugbahn haben und, im Ziel angekommen, soll es schockartig töten.

Da aber vor allem Schußentfernung, Wildverhalten beim Auftreffen des Geschosses, Trefferlage und Trefferwinkel so unterschiedlich sind, wird sich auch mit der allerbesten Munition kein einheitliches Ergebnis erzielen lassen. Hinzu kommt noch die sehr subjektive Einstellung des Jägers zu den Kalibern und Geschoßarten, die einheitliche Aussagen unmöglich machen. Der Durchschnittsjäger ist stets gut beraten, wenn er ein Standardkaliber in der 7-mm-Kaliberklasse wählt und dazu ein Teilmantelgeschoß mittleren Geschoßgewichts.

Die *Büchsenmunition* wird im wesentlichen mit Geschossen versehen, die drei verschiedenen Gruppen zuzuordnen sind. Es sind dies Bleigeschosse, Vollmantelgeschosse und Teilmantelgeschosse. Bleigeschosse haben die für den Jäger bedeutungsvollen, preiswerten Kleinkaliberpatronen, sie sind daher ausgesprochene Übungs- und Schonzeitpatronen. Auch Revolverpatronen haben überwiegend Bleigeschosse. Das Vollmantelgeschoß ist kaum gefragt, höchstens noch für spezielle Zwecke, und zwar dann, wenn der Balg (Fuchs) oder der Tierkörper (Auerhahn, Birkhahn) nur wenig versehrt werden sollen. So bleibt für den Jäger das Teilmantelgeschoß das wichtigste. Diese Geschosse für die jagdliche Praxis können weiter unterteilt werden in sogenannte Zerlegungs- und Deformationsgeschosse. Während erstere sich im Wildkörper in Teile zerlegen und nur selten Ausschüsse liefern, stauchen oder pilzen sich die Deformationsgeschosse mehr oder weniger stark auf, reißen Schußkanäle, geben nur sehr wenig eigene Masse an den Wildkörper ab und liefern einen Ausschuß.

Die *Schrotmunition* ermöglicht das gleichmäßige Abdecken einer Zielfläche mit kleinen Projektilen (Schroten). Das Wild, das von einer Schrotgarbe auf eine Entfernung von 20 bis 35 m getroffen wird, bricht schockartig zusammen. Im günstigen Fall erleidet es einen sofortigen Schocktod, ohne daß Wildbret zerstört wird. Die Schrote liegen meist nur in der äußeren Muskelpartie des Wildes. Der Jäger hat die Schrotstärke der Wildart anzupassen. Es stehen ihm Schrotstärken von 2 bis 4 mm zur Verfügung. Er ist schon sehr gut sortiert, wenn er Patronen mit Schroten von $2^{1}/_{2}$ bis $3^{1}/_{2}$ mm führt, die vom Rebhuhn bis zum Winterfuchs ausreichen. Wesentlich ist, daß man bei stärkerem Wild die Schußentfernung reduziert. Sich in der Schußentfernung zu beschränken, ist sowieso Voraussetzung für den Erfolg und weidmännisches Gebot für den Flug- und Laufwildschützen.

Für die Jagd ist die Patrone mit bis ca. 36 g Schrot geladen. Zu Übungszwecken tut es auch eine Patrone mit weniger Blei und Pulver. Wichtig ist, daß die Schrotmunition weich schießt, also einen erträglichen Rückstoß hat. Aus Sicherheitsgründen muß der Jäger stets auf die Abmessungen der Patrone und den für seine Flinte zulässigen Gasdruck achten. Um einen größeren Streueffekt bei Jagdflinten erreichen zu können, werden Streupatronen auf dem Markt angeboten. In der Schrotstärke 2 mm sind diese Patronen beim Skeetschießen auf dem Tontaubenstand von Vorteil, und in der Schrotstärke von $2^{3}/_{4}$ mm hat der Jäger eine sehr gute Patrone für nahe und mittlere Schußentfernung zur Verfügung.

Karl Grund

TROPHÄEN

Wer als Nichtjäger einen Abend mit Bekannten im trophäengeschmückten Jagdzimmer seines Freundes oder Gastgebers – womöglich noch im Kreise weiterer Jäger – erlebt, mag etwas hilflos um sich blicken und sich mehr oder weniger fragen, was diese Sammlung lebloser Knochen für einen Sinn haben soll. Ist der Besucher gutwillig und verständnisbereit, so wird er dem Erleger zubilligen, daß für ihn in dieser toten Materie unterschiedlichster Form und Gestaltung ein hoher Erlebnis- und Erinnerungswert liegt, daß jede einzelne Trophäe für ihn sichtbares Zeichen eines erfolgreichen Jagdtages ist, ein Objekt, dessen Erbeutung ihn mit Stolz und Befriedigung erfüllt. Ist er jedoch kritisch eingestellt – und die Neigung zu abwertender Kritik ist eine Erscheinung unserer Zeit –, so wird er nur einen wirklichkeitsfremden Trophäenkult darin sehen, der im Extremfall fatal an überzogene Rekordsucht erinnert. Nur wenige werden sich die Mühe machen, darüber nachzudenken, was eigentlich die Faszination der Trophäe ausmacht und welche Wurzeln ihr zu der letztlich doch hohen Wertschätzung über die Zeiten hinweg verholfen haben. Denn daß charakteristische und arteigene Teilstücke – seien es Schädel, Zähne oder Stirnwaffen – erbeuteter Wildtiere von den ersten Entwicklungsstadien menschlicher Kultur an eine hohe kultische Bedeutung gehabt haben, ist unbestritten.

Jagd war in ihren frühesten Stadien – so in der Steinzeit – Lebensgrundlage und Lebensinhalt des Menschen, sie war der Angelpunkt seines Denkens und Handelns, und wir dürfen annehmen, daß zum mindesten der Jungpaläolithiker an höhere, die Geschicke bestimmenden Mächte – Geister oder Götter – geglaubt hat und ihnen an besonderen Kultstätten Opfergaben darbrachte, und zwar mit ausgewählten Teilen der Jagdbeute, die in ihren Besonderheiten eben schon als eine Art Trophäe gelten konnten.

Die ältesten solcher uns bekannten »Trophäen« sind die Schädel von Höhlenbären, aus Höhlen der Schweiz und Mittelfrankens, die mindestens 50 000, wenn nicht 100 000 Jahre alt sein dürften. Die sorgfältige Aufbewahrung in mit Steinplatten umstellten Nischen läßt darauf schließen, daß es sich hier um altsteinzeitliche Kultstätten handelt, in denen den das Jagdglück beeinflussenden Mächten Dankopfer dargebracht wurden, um sie auch weiterhin gnädig zu stimmen. Diese Form der Opfer- oder Weihgaben finden wir fast unverändert noch bei den Germanen, die die Schädel von Wildpferden, Auerochs und Wisent in den den Göttern geweihten Hainen aufhängten. Und es war schließlich nichts anderes, wenn im Klassischen Altertum Artemis, der Göttin der Jagd, Geweih oder Keilerhaupt als Weihgeschenke dargebracht wurden. Es bestanden also von frühester Zeit an starke religiös-mythische Bindungen zur Tierwelt.

Ganz sicher flossen Vorstellungen aus dem magischen Bereich mit ein. Der Steinzeitjäger wollte Einfluß auf das Wildtier bekommen und hoffte das durch bildliche Wiedergaben zu erreichen. So entstanden die berühmten Höhlenmalereien in Südfrankreich und Spanien sowie die in Stein geformten, in Knochen geritzten oder in Elfenbein geschnitzten Tierdarstellungen, die auch als Amulett dienten, damit ihr Zauber auf den Jäger jener Zeit die erwünschten Eigenschaften der Beutetiere wie Ausdauer, Kraft, Tapferkeit, List u. ä. übertrage. Das sind nicht Trophäen in unserem heutigen Sinn, aber die Zähne von Wisent, Bär, Wolf und Schwein oder die Grandeln von Hirsch und Ren, auf eine Sehne gezogen und als Amulett um den Hals getragen, mögen dem Jäger Zeichen erfolgreichen

Jagens und damit auch schon Trophäe gewesen sein. Sie kamen zugleich seinem Schmuckbedürfnis entgegen, sei es, daß der Steinzeitjäger die durchbohrten Grandeln als Kette seiner Liebsten um den Hals hängte, sei es, daß der Germanenjüngling die durchbohrten Keilergewehre stolz als Halsschmuck trug, und daß sie ihm nach seinem Tod neben anderen jagdlichen Beutestücken mit ins Grab gegeben wurden. Die Hörner der selbsterbeuteten Auerochsen – so Cäsar – aber auch die Fänge und Zähne von Keiler und Bär galten als Tapferkeits- und Erfolgsbeweis für Tüchtigkeit und Ruhm des germanischen Jägers. Daß er sich dadurch selber bestätigt sah, ist so abwegig nicht, und der Sprung bis in unsere Zeit scheint mir nicht so weit. Es ist kein so großer Unterschied zwischen der Grandelkette des Steinzeitjägers oder einem grandelverzierten keltischen Bronzereif und dem heutigen Grandelschmuck oder auch dem Gamsbart oder der Spielhahnfeder am vertragenen Hut eines Jägers unserer Tage.

Außerdem fanden sicherlich ein gewisses Zugehörigkeitsgefühl, eine Art Korpsgeist, oder, schauen wir weiter zurück, totemistische Beweggründe, ihren Ausdruck in Darstellungen des Tiers oder in dessen Trophäe. Und auch hier sind das uralte Totemzeichen indianischer Stämme, das Hirschgeweih, das die Wagen und Zelte der aus Asien in Europa einfallenden ungarischen Stämme zierte, und das symbolische Geweih im Abzeichen des Vereins hirschgerechter Jäger oder auch des Deutschen Jagdschutz-Verbandes nicht so weit voneinander entfernt: Sippen-, Stammes- oder bündische Abzeichen menschlicher Gruppen, die sich einander verbunden fühlen und das dokumentieren wollen.

Dieser Trophäenkult religiösen oder magischen Ursprungs läßt sich bis ins frühe Mittelalter verfolgen, scheint aber mit dem zunehmenden Einfluß des Christentums, das darin heidnisches Zauberwerk sehen mußte, erloschen zu sein. Die Wertschätzung der Jagd selber hat dagegen zu keiner Zeit Einbußen erlitten. Wir wissen, daß Karl der Große ein leidenschaftlicher Jäger war, daß die Jagd in der Ritterzeit zu den vornehmsten Aufgaben gehörte und mit zunehmender kultureller Entwicklung zum bevorzugten Vergnügen besonders privilegierter Gesellschaftsschichten wurde, und daß sie im 17. und 18. Jahrhundert an den Fürstenhöfen eine Zeit der Hochblüte erlebte, die aber zugleich in der Perfektion und Überzogenheit ihrer zeremoniellen Bräuche Zeichen beginnender Deformation aufwies.

Und nun, erst nach reichlich tausend Jahren, gewinnt die Trophäe – wenn auch im abgewandelten Sinne – wieder an Bedeutung. Dabei mag das wachsende Interesse am Geschehen in der Natur mitgespielt haben, sicherlich aber wuchs mit dem Bedürfnis nach Prunk, Macht und Selbstdarstellung die Freude am Sammeln spektakulärer Gegenstände. So wurde im zunehmenden Maße, vor allem in der Barockzeit, das aus dem Rahmen fallende starke Hirschgeweih und, dem Zeitgeschmack entsprechend, das Monströse, Abnorme, Bizarre ungewöhnlicher Geweihe zum bevorzugten Sammlerobjekt. Es waren wertvolle Geschenke für befreundete Fürstenhöfe. Die Durchschnittstrophäe hingegen wurde nicht aufbewahrt.

Dieser Sammelleidenschaft verdanken wir die berühmten Hirschgalerien in Moritzburg/Sachsen sowie in Kranichstein und Erbach/Hessen mit einer Auslese hochkapitaler und endenreicher Hirsche, die wir nur mit ungläubigem Staunen betrachten können und mit Dankbarkeit, daß sie uns auf diese Weise erhalten geblieben sind. So hingen allein in Moritzburg ein 66-Ender, zwei 50-Ender, drei 36-Ender, zwei 34-Ender, fünf 30-Ender, dreizehn 28-Ender, achtzehn 26-Ender, achtzehn 24-Ender, darunter einer mit einem Gewicht von 18,36 kg. Das sind 62 Geweihe. Erbach, die wohl berühmteste Sammlung, vereinigt 72 Geweihe allergröbster Klasse. Wir sollten dabei aber nicht vergessen, daß es sich bei diesen »Kabinettstücken« um eine in mehreren Jahrhunderten aus vielen Ländern zusammengetragene Sammlung handelt, die keineswegs ein Maßstab sein kann für die durchschnittliche Stärke der Hirsche aus jener Zeit.

Das Interesse des Erlegers an der Trophäe – die gesellschaftliche Umschichtung der Jägerei war inzwischen aus verschiedenen Gründen in Gang gekommen – nahm erst zum Ausgang des vergangenen Jahrhunderts zu, und auch dann wurde noch jahrzehntelang bei weitem nicht jedes Rehgehörn für würdig befunden, aufbewahrt zu werden, wurden Keilerwaffen nur in Ausnahmefällen beachtet. Mit der wachsenden Wertschätzung wurde aber auch der Wunsch stärker, Möglichkeiten des Vergleichs zu schaffen, die eigenen Erfolge aufzuzeigen, sich als Jäger darzustellen. Die ersten Jagdausstellungen, über die es Zahlenmaterial gibt, fanden 1860 bis 1870 im damaligen Österreich (Ungarn) statt, die größte Jagdausstellung des vorigen Jahrhunderts 1896 in Budapest, die erste deutsche Geweihausstellung 1895 in Berlin und die erste international bedeutsame Ausstellung 1910 in Wien. Zwar wurden bereits auf diesen Ausstellungen einzelne Maße wie Stärke und Länge der Stangen, Rosenumfang und zum Teil auch das Gewicht genommen, doch erfolgte die Bewertung der Trophäe – das galt auch für Gehörne und Gamskrucken – nach dem Augenschein und gutachtlich im Vergleich, bei nur willkürlicher Berücksichtigung der jeweils genommenen Maße. Es wurde dem Mehrheitsbeschluß der Preisrichter überlassen, welche Trophäe als stärkste prämiiert werden sollte. Dieses Verfahren konnte auf die Dauer nicht bestehen.

Die erste formelmäßige Bewertung der Rothirschgeweihe erfolgte 1927 in Budapest nach der Nadlerformel, die in verbesserter Form auch auf der internationalen Pelzausstellung 1930 in Leipzig und weiteren Ausstellungen angewandt wurde. Entsprechende Formeln wurden für die anderen Wildarten – Elch, Damhirsch, Rehbock, Mufflon, Gams und Keiler – entwickelt. Alle diese Formeln erfuhren im Laufe der Jahre verschiedene Änderungen und Ergänzungen, an denen in letzter Zeit der Conseil International de la Chasse et de la Conservation du Giebier (C. I. C.) maßgeblich mitwirkte. Sie alle gliedern sich nach den meßbaren Kriterien (Länge, Umfang, Auslage, Gewicht) und den mehr gutachtlichen (Farbe, Endenbildung, Perlung, Form, Unregelmäßigkeiten), die als Zuschläge (Schönheitspunkte) und Abzüge (Fehler) zu der gemessenen Punktzahl zu- oder von ihr abgezogen werden und zusammen die Wertziffer der Trophäe ergeben.

Es sollen nachfolgend lediglich einige entscheidende Kriterien für die Trophäenbewertung der wichtigsten Schalenwildarten aufgeführt werden.

Das Rotwildgeweih: Entscheidend zählt die durchschnittliche Stangenlänge, die mit dem Faktor 0,5 zu Buche schlägt; wesentlich auch die Umfangmaße der Stangen, die jede für sich – keine Durchschnittswerte – voll zählen. Voll berücksichtigt wird auch die Endenzahl, das heißt, viele Enden ergeben ein Plus gegenüber endenarmen Hirschen. Dagegen hat das Geweihgewicht – je Pfund ein Punkt – keinen so großen Einfluß. Zuschläge gibt es für Farbe, Perlung, Spitzen der Enden und Eissprossen, vor allem aber für die gut ausgeformten, endenreichen und langendigen Kronen – dem typischen Merkmal unseres Rothirsches – mit bis zu 10 Punkten. Die Einstufung ist Erfahrungssache und in längeren Anweisungen festgelegt.

Wertziffern Gold = ab 210 Punkte, Silber = 190 bis 209,9, Bronze 170 bis 189,9

Das Damhirschgeweih: Neben der Stangenlänge wird, dem Charakteristikum des Schaufelgeweihes entsprechend, die Schaufelbildung hoch bewertet, vor allem die Schaufelbreite wird mit dem Multiplikator 1,5 bevorzugt berücksichtigt. Die Umfangmaße werden wie beim Rothirsch gewonnen und entsprechend bewertet. Dagegen können für Schaufelausformung, Wucht und Endenbildung bis zu 11 Pluspunkte gegeben werden, aber auch eine hohe Zahl von Minuspunkten bei schlechter Auslage, fehlerhaften Schaufeln und mangelnder Ebenmäßigkeit.

Gerade das aber kommt beim Schauflergeweih sehr häufig vor. Eine gerechte Bewertung ist schwierig und erfordert viel Erfahrung.

Wertziffern Gold = ab 180 Punkte, Silber = 175 bis 179,9, Bronze = 169 bis 174,9

Das Rehgehörn: Die durchschnittliche Stangenlänge wird wie beim Rothirsch mit 0,5 multipliziert. Entscheidend für die Wertziffer aber sind Gewicht und Volumen, die etwa 75 Prozent der Punktzahl bringen. Zuschläge kann es für Farbe, Perlung, Stärke der Rosen, Spitze der Enden und regelmäßige Ausformung geben, entsprechend Abzüge bei mangelnder Vereckung und Unregelmäßigkeiten. Da die Ermittlung des Volumens kompliziert ist, kann ein vereinfachtes Verfahren angewandt werden: Durch Multiplizieren des Gehörngewichts mit 0,23 kommt man zu brauchbaren Näherungswerten für die Punktzahl für Gewicht + Volumen.

Wertziffern Gold = ab 130 Punkte, Silber = 115 bis 129,9, Bronze = 103 bis 114,9

Die Muffelschnecke: Länge und Auslage, beide Mittelwerte mit dem Faktor 1 in Ansatz gebracht, zählen hoch und bringen bei einem guten Widder etwa 60 Prozent der Wertziffer. Der Umfang wird dreimal, in jedem Drittel einmal gemessen und ergibt etwa ein Drittel der Punkte. Zuschläge gibt es für dunkle Färbung der Schnecke, für dichte Rillung (meistens ein Zeichen des Alters) und gute Drehung, Abzüge für fehlerhafte Schneckenbildung.

Wertziffern Gold = ab 205 Punkte, Silber = 195 bis 204,9, Bronze = 185 bis 194,9

Die Gamskrucke: Die wesentlichen Kriterien sind ebenfalls Länge (Höhe), Auslage und Umfang, nur wird hier lediglich eine Umfangmessung vorgenommen, und zwar an der stärksten Stelle des stärksten Schlauches (dicht an der Basis). Als Zuschlag werden sogenannte Alterspunkte gegeben, so für 11 bis 12jährige Böcke zwei, 13jährige und ältere drei Punkte, Abzüge werden bei starkem Pechbelag gemacht.

Wertziffern Gold = ab 115 Punkte, Silber = 109 bis 114,9, Bronze = 103 bis 108,9

Keilerwaffen: Gemessen wird die durchschnittliche Länge, ferner die durchschnittliche Breite, die mit 3 multipliziert wird, und der Umfang beider Haderer. Breite Gewehre kommen daher hoch in die Punkte und können mit dem multiplizierten Breitenmaß schon zwei Drittel der Wertziffer und mehr erreichen. Zuschläge gibt es für Färbung und Krümmung der Gewehre und Haderer, die Ausbildung der Schleifflächen und für die Form; Abzüge für ungleiche Gewehre und Haderer, geringe Schleifffläche.

Wertziffern Gold = ab 120 Punkte, Silber = 115 bis 119,9, Bronze = 110 bis 114,9

Die Formeln in ihrer derzeitigen Form sind durchaus geeignet, ein einigermaßen objektives und vergleichbares Bild über die Stärke der einzelnen Trophäen zu geben. Der Geschmack des einzelnen Jägers dagegen kann unterschiedlich sein. Der eine liebt lange, weit ausschwingende Geweihe, der andere kürzere, die dafür in der Stangenstärke knuffiger sind. Ein anderer Jäger bevorzugt bizarre, endenreiche Trophäen, wieder andere den in seiner schlichten Regelmäßigkeit »schönen« Zwölfender. Dunkle Farbe und leuchtend helle Enden sowie gute Perlung und Rillung werden dagegen von fast allen besonders geschätzt. Das Reizvolle ist sicherlich die Vielseitigkeit der Trophäe – sei es bei Rothirsch, Damhirsch oder Rehbock. Sie ist mitbestimmend für die Freude bei der Erbeutung, unabhängig davon, ob und wo sie später einmal in die Schematik einer sorgsam ausgeknobelten Formel eingeordnet wird.

Diese Wertung der Trophäen nach Formeln und Punkten, das Herausstellen und Prämiieren der stärksten Geweihe, Gehörne, Krucken, Schnecken und Keilerwaffen auf Ausstellungen, wird verständlicherweise von Nichtjägern, aber auch von manchen Jägern mit Skepsis und Mißtrauen verfolgt, und es sind nicht die Schlechtesten, die es ablehnen, ihre Geweihe vermessen zu lassen und zur Schau zu stellen und dadurch den unverfälschten persönlichen Erlebniswert zu gefährden. Objektiv gesehen kann aber im Interesse der Forschung und der Hegebestrebungen auf eine vergleichsfähige formelmäßige Bewertung nicht mehr verzichtet werden. Die Trophäe ist wissenschaftlich gesehen – wenn auch nicht der einzige – ein greifbarer Weiser dafür, ob der Wildbestand auf die ökologischen Verhältnisse abgestimmt ist, die starke Trophäe ist ein Wertmesser für gesunde, dem Lebensraum angepaßte Bestände und deren Entwicklung. Sie gibt sowohl der Wissenschaft als auch der jagdlichen Praxis Anhaltspunkte für Untersuchungen und Überlegungen und ist eine der Möglichkeiten, die Hegebestrebungen regional und über Jahre hinaus kritisch zu beobachten und zu leiten, vor allem, wenn die Gesamtheit der Trophäen und damit der erkennbare Durchschnitt zur Verfügung stehen. Daß die Bewertung auch zu Auswüchsen führen kann, liegt in der Natur des Menschen. Es wird immer Jäger geben, die aus Ehrgeiz, Geltungsbedürfnis und Neid ihr Ziel nur noch darin sehen, Spitzentrophäen zu erbeuten, die in der Sucht nach Rekorden jede Beherrschung verlieren, denen die Punktzahl alles bedeutet und ein Geweih, das ihren Erwartungen nicht entspricht, das eigentliche Erlebnis der Jagd vergällt. Eine solche Rekordbesessenheit verfälscht den Wert und die Bedeutung der Trophäe.

Für das Gros unserer Jäger aber zählt auch heute – stärker noch als vor nicht einmal hundert Jahren – der Erinnerungs- und Erlebniswert, die eigentliche Jagd mit allem »Drum und Dran«. Ein alter Achter kann dem Erleger mehr bedeuten als der kapitale Kronenhirsch von 200 Punkten, der geringe Abschußbock mehr als der zu jung und zu mühelos erbeutete starke Sechser. Er empfindet Freude und Genugtuung, wenn es ihm gelingt, durch sorgfältigen Abschuß des Schwachen eine Qualitätsverbesserung seines Wildbestandes zu erreichen, und für ihn kann der Knopfbock genauso eine Trophäe bedeuten wie der zurückgesetzte Altbock. Es sind Erinnerungsstücke, die für ihn bleibenden Wert haben. Natürlich wünscht auch er sich die starke Trophäe, in der er den Lohn für seine Hegearbeit in dem ihm anvertrauten Revier und für sein Wild sieht. Man kann dieses psychologische Moment nicht hoch genug einschätzen. Die Freude an der Trophäe ist ein durchaus natürliches Empfinden und kommt letztlich dem Wild und seiner Erhaltung zugute. Und es spricht für das Jagen in unserer Zeit, wenn in unseren Wildbahnen zunehmend Spitzentrophäen erlegt werden konnten. Ein paar Daten mögen das aufzeigen.

Es fällt auf, daß diese absoluten Spitzentrophäen fast aller Wildarten zu einem sehr hohen Anteil in den letzten 20 bis 25 Jahren zur Strecke kamen, bei einigen, so zum Beispiel beim Rotwild, sogar erst in den letzten 5 bis 10 Jahren. Das trifft gleichermaßen für die Bundesrepublik wie auch für viele andere Länder, vor allem die osteuropäischen zu. Die Daten beweisen zum einen, daß auf Grund einer zeitgerechten, den wildbiologischen Erkenntnissen angepaßten Wildstandsbewirtschaftung – fast könnte man von Management sprechen – die Schalenwildpopulationen in viel stärkerem Maße artgerecht gegliedert oder, sagen wir, in sich aufgebaut sind und uns dadurch auf breiterer Basis in

Rothirsch

Europa

Ungarn	1972 – 256,5 Punkte
Bulgarien	1975 – 253,6 Punkte
Ungarn	1970 – 251,8 Punkte
Ungarn	1968 – 249,3 Punkte
Jugoslawien	1946 – 248,5 Punkte
Polen	1954 – 219,4 Punkte

Bundesrepublik Deutschland

Gartow	1959 – 225,9 Punkte
Schaumburger Wald	1969 – 221,0 Punkte
Harz	1972 – 217,9 Punkte
Kreis Celle	1976 – 217,7 Punkte
Sauerland	1971 – 217,0 Punkte
Schleswig-Holstein	1971 – 216,8 Punkte
Schleswig-Holstein	1943 – 215,2 Punkte
Bayerischer Wald	1971 – 214,5 Punkte
Schleswig-Holstein	1975 – 214,0 Punkte
Rheinland-Pfalz	1970 – 213,2 Punkte

Deutsche Demokratische Republik

Nossentiner Heide	1969 – 225,8 Punkte
Mark Brandenburg	1971 – 222,4 Punkte
Stralsund	1946 – 219,9 Punkte

Damschaufler

Europa

Ungarn	1972 – 220,3 Punkte
Ungarn	1970 – 217,2 Punkte
Ungarn	1973 – 216,0 Punkte
Ungarn	1969 – 214,9 Punkte
Ungarn	1965 – 212,1 Punkte

Bundesrepublik Deutschland

Schleswig-Holstein	1976 – 204,3 Punkte
Schleswig-Holstein	1973 – 203,1 Punkte
Schleswig-Holstein	1958 – 199,8 Punkte
Bayern	1961 – 197,0 Punkte
Niedersachsen	1958 – 195,9 Punkte

Rehböcke

Europa

Großbritannien	1974 – 249,0 Punkte
Ungarn	1965 – 228,6 Punkte
Ungarn	1975 – 227,5 Punkte
Ungarn	1975 – 220,3 Punkte
Großbritannien	1971 – 217,1 Punkte
Polen	1969 – 182,7 Punkte

Bundesrepublik Deutschland

Baden	1918 – 166,2 Punkte
Rheinhessen	1972 – 164,8 Punkte
Rheinland	1916 – 159,5 Punkte
Niedersachsen	1967 – 153,2 Punkte
Taunus	1961 – 150,7 Punkte
Bayern	1963 – 149,0 Punkte
Niederrhein	1951 – 147,2 Punkte
[Ostpreußen]	1904 – 166,1 Punkte

Deutsche Demokratische Republik

Kleinsauberwitz	1966 – 172,6 Punkte

Muffelwidder

Europa

ČSSR	1957 – 236,9 Punkte
ČSSR	1970 – 236,1 Punkte
ČSSR	1936 – 235,7 Punkte
ČSSR	1967 – 233,9 Punkte
ČSSR	1974 – 240,6 Punkte

Bundesrepublik Deutschland

Eifel	1961 – 238,0 Punkte
Rheinland-Pfalz	1970 – 223,5 Punkte
Solling	1968 – 217,7 Punkte
Niedersachsen	1970 – 211,6 Punkte

Deutsche Demokratische Republik

Erfurt	1962 – 217,3 Punkte
Halle	1961 – 216,5 Punkte

Gams

Europa

Rumänien	1934 – 141,1 Punkte
Rumänien	1934 – 135,6 Punkte
Schweiz	1941 – 134,6 Punkte
Österreich	1903 – 130,4 Punkte

Bundesrepublik Deutschland

Allgäu	1895 – 120,5 Punkte
Schwarzwald	1936 – 119,6 Punkte

Keiler

Europa

Polen	1930 – 151,0 Punkte
Jugoslawien	1969 – 142,3 Punkte
Polen	1924 – 142,2 Punkte
UdSSR	1964 – 141,8 Punkte

Bundesrepublik Deutschland

Niedersachsen	1922 – 125,7 Punkte
Schleswig-Holstein	1956 – 120,6 Punkte
Schleswig-Holstein	1954 – 120,5 Punkte
Oberhessen	1952 – 120,0 Punkte

Deutsche Demokratische Republik

Schlowe	1954 – 129,8 Punkte
Gillersdorf	1962 – 129,7 Punkte
Flatow	1958 – 128,6 Punkte

die Lage versetzen, die kräftigsten Stücke voll ausreifen zu lassen und in zunehmender Zahl noch stärkere Trophäen heranzuhegen, während man noch vor wenigen Jahrzehnten mehr das Einzelstück im Auge hatte. Zum anderen kommt – unabhängig von der sonstigen Aufgabenstellung der Jagd im Naturhaushalt – die hohe Wertschätzung der Trophäe zum Ausdruck. Denn letzten Endes ist fast mehr noch als vor 50 oder 100 Jahren die starke Trophäe Wunschtraum oder Ziel der meisten Jäger, die auf Schalenwild jagen, auch wenn ihnen, unabhängig davon, jedes geringe Geweih oder Gehörn ein liebenswertes Erinnerungsstück bedeutet. Tatsächlich ist es die auf einer lebendigen Tradition beruhende Gefühlswelt des Jägers, verbunden mit dem Wunsch nach Selbstdarstellung, die die Trophäen zum Spielfeld der Zahlen machte und zu den heute gültigen vergleichbaren Bewertungsformeln führte. Sie aber sind ein wertvoller und heute unentbehrlicher Maßstab dafür geworden, wo wir in Wissenschaft und Praxis stehen.

Ein Abschnitt über die weitere Behandlung der Hauptschmucktrophäen sollte nicht fehlen. Dabei geht es nicht um das sachgerechte Abschlagen, Kochen oder Reinigen des Geweihs oder Gehörns – daß es sorgfältig und sauber präpariert werden muß, ist selbstverständlich –, sondern um seine Darstellung. Hier spielen verschiedene Faktoren eine Rolle, wie Anzahl und Stärke der Trophäen, die Raumverhältnisse und natürlich – entscheidend – der Geschmack des einzelnen, und gerade den sollte man nicht unnötig in eine Richtung zwingen. Einige Hinweise seien aber gegeben.

Stangen (Hirsch, Schaufler, Bock) oder Hornmasse (Muffelwidder, Gams) sollten in einem abgestimmten Verhältnis zum Schädelknochen stehen. Dem kapitalen oder starken Hirsch oder Schaufler steht der ganze Schädel wohl an – es paßt zusammen. Aber bereits für den Hirsch mittlerer Stärke ist der lange Schädel mit »großer« Nase (Bogen) zuviel – er läßt das Geweih schwächer erscheinen, und ein geringer Sechser oder Damknieper, in dieser Weise aufgemacht, wirkt disharmonisch, wenn nicht gar lächerlich – es ist zuviel Knochen. Das gleiche gilt auch für Rehbock und Gams, immer muß das Verhältnis von Knochen zur eigentlichen Trophäe noch harmonisch erscheinen. Im Grunde paßt zum geringen Hirsch, Schaufler und Bock nur der kurz abgeschnittene und abgerundete Stirnteil des Schädels. Aber – der große Schädel ist halt in Mode gekommen, und wir Menschen machen ja so gern nach, was einer vormacht.

Ein Geweih wirkt nicht, wenn es hinter den Stangen zu knapp gekappt ist, es klebt dann zu steil an der Wand. Die hintere Hirnschale muß daher groß gehalten werden, um der Trophäe einen ausreichenden Neigungswinkel zu geben, und sie darf nicht zu hoch gehängt werden – der Hirsch möglichst nicht über 2 m, der Bock in Augenhöhe –, Rosen, Perlen und Stangenstärke kommen wirkungsvoller zum Ausdruck, die Trophäe wirkt stärker, wenn man in sie hineinsieht.

Ob man Geweih und Gehörn auf Holzbrettchen aufsetzt oder den nackten Schädel an die Wand hängt, ist Geschmackssache. Auch welcher Art die Brettchen sein sollen – hell oder dunkel, Eiche, Lärche oder Birke, schlicht oval, wappenförmig oder mit Schnitzereien verziert. Die Jägerfürsten des Barocks ließen ihre stärksten Geweihe auf kunstvoll geschnitzte Hirschköpfe setzen, der Jäger von heute läßt möglicherweise seinen stärksten Bock naturgetreu präparieren. Ich ziehe die nicht aufgesetzte Trophäe an der einfarbig hellen Wand vor, doch können wenige starke Geweihe, Gehörne und Keilerwaffen auf schlichten Brettern an den Wänden locker verteilt sehr stilvoll sein. Trophäenüberladene Wände, vor allem mit viel Holz darunter, wirken dagegen leicht bedrückend, wie ein »Beinhaus«. Geschickt und nicht zu systematisch angeordnet, kann aber auch ein reich mit Trophäen ausgestatteter Raum durchaus geschmackvoll sein. Gerade der bescheidene, hegende Revierinhaber wird sich nur schwer von einem geringen, ihm besonders erinnerungswerten Gehörn trennen, um für ein möglicherweise stärkeres Platz zu schaffen. Der Rekordbesessene begnügt sich viel eher mit wenigen Kapitalen an der Wand und packt die anderen in einen Karton auf den Boden. Es macht Freude, eine starke, mit viel Mühen errungene Trophäe auf ein ausgewähltes Brett aufsetzen zu lassen, sei es aus der Bohle einer Jahrtausende alten Mooreiche oder von einer besonders schön gemaserten Lärchen- oder Kiefernplanke. Aber man muß genauso Verständnis dafür haben, wenn der Jäger ohne viel Jagdmöglichkeit seine wenigen Gehörne liebevoll auf fast zu große, zu reich verzierte Bretter aufmacht.

Muffelschnecken einzuordnen ist nicht ganz leicht, da man sie – will man sie an die Wand hängen – nur zu weit von dieser abstehend anbringen kann. Warum also stellt man sie nicht auf die Ecke eines Schrankes oder einer Truhe, das wirkt harmonischer.

Die Gewehre eines dreijährigen Keilers sehen, auf ein zu großes, mit Eichenlaub verziertes, rundes Brett montiert, unansehnlich aus. Hängt man sie aber, in eine Silber- oder auch Zinnmanschette gefaßt, mit einem Kettchen und ohne Holz an die Wand, so machen sie Eindruck; das Gewaff eines groben Keilers, in gleicher Weise aufgehängt, natürlich einen entsprechend stärkeren.

Entschließt man sich, das Haupt präparieren zu lassen, so sollte man das nur bei einem wirklich groben Bassen tun und aufpassen, daß das Gewaff natürlich eingepaßt wird. Zu weit herausgezogene Gewehre erscheinen unnatürlich und furchterregend und erinnern fatal an Maulsperre. Die noch so gekonnte Dermoplastik eines Keilerchens aber reizt zum Lächeln.

Ob man den einzigen Auer- oder Birkhahn, den man in seinem Leben erlegt, in Balzstellung oder als Stilleben präparieren läßt, muß jedem selber überlassen bleiben, ebenso ob er sich weitere glasäugige Tierpräparate aufhängen oder -stellen will. Daß Schwarten und Wilddecken gerade in unserer Zeit beliebter Boden- und Wandschmuck sind, ist bekannt. Die Winterschwarte einer groben Sau ist ein großartiger Brückenersatz, doch sei hier darauf hingewiesen, daß die Decken unserer anderen Schalenwildarten – Gams, Mufflon, Rot-, Dam- und Rehwild – im Haar sehr brüchig sind und sich daher nicht als Bodenbelag eignen. Eine Decke farblich aufeinander abgestimmter Fuchsfelle ist ein besonders hübscher und im übrigen auch praktischer Gegenstand.

Nun noch ein paar Worte zu den kleineren, eher unscheinbaren Trophäen. Die Grandeln unseres Rotwilds sind als Grandelschmuck in vielgestaltiger Form und Ausführung weit verbreitet, verarbeitet in Halsketten, Armbändern, Ringen, Nadeln, Manschetten- und Westenknöpfen, oft in herkömmlicher Form mit Eichenlaub eingefaßt, was ein wenig altväterlich wirkt. Hier öffnet sich ein dankbares Feld für zeitgemäße Schmuckgestaltung. Unverändert beliebter Jagdschmuck sind in Jägerkreisen auch die in Silber gefaßten Fuchsfänge und die in den Trachtenschmuck Bayerns und Österreichs eingearbeiteten langen Nagezähne des Murmeltiers. Er vermittelt sicherlich ein Gefühl der Zugehörigkeit und ist auch eine Form des Bekenntnisses zur Jagd. Letzteres kommt noch stärker im Hutschmuck zum Ausdruck, seien es die unscheinbaren Malerfedern der Schnepfe, sei es der nicht zu übersehende Sau-, Hirsch- und vor allem der Gamsbart, der den Jäger vor der Öffentlichkeit herausstellt und seine Zugehörigkeit zur grünen Zunft dokumentiert. All das sind auch Trophäen wie Geweih, Krucke und Gehörn, liebgewonnene Erinnerungsstücke erfolgreicher Jagd und unvergessener Stunden in Wald und Flur.

Wir sollten uns gerade heutzutage davor hüten, das Bemühen um die Jagdtrophäe als eine an Sucht grenzende Besessenheit, als nicht mehr zeitgerecht zu werten, wie es von mancher Stelle nur zu gerne und bedenkenlos geschieht. Mögen auch noch so viele Motive hineinspielen – Sammelleidenschaft, Erfolgszwang, Geltungsbedürfnis, ein wenig Eitelkeit –, mag es Auswüchse geben, letztlich ist die Jagdtrophäe ein Zeichen erfolgreicher Hegearbeit im Revier, das sichtbare Bekenntnis zu einer zeitgerechten Behandlung unserer Wildbestände und zugleich eine wertvolle Hilfe für die Wissenschaft.

Rüdiger Schwarz

Im Winter ist Erntezeit für den Jäger, und Treibjagden machen bei einer dünnen Schneedecke besonderen Spaß. Selbst auf blankem Feld kann man einsamen Posten beziehen, bevor das Kesseltreiben angeblasen wird (125) oder sich die Streife in Bewegung setzt (126). Schnee hat den großen Vorteil, daß man die Hasen bereits aus großer Entfernung sieht. Es soll aber auch Jäger geben, die Schnee deshalb vorziehen, weil sie dann ihren Nachbarn und die Treiber besser erkennen können. Die Hasen vertrauen auch bei weißem Untergrund ihrer Tarnfarbe häufig bis zum letzten Augenblick, und ist der Schnee hoch genug, kommt es sogar auf kahlem Acker immer wieder vor, daß Schütze, Treiber und manchmal selbst der Hund wenige Meter an einem von ihnen vorbeilaufen, ohne ihn zu entdecken. Daß es dennoch genügend erwischt, beweist die Strecke eines Treibens, die gerade auf dem Jagdwagen verladen wird (127).

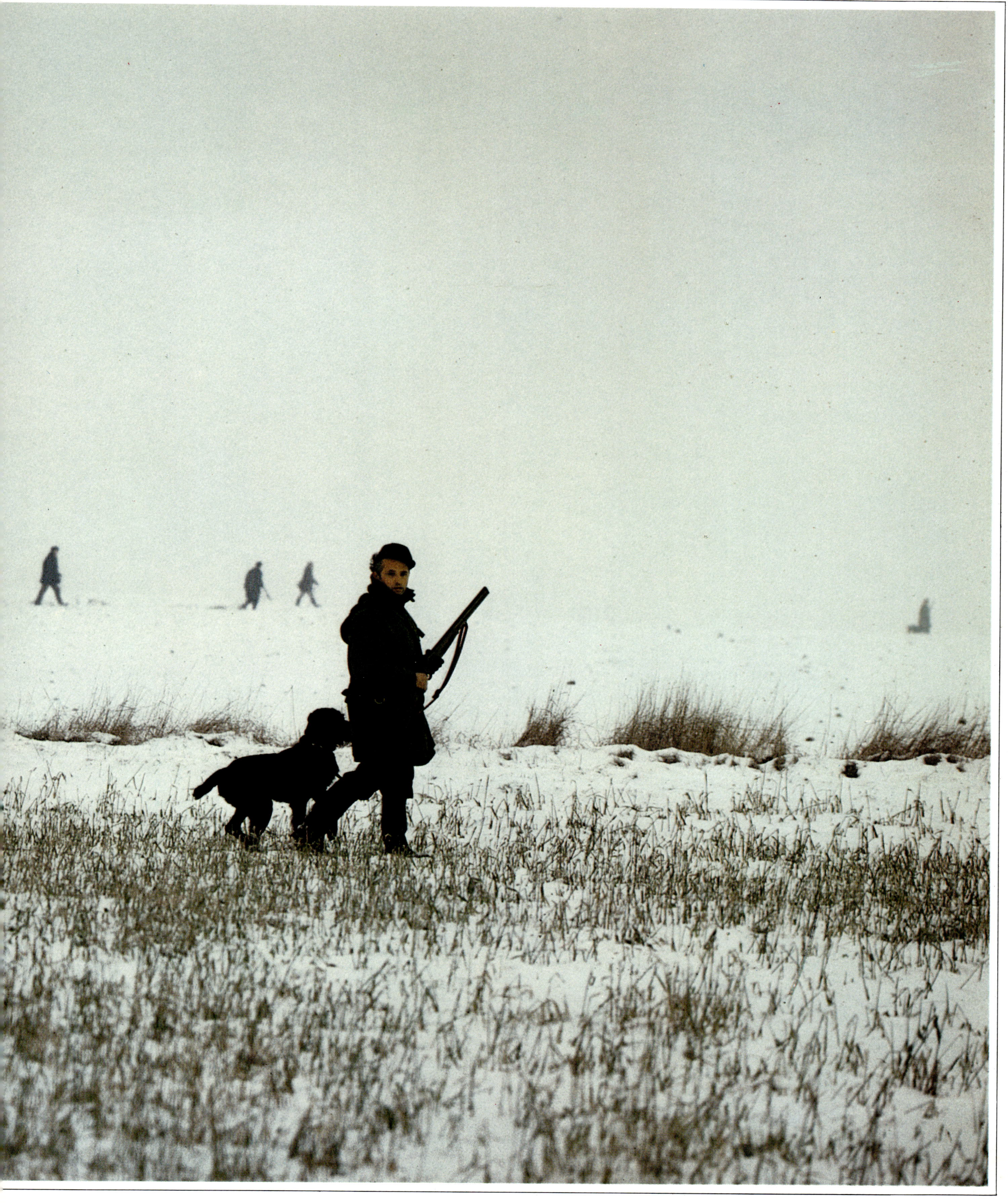

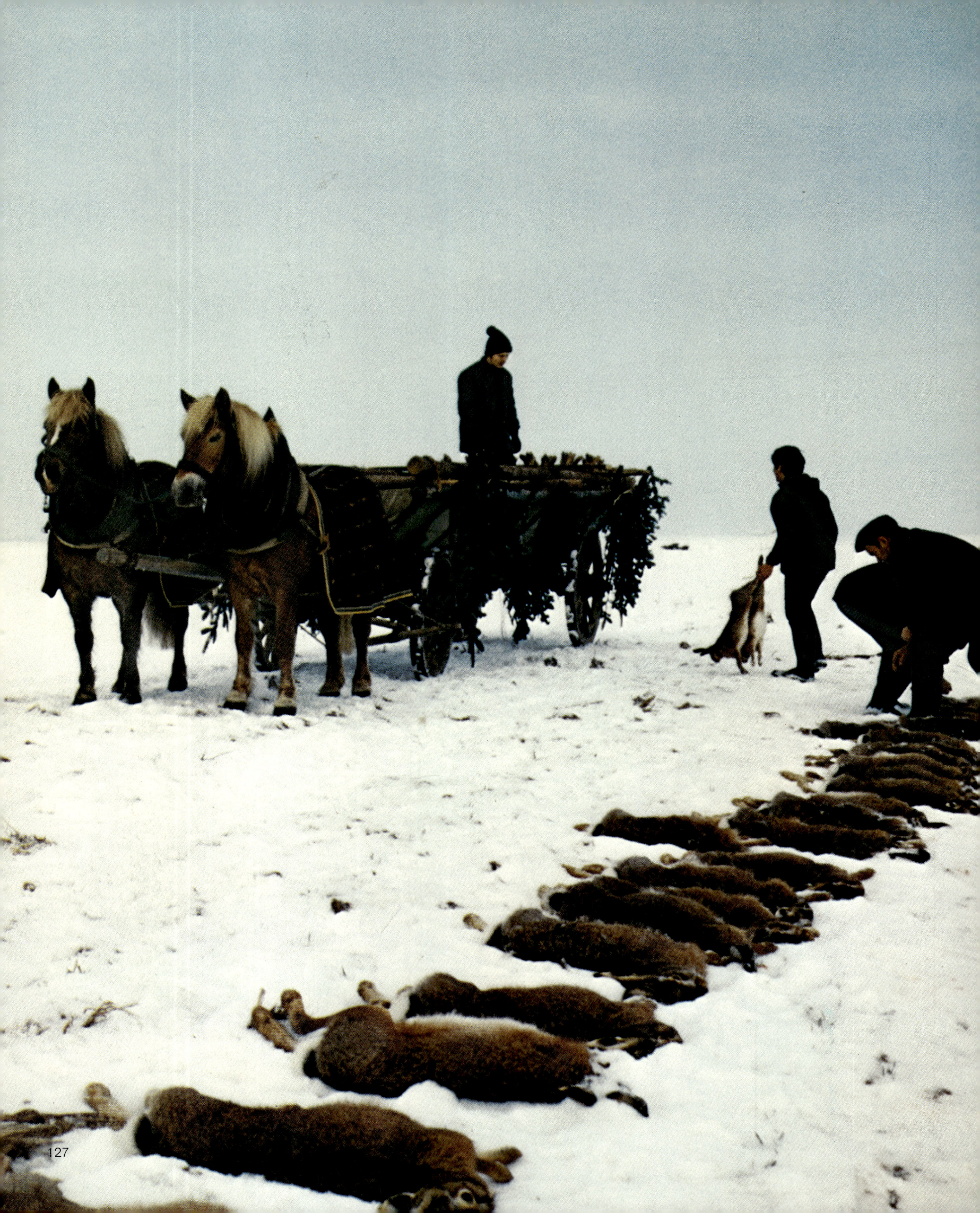

DER JAGENDE MENSCH EINST UND HEUTE

Der Urmensch war Jäger und Wild, er jagte und wurde gejagt und war somit Bestandteil einer gesunden Umwelt im Gleichgewicht der Natur. Dieser Urmensch-Jäger begann ungefähr vor 800 000 Jahren, sich Werkzeuge aus Knochen und Stein zu fertigen, vollbrachte somit seine erste schöpferische Leistung und war dadurch in der Lage, im Zweikampf mit dem Wildtier zu siegen. Er jagte, um zu überleben, er wollte sich und seine Sippe erhalten. Die Instinkte des Urjägers waren denen des Wildtiers noch ebenbürtig, jedoch entwickelten sie sich mehr und mehr zurück, so daß er seine Unterlegenheit gegenüber dem Wildtier ersetzen mußte durch Hilfsmittel wie Waffen und bessere Techniken.

Wie aber hat sich im Verlauf dieser Hunderttausende von Jahren der Jäger selber entwickelt? Dies möchte ich aufzeigen, besonders aber sein Verhältnis zum Wild im Laufe der geschichtlichen Entwicklung. Was ist von dem ursprünglichen Instinktjäger, der ja immerhin 500 000 Jahre existiert hat, übriggeblieben? Wie kam es zu seiner Entwicklung zum Trophäen- und Gesellschaftsjäger unserer Tage? Haben wir noch reine Instinktjäger unter uns und gibt es wenigstens noch den Individualjäger, oder sind wir alle bereits in der Masse der Gesellschaftsjäger oder Freizeitjäger aufgegangen?

Was für eine verteufelte Beschäftigung ist eigentlich die Jagd, fragt Ortega y Gasset. Die Fragestellung für uns muß heißen, was für ein Mensch ist der Jäger? Einleitend wurde bereits erwähnt, daß der Urjäger ein Mensch-Tier unter den Lebewesen seiner Umwelt darstellte, der nach und nach mit seinen Möglichkeiten einfache Waffen verfertigte, mit noch ebenbürtigem Instinkt und einfachen Techniken die Tiere erlegte, die er zur Nahrungsbeschaffung, zum Überleben brauchte.

Mittels dieser Hilfen war er als Jäger oder auch als Gejagter zumeist in seinem Areal der Sieger in dem oft erbitterten Zweikampf zwischen Mensch und Tier. Die Horde oder die Familie blieb erhalten und begann sich zu vermehren und auszudehnen. Ihre Jagd- und Fischgründe sowie die Nahrungsquellen aus der Pflanzenwelt waren abgegrenzt und so markiert, daß es ausreichend Lebensraum für die eigene Horde und für die dort ansässigen Wildpopulationen gab. Das Gleichgewicht in der Natur bestand in idealer Weise.

Sicherlich hat es zwischen den einzelnen Horden Rivalitätskämpfe gegeben. Man darf aber vermuten, daß der harte Kampf ums Dasein, mit Tier und Klima, mehr zum Respekt gegenüber dem Tier erzog als den Gedanken zum Ausrotten eingab. Wir können Vergleiche ziehen zu der Lebensweise der Buschmänner, Eskimos und anderer Primitiv-Jägerstämme, die uns noch aus der Zeit der Jahrhundertwende in ihren unverfälschten Lebensräumen, oder besser gesagt, Jagdarealen bekannt ist. (Heute sind diese Lebensräume bis auf kleine Restgebiete durch Eingriffe der Zivilisation zerstört worden und infolgedessen auch die Existenzen dieser guten, echten Jäger.)

Die stetige Instinktverminderung beim Urjäger hat zwei wesentliche Faktoren vorgeprägt, die sich bis in die heutige Zeit fortsetzen: Erstens die Erlangung von mehr Beute durch den Gebrauch von besseren Hilfsmitteln – vor ca. 50 000 Jahren kam der Hund zum Jäger – und die Anwendung von besseren Techniken – zum Beispiel Fallen –, und zweitens das Erkennen der Überlegenheit gegenüber dem jagdbaren Tier und das daraus resultierende schlechte Gewissen des Jägers. Sehr früh bereits entsteht die Erkenntnis bei ihm, sich dem Wild gegenüber Beschränkungen auferlegen zu müssen. Die vielen

»Tabus« der uns bekannten nach Steinzeit-Methode jagenden Jägervölker, der Eskimos, Buschmänner, Pygmäen u. a., weisen darauf hin und sind als echte »Schranken« anzusehen, die sie sich selber auferlegten, um weiter jagen zu können. Das Töten war für den Früh-Jäger ein normaler Vorgang, ein moralisches Problem hat sich für ihn daraus noch nicht ergeben.

Zusammenfassend ist zum Jäger der Vorsteinzeit und Steinzeit zu sagen, daß dieser Menschentyp den Jäger der heutigen Zeit programmiert hat. Der Steinzeitjäger ist in seiner Frühzeit ein Idealjäger, ein Mensch-Wild unter Wildtieren. Aus diesem sogenannten Wildbeutertum bildete sich dann ein höher spezialisierter Steinzeitjäger heraus, der durch Hilfsmittel, wie Waffen, Fallen, Hund und Magie seine Unterlegenheit gegenüber dem Tier ausglich und dann begann, sich mittels aktiver Gehirntätigkeit in seiner Umwelt dominierend durchzusetzen. Dadurch wurden Kräfte frei, die eine ungeheure kulturelle Entwicklung in Gang setzten. Ich erinnere an die faszinierenden Werke der Fels-Höhlenmalereien der damaligen Zeit. Es war die Epoche des höheren Jägertums (50 000 – 10 000 v. Chr.), in der zwar noch die Jagd das gesamte Leben beherrschte, in der sich aber auch eine Entwicklung anbahnte, die zur Hirten- und Ackerbaulebensweise führte (ab 5000 v. Chr.).

Bereits in der Altsteinzeit wurde zum Beispiel am Nil und in China in größeren menschlichen Ansiedlungen durch eine zunehmende Vermehrung des ackerbautreibenden Menschen in den fruchtbaren Ebenen der Flüsse, durch Überjagung und durch Schutzmaßnahmen gegen Wildschaden das Großwild verdrängt. Diese ersten Ansätze von Ackerbau und Viehzucht leiteten eine erste Umorientierung des jagenden Menschen zum weiterentwickelten Individual-Jäger ein.

Dieser Zeitabschnitt des Übergangs vom echten Jägertum zum Hirten und Ackerbauer ist entscheidend für das Wesen der Jagd und den Jäger selbst bis in die heutige Zeit.

Überall auf der Welt bildeten sich Großkulturen heraus, die durch verbesserte Viehzucht und intensiveren Ackerbau, verbunden mit Handel und Gewerbe, die anwachsende Menschheit ernährten und ihr Überleben sicherten. Die Beute des Jägers spielte jetzt nur noch eine untergeordnete Rolle, die Jagden wurden – abgesehen vom Individual-Jäger – organisiert und mit Hilfe von Jagdgesellschaften durchgeführt. Der Jäger hat den Weg des instinktiven Handelns verlassen und ist zum überlegten Handeln übergegangen. Der Jäger dieser Zeit (ab 5000 v. Chr.) verfügt von nun an über immer besser ausgeklügelte Waffen und Jagdmethoden zu Lasten einer Rückentwicklung seiner körperlichen und instinktiven Funktionen.

Es muß aber auch darauf hingewiesen werden, daß es in dieser eben beschriebenen Übergangszeit immer den Individual-Jäger gegeben hat, den kultivierten Jäger mit Noch-Instinkt, so wie es ihn über alle Zeitabschnitte hinweg gab und immer geben wird. Und es hat sich bis heute nicht geändert, daß trotz perfektionierter Waffen und Geschosse oder Jagdmethoden einige unter ihnen immer besonders erfolgreich waren. Es gibt diesen Jägertyp noch überall in der Welt, ob bei den Jägern in den Tiroler Bergen, ob unter den Buschmännern, den letzten in der Kalahari, oder unter den Jägern der rumänischen Karpaten oder den norwegischen Elchjägern.

Für sie ist »Jagen« Passion, sie müssen jagen! Sie achten darauf, daß nie ein Mißverhältnis zwischen Wild und Jäger aufkommt. Dem jagdbaren Wild werden Überlebenschancen eingeräumt. Irgendwo gibt es immer eine Grenze, bei der das Beutemachen aufhört. Nach Ortega y Gasset ist es für sie nicht wichtig, immer erfolgreich gewesen zu sein, es genügt ihnen, wenn die Jagd problematisch war. Dort, wo Massen an Wild ausgerottet wurden, waren es nie Jäger, sondern Siedler oder sogenannte Pioniere, wie in Nordamerika bei den Bison-Beständen oder in Südafrika bei den Elen- und Springbockherden.

Seit Bestehen der Großkulturen mit ihren menschenreichen Ansiedlungen wurden in immer stärkerem Maße Gesellschaftsjagden durchgeführt. Zu diesen großen Treib- oder Hetzjagden benötigte man unzählige Jäger und Treiber, denen man natürlich nicht die Fähigkeiten des hier beschriebenen Individual-Jägers zusprechen kann. Es sei erinnert an die bekannten großen organisierten Jagden der Ägypter in vorbereiteten Gattern auf Gazellen, Säbelantilopen, Steinböcke und Elefanten, an die organisierten Jagden in Assyrien mittels Gruben und Fallen auf Löwen, Wildesel und Elefanten. Im alten Persien wurde das Damwild bereits mittels Lappen bejagt. Die Jagdausübenden waren in diesen Kulturen fast ausschließlich die Könige oder ihre Statthalter mit ihrem Hofstaat und ihren Familien.

Im antiken Griechenland und Rom hingegen konnte der Jäger jagen, wann, wo und wie es ihm paßte. Das Wild war herrenlos. Man jagte überwiegend in kleinen Gruppen oder einzeln, je nach der Wildart mittels Fallen, Fallnetzen und Wurfspeeren. Damwild wurde bereits in Wildgattern gehalten. In den meisten romanischen Ländern galt seit der Antike dieses Jagdrecht vom herrenlosen Wild. Dies ist wohl auch ein Grund dafür, daß der Wild- und Waldbestand in diesen Ländern abnahm. Dem Jäger ging die Jagdausübung mangels Wild und Wald verloren.

Eine andere Entwicklung nahm der Jäger in Mitteleuropa, Nordeuropa und England. Hier war das Jagdrecht ursprünglich mit dem Grundeigentum verbunden. Bis zum 13. Jahrhundert konnte der Jäger auf seinem eigenen Grund und Boden jagen. Bereits im 14. Jahrhundert war fast alles Land in den Händen des Adels, und nur Angehörige dieser Kaste waren jagdberechtigt. Der sogenannte Wildbann und das Verbot von Waldrodung begünstigten eine stetige Zunahme des Wildbestandes. Der einfache Jäger und die Bauern durften nur Niederwild jagen, schließlich wurde es ihnen ganz untersagt. Als Folge suchte der Jäger eine Anstellung beim Adel, wenn er nicht in die Wilddieberei flüchtete. Es bildeten sich jagdliche Gilden und Zünfte. Die hervorragenden Leistungen des mittelalterlichen Jägers, seine Passion, oft zu intensive Passion, ist in Schrift und darstellender Kunst überliefert. Kaiser Maximilian I. ist uns allen als die Verkörperung eines Weidmannes hoher Qualität bekannt.

Jäger und Jagd entwickelten sich zu einem Feudalinstrument, das, gestützt auf erstklassig ausgebildete Berufsjäger, Wild und Wald zum Luxus heranwachsen ließ, um einem närrischen Hofstaat Vergnügen zu bereiten. Die Beizjagd, die Jagd mit dem Falken, galt damals als eine der vornehmen Arten der Jagd. Von den Hohenstaufen bis zur Zeit des Kurfürsten von Sachsen stand die Gilde der Falkner wegen ihres großen Könnens in höchstem Ansehen – ein edler Jägertyp, der im Verhältnis Tier–Mensch, Tier–Beute wieder die gute alte Jagd der Frühzeit verkörperte. Pferd und Jäger waren von der ersten Zusammenarbeit an ebenfalls nur auf die Jagd ausgerichtet, mit dem Pferd konnte der Jäger der Schnelligkeit und der Ausdauer des Wildes etwas Ebenbürtiges entgegensetzen. Das Pferd tat seine Dienste wie schon zuvor der Hund und der Greifvogel.

Bis ins 17. Jahrhundert jagte der Jäger in Deutschland das Groß- und Raubwild in Form von Hetzjagden, und zwar mit Hilfe von Hunden, die aber mehr mit dem Auge als mit der Nase das Wild verfolgten. Beachtliche Strecken wurden dabei gemacht! Ein anderer Jäger-Typ ist der des Parforce-Jägers. Vor allem in Frankreich wurde – und wird – diese Jagdart in höchster Vollkommenheit praktiziert. Der Parforce-Jäger jagt aber, im Gegensatz zum Hetzjäger, nur ein Stück Wild. Die Hunde verfolgen das Wild überwiegend mit der Nase. Der englische Jäger der damaligen Zeit hatte sich zu Pferde auf die Fuchsjagd spezialisiert, eine dort auch heute noch sehr beliebte Jagdart, die höchste Anforderungen an Jäger, Hund und Pferd stellt.

Jäger und Jagd in der Feudalzeit waren eine Entartung, Verfälschung und Geschmacklosigkeit in höchster Perfektion – das typische Zeichen für den Niedergang der Jagd. Ein französisches Wort definiert die Einstellung zur Jagd der damaligen Zeit am besten – *Plaisir de la Chasse*. Es soll aber nicht verkannt und unerwähnt bleiben, daß die schönsten kulturhistorischen Kunstwerke mit jagdlichen Motiven eben dieser Epoche entstammen und richtungsweisend für die kommenden Jahrhunderte waren.

Die Napoleonische Revolution machte diesem Spuk ein Ende. Dem Jäger wurden in Mitteleuropa nach den Napoleonischen Kriegen neue Ziele gesetzt. Bürger und Bauern konnten von nun an als freie Jäger Jagdrecht vom Adel erwerben. Jedoch war der Unmut, vor allem der Bauern, über die überhöhten Wildbestände so groß, daß sie es über das Revolutionsjahr 1848 hinaus bis auf geringe Reste zusammenschossen.

Im Jahr 1850 brachte ein allgemeines Jagdgesetz neue Richtlinien. Diese Gesetzgebung gab weitblickenden Jägern der damaligen Zeit Mittel in die Hand, Jäger und Jagd neu zu organisieren, Jagdverbände zu bilden, Abschußrichtlinien auszuarbeiten und vor allem den Jäger wieder zu einem Weidmann zu erziehen. Der Typ des Individual-Jägers rückte wieder in den Vordergrund.

Die Entwicklung des Jägers bis zum heutigen Tag ist weitgehend bekannt. Er hat sich weiter ausgebildet und überall in der Welt in Verbänden organisiert. Er hat an den heutigen Jagdgesetzen federführend mitgearbeitet, hat sich freiwillig weitere Beschränkungen zum Schutze und zur Erhaltung des Wildes auferlegt und ist bemüht, auch den Jägernachwuchs nach guter alter Tradition heranzubilden, um Jagd und Wild für die Zukunft zu erhalten. Jagd ist Verpflichtung, kein Vergnügen, sondern Selbstbeschränkung.

In unserer materialistischen, umweltfeindlichen und gegenüber jedem Individualismus mißtrauisch eingestellten Zeit hat es der Jäger allgemein schwer, und der Individual-Jäger in besonderem Maße. Er jagt wie eh und je, hungert, friert, schwitzt, durstet, geht, läuft, steigt Berge hinauf, watet durch Flüsse und Seen, schläft primitiv oder gar nicht, aber er jagt aus Passion. Die Masse der Jäger aber jagt ohne besondere Passion, sie ist ehrlich bemüht, die Jagd so auszuüben, wie sie es gelernt hat, mit dem gesunden Bedürfnis, mehr von der Natur zu wissen, und mit dem Bedürfnis, die eigene

Freizeit zu gestalten. Viele Jäger sind aber auch geprägt vom Geltungsdrang, vom Prestigedenken. Diesen Menschentypus gibt es überall, warum sollte er also nicht auch unter Jägern vertreten sein.

Diesen Jägern wird die Jagd vororganisiert und vorgeplant. Sie können über darauf spezialisierte Jagdvermittlungsbüros gegen entsprechendes Entgelt überall in der Welt jagen, geleitet von bekannten und erfahrenen Jagdführern. Warum auch nicht? Ganz abgesehen davon, daß die Jäger in aller Welt zu einem nicht mehr wegzudenkenden Wirtschaftsfaktor geworden sind. Die 250 000 Jäger in der Bundesrepublik Deutschland geben für Jagdausrüstung, Jagden etc. ca. 500 Millionen DM pro Jahr aus, in England ist der Aufwand entsprechend, in den USA weit höher. In Frankreich und Italien aber geht die Anzahl der Jäger bereits in die Millionen, und damit wachsen auch die Probleme. Die Jagdgesetzgebungen in den Ländern der Welt sind so unterschiedlich wie politische Systeme.

Es ist ein großes Verdienst unserer französischen Kollegen, bereits 1930 einen internationalen Verband ins Leben gerufen zu haben, der sich CONSEIL INTERNATIONAL DE LA CHASSE (CIC) nannte, mit Sitz in Paris, und der zunächst für die europäischen Länder die Jagd mit all ihren Disziplinen einheitlich vertrat. Diese Organisation weitete sich inzwischen weltweit aus, fast alle Länder der Erde sind heute Mitglied im CIC, oder wie er heute bezeichnet wird, CONSEIL INTERNATIONAL DE LA CHASSE ET DE LA CONSERVATION DU GIBIER (INTERNATIONALER JAGDRAT ZUR ERHALTUNG DES WILDES).

In den Satzungen heißt es u. a. wohl einzigartig, daß jegliche politische Behandlung jagdlicher Fragen untersagt ist. Bis heute wurde in dieser Hinsicht noch nicht gegen die Statuten verstoßen, weil es allen Beteiligten einzig und allein um die Erhaltung der Jagd und des Wildes geht. Nachfolgend die GRUNDSÄTZE DES INTERNATIONALEN JAGDRATES ZUR ERHALTUNG DES WILDES, PRINCIPES FONDAMENTAUX DU CIC, die für den Jäger in aller Welt Richtschnur und Leitbild sein sollen.

»Angesichts einer Welt, die täglich neue dringende und wichtige zivilisatorische Bedürfnisse weckt, in Anbetracht der Entwicklung der Verkehrs- und Nachrichtenmittel, welche dem Menschen in Regionen vorzudringen erlauben, die bisher durch ihre Entfernung und Abgelegenheit natürlich geschützt waren, unter Berücksichtigung der Tatsache, daß die Fortentwicklung in Industrie und Landwirtschaft zu Belastungen von Natur und Wild führt, die nur erträglich sind, wenn die Jagdgesetze, auf ethischen Werten beruhend, den Forderungen des Naturschutzes Rechnung tragen, bekennt sich der CIC zu den nachstehenden Grundsätzen:

Er will die Jagd als verantwortungsvolle Hege und Nutzung des Wildes verstanden wissen. Das Wild ist ein untrennbarer Bestandteil der Natur und muß daher der Nachwelt erhalten bleiben. Nur der Zuwachs darf genutzt werden. Das Wild kann nur in einer heilen Umwelt gedeihen. Ihre Erhaltung oder Wiederherstellung ist daher ein wichtiges Anliegen der Jagd.

Die Jagd entsprach in ihren Anfängen materiellen Bedürfnissen. Heute kann ihre Aufgabe nur mehr Erhaltung und sinnvolle Nutzung der Wildbestände auf wissenschaftlicher Grundlage sein. Dann erst wird die Jagd Teil der modernen Entwicklung. Bei Ausübung der Jagd bestimmt der Mensch über das Leben des Wildes mit Folgen, deren Bedeutung von ihm voll erkannt werden muß. Die Gesetze und Regeln für die Jagdausübung beruhen auf der Weidgerechtigkeit. Ihre Kenntnis muß der Jäger nachweisen können, ehe er jagt. Er muß sich

strenger Selbstdisziplin unterwerfen;

die Jagdgesetze beachten und ihre Anpassung an sich verändernde Bedingungen fordern;

sich der Jagdausübung enthalten, wenn Veränderungen der Umwelt oder der Wildbestände es erfordern;

alles unterlassen, was dem Gebot der Weidgerechtigkeit widerspricht, selbst dann, wenn örtliche Bestimmungen und Gebräuche es gestatten.

Nur so wird der Jäger zum tatkräftigen Hüter der Natur und aller ihrer Bereiche. Und nur so verstanden und ausgeübt, stellt die Jagd ein bedeutendes kulturelles und wirtschaftliches Element dar. Dann führt sie auch zu internationalen Kontakten und Verbindungen, die geeignet sind, wechselseitiges Verständnis durch die Gemeinsamkeit jagdlicher Ethik herzustellen.

Es ist die Aufgabe des CIC, diese Grundsätze in der Welt zu verbreiten. Die Zugehörigkeit zum CIC verlangt ihre Anerkennung und Anwendung. Es ist Pflicht des Mitgliedes, sie beispielgebend zu vertreten.

Der CIC wird daher seinen gesamten Einfluß geltend machen, alle Handlungen, die der Weidgerechtigkeit widersprechen oder die dem Naturschutz zuwiderlaufen, zu unterbinden.«

Wenn sich der Jäger der Gegenwart die Erfahrungen der langen und wechselvollen Geschichte seiner Entwicklung zunutze macht, sollten wir um die Erhaltung der Jagd und des Wildes nicht besorgt sein.

Werner Trense

DER FÖRSTER

In der landläufigen Vorstellung schreitet er immer noch mit Vollbart und Hängepfeife, Dackel und Drilling durch den Wald, um sich ein Häslein fürs Abendessen zu schießen. Daß er statt dessen längst vor allem ein Manager von Millionenvermögen ist, eines Betriebes, in dem aus Boden, Wasser und Sonnenenergie täglich von neuem der Rohstoff und Werkstoff Holz hergestellt und laufend der Volkswirtschaft zugeführt wird – das ist weitgehend und trotz aller Aufklärungsbemühungen unbekannt geblieben.

Meist wissen nur die Förster selber, ein wieviel größerer Teil ihrer Arbeit weder Dackel noch Drilling verlangt – ob am Schreibtisch oder selbst im Revier –, wieviel mehr ihr Arbeitstag unter dem Diktat der elektronischen Datenverarbeitung als unter dem Dianas steht. Daß auch nach neuesten Umfragen der Förster an der Spitze der Traumberufe rangiert, hängt sicherlich mit der Unkenntnis darüber zusammen, wieviel Schreibarbeit und Mathematik, Verwaltung und Technik mit seinem Alltag verbunden sind.

Selbst die herbeigesehnte und in diesem Beruf richtig vermutete Nähe zur Natur hat mit Romantik wenig, mit Verantwortung und Zweifel jedoch viel zu tun. Gilt es hier doch, an Ort und Stelle in die Tat umzusetzen, was von höherer Warte verfügt wurde – und zwar so, wie es das übergeordnete Ziel verlangt: Die sich selbst erhaltende Lebensgemeinschaft »Wald« soll erhalten bleiben, am Markt absetzbare Pflanzenteile sollen entnommen und in Verkehr gebracht werden, und zwar so, daß aus dem Zusammenwirken der Naturkräfte die entnommene Pflanzenmasse rasch wieder ersetzt wird. Was am Markt gefragt ist, soll gefördert werden, und zwar auf Kosten dessen, was am Markt nicht gefragt ist – soweit dies nicht wenigstens dienende, das heißt, Wuchs und Sicherheit des zu Fördernden dienliche Funktionen erfüllt. Die Kunst besteht zunächst darin, die natürlichen Gegebenheiten am jeweiligen Standort zu erkennen – und sie dann so wirken zu lassen, daß ein gleichzeitig gesunder (= stabiler) *und* wirtschaftlichen Ertrag liefernder Wald lebt. Die Kunst besteht weiter darin, die Nutzung so vorzunehmen, daß auf dem Markt ein Ertrag erzielt wird, *ohne* daß dabei die Quelle künftiger Erträge, die Produktionskraft des Waldes, gemindert wird. Dieser Umgang mit der Natur eröffnet hier zwar immer von neuem die Erkenntnis, daß Ökonomie und Ökologie *langfristig* gesehen identische Forderungen stellen, er umfaßt aber auch täglich von neuem den Zwang zu oft schwierigen Kompromissen, weil beide *kurzfristig* nur allzuleicht Gegensätzliches verlangen.

Für die Jagd ist der Förster und seine Tätigkeit vor allem deshalb von Bedeutung, weil der von ihm gemanagte und bewirtschaftete Wald zugleich Lebensraum für zahlreiche Wildarten und Jagdrevier für den Jäger ist. Selbstverständlich beeinflussen die Tiere des Waldes den Erfolg der Waldwirtschaft in vieler Hinsicht – von den Mäusen auf den Kulturflächen und den ihnen nachstellenden Füchsen und Eulen, den bodenlockernden Regenwürmern und allerlei bewirkenden Insekten bis zu den »großen braunen Rindenfressern«, dem Rotwild. Alles, was Pflanzen frißt, wird vom pflanzenbauenden Förster eher mit Mißtrauen, alles, was Pflanzenfresser verzehrt, eher mit Vertrauen angesehen.

Viel mehr noch als die Tiere den Waldbau beeinflußt der Waldbau die Tierwelt. Alles, was der Förster tut oder unterläßt, schafft oder vermindert Lebensmöglichkeiten für Tierarten (die dann wiederum auf den Waldbau zurückwirken). Je intensiver und industrieller der Waldbau betrieben wird, desto problematischer werden auch die Wechselwirkungen mit der Tierwelt, während ein möglichst naturnaher Waldbau, der seine Rationalisierungserfolge weniger im »maschinengerechten Wald« als vielmehr in der optimalen Ausnützung von Boden und Sonnenenergie sucht, dagegen relativ unempfindlich ist. Schwierig und gegen Einwirkungen von seiten der Tierwelt empfindlich ist freilich die Periode der Rückumstellung zum »naturnahen Wirtschaftswald«.

Eine solche Rückumstellung läßt sich keinesfalls kurzfristig und ganz bestimmt nicht im Hau-Ruck-Verfahren durchführen. Der Laie vergißt zu leicht, daß man – was immer auch die Marktlage oder wissenschaftliche Erkenntnisse gebieten mögen – selbst ein Erdbeerbeet nicht beliebig in der Zeit zwischen Pflanzung und Ernte in ein Gurkenbeet umfunktionieren kann, geschweige denn, wenn dies auf wirtschaftlich vertretbare Weise geschehen sollte. Und dabei reicht die Zeitspanne zwischen Auspflanzung oder Saat und Ernte hier nur über wenige Monate, während diese Zeitspanne bei Waldbäumen länger ist als ein Menschenleben... Allerdings ist auf der Gesamtfläche eines Forstbetriebs nicht nur irgendwo jedes Jahr Erntezeit, sondern auch Saatzeit. Und hier kann man doch sehen, welche Zielsetzungen verfolgt werden.

Das ist um so wichtiger, als davon das weitere Verhältnis von Forstwirtschaft und Jagd abhängt. In der am Reinertrag ausgerichteten Nutzholzplantage ist jeder Planzenfresser – darunter auch das Schalenwild – logischerweise genauso »willkommen« wie ein Star im Weinberg oder eine Motte in der Wollwarenfabrik. Was sie fressen, wird entweder direkt den Ertrag mindern oder indirekt – durch Störung im Betriebsablauf – zusätzliche Kosten verursachen.

Nun ist der Wald in den Augen der Allgemeinheit (und damit des Gesetzgebers) keineswegs *ausschließlich* Holzproduktionsstätte und ein Betrieb, der für den Eigentümer wie für die dort Beschäftigten Einkommen ermöglichen soll. So wichtig diese beiden Funktionen sein mögen, sie haben nicht einen so hohen Rang, daß ihnen alle anderen Funktionen des Waldes untergeordnet werden dürften. Konkret gesprochen: Die Funktion des Waldes, Lebensraum für Pflanzenfresserpopulationen zu sein, darf nicht im Interesse der Ertragssteigerung (»Profitmaximierung«) gegen Null hin manipuliert werden.

Das haben auch die Forstwirte erkannt, die deshalb heute Zaunschutz und Reduktion der Schalenwilddichte mit der Notwendigkeit begründen, einen »naturnahen Wirtschaftswald« (wieder) aufzubauen. Wo dies tatsächlich geschieht, muß der Jäger lästige Zäune hinnehmen und/oder die Wilddichte vorübergehend entscheidend verringern. Aber es gibt auch Forstmänner, die sagen »Gott« und meinen »Kattun«: Bei ihnen wachsen auch innerhalb der Umzäunungen und auf den durch scharfen Abschuß vom Äsungsdruck entlasteten Flächen statt naturnaher Wälder nur wieder Nutzholzplantagen heran. Hier muß der Jäger protestieren!

In zahlreichen Ländern Mittel- und Osteuropas sind Bewirtschaftung von Wild wie von Wald traditionsgemäß in der Person des Försters vereint – was die oft gegenläufigen Interessen auf ihn verlagert. Diese Integration von forstlichen und jagdlichen Aufgaben in der Person des Försters hat in diesen Ländern eine starke jagdliche Traditon der »grünen Farbe« hervorgebracht. Jagdlich firm zu sein, gehörte – und gehört noch – zum Selbstverständnis des Försters.

In bewegten Zeiten waren die Förster die treuen Hüter ansonsten bedrohter Wildbestände und haben darüber hinaus jagdbetriebliches Wissen und jagdliche Traditionen bewahrt und weitergegeben. Das dabei zwangsläufig entstandene Bewußtsein, zur jagdlichen Elite zu zählen, brachte es natürlich auch mit sich, daß der Förster nur zu leicht den »Bauernjäger« oder den »Sonntagsjäger« aus der Stadt etwas von oben herab ansah. Obwohl sich nur höchstens ein Drittel jagdlicher Handlungen im Forstbereich abspielen, wurde das Jagdwesen (in der Verwaltung wie in der Wissenschaft) dem Forstwesen angegliedert, spielten selbst in der Forschung die waldbewohnten Wildarten eine bevorzugte Rolle – zum Beispiel gegenüber denen der Feldflur oder der Meeresküste. Dieses Gefälle verringert sich erst allmählich mit dem wachsenden Wissensstand der »zivilen« Jäger und ihrer zunehmenden Bedeutung im jagdlichen Verbandswesen.

Die traditionsreiche Integration von Forstwirtschaft und Jagd, Pflege und Nutzung von Wald *und* Wild in einer Hand hatte (und hat noch) den großen Vorteil, daß der Blick des Försters auf das Ganze, die Lebensgemeinschaft *Wald* gelenkt wird und er weitgehend von der Versuchung bewahrt werden sollte, sein Arbeitsfeld ausschließlich als Holzzuchtstätte oder als Lebensstätte des Wildes anzusehen. Muß er beidem gerecht werden, so zwingt ihn dies immer wieder zur selbstkritischen Prüfung, ob und wieweit seine waldbaulichen – aber auch seine jagdlichen und hegerischen – Maßnahmen biologisch und ökologisch richtig sind. Und davon können beide letztlich nur gewinnen.

Joachim Graf Schönburg

DER BERUFSJÄGER

Wo die Forstwirtschaft keine oder nur eine untergeordnete Rolle spielt, oberhalb der Grenze der Wirtschaftswälder in den Alpen oder in den niederwildgesegneten, aber waldarmen Revieren der Agrarsteppe, kommt noch jener Spezialist zum Zuge, der ausschließlich den Wildbestand zu betreuen und zu bewirtschaften hat: der Berufsjäger. Sein Platz ist auch in jenen Waldrevieren, wo Forstwirtschaft und Jagdwirtschaft nicht in einer Hand liegen oder wo der Waldbesitzer neben seiner Forstbeamtenschaft noch einen Spezialisten für Sonderaufgaben zu besolden bereit ist. Vom verwandten Beruf des Berufsfischers unterscheidet ihn, daß er so gut wie nie einen Wildbestand auf eigene Rechnung bewirtschaftet, sondern überwiegend als Helfer, Statthalter und Beauftragter des Revierinhabers tätig wird. In das Berufsbild des heutigen Berufsjägers ist daher auch viel von dem eingeflossen, was seinerzeit der »Leibjäger« war – der ständige jagdliche Begleiter und (deshalb oft) engste Vertraute eines Herrn, in allen Lebenslagen.

Aus dem Gesagten geht hervor, daß von jedem Berufsjäger als erstes erwartet wird, daß er ein perfekter Kenner und unermüdlicher Schützer der ihm anvertrauten Wildbahn ist – seien es die Hochgebirgskare mit Gams, Adler, Spielhahnen und Murmeltieren oder die Fasanenremisen und Aufzuchtanlagen. Was von ihm verlangt wird, ist unbestechliche Beobachtungsgabe: Er soll »sein« Wild persönlich kennen und wiedererkennen, an seinem Benehmen beurteilen können, ob es sich wohlfühlt oder ob etwas nicht in Ordnung ist. Wann immer er die Waffe zu führen hat, bei der Bekämpfung des Raubzeugs, bei der Bejagung des Raubwilds oder – soweit sie ihm aufgegeben ist – der Erfüllung des Abschußplanes, soll er sicher und sauber schießen, ohne deswegen übermäßige eigene jagdliche Ambitionen zu entwickeln. Von ihm wird handwerkliches Können (Hochsitz- und Fallenbau etc.) ebenso verlangt wie vorbildlicher Umgang mit Tieren (Hundeführung!). Daneben soll er sich durch Geschick im Umgang mit Menschen auszeichnen: er soll mit dem wildschadenersatzheischenden Landwirt ebenso gewandt umgehen können wie mit Jagdgästen aller Art – vom allzu forschen und schnellschüssigen bis zum allzu zögernden und ungewandten. Nicht zuletzt muß er den richtigen Ton mit seinem Arbeitgeber und dessen Umgebung finden – alles keine leichten Aufgaben. Mancher mag schon über die Mischung von Lakai und Treiberführer geflucht haben, die von ihm erwartet wird, und darüber, daß jeder Erfolg dem Jagdherrn und seinen Gästen, jeder Mißerfolg seinem Unvermögen zugeschrieben zu werden pflegt.

Trotzdem melden sich alljährlich eine mehrfach größere Zahl von jungen Männern, als je in diesem Beruf untergebracht werden könnte, für eine Berufsjägerlehre. Zweifellos zieht sie die Jagdpassion an und die Aussicht auf ein naturverbundenes Leben, auf den täglichen vertrauten Umgang mit der freilebenden Tierwelt – und mit der Büchse über der Schulter – nicht nur nach Feierabend, sondern zur Arbeitszeit. Ihre Vorstellung vom Bild des Jägers in der Gesellschaft hat zweifellos noch etwas von jenem Wilden und Aufregenden bewahrt, mit dem es uns in Märchen, Sagen und Volksliedern entgegentritt: jene Jagdgesellen, die mit der wilden Jagd der Hohen Herren an den verschreckten Landleuten vorbeitobten, in denen dem gemeinen Mann die Zügellosigkeit der Herrschenden entgegentrat – und vor denen man seine Töchter bewahren mußte, die sie so unwiderstehlich anzogen.

Joachim Graf Schönburg

DER JÄGER ALS SACHWALTER

Ein Jagdrevier ist zunächst nichts anderes als eine Teilfläche eines Staates, betrachtet unter einem bestimmten Gesichtspunkt – dem der jagdlichen Nutzung. Namentlich in Mitteleuropa ist diese Fläche nie nur Jagdrevier, sie dient vielmehr in der Regel zahlreichen anderen Zwecken, oft durch eine Vielzahl von Nutzungsberechtigten, die sie meist nicht unter dem Aspekt des Jagdreviers betrachten. Für den (meist die) Grundbesitzer ist sie land-, forst- und fischereiwirtschaftliche Produktionsstätte, teilweise auch Kurpark oder Schuttabladeplatz, für den Spaziergänger und Erholungsuchenden ist sie Umgebung, Naturkulisse, Ort zum Luftschnappen, für den Sportler – ob Reiter, Bootfahrer, Skifahrer oder Trimm-Dich-Läufer – Sportgelände, für Militärs Gelände schlechthin, für Botaniker Standort von Pflanzen, für Zoologen Lebensraum von Tieren, für Ökologen ein Stück Lebensgemeinschaft von beiden – auch Geologen, Historikern, Piloten, etc. erscheint dieselbe Fläche jeweils unter einem anderen Aspekt.

Jagdreviere gibt es als Eigenjagdbezirke (mindestens 75 ha land-, forst- oder fischereiwirtschaftlich nutzbare Grundfläche im Eigentum einer natürlichen oder juristischen Person oder einer Personengemeinschaft) oder Gemeinschaftliche Jagdbezirke (alle Grundstücke einer Gemeinde etc. – mindestens 150 ha, die nicht zu einem Eigenjagdbezirk gehören). Inhaber eines Eigenjagdbezirks kann also jedermann sein, Pächter eines Jagdbezirks dagegen nur, wer schon seit drei Jahren einen Jagdschein in der Bundesrepublik besitzt.

Diese Mehrfachnutzung *(multiple use)* macht es dem Jäger oft recht schwer, als Sachwalter des ihm aufgetragenen Jagdreviers seine Interessen wahrzunehmen und seine Aufgaben zu erfüllen; denkt doch außer dem Verpächter (beim Kassieren der Jagdpachtsumme) und dem Wildschadensersatz begehrenden Landwirt selten jemand daran, daß hier *auch* ein Jagdrevier vorhanden ist.

Dennoch hat das in Mitteleuropa verbreitete und in anderen Teilen der Welt von Naturschützern herbeigewünschte System, Land in Jagdreviere aufzuteilen und das jagdliche Management einschließlich der Nutzung wie der Hege an bestimmte Personen verantwortlich zu binden, große Vorteile. In erster Linie kommen die dort ganzjährig oder wenigstens vorübergehend anwesenden Wildarten in den Genuß der Vorteile, in zweiter Linie aber auch der Jäger selber.

An sich gehört zum Urbild des Jägers das möglichst grenzenlos weite Streifen, das planmäßige Suchen und – mehr oder weniger – zufällige Finden und Erbeuten. Aber bereits eine Beobachtung unserer jagenden Mitgeschöpfe – von der Wespe bis zum Adler – zeigt ein gewisses Revierverhalten, das sich aus dem Zwang ergibt, im Interesse des eigenen Energiehaushaltes nicht-jagdliche Anstrengungen, namentlich Konflikte mit benachbarten Artgenossen, möglichst zu vermeiden.

So ist es denn auch durchaus natürlich, wenn der Jäger die Jagdgründe seines Dorfes, seiner Sippe, seiner Familie bevorzugt oder ausschließlich bejagt und dort mit dem Wildbestand so umgeht, daß auch die, die nach ihm kommen, noch ihren Nutzen und ihre Freude daran haben können. Dieses hier umschriebene Prinzip, in der Forstwirtschaft »Nachhaltigkeit« genannt, ist im jagdlichen Bereich die »Hege«.

Es leuchtet ohne weiteres ein, daß sich diese Art des Umgangs mit der Wildbahn am ehesten dort verwirklichen läßt, wo zwischen Jäger und Revier eine existentielle, möglichst zeitlose Bindung besteht. Im extrem gegensätzlichen Fall, wo der Jäger in fremder Wildbahn

Tieren nachstellt, die niemandem oder bestenfalls »dem Staat« gehören, ist die Versuchung allzu groß, sich wie ein plündernder Soldat in Feindesland aufzuführen.

Es ist hier nicht der Ort, all die vielen Mittel und Methoden zu beschreiben, mit denen von Graubünden bis Alaska versucht wird, den biologisch möglichen und richtigen Abschuß möglichst gerecht auf Jäger zu verteilen, deren Zahl nur grob und deren Erfolg so gut wie gar nicht im Vorhinein abzuschätzen sind. Der Hinweis auf die »freie Jagd« sei hier nur darum aufgeführt, um deutlich zu machen, welche Probleme im Revierjagdsystem gar nicht erst auftreten. Das gilt freilich uneingeschränkt auch nur unter zwei Bedingungen:

Erstens muß das Jagdrevier ausreichend groß sein, und zwar möglichst so groß, daß es den wesentlichen Wildarten, die dort vorkommen, für den größten Teil des Jahres Lebensraum bietet. Unterhalb dieser Grenze tritt das Bestreben, den Wildbestand pfleglich und nachhaltig zu nutzen, also hegen zu müssen, um jagen zu können, jedenfalls nicht mehr automatisch auf. Entweder wird es nämlich möglich, im Verlaß auf die Hege des Nachbarn schadlos und bedenkenlos ausschließlich zu nutzen – das sind dann die berühmten »Schnappjagden« –, oder der Wildbestand schwindet in einer Vielzahl von Kleinrevieren dahin, in denen jeder Nachbar beim anderen nassauern will.

Zweitens muß die zeitliche Bindung an das Revier möglichst unbeschränkt sein – und zwar möglichst so, daß der Gedanke an die Jagdmöglichkeiten der nächsten Generation hegerisch wirksam wird. Wer ein noch so großes Jagdrevier nur einen oder wenige Monate, ja sogar Jahre, zur Verfügung hat, der mag – besonders gegen Ende seiner Zeit – der Versuchung erliegen, mehr an die Gegenwart als an die Zukunft zu denken.

Vergegenwärtigt man sich diese Bedingungen, so verwundert es einen nicht mehr, daß die Hege als ethische Verpflichtung des Jägers erst nach dem Ende der Feudalzeit und der damit verbundenen Abschaffung des Jagdrechts auf fremdem Grund und Boden in Erscheinung trat. Vorher, als das Jagdrecht auf großen Flächen und auf scheinbar ewige Zeiten in den Händen der Herrscherhäuser oder der Städte (und ihrer regierenden Familien) lag, galten Hegerezepte allenfalls – ganz wertfrei – der Steigerung des Jagdertrages. Insofern unterschieden sie sich grundsätzlich nicht von Ratschlägen, wie durch kundigen Schnitt der Obstbäume der Obstertrag oder durch diese oder jene Maßnahme der Ertrag eines Landgutes gesteigert werden könnte. Und sobald es als Ziel der Hege nicht mehr galt, den Gelüsten mächtiger Potentaten nach exquisiten Erlebnissen Geltung zu verschaffen – nach dem Schauspiel einer Reiherbeize mit dem windschnellen Falken, dem Nervenkitzel eines Zweikampfes mit einem Bären oder Hauptschwein, dem halsbrecherischen Ritt hinter Hirsch und Meute oder auch nur der Orgie eines eingestellten Jagens –, sondern den beschaulich-romantischen Ansprüchen von Gutsbesitzern und Bürgern und ihrem Verlangen nach jagdlichem Vergnügen und wohlschmeckendem Wildbret zu entsprechen, griff die Unterscheidung zwischen »Nutzwild« und »Schadwild« um sich. Und zur Hege des Nutzwilds wurde der Kampf gegen das Schadwild propagiert. Uns Heutigen mag auffallen, wie selbstverständlich die Verfasser der damaligen Ratschläge zur Hege davon ausgingen, daß ihre Leser über eigenen, umfangreichen land- und forstwirtschaftlichen Grundbesitz verfügten und daher auch die Maßnahmen, die wir heute als »Biotopgestaltung« bezeichnen würden, nach eigenem Entschluß verwirklichen konnten.

Mit der Zeit traten aber daneben zwei weitere Tendenzen deutlich zutage, die für die heutige Jagd und Hege und für das Selbstverständnis des Jägers als Sachwalter des ihm anvertrauten Jagdreviers wachsende Bedeutung erlangten, und zwar zunächst auf gesellschaftlicher und dann auch auf gesetzlicher Ebene. Die eine Tendenz ging Hand in Hand mit dem aufkommenden Naturschutzgedanken und betonte – neben und über den jagdwirtschaftlich-nützlichen – die *ethischen* Aspekte der Hege (Silva-Tarouca). Das Interesse daran, einen guten Jagdertrag an Nutzwild zu haben und jagdliche Freuden bei seiner Nutzung zu erleben oder zu bereiten, wurde nun von dem Auftrag überwölbt, gleichzeitig mit dem Wild die gesamte (heimische) Tierwelt zu bewahren und (wieder) zu bereichern – und sich am Anblick oder wenigstens den Zeugnissen ihrer Existenz zu erfreuen. Mit diesem ethischen Aspekt ging einher die Wiederbelebung (oder wenigstens Neu-Artikulierung) der unter echten Jägern niemals ausgestorbenen Einreihung des Jägers (und anderer »Naturmenschen«) unter die Kinder der »Allmutter Natur«, wo der Jäger mit seinen jagenden Mitgeschöpfen, den Wölfen, Füchsen und Greifen mehr Verwandtschaft und Sympathie fühlt als mit »friedlichen« Pflanzenfressern. Ausdruck dieser Geisteshaltung war dann auch ganz folgerichtig beißender Spott gegenüber allzu »bürgerlichen« Mitjägern und ihren jagdlichen Vorlieben – ausgegossen über den »zweckmäßigen Herrn Meyer« und die »Jagdpapageien« (Hermann Löns).

Die zweite Tendenz läßt sich zum Teil als Folge der

ersten, zum Teil aber auch als Auswirkung jagdgesetzlicher Vorschriften (Jägerprüfung) und der Vermittlung von Information und Leitbildern durch die Jagdpresse erklären: Die Kluft zwischen »herrschaftlichen« und »hirschgerechten« Jägern auf der einen, »Bauerjägern« und »Sonntagsjägern« auf der anderen Seite begann sich zu schließen, wobei erstere zu Leitbildern wurden, zu denen die letzteren aufzuschließen bemüht waren. Dazu gehörte, daß sich die Inhaber selbst kleiner Pachtreviere in den Formen der Jagdausübung, vor allem aber hinsichtlich der Hege an ihren Vorbildern orientierten und dabei Rückhalt beim Gesetzgeber fanden.

Eine der Folgen davon war die zunehmende Wertschätzung des Rehgehörns als Trophäe: der Rehbock wurde überhaupt weitgehend zum Hirsch des Normalreviers. Eine andere Folge war das starke Ansteigen der Schalenwildbestände – nicht nur, weil jetzt jeder bemüht war zu hegen, sondern auch, weil viele Pächter von unter der Bezeichnung »Hochwildrevier« teuer verpachteten Minijagden nun versuchten, auch dort ein Mini-Rominten aufzuziehen. Daß hier Konfliktstoff angehäuft wurde, mußte jedem klar sein, der sich vergegenwärtigte, daß sich die Hirsche und ihre Aktionsradien nicht ebenso verkleinern lassen wie Reviere und auch, daß das Vorhandensein von sovielen Hirschen, daß sich damit Rominten »spielen« lassen könnte, den Widerspruch der Forstwirtschaft finden mußte.

Hier bietet sich über die nun auch gesetzlich sanktionierten »Hegegemeinschaften« ein Ausweg an, wenn der Revierinhaber dabei auch gezwungen ist, aus der Rolle eines »Frevert« in die eines von dessen Revierbetreuern zu schlüpfen (eine Rolle nebenbei, die den enormen finanziellen Aufwendungen für den Hektar Hochwildjagd nicht völlig entspricht).

Für die Hege des Hochwildes im Pachtrevier erwachsen zudem Probleme aus der Tatsache, daß der Jagdherr die sonstige Nutzung des Waldes nicht in der Hand hat. Auf dem Gut in Pommern mochte er anordnen, daß die Einstände der Feisthirsche nicht durch Forstarbeiten gestört wurden, und er hätte bestimmt auch während der Brunft keine Wegebauarbeiten in der Nähe des Brunftplatzes zugelassen. Heute steht er selbst dann noch machtlos daneben, wenn der Waldbesitzer die Kulturen chemisch läutert und dem Äser des Wildes außer dem teuren Nutzholz kaum mehr etwas übrig läßt.

Selbst im Niederwildrevier beschränkt ihn sein mangelndes Verfügungsrecht über die land- und forstwirtschaftlichen Maßnahmen auf die »drei F«: Flinte, Falle und Futterbeutel – und die schönen Ratschläge zur Reviergestaltung, zur Anlage von Remisen und für den Anbau oder auch nur das längere Stehenlassen dieser oder jener Feldfrucht lassen sich bestenfalls durch eine Kombination von zusätzlichem Geld und guten Worten erreichen – und auch das keineswegs immer. Ein durchrationalisierter landwirtschaftlicher Betrieb mag solches aus betriebswirtschaftlichen Gründen verbieten – selbst wenn der Besitzer gerne möchte. Und wie soll auf einem Gewässer Wasserwildhege betrieben werden, wenn die Gemeinde, in deren Eigentum es steht, es zum Sportzentrum ausersehen hat?

Hier hat 1976 das Änderungsgesetz zum Bundesjagdgesetz einen entscheidenden Fortschritt gebracht, indem es die »Pflicht zur Hege« einführte und ausdrücklich mit dem Jagdrecht (Grundeigentümer) verband. Soviel von der Ausübung dieser Pflicht auch dem Jagdausübenden übertragen werden mag – und muß –, es bleibt ein wichtiger Rest an Gestaltungs- und Duldungspflicht beim Grundbesitzer bestehen. Das betrifft freilich die ordnungsgemäße land-, forst- und fischereiwirtschaftliche Nutzung nur am Rande, nach der sich die Durchführung der Hege zu richten hat. Wer also die Jagd auf einem Obstversuchsgut pachtet, wird nicht erwarten dürfen, hier große Rücksichtnahmen auf hegerische Vorstellungen zu finden. Wo sich aber Freiräume anbieten, dort besteht auf Grund des Gesetzes eine wirksame Konkurrenz, wenn nicht Priorität der Hege gegenüber Nutzungswünschen für Sport, Freizeitgestaltung etc.

So steht der Jäger als Sachwalter des ihm anvertrauten Jagdreviers heute in einem dauernden, meist stummen Ringen mit anderen Nutzungswünschen. Er ist hier der Anwalt der freilebenden Tierwelt und ihrer Lebensgrundlagen und zugleich der Verteidiger seiner eigenen, oft teuer genug erworbenen Gestaltungs- und Nutzungsrechte. Einen großen Teil des Gegenwerts für seine Bemühungen und Aufwendungen wird er im Erfolgserlebnis als Hüter und Manager des Reviers finden müssen, auch noch als Jagdleiter und Gönner für diejenigen, denen er hier jagdliche Freuden beschert, wobei die eigene Strecke meist den geringsten Teil ausmacht. Allenfalls den einen oder anderen, meist langgehegten und herangereiften »Trophäenträger« wird er ins eigene Schußbuch eintragen können. Allein, käme es vor allem auf den an – er hätte ihn als zahlender Gast anderswo wohl wesentlich billiger haben können.

Joachim Graf Schönburg

DER JAGDGAST

In den 20er Jahren soll es in Polen einen adeligen Sonderling gegeben haben, der zudem ein vorzüglicher Kugelschütze war. Von ihm wird berichtet, daß er auf den verschneiten Ebenen seiner Latifundien großangelegte Treibjagden auf Hasen veranstaltet habe, die er dabei flüchtig mit der Büchse – einer Kipplaufbüchse für die Vierlingspatrone 5,6x35 R – erlegte. Alleine.

Ob diese Geschichte wahr ist oder nicht – die Tatsache, daß sie als außergewöhnlich empfunden wird, zeigt deutlich, daß der Jäger keineswegs ausschließlich (oder auch nur überwiegend) der »einsame Wolf« ist, als der er sich in der Jagdliteratur so gerne darstellt. Das Jagen in Gesellschaft ist daher auch keineswegs ausschließlich oder auch nur überwiegend jagdtechnisch begründet – so sehr es einleuchtet, daß das Erbeuten gekreisten Schwarzwildes oder des *harvestable surplus* an Hasen im Feldrevier zu mehreren und wohlorganisiert aussichtsreicher ist als auf dem Weg der Einzeljagd. Viel entscheidender scheint zu sein, daß auch hier wieder der Charakter des Menschen als soziales Wesen deutlich wird, der selbst in den Fällen, wo er den jagdlichen Erfolg im Alleingang errungen hat, zur Feier des Erfolges die Mitfreude anderer braucht. Daß es zum Feiern, zum »Fest«, zum würdigen Begehen eines wichtigen Ereignisses – und sei es aus einem traurigen Anlaß – einer Mehrzahl von Menschen bedarf, kann rational ebensowenig begründet werden, wie es gefühlsmäßig unbestreitbar ist, und zwar zu allen Zeiten und bei allen Völkern.

So wird auch der Jagderfolg oder die Jagd, sobald und soweit sie über das All-Tägliche hinausgeht, oft zum Anlaß eines Festes oder selber zu einer festlichen Handlung. Dazu gehört dann freilich nicht nur, daß eine Anzahl gleichgestimmter Menschen daran beteiligt ist, sondern auch, daß sie sich dabei nach den gemeinsam als angemessen betrachteten Regeln – also »stilvoll« oder auch nur »zünftig« – verhalten. Hier entsteht oder festigt sich das Comment-gemäße Verhalten, das im Fall der Jagd als »weidmännisches Verhalten« überliefert ist (und von vielen mit »Weidgerechtigkeit« verwechselt wird). Wer diesen Unterschied zwischen einsamem Beutemachen und festlicher Jagd nicht sieht, dem erschließt sich auch nicht der Unterschied, warum der Schuß auf den Hasen in der Sasse und den »Infantristen« verpönt wird, der auf die sitzende Taube jedoch nicht. Dem Hasen und Fasan könnte es ja gleichgültig sein, in welcher Position er in die ewigen Jagdgründe befördert wird. Erst die festliche und feierliche, die ritualisierte Form der Jagdausübung verbietet eine derartige, im Sinne des rationellen Beutemachens zweckdienliche Verhaltensweise.

Es ist dieselbe soziale Komponente, die beim Festmahl bestimmte Tischsitten vorschreibt, die es zum Beispiel verbietet, sich von den gereichten Spargeln sämtliche Köpfe abzuschneiden.

Eine Weiterentwicklung besteht darin, daß die Feierlichkeit der Jagd in einer Weise als der Tätigkeit angemessen betrachtet wird, daß die ritualisierten Verhaltensformen auch beim Alleingang angewandt werden: Der Alleinjäger, der sich den Bruch auf den Hut steckt und nur mit sich allein den Bock in der Jagdhütte tottrinkt, steigert durch dieses feierliche Verhalten seine Freude – vergleichbar dem britischen Kolonialoffizier auf abgelegenem Außenposten, von dem berichtet wird, daß er seine einsamen Abendmahlzeiten im Dinner-Jacket und am ordentlich gedeckten Tisch einzunehmen pflegte – um nicht zu »verbuschen«.

Zum sozialen Wesen des Menschen gehört freilich nicht nur, Feierliches gemeinsam mit anderen zu begehen, es gehört auch das Bedürfnis dazu, Gunst zu empfangen und – mehr noch – Gunst zu gewähren. In jedem normalen Haushalt kann man Zeuge dieses Bedürfnisses werden: Für Gäste wird mehr und Besseres aufgefahren, als man sonst für sich selber verbraucht. Die Flasche besten Weines, die gemeinsam mit einem Freund zu trinken erst die richtige Freude bereitet, hat zahllose Parallelen im Bereich von Wild und Jagd, von Jagdherr und Jagdgast. Das »Gunstgewähren« besteht hier darin, den Gast überhaupt einzuladen; es läßt sich dadurch steigern, daß dem Gast (einmal oder mehrfach, möglicherweise sogar durchgehend) ein besonders aussichtsreicher Stand eingeräumt wird, daß er in einem bevorzugten Revierteil pirschen oder ansitzen darf, daß er ein besonders begehrtes Stück Wild (»den Ia-Bock«) erlegen darf – oder auch, daß ihm ganz besonderes Vertrauen erwiesen wird (». . . und geh bitte, wie es Dir richtig erscheint, zum Pfarrwäldchen oder zum Frauenmoos – schießen kannst Du alles, was nach unseren Richtlinien abschußwürdig ist – Du weißt ja Bescheid – Weidmannsheil!«).

Welche Freuden es bereitet, solche Gunst zu empfangen – und zwar zunächst ohne Rücksicht auf den schließlichen Jagderfolg –, weiß jeder, der schon Jagdgast war. Welche Bedeutung dieser Gunst beigemessen wird, zeigt sich aber auch in der Reaktion auf eine negative Differenz zwischen erwarteter und empfangener Gunst: Sie drückt sich in den Gesichtern derjenigen aus, die ihren Stand »schon wieder auf der Schokoladenseite« angewiesen bekommen haben. Daß Erwartung oder Einstufung dabei noch wichtiger sind, als die Zahl des dann tatsächlich erlegten Wildes, kommt in der unter Jagdgästen oft gehörten Auffassung zum Ausdruck: »Ich stehe lieber bei einer mageren Jagd auf dem Fürstenstand, als auf einer dicken Jagd auf der Schokoladenseite!« Wer so spricht, verpaßt vielleicht manche jagdliche Freude – aber vermutlich empfindet er genau das, was er sagt.

Erheiternd ist zuweilen das Bemühen, bei der Bilanzierung gewährter und empfangener Gunst lieber Gläubiger als Schuldner zu sein: Wer sich nicht revanchieren kann, kommt oft nur schwer über ein damit verbundenes Inferioritätsgefühl hinweg (obwohl sich das lernen läßt). Daß der *homo oeconomicus* auch die alten Rituale der Gastlichkeit mit kommerziellen Aspekten zu verbinden oder sie wenigstens damit vor sich (oder dem Finanzamt) zu rechtfertigen bemüht ist, ändert nichts an ihrem Charakter als Lebensbedürfnis. Und daß man sich die Freuden, als Gast behandelt zu werden, auch erkaufen kann, davon zeugt nicht nur ein blühendes Hotelgewerbe. Man kann es auch in Ungarn bei der Jagd auf Hirsche und in Schottland bei der Jagd auf »Grouse« erleben – als *paying guest*.

Nach all dem Gesagten ist es nur zu einleuchtend, daß der Jagdgast keineswegs eine mindere Kategorie des Begriffes »Jäger« ist, sondern daß er seine Existenz der Verknüpfung zweier elementarer menschlicher Verhaltensweisen verdankt: der Gastfreundschaft und der Jagd. Als *paying guest* mag er sich noch vorstellen, wenigstens über den Umweg seines finanziellen Beitrags an der Hege des Wildes und seines Lebensraumes mitzuwirken – als normaler Jagdgast wird von ihm nur verlangt, sich als Jäger ebenso zu bewähren wie als Gast. Als Jäger verlangt man von ihm, daß er schnell und vor allem richtig anspricht, daß er rasch, sauber und voll Rücksicht auf die Sicherheit wie die Jagdfreuden seiner Mitjäger schießt (und trifft), und auch dort, wo es sich um das Aufsuchen des Wildes wie das Auffinden und Bringen der Jagdbeute handelt, sich geschickt und sachkundig aufführt. In seiner Eigenschaft als Gast verlangt man von ihm noch viel mehr. Er soll alle Weisungen und Entscheidungen des Gastgebers nicht nur willig, sondern freudig annehmen – denn die vom Gast empfundene Freude erkennen zu können, ist ja das, was der Gastgeber für die von ihm gewährte Gunst erwartet; er soll sich dem geltenden Comment entsprechend verhalten, er soll die Freude anderer Mitjagender nicht mindern, sondern zu steigern bemüht sein, kurz: er soll sein gesamtes Verhalten mehr auf das einrichten, was andere von ihm erwarten, als darauf, was ihm selber gerade in den Sinn kommen mag.

Betrachtet man diesen Forderungskatalog, so wird klar, warum es so viele unvollkommene Jagdgäste gibt. Und trotzdem: fast jeder der 250 000 Jäger in der Bundesrepublik Deutschland ist ein- oder mehrmals jährlich Jagdgast. Damit ist der Jagdgast die verbreitetste Spezies unter den Jägern unserer Breiten.

Ein nachdenkliches Wort zum Schluß. Die heute immer dringlicher erhobene Forderung, wir müßten alle lernen, unseren Planeten und seine lebendige Natur nicht als Feind und Objekt hemmungsloser Ausbeutung zu betrachten, sondern ihn klug und rücksichtsvoll zu behandeln, trifft mit der uralten Erkenntnis zusammen, daß wir auf dieser Erde hier nur Gäste sind – und daß auch unsere Kinder hier noch Gäste sein sollen. Die Maximen für das Verhalten eines Jagdgastes auf unsere gesamte Haltung gegenüber Mitmensch und Umwelt zu übertragen, wäre das Schlechteste sicherlich nicht . . .

Joachim Graf Schönburg

128

Die Kreuzvision des hl. Hubertus. – Meißen, Ausformung von 1893 nach einem Modell von Johann Joachim Kaendler aus dem Jahre 1741 (128). Hubertus wurde gegen Ende des 7. Jahrhunderts als Sohn des Herzogs Bertrand von Toulouse geboren. Nach dem frühen Verlust seiner Frau suchte er seinen Schmerz in ausgedehnten Jagdritten zu vergessen. Er soll an einem Weihnachtstage (es heißt, auch am Karfreitag) durch die Erscheinung eines weißen Hirsches, der ein strahlendes Kreuz zwischen den Geweihstangen trug, gemahnt worden sein, über den weltlichen Dingen das Jenseits nicht zu vergessen. Hubertus entsagte daraufhin allem Reichtum und stellte sein Leben in den Dienst Gottes. Er starb als Bischof von Tongern gegen 727. Radschloßbüchse, Dresden 1680. Der gezogene kantige Lauf ist bezeichnet: Gottfried Hahn 1680. Ganzer Schaft mit deutschem Kolben, reich mit gravierten Beineinlagen verziert: Jagdszenen, Blumen, Rankenwerk und Trophäen (129).

Das Wunder des hl. Eustachius. – Antonio Pisanello (geb. 1395 in Pisa, gest. 1455 in Rom). Kopie nach dem Original in der Nationalgalerie London von Ricardo Wiesenberg. 89 × 105 cm (130). »Eines Tags wollt Plazitus, des Kaisers Trajan Heermeister, in den Wald reiten und jagen nach seiner Gewohnheit. Und da er in den Wald kam, da sah er viel Hirsch, und sah einen gar schönen unter den anderen, der leuchtet aus ihnen allen. Und ihm dauchet, er hätt

nie kein schöner Tier gesehen. Und die Tiere liefen eine Weil voneinander, und der schöne Hirsch lief gen eine steinern Wand hin. Da sah er Unsern Herrn Jesum Christum am Kreuz zwischen seinen Hörnern stehen. Und der Hirsch kehret sich gegen ihn und sprach: ›Plazitus, warum jagst du mich? Du söllst wissen, daß ich Christus, des wahren Gottes Sohn, bin. Und hab dich lieb um des Almosens willen, das du gibst. Und willst du, so glaub an mich und empfang die Tauf.‹ Damit verschwand der Hirsch. Da ritt Plazitus wieder heim und saget seinen Frauen und seinem Gesind, wie ihm geschehen wär. Und empfing die Tauf, da hieß man ihn Eustachius.«
So lautet ein Teil des Berichtes über die Vision des hl. Eustachius in der ›Legenda aurea‹ des Jacobus de Voragine. Während der hl. Eustachius, der unter Kaiser Hadrian (117 bis 138) als Märtyrer starb, noch immer in südlichen Ländern verehrt wird, wurde er bei uns als Schutzpatron der Jäger seit dem 10. Jahrhundert durch den hl. Hubertus nach und nach völlig verdrängt. Dessen Ehrentag, der 3. November, wird noch heute von der Jägerschaft durch Hubertusmessen, Jagden und Jagdgelage feierlich begangen.

Porzellan-Deckelvase.
Berliner Manufaktur, um 1840.
Die große Vase mit umlaufenden Bildern einer Hirschjagd ist in ihrer malerischen Gestaltung trotz der schon späten Zeit noch ganz dem Rokoko verpflichtet (131).

131

KULTURGESCHICHTE DER HÖFISCHEN JAGD

Zu den bedeutendsten Leistungen, die Kunst und Kunstgewerbe im Laufe der Jahrhunderte geschaffen haben, zählen auch jene, die sich entweder Motive der Jagd zum Vorwurf nahmen oder die der Herstellung und Ausschmückung der dabei verwendeten Utensilien – etwa die unendliche Vielfalt der Jagdwaffen und sonstigen Jagdgeräte – dienten. Hinzu kommen die prachtvollen Jagdschlösser, die einst wie Pilze aus der Erde schossen und nahezu alle aufs üppigste ausgestattet waren, sowie die rauschenden Festlichkeiten, von denen uns die fürstlichen Historiographen, oft mit vielen Bildern versehen, aufs genaueste berichten. Staunend stehen wir vor diesen stummen Zeugen einer Zeit, die wir in Anbetracht ihrer Kunst und ihres festlichen Prunkes nur zu sehr geneigt sind, als eine bessere als die unsrige einzuschätzen und anzuerkennen. Sehen wir aber einmal hinter die Fassade all dieser Pracht und Herrlichkeit, dann zeigt sich uns nur zu oft das leider recht düstere Gemälde einer Vergangenheit, vor deren Schrecknissen wir heute noch erschauern, wenn alte Gesetze, Chroniken und Berichte uns die Wahrheit über sie enthüllen.

Es läßt sich nicht daran zweifeln, daß ehedem alles Land, das nicht gerade Hof, Acker oder Gemeindegrund war, der Nutzung jedes einzelnen freistand. Dazu gehörte natürlich in erster Linie die Jagd, die in damaligen Zeiten noch zu den wichtigsten und unentbehrlichsten Erwerbszweigen zählte. Alles weist nun darauf hin, daß nach deutscher Auffassung schon sehr bald das Recht des Jagens mit dem des Grundeigentums verbunden war. Derartige Bestrebungen, einzelne Gebiete der öffentlichen Nutzung und Ausnutzung zu entziehen, hatten bereits unter den merowingischen Königen begonnen und wurden mit der gleichen Zielsetzung von den Karolingern verfolgt, bis eben Karl der Große auf eindeutig rechtlicher Grundlage die Errichtung der Bannforste durchführte. Und wie wichtig man es damals mit der kaiserlichen Jagd in diesen Bannforsten nahm, zeigt nichts deutlicher, als was die Weistümer, also die amtlich niedergelegten Regeln des geltenden Gewohnheitsrechts, über die dabei gebräuchlichen besonderen Zeremonien berichten: »Der Forstmeister des Reviers mußte eine weiße Bracke auf seidener Decke und seidenem Kissen mit einem silbernen vergoldeten Halsband und einem seidenen Hängeseil bereithalten. Ferner hatte er dem Kaiser eine Armbrust zu reichen mit einem Bogen aus Eibenholz, einer Säule von Elfenbein und Pfeilen, deren Spitzen aus Silber gefertigt und deren Schäfte von Lorbeerholz waren, mit Straußenfedern und Pfauenfedern befiedert.« Diese symbolische Geste, mit der hier der Kaiser feierlich empfangen wurde, war natürlich das sichtbare Zeichen dafür, daß der Platz der Übergabe kaiserliches Banngebiet war.

Das Wort Bann hatte im fränkischen Reich eine vielfältige Bedeutung, auf die Jagd bezogen können wir uns jedoch auf den Forst- und Wildbann beschränken. So waren die Bannforste im Mittelalter Waldungen, die vom Träger der öffentlichen Gewalt in Ausübung des Bannrechts (=Forstbann) für den gemeinen Gebrauch geschlossen wurden. Sie waren *eingeforstet* oder in *Bann* gelegt. Die Einforstung erstreckte sich anfangs, und zwar ab Mitte des 8. Jahrhunderts, nur auf Jagd (Wildbann) und Fischerei. Später umfaßte sie auch die Regelung der Waldnutzungen und insbesondere das Verbot der Rodung.

Zum Schutze ihrer Macht brauchten die Könige ein starkes Heer, das ihnen ihre Gefolgsleute zu stellen hatten. Um diese möglichst fest an sich zu binden, belohnte der König sie mit Land. Durch Abgabe von

Grund und Boden wurde also zwischen dem König und seinen Gefolgsleuten ein Treue- und Schutzverhältnis geschaffen, das diese zum Heeresdienst verpflichtete und den Herrn zum Schützer seiner Gefolgsleute machte. Das Land wurde aber ursprünglich nur geliehen und blieb Eigentum des Königs. Erst später konnte also aus dieser Belohnung die Belehnung entstehen. Und da zeigte sich nun, daß in relativ kurzer Zeit zum Schaden der Krone ein neuer Grundbesitzerstand erwuchs, und zwar durch die Schenkung eroberten Landes und durch die oben schon angesprochenen Verleihungen (=Lehen) aus gerodetem und nicht gerodetem Gemeindegrund. Aus diesem neuen Grundbesitz gingen nun die Großen des Reichs hervor, die Mitglieder der königlichen Familie, die Herzöge und Grafen, die großen Vasallen und nicht zuletzt die Bischöfe und Äbte. Mit Schenkungen und Lehen war bereits mit dem 12. bis 14. Jahrhundert alles Land in festen Händen. Und so sehen wir den Grundadel im Mittelalter vermöge des privaten Eigentums an Boden zu einer neuen fürstlichen Gewalt erstarken. Mit dem Wildbann wurde nämlich recht bald auch der Forstbann verbunden, und damit auch das Recht, das Roden zu verbieten, und von diesem Recht wurde bereits im 9. Jahrhundert eifrig Gebrauch gemacht. Aber gerade dadurch hat die Jagd ihr Bestes bewirkt: sie hat damit der sonst unausbleiblichen Vernichtung des deutschen Waldes vorgebeugt. Die Wälder gaben nämlich zu jener Zeit wenig Ertrag, da die Verbindungswege schlecht waren und ein weiter Transport des Holzes nur auf Flüssen durchführbar war. Es war daher ein triftiger Grund vorhanden, den Wald vor dem von allen Seiten andrängendem Gewerbe zu schützen, und so haben wir es tatsächlich nur der ungebändigten Jagdleidenschaft der weltlichen und geistlichen Fürstlichkeiten zu danken, daß wir noch heute den Reichtum eines stark bewaldeten Landes genießen können.

Mit dem Recht des Wildbanns wurde der Kurs dann allerdings in oft geradezu untragbarer Weise gegen die Bauern gestellt. Die Weistümer des 15. Jahrhunderts verkünden freilich noch mehrfach, daß diesen nur die hohe Jagd entzogen war. Die Jagd auf Raubtiere war frei; außer Bären, Wölfen und Füchsen wurde häufig auch das Schwarzwild hinzugerechnet, wenn auch dem Grundherrn eine Art Besthaupt abgegeben werden mußte. An anderen Stellen wurde das Jagdrecht der Bauern auf den eigenen Bedarf beschränkt und der Verkauf des Wildes untersagt. Endlich aber wurde ihnen die Jagd ganz verboten.

Aller Glanz des mittelalterlichen Jägertums ist nicht imstande, die Schattenseiten der deutschen Wirtschafts- und Kulturgeschichte zu verdecken, die uns von der schmählichen Ausbeutung durch das herrschaftliche Jagdrecht erzählen, und es ist wohl verständlich, wie das empörte Rechtsgefühl der Niederen aus dem Volk sich überall mit schrankenloser Wut gegen das Jagdrecht, ja gegen Wild und Jagd überhaupt wendete, sobald ihnen auch nur vorübergehend, wie etwa in den Bauernkriegen, die Macht gegeben war, die verhaßten Institutionen zu beseitigen.

Um 1500 vollzieht sich die Ausbildung des Jagdregals. Weder im Naturrecht noch in der Geschichte und dem deutschen Recht ist ein vernünftiger Grund zu finden, der dafür gesprochen hätte, den Landesfürsten zum alleinigen Jäger zu machen. Aber das erstarkende Fürstentum hatte bereits die Begehrlichkeit und hinreichende Macht erlangt, um seinen Willen durchzusetzen; denn Jagen machte Vergnügen, und das Vergnügen der Fürsten war im Lande ausschlaggebend. Das Jagdregal kann demnach als ein Kind des fürstlichen Willens und seiner Macht betrachtet werden.

So hatte es beispielsweise Kaiser Maximilian I., »der großmächtig Waidmann«, über dessen hohe Qualität jägerischen Könnens und weidmännischer Wissenschaft kein Zweifel besteht, in seiner schrankenlosen Jagdlust durch strenge Befehle und mit Hilfe seines zahlreichen Jagdpersonals allmählich dahin gebracht, daß in Tirol kaum mehr irgendein anderes als ein landesfürstliches Revier und entgegen den alten Privilegien und Gewohnheiten kaum mehr eine private Jagdgerechtigkeit bestand. Diesem Umstand und der dadurch bedingten unangemessenen Vermehrung des Wildes ist der bekannte Volksaufstand gegen das Wild nach seinem Tode hauptsächlich zuzuschreiben.

Wie beschwerlich allein die dem Bauern aufgebürdeten niederen Dienste der Jagd, beispielsweise als Treiber, oft waren, zeigt uns M. Johannes Colerus, der im Jahre 1632 in seinem ›Opus Oeconomicum‹ mit großer Liebe auch die Jagd behandelt hat und sicherlich nicht ihr Feind war: »Die Jäger tun den Leuten großen Schaden mit wilden Tieren im Getreide sowie mit ihren Rossen und Hunden. Wil geschweigen, daß offt die arme bloße unbekleidete Leute im harten kalten Winter mit hinaus auff die Jagd müssen, und draußen für dem Netze so erfrieren, daß man ihnen darnach die Schenckel ablösen muß, oder daß man sie todt oder erfroren hinter den Bäumen findet.«

Und selbst Hohberg, der alles andere als ein Lobredner des Bauernstandes war, muß 1682 zugeben: »Der Wildbann wird heutiges Tages darum hochgemißbraucht, daß man durch all zu vieles Verschonen und Überhäuffung des Wildbrets der armen Unterthanen Felder, Gründe und Wiesen also verderbet und ringert, daß sie durch unglaubliche große Mühe, hefftigen Verlust, vergebliches Wachen und empfindliche Verwüstung Tag und Nacht gequälet und in Verderbung und Armut gestürzt werden.«

So verlor in Hessen-Darmstadt, um wenigstens ein Beispiel zu bringen, unter Ernst Ludwig die Stadt Darmstadt durch Wildaufzüchtung 1 300 Morgen! Und Kurfürst Albrecht von Brandenburg rühmt in einem Brief an seinen Sohn im Jahre 1480 seinen guten Wildbestand an Sauen und sagt darin: »Wie wohl sie den Leuten Schaden tun, wollen wir sie doch sparen, daß wir zu jar auch zu jagen haben.« Trat aber wirklich einmal ein nennenswerter Abschuß ein und wußte man dann nicht, wohin man mit dem vielen Wildbret sollte, so zwang man kurzerhand die Bauern, es gegen eine gehörige Taxe zu übernehmen.

Das Wild trat allgemein des Abends auf die Felder aus, äste, zertrat das Getreide und vernichtete oft in einer Nacht die Früchte von des Bauern Fleiß. War es schon eine starke Zumutung, daß der Bauer seine Felder gegen das herrschaftliche Wild durch Errichtung von Zäunen auf eigene Kosten schützen mußte, so vergrößerte sich das Unrecht auf der herrschaftlichen Seite noch durch die Tatsache, daß nur sehr niedrige Zäune zugelassen waren, die das Hochwild leicht überspringen konnte; schließlich wurden die Zäune ganz verboten. So erließ beispielsweise der Herzog von Württemberg 1718 das Reskript, daß alle Zäune niedergelegt werden sollten mit Ausnahme derjenigen an den Landesgrenzen.

Die Pflicht, die herrschaftlichen Hunde zu füttern, wurde den Müllern, Bäckern und Wasenmeistern, aber auch den Bauern auferlegt. Eine Kommission von Jägern zog von Ort zu Ort, um die Pfleglinge zu besichtigen und neue Pensionäre zu verteilen. Daß es dabei zu schreienden Ungerechtigkeiten kam, läßt sich schon daraus entnehmen, daß der Kontrollierende jeweils den dritten Teil der Geldbuße erhielt, die für schlechte Hundehaltung auferlegt wurde; und diese Geldbuße mußte nicht nur dann entrichtet werden, wenn die Hunde etwa zu mager, sondern auch wenn sie zu fett waren.

Neben der Auflage, die Hunde zu versorgen, bestand auch die Pflicht, das Jägerpersonal zu verpflegen, wenn es vom Hofe abwesend war. Nach Wagner war in Württemberg die Jägerei die Hälfte des Jahres unterwegs, es waren 30 bis 40 Mann mit ebensoviel Pferden und einem Heer von Hunden, das sich auf 600 bis 800 Stück belaufen konnte. Dieser Schwarm legte sich mit Vorliebe auf die Klöster und auf größere Gutshöfe, aus dem sehr verständlichen Grunde, weil er sich da besser aufgehoben wußte als bei den Bauern, die selber nichts zu beißen hatten. Die Jagdordnung von 1556 setzte fest, daß die Jäger des Morgens eine Suppe und Brot und des Mittags wie des Abends vier Gerichte, dazu an Wein 5/4 bis 2 Maß pro Mann erhalten sollten.

Außerdem kann man wohl begreifen, wie sehr die Wut der Bauern gegen Jagd und Jagdfrone stieg, wenn bestimmt wurde, daß der »Hofmann« (= Bauer), der dem Hochwild auf dem Feld begegnete, »seinen Kagel (= Hut) davor abtuen soll, unserem gnädigen Herrn zu Ehre«.

Die Strafe für den Frevel am Wild war im frühen Mittelalter noch nicht so streng, wie sie es später wurde, als die Eigentumsrechte am Boden immer schärfer sich entwickelt hatten. Vor dem 14. Jahrhundert galten im allgemeinen nur Geldbußen, und Leibesstrafen kamen selten vor. »Um Wild verwirkt niemand seinen Leib« lesen wir noch im ›Sachsenspiegel‹ (1254), worin wir noch einen Rest jener Achtung sehen, die man dem Volksbewußtsein vom allgemeinen Jagdrecht entgegenbrachte, indem man festsetzte, daß gegen einen Wilddieb nicht peinlich verfahren werden durfte. Die Strafen für das eigentliche Wildern wurden aber in der Folgezeit unmenschlich hart.

Kurfürst Moritz von Sachsen ließ einen Wilderer auf einen Hirsch binden und hetzte diesen mit Hunden in den Wald. Herzog Ulrich von Württemberg gab im Jahre 1517 folgendes bekannt: »Jedem, wer der sei, der mit Büchsen, Armbrust oder dergleichen Geschoß in des Herzogs Gejägde und Wildbännen, in Hölzern oder sonst zu Feld, an Orten, zum Waidwerk geschickt, außerhalt rechter Straße, oder sonst verdächtig gehen oder wandeln würde, ob er gleich nicht schieße,« – und hier mildern wir die rohe Ausdrucksweise des Reskripts – »der soll des Augenlichts beraubt werden.«

Wilhelm IV. von Hessen verordnete im Jahre 1567, daß die Wilderer gefangen werden sollten »wie die wilden Säue und an den Galgen gehenkt, so auf der hohen Warte steht, damit des Abführens halber nicht wieder eine Disputation einfalle wie zuvor«. Philipp von Hessen strafte mit der Wippe und dem Strang. Ein Bauer aus Helso hatte im Jahre 1562 drei Hirsche geschossen, er war beim Zerwirken ergriffen worden und wurde ohne weiteres an einer Eiche aufgehängt.

Ein grauenvolles Marterinstrument war die aus einem Hirschgeweih bestehende Wildererkappe, die dem zur Schanzarbeit Verurteilten an den Kopf geschlossen wurde. Sie war ganz allgemein in Anwendung, und der Herzog von Württemberg bestimmte 1737 als Strafe derer, »welche diebischer Weise Wild geschossen haben«, das Abhauen der rechten Hand, mindestens aber öffentliche Arbeit »mit aufgesetzter Wildererkappe«, bei Rückfall Aufhängen am Galgen.

Fast am grausamsten aber gebärdeten sich manche Kirchenfürsten. So zeichneten sich beispielsweise die Würzburger Bischöfe im 14. und 15. Jahrhundert durch besonders schwere Strafen aus, mit denen sie den Wildfrevel ahndeten; dem Hasen-Luser ließen sie die Netze auf dem Rücken verbrennen, einem Schlingensteller wurde der rechte Daumen, einem Fallensteller der rechte Fuß abgehauen. Womöglich trieben es die Salzburger Erzbischöfe noch schlimmer, und auch andere Kirchenfürsten schlossen sich deren Beispiel an. So gab noch 1787, also zwei Jahre vor Ausbruch der Französischen Revolution, der Bischof von Fulda einen Erlaß heraus, in welchem ein für allemal dem »Erleger, Verwunder oder Einbringer« eines Wilderers 20 Taler zugesichert wurden, der Delinquent mochte tot, verwundet oder unverletzt sein, wenn er nur an den Galgen kam. Und dabei hätte man füglich erwarten können, daß gerade die geistlichen hohen Herren, die doch Gottes Wort zu predigen hatten, menschlicher als viele der weltlichen Fürstlichkeiten gedacht hätten.

Freilich waren die Verhältnisse nicht überall so, wie sie hier geschildert werden. Es gab natürlich auch unter den Herrschenden so manche, die ihren Untertanen milde und verständnisvolle Herren waren. Aber Volksaufstände und Revolutionen kommen nicht von ungefähr. Und daß die fürstliche Jagd mit ihren meist unerträglichen Auflagen für die Bauern ein Gehöriges dazu beigetragen hat, daß die Volksseele oft genug kochte, läßt sich nun einmal nicht leugnen.

Wenn wir uns jetzt der fürstlichen Jagd selbst zuwenden, soll damit nicht der Eindruck erweckt werden, daß sich die höfische Jagd nur auf jene beiden Arten beschränkt habe, die wir hier besonders in den Vordergrund rücken werden: die *Beizjagd* und die *Parforcejagd*. Trotzdem waren es aber gerade diese beiden, die in den Zeiten ihrer Blüte nur den Fürstlichkeiten und dem Adel vorbehalten waren.

Es gibt kaum eine Jagdart, die jahrhundertelang in gleicher Blüte gestanden hätte wie die *Falkenjagd*. Vor ihr trat zeitweise sogar die Hirschjagd zurück. Über ihre Anfänge läßt sich freilich nichts aussagen. Aber wir gehen sicherlich nicht fehl, wenn wir sie den asiatischen Reitervölkern zuschreiben, denen grenzenlose Steppen für ihre Jagden zur Verfügung standen. Die Falkenjagd hatte für sie auch noch eine wirtschaftliche Bedeutung: der Vogelfang war nämlich für diese Menschen noch ein nicht zu unterschätzender Nahrungserwerb.

Aber auch in Europa war die Falkenjagd schon frühzeitig bekannt. Wie hoch man den Wert abgetragener Falken schon im Anfang des 6. Jahrhunderts hielt, beweisen die burgundischen Gesetze, die bestimmen, daß sich ein Falkendieb, der die festgesetzte Geldstrafe nicht zahlen konnte, von dem gestohlenen Vogel sechs Unzen Fleisch aus der Brust aushacken lassen mußte. Daß die Falkenjagd schon damals in ziemlicher Verbreitung war, bezeugt eine Synode der Bischöfe von Bourgogne, die im Jahre 517 den Geistlichen verbietet, Jagdhunde und Falken zu halten.

Ihre Vollkommenheit erreichte die Beizjagd jedoch erst in der Zeit der Kreuzzüge, da erlernte die europäische Ritterschaft erst so recht die raffinierte Kunst dieses Jagens. In ihre Heimat zurückgekehrt, brachte sie diese dann zu ungeahnter Blüte. Und schließlich kam es soweit, daß Kaiser und Könige, Fürsten und Edle, Bischöfe und Äbte, ja sogar manche Päpste die Jagd mit dem Falken auf der Faust für das edelste Vergnügen hielten, das Gott und die Welt dem Menschen zu bieten hatten. Die ausgesprochen groteske Liebe zu den gefiederten Jägern führte schließlich dazu, daß diese bei den höheren Ständen geradezu zum Statussymbol wurden. Da sie, wo auch immer, Begleiter ihrer Herren waren, nahmen sie gewissermaßen an deren Rang teil, ob dieser nun von hohem oder niederem Adel war. Aus diesem Grund war der Falke auch unantastbar wie der Adel selber. So durften nach einem 818 erlassenen Gesetz weder Schwert noch Falke dem besiegten Ritter abgenommen werden. Niemand fand etwas daran, wenn die hohe Geistlichkeit während des Hochamts von ihrem geliebten Falken begleitet wurde oder wenn die Barone ihre Edelfalken am Altar absetzten. So wäre es geradezu unverständlich, wenn aus dieser klassischen Zeit der Falkenjagd nicht Dokumente überliefert wären. Man denke dabei nur an einige Bilder der Manessischen Liederhandschrift aus dem Anfang des 14. Jahrhunderts, an die vielen Falknerporträts und die aus Stein gehauenen oder in Bronze gegossenen Grabmäler, wo der Falke genau so verewigt wurde wie sein verstorbener Herr. Der gesamte Adel war sozusagen falkenköpfig geworden wie der ägyptische Gott Horus, der einen Sperberkopf trägt; in seiner maßlosen Wertschätzung, die geradezu als lächerlich empfunden werden mag, war der Falke nahezu ausschließlich sein Symbol.

Die Hochblüte der Falknerei in Europa ist eng mit den Hohenstaufen verbunden. Die deutschen Kaiser Friedrich Barbarossa, sein Sohn Heinrich und sein Enkel Friedrich II. gehörten ihrer Zunft an. Des letzteren wissenschaftliche Ausbeute ist sein berühmt gewordenes Lehrbuch ›De arte venandi cum avibus‹, (»Von der Kunst, mit Vögeln zu jagen«), das er wahrscheinlich auch selber illustrierte. Überhaupt war Kaiser Friedrich II. eine der glanzvollsten Erscheinungen seiner Zeit und keineswegs nur als bedeutender Falkenjäger allgemein anerkannt. Er war auch als Herrscher äußerst erfolgreich und als Krieger gefürchtet; dennoch hat er, und das sehr zu seinem Schaden, die wohl kostspieligste Falkenjagd der Weltgeschichte in Szene gesetzt. Friedrich belagerte die Stadt Parma im Jahre 1248, und um sicher zu gehen, erbaute er rund um Parma ein stadtähnliches befestigtes Lager, dem er den Namen »Victoria« gab. Die Belagerung, oder vielmehr die Einschließung der Stadt, zog sich derart in die Länge, daß die Belagerer am Ende recht sorglos wurden. Als es nun galt, durch die unmittelbar bevorstehende Einnahme des abtrünnigen Parma die schwierig gewordene Lage in der Lombardei wieder zu des Kaisers Gunsten zu wenden, ließ dieser sich leichtfertig dazu hinreißen, von Hunden und schreienden Vögeln umgeben, seine Triumphadler statt auf den Feind auf den Vogelfang loszulassen. Als die Parmeser Nachricht davon erhielten, benutzten sie die günstige Stunde, griffen die schlecht bewachte »Victoria« an und bemächtigten sich des gesamten Kronschatzes und der bereits erwähnten Handschrift des Kaisers, die heute einen kostbaren Schatz der Vatikanischen Bibliothek bildet. »Wenn er die Lombarden besiegen will, warum jagt er dann mit Hunden und Geparden? Dieser Kaiser ist ein pflichtvergessener Müßiggänger«, sagte man damals von ihm. Er selber hat diesen Schlag nie verwunden.

Aber nicht nur Kaiser Friedrich II. führte seine Falken im Kriege mit. So nahm Eduard III. von England, gestorben 1376, mit seinen Lords im Feldzug gegen Frankreich neben seinen Hunden und Falken sogar auch seine Reiher mit sich, um nötigenfalls das zu jagende Wild nicht entbehren zu müssen. Genauso pflegten es die englischen Bischöfe und Äbte auf ihren Amtsreisen zu halten – ohne Hunde, Falken und Reiher hätten sie sich wohl eine solche Reise gar nicht denken können. Petrarca konnte sich nicht enthalten, über die damalige Beizlust zu spotten: »Gott hat dir zwei Hände gegeben. Wofür? Die eine hält den Zaum des Pferdes, die andere trägt den Habicht.«

Die Herzöge von Burgund, die bestrebt waren, ein ebenso glanzvolles Haus zu führen wie die Könige von Frankreich, hielten wie diese einen ansehnlichen Jagdetat. Die Pracht, die damals Europa in Erstaunen setzte, war aber gering im Verhältnis zu dem Pomp orientalischer Fürsten. Der Graf von Nevers, Sohn des Herzogs von Burgund, der mit einer großen Anzahl französischer Barone nach der unglücklichen Schlacht bei Nicopolis in Gefangenschaft geraten war, fand am ottomanischen Hof einen Prunk vor, gegen den die abendländischen Höfe verblaßten. Vor der Abreise der mit 200 000 Dukaten ausgelösten französischen Adelsherren veranstaltete Bajazet I., der ein leidenschaftlicher Liebhaber der Jagd war, eine Falkenbeize. Die Barone staunten über den Glanz seines Jagdstaates, der aus 7 000 Falkenjägern und 6 000 Hundewärtern bestand. Anläßlich dieser Jagd, so erzählt man, sei der Sultan im Begriff gewesen, 2 000 Falkoniere hinrichten zu lassen, weil einer von ihnen seinen Favorit-Falken zu früh losgelassen und dadurch die Jagd und den Vogel verdorben habe. Als der Graf von Nevers sich sehr bemühte, Vergebung für die unglücklichen Jäger zu erlangen, soll ihm der Sultan entgegnet haben: Menschen habe ich genug, aber gute Falken nur wenige. Unter den Geschenken, die Karl VI. an Bajazet zur Auslösung der Gefangenen sandte, war neben sechs Pferdeladungen Scharlach, feiner Leinwand aus Reims und kostbaren Tapeten aus Arras auch ein Flug norwegischer Falken. Erst daraufhin habe sich Bajazet zu Verhandlungen wegen Freigabe der Gefangenen eingelassen.

»Die königlichen Falkonieranstalten« (unter Franz I. von Frankreich), liest man in den ›Denkwürdigkeiten‹ des Marschalls von Fleuranges, »stehen unter dem Befehl des Oberfalkenmeisters René von Cossé, eines wackeren Edelmannes von guter Herkunft, der außer diesem schönen Amte noch das eines Oberbrotspenders von Frankreich verwaltet. Der Oberfalkenmeister, dessen Besoldung 4 000 Gulden beträgt, hat 15 Edelleute unter sich, die mit 500 bis 600 Pfunden belohnt werden, und 50 Falkenmeister mit einem Gehalt von 200 Pfund. Er besetzt allein diese verschiedenen Stellen, und ihm stehen 300 Beizvögel zu Gebot; außerdem hängt es von ihm ab, im Umfange des ganzen Königreichs die Jagd zu gestatten, wie er auch eine Abgabe von allen Vogelhändlern bezieht, die weder in irgendeiner Stadt, noch bei Hof ohne seine Erlaubnis einen Vogel verkaufen dürfen, widrigenfalls die Waren der Händler der Strafe der Konfiskation verfallen. Der gesamte Falkonierstab und auch die Jägerei folgten dem König überall nach, wohin sich dieser begibt.« »Die

Jäger und die Falkenmeister«, fährt unser Geschichtsschreiber fort, »haben einen sehr seltsamen Gebrauch unter sich. Wenn das heilige Kreuz des Maimonats, das die Zeit ist, in der sich die Vögel mausern, herangekommen ist, erscheinen die Jäger alle grüngekleidet mit ihren Trompeten und mit grünen Spitzruten bewaffnet und jagen die Falkenmeister aus dem Hofe; denn dies ist die Jahreszeit, in der man den Hirsch jagt. Aber wenn das heilige Kreuz des Winters kommt, dann erscheint der Oberfalkenmeister und treibt seinerseits die Jäger aus, die alsdann die Hunde in den Stall sperren müssen, denn nun taugen die Hirsche nicht mehr zur Jagd.« Aus diesem alten Jägerbrauch läßt sich schließen, daß der endlose Zwist zwischen den Falkenjägern und der Jägerei damals noch keineswegs beigelegt war.

Ludwig XIII. war gleichfalls ein großer Falkenjäger. Er unterhielt 1621 eine Falknerei von 140 Falken, von denen die vorzüglichsten auserlesene Namen wie Glorieux, Perle oder Gentilhomme führten. In Seigneur d'Esparron de Perlieres hatte der König seinen Lobredner gefunden, indem er von der Herrlichkeit dieser Falken schwärmt: »Sowie die Engel mit halbgeöffneten Fittichen um den Thron des Ewigen stehen und ihn mit süßen Melodien preisen, so umgibt unseren König eine unendliche Menge edler Segler der Lüfte, bald geschwätzig, bald auf der Hand des Falkners, immer wach, immer bereit und fertig zum Angriff des gefiederten Waidwerks nach seinem Willen.« Dann ruft er aus: »Wie kann eine andere Gattung mit ihnen verglichen werden, sey es in der Treue, sey es in der Schnelligkeit, mit der sie sich zum Himmel erheben und gerade in die Sonne blicken, sey es im Kampfe, zu dem sie gerufen werden, sey es in der freundlichen Annäherung, wenn sie die Stimme der Sanftmuth ruft! Sie haben alle Eigenschaften der Erhabenheit, zu Recht nennt man sie die Könige der Vögel.« Er erinnert sich auch daran, daß ihre Zähmung nicht die gewöhnliche anderer Tiere sei und ihr Gehorsam mehr aus einem geheimen Naturtrieb, uns zu dienen, als um des Zwanges willen geschehe – wie es damit in Wirklichkeit aussah, werden wir aber gleich sehen, wovon freilich der Skribent entweder nichts wußte oder vielleicht auch nichts wissen wollte.

Die Dressur dieser Vögel war nämlich äußerst mühevoll und hart. Man begann damit, den Falken hungern zu lassen und des Schlafes zu berauben, so daß dem wilden Vogel, wie Fleming sagt, »seine völlige Memorie und Imagination, Nachsinnen und Gedächtnis auf einmal genommen und geschwächt wird, damit er nicht Zeit und Gelegenheit haben könne, sich seiner Natur zu besinnen und sich zu erinnern, was er zuvorhero in seiner Freiheit zu thun gewohnt gewesen, wodurch sich seine Natur transmutiret, daß er nicht anders weiß, als wie er vom Menschen aufgezogen sich dessen Willen unterwerfen müsse. Drei Tage und Nächte ließ man den Falken nicht zur Ruhe kommen, wobei man ihm die Haube aufsetzte, und es ist nur zu verwundern, daß er darüber seine Jagdlust nicht verlor.« Früher, als man die Falkenhaube noch nicht kannte, die übrigens eine Erfindung der Orientalen ist, wandte man viel entsetzlichere Methoden an, um den Vogel zeitweise des Augenlichts zu berauben – man spricht besser nicht darüber. Nach all dieser Quälerei aber wurde der Falke, wenn Erfolge bei der Zähmung zu bemerken waren, sehr sanft und liebevoll behandelt. Aber erst dann, wenn er mit seinem Falkner ganz vertraut geworden war, ließ man ihn ein Rebhuhn oder dergleichen fangen und dressierte ihn auf mannigfache Art weiter, was unendliche Mühe und unverdrossene Arbeit kostete. Man sagt wohl, daß die Falknerei edler als die Jagd sei, weil schließlich der gefangene Vogel nur das tue, was er auch als freies Tier getan hätte. Trotzdem aber darf man überzeugt sein, daß das Leben für den Vogel, der jeglicher Freiheit beraubt und immer nur dem Willen des Menschen unterworfen war, kein ständiges Honiglecken bedeutete.

Zum Schluß mag noch die anschauliche und lebendige Schilderung einer Falkenjagd in Laxenburg, dem Mittelpunkt der Reiherbeize unter Kaiser Karl VI., folgen, die wir der Feder des damaligen Obersthoffalkenmeisters, Graf St. Julien, verdanken: »Zur festgesetzten Morgenstunde erwartet der Obersthoffalkenmeister zu Pferde, den Falken auf der Faust, mit den berittenen Falkonieren, einer Zahl von Falkenjungen, die teils Gestelle mit Falken tragen, teils die Beizhunde an der Leine führen, weiters mit einem Chor von Hörnerbläsern, alle in vorgeschriebener Jagdkleidung mit ihren Abzeichen, die Ankunft der Majestäten, die pünktlich anlangen. Die Falkoniere setzen sich in Bewegung und machen halt an einer Stelle, wo sich der Spiegel des Weihers unter Schilfrohr und Binsen verbirgt. Die Beizhunde werden losgekoppelt und stürzen ins Moor. Die Blicke aller schweben über das Wasser, um die aufgescheuchte Beute zu erlauern.

Plötzlich rauscht es im Schilf, ein Reiher erhebt sich, anfangs schwer und etwas unbeholfen, dann aber entfaltet er seine Schwingen völlig und hebt sich hoch in die Luft. Kaum schwebt der Reiher in der Höhe, so halten sich die Falkoniere bereit, muntern die Vögel durch Worte auf und erwarten den Wink des Kaisers. Er erfolgt. Der Oberstfalkenmeister zieht seinem Falken die Kappe ab und läßt ihn los. Einen Moment ist der Vogel von dem Glanz der Sonne geblendet. Der Falkonier wendet ihn aber nach jener Richtung, wo der Reiher schwebt, und zeigt mit dem Finger nach dem flüchtigen Gegner. Jetzt schüttelt der Falke die Flügel, stößt einen Schrei aus und fährt wie der Blitz in die Luft. Der Reiher erblickt seinen Todfeind und versucht, sich höher zu heben, aber bald schwebt der Falke über ihm. Dann sucht er wieder nach rückwärts zu entkommen, und wieder stürzt ihm der Falke nach. Dieser Wettkampf im Fliegen, dieses Necken und Spielen in den Lüften ermüdet den Reiher, er zeigt sich gereizt, entschließt sich zum Widerstand und weist seinem Feinde den langen Schnabel, mit dem er ihm wie mit einem Schwert entgegendroht. Der Falke umkreist nun seine Beute, stößt hart an ihr vorbei, und mit Blitzesschnelle krallt er sich in die Seite des Gegners ein.

Nun beginnt ein wütender Kampf. Der Reiher stößt dem Feinde sein Schnabelschwert zwischen den Flügeln und dem Halse ins Fleisch, der Falke krächzt und bohrt seinen krummen Schnabel in des andern Seite. Der Reiher schüttelt sich, aber der Falke hat sich festgekrallt und läßt sich vom ermüdenden Gegner tragen. Unermüdlich sticht der Reiher auf ihn los, und man sieht, daß sich die Federn beider blutig färben. Schon scheint sich der Sieg auf die Seite des Reihers zu neigen, schon will man einen zweiten Falken zur Unterstützung ablassen, doch durch ermunternde Zurufe angefeuert, rafft sich der Falke zur letzten Kraftanstrengung auf. Beide Vögel drehen sich, der Reiher versucht zu entkommen und vermag es nicht, und endlich zieht er erschöpft seine Schwingen ein und läßt sich zur Erde fallen. Unter Fanfaren der Hörner wird der Falke vom Reiher getrennt, und – wie die alte Sitte es erheischt – eilt der Oberstfalkenmeister vor, zieht aus dem Hals des Reihers die feinen Federn und überreicht sie dem Kaiser, der sie mit ritterlicher Artigkeit der schönen Kaiserin als Huldigung darbringt.«

Lenken wir nun unser Augenmerk auf die *Parforcejagd,* der wir einige Sätze über die bei uns sonst übliche Hetzjagd voranstellen wollen.

Bis tief ins 17. Jahrhundert hinein war in Deutschland die fast ausschließliche Art des Jagens die Hetzjagd. Die dafür gebrauchten Hunde mußten dabei schneller sein als das gejagte Wild, damit die nacheilenden Jäger es möglichst rasch und auf kurze Distanz erlegen konnten. Die Hunde jagten also à vue, mit dem Gesicht, und gaben die Jagd auf, wenn sie das Wild aus den Augen verloren. Bei solchen Jagden war die Stückzahl des gejagten Wildes nebensächlich – man wollte eben Beute machen; jedoch freute man sich natürlich, wenn die Strecke recht beachtlich war. Schon in älteren Zeiten, als das Wild noch notwendig zum Leben gebraucht wurde, war die deutsche Hetzjagd so manches Mal der Kritik der Franzosen ausgesetzt. Nun darf man aber nicht glauben, daß es sich bei der Parforcejagd nicht auch um eine Hetzjagd gehandelt hätte. Ja ganz im Gegenteil, denn gerade diese war, vom Wild aus gesehen, wohl die übelste, die sich überhaupt ersinnen läßt. Dennoch bestand ein grundsätzlicher Unterschied zwischen der alten Hatz und der nunmehr übernommenen Parforcejagd. Kam es früher, wie bereits erwähnt, auf eine unbeschränkte Anzahl erlegten Wildes an, so galt die Parforcejagd stets nur einem bestimmten Stück Wild, in Deutschland dem Rot- und Schwarzwild, in Frankreich auch dem Hasen und Fuchs. Im Gegensatz zur gewöhnlichen Hetzjagd war es deshalb notwendig, Hunde zu verwenden, die weniger rasch als das Wild waren, mit der Nase der Fährte folgten und das Wild ermüdeten. Da diese Jagden, zunächst in freiem Gelände, oft über weite Strecken führten, brachten sie natürlich neben den Anstrengungen nicht unerhebliche Gefahren für Reiter, Pferde und Hunde mit sich. Es war eben ein Jagen um des Jagens willen, aufs Raffinierteste ausgeklügelt unter Berücksichtigung der verschiedenen Qualitäten edler Hunderassen, dabei stets auf Prunk ausgerichtet und immense Summen verschlingend in Relation zu der mageren Beute: ein einziger Hirsch, ein einziges Wildschwein, ein armseliger Fuchs oder ein jämmerliches Häschen. Vernünftig betrachtet konnte man das eigentlich nicht mehr Jagd nennen, es war vielmehr ein Sport der besitzenden Klasse und daher insbesondere des Adels. Eines darf man allerdings bei der Parforcejagd nicht unbeachtet lassen: Sie erforderte ausgesprochen weidgerechte Jäger und ein gut eingeübtes Dienstpersonal, ohne die wohl kaum je eine den Regeln entsprechende Jagd zustande gekommen wäre. So fiel schon dem Leithund, der vom Suchjäger oder vom Besuchsknecht, wie er genannt wurde, am Riemen geführt wurde – und dem wir so oft auf alten Bildern begegnen – eine wesentliche Aufgabe zu. Dieser Besuchsknecht mußte mit Hilfe seines Hundes die zu Holz führenden Wechsel (Wildpfad und Wildpaß) besichtigen und nach den gerechten Zeichen wie Fährte und Losung seinem Herrn genaue Angaben machen über Geschlecht, Alter und Endenzahl. Wenn auf diese Weise eine Anzahl Hirsche ausgemacht war, bestimmte der Jagdherr erst jenen, der gejagt werden sollte.

Nachdem also der für die Jagd bestimmte Hirsch,

oft Tage später, wieder durch den Leithund bestätigt war, wurden teils berittene Jäger, teils solche zu Fuß mit Hunden auf die sogenannten Fürlagen, die Relais, verteilt, das heißt, an Orte, die der zu jagende Hirsch passieren mußte. Bei den Jägern befanden sich jeweils etwa 20 bis 30 Hunde. Der Jagdherr und sein Gefolge begaben sich alsdann zu Roß an den Standort des Hirsches und verteilten sich dabei so, daß der aufgesprengte Hirsch von dem einen oder anderen gesehen werden mußte. Darauf wurde dieser von der Jägerei mit den Hunden aufgesucht und angejagt. Erst wenn dies geschehen war, begann die eigentliche Jagd mit der Meute, die manchmal bis 100 und mehr Hunde zählte. Mit den an den Relais aufgestellten Hunden ging es dann weiter mit Reiten und Laufen, mit Weidgeschrei und Hornsignalen, durch Wald und Feld oft bis in die Nacht hinein. Die Piqueurs leiteten die Jagd, wobei die Hunde öfters zum Halten gebracht wurden, entweder um andere nachkommen zu lassen oder weil sie die Fährte verloren hatten. Man nannte das »stopfen«, wie es in alten Büchern heißt. Sobald aber der Hirsch wieder erblickt wurde, erschallte der Ruf »Tajo«, was soviel wie glückliche Jagd bedeutet. Zu dieser Jagd wurden gewöhnlich ebene Holzgründe gewählt, wo Durchschläge zum Reiten und Beobachten des Hirsches angebracht waren.

Es versteht sich, daß man des Wechselns wegen vieler Pferde bedurfte; ihre Zahl belief sich bei größeren Jagden auf 150 bis 200. Der Hirsch machte häufig Wiedergänge, schwamm lange Strecken einen Fluß hinab und gesellte sich anderen Hirschen zu. So war es oft recht schwer, ihn wieder auszumachen, aber endlich mußte er doch der Meute erliegen. Viele Hirsche wurden, besonders bei den späteren Parforcejagden, geradezu totgejagt, oder man hatte die Hunde daraufhin abgerichtet, den Hirsch überhaupt nicht anzufallen, sondern nur zu treiben, damit die Jagd um so länger dauere.

Geschah es aber, wie das meist der Fall war, daß der Hirsch, ermüdet und ermattet oder durch Schwierigkeiten des Geländes, gezwungen wurde, sich den Hunden und nachreitenden Jägern zu stellen, dann konnte er in seiner Verzweiflung unter Aufbietung seiner letzten Kräfte noch zu einem gefährlichen Gegner werden. So forkelte er manchen Hund zu Tode oder verwundete ihn schwer.

Um den Jagdherrn die Ehre des Fällens zu lassen, wurden die Hunde oft zurückgehalten und der Fürstenruf geblasen. Das Abfangen des weidwunden Tieres war aber zuweilen so gefährlich, daß man ganz unmöglich den Jagdherrn solcher Gefahr aussetzen durfte. So bot denn das Ende einer Parforcejagd, abgesehen von der Todesangst, der man zur Befriedigung seines Vergnügens das edle Tier oft stunden-, ja tagelang ausgesetzt hatte, meist ein Bild erbärmlicher, würdeloser Unmenschlichkeit. Ein Jäger schlich sich nämlich hinter den Hirsch, um ihm mit einem scharfen Hirschfänger die Hessen, das heißt die starken Sprungsehnen über den Knien der Hinterläufe, durchzuschlagen. Und dann erst, wenn alle Gefahr brav beseitigt war, erhielt er durch den Jagdherrn den Fang.

Es läßt sich nicht leugnen – und die alten Gemälde und Kupferstiche beweisen es uns -, daß die Parforcejagden immer ein Bild freudigen Prunkes abgegeben haben. Das Blitzen der mit Gold betreßten blauen oder roten Uniformen, die dahinstürmenden Pferde und das Geläute der Hundemeute im Verein mit den vielfältigen Klängen der Parforcehörner mögen immer wieder ein einzigartiges Erlebnis gewesen sein. Viele Landesfürsten setzten sich dabei freilich keiner sonderlichen Gefahr aus.

»Der Herr kann sich dabei«, so schreibt Döbel, »für sich selbst wohl menagiren, und selbigem (dem Jagen) auch im Fahren beywohnen. Denn diese Arbeit, die Jagd zu dirigieren, und die Hunde in Ordnung zu halten, gehöret für die darzu bestellten Jäger, Piqueurs und Besuch-Knechte. Ob nun aber auch schon der Fürst und Herr bey der Jagd mit reitet; so kann er sich doch hierinne in Acht nehmen, und hat nicht nöthig, durch Dicke und Dünne gleich denen Jägern zu jagen, sondern nur neben und bey der Jagd zu bleiben; dabey er dennoch den angenehmen und wohlklingenden Laut der Hunden, Jäger und des Jagdhorns hören, und vernehmen kann. Wie es denn eine besonders schöne Music ist, und mancher Liebhaber dieselbe dem Klange des besten Glocken Spiels vorziehet; wenn man in Betrachtung ziehet, daß auf einmal und bey einander 50, 60, 100 und auch wohl noch mehr Hunde jagen, da einer einen hellen, ein anderer einen tiefen Laut von sich giebt, auch sowohl zusammen stimmen als ob nach der Music der Discant, Tenor, Alt und Baß, mit einander anstimmen, dessen Anmuth durch der Jäger Zuruffen, Juchen und Blasen noch mehr vermehret wird.«

Das stimmt genau mit einem 1359 von Gasse de la Bigne verfaßten Gedicht überein, denn da heißt es: »Wer nur einmal das Geläute der Hunde gehört hat, der wird sich wohl schwerlich ein anderes Paradies wünschen, und der Ton eines Hifthorns übertrifft auch gewiß die Musik der Engel.«

Und Döbel fährt fort: »Außerdem ist es (dieses

Jagen) auch ein Staat für einen Fürsten und großen Herrn, dieweil es ihm der Edelmann nicht nachmachen kan, indem die Jagd nicht nur kostbar zu erhalten, sondern hierzu auch ein ziemlicher District Landes oder Waldungen gehöret, daß man nicht allein darauf jagen, sondern auch so viel geheget und zugezogen werden kan, daß man zu jagen hat.«

Wenn schon der große Jagdklassiker Döbel nur fadenscheinige Gründe für die Rechtfertigung der Parforcejagd aufzuweisen hat, dann darf es einen nicht wundernehmen, wenn diese Art des Jagens in Deutschland wieder rasch ihrem Verfall entgegenging und bald zu einem je nach der Mode gestalteten Schauspiel erniedrigt wurde. Nichts zeigt dies deutlicher als eine kurbayerische Jagd am Starnberger See im Jahre 1722.

Es begaben sich der Kurfürst (Max Emanuel, 1679 bis 1726) mit der Kurfürstin, die Prinzessinnen, der Kurfürst von Köln, die Hofdamen und zahlreiches Gefolge auf Schiffen nach dem Uferteil, an den der Park von Forstenried angrenzt. Die höchsten Herrschaften hatten den Bucentauro, ganz in der Größe und nach dem Modell des berühmten venezianischen Dogenschiffs erbaut, bestiegen, die übrigen, je nach dem Rang, die kleineren Schiffe. Im Park war ein Auslaß so eingerichtet, daß der gejagte Hirsch gezwungen werden konnte, dort auszubrechen und sich in den See zu stürzen.

Der Berichterstatter erzählt nun: »Die Fürsten und ihre Jäger, durch Kanonenschüsse von der Ankunft der Prinzessinnen auf den Schiffen benachrichtigt, jagten den Hirsch auf und zwangen ihn durch den Schall des Waldhorns, aus seinem Hinterhalt hervorzubrechen. Wohl zwanzigmal kam er ans Ufer und ging jedesmal, durch den Anblick der Schiffe geschreckt, wieder zurück. Endlich durch die Hunde gedrängt, welche durch die immer blasenden Jäger unterstützt waren, sprang er ins Wasser, und die Hunde setzten ihm schwimmend nach und umringten ihn. Sogleich tauchte er unter und verlor sich aus dem Gesicht, aber bald erschien er wieder auf dem Wasser und wurde aufs neue von den Hunden verfolgt. Je mehr er sich verteidigte, um so mehr wurde er angegriffen; dieser Kampf dauerte beinahe eine Stunde und gewährte unendliches Vergnügen. Die Trompeter bliesen während dieser Zeit abwechslungsweise. Der Hirsch kämpfte endlich seinen Todeskampf, und die Jäger bliesen seinen Tod; vier Gondoliere bemächtigten sich hierauf des Hirsches am Geweih und brachten ihn an Bord, wo er sogleich verendete.«

Aus der geschilderten Jagd sieht man mit aller Klarheit, daß diese an und für sich nur mehr die Nebensache und das Hoffest selber der Kernpunkt des Ganzen war. Dabei müssen wir gestehen, daß die Parforcejagd dem deutschen Jäger nie so recht auf den Leib geschrieben war. Letzten Endes war es ihm angeboren, für seine Mühe eine stattliche Strecke buchen zu können.

So wendet sich denn der andere Klassiker der deutschen Jagd des 18. Jahrhunderts, Hanns F. von Fleming, schon ein Menschenalter vor Döbel mit aller Erbitterung gegen diese Art des Jagens. Freilich tat er dies keineswegs aus tierfreundlichen Gesichtspunkten; dafür hatte das 18. Jahrhundert kaum Platz. Er meldet lediglich, »die Parforcejagd sei ein gefährliches Jagen, und ihre Beschreibung möchte ihm als einem teutschem Jäger nicht zuzukommen noch anständig zu sein scheinen«. An anderer Stelle sagt er, »daß hohe Landesfürsten unzehlbare vielfältige Unglücksfälle auf der Jagd wilder Thiere gehabt und daß man deswegen bequemere Mittel erfunden habe, worinnen mit besserer Sicherheit hoher Herrschaft das Wild gejagt wird«. Dann war es allerdings die höchste Zeit, daß die hohen Tücher erfunden wurden, »eine der vornehmsten Jagdgezeuge, worinnen die wilden Thiere umbstellet und mit Vergnügen auf unterschiedliche Art erleget werden«.

Und auch Fleming verteidigt die Jagd in hohen Tüchern gegen den Vorwurf der Franzosen, »les Allemands ne font que la chasse meurtrieuse: So stelle ich dannoch einen jeden Unpartheyischen zu judiciren frey, ob nicht unser teutzsches Jagen und Umstellung der Tücher oder des Jagd-Zeugs eine höchst rühmliche Invention sey, vermittelst welcher von einer hohen Landes-Obrigkeit mit weit besserer Bequemlichkeit sowohl in ihrer zarten Jugend, als in ihrem kranken Zustande, oder bey ihrer beschwerlichen Leibes-Constitution, ja auch wohl gar in ihrem hohen Alter das verlangte Wildpräth mit größter Commodität aus ihrem Schirm nach Dero Gefallen erleget werden könne.« Und nachdem er sich nochmals über die Gefährlichkeit der Parforcejagd ausgelassen hatte, kommt er zu folgendem Schluß: »Glaube dahero wegen vieler traurigen unglücklichen Todesfälle, so von Piquiren herkomme, es müsse der böse Geist dieses erdacht haben.«

Aus einem vielleicht edleren Grunde wandte sich der norddeutsche Gelehrte Johann Georg Hamann (1730 bis 1788), genannt der Magnus aus Norden, gegen die Parforcejagd; bei ihm war es das Mitleid mit der zu Tode gehetzten Kreatur, das den unerschrockenen Mann veranlaßte, folgendes als Flugblatt zu verbreiten:

»Schreiben eines parforcegejagten Hirsches an den Fürsten, der ihn parforcegejagt hatte, d. h. jenseits des Flusses:

Durchlauchtigster Fürst, Gnädigster Fürst und Herr! Ich habe heute die Gnade gehabt, von Ew. Hochfürstlichen Durchlaucht parforcegejagt zu werden; bitte aber untertänigst, daß Sie gnädigst geruhen, mich künftig damit zu verschonen. Ew. Hochfürstl. Durchlaucht sollten nur einmal parforcegejagt sein, so würden Sie meine Bitte nicht unbillig finden. Ich liege hier und mag meinen Kopf nicht aufheben, und das Blut läuft mir aus Maul und Nüstern. Wie können Ihre Durchlaucht es doch übers Herz bringen, ein armes unschuldiges Tier, das sich von Gras und Kräutern nährt, zu Tode zu jagen? Lassen Sie mich lieber totschießen, so bin ich kurz und gut davon. Noch einmal, es kann sein, daß Ew. Durchlaucht ein Vergnügen an den Parforcejagden haben; wenn Sie aber wüßten, wie mir noch das Herz schlägt, Sie täten's gewiß nicht wieder, der ich die Ehre habe zu sein mit Gut und Blut bis in den Tod« usw.

Freilich waren derartige Mahnungen dazumal nur in den Wind gesprochen, wenngleich es auch in jenen Zeiten Fürstlichkeiten gab, denen derartige Tierquälereien zutiefst zuwider waren.

Noch schlimmer aber ging es zu, wenn von den so edlen Perückenträgern das Wild zum bloßen Spielzeug ihrer perversen Launen mißbraucht wurde.

Schon das 17., aber erst so recht das 18. Jahrhundert war die Zeit, in der sich die Jagd zum ausgesprochenen Hoffest entwickeln sollte. War schon früher von der sogenannten »Poesie der Jagd« nicht mehr viel zu spüren, so war es damit jetzt endgültig vorbei, wo der Jagdherr mit seinen zahlreichen Gästen Massen von Wild totschoß, das auf engstem Raum eingekammert war und weder ein noch aus konnte. Der Hauptwert dieser Jagden wurde neben dem Prunken mit möglichst riesigen Wildmassen auf eine glanzvolle Ausschmükkung des Laufs und die üppige Ausstattung des Jagdschirms gelegt, der meist zugleich als Schießstand und zur Einnahme des Jagdfrühstücks diente. Da Wasserjagden sich damals großer Beliebtheit erfreuten, wurden kurzerhand künstliche Seen angelegt, wenn natürliche nicht vorhanden waren. Die immensen Kosten, die dabei entstanden, berührten die damaligen Fürstlichkeiten wenig, zudem genügend Bauern vorhanden waren, die dabei oft monatelang Frondienste leisten mußten.

Zur Illustration des Gesagten – wenn auch mit mancherlei Abweichungen – wählen wir eine der merkwürdigsten Festlichkeiten des 18. Jahrhunderts. Es handelt sich dabei um den prächtigen Empfang, den Herzog Josef Friedrich zu Sachsen-Hildburghausen in Schloßhof, einer damals ihm gehörigen Herrschaft an der March (östlich von Wien, wo diese in die Donau fließt), Franz I. und Maria Theresia sowie deren Kindern, den Erzherzögen Karl, Josef Emanuel und Josef, und den Erzherzoginnen Maria Anna und Maria Christina vom 23. bis 26. September 1754 bereitete.

Diese viertägige Solennität gehörte wohl zum Prunkvollsten und Aufwendigsten, was im 18. Jahrhundert im Reigen der vielen höfischen Feste dargeboten wurde. Von konzertanter Musik bis zur Oper, von Gastmählern erlesener Güte bis zum fröhlichen Picknick im Freien ging es bis zu einem köstlichen Wasserkarussell und einem schick arrangierten Bacchantenfest. Verpflichtet waren dabei u. a. Metastasio als Librettist, Gluck als Komponist, Quaglio als Bühnenbildner sowie die beiden berühmten Sängerinnen Tesi und Heinisch, was wohl für die Qualität des Dargebotenen spricht. Bei einem solchen Aufwand durfte natürlich auch die Jagd nicht zu kurz kommen. Diese wurde am Nachmittag des zweiten Tages abgehalten, oder besser gesagt, in Szene gesetzt.

Sie fand an den Ufern der March statt und für sie wurden nicht weniger als 800 Hirsche, oft aus beträchtlichen Entfernungen, zusammengetrieben. Ein Gebäude in Form einer Triumphpforte, die mit dem dahinter liegenden Berg durch eine Brücke verbunden war – wofür allein 2000 Doppelpfosten verbraucht wurden – war bis tief in den Fluß hineingeschoben, von wo aus die Hirsche in klaftertiefem Sprung in das Wasser gejagt werden sollten. Die Triumphpforte bestand aus neun großen Bogen, denen drei ebensolche als weiteres Stockwerk aufgesetzt waren; in der mittleren derselben thronte eine Statue der Diana, während in den beiden seitlichen Arkaden je ein Chor von Trompetern und Paukern postiert war. Am anderen Ufer der March war der Schieß-Schirm der Gloriette von grünem Laubwerk zierlich zugerichtet. Schiffe in Form des venezianischen Bucentaurus, aufs köstlichste ausgeschmückt, brachten die hohe Jagdgesellschaft an Ort und Stelle. Musici, in gelben und roten Masken-Habits mit schönen Federn auf den Hüten, und Sängerinnen, als Nymphen verkleidet, erfreuten dabei Auge und Ohr.

Sobald die Herrschaften in den Schieß-Schirm eingetreten waren, gab der Prinz das Zeichen, daß die Jägerei zu Holze ziehen sollte. Hift- und Waldhörner erschallten zu dem Waldgeschrei der Jäger, das Blendtuch hob sich und einige hundert ebenfalls rot und gelb gekleidete Bauern, die rote und weiße, mit dem österreichischen Wappen versehene Fahnen in Händen hatten, untermischt mit der Jägerei, traten aus dem Gebüsch hervor und jagten eine Menge Hirsche den Berg hinunter, dann auf die Brücke und durch die oben erwähnten Bogen der Triumphpforte hindurch in die Wasser der March. Nun war es die Intention des Prinzen, daß die anwesenden Kavaliere sich auf die eigens dazu bestimmten kleinen Schiffe begeben, und die Hirsche auf der March mit den auf diesen Booten bereitgestellten und mit Federbüschen garnierten Jagdspießen erlegen sollten. Aber jetzt geschah etwas, was in der Jagdgeschichte dieser Zeiten als Kuriosität betrachtet werden darf: »Ihro Majestät, die Kaiserin nämlich, Dero mitleidiges Herz nicht einmal, daß einem Tiere wehe geschehen, zusehen kann, haben nicht allein ersagtes Dardieren (von franz.: le dard, der Wurfspieß, und darder, schleudern) nicht zugeben, sondern auch weder selbsten auf das hohe Wild schießen, noch andern solches zu tun erlauben, und vielmehr haben wollen, daß man ihm die Freiheit schenken sollte.«

Und so geschah es auch. Doch scheint es der Kaiserin, die wie Friedrich der Große eine erklärte Gegnerin der Jagd war, nicht mehr gelungen zu sein, der Leidenschaft der hohen Herrschaften weitere Beschränkungen aufzuerlegen, denn unmittelbar nach dieser merkwürdigen »Jagd« wurde eine andere auf ganz besondere Weise produziert. Dazu diente ein eigens dafür errichteter Gartenpalast von mehrereren Stockwerken. »Dieser war nun solcher Gestalt zugerichtet, daß mehr als 1000 Hasen, 100 und etliche 30 Füchse, und über 60 wilde Schweine allda ihre Rolle spielen mußten. Solche kamen erstlich auf dem höchsten Dachstuhl, der aber auf italiänische Art wie ein Estrich gemacht war, nach und nach hervor, liefen durch die eigens dazu eingerichtete Stiegen in den mittleren Stock hinab, kamen allda wieder durch die Fenster und Thüren heraus auf die Galerie, liefen abermal von dannen weiter herunter in den unteren Stock, von wannen sie alsdann ebenmäßig durch die Fenster hinabsprangen und sofort über die breite sichtbare Stiege in dem Jagdlauf herunter liefen. Viele von diesen Thieren haben solche ihre so bequemlich zugerichtete Straße observiret, sehr viele aber und vornehmlich die erstern, sind gerade von oben herunter gesprungen, und haben sich immediate todt gestürzet.«

Eine der traurigsten Verirrungen war eine Ausgang des 17. Jahrhunderts an üppigen Höfen aufgekommene »Unterhaltung«: das Fuchsprellen. Es bestand darin, daß man mittels der Prellnetze Füchse so lange in die Luft schleuderte, bis sie verendeten. Die Prellen waren eine starke Hand breite, 9 bis 10 Ellen lange Leinengurte, oder bestanden aus Stricken, die in gewissen Abständen durch Knebel verbunden waren. Geprellt wurden nicht nur Füchse, sondern auch Hasen, Dachse, Biber, Fischottern, Wildkatzen, Marder, Iltisse und Frischlinge. Zur größeren Bequemlichkeit der zuschauenden hohen Herrschaften veranstaltete man die Fuchsprellen meist in den Schloßhöfen. Der gesamte »Jagdplatz« wurde dabei noch mit Sand überschüttet, weil sonst diese Lustbarkeit gar zu kurz gedauert hätte. Es nimmt nicht wunder, daß Fleming, der stets willige Schönredner des Adels, sich aufrichtig freut, wenn »die Cavalliers und Dames in grüner mit Gold und Silber verchamierter Kleidung zu ihrem edlen Werke antreten«; daß aber selbst Döbel über ein »pläsierlich anzusehendes Fuchsprellen«, das 1724 in Blankenberg stattgefunden hat, ganz begeistert schreibt, ist nicht mehr zu begreifen. Und dabei hatte man bei diesem »Jagen« den Hasen sogar Krägen aus starkem Papier umgebunden, die als verschiedene Musikinstrumente zugeschnitten waren, während zwischen all dem armen Getier »ein Teil der Jäger, als wilde Männer verkleidet, herumtapste«.

Aber auch schon früher scheint das Fuchsprellen, besonders am sächsischen Hofe, recht beliebt gewesen zu sein. In dem seltenen und kulturhistorisch hochinteressanten Werk ›Die Durchlauchtigste Zusammenkunft‹ von Gabriel Ttzschimmern, das 1680 in Nürnberg erschien und die Festlichkeiten des Jahres 1678 zu Dresden beschreibt, finden wir dieses merkwürdige Vergnügen sogar abgebildet. Hier werden 108 Füchse neben 20 Dachsen geprellt, worauf nach dieser adligen Lustbarkeit »von denen sämbtlichen Trompetern zu Tafel geblasen und selbige auf zwei Vorsätze in Kirch-Saal gehalten ward. Wobey die Berg-Sänger und Churfürstl. Schallmey-Pfeifer aufwarteten etc.« Ein dreiviertel Jahrhundert also büßte diese edle »Jagd« nichts an ihrer Beliebheit ein, was nicht zu verwundern ist, da solch »Fürst-Adeliche Lust jedermann so sehr begnüget, und solch frey sonderbar Gelächter zuwege bringet und causiret, denen Adel- und Fürstlichen Personen, bevorab Dero Frauenzimmer, durch eben das Gelächter, die Brust hauptsächlich räumen und erleichtern, folglich der Gesundheit über die maßen dienen«.

Auch die den alten Römern nachgeahmten Tierkämpfe sah die Jägerei des 18. Jahrhunderts als Jagden an, und Fleming wie Döbel nennen sie Kampfjagen. Sogar der Hirsch, dessen Stärke außerordentlich groß ist, fand bei Kampfjagen Verwendung. Der Herzog von

Cumberland brachte um 1764 einen Hirsch mit einem Tiger in einem abgeschlossenen Waldteil von Windsor zusammen, um sie kämpfen zu sehen. Der Hirsch wies zwei Angriffe des Tigers mit seinem Geweih tapfer zurück und beim dritten schleuderte er ihn dermaßen weg, daß der Tiger abließ; der Herzog schenkte diesem Hirsch die Freiheit und legte ihm ein breites silbernes Halsband um, auf dem die Erzählung des Kampfes eingeschnitten war. Solche Halsbänder scheinen mitunter Sitte gewesen zu sein, denn auch im Bayerischen Nationalmuseum findet sich ein solches aus Messing, auf dessen Gliederplatten der Spruch steht: »Lieber Jäger Laß Mich Leben, Der Churfürst Hat Mir Freyheit Geben 1609.« An den Schlußgliedern ist auf dem einen Friedrich (IV.) Pfalzgraf Churfürst, auf dem anderen das kurpfälzische Wappen eingraviert.

Die Kurfürsten von Sachsen und die Landgrafen von Hessen hatten gezähmte Hirsche in ihren Marställen eingestellt und verwendeten sie bei festlichen Gelegenheiten zum Fahren. Ein derartiges Sechser-Hirschgespann, das einen Muschelwagen zieht, in dem sich hinter dem Kutscher der Landgraf Ludwig VIII. von Hessen-Darmstadt befindet, hat der Hofjagdmaler Georg Adam Eger in einem kleinen Gemälde des Jagdschlosses Kranichstein festgehalten.

Bei dem großen Jägeraufzug, der 1662 in Dresden stattfand, als Christian Ernest, Markgraf zu Brandenburg, und Erdmuth Sofia, kurfürstliche Prinzessin, Beilager hielten, figurierte der damalige Kurprinz Johann Georg III., der Urheber des Festes, in höchsteigener Person in der Dianen Gestalt und ritt dabei auf einem weißen Hirsch. Der übliche mythologische Apparat von Nymphen, Satyrn und wilden Männern begleitete ihn, und der unendliche Zug der Jäger, der Vogelsteller und Lappländer führte zum Teil frei, zum Teil in Kisten und Kasten einen ganzen Tierpark mit sich: Tiger und Löwe, Eis- und Braunbär, Wolf und Luchs, Wildschwein und Hase, Dachs und Fischotter, Marder und Iltis, Eichhörnchen und Hamster bildeten die bunte Gesellschaft, und dazu kamen noch die Hundertschaften von englischen Hunden und Saurüden wie die stattliche Anzahl von 139 Pferden.

Eine gedruckte »Lista« führt die Teilnehmer einer maskierten Hirschjagd in Nymphenburg am 1. März 1734 auf. Der Aufzug muß die bunte Welt des zu dieser Zeit erst elfjährigen Bustelli vorausgeahnt haben: Neben dem Großteil des männlichen Apparats der Comedia dell'arte, wie Arlecchinos, Brighellos, Pantalones, Dottores, Scaramuccias, Pulcinellas und Pierrots gab es Narren und Hanswurste, bayerische, österreichische und französischen Bauern, Apotheker und Schulmeister, Kaminfeger und anderes. Natürlich fehlten dabei auch nicht deutsche und französische Jäger, als erstere fungierten die Herzöge Ferdinand und Theodor, während alle übrigen Rollen mit heimischen und »chur-cöllnischen« Adelspersonen besetzt waren.

Obwohl diese Jagd nicht geschildert wird, können wir doch aus anderen ähnlichen Veranstaltungen Rückschlüsse auf ihren Verlauf ziehen, wobei uns noch ein Kupferstich, der nur einige Jahre vor dieser Jagd entstand, zu Hilfe kommt. Hier sieht man die Hirsche aus einem laubenartig zugemachten Raum in den mit einem Netz gesperrten Lauf zwischen zwei Barrieren hervorspringen. Die Herren reiten außerhalb derselben den Hirschen entgegen. Man sieht dabei, daß diese Gurte um den Leib tragen, an denen lange Stricke oder Riemen befestigt sind, um ihr Ausbrechen zu verhindern. Der Schauplatz ist ein rechteckiger Raum, wo an jeder Seite ein Pavillon mit Bogen für die Herrschaften und »Damesen«, für »Trompeten und Herrpauken«, für die Richter des »Turniers« und für die Musikanten aufgebaut sind. Dazu kommt dann noch ein Amphitheater für die Zuschauer. – »Gekämpft« wurde mit Lanzen, Pfeil und Bogen, mit der Pistole und dem Jagddegen, wobei die jeweiligen »Sieger« der verschiedenen Disziplinen kostbare Geschenke erhielten.

Noch jämmerlicher läßt sich freilich mit dem edlen Jagdtier nicht mehr umspringen, und es war gut, daß langsam, aber um so sicherer die Morgenröte einer neuen Zeit diesem grauenvollen Spuk ein klägliches Ende bereiten sollte. Wir meinen damit natürlich die Französische Revolution, deren vorzeitige Gärung kaum von den deutschen Fürstlichkeiten – wir haben dafür ein Beispiel gebracht – wahrgenommen wurde. Erst als der Sturm losbrach und die Vorstellung, daß Fürst und Adel alles, das Volk aber nichts war, ins Wanken brachte, wurden auch die deutschen Fürsten etwas bescheidener in ihren Ansprüchen.

Dazu kam, daß infolge der Napoleonischen Kriege, der Säkularisierung vieler Kirchengüter und der Mediatisierung zahlreicher Fürsten die finanziellen Mittel des Adels zu erschöpft waren, um die jagdlichen Lustbarkeiten alten Stils weiterpflegen zu können. Es mußte sogar ein Teil der Jagdrechte an »reputierliche« Bürger, in der damaligen Amtssprache meist nur als »Individuen« bezeichnet, verpachtet oder verkauft werden, und mit dem Einbruch des Bürgertums in die Jagd ging die Epoche der ausgesprochen höfischen Jagd zu Ende.

Karl Sälzle

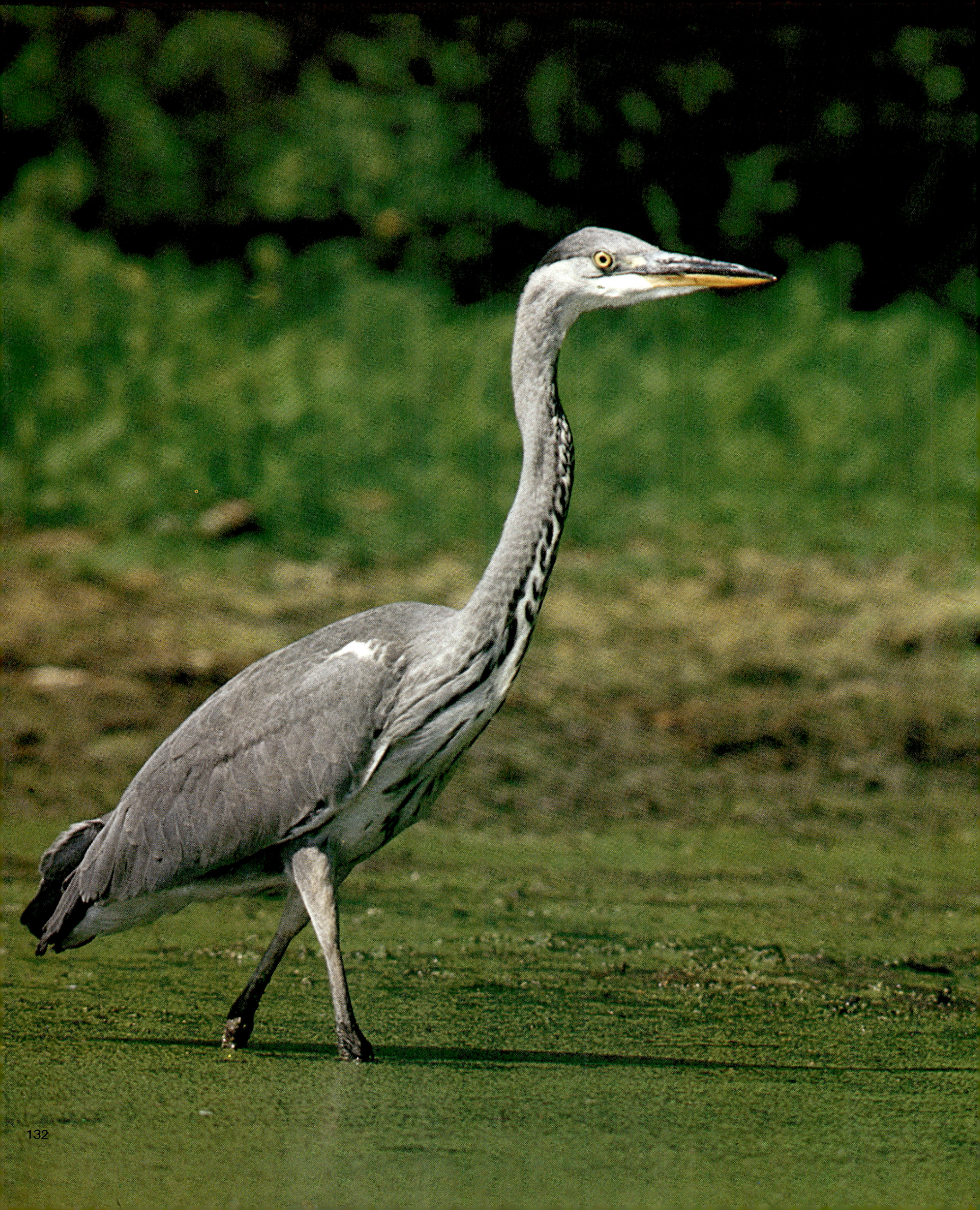

Mit ihrer unendlichen Vielfalt hält die freie Wildbahn auch in unserer dicht besiedelten Umwelt eine erstaunlich große Zahl an Beobachtungs- und Erlebnismöglichkeiten bereit. Der echte Jäger, der das Glück hat, einen Teil seiner freien Zeit draußen verbringen zu können, weiß es zu schätzen, wenn er sich nahe an einen im seichten Ufergewässer daherwatenden – ganzjährig geschützten – Graureiher heranpirschen kann, ohne ans Schießen zu denken (132). Oder welche Überraschung und Freude gibt es, wenn man plötzlich auf die heimlich brütende Haselhenne stößt und sich im Abstand von einigen Tagen vorsichtig davon vergewissert, daß ihr Nest unversehrt ist und die Jungen schließlich geschlüpft sind (133). Der Reigen der im Frühjahr rammelnden Feldhasen läßt auf zahlreichen Nachwuchs hoffen, und eine geruhsame Betrachtung der Hochzeitsaktivitäten von Meister Lampe gehört zu den besonders amüsanten Erlebnissen eines Revieraufenthaltes (134). Nicht weniger erfreulich ist festzustellen, daß das Rehwild im Winter recht vertraut auf dem verschneiten Feld sitzt und dafür Beweis ablegt, daß Ruhe im Revier herrscht und daß am nächsten Waldrand eine Fütterung steht (135). Wenn ein besonders starker Keiler vor einem aus der Fichtenschonung zieht und ein solches Hauptschwein auch noch für die Büchse frei ist, muß man einen besonderen Stein im Brett bei der Jagdgöttin Diana haben (136). Solche Bassen wachsen auf freier Wildbahn nur noch in Schwarzwildhegeringen heran, deren Mitglieder sich eisern an deren Regeln halten.

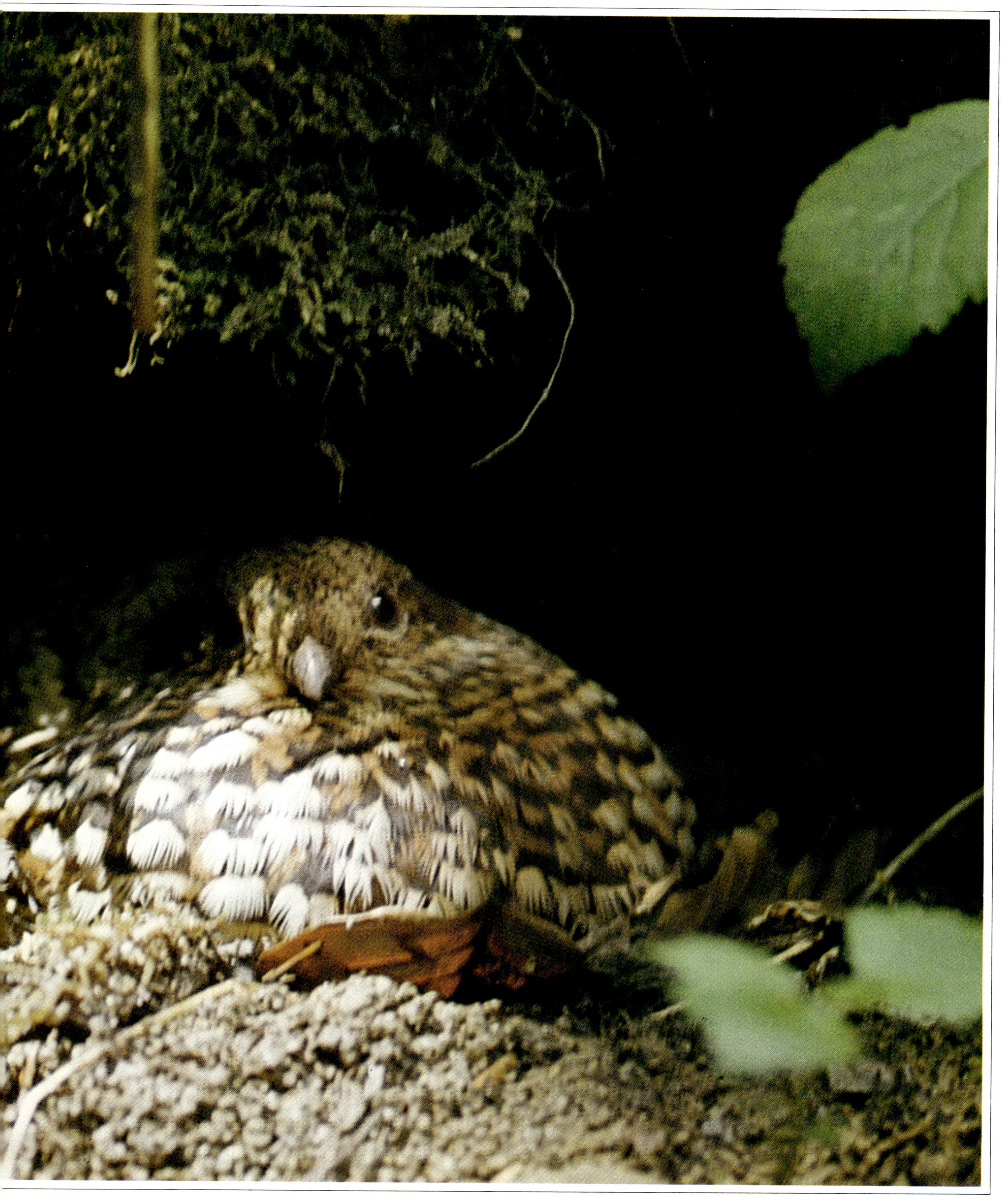

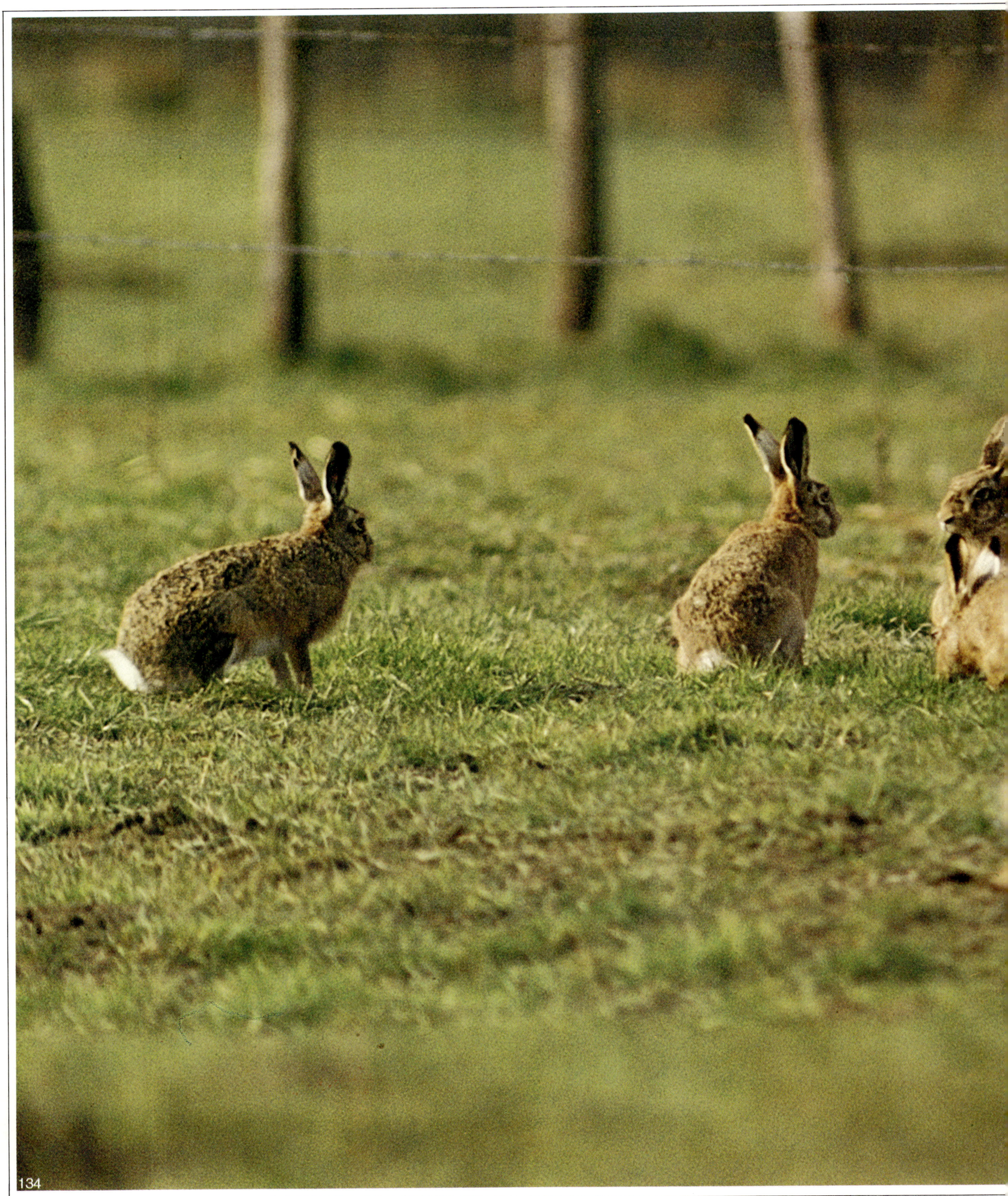

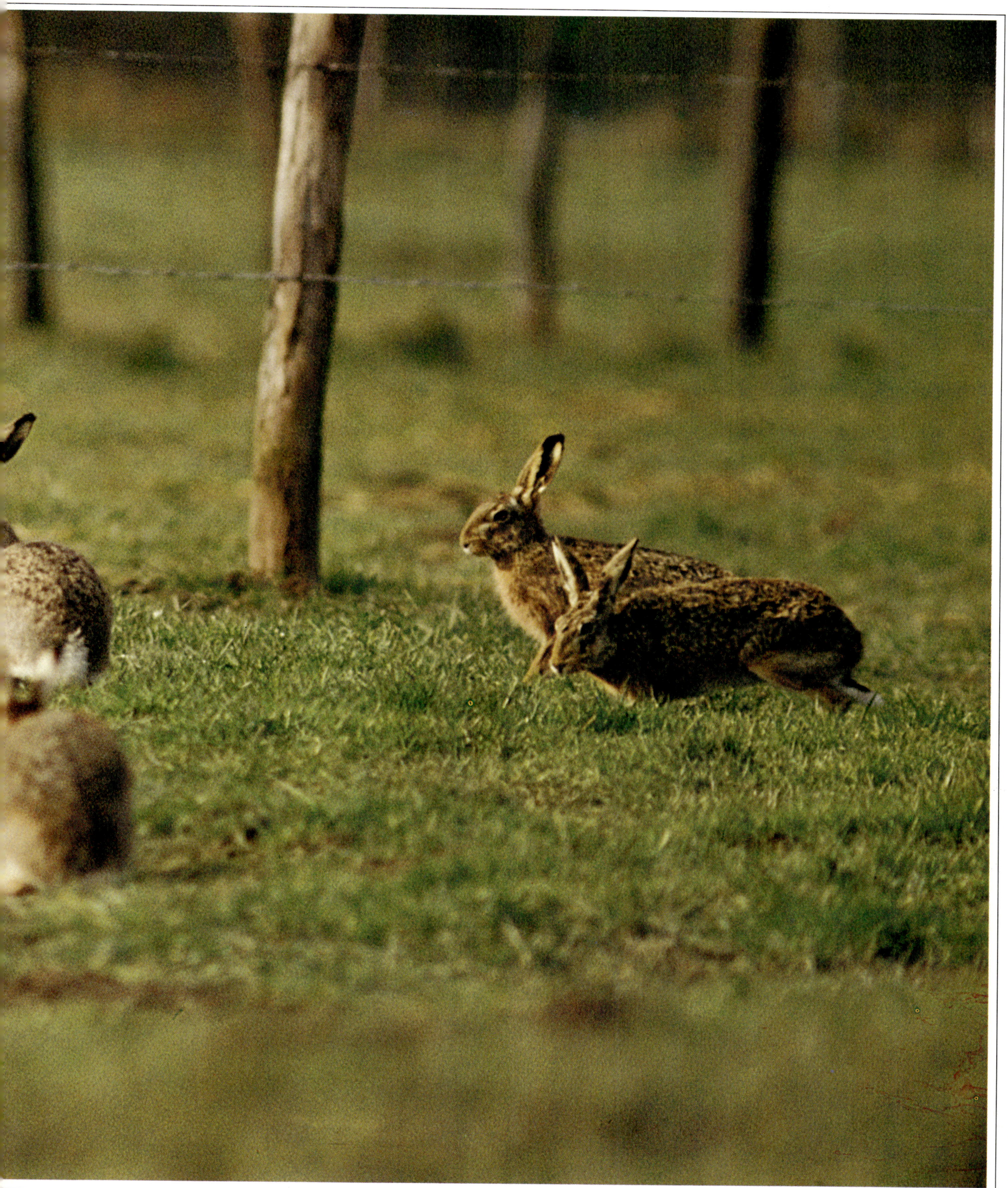

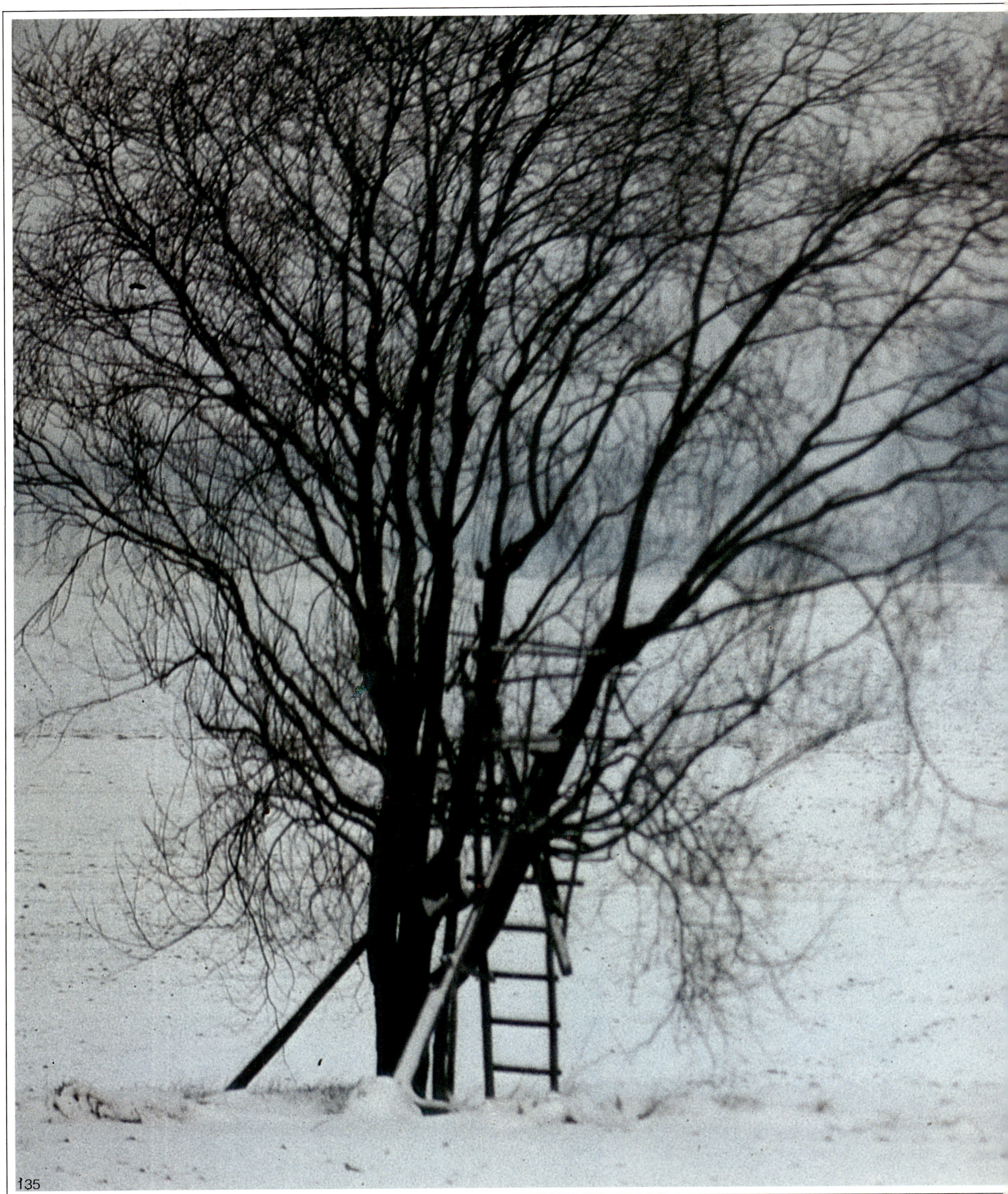

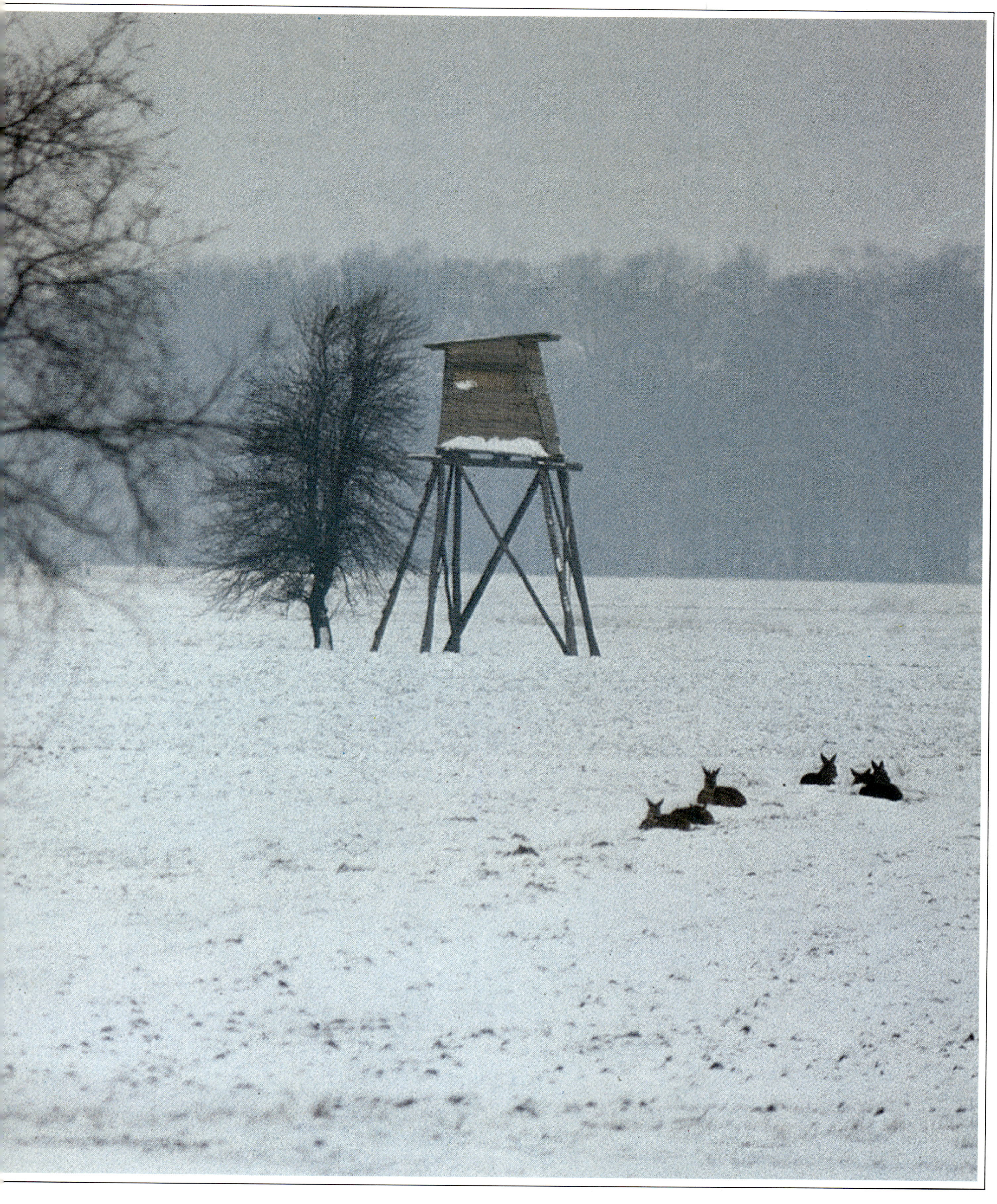

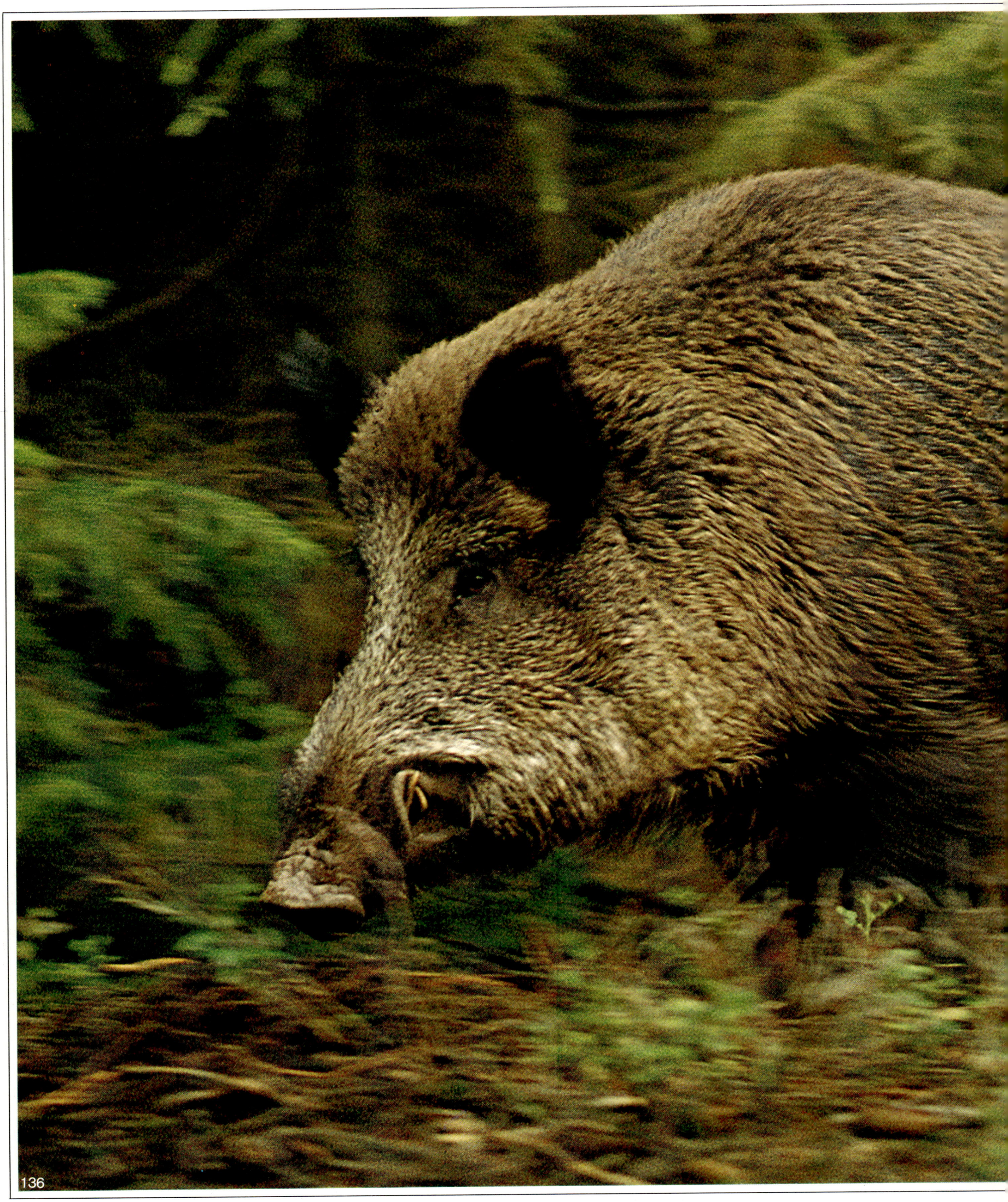

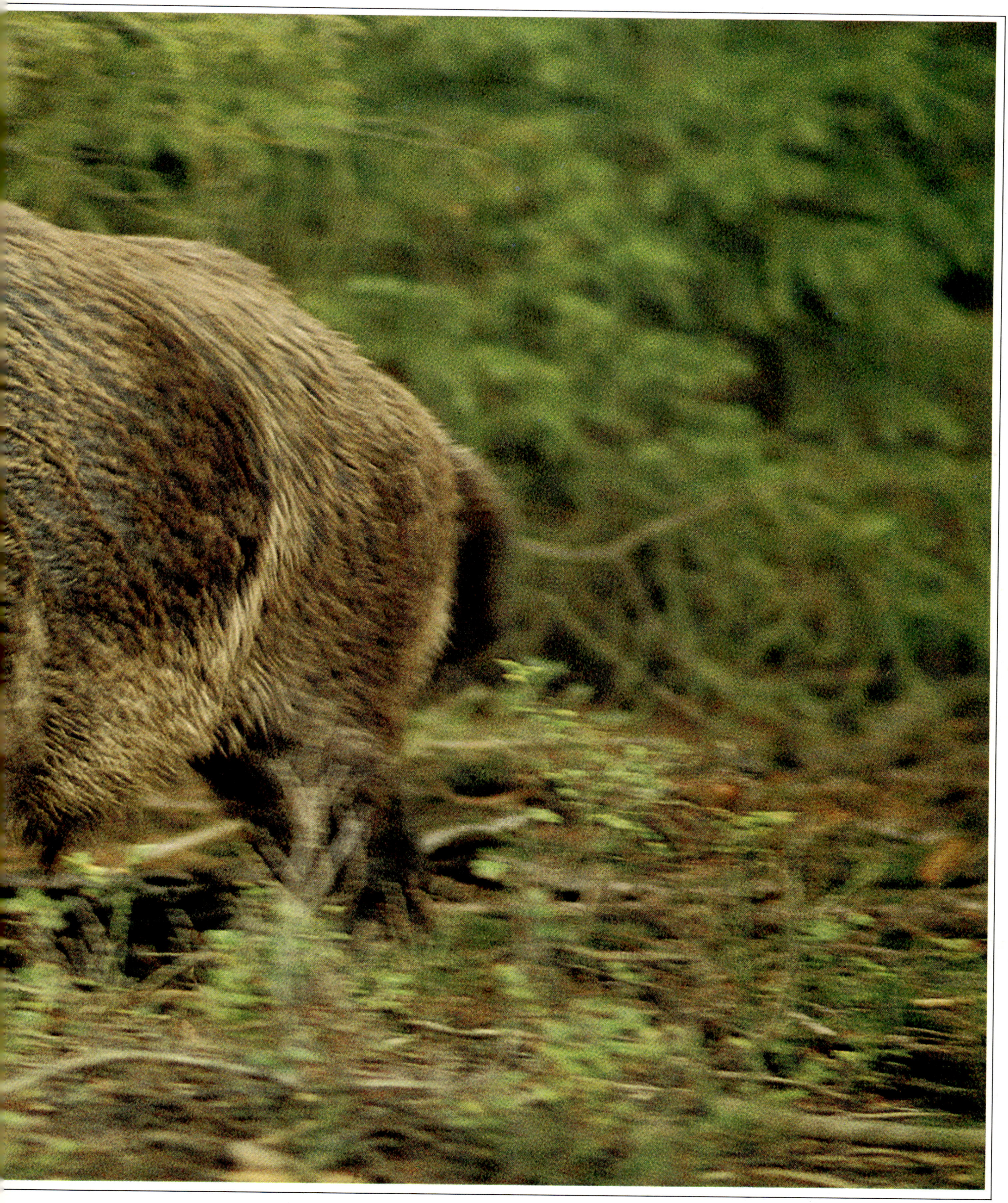

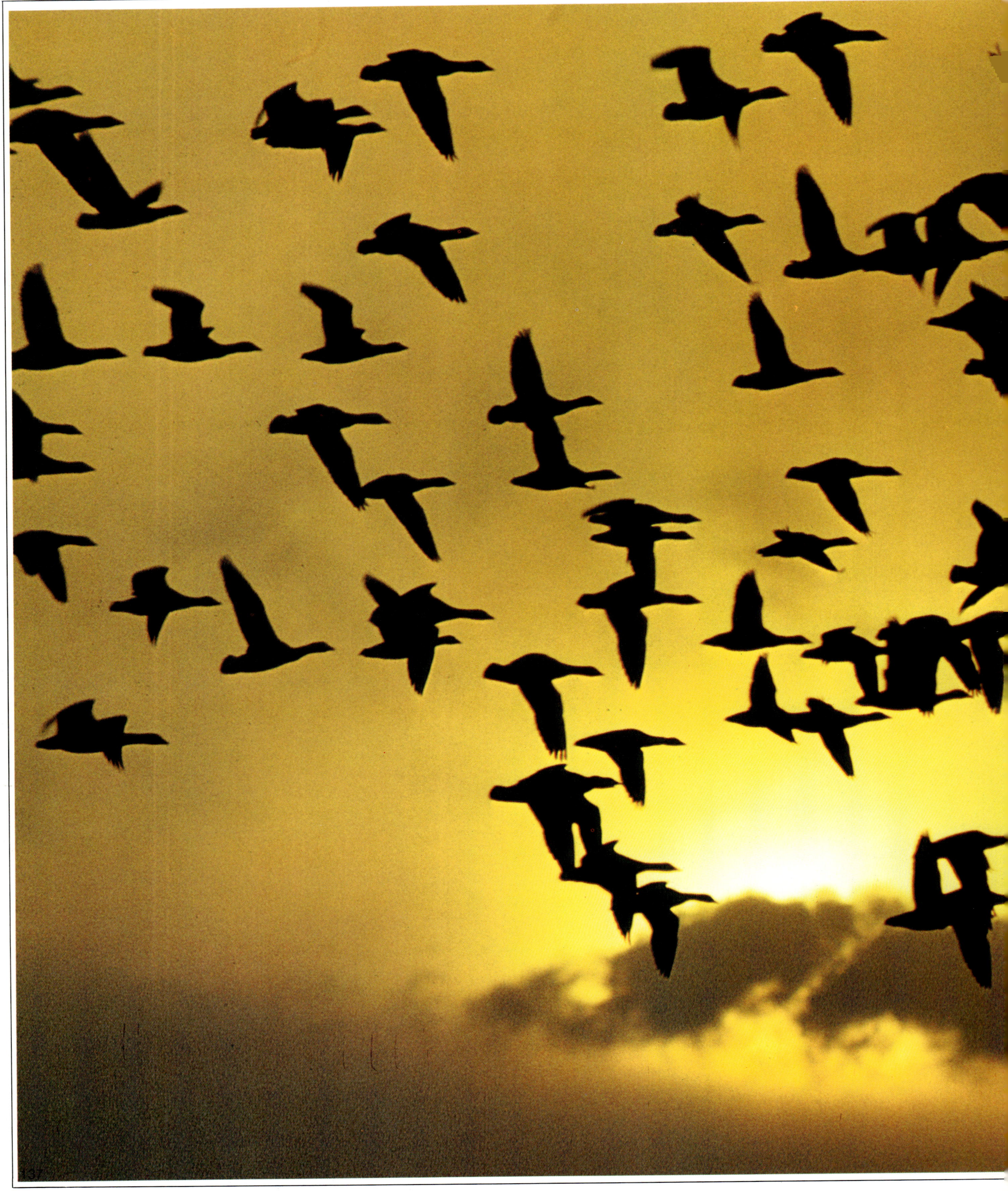

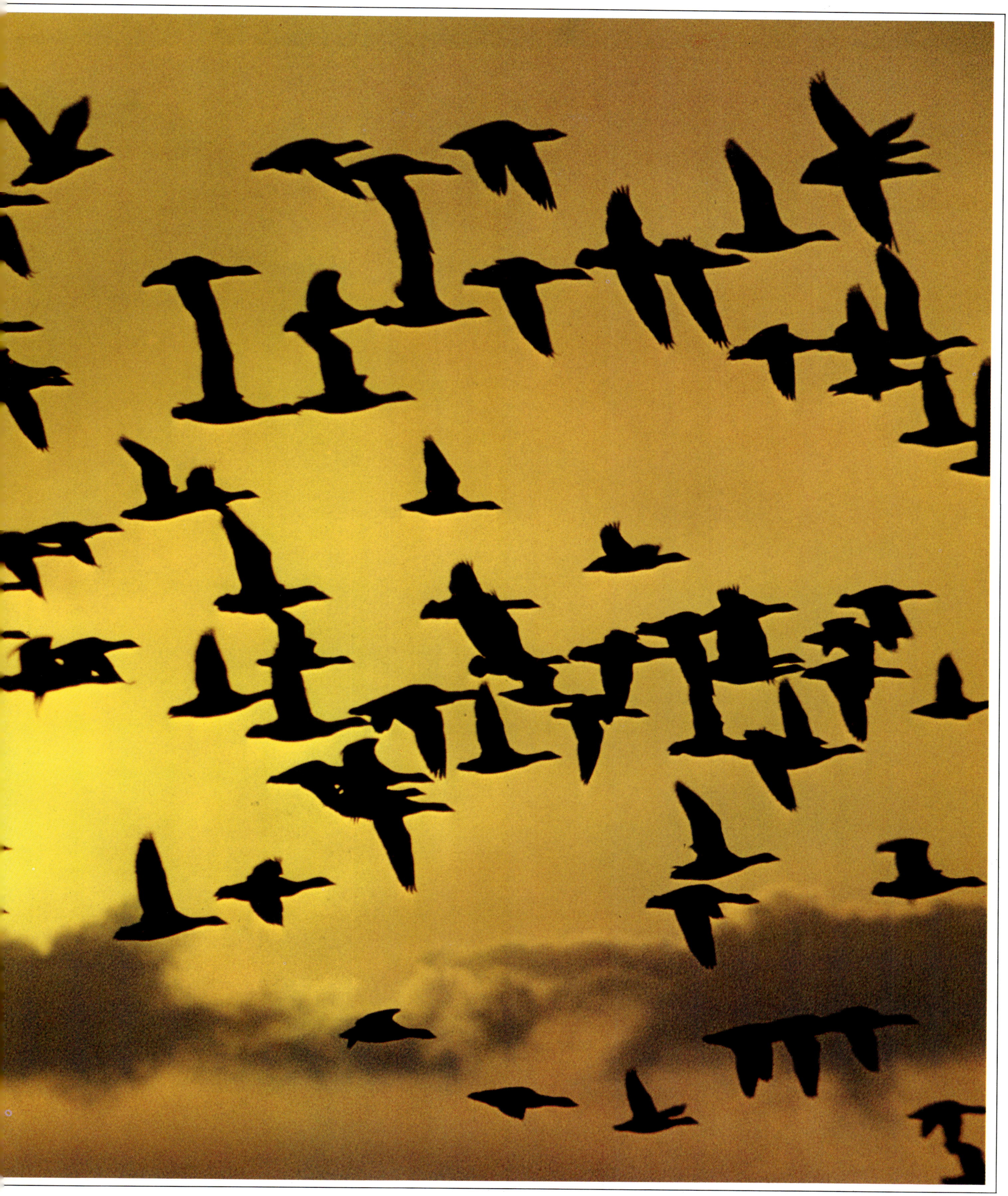

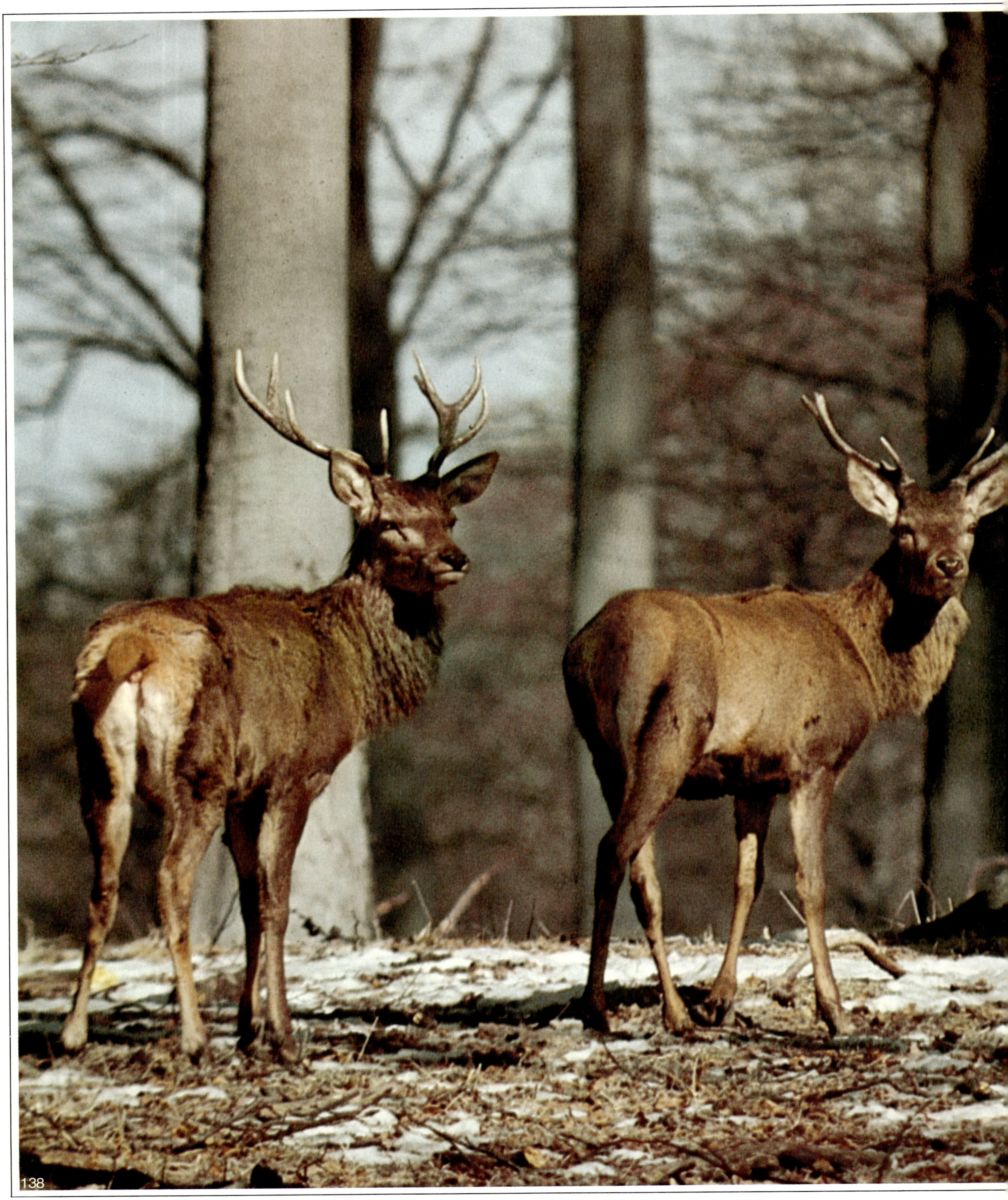

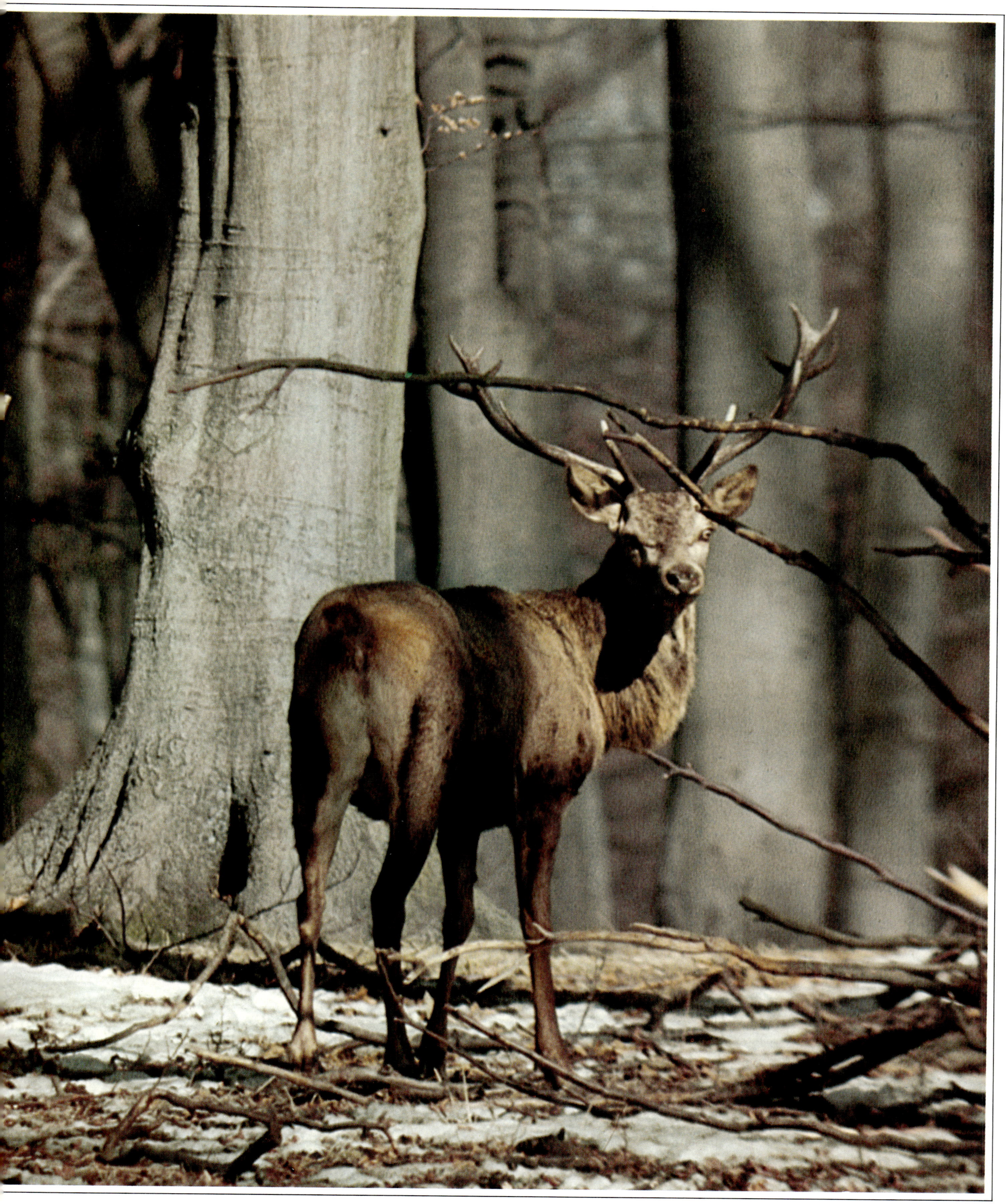

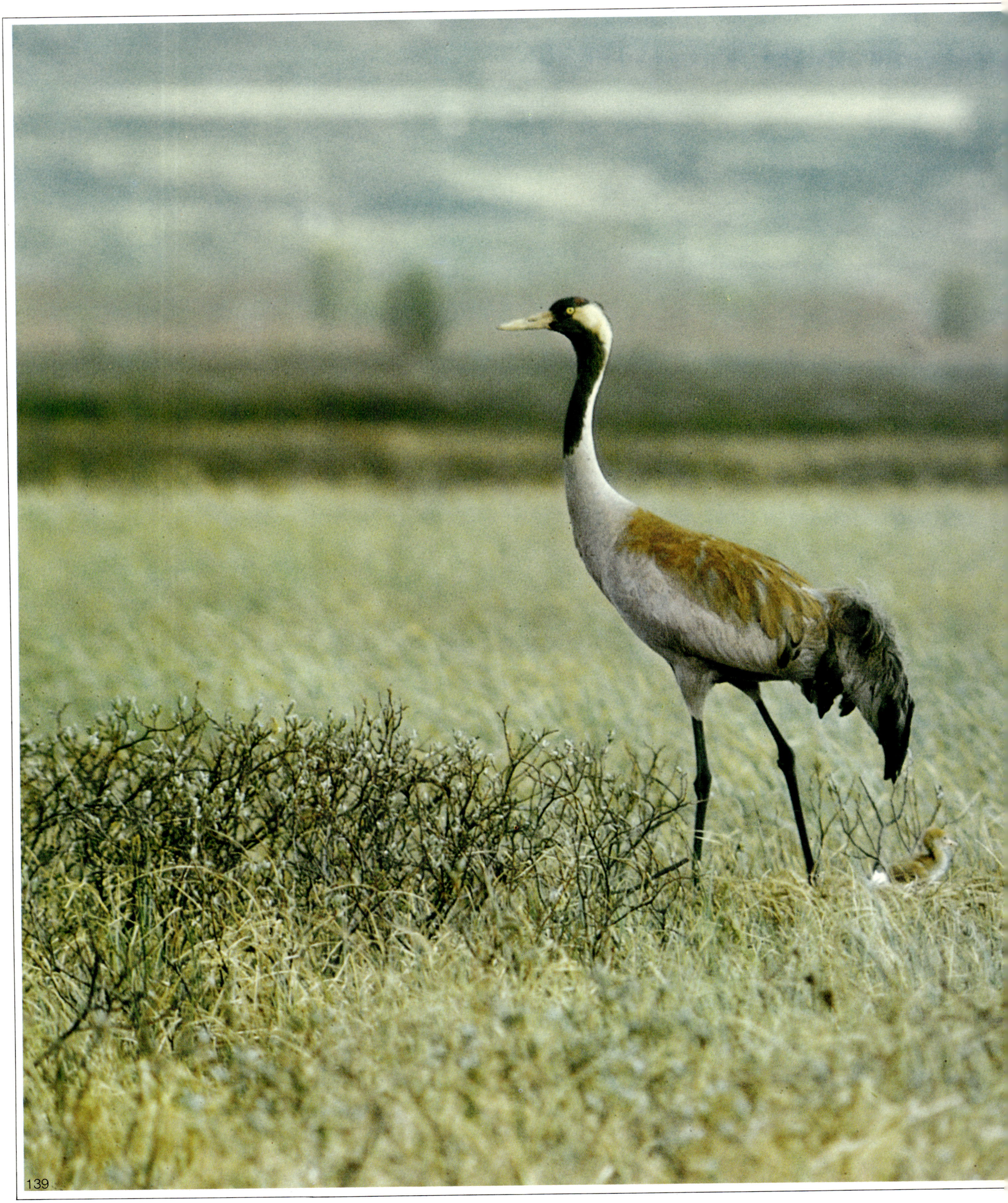

Wenn die Sonne untergeht, kommt in manche Wasservogelschar Bewegung. Im Spätsommer und Herbst fallen Graugänse und Stockenten abends gerne auf Stoppelfeldern ein, um Nachlese zu halten, und später finden sich die Wildenten auf Wasserlöchern und im Wald ein, um sich an Eicheln zu stärken. An der Küste begeben sich die Meergänse gerne aus dem Watt zum Äsen in die Marschwiesen. Da hier die untergehende Sonne eine besonders intensive Strahlung hat, kommen die ziehenden Ringelgänse vor dem roten Abendhimmel entsprechend zur Geltung (137). Zwar stehen auch sie in der Sonne, doch fallen die drei Geweihten im Altbuchenbestand längst nicht so auf wie im Sommer. Das liegt an ihrer graubraunen Winterfärbung und dem der Jahreszeit entsprechenden fahlen Licht. Nicht mehr lange, dann werden die Rothirsche ihre Geweihe abwerfen (138). Eindrucksvoll und selten zugleich ist es, Kraniche zu beobachten. Während es in der Bundesrepublik Deutschland nur noch rund ein Dutzend Brutpaare in streng überwachten Gebieten gibt, ziehen in der DDR und Polen, vor allem aber in Skandinavien noch mehr der großen Schreitvögel Junge hoch. Dort legen sie ihre Nester mitunter in weit einsichtbaren Sümpfen an (Bild 139 zeigt eine Kranichhenne mit ihrem gerade geschlüpften Jungen); hierzulande ziehen sie für die Brut schwer zugängliche Erlenbrüche und Schilfzonen vor. Ihre im Wasser stehenden Brutstätten sind weder für Wildschweine noch für Raubwild zugänglich, leider jedoch gelegentlich für den Menschen. Das letzte Bild im Buch zeigt einen Jungfuchs auf einem seiner ersten Ausflüge außer Reichweite des Mutterbaus. Naivität und Neugierde sind noch so groß, daß der Fotograf lange angeäugt wird. Der Mensch scheint diesem kleinen Reineke noch keine besondere Furcht einzuflößen, denn mit einem »Blick über die Schulter« ist es getan (140).

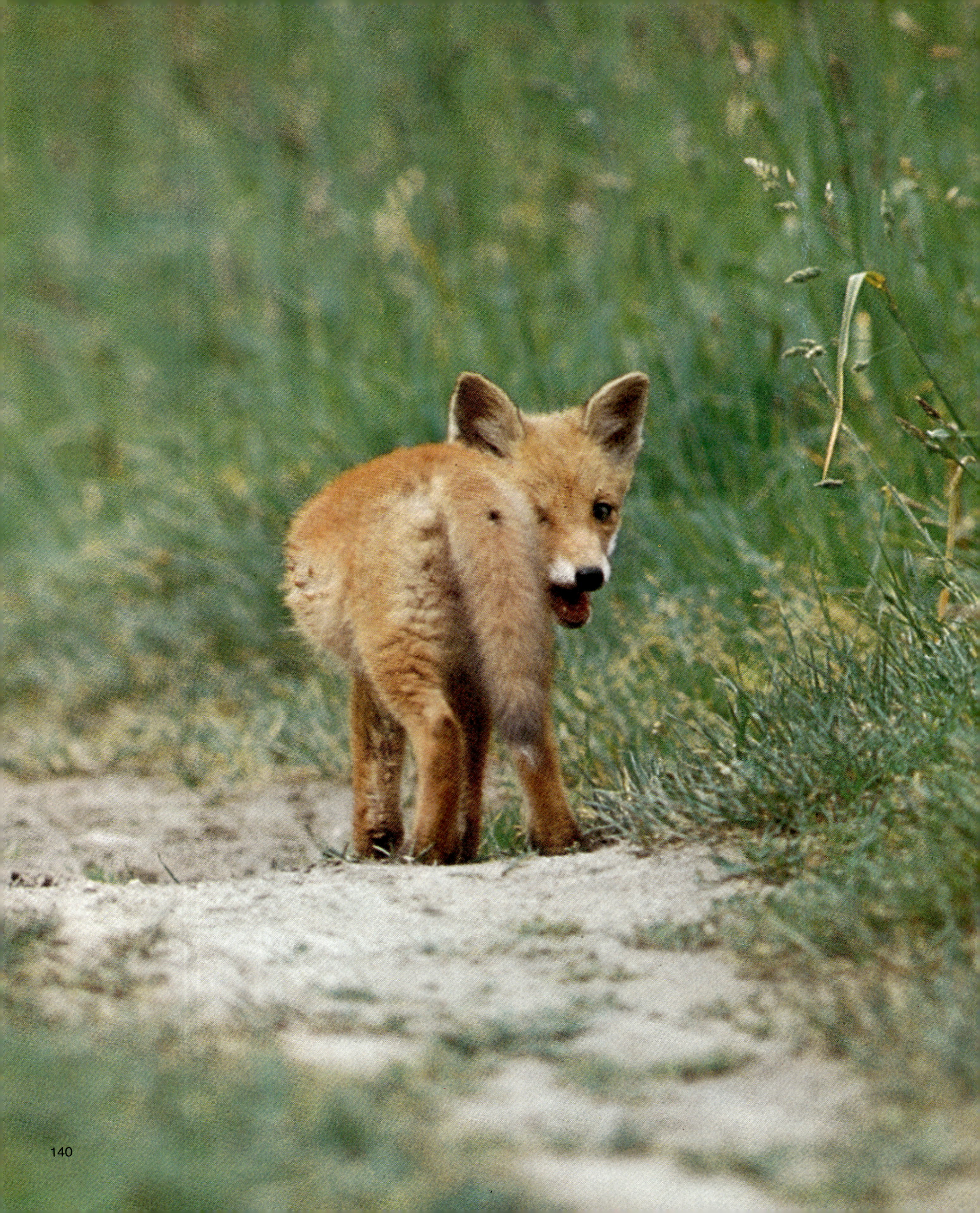

AUS DEN »AUFZEICHNUNGEN EINES JÄGERS«

Dahin, dahin! ins weite, freie Feld,
Wo schwarz wie Samt die Ackererde schimmert,
Das reife Korn, so weit das Auge reicht,
In goldnen Wellen meeresgleich sich breitet,
Ein schwerer gelber Sonnenstrahl durchbricht
Die leuchtendweißen, runden Wolkenballen –
Wie gut ist's dort ...

Die Jagd mit der Flinte und dem Hund ist an und für sich etwas Herrliches; aber nehmen wir an, Sie sind kein Jäger, sind nicht zum Jäger geboren; gut, aber dann lieben Sie dennoch die Natur, folglich müssen Sie uns Jäger beneiden. Hören Sie!

Können Sie sich zum Beispiel vorstellen, was es für ein Genuß ist, im Frühling vor Sonnenaufgang auszufahren? Sie treten auf die Vortreppe hinaus ... Am dunkelgrauen Himmel blinken hie und da noch die Sterne; ein feuchter Windhauch kommt dann und wann, einer leichten Welle gleich, gezogen; man hört das verhaltene, undeutliche Raunen der Nacht; die Bäume rauschen leise, schattenumhüllt. Nun wird ein Teppich über die Telega gebreitet, eine Kiste mit dem Samowar findet Platz am Kutschbock. Die Seitenpferde überläuft ein leichter Schauder, sie schnauben und stampfen sehr elegant mit den Beinen; ein paar eben erwachte weiße Gänse watscheln still und langsam über den Weg; hinter der Hecke schnarcht ruhig der Wächter; jeder Ton steht gleichsam in der erstarrten Luft, wie gebannt. Jetzt setzen Sie sich in den Wagen, die Pferde ziehen an, ein Ruck! und fort geht's holterdipolter, an der Kirche vorbei, den Hügel hinunter, den Damm entlang ... Über dem Teich schwebt ein leiser Dunstschleier. Es ist Ihnen vielleicht etwas kalt? Sie schlagen den Mantelkragen hoch und verdecken das Gesicht. Es ist Ihnen schlummrig zumute. Im schnellen Trab geht's durch aufspritzende Pfützen. Der Kutscher pfeift leise. Aber da haben Sie auch schon volle vier Werst zurückgelegt ... Am Rand des Firmaments zeigt sich eine schwachrosa Färbung. In den Birken erwachen allmählich die Dohlen und fliegen ungeschickt hin und her. Die Sperlinge zwitschern neben den dunklen Heuschobern. Es wird heller, der Weg wird sichtbarer, der Himmel klarer, die Wölkchen werden weiß, die Felder ergrünen. In den Hütten der Bauern glühen Kienspäne mit rotem Licht auf. Hinter den Türen werden verschlafene Stimmen laut. Aber inzwischen erglüht das Morgenrot. Schon zeigen sich goldene Streifen am Himmel. Aus den Schluchten steigen Dämpfe auf. Die Lerchen tirilieren. Der Wind, der sich häufig vor Tagesanbruch erhebt, beginnt leise zu fächeln – und nun taucht die rote Sonne am Horizont empor. Ein Strom von Licht ergießt sich über die Erde. Das Herz erbebt vor Freude. Alles ist so morgenfrisch, so freudvoll, so angenehm! Der Blick dringt in weite Fernen. Dort, hinter dem Wäldchen, liegt ein Dorf. Etwas weiter hinaus ist ein zweites zu sehen, mit einer weißen Kirche. Ein Birkenwäldchen auf jenem Hügel! Dahinter ist das Moor, wohin Sie fahren ... Hurtiger, ihr Pferde! Hurtiger! Vorwärts in großem Trab! ... Es sind nur mehr etwa drei Werst geblieben. Die Sonne steigt rasch höher. Der Himmel ist rein ... Das Wetter wird herrlich. Aus dem Dorf zieht uns eine Herde entgegen. Nun ist die Anhöhe erklommen ... Welch herrlicher Ausblick! Der Fluß schlängelt sich etwa zehn Werst weit vor unseren Augen hin, bläulich durch den Nebel schimmernd. In weiterer Ferne wässeriggrüne Wiesen. Hinter den Wiesen abschüssige Hügel. Dort kreisen Kiebitze mit Gekreisch über dem Moor. In dem feuchten Glanz der Morgenluft tritt der fernste Punkt klar hervor... Wie frei atmet die Brust, wie rasch bewegen sich die Glieder, wie fühlt sich der ganze Mensch gehoben im Hauch des Frühlings!...

Und erst der sommerliche Julimorgen! Wer, außer dem Jäger, hat empfunden, wie beseligend es ist, in der Morgendämmerung im Gebüsch umherzuschweifen? Beim Durchwandern des taufeuchten Grases bleibt eine grüne Spur zurück. Man schiebt einen nassen Strauch auseinander, aus dem einem der warme Duft der Nacht, der sich darin gesammelt hatte, entgegenschlägt. Die Luft ist gesättigt mit dem bitteren Duft des Wermutkrautes, dem süßen des wilden Buchweizens und des Wiesenklees. In der Ferne steht wie eine Mauer der Eichenwald und glänzt und schimmert hellrot in der Sonne. Es ist noch kühl, aber man spürt schon die Nähe der sommerlichen Hitze. Der Kopf schwindelt einem von der Überfülle der Düfte. Überall Busch und Strauch... Hie und da schimmert gelb in der Ferne reifender Roggen, oder es zeigen sich die schmalen Streifen rötlichen Buchweizens. Da knarrt eine Telega, bedächtigen Schritts geht daneben ein Bauer, stellt sein Pferd in den Schatten... Man begrüßt sich. Der Wagen fährt weiter. Der helle Klang einer Sense erreicht unser Ohr. Die Sonne steigt höher und höher. Rasch trocknet das Gras. Schon ist es heiß. Es vergeht eine Stunde, und dann noch eine... Der Himmel nimmt an den Rändern eine dunklere Färbung an. Die Luft steht, die Sonne sticht. – »Wo, Bruder, kann ich hier wohl einen Schluck Wasser haben?« fragt man den Schnitter. – »Ach ja, gleich hier in der Schlucht ist eine Quelle.« Zwischen Haselnußstauden und durch allerlei Rankenwerk geht es hinunter in die Schlucht. Und richtig: just unterhalb des steilen Abhanges verbirgt sich eine Quelle: ein Eichengebüsch breitet seine handförmigen Blätter gierig über dem Wasser aus. Große silberne Blasen erheben sich schaukelnd von dem mit feinem, samtartigem Moose bedeckten Boden. Man wirft sich auf die Erde und trinkt sich satt. Man ist dann müde, ein wenig träge. Es ist so schattig hier, man atmet die duftige Feuchtigkeit ein, und es ist einem so wohl zumute; in den Sträuchern aber glüht es, sie werden förmlich gelb in der Sonne.

Aber was ist das? Plötzlich erhebt sich ein Wind, der sogleich wieder verebbt. Die Luft erzittert ringsumher. Ob das nicht ein ferner Donnerschlag ist? Sie treten aus der Schlucht hinaus... Was ist das für ein bleifarbener Saum am Horizont? Hat die Hitze sich so verdichtet? Schiebt sich eine Wolke heran?... Es blitzt. Ach, das ist ja ein Gewitter! Ringsumher strahlt die Sonne, man kann also noch jagen gehn. Aber die Wolke wächst: ihr vorderer Rand schickt einen Arm aus, der sich herunterwölbt. Das Gras, das Gebüsch, alles wird plötzlich dunkel... Rasch! dort scheint ein Heuschober zu stehen... Schnell!... Nun sind Sie dort angelangt und eingetreten... Was für ein Platzregen! Diese Blitze! Hie und da tropft Wasser durch das Strohdach aufs Heu... Aber schon strahlt die Sonne wieder. Das Gewitter ist vorbei. Sie treten ins Freie. Mein Gott, wie heiter glänzt alles ringsumher, wie frisch ist die Luft, wie leicht! Wie duftet es nach Erdbeeren und Pilzen!...

Es wird Abend. Das Abendrot erglüht wie eine Feuersbrunst und überzieht den halben Himmel. Die Sonne versinkt. In der Nähe ist die Luft von einer besonderen Durchsichtigkeit, wie Glas; in der Ferne hingegen schwebt ein weicher Dunst; zusammen mit dem Tau fällt ein hellroter Glanz auf die Waldwiese, die noch unlängst von Strömen flüssigen Goldes übergossen war. Die Bäume, die Sträucher, die hohen Heuschober werfen lange Schatten... Die Sonne ist nun untergegangen. Ein Stern entzündet sich im Feuermeer des Sonnenuntergangs... Es dämmert... Der Himmel wird blau. Einzelne Schatten verschwinden. Dunst breitet sich aus. Es ist Zeit, nach Hause zu gehen, ins Dorf, in die Bauernhütte, wo Sie übernachten wollen. Die Flinte auf der Schulter, marschieren Sie rasch dahin, ungeachtet Ihrer Müdigkeit... Inzwischen ist es Nacht geworden, man sieht keine zwanzig Schritte weit. Doch dort über jenen dunklen Sträuchern ist der Rand des Himmels undeutlich erhellt... Was mag das sein? Ein Brand?... Nein, das ist der Mond, der dort soeben aufgeht. Und dort in der Ferne schimmern schon die Lichter im Dorfe. Da ist endlich auch Ihre Hütte. Durch das Fenster sehen Sie den mit einem weißen Tischtuch gedeckten Tisch, eine brennende Kerze, das Abendessen...

An einem andern Tag wird die Renndroschke eingespannt, und es geht in den Wald auf die Haselhühnerjagd. Wie lustig ist es, auf einem schmalen Weglein zwischen zwei Kornfeldern hindurchzufahren! Die Ähren streifen Ihr Gesicht. Kornblumen heften sich im Vorbeifahren an Ihre Füße. Die Wachteln schlagen ringsumher. Das Pferd läuft in einem trägen Trab. Da ist der Wald! Schatten und Stille! Stattliche Espen lispeln hoch über Ihrem Haupte. Die langen, hängenden Zweige der Birke bewegen sich kaum. Die mächtige Eiche steht wie ein Kämpfer neben der schönen Linde. Sie fahren über ein grünes, mit den Schatten der Blätter bemustertes Weglein. Große gelbschwarz gestreifte

Fliegen halten sich schwebend auf einem Punkt in der goldigen Luft und schießen plötzlich weg. Mücken heben und senken sich in Säulen, heller im Schatten, dunkler in der Sonne. Die Vögel singen friedvoll. Das Stimmchen der Grasmücke erklingt in unschuldiger, schwatzhafter Freude: sie paßt zum Duft der Maiglöckchen. Weiter! Weiter! Tiefer in den Wald hinein! Die Luft im Wald wird stickig ... Eine unbeschreibliche Stille herrscht hier und erfüllt die Seele. Auch ringsumher ist alles so schlummerig und still. Aber nun weht der Wind, und die Wipfel der Bäume beginnen zu rauschen wie flutende Wellen. Durch das vorjährige dunkle Laub am Boden wachsen hie und da hohe Gräser hervor, die Pilze stehen hübsch gesondert unter ihren Hütchen. Ein weißer Hase springt plötzlich hervor. Der Hund jagt mit lautem Gebell hinter ihm her.

Und wie schön ist dieser selbe Wald im späten Herbst, wenn die Waldschnepfen geflogen kommen! Sie halten sich nicht im Dickicht auf, man muß sie den Waldessaum entlang suchen. Es ist kein Wind, die Sonne ist weg, es gibt keine Schatten, nichts bewegt sich, alle Geräusche haben aufgehört. In der weichen Luft schwebt ein Herbstduft, ähnlich dem des Weines. Ein feiner Nebel steht in der Ferne über den gelben Feldern. Zwischen den entlaubten dunkelbraunen Ästen schimmert weißlich der eherne Himmel durch. Hie und da hängen an den Lindenzweigen noch einige goldene Blätter. Die feuchte Erde gibt unter den Füßen elastisch nach. Die hohen, trockenen Grashalme bewegen sich nicht. Lange Spinnfäden glänzen auf dem verblichenen Grase. Ruhig atmet die Brust, und zugleich kommt eine seltsame Unruhe über die Seele. Man geht am Saum des Waldes so dahin, sieht nach seinem Hund; inzwischen ruft aber die Erinnerung Bilder von lieben Menschen, lebenden und verstorbenen, herauf; Eindrücke, die längst verwischt und vergessen schienen, erwachen plötzlich; unser Gedanke jagt auf den Flügeln der Einbildungskraft wie ein Vogel dahin, und vor unseren Augen steht und bewegt sich alles in so großer Klarheit! Bald drängt das Herz leidenschaftlich ins Künftige, bald versinkt es in einem Meer von Erinnerungen. Das ganze Leben entfaltet sich leicht und schnell wie eine Rolle; alles, was ihm je begegnet ist, alles, was er je empfunden und getan hat: alles ist dem Menschen gegenwärtig. Und nichts stört ihn in seinem Sinnen – weder die Sonne noch der Wind noch irgendein Geräusch ...

Und dann ein heller, etwas kalter, in der Morgenfrühe frostiger Herbsttag, wenn die Birke, wie ein Baum im Märchen, sich golden abzeichnet vom hellblauen Himmel; wenn die niedrigstehende Sonne nicht mehr wärmt, dafür aber greller als im Sommer glänzt; wenn der kleine Espenhain durchscheinend ist, als wäre ihm wohl, so entblößt dazustehen; wenn der Reif weißschimmernd im Talgrund liegt und der frische Wind das welke Lauf aufwirbelt und dahinjagt; wenn über den Fluß hin der Wellenschlag die verstreut schwimmenden Gänse und Enten lustig hüpfen und tanzen läßt. In der Ferne klappert eine Mühle, die von einem Weidengebüsch halb verdeckt ist, und bunt schimmernd drehen sich über ihr im Kreise – Tauben im Flug ...

Aber sogar auch die nebeligen Tage im Sommer sind schön, obzwar die Jäger sie nicht lieben. An solchen Tagen kann man nicht schießen: ein Vogel, der direkt vor unseren Füßen auffliegt, verschwindet sofort in dem weißlichen Dunkel des dichten Nebels. Aber wie still, wie unsagbar still ist es ringsumher! Alles ist wach und alles schweigt. Sie gehen an einem Baum vorbei – er rührt sich nicht, ist sich in seiner Schönheit selbst genug. Durch den feinen Dunst, der in der Luft gleichmäßig zerteilt ist, erblicken Sie einen langen schwärzlichen Streifen. Sie meinen, es sei ein Wald, nähern sich, und der vermeintliche Wald entpuppt sich als ein hochragendes, mit Wermutpflanzen bedecktes Feld am Grenzrain. Über Ihnen, neben Ihnen, überall ist Nebel ... Aber da hebt sich ein leichter Wind – und schon tritt ein Stück blaßblauen Himmels undeutlich durch den dünner werdenden, wie Rauch aufwallenden Dunst hervor; ein goldgelber Strahl dringt plötzlich ein, überrieselt alles mit einem Strom von Licht, streift über die Felder hin, lehnt sich an den Wald – und gleich darauf ist alles wieder im Nebel erstickt. Lange dauert dieser Kampf, aber wie unsagbar herrlich und klar wird der Tag, wenn das Licht endlich triumphiert und die letzten Schwaden des erwärmten Nebels sich senken und ausbreiten wie Linnen oder in der zartleuchtenden Höhe verschwinden ...

Und an einem Wintertag über hohe Schneehaufen hinweg, Hasen nachzuspüren, die scharfe, frostige Luft einzuatmen, fast geblendet vom Gefunkel des weichen Schnees, zu bewundern die grüne Farbe des Himmels über dem rötlichen Wald! ... Und die ersten Tage des Frühlings, wenn ringsumher alles funkelt und neu wird, wenn durch den schweren Dunst des geschmolzenen Schnees schon ein Hauch von der erwärmten Erde aufsteigt, wenn auf den vom Schnee befreiten Stellen unter den schrägen Strahlen der Sonne die Lerchen zutraulich tirilieren, Sturzbäche mit lautem Tosen und Gebrüll von Schlucht zu Schlucht hinabstürzen! ...

Iwan Sergejewitsch Turgenjew

ZEICHNUNGEN

Zu den Beiträgen »Landschaft und Jagdrevier«, »Beutegreifer«, »Die Hege« und »Hasen, Schneehasen, Wildkaninchen«

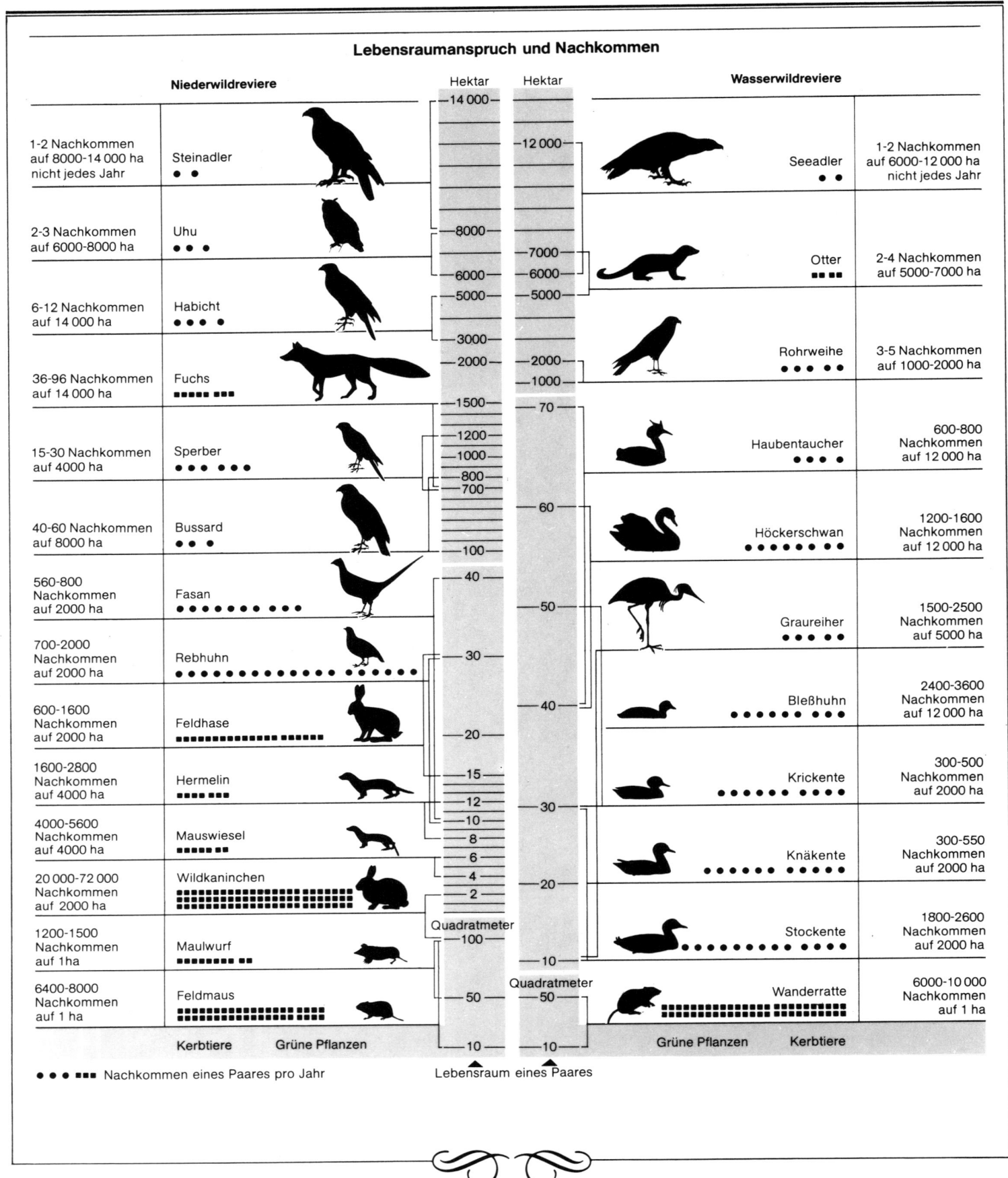

Lebensraumanspruch und Nachkommen

Niederwildreviere		Hektar	Hektar		Wasserwildreviere
1-2 Nachkommen auf 8000-14 000 ha nicht jedes Jahr	Steinadler • •	14 000 – 12 000	12 000	Seeadler • •	1-2 Nachkommen auf 6000-12 000 ha nicht jedes Jahr
2-3 Nachkommen auf 6000-8000 ha	Uhu • • •	8000 – 7000 – 6000	7000 – 6000	Otter ▪ ▪ ▪	2-4 Nachkommen auf 5000-7000 ha
6-12 Nachkommen auf 14 000 ha	Habicht • • •	5000 – 3000	5000 – 3000		
36-96 Nachkommen auf 14 000 ha	Fuchs ▪▪▪▪▪ ▪▪▪	2000 – 1500	2000 – 1000	Rohrweihe • • • •	3-5 Nachkommen auf 1000-2000 ha
15-30 Nachkommen auf 4000 ha	Sperber • • • •	1200 – 1000 – 800 – 700	70	Haubentaucher • • • •	600-800 Nachkommen auf 12 000 ha
40-60 Nachkommen auf 8000 ha	Bussard • • •	100	60	Höckerschwan • • • • • • •	1200-1600 Nachkommen auf 12 000 ha
560-800 Nachkommen auf 2000 ha	Fasan • • • • • • • •	40	50	Graureiher • • • • •	1500-2500 Nachkommen auf 5000 ha
700-2000 Nachkommen auf 2000 ha	Rebhuhn •	30		Bleßhuhn • • • • • • • •	2400-3600 Nachkommen auf 12 000 ha
600-1600 Nachkommen auf 2000 ha	Feldhase ▪▪▪▪▪▪▪▪▪▪▪▪▪▪▪▪	20	40		
1600-2800 Nachkommen auf 4000 ha	Hermelin ▪▪▪▪ ▪▪▪	15 – 12		Krickente • • • • • • • • •	300-500 Nachkommen auf 2000 ha
4000-5600 Nachkommen auf 4000 ha	Mauswiesel ▪▪▪▪▪ ▪▪	10 – 8 – 6	30	Knäkente • • • • • • • • • •	300-550 Nachkommen auf 2000 ha
20 000-72 000 Nachkommen auf 2000 ha	Wildkaninchen ▪▪▪▪▪▪▪▪▪▪▪▪▪▪▪▪▪▪▪▪▪▪▪▪▪▪▪▪	4 – 2	20		
1200-1500 Nachkommen auf 1ha	Maulwurf ▪▪▪▪▪▪▪▪	Quadratmeter 100	10	Stockente • • • • • • • • • • • • •	1800-2600 Nachkommen auf 2000 ha
6400-8000 Nachkommen auf 1 ha	Feldmaus ▪▪▪▪▪▪▪▪▪▪▪▪▪▪▪▪▪▪▪▪	50	Quadratmeter 50	Wanderratte ▪▪▪▪▪▪▪▪▪▪▪▪▪▪▪▪▪▪▪▪▪▪▪▪▪▪▪▪	6000-10 000 Nachkommen auf 1 ha
	Kerbtiere Grüne Pflanzen	10	10	Grüne Pflanzen Kerbtiere	

• • • ▪▪▪ Nachkommen eines Paares pro Jahr

▲ Lebensraum eines Paares

Rebhuhnstrecke pro 100 ha (Stück):

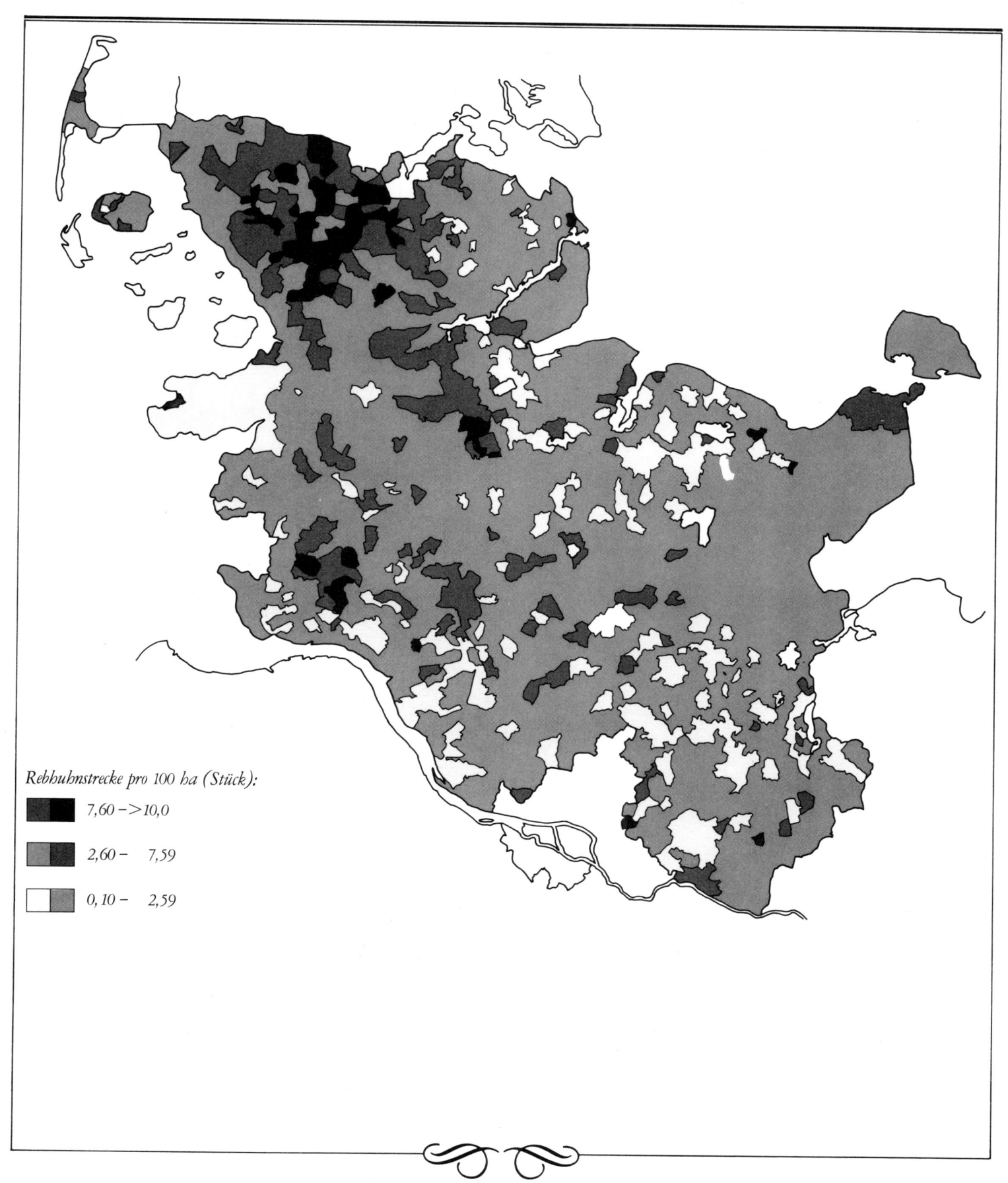

- 7,60 – >10,0
- 2,60 – 7,59
- 0,10 – 2,59

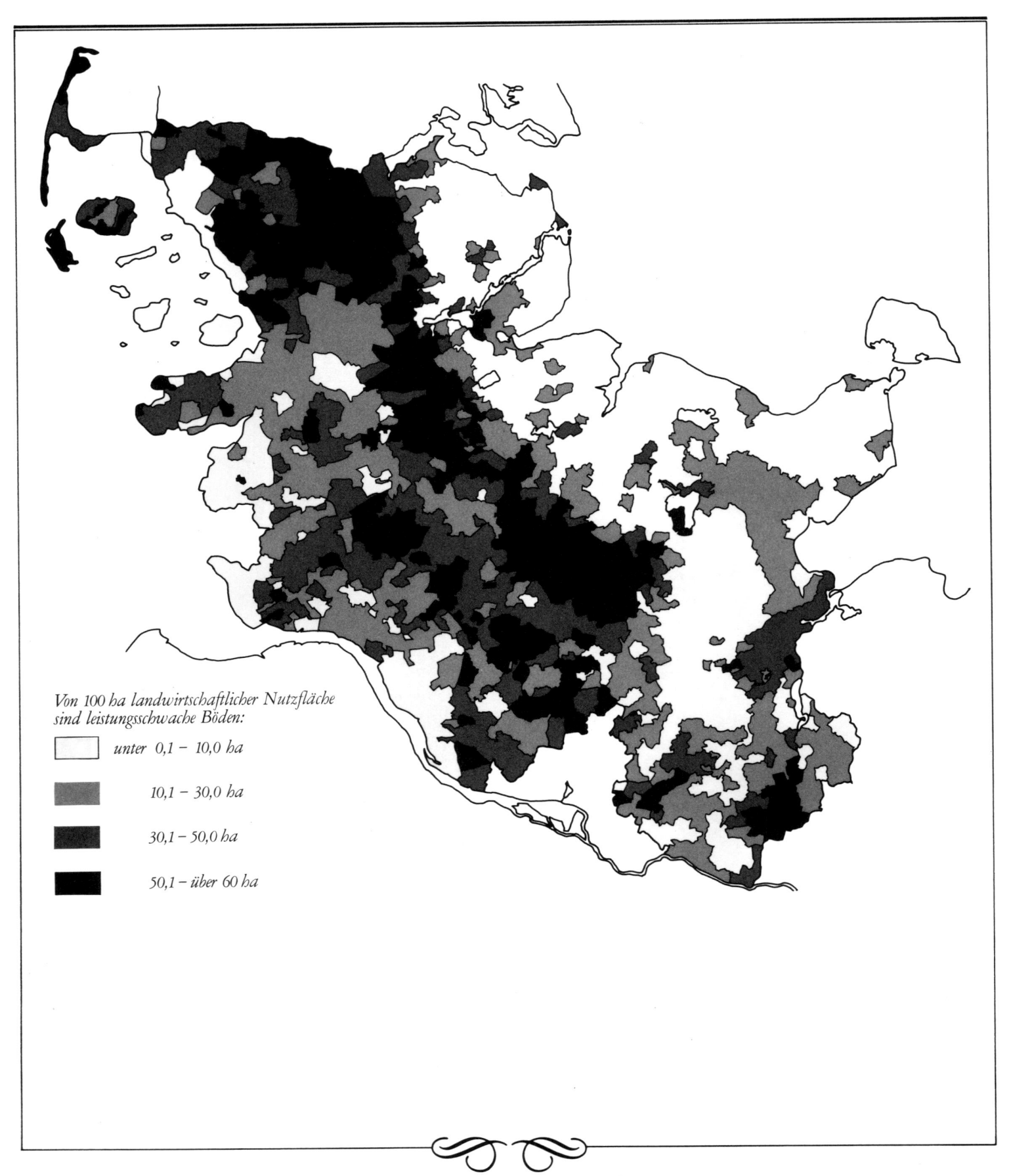

Von 100 ha landwirtschaftlicher Nutzfläche sind leistungsschwache Böden:

- unter 0,1 – 10,0 ha
- 10,1 – 30,0 ha
- 30,1 – 50,0 ha
- 50,1 – über 60 ha

Jahreszyklische Übersicht über monatliche Anteile der Äsungspflanzen des Rebhuhns aus Revieren Schleswig-Holsteins und Niedersachsens

I–XII Monate Januar–Dezember
■ Pflanzen (Grünäsung = Blattspitzen von Wintergetreide und anderen Gräsern)
□ Tiere

I
- Grünäsung <100
- Jähriges Rispengras
- Windenknöterich
- Rauhhaarige Wicke
- Kleeblätter
- Flohknöterich

II
- Grünäsung ~100
- Spinne

III
- Grünäsung 100

IV
- Grünäsung >90
- Hahnenfußblätter
- Jähriges Rispengras

V
- Grünäsung
- Kleiner Ampfer
- Ackerstiefmütterchen
- Vogelmiere
- Ackerhornkraut
- Lolchsamen
- Kerbtiere
- Jähriges Rispengras
- Löwenzahnblüten
- Hahnenfußblätter
- Gerste
- Wicke
- Kleeblätter
- Schnecken
- Wasserpfeffer
- Flohknöterich
- Weizen

VI
- Jähriges Rispengras
- Ackerstiefmütterchen
- Wickenblätter
- Windenknöterich
- Ackerspörgel
- Kornblume
- Käfer

VII
- Vogelmiere
- Ackerspörgel
- Roggen
- Hafer
- Kerbtiere
- Gerste
- Windenknöterich
- Jähriges Rispengras
- Kleeblätter
- Hahnenfußsamen
- Hohlzahn
- Schafschwingel
- Krähenbeere
- Rauhhaarige Wicke
- Weiche Trespe
- Leimkraut

VIII
- Hafer
- Grünäsung
- Gerste
- Roggen
- Windenknöterich
- Vogelmiere
- Kornblume
- Kerbtiere
- Jähriges Rispengras
- Wicke
- Ackerstiefmütterchen
- Grasmiere
- Flohknöterich

IX
- Hafer
- Grünäsung
- Roggen
- Gerste
- Weißer Gänsefuß
- Windenknöterich
- Kerbtiere
- Vogelmiere
- Hohlzahn
- Grüner Fennich
- Jähriges Rispengras
- Ackerstiefmütterchen
- Flohknöterich
- Ackerhornkraut
- Ackerspörgel
- Leimkraut
- Ochsenzunge
- Ampfersamen
- Vogelknöterich
- Kornblume
- Kohlblätter
- Ackerziest
- Ackervergißmeinnicht
- Wicke
- Saatwucherblume
- Wiesenlieschgras
- Franzosenkraut
- Raps

X
- Weißer Gänsefuß
- Weizen
- Grünäsung
- Flohknöterich
- Windenknöterich
- Hafer
- Melde
- Gerste
- Vogelmiere
- Vogelknöterich
- Hohlzahn
- Roggen
- Ackerhornkraut
- Jähriges Rispengras
- Ackerstiefmütterchen
- Frauenmantel
- Franzosenkraut
- Raps
- Ackervergißmeinnicht
- Wurzeln
- Tiere
- Kohlblätter
- Wicke
- Ackerspörgel
- Kornblume
- Wasserpfeffer
- Leimkraut
- Lolch
- Zweizahn
- Hirtentäschelkraut
- Grüner Fennich

XI
- Grünäsung >50
- Gerste
- Weizen
- Hohlzahn
- Ackerhornkraut
- Jähriges Rispengras
- Franzosenkraut
- Roggen
- Flohknöterich
- Weißer Gänsefuß
- Kohl
- Lolch
- Ackerstiefmütterchen
- Windenknöterich
- Hafer
- Rauhhaarige Wicke

XII
- Grünäsung
- Hohlzahn
- Weißer Gänsefuß
- Weizen
- Jähriges Rispengras
- Wicke
- Windenknöterich
- Grüner Fennich
- Flohknöterich
- Vogelknöterich
- Ackerspörgel
- Ackerhornkraut
- Vogelmiere
- Kornblume

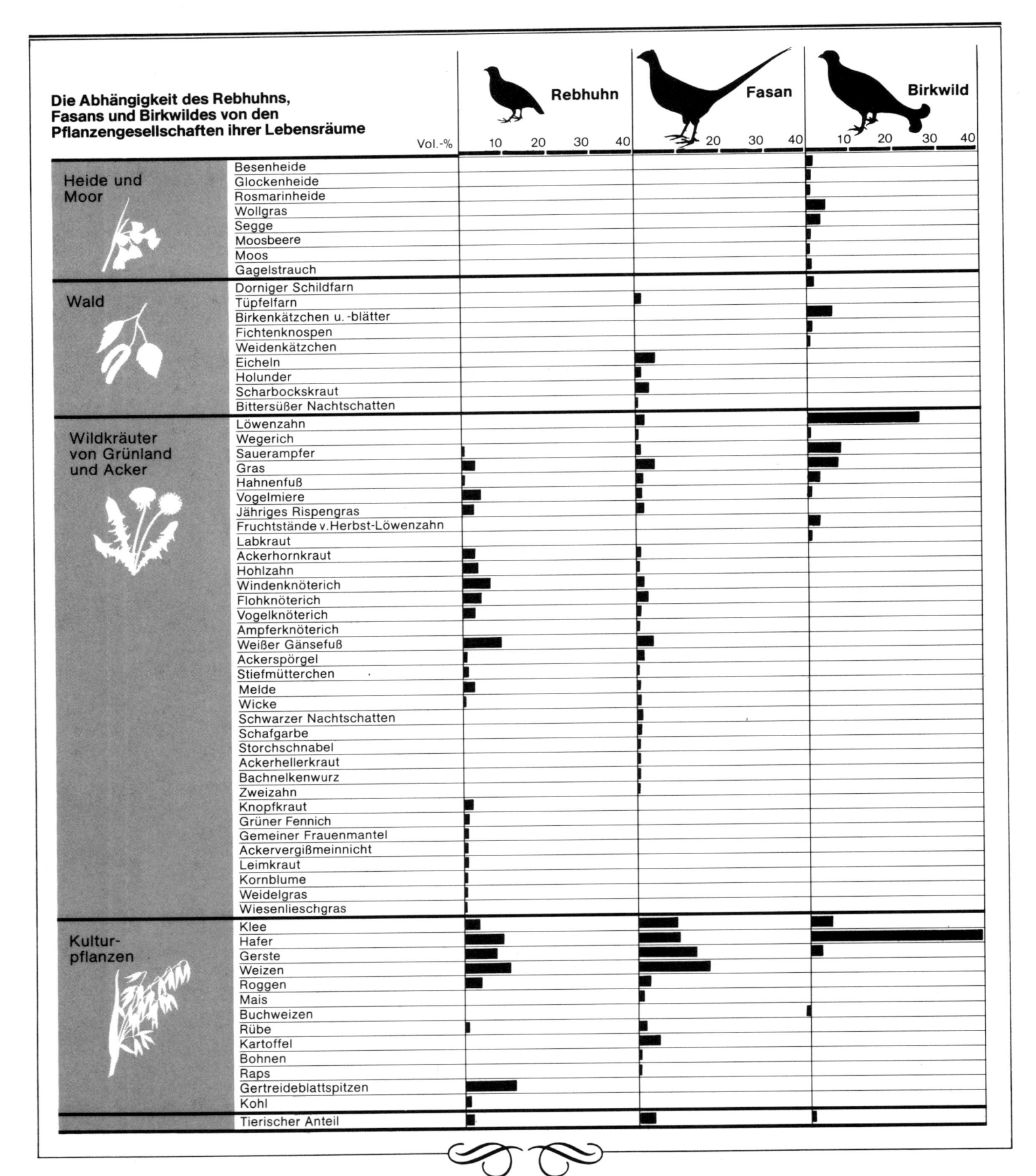

Die Abhängigkeit des Rebhuhns, Fasans und Birkwildes von den Pflanzengesellschaften ihrer Lebensräume		Rebhuhn Vol.-% 10 20 30 40	Fasan 10 20 30 40	Birkwild 10 20 30 40
Heide und Moor	Besenheide			
	Glockenheide			
	Rosmarinheide			
	Wollgras			
	Segge			
	Moosbeere			
	Moos			
	Gagelstrauch			
Wald	Dorniger Schildfarn			
	Tüpfelfarn		▪	
	Birkenkätzchen u. -blätter			▪
	Fichtenknospen			
	Weidenkätzchen			
	Eicheln		▬	
	Holunder			
	Scharbockskraut			▪
	Bittersüßer Nachtschatten			
Wildkräuter von Grünland und Acker	Löwenzahn		▪	▬▬▬
	Wegerich			
	Sauerampfer	▪	▪	▬
	Gras	▬	▬	
	Hahnenfuß	▪	▪	
	Vogelmiere	▬		
	Jähriges Rispengras	▪		
	Fruchtstände v. Herbst-Löwenzahn			▪
	Labkraut			
	Ackerhornkraut	▪		
	Hohlzahn	▬		
	Windenknöterich	▬	▪	
	Flohknöterich	▪	▪	
	Vogelknöterich	▪		
	Ampferknöterich			
	Weißer Gänsefuß	▬▬	▪	
	Ackerspörgel	▪		
	Stiefmütterchen			
	Melde	▪		
	Wicke	▪		
	Schwarzer Nachtschatten			
	Schafgarbe			
	Storchschnabel			
	Ackerhellerkraut			
	Bachnelkenwurz			
	Zweizahn			
	Knopfkraut	▪		
	Grüner Fennich	▪		
	Gemeiner Frauenmantel			
	Ackervergißmeinnicht	▪		
	Leimkraut			
	Kornblume	▪		
	Weidelgras	▪		
	Wiesenlieschgras			
Kulturpflanzen	Klee	▪	▬	▬▬▬▬
	Hafer	▬▬	▬▬	▬
	Gerste	▬▬	▬	▬
	Weizen	▬	▬▬	
	Roggen	▪		
	Mais		▪	
	Buchweizen			▪
	Rübe	▪		
	Kartoffel		▬	
	Bohnen			
	Raps		▪	
	Gertreideblattspitzen	▬▬		
	Kohl	▪		
	Tierischer Anteil	▪	▬▬	▪

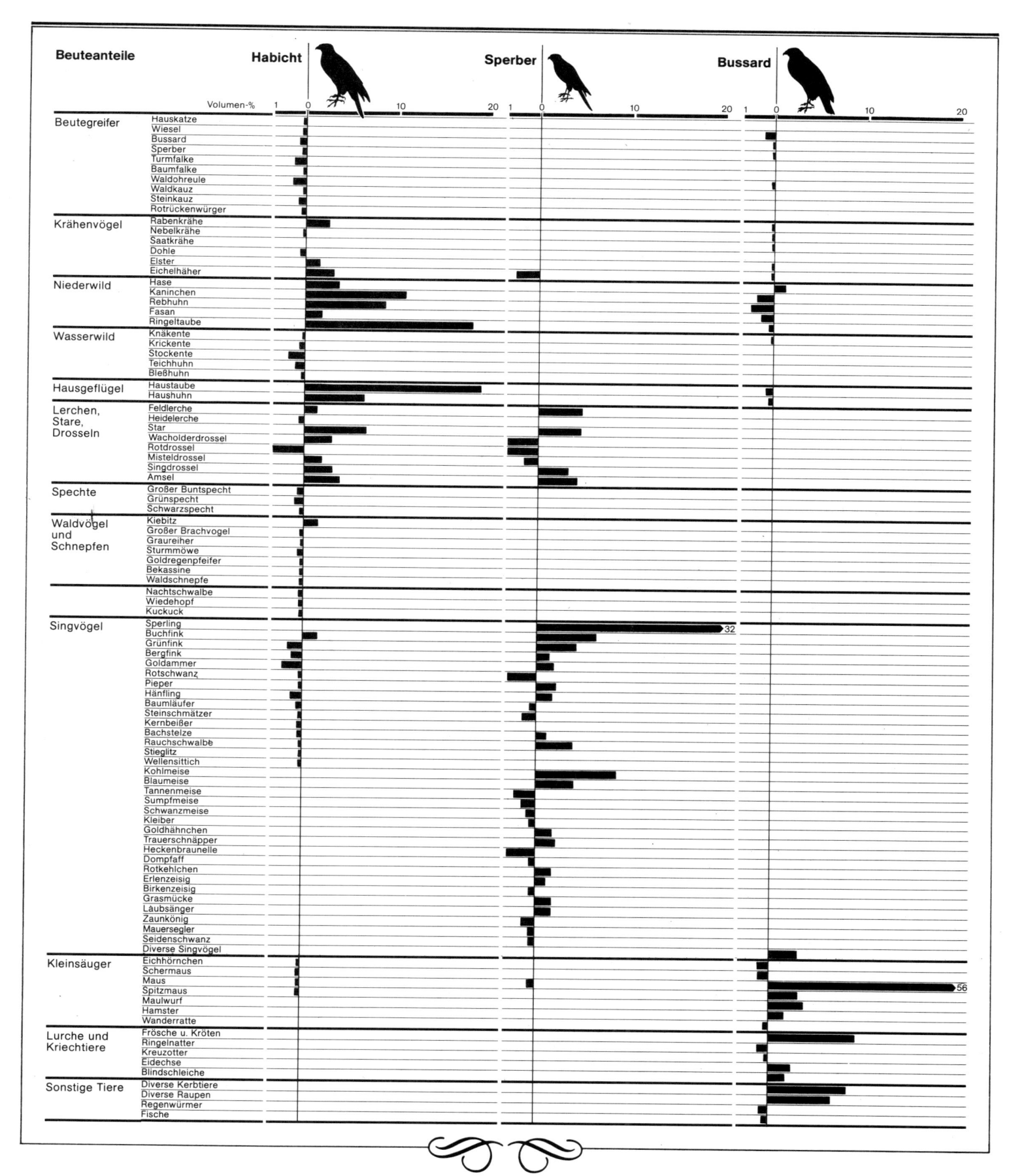

Beuteanteile		Habicht	Sperber	Bussard
	Volumen-%	1 0 10 20	1 0 10 20	1 0 10 20
Beutegreifer	Hauskatze			
	Wiesel			
	Bussard			
	Sperber			
	Turmfalke			
	Baumfalke			
	Waldohreule			
	Waldkauz			
	Steinkauz			
	Rotrückenwürger			
Krähenvögel	Rabenkrähe			
	Nebelkrähe			
	Saatkrähe			
	Dohle			
	Elster			
	Eichelhäher			
Niederwild	Hase			
	Kaninchen			
	Rebhuhn			
	Fasan			
	Ringeltaube			
Wasserwild	Knäkente			
	Krickente			
	Stockente			
	Teichhuhn			
	Bleßhuhn			
Hausgeflügel	Haustaube			
	Haushuhn			
Lerchen, Stare, Drosseln	Feldlerche			
	Heidelerche			
	Star			
	Wacholderdrossel			
	Rotdrossel			
	Misteldrossel			
	Singdrossel			
	Amsel			
Spechte	Großer Buntspecht			
	Grünspecht			
	Schwarzspecht			
Waldvögel und Schnepfen	Kiebitz			
	Großer Brachvogel			
	Graureiher			
	Sturmmöwe			
	Goldregenpfeifer			
	Bekassine			
	Waldschnepfe			
	Nachtschwalbe			
	Wiedehopf			
	Kuckuck			
Singvögel	Sperling		32	
	Buchfink			
	Grünfink			
	Bergfink			
	Goldammer			
	Rotschwanz			
	Pieper			
	Hänfling			
	Baumläufer			
	Steinschmätzer			
	Kernbeißer			
	Bachstelze			
	Rauchschwalbe			
	Stieglitz			
	Wellensittich			
	Kohlmeise			
	Blaumeise			
	Tannenmeise			
	Sumpfmeise			
	Schwanzmeise			
	Kleiber			
	Goldhähnchen			
	Trauerschnäpper			
	Heckenbraunelle			
	Dompfaff			
	Rotkehlchen			
	Erlenzeisig			
	Birkenzeisig			
	Grasmücke			
	Laubsänger			
	Zaunkönig			
	Mauersegler			
	Seidenschwanz			
	Diverse Singvögel			
Kleinsäuger	Eichhörnchen			
	Schermaus			
	Maus			56
	Spitzmaus			
	Maulwurf			
	Hamster			
	Wanderratte			
Lurche und Kriechtiere	Frösche u. Kröten			
	Ringelnatter			
	Kreuzotter			
	Eidechse			
	Blindschleiche			
Sonstige Tiere	Diverse Kerbtiere			
	Diverse Raupen			
	Regenwürmer			
	Fische			

Die wichtigsten Futterpflanzen des Hasen

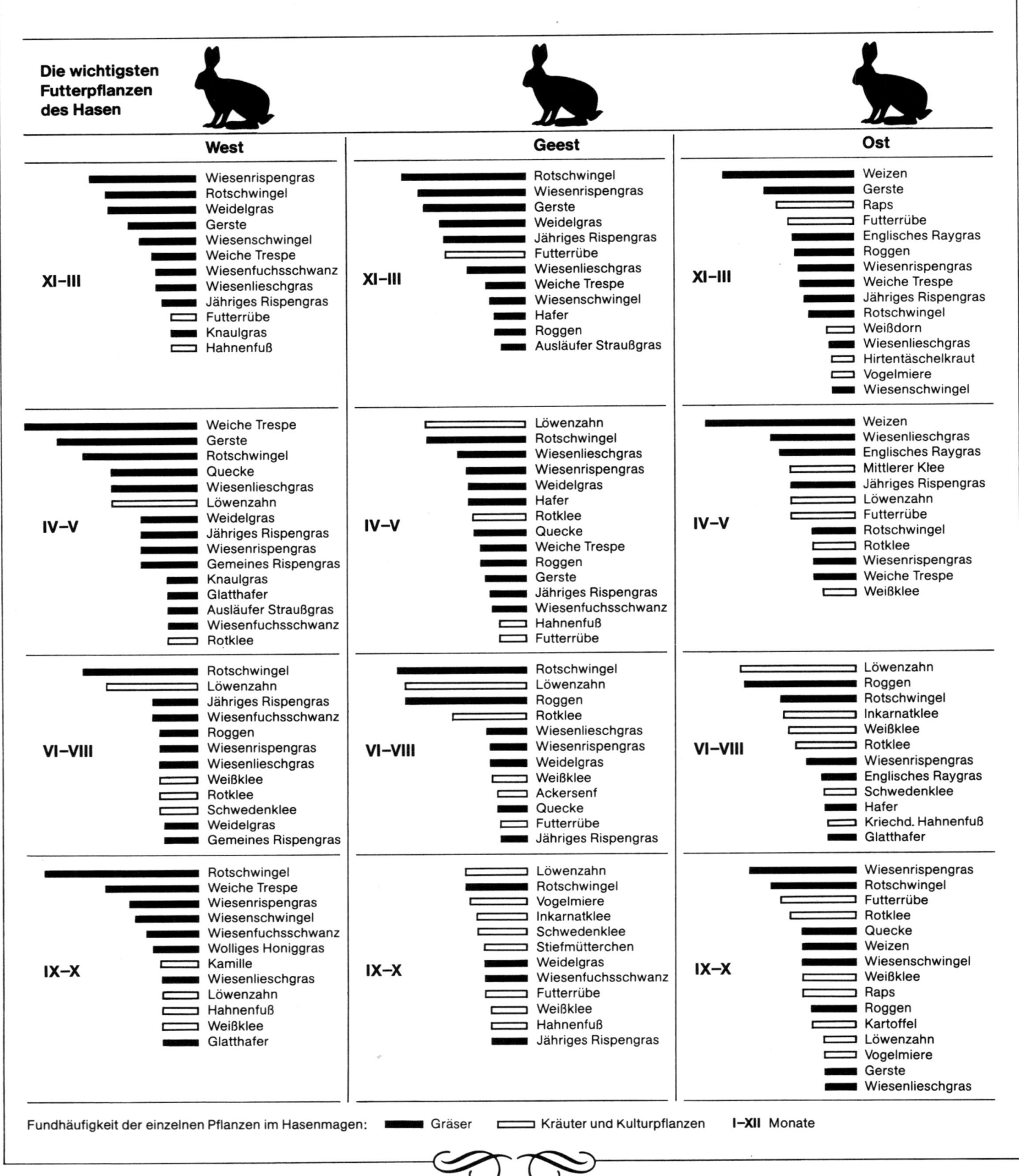

West

XI–III
- Wiesenrispengras
- Rotschwingel
- Weidelgras
- Gerste
- Wiesenschwingel
- Weiche Trespe
- Wiesenfuchsschwanz
- Wiesenlieschgras
- Jähriges Rispengras
- Futterrübe
- Knaulgras
- Hahnenfuß

IV–V
- Weiche Trespe
- Gerste
- Rotschwingel
- Quecke
- Wiesenlieschgras
- Löwenzahn
- Weidelgras
- Jähriges Rispengras
- Wiesenrispengras
- Gemeines Rispengras
- Knaulgras
- Glatthafer
- Ausläufer Straußgras
- Wiesenfuchsschwanz
- Rotklee

VI–VIII
- Rotschwingel
- Löwenzahn
- Jähriges Rispengras
- Wiesenfuchsschwanz
- Roggen
- Wiesenrispengras
- Wiesenlieschgras
- Weißklee
- Rotklee
- Schwedenklee
- Weidelgras
- Gemeines Rispengras

IX–X
- Rotschwingel
- Weiche Trespe
- Wiesenrispengras
- Wiesenschwingel
- Wiesenfuchsschwanz
- Wolliges Honiggras
- Kamille
- Wiesenlieschgras
- Löwenzahn
- Hahnenfuß
- Weißklee
- Glatthafer

Geest

XI–III
- Rotschwingel
- Wiesenrispengras
- Gerste
- Weidelgras
- Jähriges Rispengras
- Futterrübe
- Wiesenlieschgras
- Weiche Trespe
- Wiesenschwingel
- Hafer
- Roggen
- Ausläufer Straußgras

IV–V
- Löwenzahn
- Rotschwingel
- Wiesenlieschgras
- Wiesenrispengras
- Weidelgras
- Hafer
- Rotklee
- Quecke
- Weiche Trespe
- Roggen
- Gerste
- Jähriges Rispengras
- Wiesenfuchsschwanz
- Hahnenfuß
- Futterrübe

VI–VIII
- Rotschwingel
- Löwenzahn
- Roggen
- Rotklee
- Wiesenlieschgras
- Wiesenrispengras
- Weidelgras
- Weißklee
- Ackersenf
- Quecke
- Futterrübe
- Jähriges Rispengras

IX–X
- Löwenzahn
- Rotschwingel
- Vogelmiere
- Inkarnatklee
- Schwedenklee
- Stiefmütterchen
- Weidelgras
- Wiesenfuchsschwanz
- Futterrübe
- Weißklee
- Hahnenfuß
- Jähriges Rispengras

Ost

XI–III
- Weizen
- Gerste
- Raps
- Futterrübe
- Englisches Raygras
- Roggen
- Wiesenrispengras
- Weiche Trespe
- Jähriges Rispengras
- Rotschwingel
- Weißdorn
- Wiesenlieschgras
- Hirtentäschelkraut
- Vogelmiere
- Wiesenschwingel

IV–V
- Weizen
- Wiesenlieschgras
- Englisches Raygras
- Mittlerer Klee
- Jähriges Rispengras
- Löwenzahn
- Futterrübe
- Rotschwingel
- Rotklee
- Wiesenrispengras
- Weiche Trespe
- Weißklee

VI–VIII
- Löwenzahn
- Roggen
- Rotschwingel
- Inkarnatklee
- Weißklee
- Rotklee
- Wiesenrispengras
- Englisches Raygras
- Schwedenklee
- Hafer
- Kriechd. Hahnenfuß
- Glatthafer

IX–X
- Wiesenrispengras
- Rotschwingel
- Futterrübe
- Rotklee
- Quecke
- Weizen
- Wiesenschwingel
- Weißklee
- Raps
- Roggen
- Kartoffel
- Löwenzahn
- Vogelmiere
- Gerste
- Wiesenlieschgras

Fundhäufigkeit der einzelnen Pflanzen im Hasenmagen: ■ Gräser ▭ Kräuter und Kulturpflanzen I–XII Monate

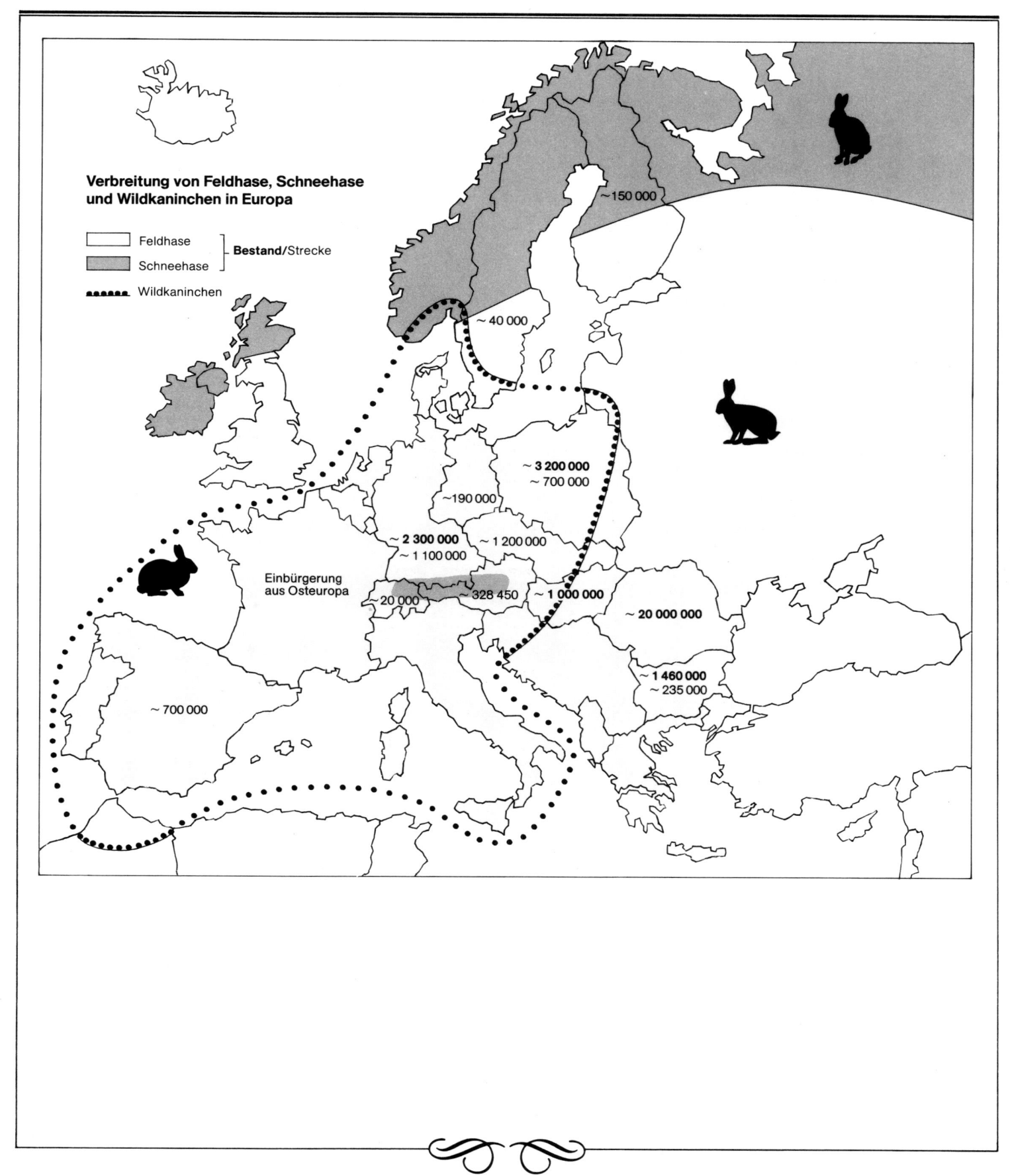

Verbreitung von Feldhase, Schneehase und Wildkaninchen in Europa

- ☐ Feldhase
- ▨ Schneehase } **Bestand**/Strecke
- ••••• Wildkaninchen

~150 000

~40 000

~3 200 000
~700 000

~190 000

~2 300 000
~1 100 000

~1 200 000

Einbürgerung aus Osteuropa
~20 000   328 450   ~1 000 000

~20 000 000

1 460 000
~235 000

~700 000

DIE AUTOREN

Heinz Brüll
Dr. phil., geboren 1907 in Hamburg. Studium der Medizin und Biologie. 1953 bis 1972 Aufbau und Leitung der Forschungsstation Wild, Wald und Flur – Glücksburg/Ostsee, Weißenhaus, Hartenholm. Weiterführung der dort erarbeiteten Konzeption im zur Zeit als private gemeinnützige Forschungseinrichtung betriebenen »Institut für Landschaftsbiologie und Umweltforschung«. Biologische Beratung des Wildparkes Eekholt (Segeberg).

Ulrich Brüll
Dr. rer. nat., Diplom-Biologe, geboren 1942 in Jena/Thüringen. 1972 Diplom, 1973 Promotion mit einer Arbeit über nahrungsbiologische Studien am Feldhasen. Interessensgebiete: Niederwildhege, Wildäsungsflächen und deren Bestellung, Greifvogelkunde und -schutz. Mitglied im Niederwildausschuß des DJV, Vorsitzender des Ausschusses für Natur-, Tier- und Umweltschutz des Landesjagdverbandes Hamburg.

Gerhard Könnecke
Geboren 1931 in Testorf/Ostholstein, wurde wie Großvater, Vater und Bruder Förster. 1954 übernahm er sein erstes Revier in Drült/Schleswig und hier traf er auch erstmalig auf Sikawild. Wohnt in Kappeln/Schlei und betreut inzwischen auch die Wälder des Herzogs zu Schleswig Holstein-Glücksburg-Sonderburg (Grünholz und Louisenlund). *Publikationen:* Zahlreiche Artikel und Aufsätze in Fachzeitschriften und Zeitungen.

Hans Kramer
Oberforstmeister a.D., geboren 1896 auf Domäne Voigtshof/Ostpreußen. 1919 Forststudium. 1925 Leiter der Oberförsterei Pfeil. 1937 Elchjägermeister. 1938 Oberforstmeister. Leiter des Oberforstamts Elchwald. 1945 Forstinspektorsbeamter in Niedersachsen. 1961 Ruhestand. 1964 Erster DJV-Literaturpreis. *Publikationen u. a.:* »Elchwald«, München 1963; »Der deutsche Elch« in »Jagd und Hege in aller Welt«, Düsseldorf 1955.

Wolfgang Schröder
Dr. forest., Dr. rer. silv. habil., geboren 1941 in Graz. Studien der Land- und Forstwirtschaft. Weiterführende Studien der Wildbiologie in Nordamerika. Freilandsarbeit zur Ökologie des Gamswildes als Doktorarbeit an der Universität Göttingen. Habilitation mit einer Studie über das Rotwild im Harz. Seit 1971 Leiter des Instituts für Wildforschung und Jagdkunde an der Universität München. Zahlreiche Fachpublikationen.

Emil Schulz
Revieroberjäger, geboren 1921 in Kolenfeld/Hannover. Von 1952 bis 1962 Revierbetreuung und Jagdschutz in einem 2000 ha großen Hoch- und Niederwildrevier. Seit 1962 Leiter der Versuchs- und Aufzuchtstation der Landesjägerschaft Niedersachsen. Zum Thema Niederwildhege Vorträge in Hegeringen und Beiträge in Jagdzeitschriften. Seit 1972 Mitglied im Niederwild-Ausschuß des Deutschen Jagdschutzverbandes.

Günter Claußen
Berufsjäger (Revieroberjäger), geboren 1939 in Wolmersdorf/Dithmarschen. 1965 bis 1972 Aufbau und mehrjährige Leitung der Beratungsstelle des Landesjagdverbandes Rheinland-Pfalz. Danach Leitung des Lehrreviers Kranichstein des Landesjagdverbandes Hessen. *Publikationen:* »Jagdliche Einrichtungen im Niederwildrevier«, Mainz 1968 (Co-Autor); DJV Merkblatt »Wie verbessere ich mein Niederwildrevier«, Bonn 1970.

Karl Grund
Geboren 1925 im Erzgebirge. Seit 1950 hauptamtlich im Jagdwesen tätig, wurde 1955 Geschäftsführer der Landesjägerschaft Freie und Hansestadt Hamburg. Mitglied des Jagdbeirates, Mitglied des DJV-Ausschusses Waffen und Munition, Beiratsmitglied der Deutschen Versuchs- und Prüfanstalt für Jagd- und Sportwaffen. *Publikationen:* »Das Handladen von Patronen«, Hamburg 1970; »Jagdliches Schießen«, Hamburg 1977.

Günter Heidemann
Dr. rer. nat., geboren 1941 in Enger/Westfalen. Studium an den Universitäten Tübingen und Kiel (Zoologie, Botanik und Limnologie). 1971 Promotion an der Universität Kiel mit einer Dissertation zur Biologie des Damhirsches. 1971 bis 1975 wissenschaftlicher Assistent an der Universität Kiel. Seit 1975 Leiter der säugetierkundlichen Abteilung an der Zoologischen Staatssammlung in München. Arbeitsgebiet: Wildbiologie, Naturschutz.

Heinrich Hoerschelmann
Dr. rer. nat., geboren 1935 in Estland. Studium der Biologie, Chemie, Geographie. Wissenschaftlicher Assistent und wissenschaftlicher Rat am Institut für Haustierkunde, Universität Kiel. Zur Zeit Leiter der Abteilung Ornithologie am Zoologischen Museum, Universität Hamburg. Engagement in Naturschutz und Jagd. Wissenschaftliche und gelegentlich auch allgemeinverständliche Publikationen, bevorzugt über Schnepfen- und Entenvögel.

Werner Knapp
Oberforstdirektor, geboren 1923 in Brettach/Krs. Heilbronn a. N. Ab 1946 Studium der Forstwissenschaft in Freiburg/Br. Oktober 1949 Hochschulschlußprüfung. 1951 forstliche Staatsprüfung, ab 1951 als Assistent der Forstdirektion Württemberg zugeteilt. 1956 bis 1962 Forstmeister bei der Fürstlichen Hohenlohe-Langenburgschen Forstverwaltung. Seit Oktober 1962 als leitender Forstmann im Sachsenwald beim Fürsten von Bismarck.

Kurt Lindner
Dr. h. c., Jagdhistoriker, geboren 1906 in Sondershausen/Thüringen. 1924 erste Buchveröffentlichung. Zusammenfassung der vielfältigen Ergebnisse seiner Arbeiten vornehmlich in einer bislang zwölf Bände zählenden Reihe »Quellen und Studien zur Geschichte der Jagd«, Berlin/New York 1954 bis 1973, und einer kürzlich vorgelegten »Bibliographie der Deutschen Jagdliteratur von 1480 bis 1850« Berlin/New York 1976.

Karl Meunier
Dr. rer. for., geboren 1902 in Creuzburg/Thüringen. Studium der Forstwissenschaft und Naturwissenschaften (Zoologie). Nach wissenschaftlicher Tätigkeit in Hannoversch Münden und Helgoland am Institut für Haustierkunde Kiel. Publikationen in Büchern und Fachzeitschriften über Hirschkäfer der Welt (Morphologie), Vögel (Populationsdynamik), Pferd (Abstammung), Reh (Biologie), Hirsche der Welt (Systematik) u. a.

Hans-Hermann Prützel
Dr. jur., geboren 1918 in Düsseldorf. Nach Kriegsende juristisches Studium. 1952 Assessorexamen, 1953 Promotion zum Dr. jur. in Frankfurt/Main. Sodann Chefjurist der Varta AG. 1970 Gründung einer Anwalts- und Notariatspraxis in Frankfurt/Main. 1941 Jägerprüfung, seit 1947 Justitiar des Deutschen Jagdschutzverbandes, Mitglied des CIC. Laufend Veröffentlichungen von jagdrechtlichen Abhandlungen in Jagdzeitschriften.

Karl Sälzle
Dr. phil. nat., geboren 1905 in Vilshofen/Bayern. 1932 Promotion in Zoologie an der Universität Heidelberg. 1945 bis 1975 Direktor des Deutschen Jagdmuseums München, heute dort noch als wissenschaftlicher Berater tätig. Zu Beginn der sechziger Jahre Einrichtung des Jagdmuseums in der Neuhauser Straße. Publikationen über Kulturgeschichte der Jagd, Hauptwerk: »Tier und Mensch, Gottheit und Dämon«, München 1965.

Joachim Graf Schönburg
Geboren 1929 in Glauchau/Sachsen. Nach dem Studium der Politischen Wissenschaften Journalist (Süddeutscher Rundfunk, Südwestfunk, Deutsche Zeitung, Deutsche Welle). Projektleiter für Rundfunkprojekte der Deutschen Entwicklungshilfe in Afrika (Togo, Somalia). Seit 1. Januar 1972 Geschäftsführer und Pressesprecher des Deutschen Jagdschutz-Verbandes, Vereinigung der Deutschen Landesjagdverbände, in Bonn.

Rüdiger Schwarz
Dr. rer. nat., Landesforstmeister, geboren 1914 in Lübeck. 1932 bis 1936 Studium der Forstwissenschaft in Gießen. Seit Dezember 1965 im Ministerium für Ernährung, Landwirtschaft und Forsten in Kiel tätig, seit Dezember 1966 als Leiter der Obersten Forst-, Jagd- und Naturschutzbehörde. *Publikationen u. a.:* »Die Erinnerung lebt«, Hamburg 1965; »Förster, Bauern, starke Hirsche«, Hamburg 1973 (DJV-Literaturpreis 1975).

Romedio Graf von Thun-Hohenstein
Geboren 1925 in Wien. Forstadjunkt, Studium der Volkswirtschaft. Jagte „grün" von Norwegen bis Spanien, von Tirol bis Schweden. „Rot" hinter 31 Wildmeuten Hirsch, Keiler, Fuchs und Hase in England, Irland, Frankreich und Italien. Viele Publikationen in Fachzeitschriften. Seit ca. 20 Jahren Co-Autor der Sendung »Auf dem Lande« des Norddeutschen Rundfunks Hamburg.

Werner Trense
Geboren 1922 in Wangelin/Mecklenburg. 1947 Studium der Zoologie, Botanik, Völkerkunde an der Universität Hamburg. 1949 Studium am Scott-Polar-Research-Institute Cambridge. 1952 bis 1954 Leiter der Angola Expedition der Universität Hamburg. 1955 Fortsetzung des Studiums in München. Mitglied des CIC seit 1955. 1964 Präsident der Kommission Großwild Europa-Asien im CIC und seit 1974 Generalsekretär des CIC.

Carl Albrecht von Treuenfels
Geboren 1938 in Schwerin/Mecklenburg. Studium und Ausbildung zum Rechtsanwalt in München, Berlin und Aix-en-Provence. Seit seiner Jugend ständiger Mitarbeiter von Tageszeitungen und Zeitschriften als Autor von naturkundlichen Berichten und Tierfotos. *Buchpublikationen:* »Photographieren und Filmen von Wild und Vögeln«, Hamburg 1968; »Den Tieren zugeschaut«, München 1969; »Solange sie noch leben«, München 1973.

Friedrich Türcke
Dr. for., Forstdirektor, geboren 1915 in Bernburg. 1952 Promotion in Göttingen. Mitglied des CIC, im Schalenwildausschuß des Deutschen Jagdschutzverbandes. Vorstandsmitglied Deutsche Wildgehege und Ehrenmitglied Verein Dachsbracke. Naturschutzbeauftragter. Leiter des Staatlichen Forstamts Saupark Springe. *Publikationen:* »Das Muffelwild«, Hamburg 1965. »Wildschadenverhütung im Walde«, Hamburg 1965.

REGISTER

Aufgenommen sind die im Text beschriebenen und im Bildteil gezeigten heimischen Wild- und Vogelarten; gerade Ziffern verweisen auf die Seitenzahlen, halbfette Ziffern auf die Bildnummern.

A

Alpendohle
Pyrrhocorax graculus
112

Alpenkrähe
Pyrrhocorax pyrrhocorax
112

Alpenschneehuhn
Lagopus mutus
95, 133f., 175; **5**

Alpensteinbock
Capra ibex ibex
51, 65, 175; **6, 18, 37**

Auerhuhn
Tetrao urogallus
133, 135f., 227, 240; **1, 105, 106**

Auerochse
Bos primigenius
26, 68, 234

B

Baumfalke
Falco subbuteo
113ff.

Baummarder
Martes martes
36, 113, 115, 142, 173f., 202f., 271; **63**

Bekassine
Gallinago gallinago
105f., 177; **87**

Bergente
Aythya marila
91

Biber
Castor fiber
26, 271

Birkhuhn
Lyrurus tetrix
36, 38ff., 133ff., 175, 201, 227, 240; **105, 107, 108, 109, 110, 111**

Bison
Bison bison
68f.

Bleßgans
Anser albifrons
108; **94**

Bleßhuhn
Fulica atra
107, 110; **96**

Brachvogel siehe Großer Brachvogel

Brandgans (Brandente)
Tadorna tadorna
108

Braunbär
Ursus arctos
26, 138, 145, 216, 234f., 262

Bussard siehe Mäusebussard

D

Dachs
Meles meles
113, 142, 171, 197, 226, 271; **64**

Damhirsch
Cervus dama
51, 56f., 59, 166, 236ff., 240, 246; **11, 14, 29, 30, 31**

Dohle
Corvus monedula
112

Doppelschnepfe
Gallinago media
105f.

E

Eichelhäher
Garrulus glandarius
112, 173, 199, 204; **79**

Eichhörnchen
Sciurus vulgaris
33, 173

Elch
Alces alces
25, 51, 70f., 94, 96, 215f., 236; **4, 38, 39**

Elster
Pica pica
112, 177, 179, 198, 204; **80**

F

Fasan
Phasianus colchicus
30, 33, 35–38, 40, 101ff., 116, 138, 141–144, 146, 167, 176f., 197, 204, 227; **100, 101, 103**

Feldhase
Lepus europaeus
28f., 33, 35, 99f., 113, 142ff., 167f., 170, 176, 197, 271; **9, 54, 55, 57, 114, 115, 127, 134**

Fischadler
Pandion haliaetus
114; **68**

Fischotter
Lutra lutra
26, 113, 115, 147, 271f.; **59**

Fuchs
Canis vulpes
29, 36, 95, 113, 115, 142, 146, 169–172, 174, 198f., 201, 247, 262, 271; **7, 67, 140**

G

Gänsesäger
Mergus merganser
97

Gams
Rupicapra rupicapra
50f., 63ff., 166, 175, 235f., 239f.; **34, 35, 36**

Graugans
Anser anser
108; **95**

Graureiher
Ardea cinerea
34, 265ff.; **132**

Großer Brachvogel
Numenius arquata
105f.; **88**

Großtrappe
Otis tarda
133, 136f.

H

Habicht
Accipiter gentilis
29, 36, 39f., 105, 113–116, 142, 146, 176f.; **74**

Haselhuhn
Tetrastes bonasia
133, 136, 148; **112, 133**

Haubentaucher
Podiceps cristatus
110; **99**

Heringsmöwe
Larus fuscus
110

Hermelin
Mustela erminea
36, 113, 115, 142, 174, 202ff.; **61, 65**

Höckerschwan
Cygnus olor
107f.; **92**

Hohltaube
Columba oenas
103

I

Iltis
Putorius putorius
113, 115, 142, 146, 173, 199, 271; **60**

K

Kanadagans
Branta canadensis
108

Kolkrabe
Corvus corax
111, 116, 147, 175, 179; **81**

Kornweihe
Circus cyaneus
114; **69**

Kranich
Grus grus
147; **139**

Kronschnepfe siehe Großer Brachvogel

Kurzschnabelgans
Anser brachyrhinchus
108

L

Lachmöwe
Larus ridibundus
110

Luchs
Lynx lynx
64, 115, 138, 172, 216

M

Mantelmöwe
Larus marinus
110

Mäusebussard
Buteo buteo
36, 39f., 105, 113–116, 142, 147, 177, 179f.; **76**

Mauswiesel
Mustela nivalis
36, 115, 174, 203f.; **62**

Milan siehe Roter Milan

Moorschneehuhn
Lagopus lagopus
95, 133f.

Mufflon
Ovis ammon musimon
51, 66f., 68, 236, 238ff.; **16, 32**

Murmeltier
Marmota marmota
240, 251

N

Nebelkrähe
Corvus corone cornix
111f.

Nonnengans siehe Weißwangengans

P

Pfuhlschnepfe
Limosa lapponica
105f.

R

Rabenkrähe
Corvus corone corone
111f., 179, 199, 204; **84**

Rackelhuhn
135, 227

Rebhuhn
Perdix perdix
28f., 35–40, 101, 104f., 141–144, 176f., 197; **102, 104**

Reh
Capreolus capreolus
28ff., 50f., 70f., 94–98, 113, 144, 170, 174, 235–240, 254; **10, 11, 12, 13, 17, 44, 45, 46, 47, 48, 49, 50, 51, 52, 53, 120, 135**

Reiher siehe Graureiher

Ren siehe Wildren

Ringelgans
Branta bernicla
108; **137**

Ringeltaube
Columba palumbus
33, 38f., 101, 103f., 142, 144, 174

Rohrweihe
Circus aeruginosus
114, 146; **71**

Roter Milan
Milvus milvus
113, 116; **73**

Rothirsch
Cervus elaphus
25, 27f., 51, 52–55, 59, 68, 94f., 165f., 169, 173f., 201, 235–240, 254, 268–272; **2, 15, 19, 20, 21, 22, 23, 24, 25, 26, 27, 28, 138**

S

Saatgans
Anser fabalis
108; **93**

Saatkrähe
Corvus frugilegus
111f.

Schellente
Bucephala clangula
98

Schleiereule
Tyto alba
113ff.

Schnatterente
Anas strepera
110

Schneehase
Lepus timidus varronis
99f., 175

Schwarzwild
Sus scrofa scrofa
26ff., 60ff., 113, 147, 166, 169f., 201f., 204, 227, 234–237, 239f., 262, 271f.; **8, 40, 41, 42, 124, 136**

Seeadler
Haliaeëtus albicilla
114ff., 147

Seehund
Phoca vitulina
113, 116, 227; **43**

Sikawild
Cervus Sika nippon
51, 58f.; **33**

Silbermöwe
Larus argentatus
110

Singschwan
Cygnus cygnus
108

Sperber
Accipiter nisus
36, 39f., 113–116, 176; **75**

Steinadler
Aquila chrysaëtos
36, 64, 113ff., 138, 142, 145, 172, 175, 176; **77**

Steinmarder
Martes foina
36, 113, 115, 142, 173f., 202, 271; **58, 66**

Stockente
Anas platyrhinchos
109f., 147f., 170; **3, 89, 90**

Sturmmöwe
Larus canus
110

Sumpfohreule
Asio flammeus
114f.

T

Tannenhäher
Nucifraga caryocatactes
112

Türkentaube
Streptopelia decaocto
103f.

Turmfalke
Falco tinnunculus
114ff.; **72**

Turteltaube
Streptopelia turtur
103f.

U

Uferschnepfe
Limosa limosa
105f.; **86**

Uhu
Bubo bubo
36, 113ff., 138, 142, 172, 198f.; **78**

W

Waldkauz
Strix aluco
113ff.; **83**

Waldohreule
Asio otus
114ff., **82**

Waldschnepfe
Scolopax rusticola
105f., 146; **85**

Wanderfalke
Falco peregrinus
113ff., 176f., 199

Waschbär
Procyon lotor
171, 202ff.

Weißwangengans (Nonnengans)
Branta leucopsis
108

Wiesel, Großes, siehe Hermelin

Wiesenweihe
Circus pygargus
114; **70**

Wildkaninchen
Oryctolagus cuniculus
33, 35, 39, 99f., 113, 142, 144, 167, 171–174, 176f., 197, 227; **56**

Wildkatze
Felis silvestris
115, 271

Wildren
Rangifer tarandus
25, 51, 70, 72, 116

Wildschwein siehe Schwarzwild

Wisent
Bison bison bonasus
68f., 234

Wolf
Canis lupus
63f., 95f., 113, 115f., 138, 145, 172, 262

Z

Zwerggans
Anser erythropus
108

Zwergschnepfe
Lymnocryptes minimus
105f.

Zwergschwan
Cygnus bewickii
108

NACHWEISE

Fotos

Umschlagfoto:
Carl Albrecht von Treuenfels

Hansgeorg Arndt
14, 39, 48, 56, 64, 98, 103

Julius Behnke
53, 101, 132

Margarethe Bink
23, 113

Jürgen Diedrich
76

Bertram Georgii
35

Georg Hofmann
34, 37, 67, 74, 78, 79, 81, 133

Karl Heinz Löhr
36, 63, 83

Lennart Mathiasson
105, 106

Franz Müller
112

Fritz Pölking
94, 95

Georg Quedens
69, 72, 75, 80, 82, 91, 100, 102, 111

Hans Reinhard
19, 27, 41, 42, 58, 60, 61, 62

Walter Rohdich
85

Herfried Steidl
107, 108, 109, 110

Manfred Strauß
77

Carl B. Thiermeyer
127

Carl Albrecht von Treuenfels
1, 2, 4, 5, 6, 8, 9, 12, 18, 20, 22, 24, 25, 28, 29, 32, 33, 38, 43, 52, 54, 59, 65, 66, 68, 70, 71, 73, 84, 86, 87, 88, 92, 96, 97, 99, 116, 117, 118, 119, 120, 121, 122, 123, 136, 137, 138, 139, 140

Jürgen Weber
21, 40, 45, 57, 89, 90, 93, 115, 134

Burkhard Winsmann
3, 7, 10, 11, 13, 15, 16, 17, 26, 30, 31, 44, 46, 47, 49, 50, 51, 55, 104, 114, 124, 125, 126, 135

Aus der Sammlung des Jagdschlosses Grunewald, Berlin
128

Deutsches Jagdmuseum, München
129, 130, 131

Als Vorlage für die Vorsatzblätter diente ein Foto von Burkhard Winsmann

Zeichnungen

Die Zeichnungen wurden vom Final Art Center, Hamburg, nach Vorlagen der nachstehend genannten Autoren angefertigt:

Heinz Brüll
33, 34, 35, 114, 116, 292, 293, 294, 295, 296, 297

Ulrich Brüll
100, 141, 142, 143, 298, 299

Werner Knapp
167

Friedrich Türcke
69

Quellennachweis

Der Auszug aus »Aufzeichnungen eines Jägers« von Iwan Sergejewitsch Turgenjew in der Übersetzung von Dora Berndl-Friedmann wurde der Ausgabe in der Manesse Bibliothek der Weltliteratur, Zürich 1947, Seite 537 bis 548, mit freundlicher Genehmigung des Verlages entnommen.

Die dem ersten Bildteil vorangestellten Verse sind einem insgesamt 55 Verse umfassenden Gedicht von Bunsen entnommen, das erstmalig in den von Wildungen herausgegebenen Liedern für Forstmänner und Jäger, 1804, erschienen ist.

Produktion

Projektleitung:
Hans Helmut Röhring

Redaktion Text:
Hans Helmut Röhring
Regine Stützner
Carl Albrecht von Treuenfels

Redaktion Bild:
Hans-Helmut Röhring
Carl Albrecht von Treuenfels

Redaktionsassistenz:
Marita Ellert
Doris Leuthold

Design:
Jan Buchholz und Reni Hinsch

Herstellung:
Dieter Einsle (verantwortlich)
Reinhard Groß

Satz:
Alfred Utesch, Hamburg

Lithographie:
Otterbach Repro KG, Rastatt

Druck:
Süddeutsche Verlagsanstalt, Ludwigsburg

Bindearbeiten:
H. Wennberg GmbH, Leonberg

1. Auflage
1. bis 10. Tausend 1977

© Hoffmann und Campe Verlag

ISBN 3-455-08938-0

Printed in Germany
Hamburg 1977